Adobe® Illustrator CS6
CLASSROOM IN A BOOK®
Das offizielle Trainingsbuch von Adobe Systems

Bibliografische Information der Deutschen Nationalbibliothek

Die Deutsche Nationalbibliothek verzeichnet diese Publikation in der Deutschen Nationalbibliographie; detaillierte bibliografische Daten sind im Internet über http://dnb.d-nb.de abrufbar.

Die Informationen in diesem Produkt werden ohne Rücksicht auf einen eventuellen Patentschutz veröffentlicht. Warennamen werden ohne Gewährleistung der freien Verwendbarkeit benutzt. Bei der Zusammenstellung von Texten und Abbildungen wurde mit größter Sorgfalt vorgegangen. Trotzdem können Fehler nicht vollständig ausgeschlossen werden. Verlag, Herausgeber und Autoren können für fehlerhafte Angaben und deren Folgen weder eine juristische Verantwortung noch irgendeine Haftung übernehmen. Für Verbesserungsvorschläge und Hinweise auf Fehler sind Verlag und Herausgeber dankbar.

Alle Rechte vorbehalten, auch die der fotomechanischen Wiedergabe und der Speicherung in elektronischen Medien. Die gewerbliche Nutzung der in diesem Produkt gezeigten Modelle und Arbeiten ist nicht zulässig.

Fast alle Hardware- und Softwarebezeichnungen und weitere Stichworte und sonstige Angaben, die in diesem Buch erwähnt werden, sind als eingetragene Marken geschützt. Da es nicht möglich ist, in allen Fällen zeitnah zu ermitteln, ob ein Markenschutz besteht, wird das ®-Symbol in diesem Buch nicht verwendet.

Authorized Translation from the English language edition, entitled Adobe Illustrator CS6, The official training book from Adobe Systems, ISBN 9780321822482, published by Pearson Education, Inc, publishing as Adobe Press, Copyright © 2012

All rights reserved. No part of this book may be reproduced or transmitted in any form or by any means, electronic or mechanical, including photocopying, recording or by any information storage retrieval system, without permission from Pearson Education, Inc.

GERMAN language edition published by PEARSON DEUTSCHLAND GMBH, Copyright © 2012

Autorisierte Übersetzung der englischsprachigen Originalausgabe mit dem Titel „Adobe Illustrator CS6, The official training book from Adobe Systems"

ISBN 978-0-321-82248-2, erschienen bei Adobe Press, ein Imprint von Pearson Education Inc; Copyright © 2012

10 9 8 7 6 5 4 3 2 1

14 13 12

ISBN 978-3-8273-3161-8

© der deutschen Ausgabe 2012 Addison-Wesley Verlag,
ein Imprint der PEARSON DEUTSCHLAND GmbH,
Martin-Kollar-Str. 10-12, 81829 München/Germany
Alle Rechte vorbehalten
Übersetzung: Isolde Kommer, Großerlach und Christoph Kommer, Dresden
Lektorat: Kristine Kamm, kkamm@pearson.de
Korrektorat: Petra Kienle, Fürstenfeldbruck
Herstellung: Philipp Burkart, pburkart@pearson.de
Satz: Tilly Mersin, Großerlach
Einbandgestaltung: Eddie Yuen
Druck und Verarbeitung: Graphy Cems
Printed in Spain

INHALT

EINLEITUNG

Über dieses Buch 1
Voraussetzungen 1
Das Programm installieren 2
In diesem Buch verwendete Schriften 2
Die Classroom-in-a-Book-Dateien kopieren 2
Standardvoreinstellungen wiederherstellen 3
Weitere Ressourcen 5
Adobe-Zertifizierung 6
Produktaktualisierungen herunterladen 7

WAS IST NEU IN ILLUSTRATOR CS6?

Effiziente, flexible Benutzeroberfläche 8
Anpassbare Helligkeit der Benutzeroberfläche 9
Bilder nachzeichnen 9
Mustererstellung 10
Mercury-Leistungssystem 10
Verläufe auf Konturen 11
Weitere Verbesserungen 11

ERSTE SCHRITTE MIT ADOBE ILLUSTRATOR CS6

Überblick 12
Zu Beginn 14
Mit mehreren Zeichenflächen arbeiten 14
Formen und Linien zeichnen 15
Farbe zuweisen 17
Das Formerstellungswerkzeug nutzen 18
Das Breitenwerkzeug nutzen 19
Farbverläufe erstellen und bearbeiten 21
Photoshop-Bilder in Illustrator platzieren 22
Bilder nachzeichnen 22

Mit dem Farbhilfebedienfeld arbeiten 23
Ein Muster erstellen und zuweisen 24
Mit Text arbeiten. 26
Mit Zeichenmodi arbeiten 27
Mit Pinseln arbeiten 28
Mit dem Aussehenbedienfeld und Effekten arbeiten 30
Mit Konturen arbeiten 32
Inhalte ausrichten 34
Mit der Perspektive arbeiten 34
Mit Symbolen arbeiten. 36

1 DEN ARBEITSBEREICH KENNENLERNEN

Überblick. 38
Vorbereitungen. 40
Den Arbeitsbereich kennenlernen. 42
Die Helligkeit der Benutzeroberfläche anpassen 43
Mit dem Werkzeugbedienfeld arbeiten 44
Das Steuerungsbedienfeld 47
Mit Bedienfeldern arbeiten. 48
Den Arbeitsbereich zurücksetzen und speichern. 53
Bedienfeldmenüs nutzen 54
Die Darstellung ändern 55
Die Ansichtsbefehle nutzen 55
Das Zoomwerkzeug verwenden. 56
Durch ein Dokument scrollen 58
Grafiken betrachten. 58
Zwischen verschiedenen Zeichenflächen wechseln 60
Das Navigatorbedienfeld nutzen 63
Lineale richtig einsetzen 65
Mehrere Dokumente anordnen 66
Mit Dokumentgruppen arbeiten 69
Hilfen für die Arbeit mit Illustrator 71

2 AUSWÄHLEN UND AUSRICHTEN

Überblick	74
Vorbereitungen	76
Objekte auswählen	76
Das Auswahl-Werkzeug nutzen	76
Das Direktauswahl-Werkzeug nutzen	78
Objekte mit einem Auswahlrechteck auswählen	80
Objekte mit dem Zauberstab auswählen	81
Ähnliche Objekte auswählen	82
Objekte ausrichten	83
Objekte gegenseitig ausrichten	83
Elemente an einem Basisobjekt ausrichten	83
Punkte ausrichten	84
Objekte verteilen	85
An der Zeichenfläche ausrichten	86
Mit Gruppen arbeiten	86
Objekte gruppieren	87
Im Isolationsmodus arbeiten	87
Etwas zu einer Gruppe hinzufügen	88
Objekte anordnen	90
Objekte anordnen	90
Objekte dahinter auswählen	91
Objekte ausblenden	91
Auswahltechniken anwenden	93

3 FORMEN ERSTELLEN UND BEARBEITEN

Überblick	98
Vorbereitungen	100
Ein neues Dokument anlegen	100
Mit einfachen Formen arbeiten	103
Zeichenmodi verstehen	104
Rechtecke erstellen	104
Abgerundete Rechtecke erstellen	108
Ellipsen erstellen	110
Polygone erstellen	111

Der Modus »Dahinter zeichnen«. 112
Sterne zeichnen 113
Stärke und Ausrichtung einer Kontur verändern 114
Mit Liniensegmenten arbeiten 116
Pfade zusammenfügen 118
Das Breitenwerkzeug 120
Konturlinien verwenden 124
Formen kombinieren und bearbeiten 126
Das Formerstellungswerkzeug verwenden 126
Pathfinder-Effekte verwenden. 129
Formmodi verwenden 130
Der Modus »Innen zeichnen«. 133
Innen gezeichnete Inhalte bearbeiten 134
Das Radiergummi-Werkzeug verwenden 136
Formen mit dem Bildnachzeichner erstellen 137
Nachgezeichnete Grafiken bereinigen. 140

4   OBJEKTE TRANSFORMIEREN

Überblick. 144
Vorbereitungen. 146
Zeichenflächen nutzen. 147
Zeichenflächen zum Dokument hinzufügen 147
Zeichenflächen bearbeiten. 149
Zeichenflächen umbenennen 152
Zeichenflächen neu anordnen. 153
Inhalte transformieren 154
Mit Linealen und Hilfslinien arbeiten 154
Objekte skalieren 156
Objekte spiegeln 159
Objekte drehen. 160
Objekte verzerren. 162
Objekte verbiegen. 163
Objekte exakt positionieren 165
Die Perspektive ändern 168
Mehrere Transformationen zuweisen 169
Objekte mit dem Effekt »Frei verzerren« bearbeiten 170

5 MIT ZEICHEN- UND BUNTSTIFT ZEICHNEN

Überblick	174
Vorbereitungen	176
Erste Versuche mit dem Zeichenstift-Werkzeug	176
Gerade Linien erstellen	179
Gebogene Pfade erstellen	180
Eine Kurve erstellen	181
Übergangspunkte in Eckpunkte umwandeln	184
Eine Geige zeichnen	187
Kurven zeichnen	188
Eine Kurve auswählen	188
Einen gebogenen Pfad zeichnen	188
Einen geschlossenen Pfad zeichnen	189
Die Violinenform zeichnen	191
Die Saiten zeichnen	192
Einen Pfad aufteilen	194
Pfeilspitzen hinzufügen	194
Eine gestrichelte Linie erstellen	196
Kurven bearbeiten	197
Ankerpunkte löschen und hinzufügen	199
Übergangs- in Eckpunkte umwandeln und umgekehrt	200
Mit dem Buntstift zeichnen	203
Pfade mit dem Buntstift bearbeiten	205
Die Geige fertigstellen	206
Die Teile zusammensetzen	206
Die Grafik einfärben	209

6 FARBE UND MALEN

Überblick	212
Vorbereitungen	214
Farben verstehen	215
Farbmodi	215
Der Umgang mit den Farbsteuerungen	216
Farben erstellen	218
Eigene Farben erstellen und speichern	219

Farbfelder bearbeiten....................................220

Farbfeldbibliotheken einsetzen 222

Volltonfarben erstellen...................................222

Der Farbwähler 224

Farbtöne erstellen und speichern 226

Aussehen-Attribute kopieren..............................227

Farbgruppen anlegen....................................227

Das Farbhilfebedienfeld verwenden.......................229

Eine Farbgruppe bearbeiten 230

Farben in einer Grafik bearbeiten.........................234

Das Kuler-Bedienfeld verwenden.........................236

Dem Bildmaterial Farben zuweisen 237

Farben anpassen 240

Mit Mustern malen 241

Vorhandene Muster anwenden..........................241

Eigene Muster erstellen 242

Ein Muster anwenden...................................246

Ein Muster bearbeiten 246

Interaktiv malen 248

Eine Interaktiv-malen-Gruppe erstellen....................248

Interaktiv-malen-Regionen bearbeiten 251

Lückenoptionen 254

7 MIT TEXT ARBEITEN

Überblick...258

Vorbereitungen...260

Mit Text arbeiten..261

Punkttext erstellen......................................261

Flächentext erstellen....................................262

Eine Textdatei importieren 264

Übersatztext und Textumfluss bearbeiten 266

Text verketten 266

Textspalten erstellen....................................267

Text formatieren 268

Die Schriftgröße ändern 271

Die Schriftfarbe ändern 272
Weitere Textattribute ändern. 273
Mit Glyphen arbeiten 275
Die Größe von Textobjekten ändern 277
Absatzeigenschaften ändern 278
Formate erstellen und anwenden 280
Ein Absatzformat erstellen und anwenden. 281
Ein Absatzformat bearbeiten 282
Textformate aufnehmen 283
Ein Zeichenformat erstellen und anwenden 284
Ein Zeichenformat bearbeiten. 285
Text mit einer vordefinierten Hülle verkrümmen 286
Text mit einer Objektverkrümmung umformen 289
Text um ein Objekt fließen lassen. 291
Text auf offenen Pfaden erstellen 292
Text auf geschlossenen Pfaden erstellen 294
Text in Pfade umwandeln 296

8 MIT EBENEN ARBEITEN

Überblick. 300
Vorbereitungen. 302
Ebenen erstellen. 305
Objekte und Ebenen markieren und verschieben 307
Ebeneninhalt duplizieren 309
Ebenen verschieben 310
Ebenen sperren. 312
Ebenen betrachten 313
Ebenen einfügen 316
Schnittmasken erstellen 318
Ebenen reduzieren 320
Ebenen auffinden. 322
Aussehen-Attribute auf Ebenen anwenden 323
Ebenen isolieren. 326

9 MIT PERSPEKTIVISCHEN ZEICHNUNGEN ARBEITEN

Überblick 330
Vorbereitungen. 332
Perspektive verstehen 333
Das Perspektivenraster verstehen 333
Mit dem Perspektivenraster arbeiten 334
Ein vorgegebenes Raster benutzen. 334
Das Perspektivenraster bearbeiten 335
Perspektivische Objekte zeichnen 338
Perspektivische Objekte auswählen und transformieren . . . 342
Der Perspektive Objekte zuweisen. 347
Ebenen und Objekte zusammen bearbeiten 349
Perspektivischen Text hinzufügen und bearbeiten 356
Symbole in der Perspektive nutzen 358
Symbole zum Perspektivenraster hinzufügen 358
Perspektivische Symbole transformieren 359
Inhalt aus der Perspektive lösen 362
Mit der horizontalen Ebene arbeiten 363

10 FARBEN UND FORMEN MISCHEN

Überblick 366
Vorbereitungen. 368
Mit Verläufen arbeiten 369
Einen linearen Verlauf erzeugen und als Füllung anwenden 369
Anpassen von Verlaufsrichtung und -winkel 372
Einen Verlauf auf eine Kontur anwenden 374
Einen Verlauf auf einer Kontur bearbeiten 375
Einen kreisförmigen Verlauf erzeugen und anwenden. 377
Farben im kreisförmigen Verlauf ändern 378
Den kreisförmigen Verlauf anpassen. 381
Verläufe auf mehrere Objekte anwenden 383
Andere Methoden zur Bearbeitung von Verlaufsfarben. 384
Transparenz zu Verläufen hinzufügen. 386
Mit angeglichenen Objekten arbeiten 388

Eine Angleichung mit festgelegten Stufen herstellen 389
Die Angleichung verändern 391
Weiche Farbübergänge erstellen und bearbeiten 394

11 MIT PINSELN ARBEITEN

Überblick. 398
Vorbereitungen. 400
Mit Pinseln arbeiten 401
Kalligrafiepinsel benutzen 401
Einen Pinsel bearbeiten 403
Eine Füllfarbe mit Pinseln benutzen 404
Einen Pinselstrich entfernen. 404
Bildpinsel benutzen. 405
Mit dem Pinsel-Werkzeug zeichnen 405
Pfade mit dem Pinsel-Werkzeug bearbeiten 406
Einen Bildpinsel erzeugen. 409
Einen Bildpinsel bearbeiten 410
Borstenpinsel benutzen. 411
Die Optionen des Borstenpinsels ändern 411
Mit einem Borstenpinsel malen 412
Musterpinsel benutzen 416
Einen Musterpinsel erstellen 418
Einen Musterpinsel anwenden 421
Die Farbattribute von Pinseln ändern...................... 423
Die Pinselfarbe mit der Einfärbemethode Farbtöne ändern. 423
Die Pinselfarbe mit der Einfärbemethode Farbton-
Verschiebung ändern 425
Mit dem Tropfenpinselwerkzeug arbeiten 427
Mit dem Tropfenpinselwerkzeug malen 427
Pfade mit dem Tropfenpinselwerkzeug zusammenfügen... 428
Mit dem Radiergummi-Werkzeug arbeiten 430

12 EFFEKTE ANWENDEN

Überblick...434
Vorbereitungen...436
Dynamische Effekte benutzen.............................437
Einen Effekt anwenden 437
Einen Effekt bearbeiten 439
Textgestaltung mit Effekten 441
Formen mit einem Pathfinder-Effekt bearbeiten 444
Der Effekt Pfade verschieben.............................446
Mit einem 3D-Effekt arbeiten.............................450
Ein gekreiseltes Objekt erstellen..........................451
Die Beleuchtung eines 3D-Objekts ändern.................452
Der 3D-Grafik ein Symbol zuweisen 455

13 AUSSEHEN-ATTRIBUTE UND GRAFIKSTILE ANWENDEN

Überblick...462
Vorbereitungen...464
Aussehen-Attribute benutzen 465
Aussehen-Attribute bearbeiten und hinzufügen 466
Eine zusätzliche Kontur hinzufügen 467
Eine zusätzliche Flächenfüllung hinzufügen 469
Aussehen-Attribute neu sortieren 470
Einer Ebene ein Aussehen zuweisen 471
Grafikstile benutzen 472
Einen Grafikstil erstellen und sichern 473
Einen Grafikstil auf ein Objekt anwenden 474
Grafikstil-Attribute ändern 474
Einen Grafikstil auf eine Ebene anwenden 475
Einen Grafikstil bearbeiten, der einer Ebene zugewiesen ist 478
Einen bestehenden Grafikstil anwenden...................478
Mehrere Grafikstile anwenden 480
Einen Grafikstil auf einen Text anwenden 481
Grafikstile kopieren und entfernen 482

Webgrafiken erstellen. 483
Inhalte am Pixelraster ausrichten 483
Inhalt in Slices unterteilen. 486
Slices auswählen und bearbeiten. 488
Den Befehl »Für Web speichern« verwenden. 489

14 MIT SYMBOLEN ARBEITEN

Überblick. 494
Vorbereitungen. 496
Mit Symbolen arbeiten. 497
Vorhandene Illustrator-Symbol-Bibliotheken benutzen 498
Symbole erstellen. 500
Ein Symbol bearbeiten. 502
Symbole ersetzen. 505
Die Verbindung zu einem Symbol unterbrechen 507
Symboloptionen bearbeiten 508
Mit den Symbol-Werkzeugen arbeiten. 508
Symbolinstanzen aufsprühen 509
Symbole mit den Symbol-Werkzeugen bearbeiten. 511
Symbolsätze kopieren und bearbeiten. 514
Grafiken im Symbolebedienfeld speichern und abrufen 516
Einer 3D-Grafik ein Symbol zuordnen. 517
Symbole und Flash-Integration. 517

15 ILLUSTRATOR CS6-GRAFIKEN MIT ANDEREN ADOBE-ANWENDUNGEN KOMBINIEREN

Überblick. 524
Vorbereitungen. 526
Mit Adobe Bridge arbeiten 526
Grafiken kombinieren. 529
Vektor- und Bitmap-Grafiken im Vergleich 529
Adobe Photoshop-Dateien platzieren 531
Eine Photoshop-Datei platzieren 531
Ein platziertes Bild transformieren. 532
Ein Photoshop-Bild mit Ebenenkompositionen einbetten . . 533
Farben in einem platzierten Bild bearbeiten 536

Ein Bild maskieren 539
Eine einfache Schnittmaske auf ein Bild anwenden 539
Eine Maske bearbeiten. 540
Ein Objekt mit einer Form maskieren 541
Ein Objekt mit mehreren Formen maskieren 542
Eine Deckkraftmaske erzeugen. 545
Eine Deckkraftmaske bearbeiten 546
Farben aus platzierten Bildern aufnehmen. 549
Mit Bildverknüpfungen arbeiten 550
Die Verknüpfungsinformation finden 550
Ein verknüpftes Bild ersetzen. 551
Eine Datei mit Ebenen nach Photoshop exportieren 552
Illustrator und Adobe InDesign, Adobe Muse,
Adobe Fireworks und Adobe Flash 553

Index 556

AUF DER CD

Lektionsdateien und vieles mehr auf der Classroom in a Book-CD

Die *Adobe Illustrator CS6 Classroom in a Book*-CD enthält Verzeichnisse mit allen elektronischen Dateien für die Lektionen dieses Buches, Video-Trainings über Adobe Illustrator CS6. Das folgende Diagramm zeigt Ihnen Inhalt und Struktur der Buch-CD.

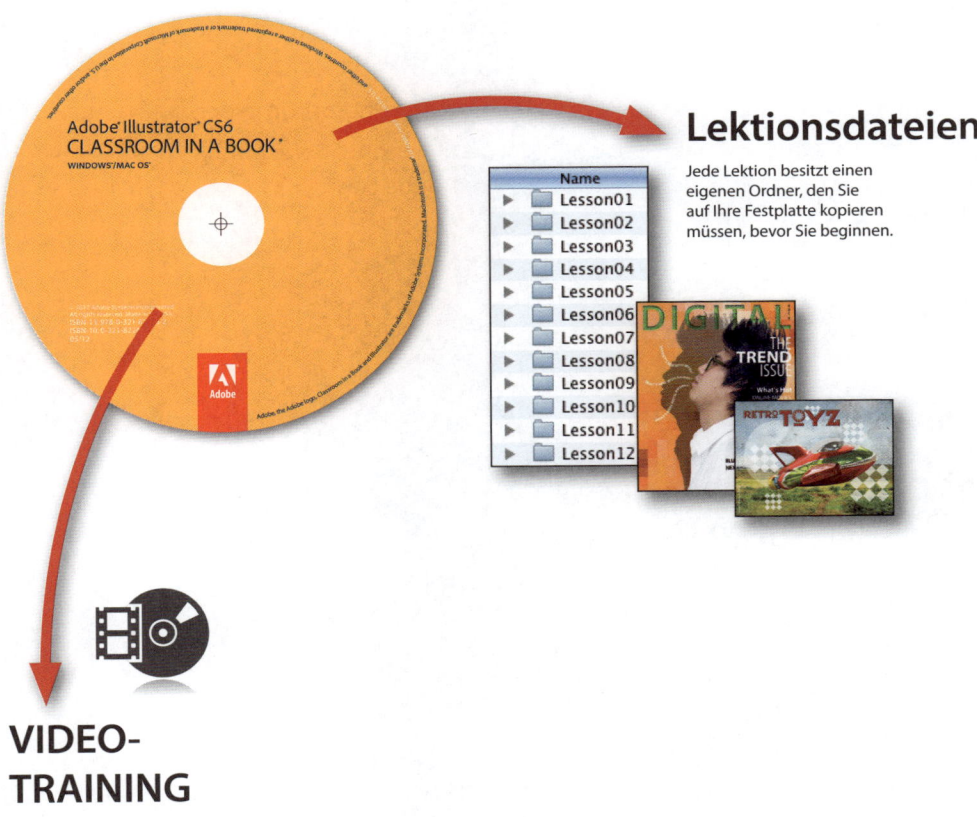

VIDEO-TRAINING

Video-Trainingsfilme zu Illustrator CS6 finden Sie im Ordner *Video-Training*. Die Filme laufen ohne Installation unter Mac OS und Windows, öffnen Sie dazu die HTML-Datei *start.html* in Ihrem Standardbrowser.

EINLEITUNG

Adobe® Illustrator® CS6 ist als Zeichen- und Grafikprogramm der Industriestandard für den Druck, für Multimedia- und Web-Grafiken. Ob Sie als Designer oder technischer Zeichner Grafiken für den Druck erstellen, als Multimedia- oder Web-Designer arbeiten – Adobe Illustrator liefert alle Werkzeuge, die Sie für professionelle Qualitätsarbeit benötigen.

Über dieses Buch

Adobe Illustrator CS6 Classroom in a Book® gehört zur Serie offizieller Trainingsbücher für Grafik-und Publishing-Software von Adobe Systems, Inc., die unter Mithilfe von Adobe-Produktexperten entstehen.

Die Lektionen sind so angelegt, dass Sie Ihr Arbeitstempo selbst bestimmen können. Als Illustrator-Einsteiger erfahren Sie, wie Sie das Programm in Betrieb nehmen. Haben Sie bereits Erfahrungen mit dem Programm gesammelt, finden Sie wertvolle Tipps und erlernen Arbeitstechniken, die Ihnen die aktuelle Version von Adobe Illustrator bietet.

In allen Lektionen werden Sie ein bestimmtes Projekt Schritt für Schritt realisieren. Die Lektionen bieten aber auch Erläuterungen und Raum für eigene Experimente. Sie können das Buch von vorn nach hinten durcharbeiten oder auch einzelne Lektionen absolvieren, die Sie gerade interessieren. Am Ende jeder Lektion finden Sie eine Zusammenfassung mit relevanten Fragen und Antworten.

Voraussetzungen

Bevor Sie *Adobe Illustrator CS6 Classroom in a Book* lesen, sollten Sie gewisse Kenntnisse über die Funktionsweise Ihres Computers und seines Betriebssystems haben. Sie sollten sicher mit der Maus umgehen können, Standardmenüs und Befehle verstehen und wissen, wie man Dateien öffnet, schließt und speichert. Falls Sie hier Nachholbedarf haben, lesen Sie die Anleitung zu Ihrem Betriebssystem (Windows oder Mac OS).

● **Hinweis:** Falls Befehle für die verschiedenen Plattformen abweichen, finden Sie zuerst den Windows-Befehl, dann den Mac OS-Befehl, z. B. »Drücken Sie die Alt-Taste (Windows) bzw. Option (Mac OS) und klicken Sie außerhalb der Grafik.«

Das Programm installieren

Bevor Sie beginnen, die Lektionen in diesem Buch durchzuarbeiten, achten Sie darauf, dass Ihr Computersystem die Hardwareanforderungen erfüllt und die erforderliche Software installiert ist.

Die Software Adobe Illustrator CS6 befindet sich nicht auf der beiliegenden DVD; Sie müssen das Programm separat erwerben. Eine ausführliche Anleitung zur Installation erhalten Sie auf der Adobe Illustrator-DVD oder im Web unter www.adobe.com/de/support.

In diesem Buch verwendete Schriften

Für die Lektionsdateien benötigen Sie Schriften, die mit Adobe Illustrator CS6 an den folgenden Orten installiert werden:

- Windows: [Startlaufwerk]\Windows\Fonts\
- Mac OS X: [Startlaufwerk]/Library/Fonts/

Mehr über Schriften und deren Installation finden Sie in der Lies-mich-Datei auf der Programm-DVD oder unter www.adobe.com/de/support.

Die Classroom-in-a-Book-Dateien kopieren

Die CD zu diesem Buch enthält alle für die Lektionen erforderlichen Dateien. Jede Lektion befindet sich in einem eigenen Ordner. Kopieren Sie diese Ordner auf Ihre Festplatte, um die Übungen in den einzelnen Lektion nachvollziehen zu können. Um Speicherplatz auf Ihrer Festplatte zu sparen, können Sie die Ordner für jede Lektion auch erst bei Bedarf einrichten und anschließend wieder entfernen.

So installieren Sie die Lektionsdateien

1 Legen Sie die CD zu diesem Buch in das CD-/DVD-Laufwerk Ihres Computers ein.

2 Führen Sie einen der folgenden Schritte aus:

- Kopieren Sie den gesamten Inhalt des Ordners *Lektionen* in einen neuen Ordner.
- Kopieren Sie nur den aktuell benötigten Lektionsordner in einen neuen Ordner.

Standardvoreinstellungen wiederherstellen

Die Voreinstellungsdatei legt fest, wie Befehlseinstellungen auf Ihrem Bildschirm aussehen, wenn Sie Adobe Illustrator öffnen. Jedes Mal, wenn Sie Adobe Illustrator beenden, werden Bedienfeldpositionen und Befehlseinstellungen in verschiedenen Voreinstellungendateien aufgenommen. Wenn Sie Werkzeuge und Einstellungen wiederherstellen wollen, löschen Sie die aktuellen Adobe Illustrator-CS6-Voreinstellungen. Adobe Illustrator erstellt dann eine neue Datei, sobald Sie das Programm neu starten und eine Datei speichern.

Nachdem Sie das Buch durchgearbeitet haben, können Sie diese Illustrator-Standardvoreinstellungsdatei wieder in den ursprünglichen Ordner kopieren, um Ihre eigenen Voreinstellungen wiederherzustellen.

So sichern Sie die aktuellen Illustrator-Voreinstellungen:

1. Beenden Sie Adobe Illustrator CS6.

2. Suchen Sie nach der Datei *AIPrefs* (Windows) oder *Adobe Illustrator Prefs* (Mac OS).

    - (Windows XP SP3) Die Datei *AIPrefs* befindet sich im Ordner *[Startlaufwerk]\Dokumente und Einstellungen\[username]\ Application Data\Adobe\Adobe Illustrator CS6 Settings\de_DE\x86 oder x64**.

    - (Windows Vista oder Windows 7) Die Datei *AIPrefs* befindet sich im Ordner *[Startlaufwerk]\Benutzer\[Benutzername]\AppData\Roaming\ Adobe\Adobe Illustrator CS6 Settings\de_DE*x86 oder x64*.

    - (Mac OS 10.6 und 10.7**) Die Datei *Adobe Illustrator Prefs* befindet sich im Ordner *[Startlaufwerk]/Benutzer/[benutzername]/Library/ Preferences/Adobe Illustrator CS6 Settings/de_DE**.

*Je nach installierter Sprachversion können die Ordnernamen variieren.
**Unter Mac OS 10.7 (Lion) ist der Bibliotheksordner standardmäßig ausgeblendet.

● **Hinweis:** Falls Sie die *Preferences*-Datei nicht finden können, nutzen Sie den **Suchen**-Befehl Ihres Betriebssystems und suchen Sie nach AIPrefs (Windows) oder Adobe Illustrator Prefs (Mac OS).

Falls Sie die Datei nicht finden können, haben Sie entweder Adobe Illustrator CS6 noch nicht gestartet oder die Datei verschoben. Die Datei wird angelegt, sobald Sie das Programm das erste Mal beenden. Fortan wird sie regelmäßig aktualisiert.

● **Hinweis:** Unter Windows XP ist der Ordner Application Data standardmäßig ausgeblendet. Dasselbe gilt für den Ordner AppData unter Windows Vista und Window 7. Um sie einzublenden, öffnen Sie die Ordneroptionen im Steuerungsbedienfeld und klicken auf den Reiter **Ansicht**. In den erweiterten Einstellungen suchen Sie nach versteckten Dateien und Ordnern und wählen »Versteckte Dateien und Ordner einblenden« oder »Versteckte Dateien, Ordner oder Laufwerke anzeigen«.

3   Kopieren Sie die Datei und speichern Sie sie in einem anderen Ordner auf Ihrer Festplatte.

4   Starten Sie Adobe Illustrator CS6.

▶ **Tipp:** Um die Preferences-Datei vor jeder neuen Lektion schneller zu finden und löschen zu können, erstellen Sie eine Verknüpfung (Mac OS: Alias) im Ordner *Illustrator CS6 Settings*.

So löschen Sie die aktuellen Illustrator-Voreinstellungen:

1   Beenden Sie Adobe Illustrator CS6.

2   Suchen Sie nach der Datei *AIPrefs* (Windows) oder *Adobe Illustrator Prefs* (Mac OS). Gehen Sie dazu folgendermaßen vor:

- (Windows XP) Die Datei *AIPrefs* befindet sich im Ordner *[startlaufwerk]\ Dokumente und Einstellungen\[benutzername]\ Application Data\ Adobe\Adobe Illustrator CS6 Settings\de_DE*\x86 oder x64*.

- (Windows Vista oder Windows 7) Die Datei *AIPrefs* befindet sich im Ordner *[startlaufwerk]\Benutzer\[benutzername]\AppData\Roaming\ Adobe\Adobe Illustrator CS6 Settings\de_DE*\x86 oder x64*.

- (Mac OS 10.6 und 10.7**) Die Datei *Adobe Illustrator Prefs* befindet sich im Ordner *[startlaufwerk]/Benutzer/[benutzername]/Library/ Preferences/Adobe Illustrator CS6 Settings/de_DE**.

*Je nach Programmsprache können die Ordnernamen variieren.

**Unter Mac OS 10.7 (Lion) ist der Library-Ordner standardmäßig ausgeblendet.

● **Hinweis:** Falls Sie die Preferences-Datei nicht finden können, nutzen Sie den **Suchen**-Befehl Ihres Betriebssystems und suchen Sie nach AIPrefs (Windows) oder Adobe Illustrator Prefs (Mac OS).

3   Löschen Sie die Preferences-Datei.

4   Starten Sie Adobe Illustrator CS6.

So stellen Sie die gespeicherten Voreinstellungen nach einer Lektion wieder her:

1   Beenden Sie Adobe Illustrator CS6.

2   Löschen Sie die aktuelle Preferences-Datei. Suchen Sie die gespeicherte Originaldatei und verschieben Sie sie in den Ordner *Adobe Illustrator CS6 Settings*.

● **Hinweis:** Statt die Original-Preferences-Datei umzubenennen, können Sie sie auch verschieben.

Weitere Ressourcen

Adobe Illustrator CS6 Classroom in a Book soll die Programmhilfe nicht ersetzen und stellt auch keine umfassende Referenz aller Funktionen dar. Lediglich die Befehle und Optionen, die für die aktuelle Lektion von Bedeutung sind, werden im Buch erläutert. Umfassende Informationen über die Programmfunktionen finden Sie hier:

Adobe-Community-Hilfe: Die Community-Hilfe bringt aktive Adobe-Nutzer, Mitglieder des Adobe-Produktteams und Experten, die wichtige und aktuelle Informationen zu Adobe-Produkten liefern, zusammen.

Zugriff auf die Community-Hilfe: Um die Hilfe zu öffnen, drücken Sie F1 oder wählen Sie **Hilfe: Illustrator-Hilfe**.

Der Adobe-Inhalt wird basierend auf Reaktionen zur Community-Hilfe aktualisiert. Sie selbst können Forumsartikel oder Inhalte inklusive Weblinks kommentieren und eigene Inhalte oder Tutorials veröffentlichen. Wie Sie sich beteiligen können, erfahren Sie unter: www.adobe.com/community/publishing/download.html

Unter community.adobe.com/help/profile/faq.html finden Sie Antworten auf häufig gestellte Fragen zur Community Help.

Adobe Illustrator-Hilfe und -Support: Unter www.adobe.com/support/illustrator können Sie Hilfe- und Support-Inhalte durchsuchen.

Adobe Forums: Unter forums.adobe.com können Sie sich an Diskussionen beteiligen, finden Fragen und Antworten zu Adobe-Produkten.

Adobe TV: tv.adobe.com ist eine Online-Video-Ressource für Expertenrat und Inspiration über die Adobe-Produkte. Es gibt hier einen How-to-Bereich, der Ihnen Starthilfe für Ihr Produkt bietet.

Adobe Design Center: www.adobe.com/designcenter bietet durchdachte Artikel zu Design-Themen, eine Galerie mit den Arbeiten von Top-Designern, Tutorials und vieles mehr.

Adobe Developer Connection: www.adobe.com/devnet ist Ihre Quelle für technische Artikel, Code-Beispiele und Video-Tutorials zu Themen und Technologien, die für Entwickler interessant sind.

Ressourcen für Trainer: www.adobe.com/education bietet eine Fülle von Informationen für Trainer, die Seminare zu Adobe-Software-Anwendungen abhalten. Hier finden Sie Lösungen für alle Schwierigkeitsgrade, unter anderem kostenlose Lehrpläne, die für die Vorbereitung für die Adobe-Certified-Associate-Prüfungen genutzt werden können.

Beachten Sie auch die folgenden hilfreichen Links:

Adobe Marketplace & Exchange: www.adobe.com/cfusion/exchange ist eine Download-Zentrale zur Erweiterung und Ergänzung Ihrer Adobe-Produkte. Sie finden hier Tools, Erweiterungen, Code-Beispiele und vieles mehr.

Adobe Illustrator CS6-Produkt-Homepage: www.adobe.com/products/illustrator

Adobe Labs: Über http://labs.adobe.com erhalten Sie Zugriff auf die neuesten Technologien sowie auf Foren, über die Sie nicht nur mit Gleichgesinnten, sondern auch mit den Adobe-Entwicklungsteams kommunizieren können.

Adobe-Zertifizierung

Das Adobe-Zertifizierungsprogramm hilft Adobe-Kunden und -Ausbildern, ihre Fähigkeiten im professionellen Umgang mit dem Produkt zu verbessern. Es gibt vier Zertifizierungsstufen:

- Adobe Certified Associate (ACA)
- Adobe Certified Expert (ACE)
- Adobe Certified Instructor (ACI)
- Adobe Authorized Training Center (AATC)

Der »Adobe Certified Associate« (ACA) bestätigt Ihnen, dass Sie die Grundlagen der Software beherrschen und damit effektive Lösungen mit verschiedenen digitalen Medien planen, entwerfen, erstellen und warten können.

Das Programm »Adobe Certified Expert« bietet Experten die Möglichkeit, ihre Fähigkeiten zu verbessern. Mit der Adobe-Zertifizierung können Sie sich die Suche nach einer qualifizierten Arbeitsstelle erleichtern und Ihr Expertenwissen unter Beweis stellen.

Mit dem Programm »Adobe Certified Instructor« heben Sie Ihre Fähigkeiten auf eine neue Stufe. Als AC Instructor erhalten Sie Zugang zu einer größeren Vielfalt an Adobe-Ressourcen.

Adobe Authorized Training Center bieten Kurse zu Adobe-Programmen, die ausnahmslos von Adobe-zertifizierten Ausbildern abgehalten werden. Ein Verzeichnis finden Sie unter http://partners.adobe.com.

Weitere Informationen zum Zertifizierungsprogramm finden Sie unter www.adobe.com/de/support/certification.

Produktaktualisierungen herunterladen

Adobe bietet regelmäßig Software-Updates an. Sie erhalten diese Updates über den Adobe Updater (vorausgesetzt, Sie sind mit dem Internet verbunden).

1   Wählen Sie in Illustrator **Hilfe: Aktualisierungen**. Der Adobe-Updater prüft automatisch, ob für Ihre Adobe-Software Updates vorhanden sind.

2   Wählen Sie im Fenster »Adobe Application Manager« die gewünschten Updates und klicken Sie auf »Aktualisieren«, um sie zu installieren.

● **Hinweis:** Wenn Sie Updates für Illustrator herunterladen, werden Sie im Fenster »Adobe Application Manager« aufgefordert, Illustrator zu schließen, falls das Programm gerade geöffnet ist. Schließen Sie Illustrator, fahren Sie mit dem Download fort und starten Sie Illustrator nach erfolgter Aktualisierung erneut.

▶ **Tipp:** Das Fenster »Adobe Application Manager« zeigt alle Adobe-Updates für die installierten Anwendungen. Es ist dabei gleichgültig, von welcher Adobe-Anwendung aus der Application Manager geöffnet wurde. Sie können jederzeit auch andere Adobe-Anwendungen aktualisieren (falls im Adobe Application Manager ein entsprechendes Update vorhanden ist).

3   Wenn Sie mit der Aktualisierung fertig sind, schließen Sie das Fenster und kehren zu Illustrator zurück.

WAS IST NEU IN ILLUSTRATOR CS6?

Adobe Illustrator CS6 steckt voller neuer und innovativer Funktionen, die Ihre Produktivität bei der Gestaltung von Grafikmaterial für den Druck, das Web und digitale Videos steigern. In diesem Abschnitt lernen Sie viele dieser neuen Funktionen kennen und erfahren, wie Sie sie in Ihrer Arbeit verwenden können.

Effiziente, flexible Benutzeroberfläche

Über 40 neue Verbesserungen in der Illustrator-Benutzeroberfläche machen die Arbeit mit Ihren Lieblingswerkzeugen einfacher, effizienter und intuitiver.

Die Werkzeuge, Bedienfelder und Einstellmöglichkeiten befinden sich an den gewohnten Stellen, aber die täglichen Aufgaben lassen sich mit weniger Schritten, schneller und direkter erledigen, zum Beispiel die Bearbeitung von Ebenennamen oder die Navigation im Schriftmenü. Auch die Bedienfelder wurden verbessert. Zum Beispiel können Sie im Farbebedienfeld Hexadazimalwerte bearbeiten und den Farbbalken zu einer Farbfläche erweitern. Sie können die Namen und Ebenen, Stile und Farbfelder direkt im Bedienfeld bearbeiten. Das Zeichenbedienfeld enthält Glyphen, die in früheren Versionen nur mit mehreren Klicks erreicht werden konnten.

Anpassbare Helligkeit der Benutzeroberfläche

Die Helligkeit der Benutzeroberfläche lässt sich nach Ihren allgemeinen oder projektspezifischen Bedürfnissen anpassen. Sie können die Helligkeit an das Erscheinungsbild Ihres Videobearbeitungsprogramms oder von Adobe Photoshop CS6 anpassen oder sie einfach so einstellen, dass sie sich optimal auf Ihre Grafiken konzentrieren können.

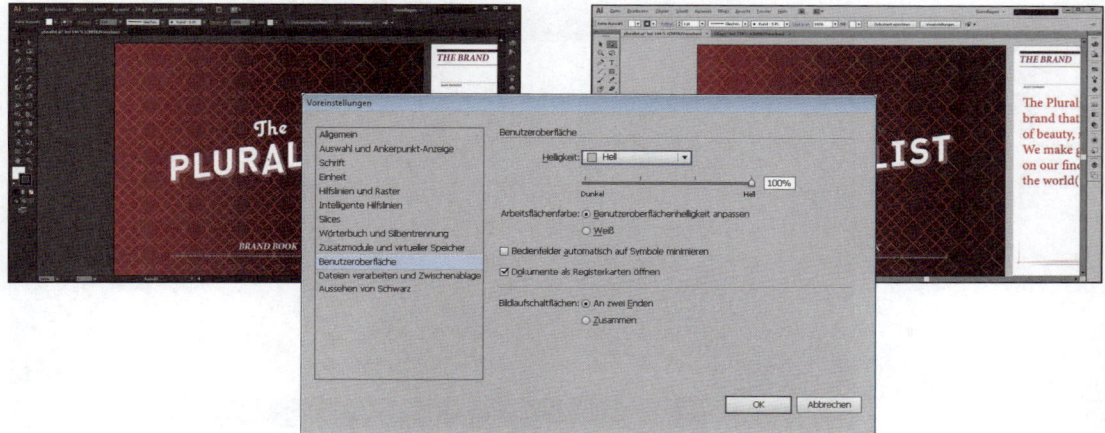

Bilder nachzeichnen

Eine komplett neue Tracing-Engine erlaubt die einfache und saubere Konvertierung von Rasterbildern in bearbeitbare Vektorgrafiken. Sie erzielen schärfere Linien und genauere Farben als in den Vorversionen. Die Steuerungselemente sind intuitiver und einfacher. Sie müssen sich mehr mit komplexen Optionen abplagen.

Mustererstellung

Gekachelte Vektormuster lassen sich in der neuen Version schnell und einfach erzeugen. Experimentieren Sie mit verschiedenen Layoutarten oder definieren Sie selbst Kachelung und Überlappungen, wobei Sie automatisch nahtlose Wiederholungen erzielen.

Mercury-Leistungssystem

Die Leistungsfähigkeit der neuen Illustrator-Version fällt an zahlreichen Stellen auf. Die native 64-Bit-Unterstützung – sowohl unter Mac OS als auch unter Windows – kann auf den gesamten RAM-Speicher Ihres Systems zugreifen. Diese Optimierung der Leistung wird offensichtlich, wenn Sie große Dateien öffnen, speichern und exportieren. Die Vorschau ist schneller geworden und das Programm arbeitet insgesamt zügiger.

Verläufe auf Konturen

Mit Verläufen, die Sie an der Konturlänge, -breite oder innerhalb der Kontur ausrichten können, erzielen Sie kreative Designs. Sie können einen einfachen Pfad in eine visuell komplexe und ansprechende Form konvertieren. Weil Sie die Platzierung und Deckkraft der Verläufe vollständig kontrollieren können, können Sie für anspruchsvolle Grafiken Konturen statt Flächen verwenden.

Weitere Verbesserungen

- **Transformierenbedienfeld** – Direkt im Transformierenbedienfeld können Sie schnell auf die wichtige Option »Konturen und Effekte skalieren« zugreifen. Diese Funktion ist auch im überarbeiteten Dialogfeld **Effekt: Verzerrungs- und Transformationsfilter: Transformieren** verfügbar.

- **Transparenzbedienfeld** – Mithilfe der neuen Schaltflächen »Maske erstellen« und »Zurückwandeln« lassen sich Transparenzmasken schneller erstellen und bearbeiten. Alle Maskierungsfunktionen von Illustrator sind nun im Transparenzbedienfeld verfügbar.

- **Steuerungsbedienfeld** – Das Steuerungsbedienfeld ist effizienter geworden; die Optionen sind konsistenter. Schnittmasken, Hüllenverzerrungen und vieles mehr befinden sich ungeachtet der aktiven Funktion immer an derselben Stelle.

- **Gaußscher Weichzeichner** – Der Gaußsche Weichzeichner wurde auf Geschwindigkeit optimiert. Die Performance von Schlagschatten und Glüheffekten wurde dadurch verbessert. Sie erhalten überdies eine Echtzeitvorschau, während Sie den Effekt anwenden oder bearbeiten.

Hier wurden nur einige der neuen und verbesserten Funktionen von Illustrator CS6 genannt. Sie sehen aber bereits hier, wie wichtig es Adobe ist, die bestmöglichen Werkzeuge für alle Anwendungen im Grafikbereich zu bieten. Wir hoffen, dass Ihnen die Arbeit mit Illustrator CS6 ebenso viel Freude bereitet wie uns.

– **Das Team von** *Adobe Illustrator CS6 Classroom in a Book*

ERSTE SCHRITTE MIT ADOBE ILLUSTRATOR CS6

Überblick

In dieser interaktiven Demonstration von Adobe Illustrator CS6 erhalten Sie einen Überblick über das Programm und lernen einige der interessanten neuen Funktionen kennen.

 Diese Lektion dauert ungefähr eine Stunde. Kopieren Sie zunächst den Ordner *Lektion00* auf Ihre Festplatte.

In dieser Tour durch Adobe Illustrator CS6 arbeiten Sie mit neuen, aufregenden Programmfunktionen, zum Beispiel den Konturverläufen und der Mustererstellung. Außerdem erlernen Sie einige wichtige Grundlagen für die Arbeit mit dem Programm.

Zu Beginn

Die erste Lektion dieses Buchs begleitet Sie auf einer kurzen Reise durch die Werkzeuge und Funktionen von Adobe Illustrator CS6. Sie erhalten damit eine Vorstellung von den Möglichkeiten dieses Programms. Sie erstellen jetzt ein Schild für eine Schokoladenfirma.

● **Hinweis:** Falls noch nicht geschehen, kopieren Sie den Ordner *Lektion00* aus dem Ordner *Lektionen* von der *Adobe Illustrator CS6 Classroom in a Book* CD auf Ihre Festplatte. Siehe »Die Classroom-in-a-Book-Dateien kopieren« auf Seite 2.

1 Damit die Werkzeuge und Bedienfelder genau so funktionieren wie in der Übung, löschen oder deaktivieren Sie (durch Umbenennen) die Adobe Illustrator CS6 Preferences-Datei. Mehr darüber erfahren Sie im Abschnitt »Standardvoreinstellungen wiederherstellen« auf Seite 3.

2 Starten Sie Adobe Illustrator CS6.

3 Wählen Sie **Datei: Öffnen** und öffnen Sie die Datei *L00end_1.ai* aus dem Ordner *Lektion00* des *Lektionen*-Ordners auf Ihrer Festplatte. Das sind die finalen Dateien. Sie können diese zu Vergleichszwecken geöffnet lassen oder Sie wählen **Datei: Schließen**. In dieser Übung beginnen Sie mit einem leeren Dokument.

4 Wählen Sie **Fenster: Arbeitsbereich: Zurücksetzen: Grundlagen**.

● **Hinweis:** Wenn der Befehl **Zurücksetzen: Grundlagen** nicht im »Arbeitsbereich«-Menü vorhanden ist, wählen Sie **Fenster: Arbeitsbereich: Grundlagen** und danach **Fenster: Arbeitsbereich: Zurücksetzen: Grundlagen**.

Mit mehreren Zeichenflächen arbeiten

Zeichenflächen ähneln den Seiten in einem Programm wie Adobe InDesign. Sie werden nun ein Dokument mit zwei Zeichenflächen erstellen.

● **Hinweis:** Mehr über das Erstellen von neuen Dokumenten lesen Sie in Lektion 3, »Formen erstellen und bearbeiten«. Mehr über das Bearbeiten von Zeichenflächen erfahren Sie in Lektion 4, »Objekte transformieren«.

1 Wählen Sie **Datei: Neu**.

2 Im Dialogfeld »Neues Dokument« geben Sie der Datei den Namen **signage** und behalten das Dokumentprofil »Druck« bei. Ändern Sie die Anzahl der Zeichenflächen auf **2** und die Einheit in »Zoll«. Klicken Sie auf OK. Ein neues leeres Dokument wird erstellt.

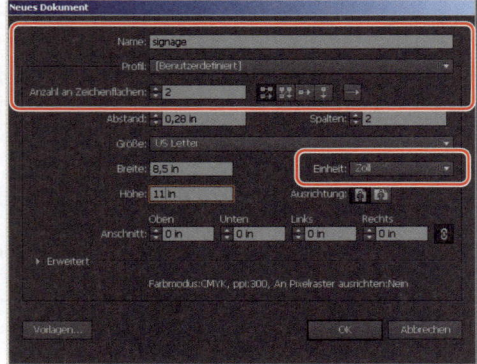

3 Wählen Sie **Datei: Speichern unter**. Behalten Sie im Dialogfeld »Speichern unter« den Namen *signage.ai* bei und navigieren Sie zum Ordner *Lektion00*. Lassen Sie den Dateityp »Adobe Illustrator (*.AI)« (Windows) bzw. »Adobe Illustrator (ai)« (Mac OS) unverändert, und klicken Sie auf »Sichern/Speichern«. Im Dialogfeld »Illustrator-Optionen« behalten Sie die Illustrator-Standardeinstellungen bei und klicken auf OK.

4 Wählen Sie **Ansicht: Lineale: Lineale einblenden**, damit die Lineale im Dokumentfenster angezeigt werden.

5 Aktivieren Sie das Zeichenflächenwerkzeug (⌗) im Werkzeugbedienfeld. Klicken Sie in die Mitte der weißen Zeichenfläche mit der Beschriftung »01 – Zeichenfläche 1«, um diese auszuwählen. Klicken Sie im Steuerungsbedienfeld über den Zeichenflächen auf das Symbol »Querformat« (▬).

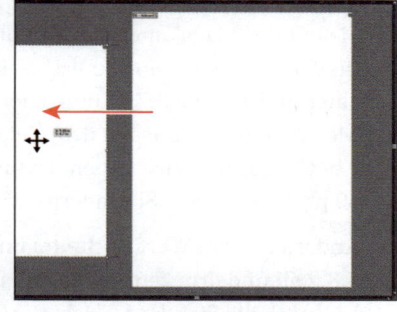

6 Zeigen Sie auf die ausgewählte Zeichenfläche und ziehen Sie sie nach links, bis eine graue Lücke zwischen den beiden Zeichenflächen entsteht. Illustrator ermöglicht Zeichenflächen in unterschiedlichen Größen und Ausrichtungen.

7 Aktivieren Sie das Auswahl-Werkzeug (▶), um die Bearbeitung der Zeichenflächen abzuschließen.
Klicken Sie in die rechte (hochformatige) Zeichenfläche, um sie zu aktivieren. Wählen Sie **Ansicht: Zeichenfläche in Fenster einpassen**.

Formen und Linien zeichnen

Das Herzstück von Illustrator ist das Zeichnen von Formen. Nun werden Sie einige Formen erstellen.

1 Aktivieren Sie das Liniensegment-Werkzeug (╱) in im Werkzeugbedienfeld und zeigen Sie mit der Maus in der Nähe der linken Kante auf die Zeichenfläche (betrachten Sie dazu die Einkreisung in der nebenstehenden Abbildung). Halten Sie die Umschalt-Taste gedrückt, klicken und ziehen Sie senkrecht nach unten zur Unterkante der Zeichenfläche. Geben Sie zuerst die Maus- und dann die Umschalt-Taste frei.

● **Hinweis:** Mehr über das Erstellen und Bearbeiten erfahren Sie in Lektion 3, »Formen erstellen und bearbeiten«.

Hinweis: Je nach der Auflösung Ihres Bildschirms erscheinen die Optionen zum Transformieren (der Y-Wert) möglicherweise nicht im Steuerungsbedienfeld. In diesem Fall klicken Sie auf das Wort »Transformieren«, um das Transformierenbedienfeld anzuzeigen. Alternativ wählen Sie **Fenster: Transformieren**.

2 Im Steuerungsbedienfeld über dem Dokumentfenster geben Sie **30 pt** in das Feld »Konturstärke« ein. Drücken Sie die Enter-Taste.

3 Bei weiterhin ausgewähltem Liniensegment-Werkzeug (/) zeigen Sie auf die Mitte der soeben erzeugten Linie (ungefähr ein Drittel unterhalb ihres oberen Endes). Halten Sie die Umschalt-Taste gedrückt und ziehen Sie mit gedrückter Maustaste nach rechts, fast bis zur rechten Kante der Zeichenfläche. Geben Sie die Maus- und dann die Umschalt-Taste frei.

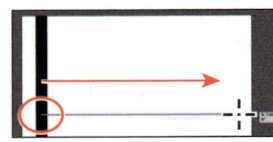

4 Im Steuerungsbedienfeld ändern Sie die »Konturstärke« in **50 pt**. Geben Sie **3,65 in** in das Feld rechts vom Y-Wert ein, um die Linie vertikal auszurichten. Drücken Sie die Enter-Taste.

5 Wählen Sie das Rechteck-Werkzeug (▪) im Werkzeugbedienfeld. Zeigen Sie mit der Maus unter die horizontale Linie, die Sie gerade erstellt haben (in der Abbildung eingekreist). Klicken und ziehen Sie, um ein Rechteck mit einer Breite von 5,8 Zoll und einer Höhe von 3 Zoll zu erzeugen. Die graue Messbeschriftung neben dem Zeiger zeigt Ihnen, wann Sie die richtigen Abmessungen erzielt haben. Das neue Rechteck hat eine Konturstärke von 50 pt. Dies werden Sie ändern.

6 Ändern Sie den Wert B (Breite) im Steuerungsbedienfeld gegebenenfalls in **5,8 Zoll** und drücken Sie die Enter-Taste. Drücken Sie die Taste D, um dem Rechteck die Standard-Flächen- und -Konturfarbe zuzuweisen.

7 Wählen Sie im Werkzeugbedienfeld das Auswahl-Werkzeug (▶) und ziehen Sie das Rechteck an die in der Abbildung gezeigte ungefähre Position.

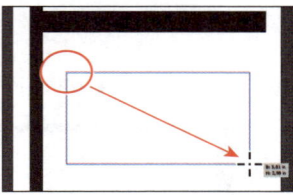 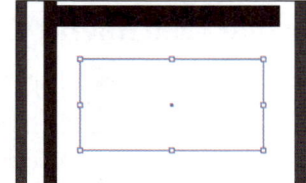

Tipp: Die Spiralformen wurden mit dem Spirale-Werkzeug (◉) in der Gruppe des Liniensegment-Werkzeugs (/) im Werkzeugbedienfeld erzeugt.

8 Wählen Sie **Datei: Öffnen** und öffnen Sie die Datei *extras.ai* im Ordner *Lektion00* auf Ihrer Festplatte.

9 Klicken Sie mit dem Auswahl-Werkzeug auf die Spiralen, um sie komplett auszuwählen. Wählen Sie **Bearbeiten: Kopieren**. Lassen Sie die Datei *extras.ai* geöffnet, klicken Sie auf das Register der Datei *signage.ai* am oberen Rand des Dokumentfensters und wählen Sie dann **Bearbeiten: Einfügen**.

10 Ziehen Sie die Spiralen mit dem Auswahl-Werkzeug an die richtige, in der Abbildung gezeigte Position. Wählen Sie dann **Auswahl: Auswahl aufheben**.

Die Spiralpfade sind miteinander gruppiert. Wenn Sie also eine Spirale anklicken, wählen Sie alle Spiralen aus.

Farbe zuweisen

Eine häufige Aufgabe in Illustrator ist das Kolorieren von Grafiken. Farbebedienfeld, Farbfelderbedienfeld, Farbhilfebedienfeld und das Dialogfeld »Farben bearbeiten«/«Bildmaterial neu färben« vereinfachen Ihnen das Experimentieren mit und Zuweisen von Farben.

1 Wählen Sie das gezeichnete Rechteck mit dem Auswahl-Werkzeug (▶) aus. Klicken Sie im Steuerungsbedienfeld auf die Flächenfarbe, um die Farbfelder anzuzeigen. Wählen Sie das schwarze Farbfeld. Drücken Sie die Esc-Taste, um die Farbfelder auszublenden.

▶ **Tipp:** Wenn Sie auf ein Farbfeld zeigen, erscheint ein Werkzeughinweis mit dem Farbfeldnamen.

2 Klicken Sie im unteren Bereich des Werkzeugbedienfelds auf das Konturfeld.

3 Klicken Sie auf der rechten Seite des Arbeitsbereichs auf das Symbol des Farbfelderbedienfelds (▦), um es auszuklappen. Zeigen Sie mit der Maus auf die braunen Farben. Klicken Sie auf die braune Farbe mit dem Tooltipp »C=40, M=65, Y=90, K=35.«

● **Hinweis:** Die Konturfarbe des ausgewählten Rechtecks ist möglicherweise nur schwer zu sehen, weil es recht klein ist. Das macht nichts aus.

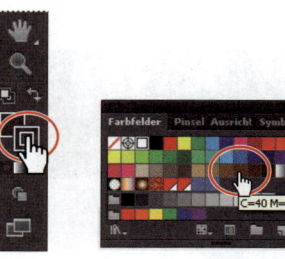

Kontur Die Konturfarbe ändern

Das Ergebnis

4 Wählen Sie **Datei: Speichern**.

Das Formerstellungswerkzeug nutzen

● **Hinweis:** Mehr über die Arbeit mit dem Formerstellungs-Werkzeug erfahren Sie in Lektion 3, »Formen erstellen und bearbeiten«.

Das Formerstellungswerkzeug ist ein interaktives Werkzeug für die Erstellung komplexer Formen, mit dem Sie einfachere Formen mischen und löschen. Nun ändern Sie das erzeugte Rechteck mit dem Formerstellungswerkzeug ab.

1 Wählen Sie im Werkzeugbedienfeld das Ellipse-Werkzeug (⬤) aus der Gruppe des Rechteck-Werkzeugs, indem Sie auf das Rechteck-Werkzeug klicken und die Maustaste gedrückt halten (◼).

2 Positionieren Sie den Mauszeiger über die linke obere Ecke des schwarzen Rechtecks (in der Abbildung eingekreist). Das grüne Wort »Anker«

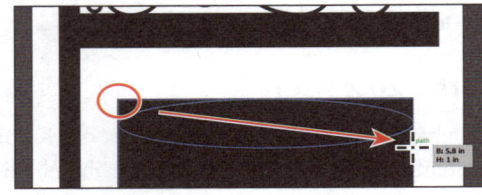

wird angezeigt. Ziehen Sie mit gedrückter Maustaste nach unten und zur rechten Kante des Rechtecks, bis Sie in der grauen Messbeschriftung eine Höhe von etwa 1 Zoll sehen. Geben Sie die Maustaste dann frei.

3 Aktivieren Sie das Auswahl-Werkzeug (▶) im Werkzeugbedienfeld. Zeigen Sie auf den blauen Mittelpunkt der Ellipse und ziehen Sie gerade

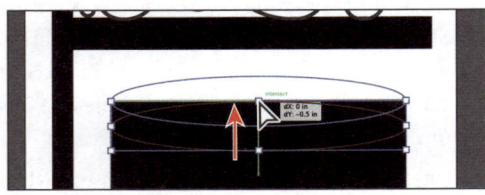

nach oben. Sobald der Mauszeiger an der oberen Rechteckkante einrastet (und der Mauszeiger weiß wird), geben Sie die Maustaste frei.

4 Aktivieren Sie im Werkzeugbedienfeld das Ellipse-Werkzeug (⬤) und klicken Sie an eine beliebige Stelle auf der Zeichenfläche. Im Dialogfeld »Ellipse« geben Sie eine Breite und eine Höhe von jeweils **1 in** ein. Klicken Sie auf OK.

● **Hinweis:** Die Werte, die Sie in der grauen Messbeschriftung sehen, werden wahrscheinlich abweichen. Das macht nichts aus.

5 Aktivieren Sie im Werkzeugbedienfeld das Auswahl-Werkzeug (▶). Ziehen Sie den Mittelpunkt des neuen Kreises auf den linken unteren Punkt des Rechtecks. Er schnappt ein.

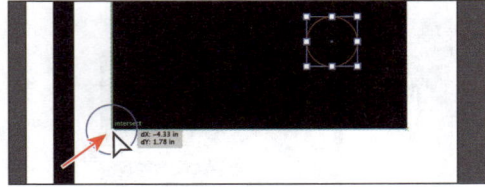

6 Drücken Sie die Alt-Taste und ziehen Sie den Kreis von seinem Mittelpunkt auf den rechten unteren Punkt des Rechtecks. Geben Sie die Maustaste

frei, sobald das Wort »Schnittmenge bilden« erscheint. Anschließend geben Sie die Modifikationstaste frei, um eine Kopie des Kreises zu erhalten.

7 Halten Sie die Umschalt-Taste gedrückt und wählen Sie den anderen kleinen Kreis, die Ellipse und das Rechteck mit einem Klick aus. Alle vier Formen sind nun markiert. Wenn Sie den Mauszeiger über die Grafik bewegen, werden die Kanten der einzelnen Objekte hervorgehoben.

8 Aktivieren Sie im Werkzeugbedienfeld das Formerstellungs-Werkzeug ( ). Zeigen Sie mit der Maus etwas über die Ellipse im oberen Bereich der ausgewählten Formen (beachten Sie das X in der Abbildung) und ziehen Sie nach unten in das Rechteck. Damit fassen Sie die beiden Formen zu einer zusammen.

9 Zeigen Sie mit der Maus an die Stelle mit dem roten X im zweiten Teil der Abbildung. Ziehen Sie mit gedrückter Alt-Taste auf den Bereich des Kreises, der die Ecke des Rechtecks überlappt, sodass der Kreis aus dem Rechteck in der linken unteren Ecke ausgeschnitten wird. Geben Sie die Maustaste und dann die Alt-Taste frei. Wiederholen Sie den Vorgang mit dem Kreis in der rechten unteren Ecke. Die hervorgehobenen Formen werden dadurch gelöscht.

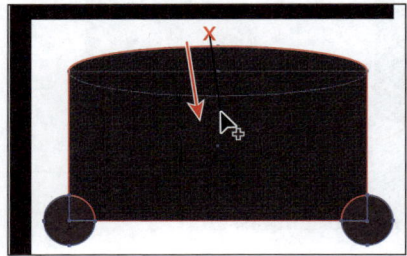
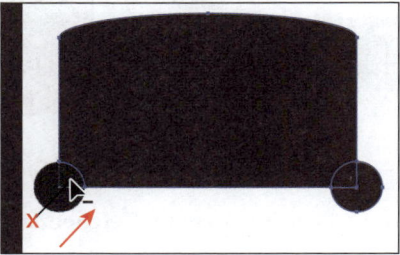

Das Breitenwerkzeug nutzen

Mit dem Breitenwerkzeug können Sie Konturen mit variabler Breite erzeugen und die Breite als Profil speichern, um dieses später anderen Objekten zuzuweisen.

1 Wählen Sie im Werkzeugbedienfeld das Zoomwerkzeug ( ) und klicken Sie mehrmals langsam auf das rechte Ende des horizontalen Pfads, direkt unter den Spiralen, um hineinzuzoomen.

● **Hinweis:** Mehr über das Breiten-werkzeug erfahren Sie in Lektion 3, »Formen erstellen und bearbeiten«.

2. Wählen Sie im Werkzeugbedienfeld das Breitenwerkzeug (). Zeigen Sie mit der Maus, wie in der Abbildung gezeigt, auf den ersten Teil der Abbildung. Wenn der Mauszeiger ein Pluszeichen (+) erhält, ziehen Sie zum Mittelpunkt der Linie. Sobald die graue Messbeschriftung eine Breite von ca. 0,4 Zoll anzeigt, geben Sie die Maustaste frei. Es macht nichts, wenn die Werte bei Ihnen nicht exakt den hier gezeigten Werten entsprechen.

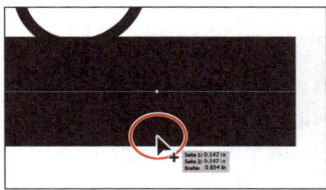 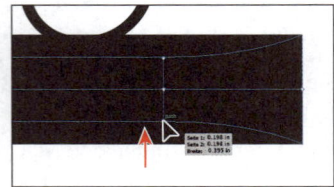

3. Positionieren Sie den Mauszeiger etwas rechts von der Stelle, an die Sie soeben die Kontur gezogen haben. Klicken und ziehen Sie nach unten, weg vom Mittelpunkt der Linie. Sobald die graue Messbeschriftung eine Breite von etwa 0,6 Zoll anzeigt, geben Sie die Maustaste frei.

4. Zeigen Sie mit der Maus auf das rechte Ende der schwarzen Linie (beachten Sie den eingekreisten Mauszeiger in der Abbildung unten). Wenn am Mauszeiger eine Tilde (~) und am Linienende eine grüne Linie erscheint, klicken und ziehen Sie zum Linienmittelpunkt.

5. Sobald die Messbeschriftung die Breite 0 anzeigt, geben Sie die Maustaste frei.

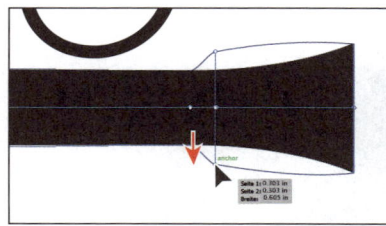 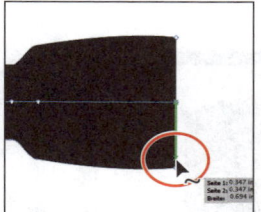 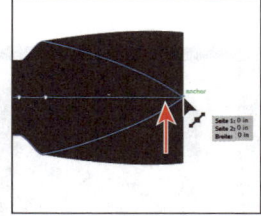

6. Wählen Sie **Ansicht: Zeichenfläche in Fenster einpassen**.

7. Aktivieren Sie das Auswahl-Werkzeug () und klicken Sie auf die Spiralen, um sie auszuwählen. Drücken Sie mehrmals die Pfeil-ab-Taste auf Ihrer Tastatur, um die Spiralen nach unten zu verschieben, sodass sie den soeben bearbeiteten Pfad berühren.

8. Wählen Sie **Objekt: Anordnen: In den Hintergrund** und dann **Auswahl: Auswahl aufheben**.

Farbverläufe erstellen und bearbeiten

Verläufe sind Übergänge zweier oder mehrerer Farben, die Sie den Flächen oder Konturen von Grafiken zuweisen können. Nun weisen Sie der Kontur eines Pfads einen Verlauf zu.

● **Hinweis:** Mehr über die Arbeit mit Verläufen erfahren Sie in Lektion 10, »Farben und Formen mischen«.«

1   Mit dem Auswahl-Werkzeug (▶) klicken Sie auf den soeben bearbeiteten Pfad mit der Pfeilspitze.

2   Klicken Sie auf der rechten Seite des Arbeitsbereichs auf das Symbol des Verlaufbedienfelds (■).

3   Klicken Sie auf das Konturfeld (in der Abbildung eingekreist), sodass Sie den Verlauf auf die Kontur der Linie anwenden können. Klicken Sie auf den Pfeil des Verlaufssymbols (▼) links vom Wort »Art« und wählen Sie Weiß, Schwarz aus dem Menü. Klicken Sie auf das Symbol »Verlauf horizontal auf Kontur anwenden« (■).

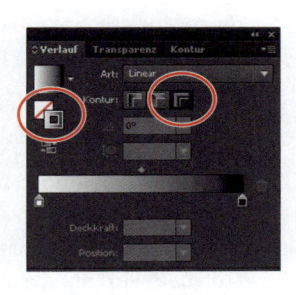

4   Doppelklicken Sie im Verlaufbedienfeld auf die weiße Farbmarke auf der linken Seite des Verlaufsreglers (in der Abbildung unten eingekreist). Klicken Sie auf das Symbol »Farbe« (■), falls es noch nicht aktiviert ist, und ziehen Sie den »K«-Regler (Schwarz) nach rechts, bis im %-Feld rechts vom Regler **80** angezeigt wird. Drücken Sie die Esc-Taste, um das Farbebedienfeld zu schließen.

● **Hinweis:** Im angezeigten Farbfelderbedienfeld sehen Sie möglicherweise nur einen Schwarzregler. Das ist in Ordnung.

5   Zeigen Sie auf die schwarze Farbmarke auf der rechten Seite des Verlaufs und ziehen Sie sie nach links, ungefähr an die in der Abbildung gezeigte Position.

6   Bei aktiviertem Auswahl-Werkzeug klicken Sie die Spiralen mit gedrückter Umschalt-Taste an und wählen Sie **Objekt: Anordnen: In den Hintergrund**. Wählen Sie **Auswahl: Auswahl aufheben** und dann **Datei: Speichern**.

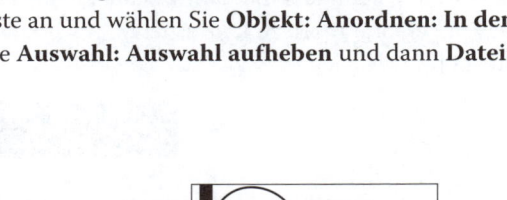

Die Farbmarke ändern 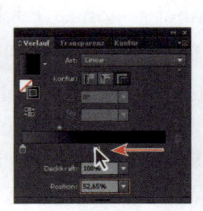   Die Farbmarke ziehen    Das Ergebnis

ADOBE ILLUSTRATOR CS6 CLASSROOM IN A BOOK   21

Photoshop-Bilder in Illustrator platzieren

▶ **Tipp:** Mehr über Ebenenkompositionen und das Platzieren von Photoshop-Bildern erfahren Sie in Lektion 15, »Illustrator CS6-Grafiken mit anderen Adobe-Anwendungen kombinieren«.

Sie können Photoshop-Dateien in Illustrator platzieren und Ebenenkompositionen wählen, bevor Sie Bilder auf der Zeichenfläche platzieren. Als Nächstes platzieren Sie ein Bild mit einer Holzstruktur.

1 Wählen Sie **Datei: Platzieren**. Im Dialogfeld »Platzieren« navigieren Sie zum Ordner *Lektion00* im Ordner *Lektionen* und wählen Sie die Datei *wood.psd*. Vergewissern Sie sich, dass die Option »Verknüpfen« aktiviert ist, und klicken Sie auf »Platzieren«.

Illustrator erkennt, ob eine Datei mit Ebenenkompositionen gespeichert wurde, und öffnet das Dialogfeld »Photoshop-Importoptionen«.

Die Datei in diesem Beispiel wurde mit zwei unterschiedlichen Ebenenkompositionen gespeichert.

2 Im Dialogfeld »Photoshop-Importoptionen« aktivieren Sie das Kontrollfeld »Vorschau anzeigen«. Aus dem Popup-Menü »Ebenenkomp« wählen Sie »without text«. Klicken Sie am unteren Rand des Dialogfelds auf OK. Das Holzbild wird auf der Arbeitsfläche platziert.

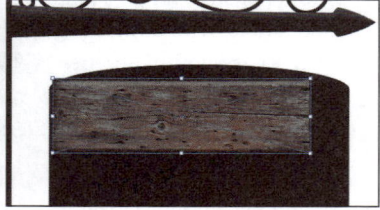

Bilder nachzeichnen

● **Hinweis:** Mehr über den Bildnachzeichner erfahren Sie in Lektion 3, »Formen erstellen und bearbeiten«.

Sie können die Funktion »Bildnachzeichner« verwenden, um Fotos (Rasterbilder) in Vektorgrafiken zu konvertieren. Als Nächstes zeichnen Sie die Photoshop-Datei nach.

1 Bei weiterhin ausgewähltem Bild klicken Sie im Steuerungsbedienfeld auf das Symbol »Bildnachzeichner«. Das Bild wird in Vektorpfade konvertiert, ist aber noch nicht bearbeitbar.

2 Klicken Sie im Steuerungsbedienfeld auf das Symbol »Bildnachzeichnerbedienfeld« (). Klicken Sie am oberen Rand des nun angezeigten Bildnachzeichnerbedienfelds auf das Symbol »Auto-Farbe« ().

3   Im Bildnachzeichnerbedienfeld ziehen Sie den Farbregler nach links, bis rechts daneben **4** angezeigt wird. Schließen Sie das Bildnachzeichnerbedienfeld.

    Das Bildnachzeichnerbedienfeld enthält viele Optionen für die Anpassung der Bildnachzeichnung.

4   Klicken Sie im Steuerungsbedienfeld auf das Symbol »Umwandeln«, um das Objekt bearbeitbar zu machen. Das Holzbild besteht nun aus einer Reihe von miteinander gruppierten Vektorformen.

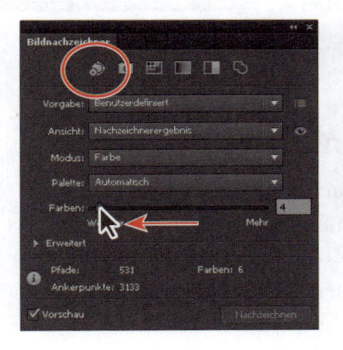

5   Wählen Sie **Auswahl: Auswahl aufheben** und dann **Datei: Speichern**.

Mit dem Farbhilfebedienfeld arbeiten

Das Farbhilfebedienfeld kann als Werkzeug für Farbinspiration verwendet werden, wenn Sie Ihre Grafiken erzeugen. Als Nächstes erstellen und speichern Sie eine Serie von Farben.

● **Hinweis:** Mehr über das Farbhilfebedienfeld und das Neufärben von Grafiken erfahren Sie in Lektion 6, »Farbe und Malen.«

1   Klicken Sie auf das Symbol des Farbfelderbedienfelds (▦), um dieses anzuzeigen. Zeigen Sie auf die braunen Farbfelder. Klicken Sie auf das braune Farbfeld mit dem Tooltipp »C=40, M=65, Y=90, K=35.«

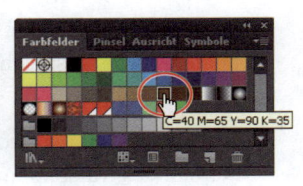

2   Klicken Sie auf das Symbol des Farbhilfebedienfelds (▧) auf der rechten Seite des Arbeitsbereichs. Klicken Sie auf das Symbol »Aktuelle Farbe als Basisfarbe einstellen« ▪ (linke Einkreisung in der Abbildung). Aus dem Menü »Harmonieregeln« wählen Sie »Schattierungen«.

● **Hinweis:** Es macht nichts aus, wenn an dieser Stelle die Farben am oberen Rand des Farbhilfebedienfelds nicht exakt so aussehen wie in der Abbildung.

ADOBE ILLUSTRATOR CS6 CLASSROOM IN A BOOK   **23**

3   Klicken Sie auf die Schaltfläche »Farbgruppe in Farbfeldbedienfeld speichern« () am unteren Rand des Farbhilfebedienfelds. Damit speichern Sie die Farben im Farbfelderbedienfeld als Farbgruppe.

4   Klicken Sie auf das Symbol des Farbfelderbedienfelds (), um dieses anzuzeigen, und scrollen Sie nach unten, um die braunen Farben am unteren Bedienfeldrand in einer Gruppe (Ordner) anzuzeigen.

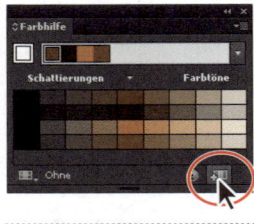

Ein Muster erstellen und zuweisen

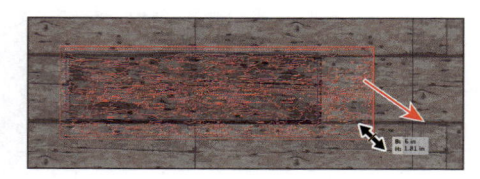

● **Hinweis:** Mehr über Muster erfahren Sie in Lektion 6, »Farbe und Malen«.

Außer Farben kann das Farbfelderbedienfeld auch Musterfelder enthalten. Illustrator bietet im Standard-Farbfelderbedienfeld Beispielfarbfelder jeder Art und gibt Ihnen die Möglichkeit, Ihre eigenen Muster zu erzeugen. In diesem Abschnitt konzentrieren Sie sich auf das Erstellen, Zuweisen und Bearbeiten eines Holzmusters.

1   Bei aktiviertem Auswahl-Werkzeug () wählen Sie das nachgezeichnete Holz auf der Zeichenfläche aus. Wählen Sie **Objekt: Muster: Erstellen**. Klicken Sie im nun angezeigten Dialogfeld auf OK.

Sie können ein Muster aus ausgewählten Grafiken erstellen oder von Grund auf beginnen. Das Muster wird dem Farbfelderbedienfeld als gespeichertes Farbfeld hinzugefügt.

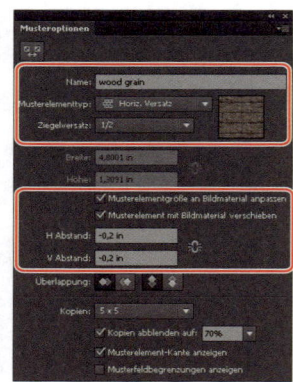

2   Im Musteroptionenbedienfeld ändern Sie den Namen des Musters in **wood grain**. Wählen Sie »Horiz. Versatz« aus dem Popup-Menü »Musterelementtyp«.

3   Aktivieren Sie das Kontrollfeld »Musterelementgröße an Bildmaterial anpassen«. Ändern Sie den »V-Abstand« und den »H-Abstand« jeweils in **-0,2 in**.

4   Bei aktiviertem Auswahl-Werkzeug () wählen Sie **Auswahl: Alles auf der aktiven Zeichenfläche**. Damit wählen Sie die Holzgruppe aus.

24   Erste Schritte mit Adobe Illustrator CS6

Der Rest der Holzformen, die Sie als Teil des Musters sehen, sollen Ihnen bei der Visualisierung helfen, wie das Muster aussehen wird.

5 Halten Sie die Umschalt-Taste gedrückt und ziehen Sie den rechten unteren Begrenzungspunkt der ausgewählten Holzgruppe auf der Zeichenfläche nach rechts und nach unten, bis die graue Messbeschriftung eine Breite von ca. 6 Zoll anzeigt. Geben Sie die Maustaste und dann die Umschalt-Taste frei.

6 Klicken Sie in der oberen linken Ecke des Dokumentfensters auf »Fertig«, um die Bearbeitung des Musters abzuschließen.

7 Wählen Sie die Holzgruppe auf der Arbeitsfläche mit einem Klick aus und drücken Sie die Entf-Taste, um sie zu löschen.

8 Bei aktiviertem Auswahl-Werkzeug klicken Sie, um die schwarze Schildform auszuwählen. Klicken Sie im Steuerungsbedienfeld auf die Flächenfarbe und wählen Sie im Bedienfeld das Holzmusterfeld aus. Drücken Sie die Esc-Taste, um das Farbfelderbedienfeld auszublenden.

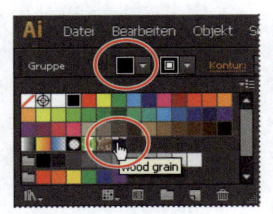

Als Nächstes bearbeiten Sie das Musterfeld.

9 Klicken Sie auf das Symbol des Farbfelderbedienfelds (▦) auf der rechten Seite des Arbeitsbereichs, um es anzuzeigen (falls es nicht geöffnet ist). Im Farbfelderbedienfeld doppelklicken Sie auf das Feld »wood grain«, um das Muster zu bearbeiten.

10 Bei aktiviertem Auswahl-Werkzeug wählen Sie **Auswahl: Alles auf der aktiven Zeichenfläche**.

11 Wählen Sie **Bearbeiten: Farben bearbeiten: Farbbalance einstellen**. Im Dialogfeld »Farben einstellen« ändern Sie den Cyan- und den Magenta-Wert jeweils in **80**. Klicken Sie auf OK.

12 Klicken Sie in der linken oberen Ecke des Dokumentfensters auf »Fertig«, um die Musterbearbeitung abzuschließen. Das Holzmuster hat nun einen violetten Farbstich.

● **Hinweis:** Es macht nichts aus, wenn Ihr Holzmuster nicht exakt so positioniert ist wie auf der Abbildung.

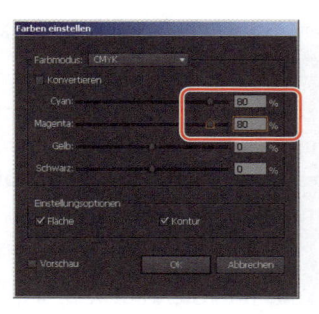

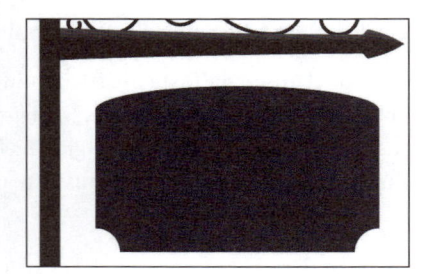

13 Wählen Sie **Fenster: Arbeitsbereich: Zurücksetzen: Grundlagen**, um die Bedienfelder zurückzusetzen.

Mit Text arbeiten

Nun fügen Sie dem Zeichen Text hinzu und formatieren diesen.

● **Hinweis:** Mehr über die Arbeit mit Text erfahren Sie in Lektion 7, »Mit Text arbeiten.«

1 Wählen Sie das Zoomwerkzeug (🔍) im Werkzeugbedienfeld und klicken Sie dreimal langsam in den leeren Bereich unter der Zeichenform mit der »wood grain«-Füllung, um einzuzoomen.

2 Wählen Sie das Text-Werkzeug (**T**) im Werkzeugbedienfeld und klicken Sie einmal in den leeren Bereich unten in der Zeichenfläche. Die exakte Positionierung des Texts erledigen Sie weiter hinten in dieser Lektion. Geben Sie **Fine Handmade Chocolates** ein. Lassen Sie die Einfügemarke im Text, wählen Sie **Auswahl: Alles auswählen**, um den Text zu markieren.

▶ **Tipp:** Wenn die Zeichen-Optionen nicht im Steuerungsbedienfeld angezeigt werden, klicken Sie auf das Wort »Zeichen«, um das Bedienfeld anzuzeigen.

3 Im Steuerungsbedienfeld wählen Sie den Schriftnamen im Feld »Schriftart« aus (rechts vom Wort »Zeichen«). Geben Sie »**adobe cas**« ein, um die Schrift Adobe Caslon Pro aus der Schriftliste herauszufiltern (Sie müssen nicht den gesamten Schriftnamen eingeben). Geben Sie **26 pt** in das Feld »Schriftgröße« ein und drücken Sie die Eingabetaste.

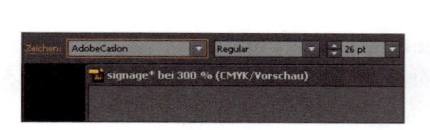

4 Bei weiterhin ausgewähltem Text ändern Sie die Füllfarbe im Steuerungsbedienfeld ggf. in »Ohne« (⌀) und die Flächenfarbe in Grau (C=0, M=0, Y=0, K=40).

5 Wählen Sie das Auswahl-Werkzeug (▸), und ziehen Sie den Textbereich nach oben an den oberen Rand der

Zeichenform. Die nebenstehende Abbildung hilft Ihnen bei der genauen Positionierung.

6   Klicken Sie auf das Register »extras.ai« am oberen Rand des Dokumentfensters.

7   Klicken Sie mit aktiviertem Auswahl-Werkzeug, um den Text »Coco's« auszuwählen. Wählen Sie **Bearbeiten: Kopieren** und wählen Sie **Datei: Schließen**. Der Text »Coco's« wurde mit dem Befehl **Schrift: In Pfade umwandeln** in Konturen (Formen) umgewandelt.

● **Hinweis:** Mehr über das Erstellen von Konturen erfahren Sie in Lektion 7, »Mit Text arbeiten«.

8   Bei wieder aktiver Datei *signage.ai* wählen Sie **Ansicht: Zeichenfläche in Fenster einpassen**.

9   Wählen Sie **Bearbeiten: Einfügen**. Bei aktiviertem Auswahl-Werkzeug ziehen Sie die eingefügten Textformen auf das Zeichen über den anderen Text. Die nebenstehende Abbildung hilft Ihnen bei der Positionierung.

10   Wählen Sie **Datei: Speichern**.

Mit Zeichenmodi arbeiten

Zeichenmodi helfen Ihnen, innerhalb oder hinter vorhandenen Formen oder im standardmäßigen Normal-Modus zu zeichnen. In diesem werden die Formen üblicherweise übereinandergelegt. Als Nächstes zeichnen Sie in einem Rechteck, wobei Sie einen Zeichenmodus verwenden.

● **Hinweis:** Mehr über Zeichenmodi erfahren Sie in Lektion 3, »Formen erstellen und bearbeiten«.

1   Wählen Sie im Werkzeugbedienfeld das Rechteck-Werkzeug (■) aus der Gruppe des Ellipse-Werkzeugs (●). Zeigen Sie mit der Maus unter die violette Zeichenform und klicken Sie. Im Dialogfeld »Rechteck« ändern Sie die Breite in **4,8 in**, die Höhe in **0,75 in**. Klicken Sie auf OK.

2   Drücken Sie die D-Taste, um die Standardkontur und -fläche zuzuweisen.

3   Wählen Sie das Auswahl-Werkzeug (▶) und ziehen Sie von der oberen Kante des neuen Rechtecks zum unteren Rand der Zeichenform. Eine grüne Ausrichtungshilfslinie erscheint, sobald es einrastet.

4   Klicken Sie am unteren Rand des Werkzeugbedienfelds auf die »Zeichenmodi« (▣) und wählen Sie »Innen zeichnen«.

● **Hinweis:** Wenn das Werkzeugbedienfeld bei Ihnen zweispaltig angezeigt wird, klicken Sie einfach auf die Schaltfläche »Innen zeichnen« (▣) am unteren Rand des Werkzeugbedienfelds.

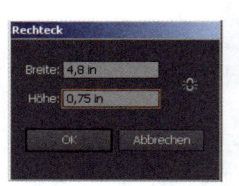

Rechteck zeichnen   Das Rechteck an die richtige Stelle ziehen   Modus »Innen zeichnen« aktivieren

Beachten Sie, dass das Rechteck nun eine gepunktete Linie an seinen Ecken aufweist. Sie erkennen daran, dass alle Inhalte, die Sie nun einfügen oder zeichnen, in die Rechteckform eingefügt werden.

5 Wählen Sie **Auswahl: Auswahl aufheben** und dann **Datei: Speichern**.

Mit Pinseln arbeiten

● **Hinweis:** Mehr über die Arbeit mit Pinseln erfahren Sie in Lektion 11, »Mit Pinseln arbeiten«.

Mit Pinseln können Sie das Aussehen von Pfaden gestalten. Sie können vorhandenen Pfaden Pinselstriche zuweisen oder Sie können das Pinsel-Werkzeug verwenden, um einen Pfad zu zeichnen und gleichzeitig einen Pinselstrich zuzuweisen.

1 Klicken Sie auf der rechten Seite des Arbeitsbereichs auf das Symbol des Pinselbedienfelds (), um es auszuklappen. Scrollen Sie im Bedienfeld nach unten und klicken Sie auf das Symbol des Pinsels »Verwischt«.

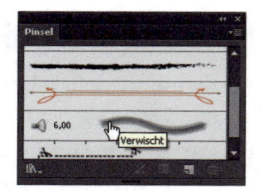

2 Ändern Sie die Flächenfarbe im Steuerungsbedienfeld in »Ohne« (), die Konturfarbe in das Braun »C=40, M=65, Y=90, K=35.«

3 Wählen Sie im Werkzeugbedienfeld das Pinsel-Werkzeug (). Zeigen Sie auf das linke Ende des Rechtecks, das Sie soeben erzeugt haben. Klicken und ziehen Sie von links nach rechts, bis über die rechte Rechteckkante hinaus. Wiederholen Sie dies mehrmals, um das Rechteck teilweise mit den braunen Pinselstrichen zu füllen. Es geht darum, eine Holzstruktur zu erzeugen.

4 Doppelklicken Sie im Pinselbedienfeld auf den Pinsel »Verwischt«, um ihn zu bearbeiten. Im nun angezeigten Dialogfeld »Borstenpinseloptionen« ändern

Sie die Größe in **4 mm**, die Farbdeckkraft in **50%** und die Steifheit in **20%**. Klicken Sie auf OK.

5   Im folgenden Meldungsfenster klicken Sie auf »Konturen beibehalten«, damit die bereits auf der Zeichenfläche gemalten Striche nicht geändert werden.

6   Klicken Sie im Steuerungsbedienfeld auf die Konturfarbe und wählen Sie eine hellbraune Farbe.

7   Bei aktiviertem Pinsel-Werkzeug malen Sie mehr Striche in das Rechteck, sodass die Holzstruktur realistischer wirkt. Wählen Sie im Steuerungsbedienfeld die anderen braunen Konturfarben aus und fügen Sie einige Striche in diesen Farben hinzu, um die Holzstruktur weiter zu verbessern.

8   Klicken Sie am unteren Rand des Werkzeugbedienfelds auf die Schaltfläche »Zeichenmodi« ( ) und wählen Sie »Normal zeichnen«.

9   Wählen Sie das Auswahl-Werkzeug ( ) im Werkzeugbedienfeld. Wählen Sie das Textobjekt »Fine Handmade Chocolates« mit einem Klick aus. Wählen Sie **Bearbeiten: Kopieren** und dann **Bearbeiten: An Position einfügen**.

10 Ziehen Sie das kopierte Textobjekt nach unten auf das Rechteck, das die Pinselstriche enthält. Zentrieren Sie es vertikal.

11 Wählen Sie im Werkzeugbedienfeld das Text-Werkzeug (**T**) und klicken Sie auf das kopierte Textobjekt, um die Einfügemarke hineinzusetzen. Wählen Sie **Auswahl: Alles auswählen**, um den Text auszuwählen. Geben Sie dann **Hours Mon–Sat 10am–6pm** ein.

12 Aktivieren Sie das Auswahl-Werkzeug, und ändern Sie bei ausgewähltem Textobjekt den Schriftschnitt im Steuerungsbedienfeld in »Bold«, die Flächenfarbe in »Schwarz«.

13 Wählen Sie **Auswahl: Auswahl aufheben** und dann **Datei: Speichern**.

● **Hinweis:** Wenn bei Ihnen das Werkzeugbedienfeld zweispaltig angezeigt wird, klicken Sie auf die Schaltfläche »Normal zeichnen« ( ) am unteren Rand des Werkzeugbedienfelds.

Mit dem Aussehenbedienfeld und Effekten arbeiten

● **Hinweis:** Mehr über die Arbeit mit dem Aussehenbedienfeld erfahren Sie in Lektion 13, »Aussehen-Attribute und Grafikstile anwenden.«

Mit dem Aussehenbedienfeld können Sie die Eigenschaften eines Objekts bestimmen, beispielsweise Kontur, Fläche und Effekte.

1 Bei aktiviertem Auswahl-Werkzeug (▶) klicken Sie, um das violette Zeichen auszuwählen.

2 Klicken Sie auf das Symbol des Aussehenbedienfelds (◉) auf der rechten Seite des Arbeitsbereichs.

3 Klicken Sie im Aussehenbedienfeld in das Feld »Konturfarbe« (rechts vom Wort »Kontur«). Klicken Sie anschließend erneut, um das Farbfelderbedienfeld zu öffnen.

4 Wählen Sie »Schwarz« aus dem Farbfelderbedienfeld. Ändern Sie die Konturstärke rechts von der Farbe in **10 pt**. Klicken Sie auf das unterstrichene Wort »Kontur« und anschließend im angezeigten Konturbedienfeld auf »Kontur innen ausrichten« (▣). Drücken Sie die Esc-Taste, um das Bedienfeld auszublenden.

5 Klicken Sie am unteren Rand des Aussehenbedienfelds auf die Schaltfläche »Neue Kontur hinzufügen« (▣). Klicken Sie im oberen Bereich der Liste auf die Konturfarbe und wählen Sie »Weiß«. Drücken Sie die Esc-Taste, um das Farbfelderbedienfeld auszublenden. Ändern Sie die Konturstärke in **5 pt**.

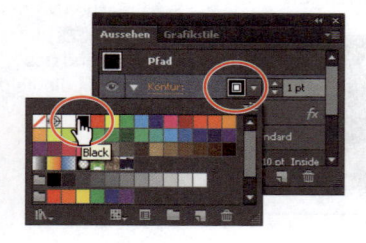

Konturfarbe ändern    Konturausrichtung ändern    Eine neue Kontur erstellen

6 Wählen Sie **Effekt: Pfad: Pfad verschieben**. Im Dialogfeld »Pfad verschieben« ändern Sie den »Versatz« in **-0,1 in**. Klicken Sie auf OK.

7 Klicken Sie im Aussehenbedienfeld auf das Wort »Fläche«, um der Fläche des Pfads einen weiteren Effekt zuzuweisen. Möglicherweise müssen Sie dazu im Bedienfeld nach unten scrollen.

8 Klicken Sie am unteren Rand des Aussehenbedienfelds auf die Schaltfläche »Neuen Effekt hinzufügen« (fx.) und wählen Sie **Stilisierungsfilter: Schein nach innen**. Im Dialogfeld »Schein nach

innen« wählen Sie aus dem Menü »Modus« »Abdunkeln«. Klicken Sie auf das weiße Farbvorschaufeld neben dem Popup-Menü »Modus«, um im Dialogfeld »Farbwähler« eine Farbe für den Schein nach innen auszuwählen. Ändern Sie den K-Wert in **100%** und vergewissern Sie sich, dass die Werte für C, M und Y **0%** betragen. Klicken Sie im Farbwählerbedienfeld auf OK. Ändern Sie die Weichzeichnung in **1 in** und klicken Sie auf OK.

9 Bei aktiviertem Auswahl-Werkzeug klicken Sie in den Text »Fine Handmade Chocolates.«

10 Wählen Sie **Effekt: Stilisierungsfilter: Schlagschatten**. Im Dialogfeld »Schlagschatten« ändern Sie die Deckkraft (falls nötig) in **75%**, den X-Versatz und den Y-Versatz in **0,02 in** und die Weichzeichnung in **0,03 in**. Klicken Sie auf OK.

11 Bei aktiviertem Auswahl-Werkzeug klicken Sie auf den Text, der mit »Hours…« beginnt.

12 Wählen Sie **Effekt: Stilisierungsfilter: Schlagschatten**. Im Dialogfeld »Schlagschatten« wählen Sie »Normal« aus dem Popup-Menü »Modus«. Ändern Sie den X-Versatz und den Y-Versatz jeweils in **0,01 in** und die Weichzeichnung in **0**. Klicken Sie auf das schwarze Farbvorschaufeld neben dem Wort »Farbe.« Im daraufhin angezeigten Farbwähler ändern Sie die Werte für C, M, Y und K alle in **0%**, um ein reines Weiß zu erzielen. Klicken Sie auf OK. Auch im Dialogfeld »Schlagschatten« klicken Sie auf OK.

Mit Konturen arbeiten

Neben der Möglichkeit, die Farbe und Stärke von Konturen zu ändern, können Sie sie auch auf viele andere Arten formatieren. Das werden Sie als Nächstes tun, um das Schild aufzuhängen.

1. Wählen Sie das Zoomwerkzeug (🔍) im Werkzeugbedienfeld und klicken Sie zweimal langsam in den leeren Bereich über der violetten Schildform, um einzuzoomen.

2. Wählen Sie das Ellipse-Werkzeug (⬭) in der Gruppe des Rechteck-Werkzeugs (▭). Zeigen Sie mit der Maus außerhalb der oberen linken Ecke des violetten Schilds in den leeren Bereich und klicken Sie. Im Dialogfeld »Ellipse« ändern Sie die Breite in **0,35 in** und die Höhe in **0,45 in**. Klicken Sie auf OK.

3. Im Steuerungsbedienfeld, ändern Sie die Flächenfarbe in »Ohne«, die Konturfarbe in Schwarz und die Konturstärke in **5 pt**.

● **Hinweis:** Es macht nichts aus, wenn die Abstände nicht genau den in der Abbildung gezeigten entsprechen.

4. Wählen Sie das Auswahl-Werkzeug (▶), und ziehen Sie die Ellipse an ihrer Kante an die in der Abbildung gezeigte Position.

5. Aktivieren Sie das Liniensegment-Werkzeug (╱) im Werkzeugbedienfeld. Zeigen Sie mit der Maus auf den horizontalen Pfad über der Ellipse. Wenn das Wort »Schnittmenge bilden« erscheint und eine grüne Linie durch die Mitte der Ellipse verläuft, halten Sie die Umschalt-Taste gedrückt und klicken Sie und ziehen Sie nach unten. Ziehen Sie, bis die graue Messbeschriftung eine Entfernung von **1,3 in** anzeigt. Geben Sie die Maustaste und dann die Umschalt-Taste frei.

6. Vergewissern Sie sich, dass die Konturstärke im Steuerungsbedienfeld **5 pt** beträgt. Klicken Sie bei ausgewählter Linie im Steuerungsbedienfeld auf das unterstrichene Wort »Kontur«, um das Konturbedienfeld zu öffnen. Klicken Sie neben »Abschluss« auf die Schaltfläche »Abgerundet« (▣). Wählen Sie

»Gestrichelte Linie« und die Schaltfläche »Richtet Striche an Ecken und Pfadenden aus« (▦), falls diese nicht aktiviert ist. Geben Sie **75 pt** in das erste »Strich«-Feld ein und drücken Sie die Enter-Taste, um das Konturbedienfeld zu schließen.

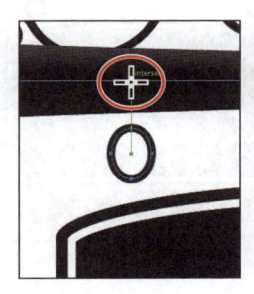

Positionieren Sie die Maus. 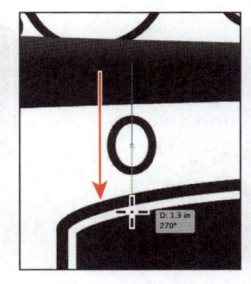 | Ziehen Sie eine Linie.  | Ändern Sie die Kontur.

● **Hinweis:** Möglicherweise werden die Ausrichtungsoptionen nicht im Steuerungsbedienfeld angezeigt. In diesem Fall klicken Sie im Steuerungsbedienfeld auf das Wort »Ausrichten«, um das gleichnamige Bedienfeld zu öffnen. Die Anzahl der im Steuerungsbedienfeld angezeigten Optionen hängt von Ihrer Bildschirmauflösung ab.

7   Wählen Sie das Auswahl-Werkzeug (▸) im Werkzeugbedienfeld. Klicken Sie mit gedrückter Umschalt-Taste auf die Kante der Ellipse, um beide Objekte auszuwählen. Klicken Sie im Steuerungsbedienfeld auf die Schaltfläche »Horizontal zentriert ausrichten« (▤) sowie die Schaltfläche »Vertikal zentriert ausrichten« (▥). Wählen Sie **Objekt: Gruppieren**.

8   Bei ausgewählter Kettengruppe wählen Sie **Objekt: Anordnen: In den Hintergrund**.

9   Bei aktiviertem Auswahl-Werkzeug ziehen Sie die Kettengruppe nach rechts. Halten Sie beim Ziehen die Tastenkombination Alt + Umschalt gedrückt. Ziehen Sie die Gruppe zur rechten Kante der Zeichenform. Die nebenstehende Abbildung hilft Ihnen bei der Platzierung. Geben Sie die Maustaste und dann die Modifikationstasten frei.

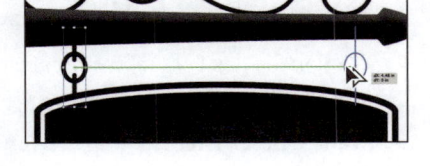

10   Halten Sie die Umschalt-Taste gedrückt und klicken Sie auf die Kante eines der Objekte in der ursprünglichen Kettengruppe. Wählen Sie **Objekt: Gruppieren** und lassen Sie die Gruppe ausgewählt.

Inhalte ausrichten

Nun richten Sie die Inhalte des Schilds horizontal aus.

● **Hinweis:** Mehr über das Ausrichten von Inhalten erfahren Sie in Lektion 2, »Auswählen und Ausrichten.«

1 Wählen Sie **Ansicht: Zeichenfläche in Fenster einpassen**.

2 Bei aktiviertem Auswahl-Werkzeug (↖) platzieren Sie den Mauszeiger links von der Kettengruppe. Klicken und ziehen Sie über die Ketten, das violette Zeichen, den Schriftzug »Coco's«, den Text »Fine Handmade Chocolates«, das gemalte Schild und den darunter. Alle diese Elemente sind nun ausgewählt.

3 Klicken Sie im Steuerungsbedienfeld auf die Schaltfläche »Horizontal zentriert ausrichten« (≛), um alle Objekte horizontal aneinander auszurichten.

Mit der Perspektive arbeiten

● **Hinweis:** Mehr über die Arbeiten mit der Perspektive erfahren Sie in Lektion 9, »Mit perspektivischen Zeichnungen arbeiten«.

Sie zeichnen nun einige perspektivisch dargestellte Schokoladenstücke.

1 Klicken Sie in der linken unteren Ecke des Dokumentfensters auf die Schaltfläche »Erste« (⏮), um zur ersten Zeichenfläche zu navigieren und diese in das Dokumentfenster einzupassen.

2 Wählen Sie das Perspektivenraster-Werkzeug (▦) im Werkzeugbedienfeld aus, um das Raster anzuzeigen.

3 Wählen Sie **Ansicht: Perspektivenraster: Zweipunktperspektive: [2P-Normalansicht]**. Damit zentrieren Sie das Raster auf der ersten Zeichenfläche.

● **Hinweis:** Möglicherweise passiert scheinbar nichts, wenn Sie die 1 drücken; wenn Sie aber mit dem Perspektivenraster arbeiten, dienen die Tasten 1, 2, 3 und 4 als Tastenkürzel für das Wechseln der Rasterebenen.

4 Wählen Sie im Werkzeugbedienfeld das Rechteck-Werkzeug (▭) aus der Gruppe des Ellipse-Werkzeugs (⬬). Zeigen Sie auf den Ursprungspunkt am unteren Rand des Rasters (in der Abbildung eingekreist). Drücken Sie auf Ihrer Tastatur die Taste 1, um sicherzustellen, dass Sie auf der linken Rasterebene zeichnen. Klicken Sie und ziehen Sie nach oben und links, um ein Rechteck mit einer Breite von drei Rasterlinien und einer Höhe von zwei Rasterlinien zu erzeugen.

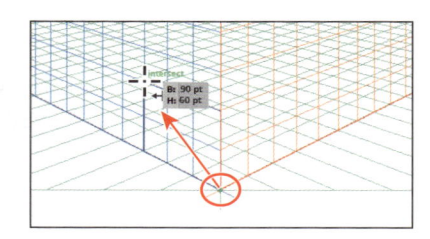

5 Im Steuerungsbedienfeld ändern Sie die Flächenfarbe in das mittelbraune Farbfeld »C=40, M=70, Y=100, K=50« und die Konturstärke in **0**.

6 Klicken Sie im Ebenenwechsel-Widget in der linken oberen Ecke des Dokumentfensters auf »Rechtes Raster(3)«.

7 Zeigen Sie mit dem Rechteck-Werkzeug erneut auf den Ursprungspunkt. Klicken und ziehen Sie nach oben und nach rechts, bis Sie ein Rechteck mit einer Breite von drei Rasterlinien und einer Höhe von zwei Rasterlinien erzeugt haben.

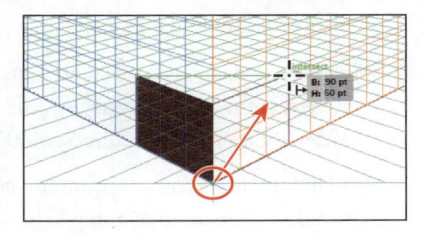

8 Im Steuerungsbedienfeld ändern Sie die Flächenfarbe in das dunklere Braun »C=50, M=70, Y=80, K=70.« Drücken Sie die Esc-Taste, um das Farbfelderbedienfeld auszublenden.

9 Klicken Sie im Ebenenwechsel-Widget auf **Horizontales Raster(2)** (siehe Abbildung rechts). Wählen Sie **Auswahl: Auswahl aufheben**, falls verfügbar.

10 Zeigen Sie auf den oberen linken Punkt des ersten von Ihnen gezeichneten Rechtecks (in der Abbildung eingekreist). Klicken und ziehen Sie, wobei Sie den Mauszeiger am rechten oberen Punkt des zweiten gezeichneten Rechtecks einrasten lassen.

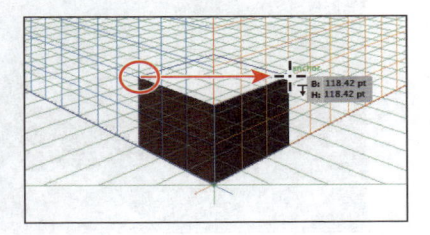

11 Im Steuerungsbedienfeld ändern Sie die Flächenfarbe in das hellere braune Farbfeld »C=40, M=65, Y=90, K=35.« Drücken Sie die Esc-Taste, um das Farbfelderbedienfeld zu schließen.

12 Wählen Sie **Auswahl: Alles auf der aktiven Zeichenfläche**. Wählen Sie **Objekt: Gruppieren**.

13 Wählen Sie **Ansicht: Perspektivenraster: Raster ausblenden**, und lassen Sie die Gruppe ausgewählt.

Mit Symbolen arbeiten

● **Hinweis:** Mehr über die Arbeit mit Symbolen erfahren Sie in Kapitel 14, »Mit Symbolen arbeiten«.

Ein Symbol ist ein wiederverwendbares grafisches Objekt, das im Symbolebedienfeld gespeichert ist. Sie erstellen nun ein Symbol aus einer Grafik.

1 Klicken Sie auf der rechten Seite des Arbeitsbereichs auf das Symbol des Symbolebedienfelds ().

2 Wählen Sie das Auswahl-Werkzeug (). Die Gruppe auf der ersten Zeichenfläche ist noch ausgewählt. Klicken Sie am unteren Rand des Symbolebedienfelds auf die Schaltfläche »Neues Symbol« ().

3 Im Dialogfeld »Symboloptionen« geben Sie dem Symbol den Namen **chocolate**. Aus dem Menü »Art« wählen Sie »Grafik«. Klicken Sie auf OK. Die Objektgruppe erscheint nun im Symbolebedienfeld als gespeichertes Symbol.

4 Drücken Sie die Entf-Taste, um die Originalgruppe auf der ersten Zeichenfläche zu löschen. Klicken Sie in der unteren linken Ecke des Dokumentfensters auf die Schaltfläche () »Weiter«, um zur zweiten Zeichenfläche zu navigieren.

● **Hinweis:** Ihre Schokoladensymbole befinden sich möglicherweise an anderer Stelle als in der Abbildung. Das macht nichts aus.

5 Ziehen Sie aus dem Symbolebedienfeld das Symbol »chocolate« in die Mitte des Schilds, über den Text »Coco's«.

6 Halten Sie die Tastenkombination Umschalt + Alt gedrückt und ziehen Sie mit dem Auswahl-Werkzeug () einen Begrenzungspunkt zur Mitte der Schokolade, um das Symbol zu verkleinern, dabei aber seine Proportionen beizubehalten. Geben Sie die Maustaste und dann die anderen Tasten frei, sobald das Ergebnis der Abbildung entspricht.

7 Ziehen Sie ein weiteres Schokoladensymbol aus dem Symbolebedienfeld. Skalieren Sie das Schokoladenstück kleiner als das erste. Positionieren Sie es wie in der Abbildung gezeigt und lassen Sie es ausgewählt.

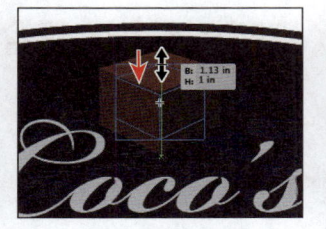

Das Symbol auf die Zeichenfläche ziehen   Die Symbolgröße ändern   Das Ergebnis

8 Wählen Sie **Auswahl: Gleich: Symbolinstanz**. Wählen Sie **Objekt: Gruppieren**.

9 Klicken Sie auf das Symbol des Grafikstilebedienfelds (![]). Klicken Sie auf den Grafikstil »Schlagschatten«, um dieses Aussehen zuzuweisen.

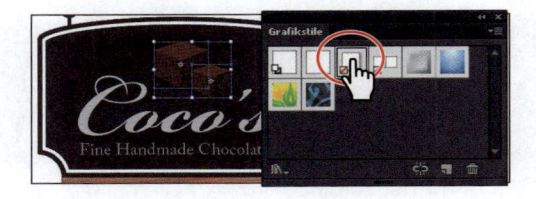

10 Wählen Sie **Datei: Speichern** und dann **Datei: Schließen**.

1 DEN ARBEITSBEREICH KENNENLERNEN

Überblick

In dieser Lektion erkunden Sie den Arbeitsbereich und lernen Folgendes:

- Eine Adobe-Illustrator-Datei öffnen
- Die Helligkeit der Benutzeroberfläche anpassen
- Mit dem Werkzeugbedienfeld arbeiten
- Mit Bedienfeldern arbeiten
- Ihren Arbeitsbereich zurücksetzen und speichern
- Grafiken mit den Ansichtsoptionen vergrößern oder verkleinern
- Durch mehrere Zeichenflächen und Dokumente navigieren
- Mit Linealen arbeiten
- Mit Dokumentgruppen arbeiten
- Die Illustrator-Hilfe nutzen

Diese Lektion dauert ungefähr 45 Minuten. Falls erforderlich, entfernen Sie den Ordner der vorherigen Lektion von Ihrer Festplatte und kopieren Sie den Ordner *Lektion01* darauf.

Damit Sie die umfangreichen Möglichkeiten zum Zeichnen, Malen und Bearbeiten in Adobe Illustrator CS6 nutzen können, ist es wichtig, dass Sie im Arbeitsbereich navigieren können. Der Arbeitsbereich besteht aus der Anwendungsleiste, den Menüs, dem Werkzeugbedienfeld, dem Steuerungsbedienfeld, dem Dokumentfenster und dem Standardbedienfeldsatz.

Vorbereitungen

Während dieser Lektion arbeiten Sie an verschiedenen Dateien. Bevor Sie jedoch damit beginnen, stellen Sie die Standardvoreinstellungen für Adobe Illustrator CS6 wieder her. Öffnen Sie anschließend die fertige Datei für diese Lektion. Sie enthält eine fertige Illustration.

1 Stellen Sie sicher, dass Ihre Werkzeuge und Bedienfelder genau wie in dieser Lektion funktionieren. Dazu löschen oder deaktivieren Sie die Voreinstellungen für Adobe Illustrator CS6 durch Umbenennen. Mehr darüber erfahren Sie im Abschnitt »Standardvoreinstellungen wiederherstellen« auf Seite 3.

● **Hinweis:** Falls noch nicht geschehen, kopieren Sie die Quelldateien für diese Lektion aus dem Ordner *Lektion01* der dem Buch beiliegenden CD auf Ihre Festplatte; siehe Seite 2.

2 Klicken Sie doppelt auf das Programmsymbol für Adobe Illustrator CS6, um Illustrator zu starten.

3 Wählen Sie **Fenster: Arbeitsbereich: Zurücksetzen: Grundlagen**, um sicherzustellen, dass der Standard-Arbeitsbereich eingestellt ist.

● **Hinweis:** Wird der Befehl **Zurücksetzen: Grundlagen** im Menü »Arbeitsbereich« nicht angezeigt, wählen Sie **Fenster: Arbeitsbereich: Grundlagen** und dann **Fenster: Arbeitsbereich: Zurücksetzen: Grundlagen**.

● **Hinweis:** Aufgrund der unterschiedlichen Farbeinstellungen in den verschiedenen Betriebssystemen kann es vorkommen, dass eine Profilwarnung erscheint, wenn Sie die eine oder andere Übungsdatei öffnen. Klicken Sie in diesem Dialogfeld auf OK.

4 Wählen Sie **Datei: Öffnen**, um die Datei *L1start_1.ai* zu öffnen. Diese Datei befindet sich im Ordner *Lektion01* im Lektionenordner auf Ihrer Festplatte.

5 Wählen Sie **Ansicht: Zeichenfläche in Fenster einpassen**.

Damit wird die aktive Zeichenfläche so in das Dokumentfenster eingepasst, dass Sie sie vollständig sehen können.

Die Datei enthält das Cover und den Rücken einer Broschüre.

Wenn die Datei geöffnet und Illustrator vollständig gestartet ist, erscheinen auf dem Bildschirm die Anwendungsleiste, die Menüs, das Werkzeugbedienfeld und das Steuerungsbedienfeld sowie weitere Bedienfelder. Beachten Sie, dass die Symbole der Standardbedienfelder am rechten Bildschirmrand angedockt sind. Illustrator bietet außerdem im Steuerungsbedienfeld direkt unter der Menüleiste einige der am häufigsten verwendeten Bedienfeldoptionen. So müssen Sie nicht so viele Bedienfelder öffnen und die Arbeitsfläche wird größer.

Nutzen Sie die Datei *L1start_1.ai*, um die Navigation und das Zoomen zu üben und sich mit dem Illustrator-Dokument und dem Arbeitsbereich vertraut zu machen.

6 Wählen Sie **Datei: Speichern unter**. Im nun angezeigten Dialogfeld geben Sie der Datei den Namen *brochure.ai* und speichern sie im Ordner *Lektion01*. Behalten Sie die Formatoption »Adobe Illustrator (*.AI)« (Windows) bzw. »Adobe Illustrator (ai)« (Mac OS) bei. Klicken Sie anschließend auf **Sichern: Speichern**. Sollte eine Warnmeldung erscheinen, die Sie auf Volltonfarben und Transparenzen aufmerksam macht, klicken Sie auf »Weiter«. Im Dialogfeld »Illustrator-Optionen« behalten Sie die Standardeinstellungen bei und klicken auf OK.

● **Hinweis:** Das Dialogfeld »Illustrator-Optionen« enthält Optionen, mit denen Sie kontrollieren können, wie die Datei gespeichert wird, zum Beispiel in eine frühere Illustrator-Version usw.

Warum Adobe Illustrator?

Vektorgrafiken (manchmal auch Vektorformen oder Vektorobjekte genannt) bestehen aus Linien und Kurven, die durch mathematische Objekte definiert sind (sogenannte Vektoren). Diese beschreiben ein Bild anhand seiner geometrischen Eigenschaften.

Sie können Vektorgrafiken beliebig verschieben oder verändern, ohne dass sie Detailgenauigkeit oder Deutlichkeit einbüßen, da sie auflösungsunabhängig sind. Vektorgrafiken bewahren ihre Schärfe auch dann, wenn ihre Größe verändert wird, sie auf einen PostScript-Drucker gedruckt, in einer PDF-Datei gespeichert oder in eine vektorbasierte Grafikanwendung importiert werden. Folglich sind Vektorgrafiken die beste Wahl für Grafiken wie Designelemente, die in verschiedenen Größen und Ausgabemedien verwendet werden.

Die Objekte, die Sie mit den Zeichen- und Formwerkzeugen von Illustrator und der Adobe Creative Suite erstellen, sind Beispiele für Vektorgrafiken.

– Aus der Illustrator-Hilfe

Den Arbeitsbereich kennenlernen

● **Hinweis:** Die Abbildungen in diesem Kapitel sind auf einem Windows-PC entstanden. Wenn Sie also am Mac arbeiten, kann es sein, dass Ihre Arbeitsumgebung etwas anders aussieht.

Sie erstellen und bearbeiten Ihre Dateien mithilfe verschiedener Elemente, z. B. Bedienfelder und Fenster. Jede beliebige Anordnung dieser Elemente wird als Arbeitsbereich bezeichnet. Wenn Sie Illustrator das erste Mal starten, sehen Sie den Standard-Arbeitsbereich, den Sie aber noch anpassen können. Erstellen und speichern Sie verschiedene Arbeitsbereiche und wechseln Sie zwischen ihnen.

In der nächsten Abbildung sehen Sie den Standard-Arbeitsbereich:

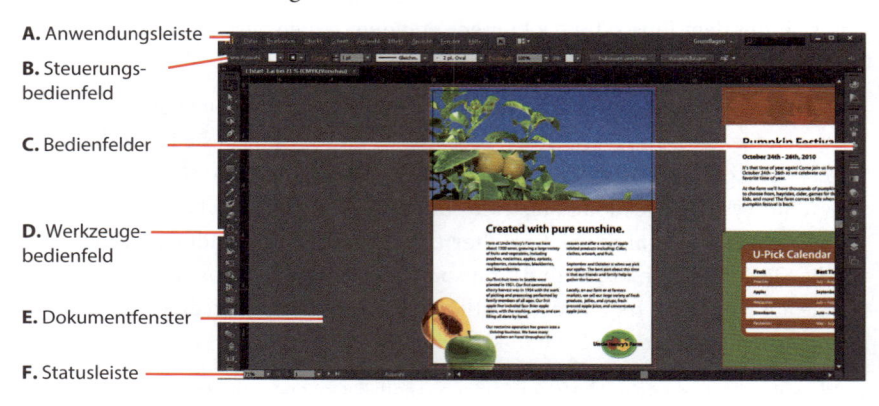

A. Anwendungsleiste
B. Steuerungsbedienfeld
C. Bedienfelder
D. Werkzeugbedienfeld
E. Dokumentfenster
F. Statusleiste

A. Die **Anwendungsleiste** am oberen Bildschirmrand enthält einen Umschalter, mit dem Sie zwischen verschiedenen Arbeitsbereichen wechseln können, eine Menüleiste (allerdings nur unter Windows und abhängig von der Bildschirmauflösung) sowie die Programmeinstellungen.

● **Hinweis:** Unter Mac OS erscheinen die Menüeinträge oberhalb der Anwendungsleiste.

B. Im **Steuerungsbedienfeld** werden die Optionen für das aktuell ausgewählte Objekt angezeigt.

C. Mithilfe der **Bedienfelder** können Sie Ihre Grafiken bearbeiten. Einige von ihnen werden standardmäßig angezeigt; andere müssen erst über das Menü **Fenster** hinzugeschaltet werden. Viele Bedienfelder enthalten Menüs mit bedienfeldspezifischen Optionen. Bedienfelder lassen sich gruppieren und stapeln, können angedockt oder frei schwebend verwendet werden.

D. Im Werkzeugbedienfeld finden Sie sämtliche Werkzeuge für das Erstellen und Bearbeiten von Bildern, Grafiken, Seitenelementen usw. Ähnliche Werkzeuge sind in einer Gruppe zusammengefasst.

E. Im Dokumentfenster sehen Sie die gerade bearbeitete Datei.

F. Die Statusleiste unten links im Dokumentfenster zeigt Dokumentinformationen und bietet Navigationselemente.

Die Helligkeit der Benutzeroberfläche anpassen

Genau wie in Adobe After Effects® und Adobe Photoshop CS6 gibt es auch in Illustrator die Möglichkeit, die Helligkeit der Benutzeroberfläche anzupassen. Mit dieser Programmvoreinstellung können Sie zwischen vier vordefinierten Helligkeitseinstellungen wählen oder einen eigenen Wert bestimmen.

In diesem Abschnitt ändern Sie die Einstellung, um ihre Auswirkungen zu prüfen. Anschließend kehren Sie zur standardmäßigen Darstellung zurück.

1 Wählen Sie **Bearbeiten: Voreinstellungen: Benutzeroberfläche** (Windows) oder **Illustrator: Voreinstellungen: Benutzeroberfläche** (Mac OS).

2 Wählen Sie aus dem Menü »Helligkeit« des Dialogfelds »Voreinstellungen: Benutzeroberfläche« die Option »Hell«.

Sie können die Helligkeit der Benutzeroberfläche über die Optionen im Menü »Helligkeit« ändern.

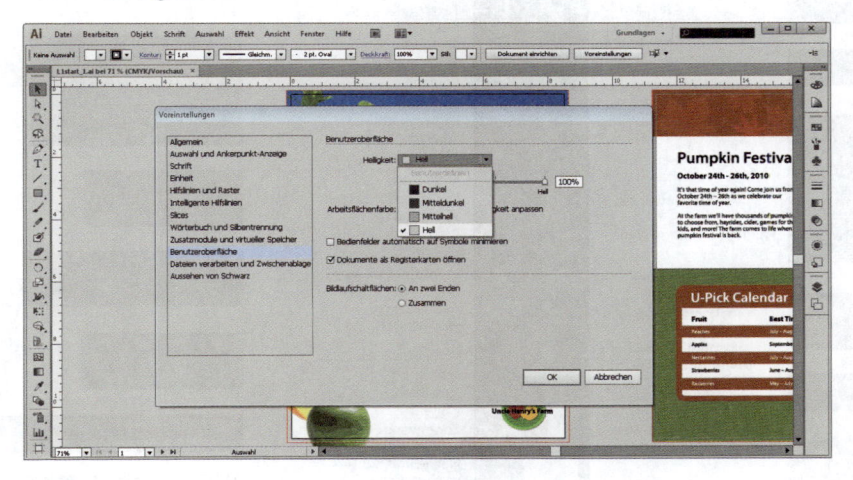

3 Ziehen Sie den Helligkeitsregler nach links bis zum Wert »50%«.

Sie können den Helligkeitsregler unter dem Menü »Helligkeit« nach links oder rechts ziehen, um die allgemeine Helligkeit mit einem benutzerdefinierten Wert anzupassen.

4 Wählen Sie aus dem Menü »Helligkeit« die Option »Mitteldunkel«.

5 Unter dem Helligkeitsregler aktivieren Sie das Optionsfeld »Arbeitsflächenhelligkeit: Weiß«.

Die Arbeitsfläche ist der Bereich außerhalb der Zeichenflächen Ihres Dokuments.

6   Klicken Sie auf »Abbrechen«, sodass die Voreinstellungen nicht gespeichert werden.

Mit dem Werkzeugbedienfeld arbeiten

Das Werkzeugbedienfeld enthält Auswahl-Werkzeuge, Werkzeuge zum Zeichnen und Malen, für die Bearbeitung und Ansicht eines Dokuments sowie verschiedene Zeichenmodi und die beiden Felder für Flächen- und Konturfarbe. Während der Arbeit an den Lektionen lernen Sie die Funktionen der einzelnen Werkzeuge genauer kennen.

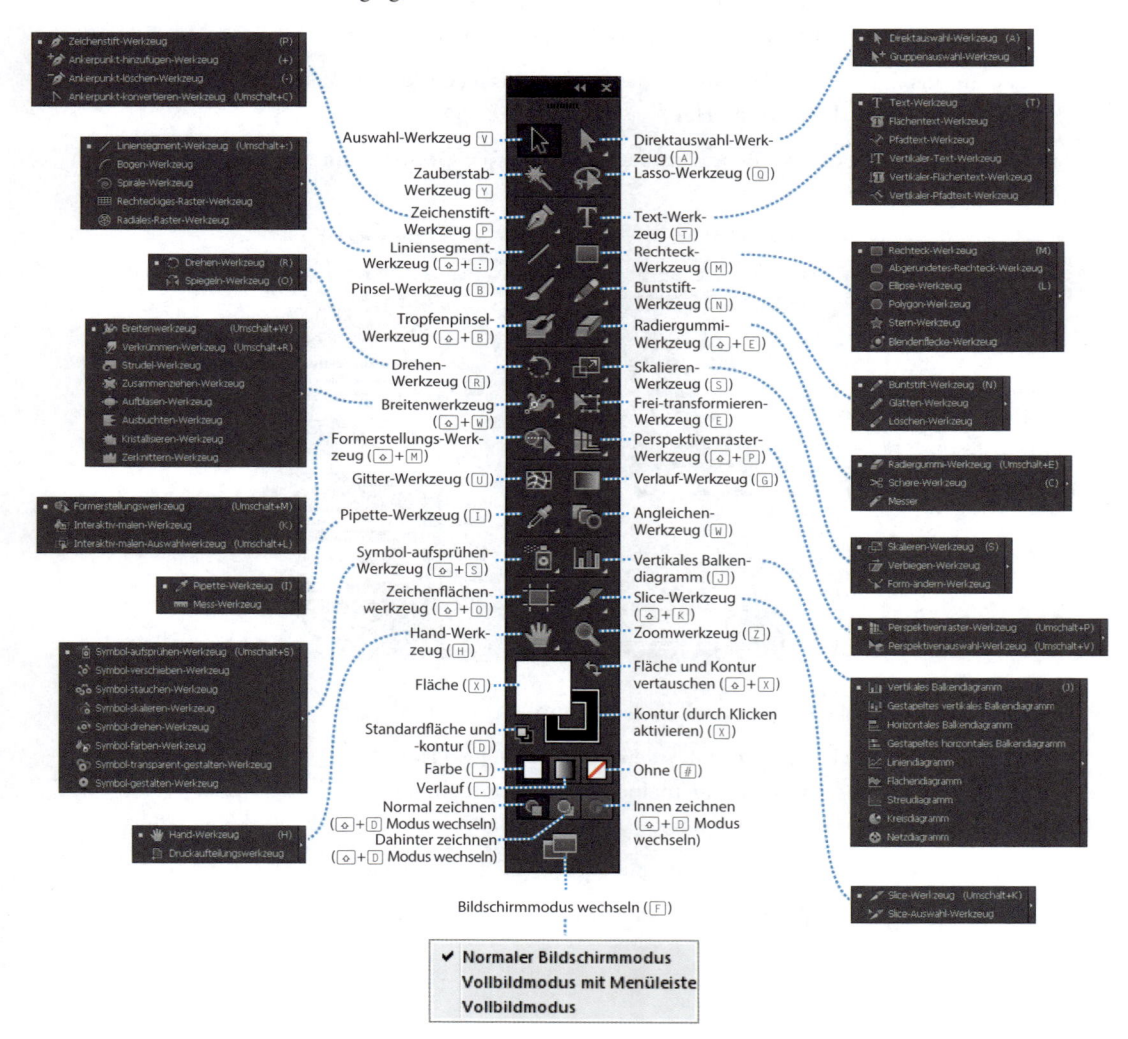

Linke Seite (Werkzeuge):

- Zeichenstift-Werkzeug (P)
  - Ankerpunkt-hinzufügen-Werkzeug (+)
  - Ankerpunkt-löschen-Werkzeug (-)
  - Ankerpunkt-konvertieren-Werkzeug (Umschalt+C)
- Liniensegment-Werkzeug (Umschalt+\)
  - Bogen-Werkzeug
  - Spirale-Werkzeug
  - Rechteckiges-Raster-Werkzeug
  - Radiales-Raster-Werkzeug
- Drehen-Werkzeug (R)
  - Spiegeln-Werkzeug (O)
- Breitenwerkzeug (Umschalt+W)
  - Verkrümmen-Werkzeug (Umschalt+R)
  - Strudel-Werkzeug
  - Zusammenziehen-Werkzeug
  - Aufblasen-Werkzeug
  - Ausbuchten-Werkzeug
  - Kristallisieren-Werkzeug
  - Zerknittern-Werkzeug
- Formerstellungswerkzeug (Umschalt+M)
  - Interaktiv-malen-Werkzeug (K)
  - Interaktiv-malen-Auswahl-Werkzeug (Umschalt+L)
- Pipette-Werkzeug (I)
  - Mess-Werkzeug
- Symbol-aufsprühen-Werkzeug (Umschalt+S)
  - Symbol-verschieben-Werkzeug
  - Symbol-stauchen-Werkzeug
  - Symbol-skalieren-Werkzeug
  - Symbol-drehen-Werkzeug
  - Symbol-färben-Werkzeug
  - Symbol-transparent-gestalten-Werkzeug
  - Symbol-gestalten-Werkzeug
- Hand-Werkzeug (H)
  - Druckaufteilungswerkzeug

Mittlere Spalte (Beschriftungen am Werkzeugbedienfeld):

- Auswahl-Werkzeug (V)
- Zauberstab-Werkzeug (Y)
- Zeichenstift-Werkzeug (P)
- Liniensegment-Werkzeug (⌥+\)
- Pinsel-Werkzeug (B)
- Tropfenpinsel-Werkzeug (⌥+B)
- Drehen-Werkzeug (R)
- Breitenwerkzeug (⌥+W)
- Formerstellungs-Werkzeug (⌥+M)
- Gitter-Werkzeug (U)
- Pipette-Werkzeug (I)
- Symbol-aufsprühen-Werkzeug (⌥+S)
- Zeichenflächenwerkzeug (⌥+O)
- Hand-Werkzeug (H)
- Fläche (X)
- Standardfläche und -kontur (D)
- Farbe (,)
- Verlauf (.)
- Normal zeichnen (⌥+D Modus wechseln)
- Dahinter zeichnen (⌥+D Modus wechseln)
- Bildschirmmodus wechseln (F)

Rechte Seite (Werkzeuge):

- Direktauswahl-Werkzeug (A)
  - Gruppenauswahl-Werkzeug
- Text-Werkzeug (T)
  - Flächentext-Werkzeug
  - Pfadtext-Werkzeug
  - Vertikales-Text-Werkzeug
  - Vertikaler-Flächentext-Werkzeug
  - Vertikaler-Pfadtext-Werkzeug
- Rechteck-Werkzeug (M)
  - Abgerundetes-Rechteck-Werkzeug
  - Ellipse-Werkzeug (L)
  - Polygon-Werkzeug
  - Stern-Werkzeug
  - Blendenflecke-Werkzeug
- Buntstift-Werkzeug (N)
  - Glätten-Werkzeug
  - Löschen-Werkzeug
- Radiergummi-Werkzeug (Umschalt+E)
  - Schere-Werkzeug (C)
  - Messer
- Skalieren-Werkzeug (S)
  - Verbiegen-Werkzeug
  - Form-ändern-Werkzeug
- Perspektivenraster-Werkzeug (Umschalt+P)
  - Perspektivenauswahl-Werkzeug (Umschalt+V)
- Vertikales Balkendiagramm (J)
  - Gestapeltes vertikales Balkendiagramm
  - Horizontales Balkendiagramm
  - Gestapeltes horizontales Balkendiagramm
  - Liniendiagramm
  - Flächendiagramm
  - Streudiagramm
  - Kreisdiagramm
  - Netzdiagramm
- Slice-Werkzeug (Umschalt+K)
  - Slice-Auswahl-Werkzeug

Beschriftungen rechte Spalte:

- Direktauswahl-Werkzeug (A)
- Lasso-Werkzeug (Q)
- Text-Werkzeug (T)
- Rechteck-Werkzeug (M)
- Buntstift-Werkzeug (N)
- Radiergummi-Werkzeug (⌥+E)
- Skalieren-Werkzeug (S)
- Frei-transformieren-Werkzeug (E)
- Perspektivenraster-Werkzeug (⌥+P)
- Verlauf-Werkzeug (G)
- Angleichen-Werkzeug (W)
- Vertikales Balkendiagramm (J)
- Slice-Werkzeug (⌥+K)
- Zoomwerkzeug (Z)
- Fläche und Kontur vertauschen (⌥+X)
- Kontur (durch Klicken aktivieren) (X)
- Ohne (/)
- Innen zeichnen (⌥+D Modus wechseln)

Bildschirmmodi:

✓ Normaler Bildschirmmodus
  Vollbildmodus mit Menüleiste
  Vollbildmodus

● **Hinweis:** Das hier und in den Lektionen gezeigte Werkzeugbedienfeld wird zweispaltig dargestellt. Vielleicht sehen Sie auf Ihrem Bildschirm nur ein einspaltiges Bedienfeld – das hängt von der Bildschirmauflösung und dem gewählten Arbeitsbereich ab.

1. Positionieren Sie den Mauszeiger über dem Auswahl-Werkzeug (▶) innerhalb des Werkzeugbedienfelds. Beachten Sie, dass der Name des Werkzeugs sowie das dazugehörige Tastenkürzel angezeigt werden.

▶ **Tipp:** Da die Standard-Tastenkürzel nur dann funktionieren, wenn der Cursor sich nicht in einem Text befindet, können Sie für die Auswahl von Werkzeugen auch andere Tastenkürzel festlegen, die auch dann funktionieren, wenn Sie Text bearbeiten. Wählen Sie dazu **Bearbeiten: Tastaturbefehle**. Weitere Informationen dazu finden Sie in der Illustrator-Hilfe im Abschnitt »Tastaturbefehle«.

▶ **Tipp:** Die Werkzeugtipps lassen sich über **Bearbeiten: Voreinstellungen: Allgemein** (Windows) bzw. **Illustrator: Voreinstellungen: Allgemein** (Mac OS) ein- bzw. ausschalten.

2. Positionieren Sie den Mauszeiger über dem Direktauswahl-Werkzeug (▶) und halten Sie die Maustaste gedrückt. Illustrator zeigt Ihnen weitere Auswahl-Werkzeuge an. Ziehen Sie nach unten rechts und geben Sie die Maustaste über dem gewünschten Werkzeug frei, um es auszuwählen. Jedes Werkzeug im Werkzeugbedienfeld mit einem kleinen Dreieck enthält weitere Werkzeuge, die auf diese Weise ausgewählt werden können.

▶ **Tipp:** Sie können verborgene Werkzeuge auch auswählen, indem Sie die Alt-Taste gedrückt halten und das Werkzeug im Werkzeugbedienfeld anklicken. Mit jedem erneuten Klick wählen Sie das jeweils nächste verborgene Werkzeug aus.

3. Klicken Sie und halten Sie die Maustaste auf dem Rechteck-Werkzeug gedrückt (■). Ziehen Sie den Mauszeiger über den Pfeil am Ende der Werkzeugpalette und geben Sie die Maustaste frei. Damit lösen Sie die Werkzeuge aus dem Werkzeugbedienfeld, sodass Sie jederzeit darauf zugreifen können.

▶ **Tipp:** Sie können die schwebenden Werkzeugpaletten auch einklappen oder sie aneinander andocken.

4. Klicken Sie in der rechten oberen Ecke (Windows) oder der linken oberen Ecke (Mac OS) auf die Titelleiste der frei schwebenden Palette, um sie zu schließen. Die Werkzeug werden wieder in das Werkzeugbedienfeld integriert.

Nun erfahren Sie, wie Sie die Größe der Werkzeugleiste ändern und sie frei schwebend anordnen.

5   Klicken Sie auf den Doppelpfeil in der linken oberen Ecke des Werkzeugbedienfelds, um es einspaltig statt zweispaltig anzuordnen. Sie erhalten dadurch mehr Platz auf dem Bildschirm. Klicken Sie erneut auf den Doppelpfeil, um das Werkzeugbedienfeld wieder zweispaltig darzustellen.

6   Klicken Sie in die dunkelgraue Titelleiste des Werkzeugbedienfelds oder auf die gepunktete Linie darunter und ziehen Sie das Bedienfeld in den Arbeitsbereich. Das Werkzeugbedienfeld ist jetzt frei schwebend angeordnet.

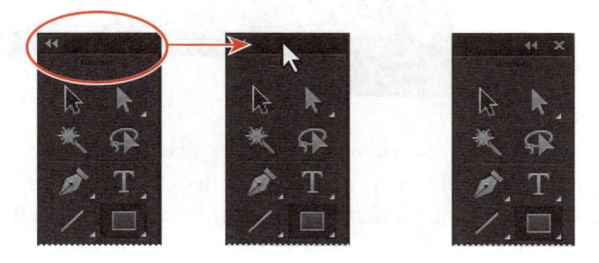

Ziehen Sie das Werkzeugbedienfeld, sodass es frei schwebend im Arbeitsbereich angeordnet ist.

▶ **Tipp:** Sie können auch auf die Titelleiste am oberen Rand des Werkzeugbedienfelds doppelklicken, um zwischen zwei- und einspaltiger Darstellung zu wechseln. Sie müssen nur aufpassen, dass Sie nicht auf das X oder den Doppelpfeil klicken.

7   Wenn das Werkzeugbedienfeld frei in der Arbeitsfläche schwebt, wechseln Sie mit dem doppelten Pfeil in der Titelleiste zwischen der ein- und der zweispaltigen Ansicht.

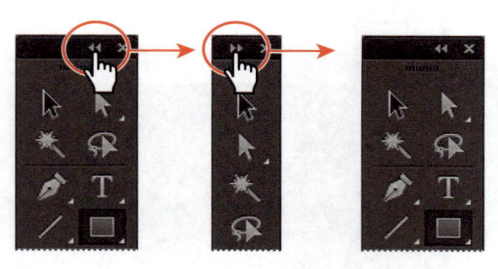

8   Um das Werkzeugbedienfeld wieder anzudocken, ziehen Sie seine Titelleiste oder die gepunktete Linie an die linke Seite des Programmfensters (Windows) bzw. an den linken Bildschirmrand (Mac OS). Sobald Sie den linken Rand erreichen, erscheint ein durchscheinender blauer Rahmen – die sogenannte Drop Zone. Lassen Sie nun einfach die Maustaste los, um das Bedienfeld hier wieder anzudocken.

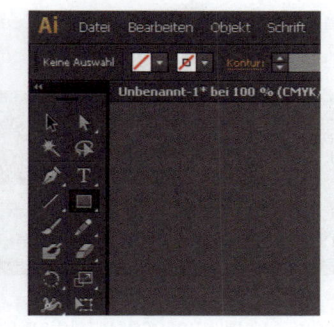

Klicken und ziehen Sie, um das Werkzeugbedienfeld am linken Rand des Arbeitsbereiches anzudocken.

Das Steuerungsbedienfeld

Das Steuerungsbedienfeld ist kontextsensitiv, bietet also schnellen Zugriff auf verschiedene Optionen, Befehle oder Bedienfelder, die für das/die aktuell gewählte(n) Objekt(e) von Bedeutung sind. Wenn Sie auf einen blauen, unterstrichenen Text klicken, wird ein passendes Bedienfeld geöffnet. Klicken Sie beispielsweise auf das unterstrichene Wort »Kontur«, um das Konturbedienfeld zu öffnen. Standardmäßig ist das Steuerungsbedienfeld oben am Programmfenster (Windows) bzw. am oberen Bildschirmrand (Mac OS) angedockt. Sie können es aber auch unten andocken, frei schweben lassen oder ganz ausblenden.

1. Aktivieren Sie das Auswahl-Werkzeug (▶) im Werkzeugbedienfeld und klicken Sie in die Mitte des rotbraunen Balkens etwa in der Mitte der Seite. Beachten Sie, dass im Steuerungsbedienfeld Informationen zu diesem Objekt angezeigt werden, zum Beispiel die Optionen für Pfad, Kontur usw.

2. Ziehen Sie die gepunktete Linie am linken Rand des Steuerungsbedienfelds mit einem beliebigen Werkzeug in den Arbeitsbereich. Sobald das Bedienfeld frei schwebend erscheint, können Sie den dunkelgrauen vertikalen Balken

an der linken Kante des Steuerungsbedienfelds ziehen, um es an den oberen oder unteren Rand des Arbeitsbereichs zu verschieben.

▶ **Tipp:** Sie können das Steuerungsbedienfeld auch andocken, indem Sie aus dem Bedienfeldmenü (▼≡) am rechten Rand des Steuerungsbedienfelds die Option »Am oberen Bildschirmrand verankern« bzw. »Am unteren Bildschirmrand verankern« wählen.

3   Ziehen Sie das Steuerungsbedienfeld an der dunkelgrauen Linie an den unteren Rand des Programmfensters (Windows) bzw. an den unteren Bildschirmrand (Mac OS). Sobald der Mauszeiger den unteren Rand des Anwendungsfensters (Windows) oder Bildschirms (Mac OS) erreicht, erscheint eine dünne blaue Linie. Dort wird das Bedienfeld angedockt, sobald Sie die Maustaste loslassen.

▶ **Tipp:** Um das Steuerungsbedienfeld wieder an den oberen Rand Ihres Arbeitsbereichs zu verschieben, können Sie auch **Fenster: Arbeitsbereich: Zurücksetzen: Grundlagen** wählen. Damit setzen Sie den Arbeitsbereich »Grundlagen« zurück. Mehr über das Zurücksetzen von Arbeitsbereichen erfahren Sie weiter hinten in dieser Lektion.

4   Ziehen Sie das Steuerungsbedienfeld wieder nach oben. Sobald der Mauszeiger den unteren Rand der Anwendungsleiste erreicht, erscheint die dünne blaue Linie. Geben Sie die Maustaste wieder frei, um das Bedienfeld anzudocken.

5   Wählen Sie **Auswahl: Auswahl aufheben**, um die Auswahl des Pfads aufzuheben.

Mit Bedienfeldern arbeiten

Die Bedienfelder im Fenster-Menü bieten schnellen Zugriff auf die unterschiedlichsten Werkzeuge, mit denen Sie Ihre Grafiken bearbeiten können. Einige Bedienfelder sind standardmäßig angedockt und erscheinen als Symbole auf der rechten Seite des Arbeitsbereichs.

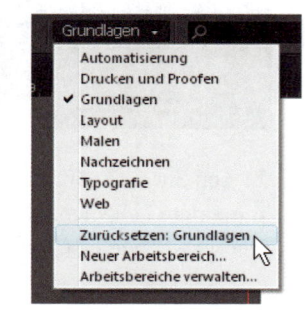

Experimentieren Sie nun mit dem Ausblenden, Schließen und Öffnen von Bedienfeldern.

1   Klicken Sie in der Anwendungsleiste zunächst auf den Arbeitsbereich-Umschalter in der rechten oberen Ecke der Anwendungsleiste und wählen Sie **Zurücksetzen: Grundlagen**, um die ursprüngliche Anordnung der Bedienfelder wiederherzustellen.

▶ **Tipp:** Sie können auch **Fenster: Arbeitsbereich: Zurücksetzen: Grundlagen** wählen, um die Bedienfelder zurückzusetzen.

2   Klicken Sie auf das Symbol für das Farbfelderbedienfeld (▦) rechts im Arbeitsbereich, um das Bedienfeld auszuklappen, oder wählen Sie **Fenster: Farbfelder**. Beachten Sie, dass das Farbfelderbedienfeld zusammen mit zwei weiteren Bedienfeldern angezeigt wird – dem Pinselbedienfeld und dem Symbolebedienfeld. Sie sind alle Teil derselben Bedienfeldgruppe. Klicken Sie auf den Reiter für das Symbolebedienfeld, um dieses einzublenden.

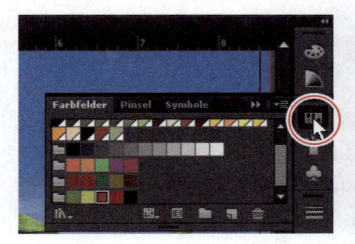

3   Klicken Sie auf das Symbol für das Farbebedienfeld (▦). Es erscheint eine neue Bedienfeldgruppe. Die Gruppe mit dem Farbfelderbedienfeld wird geschlossen.

4   Ziehen Sie den Griffbalken am unteren Rand des Farbebedienfelds nach unten, um die Größe des Bedienfelds zu ändern, sodass Sie einen größeren Bereich des Farbspektrums sehen.

5   Klicken Sie erneut auf das Symbol für das Farbebedienfeld (▦), um die Bedienfeldgruppe einzuklappen.

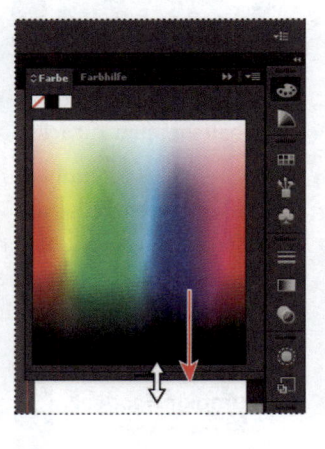

▶ **Tipp:** Um ein Bedienfeld wieder auf ein Symbol zu reduzieren, können Sie sein Register, sein Symbol oder den Doppelpfeil in der Bedienfeldtitelleiste anklicken.

▶ **Tipp:** Um ein ausgeblendetes Bedienfeld wiederzufinden, klicken Sie im »Fenster«-Menü auf den entsprechenden Bedienfeldnamen. Ein Häkchen links neben dem Namen verdeutlicht, dass dieses Bedienfeld bereits geöffnet ist und sich in der jeweiligen Bedienfeldgruppe ganz vorn befindet. Wenn Sie auf einen Bedienfeldnamen klicken, der im »Fenster«-Menü bereits ausgewählt ist, wird diese Bedienfeldgruppe eingeklappt.

6   Klicken Sie auf den doppelten Pfeil oben im Dock, um die Bedienfelder auszuklappen. Durch einen erneuten Klick klappen sie wieder zusammen. Zeigen Sie mit dieser Methode mehr als eine Bedienfeldgruppe gleichzeitig an. Es macht nichts aus, wenn Ihre ausgeklappten Bedienfelder von den hier abgebildeten abweichen.

Klicken zum Ausklappen eingeklappt   Klicken zum Einklappen   Das Bedienfelddock

▶ **Tipp:** Um das Bedienfelddock aus- oder einzuklappen, können Sie auch auf die Titelleiste des Bedienfelddocks klicken.

7   Um alle Bedienfelder im Dock zu verbreitern, ziehen Sie den linken Rand der angedockten Bedienfelder nach links, bis die Bedienfeldnamen erscheinen. Wenn Sie die Breite wieder verringern wollen, ziehen Sie den linken Rand nach rechts, bis der Text wieder verschwindet.

8   Wählen Sie **Fenster: Arbeitsbereich: Zurücksetzen: Grundlagen**, um den Arbeitsbereich zurückzusetzen.

▶ **Tipp:** Drücken Sie die Tab-Taste, um alle Bedienfelder auszublenden. Drücken Sie die Tab-Taste erneut, um sie wieder anzuzeigen. Sie können alle Bedienfelder außer dem Werkzeuge- und dem Steuerungsbedienfeld aus- und wieder einblenden, indem Sie die Tastenkombination Umschalt+Tab drücken.

9   Ziehen Sie das Symbol für das Farbfelderbedienfeld (▥) aus dem Dock heraus, um es frei schwebend anzuordnen. Beachten Sie, dass das Bedienfeld zusammengeklappt bleibt, wenn es sich im frei schwebenden Zustand befindet. Klicken Sie in der Titelleiste auf den doppelten Pfeil, um es auszuklappen und seine Inhalte zu sehen.

Sie können Bedienfelder auch aus einer Gruppe in eine andere ziehen. So können Sie Bedienfeldgruppen mit von den von Ihnen am häufigsten verwendeten Bedienfeldern anlegen.

▶ **Tipp:** Um ein Bedienfeld zu schließen, ziehen Sie es aus dem Dock und klicken anschließend in das x-Symbol in der Titelleiste des Bedienfelds. Alternativ rechts-oder Ctrl-klicken Sie auf das Register eines angedockten Bedienfelds und wählen »Schließen« aus dem Kontextmenü.

10 Ziehen Sie das Farbfelderbedienfeld am Reiter, an seiner Titelleiste oder dem Bereich hinter dem Reiter auf die Symbole für das Pinsel- und das Symbolebedienfeld. Sobald Sie einen blauen Umriss um die Pinselbedienfeldgruppe sehen, geben Sie die Maustaste frei.

Nun werden Sie die Bedienfelder neu anordnen, sodass Sie mehr Platz auf dem Bildschirm erhalten.

11 Wählen Sie in der Anwendungsleiste aus dem Arbeitsbereich-Umschalter den Befehl **Zurücksetzen: Grundlagen**.

12 Klicken Sie auf den Doppelpfeil am oberen Rand des Docks, um die Bedienfelder auszuklappen. Klicken Sie im Anschluss auf den Reiter für das Farbhilfebedienfeld. Klicken Sie nun doppelt auf den Reiter dieses Bedienfelds, um dessen Größe zu reduzieren. Um es ganz zu minimieren, klicken Sie erneut doppelt auf den Reiter. Dieselbe Technik gilt bei frei schwebenden Bedienfeldern.

● **Hinweis:** Bei vielen Bedienfeldern müssen zweimal auf das Bedienfeldregister doppelklicken, um zur vollen Größe des Bedienfelds zurückzukehren. Wenn Sie anschließend noch einmal doppelt klicken, wird das Bedienfeld vollständig ausgeklappt.

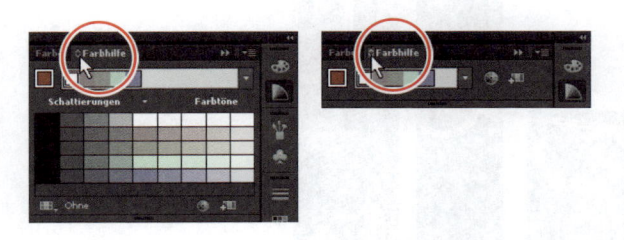

▶ **Tipp:** Um die Größe der Bedienfelder anzupassen, können Sie anstatt des Doppelklicks auf das Bedienfeldregister auch auf den kleinen Pfeil links neben dem Bedienfeldnamen klicken (falls er sichtbar ist).

13 Klicken Sie auf den Reiter für das Aussehenbedienfeld, um es auszuklappen. Je nach Bildschirmauflösung könnte es auch schon ausgeklappt sein.

Nun werden Sie die Größe einer Bedienfeldgruppe anpassen, um andere wichtige Bedienfelder besser zu sehen.

14 Klicken Sie auf den Reiter für das Symbolebedienfeld. Ziehen Sie die Trennlinie zwischen dieser Bedienfeldgruppe und der Gruppe mit dem Konturbedienfeld nach oben.

● **Hinweis:** Möglicherweise lässt sich die Trennlinie nicht sehr weit ziehen – das hängt von der Größe Ihres Bildschirms, der Bildschirmauflösung und der Anzahl der ausgeklappten Bedienfelder ab.

15 Wählen Sie aus dem Arbeitsbereich-Umschalter in der Anwendungsleiste die Option **Zurücksetzen: Grundlagen**.

Erstellen Sie jetzt Bedienfeldgruppen – diese können angedockt, abgedockt und zusammengeklappt oder ausgeklappt angeordnet werden.

● **Hinweis:** Wenn Sie eine Bedienfeldgruppe auf eine bestehende Gruppe im Dock ziehen, werden diese beiden Gruppen zu einer Gruppe. Setzen Sie in diesem Fall den Arbeitsbereich zurück und öffnen Sie die Bedienfeldgruppe erneut.

16 Wählen Sie **Fenster: Ausrichten**, um die Gruppe mit dem Ausrichtenbedienfeld zu öffnen. Ziehen Sie die Titelleiste dieser Bedienfeldgruppe auf die angedockten Bedienfelder rechts im Arbeitsbereich. Positionieren Sie den Mauszeiger direkt unter dem Symbol für das Symbolebedienfeld, sodass eine einzelne blaue Linie erscheint. Geben Sie die Maustaste frei, um im Dock eine neue Bedienfeldgruppe zu erzeugen.

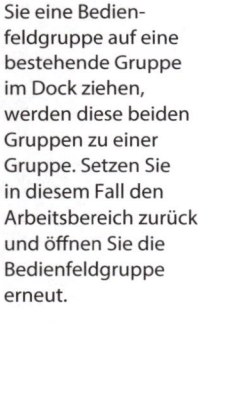

Ziehen Sie jetzt ein Bedienfeld innerhalb des Docks von einer Gruppe in eine andere.

17 Ziehen Sie das Symbol für das Transformierenbedienfeld (■) nach oben, bis sich der Mauszeiger direkt unterhalb des Symbols für das Farbebedienfeld (■) befindet. Zwischen dem Farbe- und dem Farbhilfebedienfeld erscheint eine blaue Linie. Geben Sie die Maustaste frei.

▶ **Tipp:** Sie können im Dock auch ganze Bedienfeldgruppen neu anordnen, indem Sie die doppelte graue Linie oben in einer Gruppe nach oben oder unten ziehen.

In Gruppen angeordnete Bedienfelder vereinfachen Ihre Arbeit.

Den Arbeitsbereich zurücksetzen und speichern

Bedienfelder und Werkzeuge können jederzeit wieder in den Ausgangszustand versetzt werden. Außerdem ist es möglich, die Position der Bedienfelder zu speichern – erstellen Sie einen eigenen Arbeitsbereich. Legen Sie jetzt einen Arbeitsbereich an, in dem Sie Zugriff auf häufig verwendete Bedienfelder haben.

1 Wählen Sie aus dem Arbeitsbereich-Umschalter die Option »Grundlagen zurücksetzen«.

2 Wählen Sie **Fenster: Pathfinder**. Ziehen Sie den Reiter des Bedienfelds auf die rechte Seite des Arbeitsbereichs. Sobald der Mauszeiger die linke Kante des Bedienfelddocks erreicht, geben Sie die Maustaste frei. Das Bedienfeld wird angedockt. Klicken Sie anschließend auf das x-Symbol in der rechten oberen (Windows) bzw. linken oberen (Mac OS) Ecke, um die verbleibende Bedienfeldgruppe mit dem Ausrichten- und dem Transformierenbedienfeld zu schließen.

▶ **Tipp:** Wenn Sie Ihre Bedienfelder auf der rechten Seite des Arbeitsbereiches andocken, schaffen Sie sich Platz auf dem Bildschirm. Selbst die angedockten Bedienfelder können zusammengeklappt und in der Größe angepasst werden, um noch mehr Platz zu schaffen.

3 Wählen Sie **Fenster: Arbeitsbereich: Neuer Arbeitsbereich**. Geben Sie im Dialogfeld »Neuer Arbeitsbereich« den Namen »Navigation« ein und klicken Sie auf OK. Der neue Arbeitsbereich wird mit Illustrator gespeichert, bis Sie ihn wieder löschen.

4   Wählen Sie **Fenster: Arbeitsbereich: Grundlagen** und dann **Fenster: Arbeitsbereich: Zurücksetzen: Grundlagen**. Beachten Sie, dass die Bedienfelder wieder in ihre Ausgangsposition zurückkehren. Wählen Sie im Anschluss **Fenster: Arbeitsbereich: Navigation**. Wechseln Sie mit dem Befehl **Fenster: Arbeitsbereich** zwischen den Arbeitsbereichen. Für die nächste Übung aktivieren Sie den Arbeitsbereich »Grundlagen«.

● **Hinweis:** Um gespeicherte Arbeitsbereiche zu löschen, wählen Sie **Fenster: Arbeitsbereich: Arbeitsbereiche verwalten**. Klicken Sie auf den entsprechenden Arbeitsbereich und dann auf »Arbeitsbereich löschen«.

▶ **Tipp:** Möchten Sie einen gespeicherten Arbeitsbereich ändern, ordnen Sie die Bedienfelder nach Ihren Wünschen an und wählen dann **Fenster: Arbeitsbereich: Neuer Arbeitsbereich**. Im Dialogfeld »Neuer Arbeitsbereich« geben Sie den ursprünglichen Namen des Arbeitsbereichs ein und klicken auf OK. Bei der Frage, ob Sie den bestehenden Arbeitsbereich überschreiben wollen, klicken Sie auf OK.

Bedienfeldmenüs nutzen

Die meisten Bedienfelder besitzen oben rechts in der Ecke ein Bedienfeldmenü. Mit einem Klick auf das Bedienfeldmenü (▼≡) erreichen Sie zusätzliche Optionen für das ausgewählte Bedienfeld. In manchen Fällen können Sie hier auch die Darstellung des Bedienfelds ändern.

Sie werden nun mithilfe des Bedienfeldmenüs das Aussehen des Symbolebedienfelds ändern.

1   Klicken Sie rechts im Arbeitsbereich auf das Symbol für das Symbolebedienfeld (). Alternativ wählen Sie **Fenster: Symbole**.

2   Klicken Sie nun oben rechts auf das Bedienfeldmenü (▼≡).

3   Wählen Sie aus dem Bedienfeldmenü den Eintrag »Kleine Liste«. Jetzt werden die Symbolnamen zusammen mit ihren Miniaturen angezeigt. Weil die Optionen im Bedienfeldmenü nur auf das aktive Bedienfeld angewendet werden, ändert sich hier nur die Ansicht des Symbolebedienfelds.

4   Klicken Sie erneut auf das Menü des Symbolebedienfelds und wählen Sie die Option »Miniaturansicht«, um die Originalansicht wieder herzustellen.

Klicken Sie im Anschluss auf das Register des Symbolebedienfelds, um das Bedienfeld wieder auszublenden.

Zusätzlich zum Bedienfeldmenü bieten kontextsensitive Menüs passende Befehle zum aktiven Werkzeug, zur aktiven Auswahl oder zu dem aktiven Bedienfeld.

5   Stellen Sie den Mauszeiger über das Dokumentfenster oder ein Bedienfeld. Klicken Sie anschließend mit der rechten Maustaste (Windows) bzw. mit gedrückter Ctrl-Taste (Mac OS), um das Kontextmenü einzublenden. Das hier gezeigte Menü erscheint, wenn Sie mit der rechten Maustaste (Windows) bzw. mit gedrückter Ctrl-Taste (Mac) in die Zeichenfläche klicken und nichts ausgewählt ist.

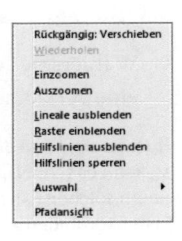

● **Hinweis:** Wenn Sie mit dem Mauszeiger auf ein Bedienfeld, beispielsweise das Farbfelderbedienfeld, zeigen und mit der rechten Maustaste (Windows) bzw. mit gedrückter Ctrl-Taste (Mac OS) klicken, können Sie ein Bedienfeld oder eine Bedienfeldgruppe über das nun angezeigte Kontextmenü schließen.

Die Darstellung ändern

Beim Umgang mit Dateien müssen Sie sicherlich auch die Zoomstufe ändern und zwischen verschiedenen Zeichenflächen navigieren. Die Zoomstufe (3,13% bis 6400%) erscheint in der Titelleiste oder dem Dokumentreiter direkt neben dem Dateinamen, aber auch unten links in der Statusleiste. Ansichtswerkzeuge oder -befehle wirken sich nur auf die Anzeige der Datei aus, nicht auf deren Größe.

Die Ansichtsbefehle nutzen

Um die Ansicht einer Grafik mithilfe des Menüs **Ansicht** zu vergrößern oder zu verkleinern, haben Sie folgende Möglichkeiten:

- Wählen Sie **Ansicht: Einzoomen**, um die Anzeige der Grafik **brochure.ai** zu vergrößern.

▶ **Tipp:** Drücken Sie zum Einzoomen Umschalt+Strg+Alt+* (Windows) bzw. Umschalt+Befehl+Option+* (Mac OS).

- Wählen Sie **Ansicht: Auszoomen**, um die Ansicht der Grafik *brochure.ai* zu verkleinern.

▶ **Tipp:** Drücken Sie zum Auszoomen das Tastenkürzel Strg+- (Minus) (Windows) bzw. Befehl+- (Minus) (Mac OS).

Jedes Mal, wenn Sie eine der Zoomfunktionen nutzen, wird die Ansicht der Datei an die nächste Zoomvorgabe angepasst. Die Zoomvorgaben erscheinen im Menü links unten im Dokumentfenster (der Pfeil neben der Prozentzahl).

Nutzen Sie auch das Menü »Ansicht«, um die Grafik auf der aktuellen Zeichenfläche oder alle Zeichenflächen im Ansichtsbereich an den Bildschirm anzupassen bzw. ein Dokument in der aktuellen Größe anzuzeigen.

▶ **Tipp:** Um die Zeichenfläche in das Fenster einzupassen, können Sie auch doppelt auf das Hand-Werkzeug im Werkzeugbedienfeld klicken.

1   Wählen Sie **Ansicht: Zeichenfläche in Fenster einpassen**. Im Fenster wird eine verkleinerte Ansicht der aktiven Zeichenfläche angezeigt.

● **Hinweis:** Weil die Arbeitsfläche (der Bereich außerhalb der Zeichenfläche) sehr groß ist, kann es schnell passieren, dass Sie Ihre Grafik aus den Augen verlieren. Wählen Sie in einem solchen Fall **Fenster: Zeichenfläche in Fenster einpassen** oder drücken Sie die Tastenkombination Strg+0 (Windows) bzw. Befehl+0 (Mac OS), um die Grafik in der Mitte des Ansichtsbereichs zu zentrieren.

2   Um eine Grafik in der tatsächlichen Größe darzustellen, wählen Sie **Ansicht: Originalgröße**. Die Grafik ist nun mit einer Zoomstufe von 100% zu sehen. Die Originalgröße der Grafik bestimmt, wie viel von ihr bei 100% zu sehen ist.

▶ **Tipp:** Für eine Darstellung bei 100% reicht es auch aus, im Werkzeugbedienfeld doppelt auf das Zoomwerkzeug zu klicken.

3   Wählen Sie **Ansicht: Alle in Fenster einpassen**. Jetzt werden alle Zeichenflächen im Dokumentfenster angezeigt. Mehr über das Navigieren zwischen den Zeichenflächen erfahren Sie im Abschnitt »Navigation zwischen mehreren Zeichenflächen« weiter hinten in dieser Lektion.

4   Wählen Sie **Ansicht: Zeichenfläche in Fenster einpassen**, bevor Sie mit dem nächsten Abschnitt fortfahren.

Das Zoomwerkzeug verwenden

Außer den Befehlen im Menü **Ansicht** können Sie auch das Zoomwerkzeug (🔍) nutzen, um die Darstellungsgröße Ihrer Grafik in vordefinierten Zoomstufen zu ändern.

1   Klicken Sie im Werkzeugbedienfeld auf das Zoomwerkzeug (🔍) und zeigen Sie anschließend mit der Maus in das Dokumentfenster. Beachten Sie das Pluszeichen (+) innerhalb des Cursors.

2   Positionieren Sie das Zoomwerkzeug über dem Titeltext »Created with …« in der Mitte der Arbeitsfläche und klicken Sie. Die Grafik wird nun in einer höheren Vergrößerungsstufe dargestellt.

3   Klicken Sie noch zweimal auf den Text »Created with...«. Wieder wird die Ansicht vergrößert.

Jetzt werden Sie die Ansicht der Grafik wieder verkleinern.

4   Positionieren Sie den Zeiger des Zoomwerkzeugs nun über dem Text »Created with ...« und halten Sie die Alt-Taste gedrückt. In der Mitte des Cursors erscheint ein Minuszeichen (–). Halten Sie die Taste für den nächsten Schritt weiter gedrückt.

5   Drücken Sie die Alt-Taste und klicken Sie zweimal in die Grafik, um die Ansicht wieder zu verkleinern.

Für kontrollierteres Zoomen können Sie auch einen Rahmen um einen bestimmten Bereich Ihrer Grafik aufziehen. So vergrößern Sie nur diesen ausgewählten Bereich.

● **Hinweis:** Der Prozentsatz der Vergrößerung wird von der Größe des Auswahlrahmens bestimmt, den Sie mit dem Zoomwerkzeug aufziehen – je größer der Rahmen, desto stärker die Vergrößerung.

6   Wählen Sie **Ansicht: Zeichenfläche in Fenster einpassen**.

7   Ziehen Sie mit dem Zoomwerkzeug einen Rahmen um das Logo in der rechten unteren Ecke der Zeichenfläche auf. Sobald der Rahmen um diesen Bereich zu erkennen ist, geben Sie die Maustaste frei. Der ausgewählte Bereich wird nun so vergrößert, dass er sich an die Größe des Dokumentfensters anpasst.

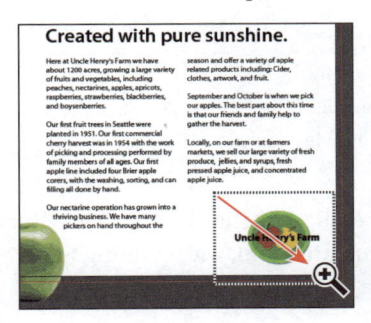

8   Klicken Sie im Werkzeugbedienfeld doppelt auf das Hand-Werkzeug (🖐), um die Zeichenfläche in das Dokumentfenster einzupassen.

Während der Bearbeitung werden Sie sicherlich häufiger auf das Zoomwerkzeug zugreifen, um die Ansicht Ihrer Grafik je nach Bedarf zu vergrößern und verkleinern. Aus diesem Grund bietet Illustrator die Möglichkeit, über die Tastatur jederzeit auf dieses Werkzeug zuzugreifen.

9   Bevor Sie das Zoomwerkzeug über die Tastatur auswählen, aktivieren Sie im Werkzeugbedienfeld zunächst ein beliebiges anderes Werkzeug und stellen den Mauszeiger über das Dokumentfenster.

● **Hinweis:** In bestimmten Versionen von Mac OS öffnen Sie mit den Tastenkürzeln für das Zoomwerkzeug (Schritte 10 und 11) Spotlight oder den Finder. Falls Sie die Tastenkürzel jedoch lieber in Illustrator verwenden wollen, müssen Sie das in den Systemeinstellungen festlegen.

10 Halten Sie nun die Tastenkombination Strg+Leertaste (Windows) bzw. Befehl-Leertaste (Mac OS) gedrückt. Klicken oder ziehen Sie, um in einen Bereich der Grafik hineinzuzoomen. Lassen Sie die Tasten anschließend wieder los.

11 Um mithilfe der Tastatur wieder herauszuzoomen, halten Sie die Tastenkombination Strg+Alt+Leertaste (Windows) bzw. Befehl+Alt+Leertaste (Mac OS) gedrückt. Klicken Sie anschließend in den gewünschten Bereich, um herauszuzoomen.

12 Klicken Sie im Werkzeugbedienfeld doppelt auf das Hand-Werkzeug, um die Zeichenfläche wieder in das Dokumentfenster einzupassen.

Durch ein Dokument scrollen

Sie können mit dem Hand-Werkzeug zu verschiedenen Bereichen des Dokuments wechseln. Mithilfe des Werkzeugs lässt sich das Dokument wie ein Stück Papier auf dem Schreibtisch verschieben.

1 Aktivieren Sie im Werkzeugbedienfeld das Hand-Werkzeug (🖐).

2 Ziehen Sie damit im Dokumentfenster nach unten – dabei verschieben Sie das Dokument.

Genau wie das Zoomwerkzeug (🔍) können Sie auch das Hand-Werkzeug jederzeit über die Tastatur auswählen.

3 Aktivieren Sie im Werkzeugbedienfeld ein beliebiges Werkzeug (außer das Textwerkzeug (T), und stellen Sie den Mauszeiger über das Dokumentfenster.

4 Halten Sie die Leertaste gedrückt, um über die Tastatur das Hand-Werkzeug zu aktivieren. Ziehen Sie anschließend, um die Grafik wieder mittig in der Ansicht zu platzieren.

5 Klicken Sie doppelt auf das Hand-Werkzeug, um die aktive Zeichenfläche wieder in das Dokumentfenster einzupassen.

● **Hinweis:** Beachten Sie bitte, dass die Leertaste als Tastenkürzel für das Hand-Werkzeug nicht funktioniert, wenn das Textwerkzeug aktiv ist und sich der Cursor im Text befindet.

Grafiken betrachten

Wenn Sie eine Datei öffnen, wird diese automatisch im Vorschaumodus angezeigt – Sie sehen also, wie die Datei später auch gedruckt wird. Falls Sie mit größeren oder komplexeren Illustrationen arbeiten, möchten Sie von den Objekten im Dokument vielleicht nur die Umrisse oder ein Drahtmodell sehen, damit nicht bei jeder Änderung alles neu dargestellt werden muss. Dieser Modus wird »Pfadansicht« genannt. Beim Auswählen von Objekten kann der Pfadansicht-Modus (siehe Lektion 3, »Formen erstellen und bearbeiten«) hilfreich sein.

1 Wählen Sie **Ansicht: Logo Zoom** (ganz unten im Menü), um in einen bestimmten Bereich des Bildes hineinzuzoomen. Diese eigene Ansicht wurde zusammen mit dem Dokument gespeichert.

▶ **Tipp:** Um bei der Arbeit mit größeren oder komplexeren Dokumenten Zeit zu sparen, können Sie in einem Dokument eigene Ansichten erstellen. Mit diesen wechseln Sie schnell zu bestimmten Bereichen und Zoomstufen. Stellen Sie die gewünschte Ansicht ein und wählen Sie anschließend **Ansicht: Neue Ansicht**. Geben Sie der Ansicht einen Namen und klicken Sie auf OK. Sie wird zusammen mit dem Dokument gespeichert.

2 Wählen Sie nun **Ansicht: Pfadansicht**. Jetzt werden nur die Umrisse der Objekte angezeigt. Nutzen Sie diese Ansicht, um Objekte zu finden, die im Vorschaumodus möglicherweise nicht zu sehen sind.

3 Wählen Sie **Ansicht: Pixelvorschau**, um alle Attribute der Grafik zu sehen. Falls Sie lieber mit der Tastatur arbeiten, drücken Sie Strg+Y (Windows) bzw. Befehl+Y (Mac OS), um zwischen Pixelvorschau und Pfadansicht zu wechseln.

4 Wählen Sie **Ansicht: Überdruckenvorschau**, um sämtliche Linien oder Formen zu sehen, die für das Überdrucken eingestellt sind. Diese Ansicht ist hilfreich, wenn Sie sehen wollen, wie verschiedene Farben beim Überdrucken miteinander reagieren. Möglicherweise erkennen Sie kaum Veränderungen im Logo, wenn Sie in diesen Ansichtsmodus wechseln.

● **Hinweis:** Wenn Sie zwischen den verschiedenen Ansichtsmodi wechseln, sind nicht alle Änderungen sofort ersichtlich. Zoomen Sie ein und aus, um die Unterschiede besser zu erkennen.

5 Wählen Sie **Ansicht: Pixelvorschau**. Sie sehen hier, wie Grafik nach dem Rastern und bei der Anzeige in einem Webbrowser auf dem Bildschirm aussieht. Zum Aufheben dieser Vorschau wählen Sie erneut **Ansicht: Pixelvorschau**.

Logo-Zoom Pixelvorschau   Pfadansicht   Überdruckenvorschau

6 Wählen Sie nun **Ansicht: Zeichenfläche in Fenster einpassen**, um die gesamte aktive Zeichenfläche zu sehen.

Zwischen verschiedenen Zeichenflächen wechseln

Illustrator ermöglicht mehrere Zeichenflächen innerhalb einer Datei. Das ist eine großartige Möglichkeit, um mehrseitige Dokumente zu erstellen (z. B. eine Broschüre, eine Postkarte und eine Visitenkarte in ein und demselben Dokument). Sie können Inhalte zwischen diesen Einzelstücken austauschen, mehrseitige PDFs erstellen und durch das Erstellen mehrerer Zeichenflächen auch mehrere Seiten drucken.

Fügen Sie mit dem Befehl **Datei: Neu** weitere Zeichenflächen zu einem Illustrator-Dokument hinzu. Mithilfe des Zeichenflächenwerkzeugs im Werkzeugbedienfeld können Sie später jederzeit weitere Zeichenflächen zum Dokument hinzufügen oder auch Zeichenflächen entfernen.

Jetzt erfahren Sie, wie Sie effizient durch ein Dokument mit mehreren Zeichenflächen navigieren.

1 Aktivieren Sie im Werkzeugbedienfeld das Auswahl-Werkzeug ( ).

2 Wählen Sie **Ansicht: Alle in Fenster einpassen**. Beachten Sie, dass sich im Dokument zwei Zeichenflächen befinden.

Die Zeichenflächen in einem Dokument können in jeder beliebigen Reihenfolge, Größe oder Ausrichtung angeordnet werden (und sich auch überlappen). Angenommen, Sie wollen eine vierseitige Broschüre erstellen. Sie können dann für jede Seite der Broschüre verschiedene Zeichenflächen in derselben Größe und Ausrichtung anlegen. Richten Sie die Zeichenflächen horizontal oder vertikal aus – ganz nach Wunsch.

Das Dokument *brochure.ai* enthält zwei Zeichenflächen: die Vorder- und Rückseite einer farbigen Broschüre.

3 Drücken Sie Ctrl+- (Windows) oder Befehl +- (Mac OS), bis Sie das Logo in der Ecke oben links auf der Arbeitsfläche sehen können (es liegt außerhalb der Zeichenflächen).

4 Wählen Sie **Ansicht: Zeichenfläche in Fenster einpassen**. Mit diesem Befehl passen Sie die aktive Zeichenfläche in das Fenster ein. Die aktive Zeichenfläche

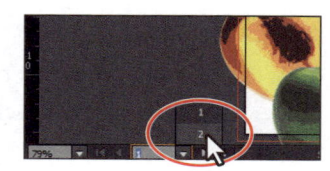

erkennen Sie im Menü »Zeichenflächennavigation« unten links im Dokumentfenster.

5 Wählen Sie aus dem Seitennavigationsmenü links unten die »Option 2«. Im Dokumentfenster erscheint die Rückseite der Broschüre.

6 Wählen Sie **Ansicht: Auszoomen**, um aus der aktuell aktiven Zeichenfläche herauszuzoomen.

● **Hinweis:** Mehr über die Arbeit mit Zeichenflächen erfahren Sie in Lektion 4, »Objekte transformieren«.

Beachten Sie die Pfeile rechts und links vom Seitennavigationsmenü. Nutzen Sie diese, um zur ersten (◀◀), zur vorhergehenden (◀), nächsten (▶) und letzten (▶▶) Zeichenfläche zu wechseln.

7 Klicken Sie auf das Symbol für die vorhergehende Zeichenfläche (»Zeichenfläche #1«).

● **Hinweis:** Da es in diesem Dokument nur zwei Zeichenflächen gibt, hätten Sie in diesem Schritt auch auf das Symbol erste Zeichenfläche (◀◀) klicken können.

8 Wählen Sie **Ansicht: Zeichenfläche in Fenster einpassen**, damit »Zeichenfläche #1« vollständig im Dokumentfenster zu sehen ist.

Um zwischen mehreren Zeichenflächen zu wechseln, können Sie auch das Zeichenflächenbedienfeld nutzen. Öffnen Sie also jetzt dieses Bedienfeld und navigieren Sie im Dokument.

9 Wählen Sie aus dem Arbeitsbereich-Umschalter in der Anwendungsleiste die Option **Zurücksetzen: Grundlagen**, um den Arbeitsbereich »Grundlagen« wiederherzustellen.

10 Wählen Sie **Fenster: Zeichenflächen**, um das dazugehörige Bedienfeld rechts im Arbeitsbereich auszuklappen.

Im Zeichenflächenbedienfeld werden alle Zeichenflächen des Dokuments aufgelistet. Hier können Sie zwischen den Zeichenflächen navigieren, sie umbenennen, weitere Zeichenflächen hinzufügen oder löschen, Einstellungen bearbeiten usw.

Konzentrieren wir uns nun auf die Navigation im Dokument mithilfe dieses Bedienfelds.

11 Klicken Sie im Zeichenflächenbedienfeld doppelt auf die Zahl »2«. Damit passen Sie die »Zeichenfläche 2« in das Dokumentfenster ein.

Zeichenflächen

Zeichenflächen sind die Bereiche, die druckbares Bildmaterial enthalten (ähnlich wie Seiten in einem Programm wie Adobe InDesign). Mit Zeichenflächen können Sie Bereiche für Druck- und Platzierungszwecke zuschneiden. Sie entsprechen den Schnittbereichen in Illustrator CS3. Mehrere Zeichenflächen eignen sich zur Erstellung der verschiedensten Dokumente, z. B. mehrseitige PDF-Dokumente, Druckseiten mit verschiedenen Größen oder Elementen, unabhängige Elemente für Websites, Video-Storyboards oder einzelne Elemente für Animationen in Adobe Flash oder After Effects.

A. Druckbarer Bereich

B. Nicht druckbarer Bereich

C. Seitenrand

D. Zeichenfläche

E. Anschnitt

F. Arbeitsfläche

A. Der **druckbare Bereich** befindet sich innerhalb der innersten gepunkteten Linie und ist der Bereich der Seite, den der gewählte Drucker abbilden kann. Viele Drucker sind nicht in der Lage, bis an den Rand des Papiers zu drucken. Lassen Sie sich nicht von dem nicht druckbaren Bereich verwirren.

B. Der **nicht druckbare Bereich** befindet sich zwischen zwei gepunkteten Linien und stellt den Seitenrand dar, der nicht gedruckt werden kann. In diesem Beispiel sehen Sie den nicht druckbaren Bereich einer 8,5 x 11 Zoll großen Seite. Der druckbare und nicht druckbare Bereich einer Seite werden von dem Drucker festgelegt, den Sie im »Druckoptionen«-Dialogfeld einstellen.

C. Der **Seitenrand** wird von der äußeren gepunkteten Linie dargestellt.

D. Die **Zeichenfläche** wird hier durch eine durchgezogene Linie begrenzt, sie bezeichnet den gesamten Bereich, der druckbare Grafiken enthalten kann. Standardmäßig ist die Zeichenfläche genauso groß wie die Seite, kann jedoch jederzeit vergrößert oder verkleinert werden.

E. Der **Anschnitt** ist der Bereich der Zeichenfläche, der sich außerhalb des Druckrahmens bzw. außerhalb der Schnittmarken befindet. Sie können Ihre Grafik mit Anschnitt anlegen, um z. B. sicherzustellen, dass die Druckfarbe direkt bis an den Rand gedruckt wird.

F. Die **Arbeitsfläche** ist der Bereich außerhalb der Zeichenfläche, der bis an den Rand des Dokumentfensters reicht. Objekte, die auf der Arbeitsfläche platziert werden, sind auf dem Bildschirm zwar sichtbar, werden jedoch nicht gedruckt.

– Aus der Illustrator-Hilfe

● **Hinweis:** Wenn Sie im Zeichenflächenbedienfeld auf den Namen der Zeichenfläche doppelklicken, können sie diesen ändern. Wenn Sie auf das Zeichenflächen-Symbol (■) rechts vom Zeichenflächennamen im Bedienfeld klicken, können Sie die Zeichenflächenoptionen bearbeiten.

12 Wählen Sie **Ansicht: Einzoomen**, um in die zweite Zeichenfläche einzuzoomen.

13 Klicken Sie im Zeichenflächenbedienfeld doppelt links von »Artboard 1«, um im Dokumentfenster die erste Zeichenfläche einzublenden.

Beachten Sie, dass durch einen Doppelklick die Zeichenfläche in das Dokumentfenster eingepasst wird.

14 Klicken Sie im Dock auf das Symbol für das Zeichenflächenbedienfeld (■), um dieses wieder einzuklappen.

Das Navigatorbedienfeld nutzen

Das Navigatorbedienfeld ist eine weitere Möglichkeit, sich in einem Dokument mit einer oder mehreren Zeichenflächen zu bewegen. Dies ist sinnvoll, wenn Sie alle Zeichenflächen des Dokuments in einem Fenster sehen und den Inhalt einer dieser Flächen in einer vergrößerten Darstellung bearbeiten wollen.

1 Wählen Sie **Fenster: Navigator**, um das Navigatorbedienfeld zu öffnen. Es handelt sich um eine frei schwebende Palette im Arbeitsbereich.

2 Ziehen Sie im Navigatorbedienfeld den Regler nach links auf etwa 50%, um die Darstellung zu verkleinern. Während Sie den Regler verschieben, wird das rote Kästchen – der Vorschaubereich – größer und zeigt den Bereich des Dokuments, der im Fenster zu sehen ist. Je nach Zoomstufe sehen Sie den Vorschaubereich möglicherweise noch nicht; dies wird sich aber bald ändern.

● **Hinweis:** Wenn Sie den Regler im Navigatorbedienfeld ziehen, springen Sie häufig zu festgesetzten Zoomwerten. Um exakter zu zoomen, geben Sie einen Wert in die linke untere Ecke des Navigatorbedienfelds ein.

● **Hinweis:** Der Prozentwert und der Vorschaubereich in Ihrem Navigatorbedienfeld sehen möglicherweise etwas anders aus. Das macht nichts aus.

3 Klicken Sie unten rechts im Navigatorbedienfeld mehrfach auf das Symbol mit den beiden größeren Bergen (▲▲), um die Broschüre auf etwa 150% zu zoomen.

4 Positionieren Sie den Mauszeiger innerhalb des roten Kästchens im Navigatorbedienfeld. Der Mauszeiger wird zu einer Hand (🖐).

5 Ziehen Sie die Hand im Vorschaubereich hin und her, um verschiedene Bereiche der Grafik zu betrachten. Ziehen Sie diesen Vorschaubereich über das Logo unten rechts auf der Titelseite.

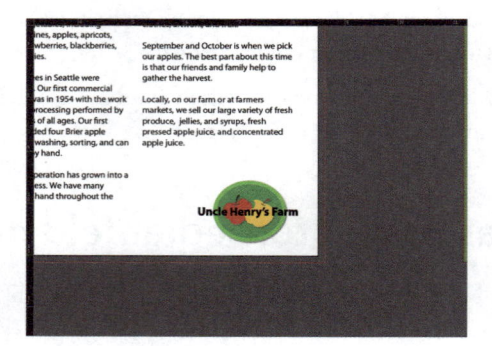

6 Zeigen Sie im Navigatorbedienfeld auf eine Stelle außerhalb des Vorschaubereichs und klicken Sie. Dadurch wird das rote Kästchen verschoben und zeigt einen anderen Bereich der Broschüre im Dokumentfenster an.

▶ **Tipp:** Wenn Sie die Bedienfeldoptionen aus dem Menü des Navigatorbedienfelds wählen, können Sie das Bedienfeld anpassen, zum Beispiel die Farbe des Vorschaukästchens ändern.

7 Wählen Sie **Ansicht: Zeichenfläche in Fenster einpassen**.

● **Hinweis:** Der Prozentsatz und der Vorschaubereich in Ihrem Navigatorbedienfeld kann sich von unserer Abbildung unterscheiden. Das ist in Ordnung.

8 Deaktivieren Sie im Bedienfeldmenü (▼≡) die Option »Nur Zeichenflächeninhalt anzeigen«, damit Sie auch Elemente auf der Arbeitsfläche sehen können. Achten Sie auf das Logo auf der Arbeitsfläche.

● **Hinweis:** Möglicherweise müssen Sie den Regler im Navigatorbedienfeld anpassen, damit Sie das Logo im Vorschaubereich sehen können.

9 Schließen Sie die Bedienfeldgruppe des Navigatorbedienfelds, indem Sie in das Schließfeld in der rechten oberen (Windows) bzw. linken oberen (Mac OS) Ecke klicken.

Lineale richtig einsetzen

Die Lineale helfen Ihnen, Objekte exakt zu platzieren und zu messen. Sie werden in jedem Dokument standardmäßig angezeigt. Am oberen Rand und links im Dokumentfenster erscheinen die horizontalen und vertikalen Lineale. Der Ursprung befindet sich an der Stelle, an der sich auf jedem Lineal der Nullpunkt befindet.

Lernen Sie die Lineale nun etwas besser kennen, indem Sie sie ein- und ausblenden und den Ursprung auf jeder Zeichenfläche lokalisieren.

1   Wählen Sie **Ansicht: Lineale: Lineale ausblenden**.

2   Wählen Sie anschließend **Ansicht: Lineale: Lineale einblenden**, um die Lineale wieder anzuzeigen.

Beachten Sie, dass sich der Nullpunkt für das horizontale Lineal an der linken Kante der ersten Zeichenfläche und der Nullpunkt für das vertikale Lineal (links im Dokumentfenster) an der Oberkante der Zeichenfläche befindet.

3   Navigieren Sie zur zweiten Zeichenfläche, indem Sie aus dem Menü für die Zeichenflächen-Navigation die »2« auswählen.

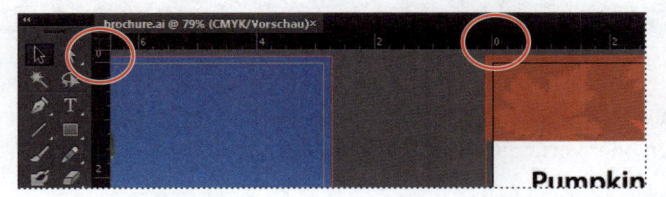

Beachten Sie, dass die Lineale auch auf dieser Zeichenfläche in der linken oberen Ecke bei null beginnen. Jede Zeichenfläche hat ihr eigenes Linealsystem, der Ursprung befindet sich dabei immer in der linken oberen Ecke. Wie Sie diesen Ursprung ändern und weitere Linealoptionen nutzen, lernen Sie in Lektion 4, »Objekte transformieren«.

4   Kehren Sie zur ersten Zeichenfläche zurück, indem Sie die »1« aus dem Menü der Zeichenflächen-Navigation auswählen.

Mehrere Dokumente anordnen

Wenn Sie mehrere Illustrator-Dateien öffnen, erscheinen die Dokumentfenster als Reiter. Sie können offene Dokumente aber auch auf andere Art und Weise anordnen, beispielsweise nebeneinander, um Objekte miteinander zu vergleichen oder von einem Dokument in das andere zu ziehen. Nutzen Sie auch die Funktion »Dokumente anordnen«, um Ihre offenen Dokumente unterschiedlich darzustellen.

Öffnen Sie nun mehrere Dokumente.

1 Wählen Sie **Datei: Öffnen** und klicken Sie im Ordner *Lektion01* mit gedrückter Umschalt-Taste auf die Dateien *L1start_2.ai* und *L1start_3.ai*. Klicken Sie auf »Öffnen«, um beide Dateien gleichzeitig zu öffnen.

Nun sollten drei Illustrator-Dateien geöffnet sein: *brochure.ai*, *L1start_2.ai* und *L1start_3.ai*. Jede Datei erhält im Dokumentfenster ihren eigenen Reiter. Es handelt sich also um eine Dokumentfenstergruppe. Sie können solche Gruppen erstellen und bereits geöffnete Dateien in die Gruppen integrieren.

2 Klicken Sie auf den Reiter für die Datei *brochure.ai*, um diese im Dokumentfenster anzuzeigen.

● **Hinweis:** Auf Ihrem Bildschirm befinden sich die Register möglicherweise in einer etwas anderen Reihenfolge. Das macht nichts aus. Achten Sie darauf, dass Sie genau nach rechts ziehen. Sonst könnten Sie möglicherweise das Dokumentfenster ablösen und eine neue Gruppe erstellen. In diesem Fall wählen Sie **Fenster: Anordnen: Alle Fenster zusammenführen**.

3 Ziehen Sie den Reiter des Dokuments nun nach rechts, sodass er sich zwischen den Dokumentreitern »L1start_2.ai« und »L1start_3.ai« befindet.

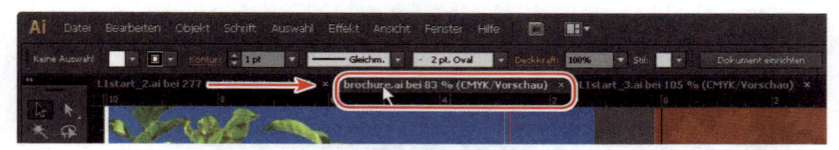

Durch das Verschieben der Reiter ändern Sie die Dokumentreihenfolge. Das kann sehr nützlich sein, falls Sie die Dokument-Tastenkürzel nutzen, um zum nächsten oder vorhergehenden Dokument zu wechseln.

▶ **Tipp:** Mit den folgenden Tastenkombinationen wechseln Sie zwischen geöffneten Dokumenten: Strg+F6 (nächstes Dokument), Strg+Umschalt+F6 (voriges Dokument) (Windows) oder Befehl +~ (nächstes Dokument), Befehl+Umschalt+~ (Voriges Dokument) (Mac OS).

4 Ziehen Sie die Dokumentreiter in die folgende Reihenfolge (von links nach rechts): »brochure.ai«, »L1start_2.ai« und »L1start_3.ai«.

Diese drei Dokumente sind unterschiedliche Versionen eines Werbeprojekts. Um alle Versionen gleichzeitig zu sehen, ordnen Sie die Dokumentfenster hintereinander oder nebeneinander an. Das Stapeln mehrerer Dokumentgruppen wird im nächsten Abschnitt genauer besprochen. Ordnen Sie die Dokumente nebeneinander an, sind mehrere Dokumentfenster gleichzeitig zu sehen.

Sie ordnen die offenen Dokumente jetzt so an, dass Sie sie alle drei gleichzeitig sehen.

5 Wählen Sie unter Mac OS **Fenster: Anwendungsrahmen** (Windows-Nutzer können direkt mit dem nächsten Schritt fortfahren). Dann klicken Sie auf die grüne Schaltfläche in der linken oberen Ecke des Anwendungsfensters, sodass es ebenfalls so gut wie möglich eingepasst wird.

Mac OS-Nutzer können mit dem Anwendungsrahmen alle Elemente des Arbeitsbereiches in einem einzigen Fenster zusammenfassen (ähnlich wie unter Windows). Wenn Sie den Anwendungsrahmen dann verschieben oder seine Größe anpassen, reagieren sämtliche darin enthaltenen Elemente entsprechend, sodass sie sich nicht überlappen.

6 Wählen Sie **Fenster: Anordnen: Nebeneinander**.

Alle drei Dokumente werden nebeneinander angeordnet.

7 Klicken Sie in die einzelnen Dokumentfenster, um die Dokumente nacheinander zu aktivieren. Wählen Sie anschließend für jedes Dokument **Ansicht: Zeichenfläche in Fenster einpassen**. Stellen Sie außerdem sicher, dass in jedem Dokument die »Zeichenfläche 1« zu sehen ist.

● **Hinweis:** Ihre Dokumente werden möglicherweise in einer anderen Reihenfolge angeordnet. Das macht nichts aus.

Wenn die Dokumente nebeneinander angeordnet sind, können Sie die Trennlinien zwischen den Dokumenten verschieben, um mehr oder weniger von einem Dokument anzuzeigen. Auch die Objekte aus den Dokumenten lassen sich verschieben und so von einem Dokument in ein anderes kopieren.

8 Klicken Sie in das Dokumentfenster der Datei *L1start_3.ai* und ziehen Sie das Wagenrad (hinter den Kürbissen) mit dem Auswahl-Werkzeug in das Dokumentfenster der Datei *L1start_2.ai*. Geben Sie die Maustaste wieder frei. Das Bild wird von der einen in die andere Datei kopiert.

● **Hinweis:** Beachten Sie, dass im Dokumentreiter hinter dem Dateinamen des Dokuments *L1start_2.ai* ein Sternchen zu sehen ist. Es zeigt an, dass die Datei geändert wurde und gespeichert werden muss.

● **Hinweis:** Wenn Sie Inhalte zwischen nebeneinanderliegenden Dokumenten verschieben, erscheint neben dem Cursor ein Pluszeichen (siehe nächste Abbildung). Je nach Betriebssystem sieht der Zeiger unterschiedlich aus.

Möchten Sie die Anordnung der nebeneinanderliegenden Fenster ändern, ziehen Sie die Dokumentreiter an neue Positionen. Es ist jedoch einfacher, mit der Funktion »Dokumente anordnen« zu arbeiten, um geöffnete Dokumente unterschiedlich anzuordnen.

9   Klicken Sie in der Anwendungsleiste auf das Symbol »Dokumente anordnen« (▣▾), um das dazugehörige Fenster einzublenden. Klicken Sie anschließend auf das Symbol »Alle vertikal teilen« (▥), um die Dokumente vertikal nebeneinander anzuordnen.

● **Hinweis:** Unter Mac OS befindet sich die Menüleiste über der Anwendungsleiste. Und je nach Bildschirmauflösung kann es sein, dass die Windows-Menüs in der Anwendungsleiste zu sehen sind.

10 Klicken Sie in der Anwendungsleiste erneut auf das Symbol »Dokumente anordnen« (▣▾), um das dazugehörige Fenster einzublenden. Klicken Sie im Fenster »Dokumente anordnen« auf das Symbol »2fach« (▥). Beachten Sie, dass zwei der Dokumente in einem der geteilten Bereiche als Reiter erscheinen.

11 Klicken Sie auf den Reiter »L1start_2.ai«, um dieses Dokument auszuwählen (falls es nicht schon gewählt ist). Klicken Sie im Reiter dieses Dokuments anschließend auf das Schließen-Symbol »x«, um es zu schließen. Erhalten Sie nun ein Meldungsfenster mit der Frage, ob Sie die Änderungen im Dokument speichern wollen, klicken Sie auf »Nicht speichern«.

12 Klicken Sie in der Anwendungsleiste auf das Symbol »Dokumente anordnen« (▣▾) und im daraufhin angezeigten Fenster auf »Alles zusammenführen« (▣). Dadurch werden die beiden verbleibenden Dokumentreiter ein und derselben Gruppe zugewiesen. Lassen Sie beide Dokumente geöffnet.

▶ **Tipp:** Alternativ wählen Sie **Fenster: Anordnen: Alle Fenster zusammenführen**, um die beiden Dokumente wieder im Register derselben Gruppe zusammenzuführen.

Mit Dokumentgruppen arbeiten

Standardmäßig werden geöffnete Illustrator-Dokumente als Reiter in einer einzelnen Fenstergruppe angeordnet. Für die einfachere Navigation können Sie mehrere Gruppen anlegen und ähnliche Dateien vorübergehend in einer Gruppe zusammenfassen. Das ist beispielsweise sinnvoll, wenn Sie an einem großen Projekt arbeiten, das aus mehreren Einzelteilen besteht. Durch das Gruppieren von Dokumenten lassen sich diese vom Programmfenster (Windows) bzw. vom Bildschirm (Mac OS) trennen.

Jetzt werden Sie zwei Gruppen von Dateien erstellen und damit arbeiten.

1 Klicken Sie in den Reiter der Datei *L1start_3.ai*, falls diese noch nicht aktiviert ist.

2 Wählen Sie **Fenster: Anordnen: Alle in Fenstern verschiebbar machen**. Dadurch werden für alle offenen Dokumente separate Gruppen erstellt. Standardmäßig werden die Gruppen wie in einem Stapel übereinander angeordnet.

Dokumentfenster in separaten Gruppen

3 Klicken Sie in die Titelleiste der Datei *brochure.ai* und beachten Sie, dass die Datei *L1start_3.ai* nicht zu sehen ist, da sie sich jetzt hinter der Datei *brochure.ai* befindet.

4 Wählen Sie **Datei: Öffnen** und dann aus dem Ordner *Lektion01* auf Ihrer Festplatte die Datei *L1start_2.ai*. Klicken Sie auf »Öffnen«. Beachten Sie, dass das neu geöffnete Dokument als Dokumentreiter zur bestehenden Gruppe hinzugefügt wird.

● **Hinweis:** Wenn Sie ein Dokument öffnen oder ein neues erstellen, wird dieses zur aktuell ausgewählten Gruppe hinzugefügt.

5 Wählen Sie **Fenster: Anordnen: Überlappend**, um beide Gruppen einzublenden.

6 Klicken Sie auf das Minimieren-Symbol in der rechten oberen (Windows) bzw. linken oberen (Mac OS) Ecke der Gruppe »L1start_3.ai«.

● **Hinweis:** Wenn Sie die Gruppe »L1start_3.ai« nicht auswählen können, wählen Sie am unteren Rand des Menüs »Fenster« die Option »L1start_3.ai«.

7 Wählen Sie **Fenster: L1start_3.ai**, um das Dokument wieder anzuzeigen.

8 Klicken Sie auf das Schließen-Symbol, um die Gruppe »L1start_3.ai« zu schließen. Falls Illustrator Sie nun fragt, ob Sie das Dokument speichern möchten, klicken Sie unter Windows auf »Nein«, unter Mac OS auf »Nicht speichern«.

9 Ziehen Sie den Dokumentreiter der Datei *L1start_2.ai* nach unten, bis das Dokument frei schwebend dargestellt wird. Das ist eine weitere Möglichkeit, eine frei schwebende Gruppe von Dokumenten zu erstellen.

10 Schließen Sie die Datei *L1start_2.ai* und lassen Sie die Datei *brochure.ai* geöffnet. Falls Illustrator Sie nun fragt, ob Sie das Dokument speichern möchten, klicken Sie unter Windows auf »Nein«, unter Mac OS auf »Nicht speichern«.

11 Wählen Sie unter Windows (Mac OS-Nutzer können diesen Schritt überspringen) **Fenster: Anordnen: Alle Fenster zusammenführen**.

12 Unter Mac OS wählen Sie **Fenster: Anwendungsrahmen**, um die Auswahl des Anwendungsrahmens aufzuheben.

13 Wählen Sie **Ansicht: Zeichenfläche in Fenster einpassen**, um die erste Zeichenfläche der Datei *brochure.ai* in das Dokumentfenster einzupassen.

14 Wählen Sie **Datei: Schließen** und schließen Sie das Dokument, ohne es zu speichern.

Hilfen für die Arbeit mit Illustrator

Vollständige und aktuelle Informationen über die Verwendung der Bedienfelder, Werkzeuge und anderer Funktionen von Illustrator finden Sie auf der Adobe-Website Wenn Sie **Hilfe: Illustrator-Hilfe** wählen, werden Sie mit der Website der Adobe Community-Hilfe verbunden – dort finden Sie eine Illustrator-Hilfe und weiterführende Dokumente sowie für Illustrator-Nutzer weitere interessante Websites. Die Community-Hilfe bringt aktive Adobe-Nutzer zusammen, Adobe-Teammitglieder, Autoren und Experten. Sie erhalten dadurch die besten, wichtigsten und aktuellsten Informationen über Adobe-Produkte.

Über den Befehl **Hilfe: Illustrator-Hilfe** können Sie sich auch eine PDF-Version der Illustrator-Hilfe herunterladen. Klicken Sie dazu auf die »Download«-Schaltfläche.

Weitere Quellen, Tipps, Techniken und die neuesten Produktinformationen finden Sie in der Illustrator-Hilfe: helpx.adobe.com/illustrator.html.

Fragen

1 Beschreiben Sie zwei Möglichkeiten, die Ansicht des Dokuments zu ändern.

2 Wie wählen Sie in Illustrator die verschiedenen Werkzeuge aus?

3 Beschreiben Sie drei Möglichkeiten, zwischen Zeichenflächen in Illustrator zu navigieren.

4 Wie speichern Sie Bedienfeldpositionen und Voreinstellungen, die die Darstellung betreffen?

5 Beschreiben Sie, warum die Anordnung der Dokumentfenster so hilfreich ist.

Antworten

1 Wählen Sie Befehle aus dem Menü **Ansicht**, um in einem Dokument zu zoomen oder es an die Bildschirmgröße anzupassen. Alternativ nutzen Sie das Zoomwerkzeug aus dem Werkzeugbedienfeld und klicken und ziehen zur Vergrößerung oder Verkleinerung der Ansicht im Dokument. Zudem steht Ihnen das Navigatorbedienfeld zur Verfügung. Mit diesem können Sie durch Ihre Grafik scrollen oder die Vergrößerung ändern.

2 Um ein Werkzeug auszuwählen, klicken Sie entweder auf das entsprechende Werkzeug im Werkzeugbedienfeld oder drücken das Tastenkürzel für dieses Werkzeug. Mit der Taste V aktivieren Sie beispielsweise das Auswahl-Werkzeug. Ausgewählte Werkzeuge bleiben so lange aktiv, bis Sie auf ein anderes Werkzeug klicken.

3 Wählen Sie die Nummer der Zeichenfläche im Menü der Zeichenflächen-Navigation unten links im Dokumentfenster oder klicken Sie auf eines der dort befindlichen Symbole, um zur ersten, vorhergehenden, nächsten oder letzten Zeichenfläche zu wechseln. Sie können das Zeichenflächebedienfeld nutzen, um zu einer Zeichenfläche zu wechseln. Außerdem steht Ihnen das Navigatorbedienfeld zur Verfügung. In diesem können Sie den Vorschaukasten auf die entsprechende Zeichenfläche ziehen.

4 Wählen Sie **Fenster: Arbeitsbereich: Neuer Arbeitsbereich**, um eigene Arbeitsbereiche zu sichern. Damit erleichtern Sie sich die Arbeit und den Umgang mit dem Programm.

5 Durch das Anordnen der Dokumentfenster können Sie Ihre Fenster nebeneinander darstellen oder Dokumentgruppen stapeln. Das ist hilfreich, wenn Sie an mehreren Illustrator-Dateien arbeiten und diese vergleichen oder Inhalte teilen müssen.

2 AUSWÄHLEN UND AUSRICHTEN

Überblick

In dieser Lektion lernen Sie Folgendes:

- Die verschiedenen Auswahl-Werkzeuge unterscheiden und unterschiedliche Auswahltechniken anwenden
- Intelligente Hilfslinien nutzen
- Objekte mit dem Auswahl-Werkzeug markieren
- Auswahlbereiche für die spätere Verwendung speichern
- Werkzeuge und Befehle nutzen, um Formen und Punkte aneinander und auf der Zeichenfläche auszurichten
- Objekte gruppieren und Gruppierungen wieder aufheben
- Im Isolationsmodus arbeiten
- Inhalte anordnen
- Inhalt im Hintergrund auswählen
- Objekte mit dem Auswahl-Werkzeug kopieren
- Objekte zur besseren Organisation ausblenden und sperren

Diese Lektion dauert ungefähr eine Stunde. Falls erforderlich, entfernen Sie den Ordner der vorherigen Lektion von Ihrer Festplatte und kopieren Sie den Ordner *Lektion02* darauf.

Inhalte in Adobe® Illustrator® CS6 auszuwählen, gehört zu den wichtigsten Dingen, die Sie können müssen. Sie lernen hier, wie Sie Objekte mit den Auswahl-Werkzeugen ausfindig machen und auswählen; andere Objekte durch Gruppieren, Ausblenden und Sperren schützen und Objekte aneinander und auf der Zeichenfläche ausrichten und vieles mehr.

Vorbereitungen

Wenn Sie die Farbe oder Größe eines Objekts ändern bzw. Effekte oder Attribute hinzufügen möchten, müssen Sie dieses zunächst auswählen. Lernen Sie hier die Grundlagen für den Umgang mit den Auswahl-Werkzeugen. Anspruchsvollere Auswahltechniken mithilfe von Ebenen lernen Sie in Lektion 8 kennen.

1   Um sicherzustellen, dass Werkzeuge und Bedienfelder genau wie hier beschrieben funktionieren, löschen oder deaktivieren Sie (durch Umbenennen) die Adobe Illustrator CS6 Preferences-Datei (siehe »Standardvoreinstellungen wiederherstellen« auf Seite 3).

2   Starten Sie Adobe Illustrator CS6.

● **Hinweis:** Falls noch nicht geschehen, kopieren Sie die Quelldateien für diese Lektion aus dem Ordner *Lektion02* der dem Buch beiliegenden CD auf Ihre Festplatte; siehe Seite 2.

3   Wählen Sie **Datei: Öffnen** und öffnen Sie die Datei *L2start_1.ai* aus dem Ordner *Lektion02*. Wählen Sie **Ansicht: Zeichenfläche in Fenster einpassen**.

4   Wählen Sie **Fenster: Arbeitsbereich: Grundlagen** und dann **Fenster: Arbeitsbereich: Grundlagen: Zurücksetzen**.

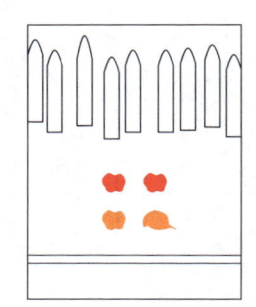

● **Hinweis:** Wenn Sie unter Mac OS die Lektionsdateien öffnen, müssen Sie möglicherweise die Fenstergröße mit einem Klick auf die runde grüne Schaltfläche in der linken oberen Dokumentecke maximieren.

Objekte auswählen

Egal, ob Sie bei null beginnen oder eine bestehende Grafik in Illustrator bearbeiten – Sie müssen in der Lage sein, Objekte auszuwählen. Es gibt in Illustrator viele Methoden und Werkzeuge für das Auswählen von Objekten. Sie lernen hier die wichtigsten Auswahl-Werkzeuge kennen, inklusive Auswahl- und Direktauswahl-Werkzeug.

Das Auswahl-Werkzeug nutzen

Mit diesem Werkzeug wählen Sie Objekte im Ganzen aus.

1   Aktivieren Sie das Auswahl-Werkzeug (▶) im Werkzeugbedienfeld und positionieren Sie den Mauszeiger über verschiedene Formen (ohne zu klicken). Der Mauszeiger (▶.) zeigt an, dass das darunter liegende Objekt ausgewählt werden kann – es weist eine blaue Umrisslinie auf.

2   Aktivieren Sie das Zoomwerkzeug (🔍) und ziehen Sie eine Auswahl um die vier farbigen Formen in Seitenmitte.

3 Aktivieren Sie das Auswahl-Werkzeug und zeigen Sie auf den Rand des roten, linken Apfels. Möglicherweise erscheint das Wort »Pfad« oder »Anker«, denn die intelligenten Hilfslinien sind standardmäßig aktiviert. Diese helfen Ihnen, Objekte auf der Zeichenfläche zu bearbeiten, auszurichten und zu transformieren. Mehr über intelligente Hilfslinien erfahren Sie in Lektion 3, »Formen erstellen und bearbeiten«.

4 Klicken Sie auf den Rand oder in die Mitte des linken Apfels, um ihn auszuwählen. Es erscheint ein Begrenzungsrahmen mit acht Griffen.

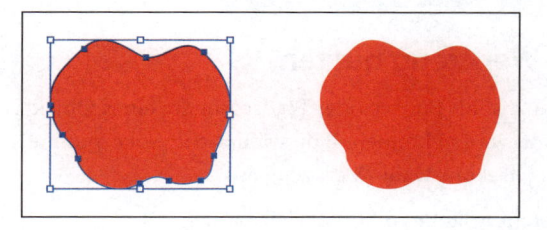

Den Begrenzungsrahmen benötigen Sie für Änderungen am Objekt, um es z. B. zu drehen oder die Größe anpassen. Außerdem zeigt er an, dass ein Objekt ausgewählt ist und nun bearbeitet werden kann. Die Farbe des Rahmens verdeutlicht, auf welcher Ebene sich das Objekt befindet. Mehr über Ebenen erfahren Sie in Lektion 8, »Mit Ebenen arbeiten«.

5 Klicken Sie mit dem Auswahl-Werkzeug auf den rechten roten Apfel. Die Auswahl des linken Apfels wird aufgehoben. Nur der rechte Apfel ist ausgewählt.

6 Um den linken Apfel zur Auswahl hinzuzufügen, halten Sie die Umschalt-Taste gedrückt und klicken Sie ihn erneut an. Jetzt sind beide Äpfel ausgewählt.

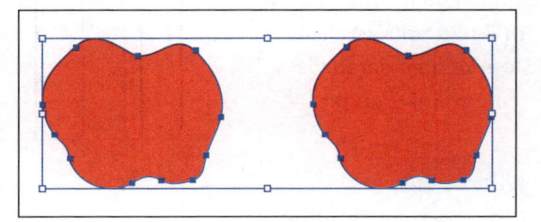

● **Hinweis:** Um ein Objekt ohne Flächenfüllung auszuwählen, klicken Sie auf dessen Kontur.

▶ **Tipp:** Um alle Objekte auszuwählen, wählen Sie **Auswahl: Alles auswählen**. Um alle Objekte auf einer Zeichenfläche auszuwählen, wählen Sie **Auswahl: Alles auf der aktiven Zeichenfläche**. Mehr über Zeichenflächen erfahren Sie in Lektion 3, »Formen erstellen und bearbeiten«.

7 Positionieren Sie die Äpfel an einer beliebigen Stelle im Dokument neu, indem Sie in die Mitte eines der ausgewählten Äpfel klicken und ziehen. Da beide ausgewählt sind, werden auch beide verschoben.

Vielleicht fallen Ihnen beim Ziehen die grünen Linien auf. Dabei handelt es sich um Ausrichtungslinien, die sichtbar sind, weil die intelligenten Hilfslinien eingeschaltet sind (**Ansicht: Intelligente Hilfslinien**). Die Objekte werden dann an anderen Objekten auf der Zeichenfläche ausgerichtet. Beachten Sie auch das kleine graue Kästchen, das den Abstand von der Originalposition signalisiert und das ebenfalls nur erscheint, wenn die intelligenten Hilfslinien eingeschaltet sind.

8 Heben Sie die Auswahl auf, indem Sie an einer leeren Stelle in die Zeichenfläche klicken oder den Befehl **Auswahl: Auswahl aufheben** wählen.

9 Kehren Sie zur letzten gespeicherten Dokumentversion zurück, indem Sie **Datei: Zurück zur letzten Version** wählen. Im folgenden Meldungsfenster klicken Sie auf »Zurück zur letzten Version«.

Das Direktauswahl-Werkzeug nutzen

Das Direktauswahl-Werkzeug wählt Punkte oder Pfadsegmente eines Objekts aus, sodass diese neu geformt werden können. Nun wählen Sie Ankerpunkte und Pfadsegmente mit dem Direktauswahl-Werkzeug aus.

1 Wählen Sie **Ansicht: Zeichenfläche in Fenster einpassen**.

2 Aktivieren Sie das Direktauswahl-Werkzeug im Werkzeugbedienfeld. Zeigen Sie mit der Maus auf einen der Zaunpfähle, die sich über den roten Äpfeln befinden. Klicken Sie nicht.

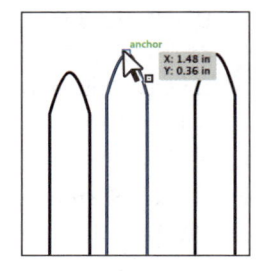

Befindet sich das Direktauswahl-Werkzeug über einem Ankerpunkt oder Objektpfad, erscheint eine Beschriftung (»Anker« oder »Pfad«) – Sie erkennen daran, dass die intelligenten Hilfslinien aktiv sind. Beachten Sie auch den kleinen Punkt, der in der Mitte des Kästchens rechts am Mauszeiger erscheint. Wenn Sie das Direktauswahl-Werkzeug über einem Ankerpunkt positionieren, erscheint ein Punkt im Kästchen neben dem Mauszeiger. Sie erkennen daran, dass sich der Mauszeiger über einem Ankerpunkt befindet.

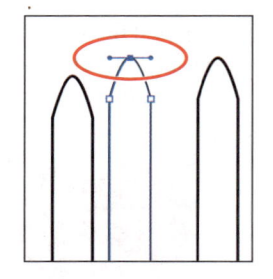

● **Hinweis:** Der Inhalt der grauen Messbeschriftung kann bei Ihnen von der Abbildung abweichen. Das macht nichts aus.

3 Klicken Sie auf den oberen Punkt dieses Zaunpfahles. Beachten Sie, dass der ausgewählte Punkt jetzt ausgefüllt ist, während die nicht ausgewählten Punkte unausgefüllt sind.

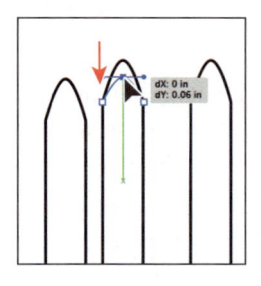

Achten Sie auch auf die blauen Richtungspfeile, die vom ausgewählten Ankerpunkt ausgehen. Am Ende dieser Pfeile befinden sich Richtungspunkte. Winkel und Länge dieser Pfeile bestimmen Form und Größe des Kurvensegments. Durch Verschieben des Punktes wird die Kurve neu geformt.

4   Ziehen Sie den einzelnen Punkt mit dem Direktauswahl-Werkzeug nach unten, um die Form des Objekts zu verändern. Wenn Sie auf einen anderen Punkt klicken, wird die Auswahl des vorhergehenden Punktes aufgehoben.

● **Hinweis:** Beim Verschieben des Ankerpunkts erscheint ein graues Kästchen mit den Werten dX und dY. dX zeigt an, dass der Ankerpunkt entlang der X-Achse (horizontal) verschoben wurde, dY zeigt die Verschiebung entlang der Y-Achse (vertikal).

▶ **Tipp:** Mithilfe der Umschalt-Taste können Sie mehrere Punkte gleichzeitig auswählen und gemeinsam verschieben.

5   Kehren Sie zur letzten gespeicherten Version zurück, indem Sie **Datei: Zurück zur letzten Version** wählen. Klicken Sie im daraufhin angezeigten Meldungsfenster auf »Zurück zur letzten Version«.

Voreinstellungen für Auswahl und Ankerpunkte

Im Voreinstellungen-Dialogfeld von Adobe Illustrator können Sie die Voreinstellungen für Auswahlen und das Aussehen der Ankerpunkte festlegen.

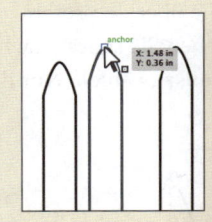

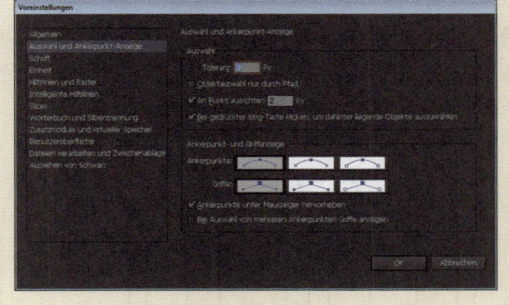

Wählen Sie **Bearbeiten: Voreinstellungen: Auswahl und Ankerpunkt-Anzeige** (Windows) bzw. **Illustrator: Voreinstellungen: Auswahl und Ankerpunkt-Anzeige** (Mac OS). Sie können die Größe der Ankerpunkte oder die Darstellung der Richtungslinien ändern.

Die Option »Ankerpunkte unter Mauszeiger hervorheben« lässt sich ausschalten. Ist sie aktiv, werden Ankerpunkte hervorgehoben, sobald Sie den Mauszeiger darüber stellen – so sehen Sie deutlicher, welchen Punkt Sie auswählen. Mehr über Ankerpunkte und deren Griffe lernen Sie in Lektion 5, »Mit Zeichen- und Buntstift zeichnen«.

Objekte mit einem Auswahlrechteck auswählen

Manche Auswahlen lassen sich leichter erstellen, wenn Sie um die gewünschten Objekte ein Auswahlrechteck aufziehen.

▶ **Tipp:** Wenn Sie mit dem Auswahl-Werkzeug ziehen, müssen Sie nur einen kleinen Teil eines Objekts auswählen, um es in die Auswahl aufzunehmen.

1 Wählen Sie **Ansicht: Zeichenfläche in Fenster einpassen**.

2 Wählen Sie das Auswahl-Werkzeug (▶) im Werkzeugbedienfeld aus. Statt die Umschalt-Taste gedrückt zu halten, um mehrere Objekte auszuwählen, zeigen Sie über den linken Apfel, halten die Maustaste gedrückt und ziehen nach rechts unten. Sie ziehen damit einen Auswahlrahmen auf, der den oberen Bereich der Äpfel umfasst.

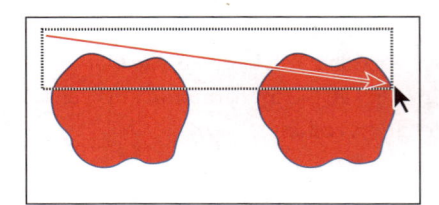

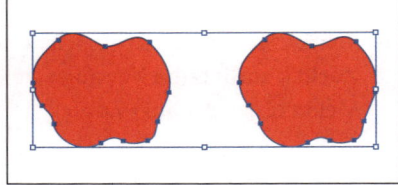

3 Wählen Sie **Auswahl: Auswahl aufheben** oder klicken Sie in einen leeren Bereich.

Wählen Sie nun mit dem Direktauswahl-Werkzeug (▶) mehrere Punkte in verschiedenen Objekten aus.

4 Aktivieren Sie das Direktauswahl-Werkzeug. Klicken Sie über den roten Äpfeln an eine Stelle außerhalb der Zaunpfähle und ziehen Sie schräg nach unten, um die oberen Bereiche der beiden Zaunpfähle auszuwählen. Nur die oberen Punkte werden ausgewählt.

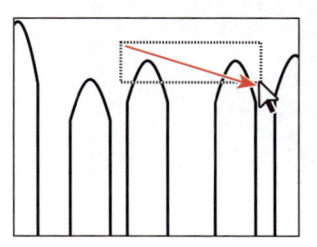

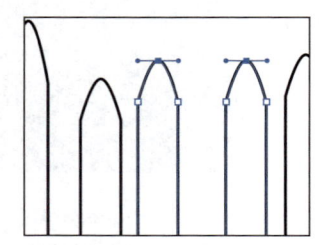

5 Klicken Sie auf einen der ausgewählten Ankerpunkte und ziehen Sie – beide Punkte werden verschoben. Nutzen Sie diese Methode, damit Sie nicht exakt auf den zu bearbeitenden Ankerpunkt klicken müssen.

● **Hinweis:** Diese Methode zur Auswahl von Punkten erfordert etwas Übung. Sie dürfen nur über die Punkte ziehen, die Sie auswählen wollen. Um neu zu beginnen, können Sie jederzeit außerhalb des Objekts klicken.

6   Wählen Sie **Auswahl: Auswahl aufheben**.

7   Versuchen Sie, mit dem Direktauswahl-Werkzeug über die oberen Bereiche der roten Äpfel zu ziehen. Beachten Sie, dass in jedem der Äpfel mehrere Punkte ausgewählt werden.

8   Wählen Sie **Auswahl: Auswahl aufheben**.

Objekte mit dem Zauberstab auswählen

Nutzen Sie den Zauberstab, um alle Objekte eines Dokuments mit gleicher oder ähnlicher Farbe oder gleichem Muster auszuwählen.

1   Aktivieren Sie den Zauberstab (🪄) im Werkzeugbedienfeld. Klicken Sie in den orangefarbenen Apfel und beachten Sie, dass die orangefarbene Kappe ebenfalls ausgewählt wird. Es erscheint kein Begrenzungsrahmen um die beiden Formen, da der Zauberstab immer noch aktiv ist.

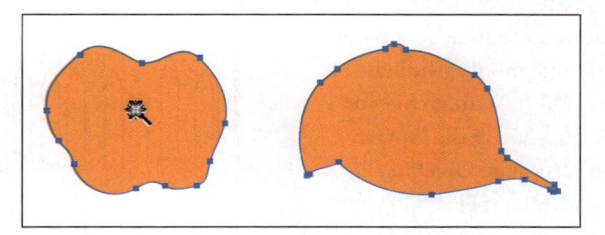

▶ **Tipp:** Sie können den Zauberstab so anpassen, dass Objekte basierend auf ihrer Konturstärke, Deckkraft oder Füllmethode ausgewählt werden. Klicken Sie dazu doppelt auf den Zauberstab im Werkzeugbedienfeld. Auch der Toleranzwert ist variabel.

Wenn Sie mit dem Zauberstab auswählen, werden alle Objekte derselben Farbe ausgewählt.

2   Klicken Sie mit dem Zauberstab in einen der roten Äpfel. Beide roten Äpfel werden ausgewählt. Die Auswahl des orangefarbenen Apfels und Huts wird aufgehoben.

3   Halten Sie die Umschalt-Taste gedrückt und klicken Sie nun mit dem Zauberstab in die orangefarbene Kappe. Geben Sie die Umschalt-Taste dann frei. Sowohl die Kappe als auch der orangefarbene Apfel werden zur Auswahl hinzugefügt, weil sie dieselbe orange Flächenfarbe haben. Lassen Sie den Zauberstab aktiviert, halten Sie die Alt-Taste gedrückt und klicken Sie in die orangefarbene Kappe, um die Auswahl der orangefarbenen Objekte aufzuheben. Geben Sie die Alt-Taste anschließend wieder frei.

4   Wählen Sie **Auswahl: Auswahl aufheben** oder klicken Sie in einen leeren Bereich.

Ähnliche Objekte auswählen

Sie können Objekte basierend auf ihrer Flächen- oder Konturfarbe, Konturstärke etc. auswählen. Dazu verwenden Sie die Schaltfläche »Ähnliche Objekte auswählen« oder den Befehl **Auswahl: Gleich**. Bei der Fläche handelt es sich um die Innenfarbe des Objekts, bei der Kontur um den Umriss und bei der Konturstärke um die Größe der Kontur.

Sie werden nun mehrere Objekte mit derselben Kontur auswählen.

1. Kehren Sie mit dem Befehl **Datei: Zurück zur letzten Version** zur letzten gespeicherten Version der Datei zurück. Im nun angezeigten Meldungsfenster klicken Sie auf **Datei: Zurück zur letzten Version**. Wählen Sie **Ansicht: Zeichenfläche in Fenster einpassen**.

2. Klicken Sie mit dem Auswahl-Werkzeug (▶) in einen der weißen Zaunpfähle oben auf der Zeichenfläche.

3. Klicken Sie im Steuerungsbedienfeld auf den Pfeil rechts neben dem Symbol »Ähnliche Objekte auswählen« ( ). Wählen Sie aus dem angezeigten Popup-Menü die Option »Flächenfarbe«, um sämtliche Objekte aller Zeichenflächen mit derselben Flächenfarbe (Weiß) auszuwählen.

   Alle Zaunpfähle sowie das weiße Rechteck am unteren Rand werden ausgewählt.

4. Wählen Sie **Auswahl: Alles aufheben**.

5. Wählen Sie erneut einen der weißen Zaunpfähle im oberen Bereich der Zeichenfläche aus und wählen Sie dann **Auswahl: Gleich: Konturstärke**.

   Alle Pfähle haben eine Kontur von 1 pt und werden nun ausgewählt.

6. Lassen Sie die Auswahl aktiv und wählen Sie **Auswahl: Auswahl speichern**. Geben Sie in das Feld »Name« des Dialogfelds »Auswahl speichern« **Fence** ein und klicken auf OK. Sie werden diese Auswahl später wieder nutzen können.

7. Wählen Sie **Auswahl: Auswahl aufheben**.

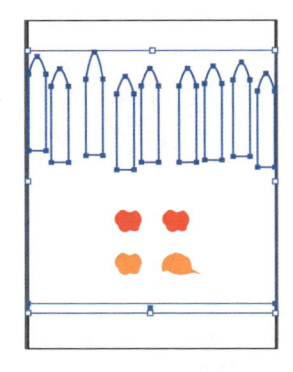

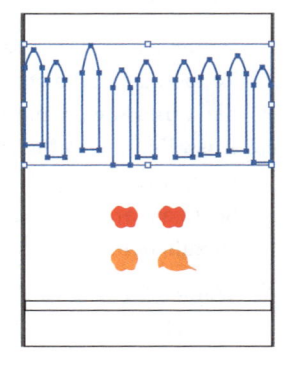

▶ **Tipp:** Benennen Sie Auswahlen entsprechend ihres Gebrauchs oder ihrer Funktion. Würden Sie in Schritt 6 die Auswahl beispielsweise 1 pt Kontur nennen, würde das in die Irre führen, wenn Sie die Konturstärke ändern.

Objekte ausrichten

Mehrere Objekte können zueinander, an der Zeichenfläche oder an einem Schlüsselobjekt ausgerichtet oder verteilt werden. Lernen Sie hier die Optionen zum Ausrichten von Objekten und Punkten kennen.

Objekte gegenseitig ausrichten

1. Wählen Sie **Auswahl: Fence**, um die Zaunpfähle erneut auszuwählen.

2. Klicken Sie im Steuerungsbedienfeld auf das Symbol »Ausrichten an« ( ) und wählen Sie die Option »An Auswahl ausrichten«. Dadurch stellen Sie sicher, dass die ausgewählten Objekte aneinander ausgerichtet werden.

3. Klicken Sie dann im Steuerungsbedienfeld auf das Symbol »Unten ausrichten« ( ).

    Beachten Sie, dass alle Zaunpfähle am untersten Pfahl ausgerichtet werden.

   ● **Hinweis:** Dieselben Optionen finden Sie, wenn Sie das Ausrichtenbedienfeld öffnen (**Fenster: Ausrichten**).

4. Wählen Sie **Bearbeiten: Rückgängig: Ausrichten**, um die Objekte an ihre ursprüngliche Position zurückzusetzen. Behalten Sie die Auswahl für den nächsten Abschnitt bei.

● **Hinweis:** Falls die Ausrichten-Optionen im Steuerungsbedienfeld nicht zu sehen sind, klicken Sie auf das Wort **Ausrichten**, um das dazugehörige Bedienfeld zu öffnen. Die Optionen, die im Steuerungsbedienfeld zu sehen sind, hängen von der Bildschirmauflösung ab.

Elemente an einem Basisobjekt ausrichten

Ein Basisobjekt ist ein Objekt, an dem Sie andere Objekte ausrichten. Sie legen ein Basisobjekt fest, indem Sie zunächst alle gewünschten Objekte auswählen und dann erneut auf das Basisobjekt klicken. Dieses erhält nun einen dicken blauen Umriss und im Steuerung- sowie Ausrichtenbedienfeld erscheint das Symbol »Am Basisobjekt ausrichten« ( ).

1. Achten Sie darauf, dass die Zaunpfähle weiterhin ausgewählt sind. Klicken Sie mit dem Auswahl-Werkzeug ( ) auf den linken Zaunpfahl.

    Der dicke blaue Umriss zeigt, dass dies das Schlüsselobjekt ist, an dem die anderen Objekte ausgerichtet werden.

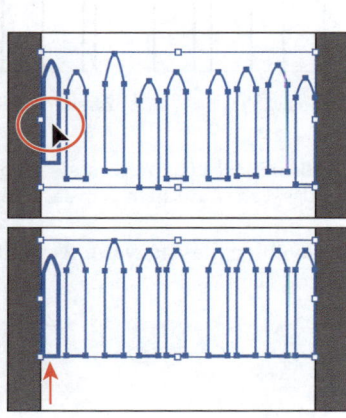

   ▶ **Tipp:** Auch im Ausrichtenbedienfeld können Sie die Option »An Basisobjekt ausrichten« aktivieren. Das Objekt im Vordergrund wird dabei zum Basisobjekt.

2   In den Ausrichtungsoptionen, die Sie über das Steuerungsbedienfeld oder mit einem Klick auf das Wort »Ausrichten« erreichen, klicken Sie auf das Symbol »Unten ausrichten« ( ). Beachten Sie, dass alle Zaunpfähle so verschoben werden, dass ihre Unterkanten an der Unterkante des Schlüsselobjekts ausgerichtet sind.

● **Hinweis:** Möchten Sie nicht mehr relativ zu einem Objekt ausrichten und verteilen, klicken Sie das Schlüsselobjekt erneut an. Die blaue Kontur verschwindet. Alternativ wählen Sie im Ausrichtenbedienfeldmenü die Option »Basisobjekt abbrechen«.

3   Wählen Sie **Auswahl: Auswahl aufheben**.

Punkte ausrichten

Sie werden jetzt mit dem Ausrichtenbedienfeld zwei Punkte aneinander ausrichten.

1   Klicken Sie mit dem Direktauswahl-Werkzeug ( ) auf den obersten Punkt des höheren Zaunpfahls und anschließend mit gedrückter Umschalt-Taste auf den oberen Punkt eines anderen Zaunpfahls (in der Abbildung ist der Zaunpfahl rechts vom höheren Zaunpfahl ausgewählt).

Sie wählen die Punkte in einer speziellen Reihenfolge aus, da der zuletzt gewählte Punkt der Schlüsselpunkt ist. Die anderen werden an ihm ausgerichtet.

2   Klicken Sie im Steuerungsbedienfeld auf das Symbol »Oben ausrichten« ( ). Der zuerst ausgewählte Punkt wird am zweiten ausgerichtet.

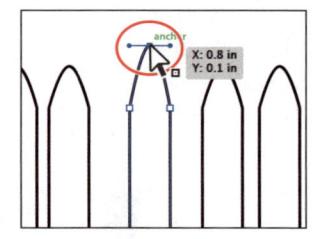

Ersten Punkt auswählen 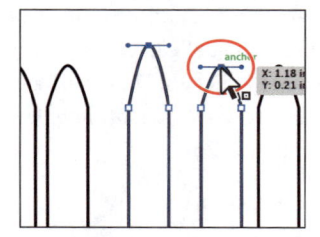   Zweiten Punkt auswählen 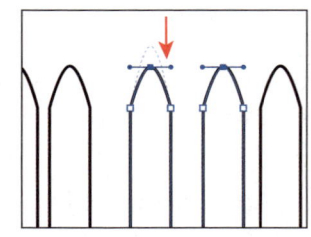   Punkte ausrichten

● **Hinweis:** Sind die Ausrichten-Optionen nicht zu sehen, klicken Sie im Steuerungsbedienfeld auf das Wort »Ausrichten«, um das Ausrichtenbedienfeld einzublenden.

3   Wählen Sie **Auswahl: Auswahl aufheben**.

Objekte verteilen

Mithilfe des Ausrichtenbedienfelds können Sie den Raum zwischen Elementen gleichmäßig verteilen. Sie werden nun den Abstand zwischen den einzelnen Zaunlatten angleichen.

1   Aktivieren Sie das Auswahl-Werkzeug (▶) im Werkzeugbedienfeld und wählen Sie **Auswahl: Fence**, um alle Zaunpfähle erneut auszuwählen.

2   Klicken Sie im Steuerungsbedienfeld auf das Symbol »Horizontal zentriert verteilen« (▮▮).

    Die Objekte werden so verschoben, dass der Abstand zwischen ihren Mittelpunkten gleichmäßig verteilt wird.

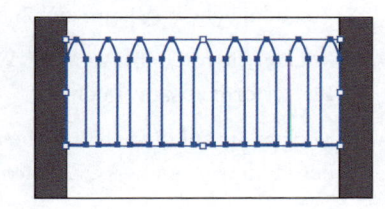

● **Hinweis:** Wenn Sie Objekte horizontal oder vertikal zentriert verteilen, wird der Zwischenraum gleichmäßig zentriert. Bei verschieden großen Objekten kann das zu unerwünschten Ergebnissen führen.

3   Wählen Sie **Auswahl: Auswahl aufheben**.

4   Halten Sie die Umschalt-Taste gedrückt und ziehen Sie mit dem Auswahl-Werkzeug (▶) den Zaunpfahl ganz rechts etwas nach rechts – die vertikale Ausrichtung bleibt erhalten. Geben Sie zuerst die Maustaste und dann die Umschalt-Taste frei.

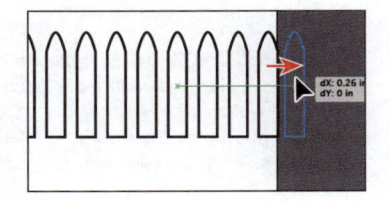

5   Wählen Sie **Auswahl: Fence**, um erneut alle Zaunlatten auszuwählen. Klicken Sie anschließend noch einmal auf das Symbol »Horizontal zentriert verteilen« (▮▮). Beachten Sie, dass der Pfahl ganz rechts neu positioniert und der Abstand neu verteilt wird.

● **Hinweis:** Wenn Sie Objekte mithilfe des Ausrichtenbedienfeldes horizontal verteilen, müssen Sie sicherstellen, dass sich die Objekte ganz links und ganz rechts an der richtigen Stelle befinden. Bei der vertikalen Verteilung müssen die Objekte oben und unten korrekt ausgerichtet sein.

6   Wählen Sie **Auswahl: Auswahl aufheben**.

An der Zeichenfläche ausrichten

Sie können Inhalte auch an der Zeichenfläche anstatt an anderen Objekten oder Basisobjekten ausrichten. Dabei wird jedes Objekt separat an der Zeichenfläche ausgerichtet. Richten Sie hier die Baumkrone an der Mitte der Zeichenfläche aus.

● **Hinweis:** Es kann sein, dass die Ausrichten-Optionen im Steuerungsbedienfeld nicht zu sehen sind, dafür aber das Wort »Ausrichten«. Wie viele Optionen im Steuerungsbedienfeld zu sehen sind, hängt von Ihrer Bildschirmauflösung ab.

1. Klicken Sie unten links im Dokumentfenster auf das Symbol »Nächste Zeichenfläche« (▶), um zur Zeichenfläche mit dem Baum zu wechseln.
2. Klicken Sie mit dem Auswahl-Werkzeug in die Baumkrone, um die grüne Blätterform auszuwählen.
3. Klicken Sie auf die Schaltfläche »Ausrichten an« (⬚▼) und wählen Sie aus dem Popup-Menü »An Zeichenfläche ausrichten«.
4. Klicken Sie auf das Symbol »Horizontal zentriert ausrichten« (⬒), um die Auswahl an der horizontalen Mitte der Zeichenfläche auszurichten.

● **Hinweis:** Wenn Sie beispielsweise für ein Poster alle Objekte in der Mitte der Zeichenfläche ausrichten wollen, ist es wichtig, diese Objekte vorher zu gruppieren. So werden alle zusammen wie ein einziges Objekt auf der Zeichenfläche verschoben. Ansonsten werden alle Einzelobjekte in der Mitte der Zeichenfläche platziert.

5. Klicken Sie mit dem Auswahl-Werkzeug auf den Baumstamm.
6. Klicken Sie auf das Symbol »Horizontal zentriert ausrichten« (⬒) und dann auf »Unten ausrichten« (⬛), um den Baumstamm an der Unterkante der Zeichenfläche auszurichten.

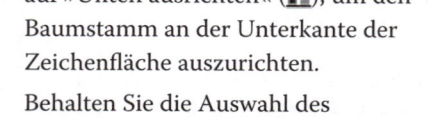

   Behalten Sie die Auswahl des Baumstamms für den nächsten Schritt bei.

Mit Gruppen arbeiten

Gruppieren Sie Objekte, um sie als einzelne Einheit zu bearbeiten. So können Sie mehrere Objekte verschieben oder transformieren, ohne deren Attribute oder Positionen zueinander zu verändern.

Objekte gruppieren

Wählen Sie nun mehrere Objekte aus und erstellen Sie eine Gruppe.

1   Klicken Sie mit dem Auswahl-Werkzeug (▶) und gedrückter Umschalt-Taste in die Baumkrone, um diese zusammen mit dem zuvor bereits selektierten Stamm auszuwählen.

2   Wählen Sie **Objekt: Gruppieren** und **Auswahl: Auswahl aufheben**.

3   Klicken Sie mit dem Auswahl-Werkzeug in den braunen Baumstamm. Weil der Stamm und die Blätter gruppiert sind, werden beide ausgewählt.

    Links im Steuerungsbedienfeld erscheint das Wort »Gruppe«.

▶ **Tipp:** Um Objekte einer Gruppe separat auszuwählen, klicken Sie in die Gruppe und wählen Sie **Objekt: Gruppierung aufheben**.

4   Wählen Sie **Auswahl: Auswahl aufheben**.

Im Isolationsmodus arbeiten

Im Isolationsmodus werden Gruppen oder Unterebenen isoliert, sodass Sie spezielle Objekte oder Teile eines Objekts leichter auswählen können, ohne dass Sie die Gruppierung der Objekte aufheben müssen. Wenn Sie sich im Isolationsmodus befinden, müssen Sie nicht darauf achten, auf welcher Ebene sich ein Objekt befindet, Sie müssen Objekte auch nicht sperren oder ausblenden, wenn diese von Ihren Bearbeitungen nicht betroffen sein sollen. Alle Objekte außerhalb der isolierten Gruppe sind automatisch gesperrt. Ein isoliertes Objekt erscheint in voller Farbe, während der Rest blass dargestellt wird – so wissen Sie genau, welches Objekt Sie bearbeiten können.

1   Klicken Sie mit dem Auswahl-Werkzeug (▶) in die Baumkrone oder den braunen Baumstamm, um diese Gruppe auszuwählen.

2   Doppelklicken Sie auf den Stamm, um den Isolationsmodus zu aktivieren.

3   Wählen Sie **Ansicht: Alle in Fenster einpassen** und beachten Sie, dass der Rest des Dokuments blass dargestellt wird (Sie können es nicht auswählen).

    Oben im Dokumentfenster erscheint ein grauer Pfeil mit dem Inhalt »Layer 1« und <Gruppe>. Er zeigt an, dass Sie eine Gruppe von Objekten isoliert haben, die sich auf Ebene 1 befinden. Mehr über Ebenen erfahren Sie in Lektion 8, »Mit Ebenen arbeiten«.

▶ **Tipp:** Um den Isolationsmodus zu aktivieren, können Sie auch eine Gruppe mit dem Auswahl-Werkzeug auswählen und dann auf das Symbol »Ausgewähltes Objekt isolieren« (⊟) im Steuerungsbedienfeld klicken.

4 Halten Sie die Umschalt-Taste gedrückt und ziehen Sie den braunen Baumstamm etwas nach rechts. Durch die Umschalt-Taste verschieben Sie ihn genau horizontal.

Im Isolationsmodus wird die Gruppierung vorübergehend aufgehoben. So können Sie die Objekte der Gruppe besser bearbeiten, ohne die Gruppierung aufheben zu müssen.

5 Klicken Sie doppelt außerhalb des Objekts innerhalb der Gruppe, um den Isolationsmodus zu verlassen.

6 Klicken Sie auf die grüne Baumkrone.

Sie ist jetzt wieder mit dem Baumstamm gruppiert und Sie können andere Objekte auswählen.

7 Wählen Sie **Auswahl: Auswahl aufheben** und dann **Ansicht: Zeichenfläche in Fenster einpassen**.

▶ **Tipp:** Den Isolationsmodus verlassen Sie auch, wenn Sie oben links im Dokumentfenster auf den grauen Pfeil klicken. Oder Sie klicken im Steuerungsbedienfeld auf das Symbol »Isolationsmodus verlassen« (◻).

Etwas zu einer Gruppe hinzufügen

Gruppen können auch ineinander verschachtelt werden. In diesem Abschnitt erfahren Sie, wie Sie Objekte zu einer Gruppe hinzufügen.

1 Klicken Sie unten links im Dokumentfenster auf das Symbol »Vorhergehende Zeichenfläche« (◁), um zur vorigen Zeichenfläche im Dokument mit den Zäunen zurückzukehren.

2 Ziehen Sie mit dem Auswahl-Werkzeug (▶) einen Rahmen um die Zaunpfähle oben in der Zeichenfläche auf, um sie komplett auszuwählen.

3 Wählen Sie **Objekt: Gruppieren**.

4 Aktivieren Sie die Option »An Zeichenfläche ausrichten« (▨▾) und klicken Sie auf das Symbol »Horizontal zentriert ausrichten« (▮), um die Gruppe an der horizontalen Mitte der Zeichenfläche auszurichten. Wählen Sie **Auswahl: Auswahl aufheben**.

5 Halten Sie bei aktivem Auswahl-Werkzeug die Umschalt-Taste gedrückt und ziehen Sie das weiße Rechteck unten aus der Zeichenfläche nach oben auf die Gruppe der Zaunlatten. Um die Ausrichtung brauchen Sie sich nicht zu kümmern.

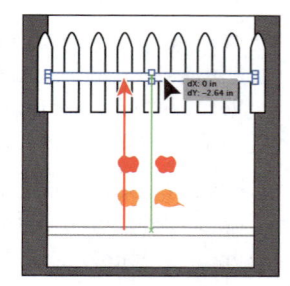

88 LEKTION 2 Auswählen und ausrichten

6 Klicken Sie mit dem Auswahl-Werkzeug und gedrückter Umschalt-Taste auf den Zaun, um diesen ebenfalls auszuwählen.

7 Wählen Sie **Objekt: Gruppieren**.

Sie haben eine verschachtelte Gruppe erstellt – eine Gruppe in einer Gruppe. Beim Erstellen von Grafiken wird diese Technik sehr häufig verwendet, um Inhalte zusammenzuhalten.

8 Wählen Sie **Auswahl: Auswahl aufheben**.

9 Klicken Sie mit dem Auswahl-Werkzeug in eines der gruppierten Objekte. Alle Objekte der Gruppe werden ausgewählt.

10 Klicken Sie in einen leeren Bereich der Zeichenfläche, um die Auswahl der Objekte wieder aufzuheben.

11 Aktivieren Sie das Gruppenauswahl-Werkzeug ( ), das sich in derselben Gruppe ( ) des Werkzeugbedienfelds wie das Direktauswahl-Werkzeug befindet. Das Gruppenauswahl-Werkzeug fügt die übergeordnete Gruppe zur aktuellen Auswahl hinzu.

12 Klicken Sie einmal in den Zaunpfahl ganz links, um ihn auszuwählen. Klicken Sie dann erneut, um die übergeordnete Gruppe des Objekts – die Zaunpfahlgruppe – auszuwählen. Das Gruppenauswahl-Werkzeug fügt jede Gruppe zu einer Auswahl hinzu – in der Reihenfolge der Gruppierung.

▶ **Tipp:** Würden Sie ein drittes Mal klicken, würde auch das weiße Rechteck ausgewählt werden.

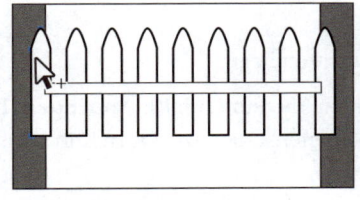

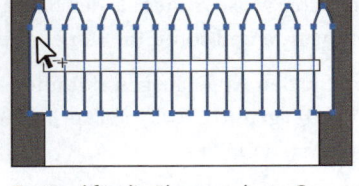

Einmal klicken für den Zaunpfahl   Zweimal für die übergeordnete Gruppe

13 Wählen Sie **Auswahl: Auswahl aufheben**.

14 Klicken Sie mit dem Auswahl-Werkzeug in eines der gruppierten Objekte, um die Gruppe auszuwählen. Wählen Sie **Objekt: Gruppierung aufheben** und dann **Auswahl: Auswahl aufheben**.

15 Klicken Sie nun in die Zaunlatten. Beachten Sie, dass sie immer noch gruppiert sind.

16 Wählen Sie **Auswahl: Auswahl aufheben**.

● **Hinweis:** Um die Gruppierung aller gewählten Objekte aufzuheben, auch die Zaunlatten, wählen Sie zweimal **Objekt: Gruppierung aufheben**.

Objekte anordnen

Wenn Sie Objekte erstellen, stapelt Illustrator diese auf der Zeichenfläche. Das Programm beginnt dabei mit dem zuerst erstellten Objekt. Die Stapelreihenfolge bestimmt, wie die Objekte beim Überlappen angezeigt werden. Diese Reihenfolge können Sie jederzeit mithilfe des Ebenenbedienfelds oder der Befehle im Menü **Objekt: Anordnen** ändern.

Objekte anordnen

Ändern Sie nun mit den Anordnen-Befehlen die Stapelreihenfolge von Objekten.

1 Zeigen Sie mit dem Auswahl-Werkzeug (▶) auf einen der roten Äpfel und klicken Sie, um ihn auszuwählen.

2 Wählen Sie **Ansicht: Alle in Fenster einpassen**, um beide Zeichenflächen des Dokuments zu sehen.

3 Ziehen Sie den ausgewählten Apfel auf die Baumkrone. Wenn Sie die Maustaste freigeben, sehen Sie, dass der Apfel dahinter verschwindet, aber trotzdem ausgewählt ist.

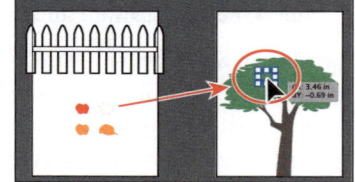

Er befindet sich hinter dem Baum, weil er möglicherweise früher als der Baum erstellt wurde und somit im Stapel weiter unten liegt.

4 Lassen Sie den Apfel ausgewählt und wählen Sie nun **Objekt: Anordnen: In den Vordergrund**. Der Apfel springt im Ebenenstapel nach vorn und wird zum obersten Objekt.

Über das Anordnen von Objekten

Wenn Sie komplexere Grafiken erstellen, müssen Sie die Inhalte manchmal möglicherweise nach hinten oder vorne verschieben. Dazu haben Sie die folgenden Möglichkeiten:

- Um ein Objekt in seiner Gruppe oder auf einer Ebene nach ganz oben oder unten zu verschieben, wählen Sie das Objekt aus und wählen dann **Objekt: Anordnen: In den Vordergrund** oder **In den Hintergrund**.

- Um ein Element nur um ein Objekt nach vorn oder hinten zu verschieben, wählen Sie **Objekt: Anordnen: Schrittweise nach vorne** oder **Schrittweise nach hinten**.

– Aus der Illustrator-Hilfe

Objekte dahinter auswählen

Wenn Sie Objekte übereinanderstapeln, kann es manchmal schwierig werden, unten liegende Objekte auszuwählen. Sie lernen jetzt, Objekte in einem Stapel auszuwählen.

1   Wählen Sie mit dem Auswahl-Werkzeug (▶) den roten Apfel links auf der Zeichenfläche aus und ziehen Sie ihn ebenfalls auf die Baumkrone auf der rechten Zeichenfläche. Geben Sie die Maustaste frei.

    Auch dieser Apfel scheint hinter den Blättern des Baums zu verschwinden, bleibt jedoch ausgewählt. Sie werden die Auswahl jetzt aufheben und den Apfel anschließend durch die Objekte neu auswählen.

2   Klicken Sie erneut auf den roten Apfel. Statt des Apfels haben Sie jetzt das zuoberst liegende Objekt – die gruppierte Baumkrone – ausgewählt.

3   Der Mauszeiger befindet sich noch über dem hinter dem Baum verborgenen Apfel. Halten Sie die Strg-Taste (Windows) bzw. Befehl-Taste (Mac OS) gedrückt und klicken Sie. Achten Sie auf die spitze Klammer (▶+) neben dem Mauszeiger. Klicken Sie noch einmal, um den Apfel durch den Baum hindurch auszuwählen.

● **Hinweis:** Um den versteckten Apfel auszuwählen, müssen Sie genau dort klicken, wo ihn der Baum überlagert. Ansonsten passiert gar nichts.

● **Hinweis:** Möglicherweise erscheint unter dem Cursor auch ein Pluszeichen. Das ist in Ordnung.

4   Wählen Sie **Objekt: Anordnen: Schrittweise nach vorne**, um den Apfel vor dem Baum anzuordnen.

5   Wählen Sie **Auswahl: Auswahl aufheben**.

▶ **Tipp:** Wenn Sie möchten, können Sie den Baum zu Übungszwecken mit noch mehr Äpfeln versehen.

Objekte ausblenden

Wenn Sie an komplexen Grafiken arbeiten, sind ausgewählte Objekte noch schwieriger zu kontrollieren. In diesem Abschnitt kombinieren Sie bereits erlernte Techniken mit zusätzlichen Funktionen, die die Auswahl von Objekten erleichtern.

1   Ziehen Sie mit dem Auswahl-Werkzeug (▶) einen Rahmen um den Zaun und das weiße, obenauf liegende Rechteck, um alles auszuwählen. Ziehen Sie die Auswahl nach unten in die rechte Zeichenfläche mit dem Baum.

2   Wählen Sie **Objekt: Anordnen: In den Vordergrund**. Auf der Zeichenfläche mit dem Baum klicken Sie in einen leeren Bereich, sodass diese Zeichenfläche aktiviert wird.

3   Wählen Sie **Ansicht: Zeichenfläche in Fenster einpassen**.

4   Klicken Sie in einen leeren Bereich, um die Auswahl aufzuheben. Klicken Sie anschließend in das weiße Rechteck auf der Zaunlattengruppe, um es auszuwählen. Wählen Sie **Objekt: Anordnen: In den Hintergrund**, damit das weiße Rechteck hinter der Zaungruppe zu liegen kommt. Wählen Sie **Auswahl: Auswahl aufheben**.

5   Wählen Sie mit dem Auswahl-Werkzeug (▶) den Zaun aus und wählen Sie **Objekt: Ausblenden: Auswahl**. Alternativ drücken Sie Strg+3 (Windows) bzw. Befehl+3 (Mac OS). Der Zaun wird ausgeblendet, sodass Sie die anderen Objekte einfacher auswählen können.

6   Klicken Sie, um das weiße Rechteck auszuwählen, halten Sie die Alt-Taste gedrückt und ziehen Sie das Rechteck nach unten, um es zu kopieren. Geben Sie zuerst die Maustaste und dann die Alt-Taste frei.

7   Wählen Sie **Objekt: Alles einblenden**, um die Zaunlattengruppe erneut anzuzeigen.

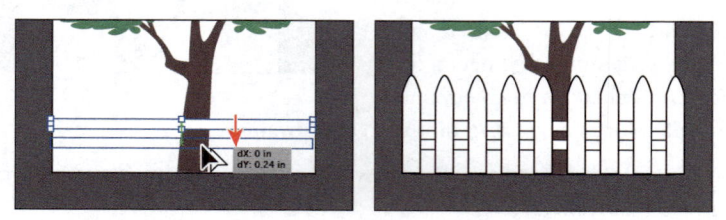

8   Wählen Sie **Auswahl: Gleich: Flächenfarbe**, um alle drei Teile des Zauns inklusive der Zaunlattengruppe auszuwählen. Wählen Sie **Objekt: Gruppieren**.

9   Achten Sie darauf, dass im Popup-Menü (▦) die Option »An Zeichenfläche ausrichten« aktiviert ist. Klicken Sie auf das Symbol »Horizontal zentriert ausrichten« (≜), um die Gruppe horizontal auf der Zeichenfläche auszurichten. Wählen Sie **Auswahl: Auswahl aufheben**.

10 Wählen Sie **Datei: Speichern** und dann **Datei: Schließen**.

Auswahltechniken anwenden

Wie bereits erwähnt, ist die Objektauswahl ein wichtiger Teil der Arbeit in Illustrator. Sie werden nun einen Großteil der bereits beschriebenen Techniken anwenden, um mehr Übung zu bekommen, und noch ein paar neue Auswahlmöglichkeiten dazulernen.

1. Wählen Sie **Datei: Öffnen** und öffnen Sie die Datei *L2start_2.ai* aus dem Ordner *Lektion02* im *Lektionen*-Ordner auf Ihrer Festplatte.

2. Wählen Sie **Ansicht: Alle in Fenster einpassen**.

   »Zeichenfläche #2« (rechts) zeigt das Ergebnis. »Zeichenfläche #1« (links) zeigt die Grafik, die Sie vervollständigen sollen.

3. Wählen Sie **Ansicht: Zeichenfläche in Fenster einpassen**, um »Zeichenfläche#1« in das Dokumentfenster einzupassen.

4. Wählen Sie **Ansicht: Intelligente Hilfslinien**, um die intelligenten Hilfslinien vorübergehend zu deaktivieren.

5. Ziehen Sie die Lenkradform in der rechten oberen Ecke mit dem Auswahl-Werkzeug (▶) an ihren Platz. Ziehen Sie das schwarze abgerundete Rechteck in der linken oberen Ecke der Zeichenfläche auf das Vorderteil des Busses (siehe Abbildung).

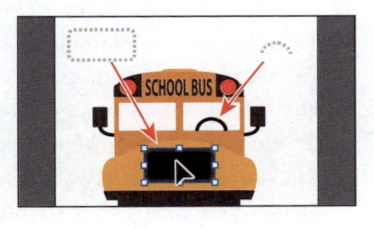

6. Wählen Sie die Form der Scheinwerfer (die Kreise) unten rechts mit dem Auswahl-Werkzeug (▶) aus, indem Sie einen Rahmen darum aufziehen. Wählen Sie **Objekt: Gruppieren**.

7. Ziehen Sie die Mitte der Scheinwerfergruppe an ihre neue Position rechts vom abgerundeten Rechteck.

8. Klicken Sie doppelt in die Mitte des Scheinwerfers, um den Isolationsmodus zu aktivieren. Klicken Sie in die weiße Form und ziehen Sie sie mittig auf die anderen Formen. Wählen Sie **Auswahl: Auswahl aufheben**. Drücken Sie die Escape-Taste, um den Isolationsmodus zu verlassen.

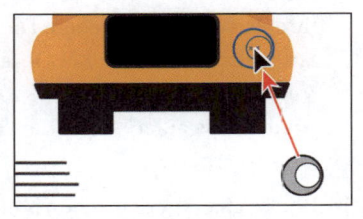

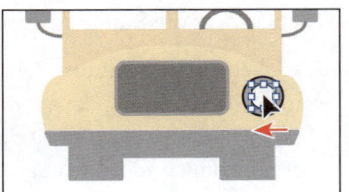

● **Hinweis:** Sie ziehen deshalb von der Mitte aus, damit Sie nicht versehentlich einen Begrenzungsgriff ziehen und damit die Formen skalieren.

▶ **Tipp:** Sie könnten die Formen auch mit den Ausrichtungsoptionen im Steuerungsbedienfeld ausrichten.

9   Halten Sie die Tastenkombination Alt+Umschalt gedrückt und ziehen Sie den Scheinwerfer mit dem Auswahl-Werkzeug nach links, um ihn zu duplizieren. Geben Sie zuerst die Maustaste und dann die Modifikationstasten frei.

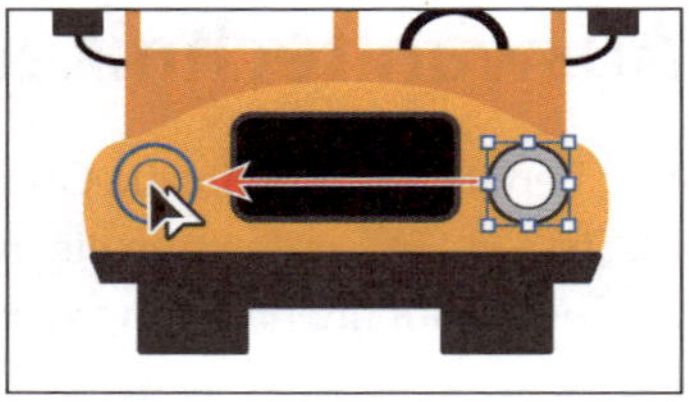

10 Klicken Sie mit gedrückter Umschalt-Taste in das abgerundete Rechteck und den Scheinwerfer rechts, um alle drei Objekte auszuwählen.

● **Hinweis:** Wenn die Optionen des Ausrichtenbedienfelds im Steuerungs-bedienfeld nicht angezeigt werden, klicken Sie entweder im Steuerungs-bedienfeld auf das Wort »Ausrichten« oder wählen Sie **Fenster: Ausrichten**.

11 Klicken Sie im Steuerungsbedienfeld auf die Schaltfläche »An Auswahl ausrichten« (▦▾) und klicken Sie anschließend auf die Schaltfläche »Horizontal zentriert verteilen« (▮▮). Wählen Sie **Objekt: Gruppieren**.

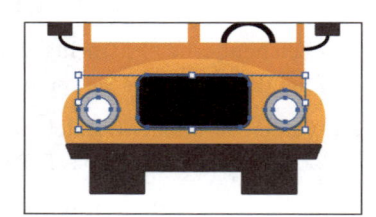

12 Klicken Sie mit gedrückter Umschalt-Taste in die orangefarbene Form hinter der ausgewählten Gruppe. Klicken Sie noch einmal in die orangefarbene Form, um sie zum Basisobjekt zu machen. Klicken Sie dann auf die Symbole »Horizontal zentriert ausrichten« (▮) sowie »Vertikal zentriert ausrichten« (▬), um das abgerundete Rechteck an der orangefarbigen Form auszurichten. Wählen Sie schließlich **Auswahl: Auswahl aufheben**.

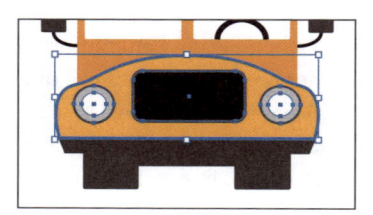

▶ **Tipp:** Objekte zu sperren ist eine gute Möglichkeit, den Inhalt vorm Auswählen zu bewahren. Nutzen Sie die Funktion in Verbindung mit dem Ausblenden.

13 Klicken Sie mit dem Auswahl-Werkzeug die orangefarbige Form aus, um ihre Auswahl aufzuheben. Die Objektgruppe mit den Scheinwerfern ist ausgewählt – wählen Sie **Objekt: Sperren: Auswahl**, um ein versehentliches Verschieben dieser Objekte zu vermeiden. Sie können die Formen erst dann wieder auswählen, wenn Sie **Objekt: Alle entsperren** gewählt haben. Lassen Sie sie gesperrt.

14 Klicken Sie mit dem Zoomwerkzeug (🔍) im Werkzeugbedienfeld dreimal langsam in die Rundung über dem Wort »SCHOOL BUS«.

15 Klicken Sie nun mit dem Direkt-auswahl-Werkzeug (▶) auf den oberen Ankerpunkt in dem Scheitelpunkt der Biegung und ziehen Sie ihn nach oben. Halten Sie beim Ziehen die

Umschalt-Taste gedrückt. Geben Sie zuerst die Maustaste und dann die Umschalt-Taste frei.

16 Klicken Sie doppelt auf das Hand-Werkzeug (), um die Zeichenfläche in das Fenster einzupassen.

17 Klicken Sie mit dem Zoomwerkzeug () dreimal auf die vier Linien in der linken unteren Ecke, um in diesen Bereich hineinzuzoomen.

18 Ziehen Sie mit dem Auswahl-Werkzeug () einen Rahmen um die vier Linien, um sie auszuwählen.

19 Klicken Sie im Steuerungsbedienfeld auf die Schaltfläche »Links ausrichten« ().

20 Wählen Sie **Ansicht: Intelligente Hilfslinien**, um sie wieder einzublenden.

21 Klicken Sie mit dem Direktauswahl-Werkzeug () auf das rechte Ende der oberen, kürzeren Linie, um den Ankerpunkt auszuwählen (das Wort »Anker« wird angezeigt). Klicken und ziehen Sie diesen Punkt nach rechts, bis die Linie genauso lang ist wie die anderen Linien.

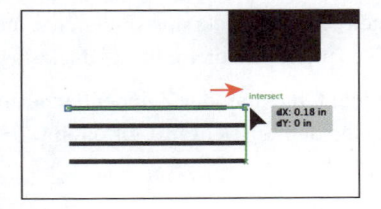

22 Ziehen Sie mit dem Auswahl-Werkzeug einen Auswahlrahmen um die Linien und wählen Sie **Objekt: Gruppieren**, um sie zu gruppieren.

23 Doppelklicken Sie auf das Hand-Werkzeug (), um die Zeichenfläche in das Dokumentfenster einzupassen.

24 Ziehen Sie die Linien mit dem Auswahl-Werkzeug auf das schwarze Rechteck zwischen die Scheinwerfer.

25 Beachten Sie, dass Sie zum Verschieben der Gruppe direkt auf eine der Linien klicken müssen – nicht in die Zwischenräume. Sie könnten die Liniengruppe auch über die Ausrichtungsoptionen im Steuerungsbedienfeld mit dem schwarzen abgerundeten Rechteck ausrichten.

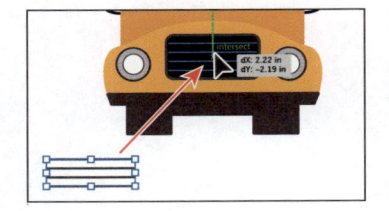

26 Wählen Sie **Auswahl: Auswahl aufheben**.

27 Wählen Sie **Datei: Speichern** und dann **Datei: Schließen**.

● **Hinweis:** Sie können die intelligenten Hilfslinien auch ausschalten (**Ansicht: Intelligente Hilfslinien**). Richten Sie die Linien dann am übrigen Inhalt aus.

Fragen

1. Wie können Sie ein Objekt ohne Flächenfüllung auswählen?

2. Nennen Sie zwei Möglichkeiten, ein Objekt in einer Gruppe auszuwählen, ohne **Objekt: Gruppierung aufheben** wählen zu müssen.

3. Mit welchem der beiden Werkzeuge Auswahl und Direktauswahl können Sie die einzelnen Ankerpunkte eines Objekts auswählen?

4. Was sollten Sie tun, nachdem Sie eine Auswahl erstellt haben, die Sie öfter brauchen?

5. Wie können Sie ein Objekt auswählen, das auf Anhieb nicht ausgewählt werden kann, weil es unter einem anderen Objekt liegt? Nennen Sie zwei Möglichkeiten.

6. Sie wollen ein Objekt an der Zeichenfläche ausrichten: Was müssen Sie zuerst tun, bevor Sie eine der Ausrichten-Optionen wählen?

Antworten

1 Klicken Sie dazu in die Kontur des Objekts oder ziehen Sie einen Auswahlrahmen über die Objekte auf.

2 Nutzen Sie das Gruppenauswahl-Werkzeug: Klicken Sie einmal, um ein einzelnes Objekt einer Gruppe auszuwählen. Klicken Sie erneut, um ein weiteres Objekt hinzuzufügen. In Lektion 8 erfahren Sie, wie Sie Ebenen für komplexe Auswahlen nutzen können. Sie können die Gruppe auch doppelt anklicken, um den Isolationsmodus zu aktivieren. Bearbeiten Sie die Formen und verlassen Sie den Isolationsmodus über die Escape-Taste wieder bzw. indem Sie außerhalb der Gruppe doppelklicken.

3 Mit dem Direktauswahl-Werkzeug wählen Sie einen oder mehr Ankerpunkte aus und ändern die Form des Objekts.

4 Alle Auswahlen, die Sie noch einmal verwenden wollen, sollten Sie speichern – **Auswahl: Auswahl speichern**. Geben Sie der Auswahl einen eindeutigen Namen, sie erscheint dann im »Auswahl«-Menü.

5 Falls Sie auf ein Objekt nicht zugreifen können, wählen Sie **Objekt: Ausblenden: Auswahl**, um das störende Objekt auszublenden. Das Objekt wird nicht gelöscht, nur ausgeblendet, bis Sie **Objekt: Alles einblenden** wählen. Sie können auch das Auswahl-Werkzeug zusammen mit der Strg-Taste (Windows) bzw. Befehl-Taste (Mac OS) nutzen und auf die sich überlappenden Objekte klicken.

6 Um Objekte an der Zeichenfläche auszurichten, aktivieren Sie die Option »An Zeichenfläche ausrichten«.

3 FORMEN ERSTELLEN UND BEARBEITEN

Überblick

In dieser Lektion lernen Sie Folgendes:

- Ein Dokument mit mehreren Zeichenflächen erstellen
- Mit Werkzeugen und Befehlen einfache Formen erstellen
- Mit Zeichenmodi arbeiten
- Lineale und intelligente Hilfslinien als Zeichenhilfe benutzen
- Objekte skalieren und duplizieren
- Objekte verbinden und Konturen versehen
- Konturen mit dem Breitenwerkzeug bearbeiten
- Mit dem Formerstellungswerkzeug arbeiten
- Mit den Pathfinder-Befehlen Formen erstellen
- Formen mit dem Bildnachzeichner erstellen

Diese Lektion dauert ungefähr eineinhalb Stunden. Falls erforderlich, entfernen Sie den Ordner der vorherigen Lektion von Ihrer Festplatte und kopieren Sie den Ordner *Lektion03* darauf.

Sie können Dokumente mit mehreren Zeichenflächen und den unterschiedlichsten Objekten erstellen und dabei mit einfachen Formen beginnen, die Sie in neue Formen umwandeln. In dieser Lektion legen Sie ein neues Dokument an und erstellen und bearbeiten dann einige einfache Formen für eine Illustration.

Vorbereitungen

In dieser Lektion erstellen Sie eine Illustration für einen Prospekt.

1 Damit Werkzeuge und Bedienfelder wie beschrieben funktionieren, löschen oder deaktivieren Sie (durch Umbenennen) die Adobe Illustrator CS6 Preferences-Datei (siehe Seite 3).

2 Starten Sie Adobe Illustrator CS6.

● **Hinweis:** Falls noch nicht geschehen, kopieren Sie die Dateien für diese Lektion auf Ihre Festplatte. Sie befinden sich im Ordner *Lektion03* der beiliegenden DVD (siehe Seite 2).

● **Hinweis:** Wenn Sie die Lektionsdateien unter Mac OS öffnen, müssen Sie gegebenenfalls noch die grüne runde Schaltfläche in der linken oberen Ecke des Dokumentfensters anklicken, um dieses zu maximieren.

3 Wählen Sie **Datei: Öffnen**. Suchen Sie die Datei *L3end_1.ai* – sie befindet sich im Ordner *Lektion03*. Das sind die fertigen Illustrationen, die Sie in dieser Lektion erstellen werden.
Wählen Sie **Ansicht: Alle in Fenster einpassen**. Lassen Sie die Datei zu Vergleichszwecken geöffnet oder wählen Sie **Datei: Schließen**.

Ein neues Dokument anlegen

Sie erstellen jetzt ein Dokument mit zwei Zeichenflächen. Später werden Sie die Illustrationen auf beiden Zeichenflächen miteinander kombinieren.

1 Wählen Sie **Datei: Neu**, um ein neues, unbenanntes Dokument zu erstellen. Geben Sie im Dialogfeld den Namen **homesale** ein und aktivieren Sie das Profil »Druck« (falls es noch nicht ausgewählt ist). Stellen Sie für die Einheiten die Option »Zoll« ein. Das Dokumentprofil ändert sich jetzt automatisch in »[Benutzerdefiniert]«. Lassen Sie das Dialogfeld für den nächsten Schritt geöffnet.

Mithilfe der Dokumentprofile können Sie Dateien für die unterschiedlichen Ausgabemedien erstellen (Druck, Web, Video etc.). Wenn Sie zum Beispiel einen Webseitenentwurf gestalten, wählen Sie das Profil »Web« – es zeigt automatisch Seitengröße und die Einheiten in Pixel an und arbeitet im Modus RGB sowie mit einer bildschirmgerechten Auflösung von 72 ppi.

● **Hinweis:** Der Abstandswert bezieht sich auf die Abstände zwischen den einzelnen Zeichenflächen.

2 Ändern Sie die Anzahl der Zeichenflächen in 2. Klicken Sie auf das Symbol »Nach Zeile anordnen« (▶) und stellen Sie sicher, dass das Symbol »Ändern in Layout« von links nach rechts (▶) sichtbar ist. Für den »Abstand« geben Sie **1** ein. Klicken Sie das Wort »Breite« an und geben Sie **8** in das Feld

»Breite« ein. Ebenso verfahren Sie im Feld »Höhe«. Sie brauchen nicht extra noch »in« für »Zoll« einzutippen, da Sie diese Einheit ja bereits festgelegt haben. Klicken Sie auf OK.

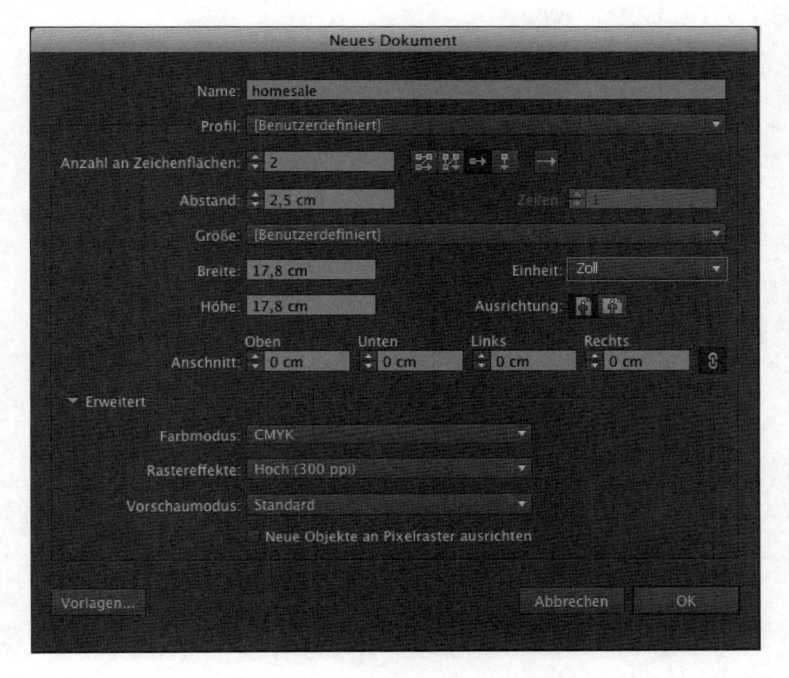

3   Wählen Sie **Datei: Speichern unter**. Im Dialogfeld behalten Sie den Namen **homesale** (Windows) oder **homesale.ai** (Mac OS) bei und speichern die Datei im Ordner *Lektion03*. Das Format bleibt bei »Adobe Illustrator (*.AI)« (Windows) bzw. »Adobe Illustrator (ai)« (Mac OS). Klicken Sie auf »Sichern« bzw. »Speichern«. Im darauffolgenden Dialogfeld behalten Sie die Standardeinstellungen bei und klicken auf OK.

4   Klicken Sie im Steuerungsbedienfeld auf die Schaltfläche »Dokument einrichten«.

Nun öffnet sich das Dialogfeld »Dokument einrichten«. Hier können Sie die Größe der Zeichenfläche, Einheiten, Anschnitt etc. nach der Erstellung des Dokuments ändern.

● **Hinweis:** Falls die Schaltfläche »Dokument einrichten« im Steuerungsbedienfeld nicht zu sehen ist, haben Sie möglicherweise Inhalte im Dokument markiert. Sie können alternativ auch **Datei: Dokument einrichten** wählen.

5   Im Bereich Anschnitt des Dialogfelds »Neues Dokument« ändern Sie den Wert für »Oben« in **0,125 in**. Die anderen drei Felder ändern sich dabei automatisch. Klicken Sie dann auf OK.

Mehrere Zeichenflächen einrichten

In Illustrator können Sie mehrere Zeichenflächen erstellen. Dazu sollten Sie die dazugehörigen Einstellungen im Dialogfeld »Neues Dokument« verstehen. Nachdem Sie die Anzahl der Zeichenflächen festgelegt haben, können Sie deren Anordnung auf dem Bildschirm bestimmen. Da gibt es folgende Optionen:

- **Raster nach Zeile:** Hier werden die Zeichenflächen nach Zeilen angeordnet. Die Anzahl der Zeilen legen Sie im zugehörigen Menü fest. Der Standardwert erstellt mit festgelegten Zeichenflächen ein möglichst quadratisches Aussehen.
- **Raster nach Spalte:** Die Zeichenflächen werden nach Spalten angeordnet, deren Anzahl Sie im dazugehörigen Menü festlegen. Der Standardwert erstellt mit festgelegten Zeichenflächen ein möglichst quadratisches Aussehen.
- **Nach Zeile anordnen:** Die Zeichenflächen werden in einer Zeile angeordnet.
- **Nach Spalte anordnen:** Die Zeichenflächen werden in einer Spalte angeordnet.
- **Ändern in Layout von rechts nach links:** Die Zeichenflächen werden entsprechend nach Zeilen oder Spalten angeordnet und dabei von rechts nach links angezeigt.

– Aus der Illustrator-Hilfe

Was ist ein Anschnitt?

Der Anschnitt ist der Bereich des Bildmaterials, der außerhalb des Begrenzungsrahmens des zu druckenden Bereichs bzw. außerhalb der Anschnitt- und Schnittmarken liegt. Sie können Ihr Bildmaterial mit einem Anschnitt erstellen, um sicherzustellen, dass die Druckfarbe nach dem Zuschneiden bis zur Kante der Seite reicht oder dass ein Bild in einen vorgegebenen Platzhalterrahmen in ein Dokument eingepasst werden kann.

– Aus der Illustrator-Hilfe

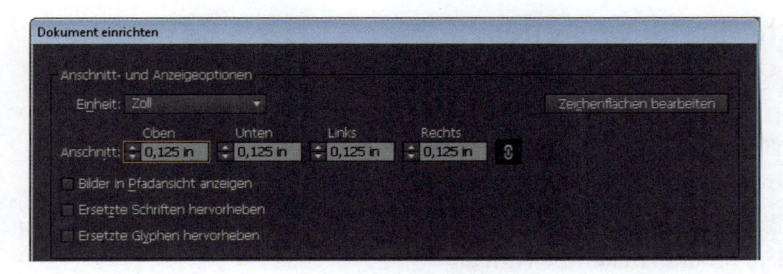

Beachten Sie die rote Linie, die beide Zeichenflächen umschließt – sie zeigt den Anschnitt. Ein typischer Wert für die Druckausgabe in Deutschland wäre 3 mm.

Mit einfachen Formen arbeiten

Im ersten Teil der Lektion erstellen Sie mithilfe einfacher Formen wie Rechtecken, Ellipsen, abgerundeten Rechtecken und Polygonen ein Haus. Stellen Sie zu Beginn dieser Übung zunächst den Arbeitsbereich korrekt ein.

1   Wählen Sie **Fenster: Arbeitsbereich: Grundlagen** (falls es noch nicht ausgewählt ist), und wählen Sie dann **Fenster: Arbeitsbereich: Zurücksetzen: Grundlagen**.

2   Wählen Sie **Ansicht: Lineale: Lineale einblenden** oder drücken Sie die Tastenkombination Strg+R (Windows) bzw. Befehl+R (Mac OS), um die Lineale oben und links im Fenster einzublenden (falls sie noch nicht zu sehen sind).

Die Maßeinheit der Lineale ist Zoll, da Sie diese Einheit im Dialogfeld »Neues Dokument« festgelegt haben. Sie können die Einheiten für alle Dokumente oder nur das aktuelle Dokument ändern. Die Linealeinheit dient zum Vermessen, Verschieben und Transformieren von Objekten, zur Einstellung von Raster- und Hilfslinienabständen sowie zur Erstellung von Formen. Auf die Einheiten in den Bedienfeldern Zeichen, Absatz und Kontur hat diese Einstellung jedoch keine Auswirkung. Diese werden im Abschnitt »Einheiten« in den Programmvoreinstellungen festgelegt (**Bearbeiten: Voreinstellungen** (Windows) bzw. **Illustrator: Voreinstellungen** (Mac OS).

▶ **Tipp:** Die Linealeinheiten des aktuellen Dokuments ändern Sie mit einem Rechtsklick (Strg-Klick für Mac OS) auf eines der Lineale und Auswahl einer neuen Einheit aus dem Kontextmenü.

Zeichenmodi verstehen

○ **Hinweis:** Ist Ihr Werkzeugbedienfeld einspaltig, klicken Sie auf das Symbol »Zeichenmodi« (▣) unten im Bedienfeld und wählen aus dem Menü eine Option aus.

Bevor Sie Formen in Illustrator erstellen, sollten Sie sich die drei Zeichenmodi unten im Werkzeugbedienfeld ansehen: »Normal zeichnen«, »Dahinter zeichnen« und »Innen zeichnen«.

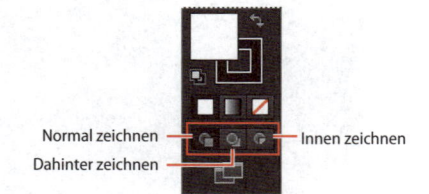

Normal zeichnen — Innen zeichnen
Dahinter zeichnen

In jedem Modus können Sie Formen unterschiedlich zeichnen.

- **Normal zeichnen:** Jedes Dokument beginnt in diesem Modus – Formen werden übereinandergestapelt.

- **Dahinter zeichnen:** In diesem Modus können Sie Objekte hinter anderen Objekten erstellen, ohne Ebenen auswählen oder auf die Stapelreihenfolge Rücksicht nehmen zu müssen.

- **Innen zeichnen:** In diesem Modus können Sie Objekte innerhalb von anderen Objekten zeichnen oder Bilder in Objekten platzieren, selbst in bearbeitbarem Text. Dabei wird automatisch eine Schnittmaske des markierten Objekts erstellt.

○ **Hinweis:** Mehr über Schnittmasken erfahren Sie in Lektion 15, »Illustrator CS6-Grafiken mit anderen Adobe-Programmen kombinieren«.

Nachfolgend werden Sie verschiedene Formen erstellen und dabei die verschiedenen Zeichenmodi nutzen und ihre Auswirkungen auf die gezeichneten Formen kennenlernen.

Rechtecke erstellen

Zunächst werden Sie eine Reihe von Rechtecken erstellen.

1 Wählen Sie **Ansicht: Zeichenfläche in Fenster einpassen**. Stellen Sie sicher, dass unten links im Dokumentfenster die Zahl 1 zu sehen ist, also die erste Zeichenfläche angezeigt wird.

2 Wählen Sie **Fenster: Transformieren**, um das Transformierenbedienfeld zu öffnen.

Das Transformierenbedienfeld ist nützlich, um Eigenschaften wie Breite und Höhe einer bestehenden Form zu bearbeiten.

3 Aktivieren Sie im Werkzeugbedienfeld das Rechteck-Werkzeug (▣) und beginnen Sie auf der linken Seite der Zeichenfläche, nach rechts unten zu ziehen. Sehen Sie sich dazu auch die nebenstehende Abbildung an. Beachten Sie beim Aufziehen der Form das kleine graue Kästchen neben dem Mauszeiger, in dem Höhe und Breite der Form angezeigt werden. Diese

sogenannte Messbeschriftung ist Teil der intelligenten Hilfslinien, auf die wir in dieser Lektion noch weiter eingehen werden. Ziehen Sie nach rechts unten, bis das Rechteck ungefähr 4,7 Zoll breit und 2,3 Zoll hoch ist.

Nach dem Loslassen der Maustaste ist das Rechteck automatisch ausgewählt und sein Mittelpunkt zu sehen. Wenn Sie den Mittelpunkt des Objekts ziehen, können Sie dieses an anderen Bildelementen ausrichten. Alle Formen erhalten außerdem standardmäßig eine weiße Fläche und eine schwarze Kontur. Eine gefüllte Form lässt sich markieren und verschieben, indem Sie zunächst den Mauszeiger irgendwo in der Form platzieren

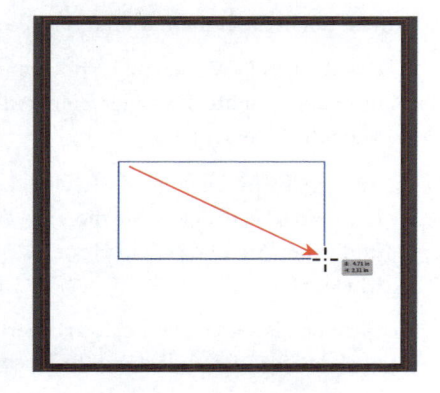

▶ **Tipp:** Wenn Sie beim Aufziehen eines Rechtecks, eines Rechtecks mit abgerundeten Ecken oder einer Ellipse die Alt-Taste gedrückt halten, zeichnen Sie die Form von ihrem Mittelpunkt statt von ihrer linken oberen Ecke aus. Halten Sie beim Zeichnen dieser Formen die Umschalt-Taste gedrückt, ergibt sich eine Form mit maximaler Symmetrie (ein Quadrat, ein abgerundetes Quadrat oder ein Kreis).

4 Falls nötig, ändern Sie im Transformierenbedienfeld die Größe des markierten Objekts. Geben Sie 4,7 als Breite (»B:«) und 2,3 als Höhe (»H:«) ein. Illustrator ergänzt die Einheit »in« (für Zoll) automatisch, Sie brauchen sie nicht mit einzugeben.

5 Schließen Sie die Transformierenbedienfeldgruppe, indem Sie auf das (X) oben rechts (Windows) bzw. links (Mac OS) in der Titelleiste klicken.

6 Das neue Rechteck ist noch markiert; klicken Sie im Steuerungsbedienfeld auf das Flächenfarbfeld (▢▼) und ändern Sie die Flächenfüllung in ein dunkles Braun. Wenn Sie die Mauszeiger über die Farbfelder in dem neu geöffneten Bedienfeld stellen, erscheint über dem korrekten Farbfeld ein Hinweis »C=50, M=70, Y=80, K=70«. Drücken Sie die Esc-Taste, um das Bedienfeld mit den Farbfeldern wieder zu schließen.

● **Hinweis:** Mehr zum Arbeiten mit Farben erfahren Sie in Lektion 6, »Farbe und Malen«.

Nun erstellen Sie mit einer anderen Methode ein weiteres Rechteck.

7 Das Rechteck-Werkzeug ist noch ausgewählt; platzieren Sie den Mauszeiger über dem Rechteck auf der Zeichenfläche und klicken Sie. Das Dialogfeld »Rechteck« erscheint.

● **Hinweis:** Wenn bei der Eingabe von Zahlenwerten automatisch die korrekte Einheit (z. B. »in« für »Zoll«) erscheint, brauchen Sie diese nicht einzutippen. Erscheint NICHT die richtige Einheit, geben Sie zusätzlich die Einheit ein, und die Einheiten werden ineinander umgerechnet.

8 Ändern Sie im Dialogfeld »Rechteck« die Breite in »1«, drücken Sie die Tab-Taste und geben Sie in das Feld Höhe »1,6« ein. Klicken Sie OK.

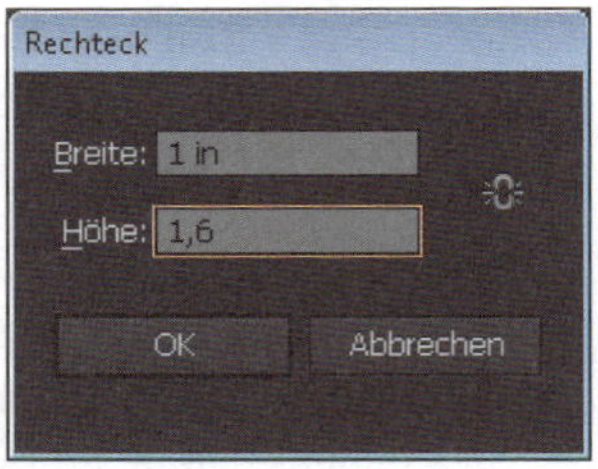

9 Das neue Rechteck ist noch markiert; klicken Sie auf die Flächenfüllung (■▼) im Steuerungsbedienfeld und ändern Sie sie in Rot (platzieren Sie den Mauszeiger über den roten Farbfeldern, bis der Hinweis »C=15, M=100, Y=90, K=10« erscheint). Drücken Sie die Esc-Taste, um das Farbfelderbedienfeld zu schließen.

10 Wählen Sie das Auswahl-Werkzeug (▶) und ziehen Sie das neue Rechteck für die Tür so, dass seine Unterkante an der Unterkante des braunen Rechtecks einrastet und es sich näher an der linken Kante des braunen Rechtecks befindet.

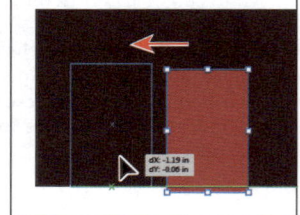

Das Einrasten der beiden Formen geschieht durch die aktivierten intelligenten Hilfslinien. Die Messwerte, die Ihnen in der Messbeschriftung angezeigt werden, müssen nicht unbedingt mit denen aus der Abbildung übereinstimmen.

Eine weitere Möglichkeit zum Erstellen einer Form ist, eine bestehende Form zu kopieren. Als Nächstes kopieren Sie die Türform und erstellen Formen für ein Fenster und einen Schornstein.

1 Platzieren Sie den Mauszeiger des aktivierten Auswahl-Werkzeugs über dem rot gefüllten Rechteck. Drücken Sie die Alt-Taste und ziehen Sie direkt nach rechts. Wenn Ihnen grüne Linien anzeigen, dass sie am horizontalen Mittelpunkt des braunen Rechtecks und am vertikalen Mittelpunkt des roten Rechtecks eingerastet sind, lassen Sie zunächst die Maustaste und dann die Alt-Taste los. Die angezeigten Messwerte müssen nicht unbedingt mit denen aus der Abbildung übereinstimmen.

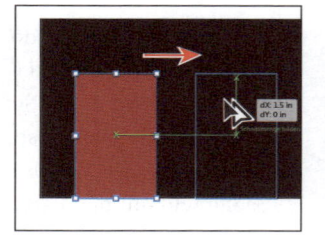

2 Das neue Rechteck ist noch markiert; klicken Sie auf das Flächenfarbfeld im Steuerungsbedienfeld und füllen Sie die neue Form mit Weiß.

3 Ziehen Sie den unteren rechten Begrenzungspunkt des weißen Rechtecks nach rechts oben, um die in der Messbeschriftung angezeigte Höhe ungefähr auf 5,8 zu bringen und die Breite auf 2,8.

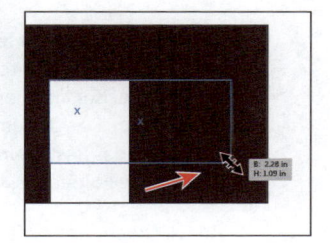

▶ **Tipp:** Für eine bessere Genauigkeit können Sie auch näher heranzoomen oder Ihre Werte nach dem Zeichnen der Form im Transformierenbedienfeld eingeben.

4 Das Auswahl-Werkzeug ist aktiviert; drücken Sie die Alt-Taste und ziehen Sie das weiße Rechteck aus seiner Mitte heraus direkt nach oben, sodass seine untere Kante an der oberen Kante des braunen Rechtecks einrastet.

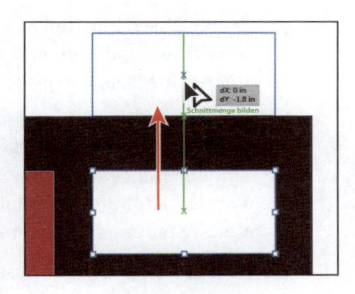

5 Ziehen Sie den mittleren linken Begrenzungspunkt des Rechtecks nach rechts, bis in der Messbeschriftung eine Breite von ungefähr 1,9 angezeigt wird.

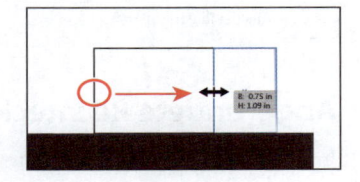

6 Ziehen Sie das neue Rechteck nach rechts, bis seine rechte Kante an der rechten Kante des braunen Rechtecks einrastet.

7 Wählen Sie **Auswahl: Auswahl aufheben** und dann **Datei: Speichern**.

Das Dokumentraster verwenden

Das Dokumentraster liegt im Dokumentfenster hinter Ihren Grafikelementen. Mit seiner Hilfe können Sie präziser arbeiten, da Ihre Objekte daran einrasten. Das Dokumentraster wird nicht gedruckt. Um das Raster einzuschalten und zu nutzen, tun Sie Folgendes:

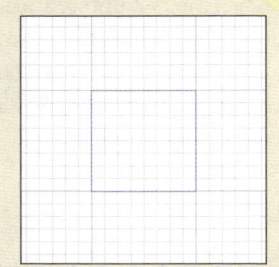

- Zum Verwenden des Rasters wählen Sie **Ansicht: Raster einblenden**.
- Zum Ausblenden wählen Sie **Ansicht: Raster Ausblenden**.
- Damit Objekte an den Rasterlinien einrasten, wählen Sie **Ansicht: Am Raster ausrichten** und ziehen das Objekt in Position. Sobald sich die Objektkanten nur noch 2 Pixel von einer Rasterlinie entfernt befinden, rasten sie ein.
- Den Abstand zwischen den Rasterlinien, den Stil (Linien oder Punkte), die Rasterfarbe oder ob das Raster vor oder hinter den Grafikelementen eingeblendet wird, legen Sie in den Voreinstellungen fest (**Bearbeiten: Voreinstellungen: Hilfslinien und Raster** (Windows) bzw. **Illustrator: Voreinstellungen: Hilfslinien und Raster** (Mac OS).

Hinweis: Ist die Option »Am Raster ausrichten« aktiviert, stehen Ihnen die intelligenten Hilfslinien nicht zur Verfügung (selbst wenn der Menübefehl ausgewählt ist).

– Aus der Illustrator-Hilfe

Abgerundete Rechtecke erstellen

Jetzt werden Sie für einen weiteren Teil der Illustration ein abgerundetes Rechteck erstellen.

1 Wählen Sie im Werkzeugbedienfeld das Zoomwerkzeug (🔍) und klicken Sie zweimal auf das zuletzt von Ihnen erstellte weiße Rechteck, das den Schornstein des Hauses bilden soll.

2 Klicken Sie auf das Rechteck-Werkzeug (▪) und halten Sie die Maustaste gedrückt; wählen Sie dann das Abgerundetes-Rechteck-Werkzeug (▪) aus dem Popup-Menü.

3 Platzieren Sie den Mauszeiger auf der linken Kante des kleinen weißen Rechtecks, unterhalb des Oberkante, bis das Wort »Pfad« erscheint. Klicken Sie und ziehen Sie nach unten rechts zur rechten Kante des weißen Rechtecks. Geben Sie die Maustaste noch nicht frei.

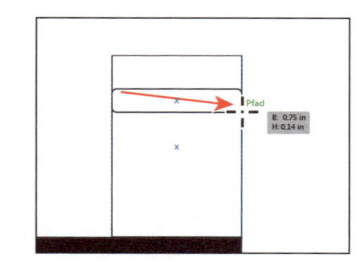

4 Drücken Sie einige Male auf die Pfeil-nach-unten-Taste, um den Eckenradius zu vermindern (die Ecken werden dadurch weniger stark abgerundet). Wenn Sie zu weit gegangen sind, können Sie einige Male die Pfeil-nach-oben-Taste drücken, um die gewünschte Abrundung zu erhalten. Der Eckenradius Ihrer Form muss nicht genau der Abbildung entsprechen. Lassen Sie die Maustaste ungefähr bei einer Höhe von 0,14 Zoll los.

▶ **Tipp:** Sie können die jeweilige Pfeiltaste auch gedrückt halten, um den Eckenradius schneller zu verändern.

Als Nächstes richten Sie die erstellte Form mithilfe der intelligenten Hilfslinien an den bestehenden Formen aus.

5 Wählen Sie das Auswahl-Werkzeug (▶) im Werkzeugbedienfeld. Klicken Sie irgendwo in das abgerundete Rechteck und ziehen Sie es nach oben sodass es horizontal mit dem größeren weißen Rechteck zentriert ist und dass sein unterer Rand an der Oberkante des größeren weißen Rechtecks einrastet (wie in der Abbildung dargestellt). Wenn die Wörter »Schnittmenge bilden« und die grüne(n) Linie(n) erscheinen, lassen Sie die Maustaste los.

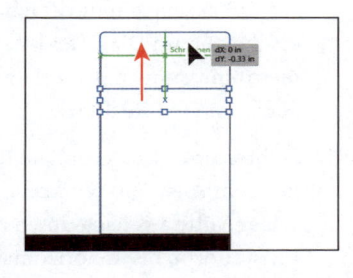

▶ **Tipp:** Die grüne Farbe der intelligenten Hilfslinien können Sie auch abändern. Wählen Sie dazu **Bearbeiten: Voreinstellungen: Intelligente Hilfslinien** (Windows) bzw. **Illustrator: Voreinstellungen: Intelligente Hilfslinien** (Mac OS).

● **Hinweis:** Der graue Tooltipp beim Ziehen der Form gibt den x- und y-Versatz an.

6 Das abgerundete Rechteck ist markiert; klicken und ziehen Sie den rechten mittleren Begrenzungspunkt nach rechts. Halten Sie beim Ziehen die Alt-Taste gedrückt. So können Sie die Größe der Form aus der Mitte heraus ändern. Ziehen Sie bis zu einer Breite von ungefähr 0,9 Zoll und lassen Sie dann zuerst die Maustaste und anschließend die Alt-Taste los.

7 Das abgerundete Rechteck ist immer noch markiert; klicken Sie im Steuerungsbedienfeld auf die Flächenfüllung und ändern Sie die Füllfarbe der neuen Form in ein helles Grau, der Farbhinweis zeigt »C=0, M=0, Y=0, K=20«.

8 Wählen Sie **Auswahl: Auswahl aufheben**.

9 Wählen Sie **Ansicht: Zeichenfläche in Fenster einpassen**.

10 Wählen Sie im Werkzeugbedienfeld das Abgerundetes-Rechteck-Werkzeug (■). Platzieren Sie den Mauszeiger auf dem größeren weißen Rechteck und klicken Sie.

11 Ändern Sie im Dialogfeld »Abgerundetes Rechteck«die Breite in **2,4 in** und klicken Sie OK.

Wenn Sie auf diese Weise ein abgerundetes Rechteck erstellen, können Sie Breite, Höhe und Eckenradius eingeben. Klicken Sie mit aktiviertem Abgerundetes-Rechteck-Werkzeug auf die Zeichenfläche, erscheinen im Dialogfeld standardmäßig die Abmessungen des zuletzt erstellten abgerundeten Rechtecks.

▶ **Tipp:** Beim Zeichnen sind eingeschaltete intelligente Hilfslinien oft sehr hilfreich, besonders wenn Präzision gefragt ist. Wenn Sie lieber darauf verzichten wollen, schalten Sie die Funktion im Menü ab (**Ansicht: Intelligente Hilfslinien**).

12 Ziehen Sie das abgerundete Rechteck mit dem Auswahl-Werkzeug (▶) von seiner Mitte aus nach unten unter die Fensterform, bis es horizontal zentriert ist und seine Oberkante an der Unterkante des Fensters einrastet. Die grünen Ausrichtungshilfslinien helfen Ihnen dabei.

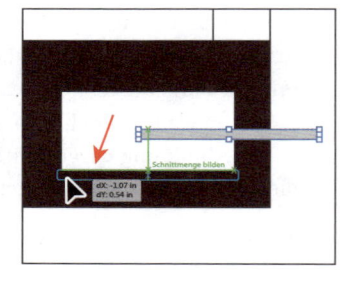

13 Wählen Sie **Datei: Speichern**.

Ellipsen erstellen

Die Form von Polygonen, Sternen und Ellipsen steuern Sie beim Zeichnen durch das Gedrückthalten bestimmter Modifikatortasten. Als Nächstes werden Sie eine Ellipse für den oberen Teil der Tür erstellen.

1 Aktivieren Sie im Werkzeugbedienfeld das Zoomwerkzeug (🔍) und klicken Sie zweimal auf das rote Rechteck.

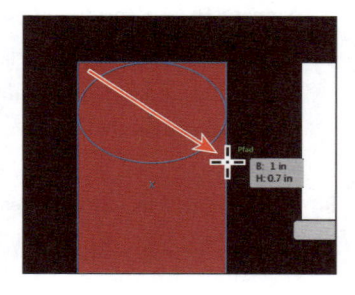

2 Klicken Sie das Abgerundetes-Rechteck-Werkzeug (■) an, halten Sie die Maustaste gedrückt und wählen Sie das Ellipse-Werkzeug (●). Stellen Sie den Mauszeiger über die obere linke Ecke des roten Rechtecks. Beachten Sie, dass das Wort »Anker« erscheint. Ziehen Sie jetzt nach unten rechts und rasten Sie an der rechten Kante des roten Rechtecks ein, wenn das Wort »Pfad« erscheint. Ziehen Sie ohne die Maustaste loszulassen leicht nach oben oder unten, bis in der Messbeschriftung eine Höhe von ungefähr 0,7 Zoll angezeigt wird, und lassen Sie die Maustaste dann los.

3   Wähen Sie **Ansicht: Begrenzungsrahmen ausblenden**.

In den vorhergehenden Lektionen haben Sie bereits gelernt, dass sich Formen mithilfe ihres Begrenzungsrahmens transformieren lassen. Wenn Sie den Begrenzungsrahmen abschalten, können Sie eine Form an einer Kante oder einem Ankerpunkt anfassen und ziehen, ohne sie zu transformieren.

4   Wählen Sie das Auswahl-Werkzeug. Klicken Sie die Ellipse am rechten mittleren Punkt an und ziehen Sie sie nach oben. Geben Sie die Maustaste frei, wenn der Mittelpunkt der Ellipse an der Oberkante des roten Rechtecks einrastet.

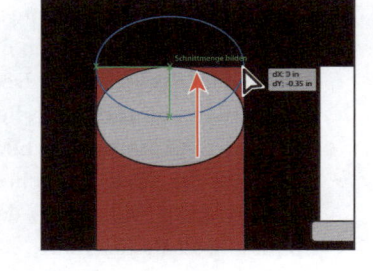

5   Wählen Sie **Ansicht: Begrenzungsrahmen einblenden**.

6   Wählen Sie **Fenster: Transformieren**, um das Transformierenbedienfeld zu öffnen. Klicken Sie zum Markieren auf das rote Rechteck und achten Sie auf die Breite im Transformierenbedienfeld. Klicken Sie wieder auf die Ellipse, und vergleichen Sie, ob beide Formen gleich breit sind. Falls nicht, geben Sie bei der Ellipse zur Korrektur denselben Wert ein wie beim roten Rechteck und drücken Sie die Enter-Taste. Schließen Sie die Transformierenbedienfeldgruppe.

● **Hinweis:** Falls Sie die Breite im Transformierenbedienfeld korrigieren müssen, wird die Ausrichtung der Ellipse an den Rechtecken aufgehoben. Ziehen Sie die Ellipse dann anschließend mit dem Auswahl-Werkzeug wieder in Position.

7   Wählen Sie **Auswahl: Auswahl aufheben** und **Datei: Speichern**.

Polygone erstellen

Jetzt werden Sie mit dem Polygon-Werkzeug zwei Dreiecke für das Hausdach erstellen. Polygone werden standardmäßig aus der Mitte heraus erstellt (im Gegensatz zu den anderen Formwerkzeugen, mit denen Sie bisher gearbeitet haben).

1   Wählen Sie **Ansicht: Zeichenfläche in Fenster einpassen**.

2   Halten Sie die Maustaste über dem Ellipse-Werkzeug (●) gedrückt und wählen Sie das Polygonwerkzeug (⬢). Platzieren Sie den Mauszeiger kurz über dem braunen Rechteck. Beginnen Sie, ein Polygon

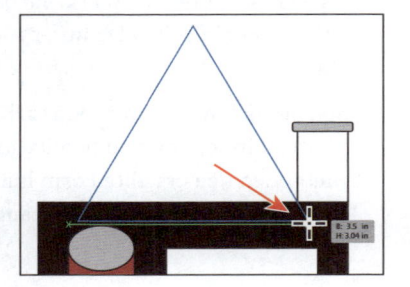

▶ **Tipp:** Drücken Sie beim Zeichnen mit den Polygon-Werkzeugen die Pfeil-nach-oben-Taste, um die Anzahl der Seiten zu erhöhen.

aufzuziehen, aber lassen Sie die Maustaste noch nicht los. Drücken Sie dreimal die Pfeil-nach-unten-Taste, um die Seitenanzahl des Polygons auf drei zu reduzieren (Dreieck). Drücken Sie dann die Umschalt-Taste, um ein gleichseitiges Dreieck zu erhalten. Ziehen Sie, ohne die Umschalt-Taste loszulassen, nach unten rechts, bis das kleine graue Kästchen eine Breite von etwa 3,5 Zoll anzeigt. Lassen Sie dann die Maustaste und anschließend die Umschalt-Taste los.

3 Wählen Sie im Werkzeugbedienfeld das Auswahl-Werkzeug (▸) und ziehen Sie das Dreieck aus seiner Mitte heraus, bis seine rechte untere Ecke mit der rechten oberen Ecke des braunen Rechtecks zur Deckung kommt. Beim Einrasten erscheinen die Wörter »Schnittmenge bilden«. Ziehen Sie das Dreieck von hier aus noch ein wenig nach rechts, damit ein Überhang entsteht. Betrachten Sie die Abbildung als Richtschnur.

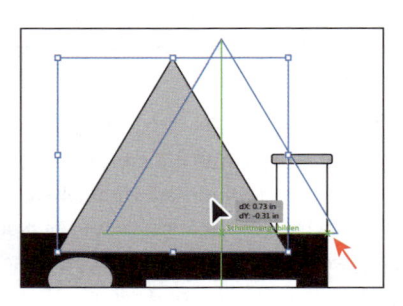

4 Ziehen Sie den Begrenzungspunkt oben in der Mitte nach unten, bis die Messbeschriftung eine Höhe von etwa 1,7 Zoll ausweist. Eventuell müssen Sie die Ansicht verkleinern oder im Dokumentfenster scrollen, um die obere Spitze des Dreiecks zu sehen.

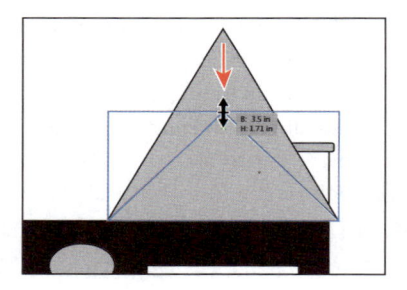

Der Modus »Dahinter zeichnen«

Jetzt legen Sie hinter dem gerade gezeichneten Dreieck ein weiteres Dreieck an und nutzen dazu den Modus »Dahinter zeichnen«.

● **Hinweis:** Wenn Ihr Werkzeugbedienfeld einspaltig angezeigt wird, können Sie unten auf die Schaltfläche »Zeichenmodi« (▣) klicken und den Modus »Dahinter zeichnen« aus dem Popup-Menü auswählen.

1 Klicken Sie unten im Werkzeugbedienfeld auf die Schaltfläche »Dahinter zeichnen« (▣).

Solange Sie in diesem Modus arbeiten, wird jede von Ihnen mit den bereits gelernten Methoden neu erstellte Form hinter den anderen Formen auf der Seite angelegt.

2   Wählen Sie im Werkzeugbedienfeld das Polygon-Werkzeug ( ). Platzieren Sie den Mauszeiger links neben dem zuvor erstellten Dreieck. Klicken Sie, um das Polygon-Dialogfeld zu öffnen. Klicken Sie OK und achten Sie auf das neu erstellte Dreieck. Es befindet sich hinter dem bestehenden Dreieck auf der Zeichenfläche.

Die Werte im Polygon-Dialogfeld entsprechen denen Ihres letzten Dreiecks (bevor Sie es verändert hatten).

3   Wählen Sie das Auswahl-Werkzeug und ziehen Sie das neue Dreieck, sodass seine Unterkante oben am braunen Rechteck einrastet, wie in der Abbildung gezeigt (blaue Kontur). Das so platzierte und immer noch markierte Dreieck können Sie auch mit der Pfeil-nach-links-Taste so verschieben, dass sich an der linken Seite des braunen Rechtecks ein kleiner Überhang bildet.

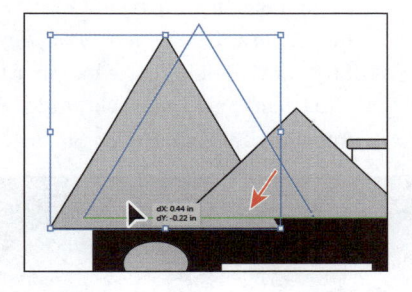

● **Hinweis:** Machen Sie sich keine Sorgen, falls Ihr größeres Dreieck oben etwas aus der Zeichenfläche herausragt. Sie werden seine Spitze später noch abschneiden.

4   Das neue Dreieck ist immer noch markiert; klicken Sie das Flächenfarbfeld im Steuerungsbedienfeld und ändern Sie die Farbe in ein dunkleres Grau als das des kleineren Dreiecks. Wir entschieden uns für das Farbfeld mit den Tooltipp-Werten C=0, M=0, Y=0, K=50.

5   Klicken Sie unten im Werkzeugbedienfeld auf die Schaltfläche »Normal zeichnen« ( ).

Sterne zeichnen

Als Nächstes erzeugen Sie mit dem Stern-Werkzeug einen Stern für das Fenster über dem roten Türrechteck.

1   Wählen Sie das Zoomwerkzeug ( ) im Werkzeugbedienfeld und klicken Sie zweimal auf die Ellipse über dem roten Türrechteck.

2   Halten Sie die Maustaste im Werkzeugbedienfeld über dem Polygon-Werkzeug ( ) gedrückt und wählen Sie das Stern-Werkzeug ( ) aus. Platzieren Sie den Mauszeiger in der Mitte der grauen Ellipse. Dabei wird das Wort »Mitte« eingeblendet.

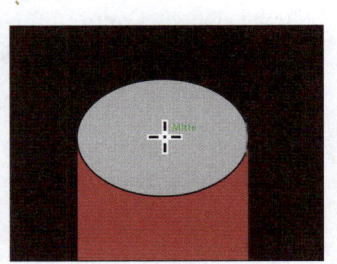

▶ **Tipp:** Im nächsten Schritt kommen diverse Tastenkürzel zur Arbeit mit Sternen zum Einsatz, also *lassen Sie sich Zeit* und sehen Sie sich beim Zeichnen immer wieder die Abbildung an. Lassen Sie die Maustaste nur los, wenn darauf hingewiesen wird.

3 Klicken und ziehen Sie langsam nach rechts, um eine Sternform zu generieren. Drücken Sie, ohne die Maustaste loszulassen, fünfmal die Pfeil-nach-oben-Taste, um die Anzahl der Sternspitzen auf zehn zu erhöhen. Ziehen Sie weiter, bis Ihnen eine Breite von etwa 0,28 Zoll angezeigt wird, aber lassen Sie die Maustaste noch nicht los.

Halten Sie die Strg- (Windows) oder Befehl-Taste (Mac OS) gedrückt und ziehen Sie weiter nach rechts. Dadurch bleibt der innere Radius konstant. Ziehen Sie, bis Ihnen eine Breite von ungefähr 1,3 Zoll angezeigt wird, und hören Sie auf zu ziehen, *ohne die Maustaste loszulassen*. Lassen Sie die Strg- oder Befehl-Taste los, aber nicht die Maustaste. Halten Sie nun die Umschalt-Taste gedrückt und ziehen Sie den Stern bis zu einer Breite von ungefähr 1,3 Zoll. Geben Sie die Maustaste frei, dann die Umschalt-Taste.

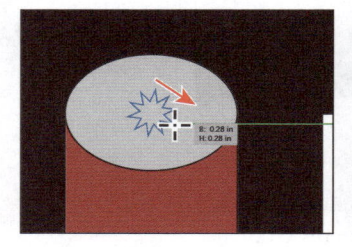

Anzahl der Spitzen verändern 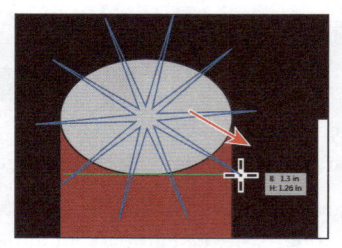   Größe des Sterns ändern 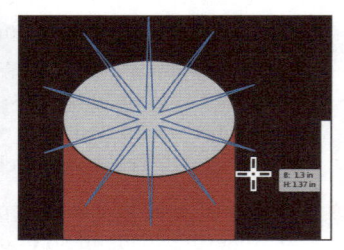   Sternform einschränken

4 Ändern Sie die Konturstärke rechts vom Wort »Kontur« im Steuerungsbedienfeld in **0**. Später in dieser Lektion werden Sie die Ellipse und die Sternform verwenden und daraus das Fenster über der Tür erstellen.

5 Wählen Sie **Auswahl: Auswahl aufheben** und dann **Datei: Speichern**.

Stärke und Ausrichtung einer Kontur verändern

Jede Form wird standardmäßig mit einer Konturstärke von 1 Punkt erstellt. Diese Stärke lässt sich jedoch jederzeit und ganz einfach ändern. Außerdem befindet sich die Kontur immer mittig auf einem Pfad, aber auch diese Ausrichtung kann im Konturbedienfeld geändert werden.

1 Wählen Sie **Ansicht: Zeichenfläche in Fenster einpassen**.

2 Klicken Sie mit dem Auswahl-Werkzeug (▶) auf das kleinere hellgraue Dreieck, das einen Teil des Daches darstellt, um es zu markieren.

3 Wählen Sie im Werkzeugbedienfeld das Zoomwerkzeug (🔍) und klicken Sie zum Vergrößern einmal auf das Dreieck.

Tipps zum Zeichnen von Polygonen, Spiralen und Sternen

Die Form von Polygonen, Spiralen und Sternen bestimmen Sie durch das Drücken bestimmter Tasten beim Erstellen dieser Formen. Wählen Sie eine der folgenden Optionen, um die Form zu kontrollieren:

- Um Seiten zu einem Polygon, Punkte zu einem Stern oder Segmente zu einer Spirale hinzuzufügen oder daraus zu entfernen, drücken Sie beim Erstellen dieser Formen die Pfeiltaste nach oben oder unten. Das funktioniert jedoch nur, wenn Sie gleichzeitig auch die Maustaste drücken. Wird die Maustaste losgelassen, arbeitet das Werkzeug mit dem zuletzt festgelegten Wert.
- Um die Form zu drehen, bewegen Sie die Maus in einem Bogen.
- Um eine Seite oder einen Punkt als obere Spitze zu definieren, halten Sie die Umschalt-Taste gedrückt.
- Um den inneren Radius konstant zu halten, erstellen Sie die Form und halten Sie dann die Strg-Taste (Windows) bzw. Befehl-Taste (Mac OS) gedrückt.

– Aus der Illustrator-Hilfe

4   Klicken Sie im Steuerungsbedienfeld einmal auf das Wort »Kontur«, um das Konturbedienfeld zu öffnen. Ändern Sie dort die Konturstärke in **10 pt**. Wie Sie sehen, ist die Kontur des Dreiecks standardmäßig auf der Kante der Form zentriert.

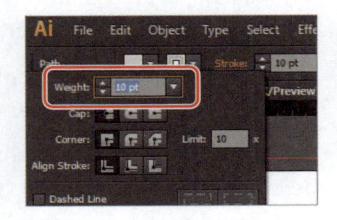

● **Hinweis:** Zum Konturbedienfeld gelangen Sie auch über **Fenster: Kontur**.

5   Klicken Sie auf die Schaltfläche »Kontur innen ausrichten« ( ) im Konturbedienfeld. Damit wird die Kontur an der Innenseite des Dreiecks ausgerichtet.

Sie richten die Kontur an der Innenseite der Form aus, damit die Unterkante des Dreiecks weiterhin auch optisch an dem anderen Dreieck ausgerichtet ist.

6   Das Dreieck ist nach wie vor markiert; klicken Sie die Konturfarbe im Steuerungsbedienfeld an (links vom Wort »Kontur«) und wählen Sie ein dunkleres Grau als das der Fläche dieses Dreiecks.

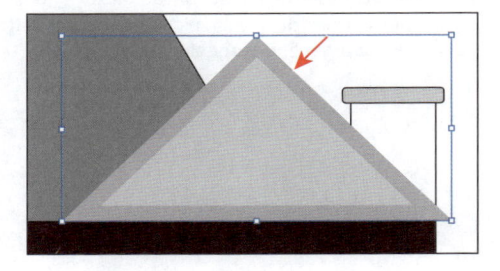

7   Wählen Sie **Datei: Speichern**.

Über das Ausrichten von Konturen

Wenn es sich bei einem Objekt um einen geschlossenen Pfad handelt (z. B. ein Quadrat), können Sie im Konturbedienfeld einstellen, ob die Kontur auf dem Pfad mittig (Standard), innen oder außen erscheinen soll.

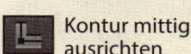

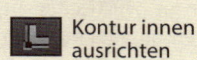

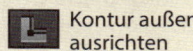

Kontur mittig ausrichten　　Kontur innen ausrichten　　Kontur außen ausrichten

Mit Liniensegmenten arbeiten

Nun werden Sie mit geraden Linien und Liniensegmenten (offenen Pfaden) arbeiten, um einen Blumenkübel zu erstellen. Formen können in Illustrator auf unterschiedliche Art und Weise entstehen. Dabei gilt in der Regel: Je einfacher, desto besser.

1. Wählen Sie das Zoomwerkzeug im Werkzeugbedienfeld (🔍) und klicken Sie viermal unter die rote Tür, um den leeren Bereich darunter zu vergrößern.

2. Wählen Sie **Zurücksetzen: Grundlagen** aus dem Arbeitsbereich-Umschalter in der Anwendungsleiste.

Bisher haben Sie im standardmäßig aktivierten Vorschaumodus gearbeitet, in dem Ihnen die gezeichneten Objekte komplett mit eingefärbten Flächen und Konturen angezeigt werden. Wenn die Farben Sie eher ablenken, können Sie in die Pfadansicht wechseln – dies werden Sie nun tun.

3. Wählen Sie **Ansicht: Pfadansicht**, um vom Vorschaumodus in die Pfadansicht zu wechseln.

● **Hinweis:** In der Pfadansicht verschwinden alle Farben wie etwa farbige Flächen und Konturen; die Auswahl und der Bildaufbau des Grafikmaterials werden auf diese beschleunigt. Sie können Formen dann auch nicht mehr in der Mitte anklicken, um sie zu markieren, da die Füllung vorübergehend ausgeblendet ist.

4 Aktivieren Sie das Ellipse-Werkzeug (   ) im Werkzeugbedienfeld. Zeichnen Sie unter dem Haus eine Ellipse mit einer Breite von 0,6 Zoll und einer Höhe von 0,1 Zoll.

5 Aktivieren Sie das Direktauswahl-Werkzeug (   ) und ziehen Sie über den unteren Bereich der Ellipse, um diesen auszuwählen.

6 Wählen Sie **Bearbeiten: Kopieren** und dann **Bearbeiten: Davor einfügen**, um einen neuen Pfad zu erstellen, der sich direkt über dem Original befindet.

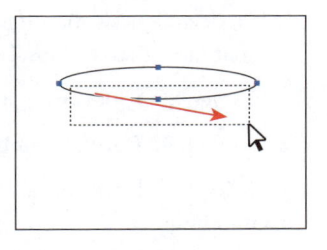

> **Hinweis:** Achten Sie darauf, den Auswahlrahmen nicht über den linken und rechten Endpunkt der Ellipse zu ziehen.

Nur die untere Hälfte der Ellipse wird als Pfad kopiert und eingefügt – denn nur diese haben Sie mit dem Direktauswahl-Werkzeug ausgewählt.

7 Aktivieren Sie das Auswahl-Werkzeug (   ) und drücken Sie etwa fünfmal die Pfeiltaste nach unten, um die neue Linie nach unten zu verschieben.

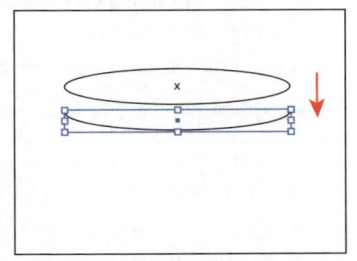

8 Klicken und ziehen Sie die Linie gerade nach unten, bis Sie in der Messbeschriftung eine y-Distanz (dY) von ungefähr 0,25 Zoll sehen.

Achten Sie darauf, dass Sie den Mauszeiger zum Markieren und Ziehen direkt auf der Linie platzieren.

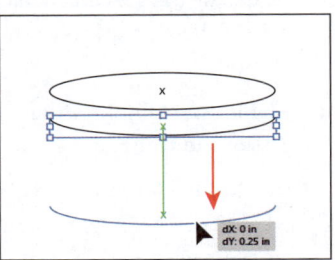

9 Klicken Sie im Steuerungsbedienfeld auf das Wort »Transformieren«, um das Transformierenbedienfeld zu öffnen. Ändern Sie die Breite der markierten Linie in **0,4 Zoll**.

Das Transformierenbedienfeld erreichen Sie auch über **Fenster: Transformieren**.

> **Hinweis:** Je nach verwendeter Bildschirmauflösung können die Transformieren-Optionen im Steuerungsbedienfeld erscheinen oder nicht. Falls sie zu sehen sind, können Sie dort den B-Wert ändern.

10 Aktivieren Sie das Liniensegment-Werkzeug (/) im Werkzeugbedienfeld. Zeichnen Sie eine Linie vom linken Ankerpunkt der Ellipse zum linken Ankerpunkt des neuen Pfades. Die Ankerpunkte werden hervorgehoben, wenn die Linie daran einrastet. Wiederholen Sie diesen Schritt auf der rechten Seite der Ellipse.

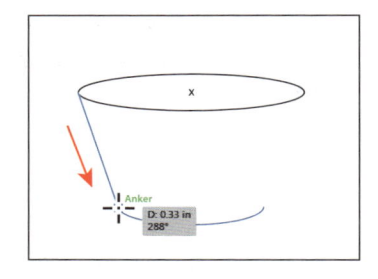

11 Wählen Sie **Auswahl: Auswahl aufheben**.

12 Wählen Sie **Datei: Speichern**.

Im nächsten Schritt werden Sie die drei Liniensegmente zu einem Pfad zusammenfügen.

Pfade zusammenfügen

Wenn mehrere offen Pfade ausgewählt sind, können Sie alle zu einem geschlossenen Pfad (ähnlich einem Kreis) zusammenfügen oder die Endpunkte zweier separater Pfade miteinander verbinden.

Sie werden jetzt drei Pfade zu einem einzelnen geschlossenen Pfad verbinden.

1 Wählen Sie das Auswahl-Werkzeug (▶) im Werkzeugbedienfeld. Ziehen Sie einen Auswahlrahmen über die drei Pfade, die Sie soeben angelegt haben, um sie alle zu markieren (nicht die obere Ellipse).

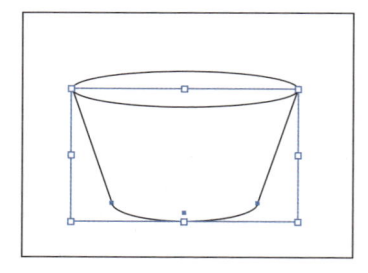

2 Wählen Sie **Objekt: Pfad: Zusammenfügen**.

Die drei Pfade werden in einen einzelnen Pfad umgewandelt. Illustrator erkennt die Ankerpunkte und die Enden der einzelnen Pfade und verbindet die am nächsten beisammen liegenden Punkte miteinander.

▶ **Tipp:** Nachdem Sie die Pfade ausgewählt haben, können Sie die Pfade auch mit Strg+J (Windows) bzw. Befehl+J (Mac OS) verbinden.

3 Wählen Sie bei aktivem Pfad erneut **Objekt: Pfad: Zusammenfügen**. Wählen Sie **Auswahl: Auswahl aufheben**, um den zusammengefügten Pfad zu betrachten.

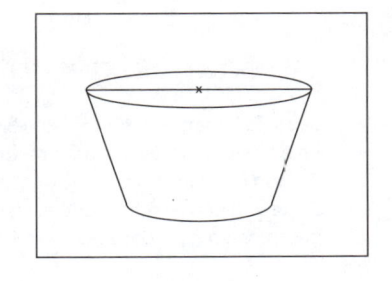

Dadurch entsteht ein geschlossener Pfad, der zwei Endpunkte miteinander verbindet.

Wenn Sie einen einzelnen offenen Pfad auswählen und dann **Objekt: Pfad: Zusammenfügen** wählen, fügt Illustrator ein Pfadsegment zwischen den Endpunkten des offenen Pfades hinzu und erzeugt somit einen geschlossenen Pfad.

● **Hinweis:** Wenn Sie die Form nur mit einer Farbe füllen wollen, müssen Sie nicht extra einen geschlossenen Pfad erstellen, denn auch offene Pfade können gefüllt sein. Nur wenn der gefüllte Bereich eine Kontur erhalten soll, müssen Sie einen geschlossenen Pfad erstellen.

4 Wählen Sie **Ansicht: Vorschau**.

5 Ziehen Sie mit dem Auswahl-Werkzeug einen Auswahlrahmen über die beiden Blumenkübelformen, um diese zusammen auszuwählen. Ändern Sie die Konturstärke im Steuerungsbedienfeld in **1 pt**. Ändern Sie die Konturfarbe in Schwarz und die Flächenfüllung ebenfalls in Schwarz.

6 Wählen Sie **Auswahl: Auswahl aufheben**. Klicken Sie die untere Blumenkübelform zur Auswahl an und wählen Sie **Objekt: Anordnen: In den Hintergrund**.

7 Ändern Sie die Füllfarbe im Steuerungsbedienfeld in ein Braun (C=35, M=60, Y=80, K=25).

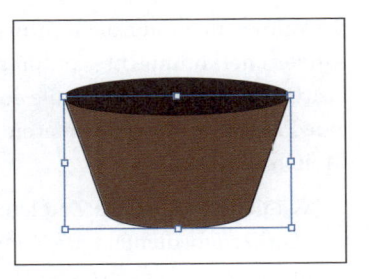

● **Hinweis:** Um einen Pfad ohne Füllung auszuwählen, klicken Sie auf die Kontur oder ziehen quer über den Pfad.

8 Halten Sie die Umschalt-Taste gedrückt und klicken Sie die Ellipse mit dem Auswahl-Werkzeug an, um beide Blumenkübelformen zu markieren. Wählen Sie **Objekt: Gruppieren**.

Offener vs. geschlossener Pfad

Beim Zeichnen erstellen Sie eine Linie, die auch als Pfad bezeichnet wird. Ein Pfad besteht aus einem oder mehreren geraden oder gebogenen Segmenten. Anfang und Ende eines Segments werden durch Ankerpunkte markiert. Diese wirken wie Stecknadeln, an denen ein Draht befestigt ist. Ein Pfad kann geschlossen (z. B. bei einem Kreis) oder offen sein (z. B. bei einer Wellenlinie).

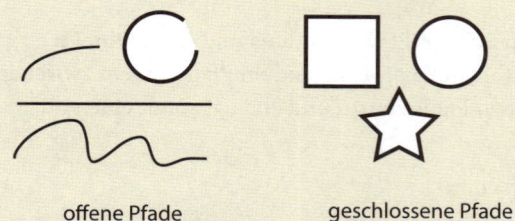

offene Pfade   geschlossene Pfade

Sowohl offene als auch geschlossene Pfade können gefüllt werden.

– Aus der Illustrator-Hilfe

Das Breitenwerkzeug

Sie können nicht nur die Konturstärke und deren Ausrichtung festlegen, sondern herkömmliche Konturen auch mit dem Breitenwerkzeug (🐾) bearbeiten oder Breitenprofile auf die Kontur anwenden. So können Sie eine Pfadkontur besser variieren. Jetzt erstellen Sie Vorhänge mit dem Breitenwerkzeug.

1 Wählen Sie **Ansicht: Zeichenfläche in Fenster einpassen**. Aktivieren Sie im Werkzeugbedienfeld das Zoomwerkzeug (🔍) und klicken Sie damit dreimal in das weiße Fensterrechteck, um es zu vergrößern.

2 Das Auswahl-Werkzeug ist aktiviert. Halten Sie die Umschalt-Taste gedrückt und klicken Sie in das weiße Rechteck, in das graue, abgerundete Rechteck darunter und in das braune Rechteck. Damit sind alle drei Objekte ausgewählt. Wählen Sie **Objekt: Sperren: Auswahl**, um sie vorläufig zu sperren.

3 Wählen Sie das Liniensegment-Werkzeug (╱) im Werkzeugbedienfeld und platzieren Sie den Mauszeiger auf der Oberkante des weißen Rechtecks neben der linken Kante. Halten Sie die Umschalt-Taste gedrückt und ziehen

120 LEKTION 3 Formen erstellen und bearbeiten

Sie gerade nach unten, sodass das Ende der Linie an der Unterkante des weißen Rechtecks einrastet. Geben Sie die Maustaste und anschließend die Umschalt-Taste wieder frei.

4 Achten Sie im Steuerungsbedienfeld darauf, dass die Konturfarbe der Linie auf Schwarz gestellt und als Konturstärke **1 pt** gewählt ist.

5 Wählen Sie das Breitenwerkzeug ( ) im Werkzeugbedienfeld. Positionieren Sie den Mauszeiger über der Mitte der Linie und beachten Sie, dass jetzt neben dem Mauszeiger ein kleines Pluszeichen zu sehen ist ( ). Ziehen Sie nach rechts von der Linie weg – die Kontur dehnt sich dabei gleichmäßig nach links und rechts aus. Geben Sie die Maustaste frei, sobald die Messbeschriftung für Seite 1 und Seite 2 einen Wert von etwa 0,25 Zoll zeigt.

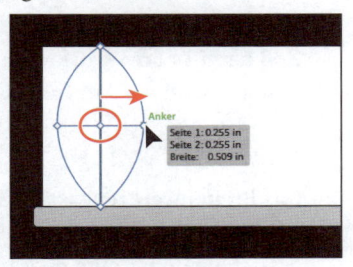

Der neue Punkt auf der Kontur der ursprünglichen Linie wird als Breitenpunkt bezeichnet. Die vom Breitenpunkt ausgehenden Linien heißen Griffe. Von einem Eckpunkt oder einem direkt ausgewählten Ankerpunkt erstellte Breitenpunkte bleiben bei einfachen Pfadbearbeitungen am Ankerpunkt haften.

6 Der Breitenpunkt der Kontur (in der Abbildung eingekreist) sollte weiterhin markiert sein; Sie können dies nicht erkennen, weil der Punkt nicht hohl ist wie die Endpunkte der Griffe. Drücken Sie die Entfernen-Taste, um ihn zu löschen.

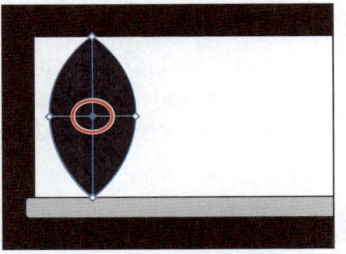

● **Hinweis:** Wenn Sie den Punkt erneut auswählen müssen, achten Sie darauf, das Breitenwerkzeug zu verwenden, platzieren Sie den Mauszeiger über dem Punkt und klicken Sie.

Da Sie nur einen Breitenpunkt auf dieser Kontur erstellt haben, wird durch das Löschen das komplette Breitenprofil entfernt.

7 Platzieren Sie den Mauszeiger über dem oberen Ankerpunkt der Linie und beachten Sie, dass neben dem Cursor jetzt eine Kurve angezeigt wird ( ). Drücken Sie die Alt-Taste und ziehen Sie nach rechts, bis Seite 1 ungefähr den Wert 0,25 Zoll hat. Lassen Sie die Maustaste und anschließend die Alt-Taste wieder los.

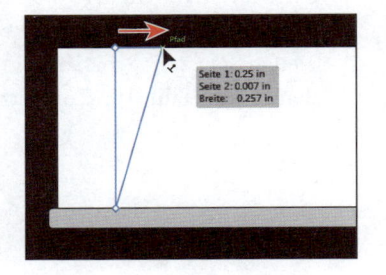

● **Hinweis:** Mit dem Breitenwerkzeug bearbeiten Sie nur die Objektkontur.

Mithilfe der Alt-Taste können Sie eine Seite der Kontur statt wie zuvor beide Seiten zugleich verbreitern.

8   Platzieren Sie den Mauszeiger über dem unteren Ankerpunkt der Linie. Drücken Sie die Alt-Taste und ziehen Sie nach rechts, bis Seite 1 ungefähr den Wert 0,3 Zoll hat. Lassen Sie die Maustaste und anschließend die Alt-Taste wieder los.

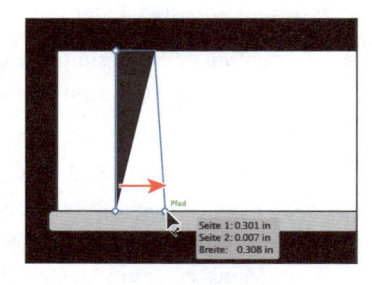

▶ **Tipp:** Im Dialogfeld »Breitenpunkt bearbeiten« können Sie sicherstellen, dass Breitenpunkte identisch sind.

9   Das Breitenwerkzeug ist noch markiert. Platzieren Sie den Mauszeiger über dem oberen Breitenpunkt oder Liniengriff und doppelklicken Sie, um das Dialogfeld »Breitenpunkt bearbeiten« zu öffnen. Ändern Sie die »Breite« von Seite 1 in **0,3 Zoll**. Stellen Sie sicher, dass Seite 2 auf **0** gestellt ist, und klicken Sie OK.

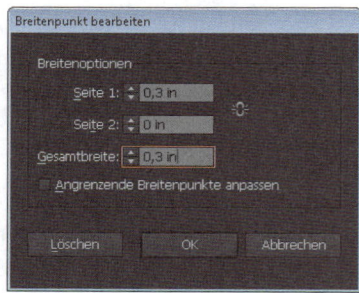

Im Dialogfeld »Breitenpunkt bearbeiten« können Sie die beiden Seiten zusammen oder einzeln mit besserer Genauigkeit bearbeiten. Wenn Sie das Symbol »Breiten proportional anpassen« ( ) aktivieren, werden Seite 1 und Seite 2 proportional zueinander angepasst. Aktivieren Sie die Option »Angrenzende Breitenpunkte anpassen«, werden bei Veränderungen am markierten Breitenpunkt zudem auch die angrenzenden Punkte beeinflusst.

10 Platzieren Sie den Mauszeiger über dem unteren Breitenpunkt oder Liniengriff und doppelklicken Sie, um das Dialogfeld »Breitenpunkt bearbeiten« zu öffnen. Ändern Sie die Breite von Seite 1 in **0,3 Zoll**. Stellen Sie sicher, dass Seite 2 auf 0 gestellt ist, und klicken Sie auf OK.

11 Platzieren Sie den Mauszeiger über der Mitte der Linie (in der Abbildung durch das X gekennzeichnet). Klicken und ziehen Sie nach rechts, bis die Breite von Seite 1 ungefähr 0,06 Zoll beträgt.

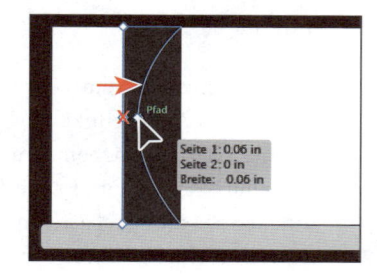

● **Hinweis:** Sie müssen den Mauszeiger nicht über die Linienmitte stellen, um ziehen und einen weiteren Breitenpunkt erstellen zu können. Sie können die Ziehbewegung auch irgendwo innerhalb der Konturfläche beginnen.

12 Platzieren Sie den Mauszeiger über dem gerade neu erstellten Breitenpunkt (in der Abbildung eingekreist), halten Sie die Alt-Taste gedrückt und ziehen Sie den neuen Breitenpunkt nach unten, um eine Kopie davon zu erhalten. Lassen Sie zuerst die Maustaste und dann die Alt-Taste los.

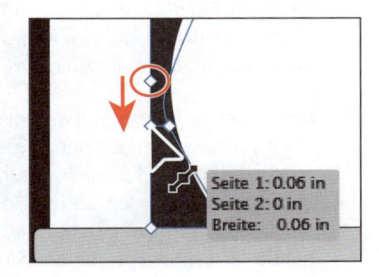

13 Klicken Sie den neuen Breitenpunkt an, um ihn zu markieren.

Als Nächstes markieren Sie einen weiteren Breitenpunkt und verschieben dann beide Punkte zusammen. Dazu sollten Sie die Ansicht der Linie eventuell noch etwas vergrößern.

14 Halten Sie mit aktivem Breitenwerkzeug die Umschalt-Taste gedrückt und klicken Sie den Breitenpunkt über dem bereits markierten Breitenpunkt an, um beide Punkte auszuwählen. Lassen Sie die Umschalt-Taste los. Ziehen Sie den soeben markierten Punkt nur ein klein wenig nach unten. Beachten Sie, dass die beiden Breitenpunkte proportional zueinander verschoben werden.

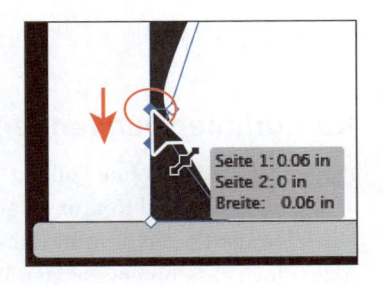

▶ **Tipp:** Sie können Breitenpunkte übereinander ziehen, um einen diskontinuierlichen Breitenpunkt zu erzeugen. Wenn Sie einen diskontinuierlichen Breitenpunkt doppelklicken, bietet Ihnen das Dialogfeld **Breitenpunkt bearbeiten** die Möglichkeit zur Bearbeitung beider Breitenpunkte.

15 Platzieren Sie den Mauszeiger zwischen dem oberen Breitenpunkt und dem zweiten Breitenpunkt von oben. Sehen Sie sich als Hilfe die Abbildung an. Klicken und ziehen Sie nach rechts, bis Ihnen als Breite von Seite 1 ungefähr 0,2 Zoll angezeigt werden.

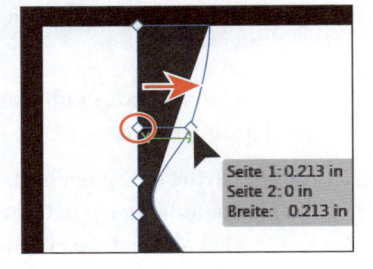

16 Wählen Sie **Datei: Speichern**.

> ## Breitenprofile speichern
>
> Nachdem Sie die Konturbreite festgelegt haben, können Sie dieses Profil im Kontur- oder im Steuerungsbedienfeld speichern.
>
> Breitenprofile können auf ausgewählte Pfade angewendet werden, indem Sie sie aus dem entsprechenden Menü im Kontur- oder Steuerungsbedienfeld auswählen. Steht kein Profil zur Verfügung, ist in der Liste nur die Option »Gleichmäßig« zu sehen. Entscheiden Sie sich auch für diese Option, wenn Sie ein Breitenprofil von einem Objekt entfernen wollen. Um die Standardprofile wieder herzustellen, klicken Sie unten in der Liste auf das Symbol »Profile zurücksetzen«.
>
> Wenn Sie ein variables Breitenprofil auf eine Kontur anwenden, wird dies im Aussehenbedienfeld mit einem kleinen Sternchen (*) versehen.
>
> – Aus der Illustrator-Hilfe

Konturlinien verwenden

Pfade können auch ohne Füllung eine Kontur aufweisen. Wenn Sie eine Linie erstellen und sowohl Kontur als auch Füllung anwenden wollen, wählen Sie einen Umriss für die Kontur. Dabei wird die Linie in eine geschlossene Form (oder einen zusammengesetzten Pfad) umgewandelt.

Erstellen Sie jetzt einen Umriss der soeben erstellten Kontur des Vorhangs.

1. Wählen Sie bei ausgewählter Linie die Flächenfüllung »Ohne« im Steuerungsbedienfeld (falls sie nicht bereits ausgewählt ist).

● **Hinweis:** Ist die Linie bereits gefüllt, wird eine komplexere Gruppe erstellt, wenn Sie den Befehl »Konturlinie« wählen.

2. Wählen Sie **Objekt: Pfad: Konturlinie**. Es entsteht eine gefüllte Form als geschlossener Pfad.

3. Aktivieren Sie die neue Form und wählen Sie im Steuerungsbedienfeld für die Flächenfüllung ein helles Orange mit den Farbwerten »C=0 M=35 Y=85 K=0«. Klicken Sie dann auf die Konturfarbe und vergewissern Sie sich, dass sie auf »Ohne« gestellt ist.

4 Wählen Sie das Auswahl-Werkzeug () und beginnen Sie, mit gedrückter Umschalt-Taste die linke Kante des Vorhangs nach links zu ziehen. Sobald der Cursor an der linken Kante des weißen Fensterrechtecks einrastet, lassen Sie die Maustaste und dann die Umschalt-Taste los.

5 Ziehen Sie den rechten, mittleren Begrenzungspunkt der Vorhangform nach rechts, um den Vorhang etwas zu verbreitern.

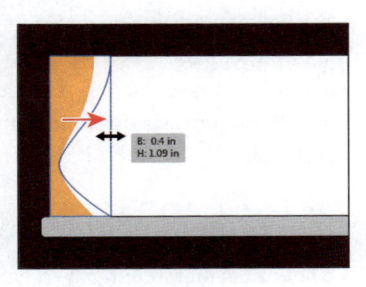

6 Drücken Sie die Alt-Taste und ziehen Sie die Vorhangform nach rechts, bis ihre rechte Kante an der rechten Kante des weißen Rechtecks ausgerichtet ist.

7 Klicken Sie im Steuerungsbedienfeld auf das Wort »Transformieren«, um das Transformierenbedienfeld zu öffnen (Alternative: **Fenster: Transformieren**).

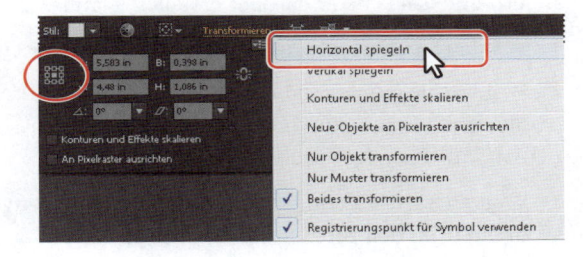

Achten Sie darauf, dass der mittlere Punkt als Ursprung () markiert ist (so können Sie den Vorhang an seiner Mitte spiegeln) und wählen Sie »Horizontal spiegeln« aus dem Bedienfeldmenü () des Transformierenbedienfelds.

● **Hinweis:** Je nach verwendeter Bildschirmauflösung ist das Wort »Transformieren« möglicherweise nicht im Steuerungsbedienfeld zu lesen. Klicken Sie stattdessen auf den unterstrichenen X-, Y-, B- oder H-Link, um das Transformierenbedienfeld zu öffnen.

8 Wählen Sie **Objekt: Alle entsperren** und anschließend **Auswahl: Auswahl aufheben**.

9 Markieren Sie das weiße Fensterrechteck durch einen Klick mit dem Auswahl-Werkzeug. Klicken Sie im Steuerungsbedienfeld auf das Wort »Kontur«, um das Konturbedienfeld zu öffnen. Klicken Sie auf die Schaltfläche »Kontur außen ausrichten« ().

10 Markieren Sie das graue abgerundete Rechteck unter dem weißen Fensterrechteck mit den Vorhangformen mit einem Klick. Wählen Sie »**Objekt: Anordnen: In den Vordergrund**«.

11 Wählen Sie »**Auswahl: Auswahl aufheben**« und dann »**Datei: Speichern**«.

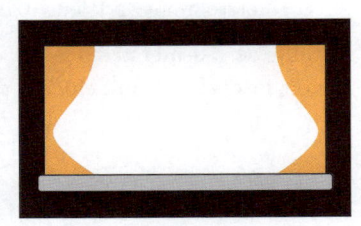

Formen kombinieren und bearbeiten

Sie können in Illustrator Vektorobjekte auf unterschiedliche Art und Weise miteinander kombinieren, um Formen zu erstellen. Die daraus entstehenden Pfade oder Formen unterscheiden sich je nach Methode, die Sie zum Kombinieren angewendet haben. Nachfolgend lernen Sie zunächst den Umgang mit dem Formerstellungswerkzeug. Damit können Sie überlappende Formen und Pfade optisch und intuitiv direkt in der Grafik kombinieren, löschen, füllen sowie bearbeiten.

Das Formerstellungswerkzeug verwenden

Mit dem Formerstellungswerkzeug werden Sie nun das Aussehen der roten Tür ändern und das Fenster darüber erstellen. Dann erzeugen Sie eine Wolke.

1 Wählen Sie **Ansicht: Zeichenfläche in Fenster einpassen**.

2 Wählen Sie das Auswahl-Werkzeug (▶) im Werkzeugbedienfeld und klicken Sie den Stern an, um ihn zu markieren. Wählen Sie **Objekt: Ausblenden: Auswahl**, um ihn vorübergehend zu verbergen.

3 Wählen Sie das Zoomwerkzeug (🔍) im Werkzeugbedienfeld und klicken Sie dreimal auf den roten Stern, um ihn zu vergrößern.

4 Wählen Sie **Ansicht: Pfadansicht**.

5 Wählen Sie das Rechteck-Werkzeug (▭) im Werkzeugbedienfeld. Platzieren Sie den Mauszeiger neben der oberen linken Türecke. Wenn die grüne Ausrichten-Hilfslinie erscheint, klicken Sie und ziehen sie nach unten rechts, um ein Rechteck mit den ungefähren Abmessungen 1,2 Zoll (Breite) und 0,1 Zoll (Höhe) zu erstellen.

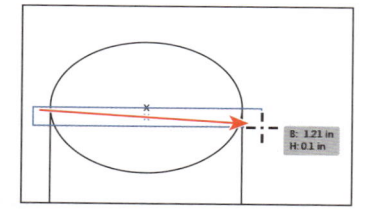

6 Wählen Sie **Ansicht: Vorschau**.

7 Aktivieren Sie das Auswahl-Werkzeug; halten Sie die Umschalt-Taste gedrückt und klicken Sie auf die graue Ellipse sowie das rote Rechteck, um alle drei Formen auszuwählen. Wechseln Sie dann zum Formerstellungswerkzeug (🖘) im Werkzeugbedienfeld.

Mithilfe des Formerstellungswerkzeugs werden Sie diese Formen nun kombinieren, löschen und mit einer Farbe füllen.

8 Platzieren Sie den Mauszeiger über dem unteren Rand der Ellipse (in der Abbildung mit einem X gekennzeichnet). Ziehen Sie den Mauszeiger nach unten in das rote Rechteck. Sehen Sie sich dazu die nebenstehende Abbildung an. Geben Sie die Maustaste frei, um die Formen zu kombinieren.

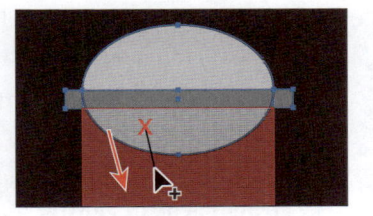

▶ **Tipp:** Wenn Sie näher heranzoomen, können Sie die zu kombinierenden Formen besser erkennen.

Um Formen mit dem Formerstellungswerk bearbeiten zu können, müssen diese ausgewählt sein. Wenn Sie das Formerstellungswerkzeug aktivieren, werden überlappende Formen vorübergehend in separate Objekte unterteilt. Wenn Sie von einem Teil zum anderen ziehen, zeigt Ihnen eine rote Umrisslinie die endgültige kombinierte Form beim Loslassen der Maustaste an.

9 Die Formen sind immer noch markiert; halten Sie die Alt-Taste gedrückt und klicken Sie auf das linke Ende des Rechtecks, um es zu löschen.

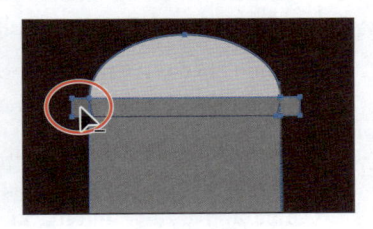

Achten Sie darauf, dass der Mauszeiger bei gedrückter Alt-Taste ein Minuszeichen anzeigt (▶_).

Löschen Sie nun mehrere Formen mithilfe des Formerstellungswerkzeugs.

10 Positionieren Sie nun den Mauszeiger des Formerstellungswerkzeugs neben der linken Kante des kleinen Rechtecks unter der Ellipse, so wie in der Abbildung durch das X dargestellt. Halten Sie die Alt-Taste gedrückt und ziehen Sie nach rechts, um alle Formen zu löschen. Lassen Sie im Anschluss erst die Maus- und dann die Alt-Taste los.

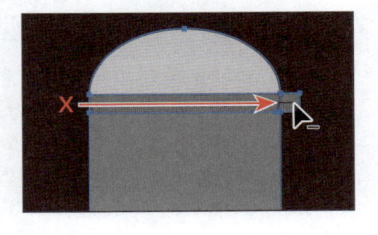

Beachten Sie, dass alle Formen, die Sie löschen, beim Ziehen hervorgehoben werden.

11 Die Formen sind weiterhin markiert; Ändern Sie die Flächenfüllung im Steuerungsbedienfeld in Rot (C=15, M=100, Y=90, K=10). Dadurch verändert sich auf der Zeichenfläche zunächst gar nichts. Platzieren Sie den

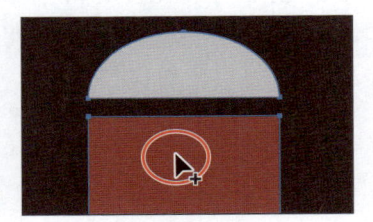

Mauszeiger im größeren Rechteck (der Tür) und klicken Sie, um ihm die rote Flächenfüllung zuzuweisen.

Sie können jeder der markierten Formen eine Flächenfüllung zuweisen, indem Sie zunächst die Farbe auswählen und dann in die Form klicken.

12 Wählen Sie **Auswahl: Auswahl aufheben** und wählen Sie dann **Ansicht: Zeichenfläche in Fenster einpassen**.

13 Wählen Sie **Objekt: Alles einblenden**, um die Sternform angezeigt zu bekommen.

Als Letztes bauen Sie sich mit dem Formerstellungswerkzeug eine einfache Wolke.

1 Wählen Sie das Ellipse-Werkzeug (⬤) im Werkzeugbedienfeld und zeichnen Sie über dem Schornstein des Hauses eine Ellipse mit einer ungefähren Breite von 1,4 Zoll und einer Höhe von etwa 0,8 Zoll.

2 Wählen Sie das Auswahl-Werkzeug und ziehen Sie mit gedrückter Alt-Taste zwei Kopien aus der Ellipse heraus.

3 Platzieren Sie die Formen mit dem Auswahl-Werkzeug wie in der Abbildung gezeigt und markieren Sie sie alle.

4 Wählen Sie das Formerstellungswerkzeug (⬤) im Werkzeugbedienfeld.

5 Drücken Sie die Umschalt-Taste und ziehen Sie – beginnend in der oberen linken Ecke der Formen – einen Rahmen über alle Formen auf. Lassen Sie zuerst die Maustaste, dann die Alt-Taste los.

▸ **Tipp:** Wenn Sie Umschalt+Alt drücken und mit dem Formerstellungswerkzeug einen Rahmen über ausgewählte Formen aufziehen, können Sie so mehrere im Rahmen befindliche Formen löschen.

6 Aktivieren Sie das Auswahl-Werkzeug, markieren Sie die Form und ändern Sie die Flächenfüllung im Steuerungsbedienfeld in Weiß und die Konturfarbe in Schwarz.

7 Wählen Sie **Auswahl: Auswahl aufheben** und dann **Datei: Speichern**.

Optionen für Formerstellungswerkzeug

Sie können diverse Optionen zuschalten und anpassen, etwa Lückensuche, Herkunft der Farbe und Markierungen. So erhalten Sie die erforderlichen Zusammenführungsfunktionen und eine bessere visuelle Rückmeldung.

Doppelklicken Sie im Werkzeugbedienfeld auf das Formerstellungswerkzeug, um diese Optionen im Dialogfeld »Optionen für Formerstellung« einzustellen.

– Aus der Illustrator-Hilfe

▶ **Tipp:** Mehr über die Optionen für das Formerstellungswerkzeug erfahren Sie über **Hilfe: Illustrator-Hilfe** mit einer Suche nach »Optionen für Formerstellungswerkzeug.«

Pathfinder-Effekte verwenden

Mithilfe der Pathfinder-Effekte im Pathfinder-bedienfeld können Sie Formen auf unterschiedliche Art und Weise miteinander kombinieren, um Pfade oder zusammengesetzte Pfade zu erstellen. Wird ein Pathfinder-Effekt wie etwa »Verdeckte Fläche entfernen« angewendet, werden die ausgewählten Originalobjekte dauerhaft verändert. Erzeugt der Effekt mehrere Formen, werden diese automatisch gruppiert.

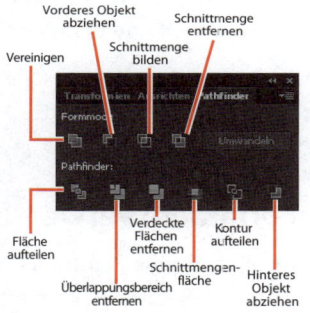

Als Nächstes stellen Sie das Hausdach fertig, indem Sie ein Teil aus einem der beiden grauen Dreiecke entfernen.

1 Wählen Sie **Ansicht: Zeichenfläche in Fenster einpassen**. Halten Sie die Leertaste gedrückt, um vorübergehend auf das Hand-Werkzeug zuzugreifen. Ziehen Sie die Zeichenfläche etwas nach unten, sodass Sie den grauen Bereich darüber erkennen können.

2 Wählen Sie **Fenster: Pathfinder**, um die Pathfinderbedienfeldgruppe zu öffnen.

3 Aktivieren Sie das Rechteck-Werkzeug (■) im Werkzeugbedienfeld. Platzieren Sie den Mauszeiger über der Zeichenfläche an der linken Kante. Klicken und ziehen Sie ein Rechteck auf, das den oberen Teil des größeren Dreiecks bedeckt. Halten Sie sich an die nebenstehende Abbildung.

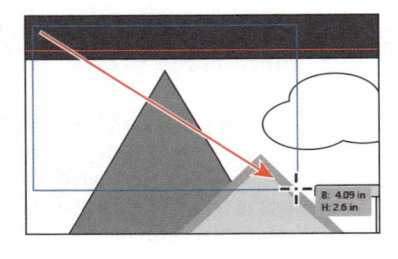

4 Wählen Sie das Auswahl-Werkzeug (▶), halten Sie die Umschalt-Taste gedrückt und klicken Sie in das größere Dreieck, um es auszuwählen.

5 Beide Formen sind markiert; klicken Sie im Pathfinderbedienfeld auf die Schaltfläche »Vorderes Objekt abziehen« (▣).

Jetzt ist die neue Form markiert. Achten Sie auf das Wort »Pfad« links im Steuerungsbedienfeld.

6 Wählen Sie **Objekt: Anordnen: In den Hintergrund**.

7 Wählen Sie **Auswahl: Auswahl aufheben** und dann **Datei: Speichern**.

Formmodi verwenden

Ähnlich wie die Pathfinder-Effekte erstellen auch die Formmodi Pfade. Sie können jedoch auch genutzt werden, um zusammengesetzte Formen zu erstellen. Wenn mehrere Formen ausgewählt sind und Sie mit gedrückter Alt-Taste auf einen der Formmodi klicken, entsteht eine zusammengesetzte Form statt eines Pfades. Die darunter liegenden Originalobjekte bleiben erhalten. Sie können also auch in einer zusammengesetzten Form jedes Objekt einzeln auswählen.

Nutzen Sie im Folgenden die Formmodi, um das Fenster über der Tür fertigzustellen.

1 Wählen Sie **Ansicht: Zeichenfläche in Fenster einpassen**.

2 Wählen Sie das Zoomwerkzeug (🔍) und klicken Sie mehrmals auf den Stern über dem roten Rechteck.

● **Hinweis:** Wenn der Stern nicht angezeigt wird, wählen Sie **Objekt: Alles einblenden**.

3   Wählen Sie den Stern durch einen Klick mit dem Auswahl-Werkzeug aus, halten Sie die Umschalt-Taste gedrückt und klicken Sie dann in die graue Ellipse dahinter, um beide Formen auszuwählen. Lassen Sie die Umschalt-Taste los und klicken Sie dann erneut in die Ellipse, um sie zum Basisobjekt zu machen.

4   Klicken Sie im Steuerungsbedienfeld auf die Schaltfläche »Horizontal zentriert ausrichten« (⬓).

● **Hinweis:** Falls die Ausrichten-Optionen im Steuerungsbedienfeld nicht zu sehen sind, klicken Sie auf das Wort »Ausrichten«, um das dazugehörige Bedienfeld zu öffnen. Die Anzahl der im Steuerungsbedienfeld angezeigten Optionen hängt von Ihrer Bildschirmauflösung ab.

5   Die Objekte sind markiert; halten Sie die Alt-Taste gedrückt und klicken Sie im Pathfinderbedienfeld auf die Schaltfläche »Vorderes Objekt abziehen« (⬚).

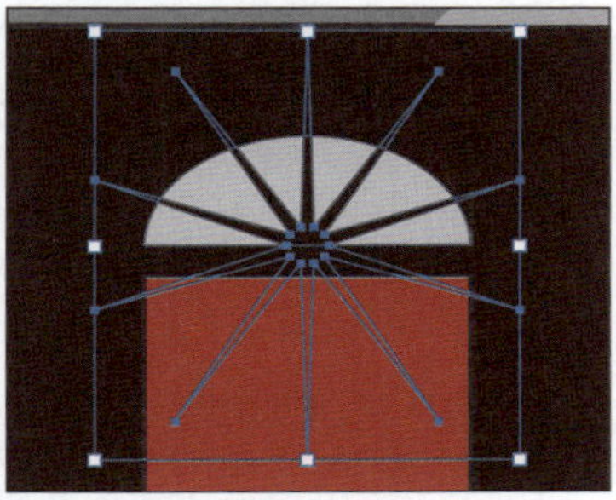

Dadurch entsteht eine zusammengesetzte Form mit dem Umriss der überlappenden Bereiche beider Objekte. Sie können den Stern und die Ellipse weiterhin getrennt voneinander bearbeiten.

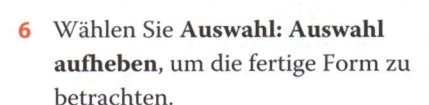

6   Wählen Sie **Auswahl: Auswahl aufheben**, um die fertige Form zu betrachten.

Der Stern wurde auf der Ellipsenform entfernt und die Kontur umläuft die fertige Fensterform.

7   Doppelklicken Sie mit dem Auswahl-Werkzeug in die Fensterform über der Tür, um den Isolationsmodus aufzurufen.

8   Wählen Sie **Ansicht: Pfadansicht**, um beide Formen (Ellipse und Stern) sehen zu können. Falls sie noch nicht markiert ist, markieren Sie die Ellipse mit einem Klick auf ihre Kante. Ändern Sie im Steuerungsbedienfeld die Flächenfüllung in Weiß.

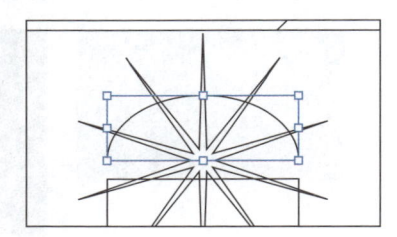

▶ **Tipp:** Die Originalformen einer zusammengesetzten Form wie dieser können Sie auch bearbeiten, indem Sie sie einzeln mit dem Direktauswahl-Werkzeug (▶) auswählen.

Hinweis: Zur präzisen Größenänderung einer Form zoomen Sie am besten heran. Breite und Höhe der Form können Sie zudem im Transformierenbedienfeld definieren.

9. Ziehen Sie den oberen mittleren Begrenzungspunkt der Ellipse nach unten, um sie niedriger zu machen. Ziehen Sie, bis Ihnen eine Höhe von ungefähr 0,3 Zoll angezeigt wird. Behalten Sie die Auswahl der Ellipse bei.

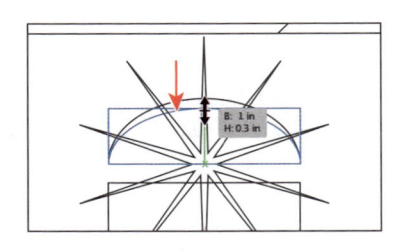

10. Wählen Sie **Ansicht: Vorschau**.

11. Wählen Sie **Bearbeiten: Kopieren**, um die Ellipsenform zu kopieren. Wählen Sie **Auswahl: Auswahl aufheben**.

12. Drücken Sie die Esc-Taste, um den Isolationsmodus zu verlassen.

13. Wählen Sie nun wieder mit dem Auswahl-Werkzeug die Fensterform aus. Wählen Sie **Bearbeiten: Dahinter einfügen**. Im Steuerungsbedienfeld ändern Sie die Flächenfüllung der Ellipse in ein dunkleres Grau (C=0, M=0, Y=0, K=40) und vergewissern sich, dass die Konturfarbe auf »Ohne« gesetzt ist.

14. Wählen Sie **Auswahl: Auswahl aufheben**. Klicken Sie erneut die Fensterform an, um sie auszuwählen. Klicken Sie in der rechten Bedienfeldleiste auf das Symbol des Konturbedienfelds (▬), um dieses auszuklappen. Ändern Sie die Konturstärke in **0**, indem Sie den nach unten weisenden Pfeil links vom Eingabefeld anklicken, oder geben Sie den Wert direkt ein und drücken anschließend die Enter-Taste. Klicken Sie auf den Reiter des Konturbedienfelds, um es wieder einzuklappen. Lassen Sie die zusammengesetzte Form des Fensters ausgewählt.

Sie werden die Fensterform jetzt umwandeln. Beim Umwandeln einer zusammengesetzten Form bleibt die Form des zusammengesetzten Objekts erhalten, die Originalobjekte lassen sich hinterher jedoch nicht mehr markieren oder bearbeiten.

15. Klicken Sie im Pathfinderbedienfeld auf die Schaltfläche »Umwandeln«. Wählen Sie **Auswahl: Auswahl aufheben**.

16. Wählen Sie **Ansicht: Zeichenfläche in Fenster einpassen** und dann **Datei: Speichern**.

Der Modus »Innen zeichnen«

Jetzt lernen Sie, wie Sie mithilfe des Zeichenmodus **Innen zeichnen** eine Form innerhalb einer vorhandenen Form erstellen.

1 Wählen Sie das Ellipse-Werkzeug (●) im Werkzeugbedienfeld. Platzieren Sie den Mauszeiger über der linken oberen Ecke der Zeichenfläche und klicken Sie. Geben Sie im Dialogfeld »Ellipse« für »Höhe« und »Breite« jeweils den Wert **7 Zoll ein**. Klicken Sie auf OK.

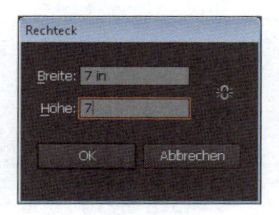

2 Die Ellipse ist noch markiert, wählen Sie »An Zeichenfläche ausrichten« aus dem Ausrichten-Menü (▦) im Steuerungsbedienfeld. Klicken Sie auf die Schaltfläche »Horizontal zentrieren« (▤) und »Vertikal zentrieren« (▥).

3 Ändern Sie im Steuerungsbedienfeld die Flächenfüllung in Blau (C=70, M=15, Y=0, K=0).

4 Klicken Sie am unteren Rand des Werkzeugbedienfelds auf die Schaltfläche »Innen zeichnen«.

Diese Schaltfläche ist aktiv, wenn ein einzelnes Objekt markiert ist (Pfad, zusammengesetzter Pfad oder Text). Sie können dann nur innerhalb dieses Objekts zeichnen. Jede von Ihnen erstellte Form wird nun innerhalb der markierten Form (dem Kreis) gezeichnet. Achten Sie auch darauf, dass den blauen Kreis ein gepunktetes Rechteck umgibt. Dieses deutet darauf hin, dass Sie beim Zeichnen, Einfügen oder Platzieren von Inhalten immer diesen Kreis als Ziel haben.

● **Hinweis:** Die Ausrichten-Optionen erscheinen möglicherweise nicht im Steuerungsbedienfeld. Wenn Sie sie nicht sehen können, öffnen Sie mit einem Klick auf das Wort »Ausrichten« im Steuerungsbedienfeld das Ausrichtenbedienfeld.

● **Hinweis:** Wenn das Werkzeugbedienfeld einspaltig dargestellt wird, halten Sie die Schaltfläche »Zeichenmodi« (▣) am unteren Rand des Bedienfelds gedrückt und wählen Sie »Innen zeichnen« aus dem Popup-Menü.

5 Wählen Sie **Auswahl: Auswahl aufheben**.

6 Wählen Sie **Ansicht: Pfadansicht**, um die restlichen Formumrisse zu erkennen.

7 Wählen Sie das Rechteckwerkzeug (▭) und zeichnen Sie ein Rechteck, das auf halber Höhe des Daches und knapp neben der linken Kante des großen Kreises, in dem Sie zeichnen,

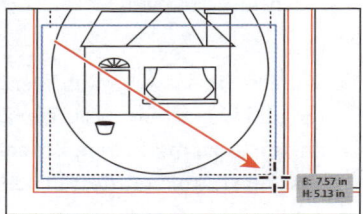

● **Hinweis:** Der blaue Kreis maskiert Teile des grünen Rechtecks; er wird auch als Schnittmaske bezeichnet. Mehr über Schnittmasken erfahren Sie in Lektion 15, »Illustrator CS6-Grafiken mit anderen Adobe-Programmen kombinieren«.

beginnt. Ziehen Sie es so groß, dass es den unteren Teil des Kreises bedeckt. Später soll dies eine Rasenfläche werden.

8 Wählen Sie **Ansicht: Vorschau**, um zu erkennen, dass sich das Rechteck innerhalb des Kreises befindet.

9 Das Rechteck ist markiert; ändern Sie die Flächenfüllung im Steuerungsbedienfeld in ein Grün (C=50, M=0, Y=100, K=0).

Beachten Sie, dass der Kreis noch immer vom gepunkteten Rechteck umgeben ist, der Modus »Innen zeichnen« ist also noch aktiv.

10 Wählen Sie das Polygon-Werkzeug ( ) im Werkzeugbedienfeld. Platzieren Sie den Mauszeiger in der unteren Hälfte des Kreises und klicken Sie. Ändern Sie im Dialogfeld »Polygon« den Radius in **2,6 Zoll** und die Seiten in **3**. Klicken Sie auf OK.

● **Hinweis:** Wenn Sie eine Form außerhalb der Kreisform zeichnen, scheint diese zu verschwinden. Das liegt daran, dass der Kreis alle darin gezeichneten Formen maskiert, sodass nur Formen innerhalb der Kreisgrenzen angezeigt werden.

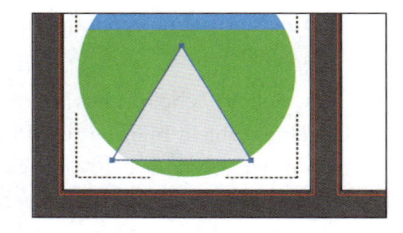

11 Ändern Sie im Steuerungsbedienfeld die Flächenfüllung der Form in ein helles Grau (C=0, M=0, Y=0, K=10).

Wenn Sie mit dem Zeichnen innerhalb der Form fertig sind, klicken Sie auf die Schaltfläche »Normal zeichnen«, sodass alle neu erstellten Inhalte wieder normal gezeichnet werden. Wenn Sie nun versuchen würden, das Dreieck oder das Rechteck auszuwählen, würden Sie stattdessen den Kreis auswählen. Wenn Sie den Kreis verschieben, werden die darin enthaltenen Formen mit verschoben. Wenn Sie den Kreis skalieren oder umformen, werden die darin enthaltenen Formen ebenfalls entsprechend angepasst.

12 Wählen Sie **Auswahl: Auswahl aufheben**. Klicken Sie auf das Symbol »Normal zeichnen« ( ) am unteren Rand des Werkzeugbedienfelds.

▶ **Tipp:** Sie können die Objekte auch voneinander trennen, indem Sie mit dem Auswahl-Werkzeug den blauen Kreis markieren und dann **Objekt: Schnittmaske: Zurückwandeln** wählen. Dadurch ergeben sich drei übereinandergestapelte Formen.

Innen gezeichnete Inhalte bearbeiten

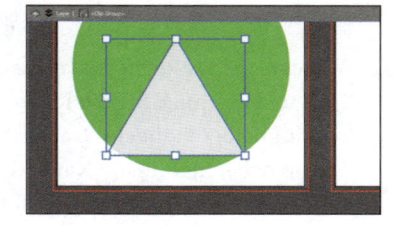

Als Nächstes bearbeiten Sie die Formen im Kreis.

1 Wählen Sie das Auswahl-Werkzeug ( ) und klicken Sie das graue Dreieck an, um es zu markieren. Beachten Sie, dass Illustrator stattdessen den blauen

Kreis markiert. Mit einem Doppelklick auf das graue Dreieck gelangen Sie in den Isolationsmodus. Klicken Sie nochmals auf das graue Dreieck, um es auszuwählen.

Das graue Dreieck ist jetzt markiert und Sie erkennen, dass am linken Rand des Steuerungsbedienfelds die Schaltfläche »Inhalte bearbeiten« ( ) markiert ist. Zudem erstreckt sich oben entlang des Dokumentfensters ein grauer Balken, der anzeigt, dass es sich bei diesen Inhalten um eine Beschnittgruppe handelt.

2   Wählen Sie **Ansicht: Pfadansicht**, um die restlichen Formen zu erkennen. Das Auswahl-Werkzeug ist noch aktiv; ziehen Sie das Dreieck an seiner Kante nach unten links, bis es ungefähr wie in der Abbildung aussieht. Dies wird ein Fußweg zur Eingangstür. Die eingeblendeten dx- und dy-Werte werden sich sehr wahrscheinlich von denen in der Abbildung unterscheiden, aber das macht nichts.

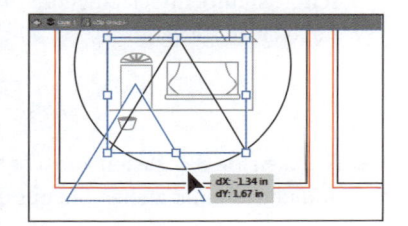

3   Wählen Sie **Ansicht: Vorschau**, um wieder die Füllung der Formen anzuzeigen. Wählen Sie **Ansicht: Zeichenfläche in Fenster einpassen**.

4   Drücken Sie die Esc-Taste, um den Isolationsmodus zu verlassen.

5   Wählen Sie **Auswahl: Auswahl aufheben**.

6   Klicken Sie mit dem Auswahl-Werkzeug auf die grüne Rasenform, um diese auszuwählen. Wählen Sie **Objekt: Anordnen: In den Hintergrund**.

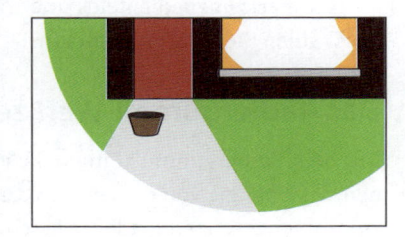

7   Wählen Sie **Datei: Speichern**.

● **Hinweis:** Ihr Fußweg (graues Dreieck) sieht möglicherweise nicht genau gleich wie in der Abbildung aus, aber das macht nichts.

Eine weitere Möglichkeit zur Nutzung des Modus »Innen zeichnen« besteht darin, Inhalte in einen Pfad, zusammengesetzten Pfad oder Text einzufügen oder sie darin zu platzieren.

8   Wählen Sie **Datei: Öffnen** und öffnen Sie die Datei *pieces.ai* im Ordner *Lektion03*; dieser befindet sich im Ordner *Lektionen* auf Ihrer Festplatte.

9   Steuern Sie die erste Zeichenfläche mit den roten Ziegelformen an. Wählen Sie das Auswahl-Werkzeug und markieren Sie damit die Ziegelgruppe. Wählen Sie **Bearbeiten: Kopieren**. Lassen Sie die Datei *pieces.ai* geöffnet.

10 Klicken Sie ins Register »homesale.ai«, um zu diesem Dokument zurückzukehren.

11 Wählen Sie mit dem Auswahl-Werkzeug das größerer Rechteck des Schornsteins aus. Klicken Sie auf die Schaltfläche »Innen zeichnen« am unteren Rand des Werkzeugbedienfelds.

12 Wählen Sie **Bearbeiten: Einfügen**.

Die Ziegelgruppe wird in das Schornsteinrechteck eingefügt und zugleich ausgewählt.

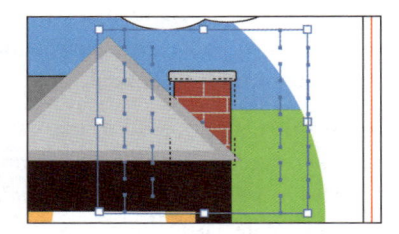

13 Drücken Sie die Tasten Umschalt+Alt und klicken und ziehen Sie mit dem Auswahl-Werkzeug den mittleren oberen Begrenzungspunkt nach unten, um das Ziegelmuster zu verkleinern. Sobald sich das Muster besser einfügt, lassen Sie die Maustaste und dann die übrigen Tasten los.

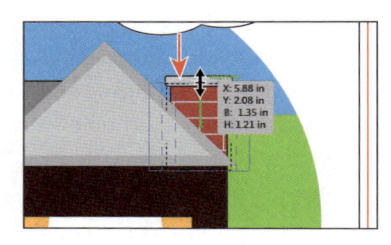

14 Klicken Sie auf die Schaltfläche »Normal zeichnen« ( ) am unteren Rand des Werkzeugbedienfelds und wählen Sie »**Auswahl: Auswahl aufheben**«. Wählen Sie »**Datei: Speichern**«.

Das Radiergummi-Werkzeug verwenden

Mit dem Radiergummi können Sie jeden beliebigen Bereich Ihrer Grafik entfernen, unabhängig von dessen Struktur. Nutzen Sie den Radiergummi auf Pfaden, zusammengesetzten Pfaden, Pfaden innerhalb von interaktiven Malgruppen und Beschneidungspfaden.

1 Wählen Sie **Ansicht: Zeichenfläche in Fenster einpassen**.

2 Doppelklicken Sie mit dem Auswahl-Werkzeug ( ) in das grüne Rechteck hinter dem Haus. So gelangen Sie in den Isolationsmodus, in dem Sie die die Formen innerhalb des Kreises bearbeiten können. Klicken Sie erneut auf das grüne Rechteck, um es auszuwählen.

Durch das Auswählen des grünen Rechtecks entfernen Sie nur diese Form, nichts anderes. Nehmen Sie keine Auswahl vor, können Sie mit dem Werkzeug über alle Ebenen hinweg jedes beliebige Objekt entfernen.

3 Aktivieren Sie im Werkzeugbedienfeld den Radiergummi ( ) und drücken Sie, während sich der Mauszeiger über der Zeichenfläche befindet, für ein bis

zwei Sekunden die Taste (>), um den Werkzeugdurchmesser zu vergrößern. Falls Sie ihn zu stark vergrößert haben, können Sie die Taste (<) zum Verkleinern verwenden.

4   Platzieren Sie den Mauszeiger in der oberen linken Ecke des grünen Rechtecks – außerhalb der linken Kreiskante. Klicken und ziehen Sie von links nach rechts, entlang der Oberkante des Rechtecks, und bewegen Sie den Mauszeiger dabei auf und ab, um Hügel zu erzeugen. Wenn Sie die Maustaste loslassen, bleibt der Pfad geschlossen (die gelöschten Enden werden verbunden).

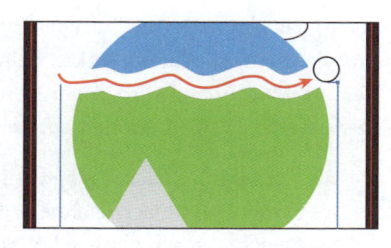

▶ **Tipp:** Für einen Rahmen, in dem alle Objekte gelöscht werden sollen, halten Sie beim Aufziehen die Alt-Taste gedrückt. Für einen quadratischen Rahmen halten Sie beim Aufziehen zusätzlich die Umschalt-Taste gedrückt.

▶ **Tipp:** Wenn Sie beim Ziehen über Ihre Inhalte die Umschalt-Taste gedrückt halten, beschränken Sie das Radiergummi-Werkzeug auf eine vertikale, horizontale oder diagonale Linie.

5   Drücken Sie die Esc-Taste, um den Isolationsmodus zu verlassen. Wählen Sie **Auswahl: Auswahl aufheben** und dann **Datei: Speichern**.

Formen mit dem Bildnachzeichner erstellen

In diesem Abschnitt der Lektion lernen Sie, den Bildnachzeichner-Befehl zu verwenden. Damit können Sie vorhandene Grafiken (z. B. Rasterbilder aus Photoshop) nachzeichnen und anschließend in Vektorpfade oder ein interaktives Malobjekt umwandeln. Das kann sinnvoll sein, wenn Sie eine Zeichnung in eine Vektorgrafik umwandeln oder Rasterlogos nachzeichnen möchten und vieles mehr.

1   Klicken Sie in der Statusleiste in der linken unteren Ecke des Dokumentfensters auf die Schaltfläche »Weiter« (▶), um zur zweiten Zeichenfläche zu gelangen.

2   Klicken Sie auf das Register *pieces.ai*, um die Grafik im Dokumentfenster anzuzeigen. Klicken Sie dann auf die Schaltfläche »Weiter« (▶) in der Statusleiste, um zur zweiten Zeichenfläche zu gelangen. Wählen Sie **Auswahl: Alles auf der aktiven Zeichenfläche**, um den Rahmen des Verkaufsschilds auszuwählen. Wählen Sie **Bearbeiten: Kopieren** und dann **Datei: Schließen**, um die Datei *pieces.ai* ungespeichert zu verlassen.

3   Zurück auf der zweiten Zeichenfläche der Datei *homesale.ai* wählen Sie **Bearbeiten: Einfügen**. Wählen Sie den Inhalt aus und wählen Sie dann **Objekt: Ausblenden: Auswahl**, um den Rahmen des Schilds auszublenden.

4   Wählen Sie **Datei: Platzieren**. Wählen Sie die Datei *logo.png* im Verzeichnis *Lektion03* im *Lektionen*-Ordner auf Ihrer Festplatte aus und klicken Sie auf »Platzieren«.

Wenn das platzierte Bild ausgewählt ist, ändern sich die Einträge im Steuerungsbedienfeld. Auf der linken Seite des Steuerungsbedienfelds sehen Sie den Text »Bild«, zudem werden der Name »logo.png« und die Auflösung (PPI: 72) sowie weitere Informationen angezeigt.

5   Klicken Sie im Steuerungsbedienfeld auf das Symbol »Bildnachzeichner«. Die Nachzeichnungsergebnisse können bei Ihnen geringfügig von der Abbildung abweichen, das macht aber nichts.

So wird das Bild in ein Bildnachzeichnerobjekt mit Standard-Nachzeichnungseinstellungen umgewandelt. Das bedeutet, dass sich die Vektorinhalte jetzt noch nicht direkt bearbeiten lassen. Allerdings können Sie die Nachzeichnungseinstellungen oder sogar das ursprünglich platzierte Bild verändern und die Ergebnisse sofort begutachten.

● **Hinweis:** Sie können auch **Objekt: Bildnachzeichner: Erstellen** wählen, wenn Pixelgrafiken markiert sind.

6   Drücken Sie zur Bildvergrößerung einige Male Strg++ (Windows) oder Befehl++ (Mac OS).

7   Markieren Sie das Auswahl-Werkzeug im Werkzeugbedienfeld.

8   Wählen Sie aus dem Popup-Menü »Vorgabe« auf der linken Seite des Steuerungsbedienfelds die Option »6 Farben«.

Illustrator verfügt über voreingestellte Nachzeichneroptionen, die Sie auf Ihr Bildnachzeichnungsobjekt anwenden können. Sie können diese auch als Ausgangsbasis nehmen und die Nachzeichnereinstellungen dann bei Bedarf modifizieren.

9   Wählen Sie aus dem Popup-Menü »Ansicht« im Steuerungsbedienfeld die Option »Konturen mit Quellbild« und werfen Sie einen Blick auf das Bild. Wählen Sie im selben Menü den Eintrag »Nachzeichnerergebnis«.

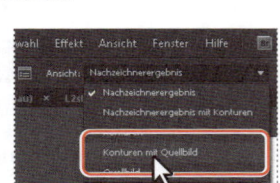

Ein Bildnachzeichnungsobjekt besteht aus dem originalen Quellbild und dem Ergebnis der Nachzeichnung (der Vektorgrafik). Standardmäßig ist nur das Nachzeichnungsergebnis sichtbar. Sie können allerdings die Anzeige von Originalbild und Nachzeichnerergebnis jeweils so konfigurieren, wie es für Ihre Bedürfnisse am besten ist.

10 Klicken Sie zum Öffnen den Bedienfelds auf die Schaltfläche »Bildnachzeichnerbedienfeld« ( ). Klicken Sie oben im Bedienfeld auf die Schaltfläche »Auto-Farbe« ( ). Ihr Nachzeichnungsergebnis kann von dem hier abgebildeten abweichen, das macht aber nichts.

Die oberen Schaltflächen des Bedienfelds rufen gespeicherte Voreinstellungen zur Umwandlung des Bilds in Graustufen, Farbe, Schwarz-Weiß usw. auf.

▶ **Tipp:** Das Bedienfeld Bildnachzeichner öffnen Sie jederzeit über **Fenster: Bildnachzeichner** oder durch Auswahl des Nachzeichnen-Arbeitsbereichs (**Fenster: Arbeitsbereich: Nachzeichnen**).

11 Klicken Sie im Bildnachzeichnerbedienfeld auf das Augensymbol ( ) rechts vom Popup-Menü »Ansicht«. Solange Sie die Maustaste gedrückt halten, erkennen Sie das Quellbild auf der Zeichenfläche. Geben Sie die Maustaste wieder frei.

12 Ziehen Sie den Regler »Farben« im Bedienfeld Bildnachzeichner nach links, bis im Feld rechts vom Regler die Zahl 3 steht.

● **Hinweis:** Unter den Schaltflächen am oberen Rand des Bildnachzeichnerbedienfelds erkennen Sie die Optionen »Vorgabe« und »Ansicht«. Diese sind mit jenen im Steuerungsbedienfeld identisch. Die Option »Modus« ermöglicht Ihnen, den Farbmodus der fertigen Vektorgrafik zu beeinflussen (Farbe, Graustufen oder Schwarz-Weiß). Die Option »Palette« ist hilfreich, wenn die Farbanzahl eingeschränkt oder bestimmte Farben aus einer Farbgruppe zugewiesen werden sollen.

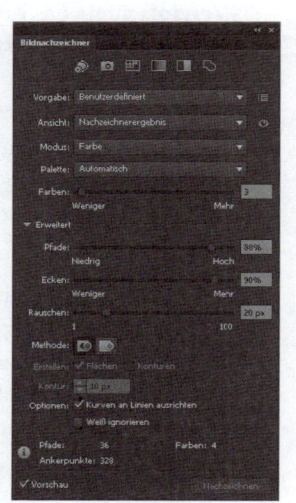

▶ **Tipp:** Rechts vom Vorgabe-Menü im Bedienfeld Bildnachzeichner erreichen Sie die Bedienfeldoptionen. Hier können Sie Ihre Einstellungen als Vorgabe speichern und auch bestehende Vorlagen löschen oder umbenennen.

13 Klicken Sie auf den Pfeil links neben der Option »Erweitert« und ändern Sie die erweiterten Einstellungen wie folgt:

- »Pfade«: **88%**
- »Ecken«: **90%**
- »Rauschen«: **20 px**
- »Methode«: Klicken Sie auf die Schaltfläche »Überlappend« ( ).
- Markieren Sie das Optionsfeld »Kurven an Linien ausrichten«.

▶ **Tipp:** Information zur Bildnachzeichner-Funktion und zu den Optionen im Bedienfeld Bildnachzeichner finden Sie in der Illustrator-Hilfe unter »Nachzeichnen von Bildmaterial«.

14 Das Bildnachzeichnungsobjekt (Logo) ist weiterhin markiert; klicken Sie im Steuerungsbedienfeld auf die Schaltfläche »Umwandeln«. Beachten Sie, dass das Logo jetzt kein Bildnachzeichnungsobjekt mehr ist, sondern aus miteinander gruppierten Pfaden besteht.

15 Schließen Sie das Bildnachzeichnerbedienfeld.

Nachgezeichnete Grafiken bereinigen

Nach dem Nachzeichnen müssen Sie die entstandene Vektorgrafik gegebenenfalls noch etwas nacharbeiten.

1 Wählen Sie das Auswahl-Werkzeug und doppelklicken Sie auf die Logogruppe, um in den Isolationsmodus zu wechseln. Klicken Sie auf die blaue Form (links über dem »M«) und wählen Sie **Objekt: Pfad: Vereinfachen**.

● **Hinweis:** In Lektion 5, »Mit Zeichen- und Buntstift zeichnen«, erfahren Sie noch viel mehr über den Umgang mit Pfaden und Formen.

2 Wählen Sie im Dialogfeld »Vereinfachen« das Kontrollfeld »Gerade Linien« und stellen Sie sicher, dass der »Winkel-Schwellenwert« **30** Grad beträgt. Wählen Sie »Vorschau«, falls noch nicht geschehen, damit Sie die Auswirkungen sehen können. Klicken Sie OK.

Sie können den »Vereinfachen«-Befehl auch auf andere Teile des Logos anwenden. Indem Sie zudem noch Punkte ausrichten und weitere Methoden einsetzen, können Sie das Pixellogo in ein passables Vektorlogo umwandeln.

3 Drücken Sie die Esc-Taste, um den Isolationsmodus zu verlassen, und wählen Sie **Ansicht: Zeichenfläche in Fenster einpassen**.

4 Wählen Sie **Objekt: Alles einblenden**, um das Schild anzuzeigen. Klicken Sie das Logo zur Auswahl mit dem Auswahl-Werkzeug an und ziehen Sie den oberen mittleren Begrenzungspunkt mit gedrückter Umschalt-Taste nach unten, bis das Schild in seinen Rahmen passt.

5 Verschieben Sie das Logo mit dem Auswahl-Werkzeug in die Schildmitte und richten Sie es optisch im Zentrum aus. Sehen Sie sich dazu auch die Abbildung an.

6 Wählen Sie **Auswahl: Alles auf der aktiven Zeichenfläche** und wählen Sie anschließend **Objekt: Gruppieren**. Die Gruppe ist ausgewählt; wählen Sie **Bearbeiten: Kopieren**.

7 Klicken Sie in der Statusleiste auf die Schaltfläche »Zurück« (◀), um zur ersten Zeichenfläche des Dokumentfensters zu wechseln, und wählen Sie **Bearbeiten: Einfügen**.

8 Ziehen Sie das Schild mit dem Auswahl-Werkzeug und verkleinern Sie es. Platzieren Sie es so wie in der Abbildung dargestellt. Ziehen Sie den Blumenkübel in Position, sodass er rechts neben der Tür steht.

9 Wählen Sie **Datei: Speichern** und dann **Datei: Schließen**.

Fragen

1. Welches sind die einfachen Formwerkzeuge?
2. Wie wählen Sie eine Form ohne Füllung aus?
3. Wie zeichnen Sie ein Quadrat?
4. Wie ändern Sie beim Zeichnen eines Polygons die Anzahl der Seiten?
5. Nennen Sie zwei Möglichkeiten, mehrere Formen zu einer zusammenzufassen.
6. Wie können Sie ein Rasterbild in editierbare Vektorformen verwandeln?

Antworten

1 Es gibt sechs einfache Formwerkzeuge: Rechteck, Abgerundetes Rechteck, Ellipse, Polygon, Stern und Blendenflecke. Um diese Werkzeuggruppe aus dem Werkzeugbedienfeld zu lösen, positionieren Sie den Mauszeiger über dem Werkzeug, das gerade im Bedienfeld zu sehen ist, und halten die Maustaste gedrückt, bis die ganze Gruppe zu sehen ist. Anschließend ziehen Sie mit gedrückter Maustaste zu dem Dreieck rechts und lassen die Maustaste dann los. Die Gruppe wird abgetrennt.

2 Klicken Sie bei Objekten ohne Füllung direkt auf die Kontur.

3 Um ein Quadrat zu zeichnen, aktivieren Sie das Rechteck-Werkzeug im Werkzeugbedienfeld. Halten Sie die Umschalt-Taste gedrückt und ziehen Sie ein Quadrat auf oder klicken Sie in die Zeichenfläche und geben Sie in das Dialogfeld »Rechteck« gleiche Werte für Höhe und Breite ein.

4 Um die Anzahl der Seiten eine Polygons beim Zeichnen zu ändern, aktivieren Sie zunächst das Polygon-Werkzeug im Werkzeugbedienfeld. Zeichnen Sie die Form und verwenden Sie dabei die Pfeiltaste nach unten, um die Anzahl der Seiten zu verringern, bzw. die Pfeiltaste nach oben, um die Anzahl der Seiten zu erhöhen.

5 Mithilfe des Formerstellungswerkzeugs ist es möglich, sich überlappende Formen und Pfade auf intuitive Weise und mit visueller Rückmeldung direkt in der Grafik zu kombinieren, löschen, füllen und zu bearbeiten. Auch die Pathfinder-Effekte erzeugen neue Formen aus sich überlappenden Objekten. Sie können die Pathfinder-Effekte über das Menü »Effekte« oder im Pathfinderbedienfeld anwenden.

6 Wenn Sie aus einer vorhandenen Grafik eine neue Zeichnung erstellen wollen, können Sie sie nachzeichnen. Um das Nachgezeichnete anschließend in Pfade umzuwandeln, klicken Sie im Steuerungsbedienfeld auf »Umwandeln« oder wählen Sie **Objekt: Bildnachzeichner: Zurückwandeln**. Nutzen Sie diese Methode, wenn Sie die einzelnen Komponenten der nachgezeichneten Grafik als einzelne Objekte verwenden wollen. Die dabei entstehenden Pfade sind gruppiert.

4 OBJEKTE TRANSFORMIEREN

Überblick

In dieser Lektion lernen Sie Folgendes:

- Einem Dokument Zeichenflächen hinzufügen, sie bearbeiten, umbenennen und neu anordnen
- Auf und zwischen Zeichenflächen navigieren
- Einzelne Objekte, Objekte in Gruppen und Teile eines Objekts auswählen
- Objekte mit verschiedenen Techniken verschieben, skalieren und drehen
- Mit intelligenten Hilfslinien arbeiten
- Objekte verzerren und spiegeln
- Die Perspektive eines Objekts anpassen
- Mehrere Transformationen anwenden
- Einen Verzerrungsfilter anwenden
- Transformationen schnell und einfach wiederholen
- Auf mehrere Zeichenflächen kopieren

Für diese Lektion benötigen Sie ungefähr eine Stunde. Falls erforderlich, entfernen Sie den Ordner der vorherigen Lektion von Ihrer Festplatte und kopieren Sie den Ordner *Lektion04* darauf.

Gezeichnete Objekte können Sie auf unterschiedliche Art und Weise verändern. Unter anderem können Sie ihre Größe, Form und Ausrichtung schnell und präzise anpassen. In dieser Lektion werden Sie den Umgang mit Zeichenflächen üben, unterschiedliche Transformationsbefehle und spezielle Werkzeuge kennenlernen.

Vorbereitungen

In dieser Lektion erstellen Sie Grafikmaterialien für einen Flyer, eine »Save the Date«-Karte, einen Briefumschlag und ein Anhängeetikett. Stellen Sie zu Beginn die Standardvoreinstellungen für Adobe® Illustrator® wieder her und öffnen Sie die fertige Datei, um das Endergebnis vorab zu betrachten.

1 Um sicherzustellen, dass die Werkzeuge und Bedienfelder genau wie beschrieben funktionieren, löschen oder deaktivieren Sie (durch Umbenennen) die Adobe Illustrator CS6 Preferences-Datei (siehe Seite 3).

2 Öffnen Sie Adobe Illustrator CS6.

● **Hinweis:** Falls noch nicht geschehen, kopieren Sie den Ordner *Lektion04* von der beiliegenden CD auf Ihre Festplatte (mehr darüber im Abschnitt »Die Classroom in a Book-Dateien kopieren« auf Seite 2).

3 Wählen Sie **Datei: Öffnen** und öffnen Sie die Datei *L4end_1.ai* im Ordnerpfad *Lektionen\Lektion04* auf Ihrer Festplatte.

Diese Datei enthält die drei fertigen Grafiken: einen Flyer, eine »Save-the-Date«-Karte (Vorder- und Rückseite) und einen Briefumschlag. Diese Lektion enthält einen fiktiven Firmennamen, fiktive Firmendaten und eine fiktive Webadresse.

4 Wählen Sie **Ansicht: Alle in Fenster einpassen** und lassen Sie die Grafiken während der Arbeit geöffnet. Wenn Sie die Datei schließen wollen, wählen Sie **Datei: Schließen** (ohne zu speichern).

Nun öffnen Sie eine vorhandene Datei für die Flyer-Grafiken.

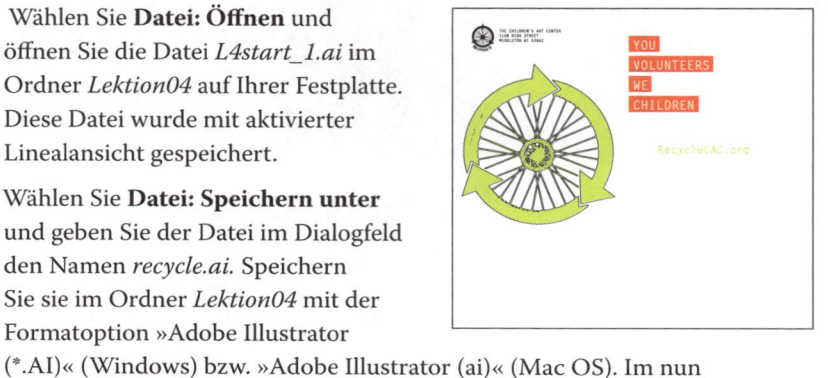

● **Hinweis:** Unter Mac OS müssen Sie ggf. auf das runde, grüne Symbol in der linken oberen Ecke des Dokumentfensters klicken, um die Fenstergröße zu maximieren.

5 Wählen Sie **Datei: Öffnen** und öffnen Sie die Datei *L4start_1.ai* im Ordner *Lektion04* auf Ihrer Festplatte. Diese Datei wurde mit aktivierter Linealansicht gespeichert.

6 Wählen Sie **Datei: Speichern unter** und geben Sie der Datei im Dialogfeld den Namen *recycle.ai*. Speichern Sie sie im Ordner *Lektion04* mit der Formatoption »Adobe Illustrator (*.AI)« (Windows) bzw. »Adobe Illustrator (ai)« (Mac OS). Im nun

angezeigten Dialogfeld behalten Sie die Standardeinstellungen bei und klicken Sie auf OK.

7 Wählen Sie **Fenster: Arbeitsbereich: Zurücksetzen: Grundlagen**.

● **Hinweis:** Wenn Sie den Befehl **Zurücksetzen: Grundlagen** im Menü »Arbeitsbereich« nicht sehen können, wählen Sie zuerst **Fenster: Arbeitsbereich: Grundlagen**.

Zeichenflächen nutzen

Zeichenflächen sind der Bereich, der druckbare Grafiken enthalten kann (ähnlich den Seiten in Adobe InDesign). Mit mehreren Zeichenflächen können Sie mehrseitige PDFs, Druckseiten unterschiedlicher Größe oder mit verschiedenen Elementen, Einzelelemente für Websites, Video-Storyboards oder Animationen erstellen.

Zeichenflächen zum Dokument hinzufügen

Zeichenflächen können jederzeit zu einem Dokument hinzugefügt oder aus diesem gelöscht werden. Erstellen Sie Zeichenflächen unterschiedlicher Größe und passen Sie sie mit dem Zeichenflächenwerkzeug bzw. dem Zeichenflächenbedienfeld an und positionieren Sie sie irgendwo im Fenster. Alle Zeichenflächen sind nummeriert und können einen Namen erhalten.

Für die »Save-the-Date«-Karte (Vorder- und Rückseite) und den Briefumschlag fügen Sie nun weitere Zeichenflächen hinzu.

1 Wählen Sie **Ansicht: Zeichenfläche in Fenster einpassen**. Das ist die erste Zeichenfläche.

2 Greifen Sie mit gedrückter Leertaste vorübergehend auf das Hand-Werkzeug zu (✋). Ziehen Sie die Zeichenfläche nach links, bis Sie rechts die Arbeitsfläche sehen.

3 Aktivieren Sie im Werkzeugbedienfeld das Zeichenflächenwerkzeug (⌗) und richten Sie den Mauszeiger rechts neben der Zeichenfläche an deren Oberkante aus, sodass Sie eine grüne Hilfslinie sehen. Ziehen Sie nach unten rechts, um eine Zeichenfläche mit 9 Zoll Breite und 4 Zoll Höhe zu erstellen. Die Messbeschriftung zeigt Ihnen, wann die Arbeitsfläche die richtige Größe hat.

▶ **Tipp:** Je weiter Sie in die Zeichenfläche einzoomen, desto kleiner sind die Schritte für die Abmessung.

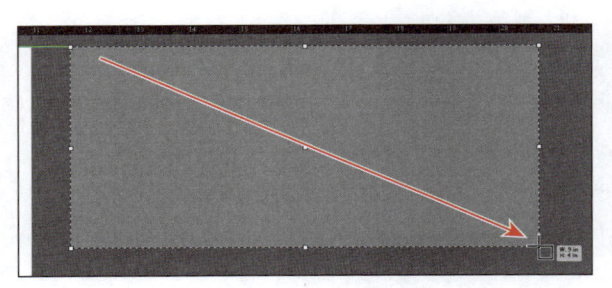

4 Klicken Sie im Steuerungsbedienfeld auf das Symbol »Neue Zeichenfläche« (▣), um ein Duplikat der zuletzt erstellten Zeichenfläche anzulegen.

5 Positionieren Sie den Mauszeiger unter der linken unteren Kante der neuen Zeichenfläche. Sobald eine vertikale grüne Hilfslinie erscheint, klicken Sie, um eine Kopie der Zeichenfläche zu erstellen. Das ist Zeichenfläche Nummer 3.

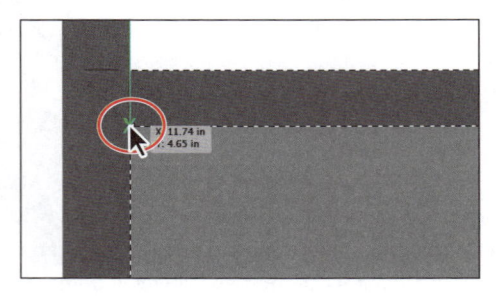

6 Aktivieren Sie im Werkzeugbedienfeld das Auswahl-Werkzeug (▶).

7 Klicken Sie rechts im Arbeitsbereich auf das Symbol des Zeichenflächenbedienfelds (▣).

Beachten Sie, dass die Zeichenfläche 3 im Bedienfeld markiert ist. Hier wird immer die aktive Zeichenfläche hervorgehoben.

Im Bedienfeld sehen Sie außerdem, wie viele Zeichenflächen das Dokument aktuell enthält. Sie können Zeichenflächen neu anordnen, umbenennen, hinzufügen, löschen und aus vielen anderen Optionen wählen.

Erstellen Sie nun mithilfe des Bedienfelds eine Kopie einer Zeichenfläche.

8 Klicken Sie unten im Bedienfeld auf das Symbol »Neue Zeichenfläche« (▣), um eine Kopie von Zeichenfläche 3 (mit dem Namen »Zeichenfläche 4«) zu erstellen.

Beachten Sie, dass die Kopie im Dokumentfenster rechts neben Zeichenfläche 2 (der ersten von Ihnen erstellten Zeichenfläche) entsteht.

▶ **Tipp:** Mit dem Zeichenflächenwerkzeug (▦) können Sie ebenfalls Zeichenflächen kopieren, indem Sie sie mit gedrückter Alt-Taste ziehen. Neue Zeichenflächen können nach Belieben platziert werden (auch überlappend).

9 Klicken Sie auf das Symbol für das Zeichenflächenbedienfeld (▣), um es wieder einzuklappen.

10 Wählen Sie **Ansicht: Alle in Fenster einpassen**.

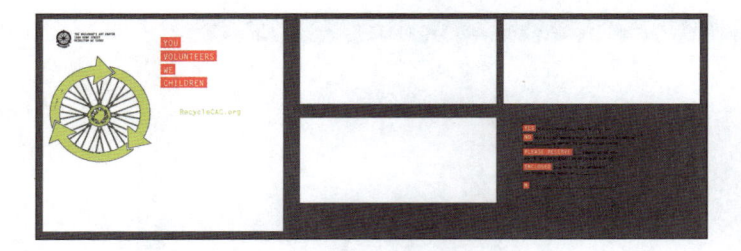

Zeichenflächen bearbeiten

Mit dem Zeichenflächenwerkzeug, Menübefehlen oder dem Zeichenflächenbedienfeld können Sie jederzeit Zeichenflächen löschen oder bearbeiten. Ändern Sie nun Größe und Position verschiedener Zeichenflächen.

1 Aktivieren Sie im Werkzeugbedienfeld das Zeichenflächenwerkzeug (⌗) und klicken Sie auf die Zeichenfläche 4 im rechten Bereich, um sie auszuwählen.

Nun geben Sie im Steuerungsbedienfeld die gewünschten Werte ein, um die Größe anzupassen.

2 Aktivieren Sie im Steuerungsbedienfeld den Bezugspunkt oben links (▤). Jetzt können Sie die Größe einer Zeichenfläche von der linken oberen Ecke aus anpassen. Standardmäßig befindet sich der Ursprung in der Mitte.

3 Aktivieren Sie die Zeichenfläche »04 Zeichenfläche 4« – beachten Sie die Begrenzungspunkte und das Kästchen mit der gestrichelten Kontur. Ändern Sie die Breite im Steuerungsbedienfeld in 9,5 Zoll und die Höhe in 4 Zoll. Drücken Sie jeweils die Enter-Taste.

● **Hinweis:** Sind die Felder für Höhe und Breite im Steuerungsbedienfeld nicht zu sehen, klicken Sie auf das Symbol »Zeichenflächenoptionen« (▤) und geben Sie die Werte in das Dialogfeld ein.

Zwischen diesen beiden Eingabefeldern klicken Sie auf das Symbol »Proportionen für Höhe und Breite erhalten« (▤). Ist es aktiviert, bleiben die Proportionen erhalten.

Sie können die Größe einer Zeichenfläche auch anpassen, indem Sie mit dem Zeichenflächenwerkzeug – wie hier gezeigt – an den Griffen einer Zeichenfläche ziehen.

4 Lassen Sie Zeichenfläche 4 (»04 – Zeichenfläche 4«) ausgewählt. Wählen Sie **Ansicht: Zeichenfläche in Fenster einpassen**.

5 Aktivieren Sie das Auswahl-Werkzeug (▶), und ziehen Sie den Begrenzungspunkt auf der unteren Mitte der Zeichenfläche nach unten, bis sie etwa 4,15 Zoll hoch ist. Achten Sie dabei auf die Messbeschriftung.

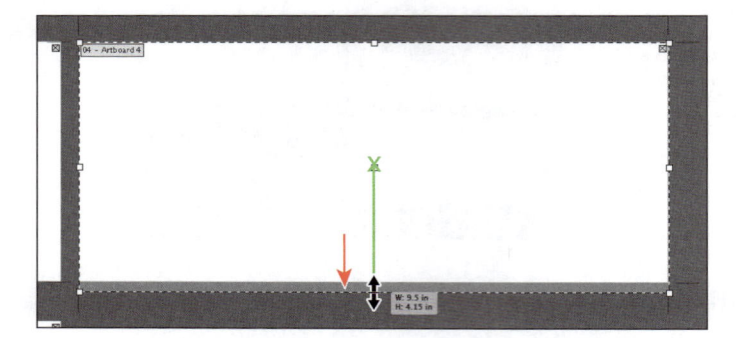

▶ **Tipp:** Um eine Zeichenfläche zu löschen, wählen Sie sie mit dem Zeichenflächenwerkzeug aus und drücken Sie entweder die Entf-Taste, klicken Sie im Steuerungsbedienfeld auf die Schaltfläche »Zeichenfläche löschen« (🗑) oder in der oberen rechten Ecke einer Zeichenfläche auf das Löschsymbol (⊠). Sie können alle bis auf eine Zeichenfläche löschen.

● **Hinweis:** Wenn Sie im Steuerungsbedienfeld bei aktiviertem Zeichenflächenwerkzeug auf das Symbol »Zeichenflächenoptionen« klicken(▣), können Sie ebenfalls die Mittenmarke der Zeichenfläche anzeigen.

6 Lassen Sie Zeichenfläche 4 (»04 – Zeichenfläche 4«) weiterhin ausgewählt. Klicken Sie dann im Steuerungsbedienfeld auf das Symbol »Mittenmarke einblenden« (▣). Nur für die aktive Zeichenfläche wird die Mittenmarke angezeigt. Sie können diese für die unterschiedlichsten Zwecke nutzen (z. B. um mit Videoinhalten zu arbeiten).

7 Aktivieren Sie das Auswahl-Werkzeug (▶) und wählen Sie **Ansicht: Alle in Fenster einpassen**.

Achten Sie auf den schwarzen Rahmen um die Zeichenfläche. Dieser signalisiert Ihnen, dass Zeichenfläche 4 momentan aktiviert ist.

8 Klicken Sie auf das Symbol für das Zeichenflächenbedienfeld (▣), um dieses auszuklappen (Alternative: **Fenster: Zeichenflächen**). Klicken Sie im Zeichenflächenbedienfeld auf den Namen »Zeichenfläche 1«, sodass diese aktiv wird. Das ist die ursprüngliche Zeichenfläche. Beachten Sie den dunklen Rand um die Zeichenfläche 1 im Dokumentfenster. Dieser Rand zeigt Ihnen, welche Zeichenfläche gerade aktiv ist. Es kann immer nur eine Zeichenfläche gleichzeitig aktiv sein. Befehle wie **Ansicht: Zeichenfläche in Fenster einpassen** werden immer auf die aktive Zeichenfläche angewendet.

Wählen Sie nun für die Größe der Zeichenfläche einen vorgegebenen Wert.

9 Klicken Sie im Zeichenflächenbedienfeld rechts neben dem Namen »Artboard 1« auf das Symbol »Zeichenflächenoptionen« (▣). Es öffnet sich das dazugehörige Dialogfeld.

▶ **Tipp:** Möglicherweise ist Ihnen aufgefallen, dass dieses Symbol neben jeder Zeichenfläche erscheint. So können Sie auf die Optionen zu jeder Zeichenfläche zugreifen; es zeigt auch die Ausrichtung der Zeichenfläche.

10 Vergewissern Sie sich, dass im Bezugspunkt (▦) weiterhin der Bezugspunkt oben links aktiv ist. So wird die Größe der Zeichenfläche von oben links aus angepasst.

11 Aktivieren Sie im Dialogfeld die Vorgabe »A4« und klicken Sie auf OK.

In diesem Dialogfeld können Sie vorgegebene Größen für Ihre Zeichenflächen wählen. Neben gängigen Größen für den Druck gibt es auch Größen für Web, Video, Tablets (beispielsweise das iPad von Apple). Sie können die Zeichenfläche auch an Ihren Rahmen oder den Rahmen der gewählten Grafik anpassen (beispielsweise bei einem Logo).

12 Klicken Sie im Steuerungsbedienfeld auf das Symbol »Dokument einrichten«.

▶ **Tipp:** Mehr über das Dialogfeld »Dokument einrichten« erfahren Sie in der Illustrator-Hilfe.

▶ **Tipp:** Wählen Sie alternativ **Datei: Dokument einrichten**.

13 Ändern Sie im Dialogfeld »Dokument« den Wert für den oberen Anschnitt in 0,125, indem Sie auf den Pfeil nach oben links neben dem Eingabefeld klicken. Da die Option »Alle Einstellungen gleichsetzen« (🔗) aktiv ist, werden sämtliche Anschnitte auf diesen Wert eingestellt. Klicken Sie auf OK.

Das Dialogfeld »Dokument einrichten« enthält viele nützliche Optionen für das aktuelle Dokument, einschließlich Einheiten, Schriftoptionen, Transparenzeinstellungen und vieles mehr.

● **Hinweis:** Alle Änderungen im Dialogfeld werden auf alle Zeichenflächen im Dokument angewandt.

14 Aktivieren Sie im Werkzeugbedienfeld das Zeichenflächenwerkzeug (⌗).

15 Klicken Sie in die Zeichenfläche oben rechts (04 – Zeichenfläche 4) und ziehen Sie diese unter die ursprüngliche Zeichenfläche (01 – Zeichenfläche 1). Richten Sie die linken Kanten der Zeichenflächen aneinander aus.

● **Hinweis:** Wenn Sie eine Zeichenfläche mit Inhalt verschieben, wird dieser standardmäßig mit verschoben. Wollen Sie eine Zeichenfläche verschieben, ohne dass sich der Inhalt mit bewegt, aktivieren Sie das Zeichenflächenwerkzeug und klicken Sie im Steuerungsbedienfeld auf das Symbol »Bildmaterial mit Zeichenfläche kopieren/verschieben« (🔗).

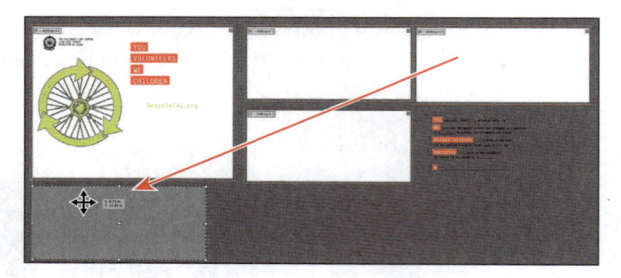

Sie können Zeichenflächen jederzeit ziehen und sie bei Bedarf überlappen lassen.

16 Aktivieren Sie im Werkzeugbedienfeld das Auswahl-Werkzeug (▶).

17 Wählen Sie **Fenster: Arbeitsbereich: Zurücksetzen: Grundlagen**.

18 Wählen Sie **Datei: Speichern**.

Zeichenflächen umbenennen

Standardmäßig wird Zeichenflächen eine Zahl und ein Name zugewiesen. Bei der Navigation durch ein Dokument kann es jedoch hilfreich sein, den Zeichenflächen aussagekräftigere Namen zuzuweisen.

Nun werden Sie die Zeichenflächen umbenennen, sodass ihre Namen mehr Sinn ergeben.

1 Klicken Sie auf das Symbol (▤) des Zeichenflächenbedienfelds, um dieses anzuzeigen.

2 Klicken Sie im Bedienfeld doppelt auf den Namen »Zeichenfläche 1«. Ändern Sie den Namen in **Flyer** und drücken Sie die Enter-Taste.

▶ **Tipp:** Sie können den Namen einer Zeichenfläche auch ändern, indem Sie im Zeichenflächenbedienfeld auf das Symbol Zeichenflächenoptionen (▦) klicken und den Namen im Dialogfeld »Zeichenflächenoptionen« ändern. Eine weitere Möglichkeit ist ein Doppelklick auf das Zeichenflächenwerkzeug im Werkzeugbedienfeld, um den Namen der momentan aktiven Zeichenfläche im Dialogfeld »Zeichenflächenoptionen« zu ändern. Klicken Sie eine Zeichenfläche mit dem Auswahl-Werkzeug an, um sie zu aktivieren.

Benennen Sie nun auch die restlichen Zeichenflächen um.

3   Doppelklicken Sie im Bedienfeld auf die Zeichenfläche 2 und ändern Sie den Namen in **Card-front**.

4   Wiederholen Sie diese Schritte für die restlichen beiden Zeichenflächen – Zeichenfläche 3 wird zu **Card-back** und Zeichenfläche 4 zu **Envelope**.

5   Wählen Sie **Datei: Speichern** und lassen Sie das Zeichenflächenbedienfeld für die nächsten Schritte geöffnet.

Zeichenflächen neu anordnen

Bei der Navigation durch Ihr Dokument kann es wichtig sein, in welcher Reihenfolge die Zeichenflächen erscheinen – vor allem, wenn Sie die Schaltflächen »Nächste Zeichenfläche« und »Vorherige Zeichenfläche« nutzen. Standardmäßig werden die Zeichenflächen in der Reihenfolge ihrer Erstellung angeordnet. Diese Reihenfolge lässt sich jedoch leicht ändern. Ordnen Sie die Zeichenflächen jetzt so an, dass sich die beiden Seiten der Karte in der richtigen Reihenfolge befinden.

1   Klicken Sie im Zeichenflächenbedienfeld auf den Namen »Envelope«, um diese Zeichenfläche zu aktivieren.

2   Wählen Sie **Ansicht: Alle in Fenster einpassen**.

3   Zeigen Sie mit der Maus im Zeichenflächenbedienfeld auf die Zeichenfläche »Envelope«. Klicken und ziehen Sie nach oben, bis zwischen den Zeichenflächen »Flyer« und »Card-front« eine Linie erscheint. Geben Sie die Maustaste nun frei.

▶ **Tipp:** Sie können die Zeichenflächen auch neu anordnen, indem Sie eine Zeichenfläche im Zeichenflächenbedienfeld auswählen und auf die Schaltflächen »Nach oben« bzw. »Nach unten« am unteren Bedienfeldrand klicken.

Die Zeichenfläche wird nach oben verschoben und so zur Zeichenfläche 2. Beachten Sie, dass mit den Zeichenflächen im Dokumentfenster nichts passiert.

4   Doppelklicken Sie rechts oder links vom Namen »Flyer« im Zeichenflächenbedienfeld, um die Zeichenfläche in das Dokumentfenster einzupassen.

5   Klicken Sie nun unten links im Dokumentfenster auf das Symbol »Nächste Zeichenfläche« (▶). Im Dokumentfenster wird nun die Zeichenfläche »Envelope« angezeigt und in das Dokumentfenster eingepasst.

Hätten Sie die Reihenfolge nicht geändert, wäre »Card-front« die nächste Zeichenfläche.

Nachdem Sie die Zeichenflächen eingerichtet haben, konzentrieren Sie sich nun auf die Erstellung der Inhalte.

Inhalte transformieren

Sie können Objekte verschieben, drehen, spiegeln, skalieren und verzerren. Nutzen Sie dazu das Transformierenbedienfeld, Auswahl-Werkzeuge, spezielle Werkzeuge, Transformieren-Befehle, Hilfslinien, intelligente Hilfslinien usw. In diesem Teil der Lektion transformieren Sie nun Inhalte mit unterschiedlichen Methoden.

Mit Linealen und Hilfslinien arbeiten

Die Lineale helfen Ihnen, Objekte akkurat zu platzieren und auszumessen. Dort, wo bei jedem Lineal die 0 (Null) erscheint, befindet sich der Ursprung. Der Ursprung kann je nach aktiver Zeichenfläche neu festgelegt werden. Es gibt zwei Arten von Linealen: globale Lineale und Zeichenflächenlineale. Letztere sind der Standard – wird eine Zeichenfläche aktiv, wird der Nullpunkt der Lineale in der linken oberen Ecke festgesetzt. Bei globalen Hilfslinien sitzt der Linealursprung in der oberen linken Ecke der ersten Zeichenfläche.

Bei Hilfslinien handelt es sich um nicht druckbare Linien, die Ihnen beim Ausrichten von Objekten helfen. Ziehen Sie horizontale und vertikale Hilfslinien einfach aus den Linealen.

Nun erstellen Sie eine Hilfslinie, setzen den Ursprung neu und erstellen eine weitere Hilfslinie.

1   Klicken Sie im Zeichenflächenbedienfeld doppelt rechts oder links vom Namen der Zeichenfläche »Card-front«, um zu dieser zu navigieren.

▶ **Tipp:** Um die Einheiten für ein Dokument zu ändern, wählen Sie **Datei: Dokument einrichten**. Sie können auch mit der rechten Maustaste bzw. gedrückter Ctrl-Taste in die Lineale klicken.

2   Ziehen Sie mit gedrückter Umschalt-Taste vom linken senkrechten Lineal nach rechts, um eine vertikale Hilfslinie bei 0,5 Zoll auf dem horizontalen Lineal zu erstellen. Durch die gedrückte Umschalt-Taste schnappt die Hilfslinie an den Linealeinheiten an, während Sie ziehen. Geben Sie die Maustaste und dann die Umschalt-Taste frei. Die Hilfslinie ist ausgewählt.

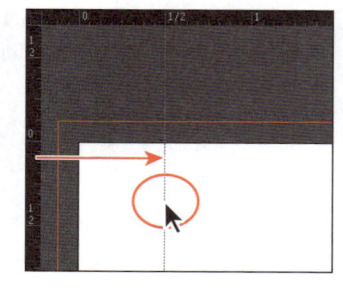

3   Falls die Hilfslinien nicht angezeigt werden, wählen Sie **Ansicht: Lineale: Lineale anzeigen**. Je weiter Sie in die Zeichenfläche einzoomen, desto feinere Inkremente sehen Sie in den Linealen.

● **Hinweis:** Beachten Sie, dass sich der Nullpunkt der Lineale in der linken oberen Ecke der Zeichenfläche befindet. Sollte dies nicht der Fall sein, wählen Sie **Ansicht: Lineale: In Zeichenflächenlineale ändern.**

4   Lassen Sie die Hilfslinie ausgewählt, ändern Sie den X-Wert im Steuerungsbedienfeld in 0,25 Zoll und drücken Sie die Enter-Taste.

● **Hinweis:** Wenn Sie den X-Wert nicht sehen, klicken Sie entweder auf das Wort »Transformieren« oder öffnen das Transformierenbedienfeld über den Befehl **Fenster: Transformieren.**

Hilfslinien ähneln in gewisser Weise gezeichneten Objekten: Wie eine gezeichnete Linie können sie ausgewählt und durch Drücken der Entf- oder Rück-Taste gelöscht werden.

5   Positionieren Sie den Mauszeiger in der linken oberen Ecke des Dokumentfensters auf dem Linealschnittpunkt (▣) und ziehen Sie den Mauszeiger in die rechte obere Ecke der Zeichenfläche (nicht bis zu den roten Anschnitthilfslinien). Die Wörter »Schnittmenge bilden« erscheinen.

Beim Ziehen sehen Sie im Fenster und in den Linealen ein Fadenkreuz, das den sich ändernden Linealursprung anzeigt. Damit setzen Sie den Linealursprung (0,0) in die rechte obere Ecke der Zeichenfläche.

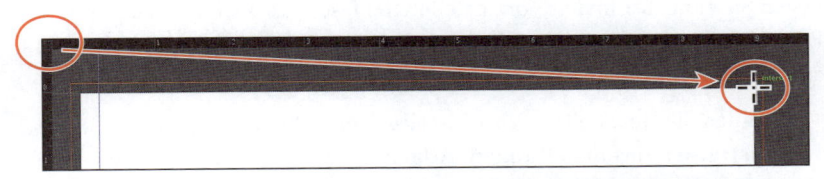

6   Ziehen Sie mit gedrückter Umschalt-Taste aus dem linken senkrechten Lineal nach rechts auf 1/4 Zoll innerhalb der rechten Kante der Zeichenfläche. Damit erstellen Sie eine neue Hilfslinie. Geben Sie die Maustaste und dann die Umschalt-Taste frei.

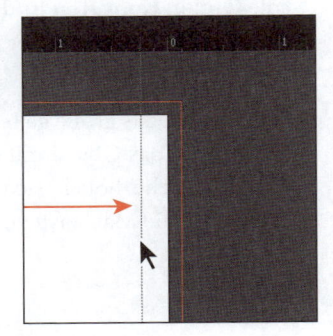

Betrachten Sie den X-Wert im Steuerungsbedienfeld. Nachdem Sie die Maustaste freigegeben haben, sollten hier -0,25 Zoll angezeigt werden. Die X-Achse verläuft waagerecht, die Y-Achse senkrecht. Werte rechts vom waagerechten und unterhalb des senkrechten Linealursprungs sind positiv. Werte links vom waagerechten und über dem senkrechten Linealursprung sind negativ.

7   Zeigen Sie mit der Maus in die linke obere Ecke des Dokumentfensters, wo sich die Lineale schneiden, und doppelklicken Sie, um den Linealursprung zurückzusetzen.

8   Wählen Sie **Ansicht: Hilfslinien: Hilfslinien sperren**, damit sie nicht versehentlich verschoben werden können. Wählen Sie **Ansicht: Alle in Fenster einpassen**.

Die Hilfslinien sind nicht mehr ausgewählt und haben standardmäßig eine hellblaue Farbe.

▶ **Tipp:** Um die Hilfslinieneinstellungen zu ändern, wählen Sie **Bearbeiten: Voreinstellungen: Hilfslinien und Raster** (Windows) oder **Illustrator: Voreinstellungen: Hilfslinien und Raster** (Mac OS).

9   Wählen Sie **Datei: Speichern**.

Objekte skalieren

Sie skalieren Objekte, indem Sie sie horizontal (entlang der X-Achse) und vertikal (entlang der Y-Achse) relativ zu einem festen, von Ihnen definierten Bezugspunkt vergrößern oder verkleinern. Wenn Sie keinen Bezugspunkt festlegen, werden die Objekte aus der Mitte heraus skaliert. Bisher haben Sie in diesem Buch die Objekte meist mit den Auswahl-Werkzeugen skaliert. In dieser Lektion nutzen Sie dazu verschiedene andere Techniken.

Legen Sie zunächst in den Voreinstellungen fest, dass auch Konturen und Effekte skaliert werden. Anschließend skalieren Sie ein Logo und richten es anhand der Hilfslinien aus.

▶ **Tipp:** Sie können auch im Transformieren-bedienfeld »Konturen und Effekte skalieren« wählen.

1   Wählen Sie **Bearbeiten: Voreinstellungen: Allgemein** (Windows) bzw. **Illustrator: Voreinstellungen: Allgemein** (Mac OS) und aktivieren Sie die Option **Konturen und Effekte skalieren**. Damit skalieren Sie die Konturbreite der in dieser Lektion skalierten Objekte mit. Klicken Sie auf OK.

2   Wählen Sie das große gelbgrüne Logo auf der Flyer-Zeichenfläche aus. Ziehen Sie das Objekt mit gedrückter Alt-Taste auf die obere rechte Zeichenfläche. Sobald sich das Objekt an der richtigen Position befindet, geben Sie die Maustaste und anschließend die Alt-Taste frei.

3. Wählen Sie im Werkzeugbedienfeld das Zoomwerkzeug (🔍) und klicken Sie zweimal langsam auf das neue Logo, um einzuzoomen.

4. Wählen Sie **Ansicht: Begrenzungsrahmen ausblenden**. Damit blenden Sie die Innenkanten der Formen aus, nicht ihre Begrenzungsrahmen.

5. Doppelklicken Sie im Werkzeugbedienfeld auf das Skalieren-Werkzeug (🔲).

6. Im Dialogfeld »Skalieren« aktivieren Sie das Kontrollfeld »Vorschau«. Ändern Sie den Wert »Gleichmäßig« in **50%**. Deaktivieren und aktivieren Sie das Kontrollfeld »Vorschau«, um die Größenänderung zu begutachten. Klicken Sie auf OK.

▶ **Tipp:** Auch über den Menübefehl **Objekt: Transformieren: Skalieren** können Sie das »Skalieren«-Dialogfeld öffnen.

7. Zeigen Sie mit aktiviertem Auswahl-Werkzeug (▶) auf den linken Ankerpunkt des unteren linken Pfeils im Rad. Sobald das Wort »Anker« angezeigt wird, ziehen Sie das Rad nach links, bis der Anker an der Hilfslinie einschnappt. Der Mauszeiger wird weiß, wenn er eingerastet ist.

● **Hinweis:** Wenn Sie ein Element an einem Punkt einschnappen lassen, hängt die Ausrichtung von der Position des Mauszeigers, nicht den Ecken des gezogenen Objekts ab. Sie können Punkte auch an Hilfslinien einschnappen lassen, weil der Befehl **Ansicht: An Punkt ausrichten** standardmäßig ausgewählt ist.

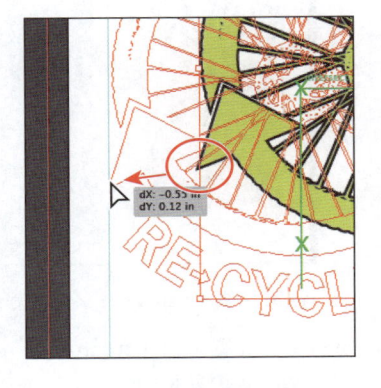

● **Hinweis:** Da die intelligenten Hilfslinien beim manuellen Skalieren und der Arbeit mit Positionshilfslinien häufig »störend« einwirken, sollten Sie sie nun ausschalten, damit Sie den Inhalt an der Hilfslinie einrasten lassen können (**Ansicht: Intelligente Hilfslinien**). Nach dem Durcharbeiten dieses Schritts schalten Sie sie mit demselben Befehl wieder ein.

8 Wählen Sie **Ansicht: Alle in Fenster einpassen** und dann **Ansicht: Begrenzungsrahmen einblenden**.

9 Wählen Sie **Ansicht: Pfadansicht**.

10 Ziehen Sie mit dem Auswahl-Werkzeug einen Rahmen um den Text auf dem ersten Zeichenfläche (Flyer), der mit »YOU DONATE YOUR« beginnt und der mit »KEEP MAKING ART« endet, um ihn komplett auszuwählen. Wählen Sie **Bearbeiten: Kopieren**.

11 Wählen Sie aus dem Zeichenflächennavigationsmenü in der linken unteren Ecke des Dokumentfensters »3 Card-front«, um zur Zeichenfläche mit der Karte zurückzukehren.

12 Wählen Sie **Bearbeiten: An Originalposition einfügen**.

Dieser Befehl fügt den gruppierten Inhalt auf der Zeichenfläche Flyer an derselben relativen Position auf der Zeichenfläche der Karte ein.

● **Hinweis:** Je nach Bildschirmauflösung sind die Transformieren-Optionen möglicherweise nicht im Steuerungsbedienfeld zu sehen. Dann klicken Sie auf das Wort »Transformieren«, um das Transformierenbedienfeld einzublenden. Alternativ wählen Sie **Fenster: Transformieren**.

13 Im Steuerungsbedienfeld klicken Sie im Bezugspunktfeld (▦) auf den Bezugspunkt unten in der Mitte. Klicken Sie zwischen den Feldern »B« und »H« auf das Symbol »Proportionen für Höhe und Breite erhalten« (⌘). Geben Sie **75%** in das Feld »Breite« (B) ein und drücken Sie die Enter-Taste, um den gruppierten Text zu verkleinern.

14 Wählen Sie **Ansicht: Vorschau** und dann wählen Sie **Datei: Speichern**.

Sie werden den Text zusammen mit anderen Inhalten weiter hinten in dieser Lektion positionieren.

Objekte spiegeln

Wenn Sie ein Objekt spiegeln, erstellt Illustrator eine Spiegelung dieses Elements entlang einer unsichtbaren vertikalen oder horizontalen Achse. Beim Spiegeln können Sie gleich eine Objektkopie erzeugen – dann erstellen Sie ein Spiegelbild eines Objekts entlang einer unsichtbaren Achse. Ähnlich wie beim Skalieren oder Drehen legen Sie auch hier einen Ursprung fest oder nutzen standardmäßig den Mittenpunkt des Objekts. Platzieren Sie nun eine Grafik auf der Zeichenfläche und nutzen Sie das Spiegeln-Werkzeug, um sie um 90° entlang der vertikalen Achse zu spiegeln und zu kopieren.

1 Wählen Sie **Ansicht: Alle in Fenster einpassen**. Drücken Sie zweimal Strg+− (Windows) oder Befehl+− (Mac OS), um auszuzoomen und damit das Fahrrad neben der linken Kante der Flyer-Zeichenfläche anzuzeigen.

2 Markieren Sie das Fahrrad mit dem Auswahl-Werkzeug (). Wählen Sie **Bearbeiten: Ausschneiden**.

3 Wählen Sie »4 Card-back« aus dem Zeichenflächennavigationsmenü in der linken unteren Ecke des Dokumentfensters, um zur Zeichenfläche mit der Karte zurückzukehren.

4 Wählen Sie **Bearbeiten: Einfügen**, um das Fahrrad zentriert in das Dokumentfenster einzufügen.

5 Mit dem Auswahl-Werkzeug () ziehen Sie das Fahrrad nach unten in die rechte untere Ecke der Zeichenfläche. Versuchen Sie, die rechte Seite des Fahrrads ungefähr an der rechten Hilfslinie auszurichten, wobei Sie sich an der Abbildung orientieren.

6 Wählen Sie nun bei aktivem Fahrrad die Befehle **Bearbeiten: Kopieren** und **Bearbeiten: Davor einfügen**, um obenauf eine Kopie anzulegen.

▶ **Tipp:** Um gleichzeitig zu spiegeln und zu kopieren, klicken Sie mit gedrückter Alt-Taste mit dem Spiegeln-Werkzeug (🗘), um den Spiegelpunkt festzulegen. Aktivieren Sie in der Dialogfeld die Option »Vertikal« und klicken Sie auf »Kopieren«.

7 Aktivieren Sie das Spiegeln-Werkzeug (🗘), das sich im Werkzeugbedienfeld in der Gruppe des Drehen-Werkzeugs (🗘) befindet, und klicken Sie auf die linke Kante des vorderen Fahrradreifens (möglicherweise erscheinen die Worte »Anker« oder »Pfad«).

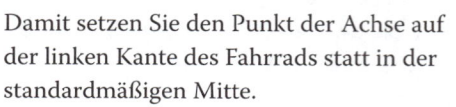

Damit setzen Sie den Punkt der Achse auf der linken Kante des Fahrrads statt in der standardmäßigen Mitte.

8 Lassen Sie die Fahrradkopie ausgewählt und positionieren Sie den Mauszeiger nun neben dem linken Rand. Ziehen Sie im Uhrzeigersinn. Halten Sie dabei zusätzlich die Umschalt-Taste gedrückt. Sobald in dem kleinen grauen Kästchen »–90°« zu lesen ist, lassen Sie erst die Maus- und dann die Umschalt-Taste los.

Durch die gedrückte Umschalt-Taste wenden Sie die Drehung in 45°-Schritten an. Lassen Sie das neue Fahrrad vorerst an seiner Position. Sie werden es später etwas verschieben.

Objekte drehen

Beim Drehen werden Objekte um einen festgelegten Bezugspunkt bewegt. Sie können Objekte drehen, indem Sie ihre Begrenzungsrahmen einblenden und mit der Maus außerhalb einer Ecke zeigen. Alternativ nutzen Sie das Transformierenbedienfeld, um einen bestimmten Bezugspunkt und Winkel festzulegen.

Sie werden jetzt beide Räder mit dem Drehen-Werkzeug drehen.

1 Wählen Sie »1 Flyer« aus dem Zeichenflächennavigationsmenü in der linken unteren Ecke des Dokumentfensters. Aktivieren Sie das Zoomwerkzeug (🔍) und ziehen Sie ein Rechteck über das kleine schwarze Radlogo in der linken oberen Ecke der Flyer-Zeichenfläche.

2. Mit dem Auswahl-Werkzeug(▶) wählen Sie das kleine schwarze Rad aus. Wählen Sie **Objekt: Transformieren: Drehen**.

   Standardmäßig wird das Logo um seine Mitte gedreht.

▶ **Tipp:** Um auf das Dialogfeld »Drehen« zuzugreifen, können Sie auch auf das Drehen-Werkzeug (◯) im Werkzeugbedienfeld doppelklicken. Das Transformierenbedienfeld (**Fenster: Transformieren**) enthält ebenfalls eine Drehen-Option.

3. Im Dialogfeld »Drehen« vergewissern Sie sich, dass das Kontrollfeld »Vorschau« aktiviert ist. Ändern Sie den Winkel in **20** und klicken Sie auf OK, um das Rad um den Mittelpunkt zu drehen.

● **Hinweis:** Wenn Sie ein Objekt auswählen und das Drehen-Werkzeug aktivieren, können Sie mit gedrückter Alt-Taste irgendwo in das Objekt (oder die Zeichenfläche) klicken, um den Ursprung festzulegen und das Dialogfeld »Drehen« zu öffnen.

4. Wählen Sie **Ansicht: Alle in Fenster einpassen**. Aktivieren Sie das Auswahl-Werkzeug(▶) und lassen Sie das kleine Radlogo ausgewählt. Drücken Sie die Umschalt-Taste und klicken Sie auf den Text rechts vom Logo »THE CHILDREN'S ART CENTER«, um beides auszuwählen. Wählen Sie **Bearbeiten: Ausschneiden**.

5. Wählen Sie »2 Envelope« aus dem Zeichenflächennavigationsmenü.

6. Wählen Sie **Bearbeiten: An Originalposition einfügen**. Klicken Sie im Steuerungsbedienfeld auf das Wort »Transformieren«, um das Transformierenbedienfeld zu öffnen. Bei aktiviertem Bezugspunkt in der oberen Mitte im Bezugspunktfeld (▦) ändern Sie den X-Wert in **1,7 in** und den Y-Wert in **0,6 in**. Drücken Sie die Enter-Taste, um das Bedienfeld wieder zu verbergen.

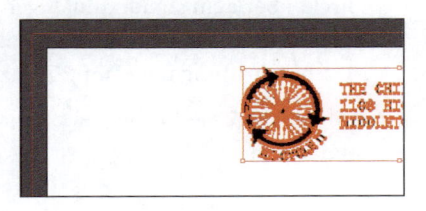

Nun drehen Sie die Grafiken manuell mit dem Drehen-Werkzeug.

7. Wählen Sie **Ansicht: Alle in Fenster einpassen**.

8. Mit dem Auswahl-Werkzeug klicken Sie, um das große gelbgrüne Radlogo auf der Flyer-Zeichenfläche auszuwählen. Wählen Sie **Ansicht: Begrenzungsrahmen ausblenden**.

9. Aktivieren Sie das Drehen-Werkzeug (◯), das sich in der Gruppe des Spiegeln-Werkzeugs (◭) im Werkzeugbedienfeld befindet. Klicken Sie in

das ungefähre Zentrum des Radteils des Logos, um den Bezugspunkt (◈)
zu setzen (direkt über den standardmäßigen Bezugspunkt). Positionieren Sie
den Zeiger rechts vom Radlogo und ziehen Sie nach oben. Beachten Sie, dass
die Bewegung auf einen Kreis beschränkt ist, der um den Bezugspunkt dreht.
Wenn die Messbeschriftung ungefähr 20° anzeigt, geben Sie die Maustaste
frei.

Jetzt drehen Sie das Radlogo auf der Zeichenfläche »3 Card-front« auf dieselbe
Weise.

10 Wählen Sie »3 Card-front« aus dem Zeichenflächennavigationsmenü in der linken unteren Ecke des Dokumentfensters. Aktivieren Sie das Auswahl-Werkzeug und wählen Sie das gelbgrüne Radlogo mit einem Klick aus.

11 Aktivieren Sie das Drehen-Werkzeug (↻) und klicken Sie in das ungefähre Zentrum des Radteils des Logos, um den Bezugspunkt festzulegen (◈) (direkt über dem standardmäßigen Bezugspunkt). Platzieren Sie den Mauszeiger rechts vom Radlogo und ziehen Sie nach oben. Sobald die Messbeschriftung ungefähr 20˚ anzeigt, geben Sie die Maustaste frei.

12 Wählen Sie **Ansicht: Begrenzungsrahmen einblenden** und dann **Datei: Speichern**.

Objekte verzerren

Die Originalform eines Objekts kann auf unterschiedliche Weise und mit verschiedenen Werkzeugen verändert werden. Nun verzerren Sie eine Logoform, wobei Sie zuerst den Effekt »Zusammenziehen und aufblasen« und dann den Effekt »Wirbel« zuweisen.

1 Klicken Sie in der Statusleiste auf das Symbol »Erste« (◀), um zur ersten Zeichenfläche zu navigieren.

2 Klicken Sie auf das Symbol des Ebenenbedienfelds, um es zu öffnen, und dann auf die Spalte »Sichtbarkeit« links vom Ebenennamen »Flyer Background«, um diesen Inhalt anzuzeigen.

3 Aktivieren Sie das Auswahl-Werkzeug () und wählen Sie das weiße Dreieck in der rechten unteren Ecke der Zeichenfläche »Flyer« mit einem Klick aus.

4 Wählen Sie **Effekt: Verzerrungs- und Transformationsfilter: Zusammenziehen und aufblasen**.

5 Im Dialogfeld »Zusammenziehen und aufblasen« aktivieren Sie das Kontrollfeld »Vorschau« und ziehen Sie den Regler nach links, um den Wert ungefähr auf **–60%** zu setzen, sodass das Dreieck verzerrt wird. Klicken Sie auf OK.

6 Wählen Sie **Effekt: Verzerrungs- und Transformationsfilter: Wirbel**. Ändern Sie den Winkel in **20**, aktivieren Sie das Kontrollfeld »Vorschau«, falls es noch nicht gewählt ist, und klicken Sie auf OK.

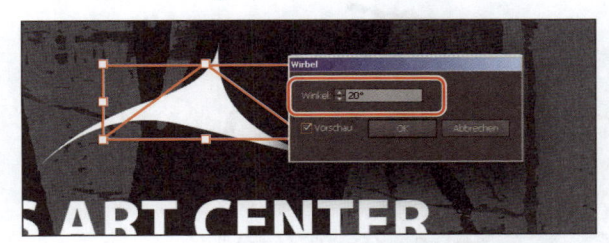

Die Wirbel-Verzerrung wurde als Effekt zugewiesen. Das bedeutet, dass die Originalform beibehalten wird und dass der Effekt jederzeit im Aussehenbedienfeld entfernt oder bearbeitet werden kann. Mehr über die Verwendung von Effekten erfahren Sie in Lektion 12, »Effekte zuweisen.«

7 Wählen Sie **Auswahl: Auswahl aufheben** und dann **Datei: Speichern**.

Objekte verbiegen

Beim Verbiegen eines Objekts werden dessen Seiten entlang einer festgelegten Achse geneigt – gegenüberliegende Seiten bleiben parallel, das Objekt wird asymmetrisch.

Kopieren und verbiegen Sie nun eines der Fahrräder.

1 Klicken Sie auf das Register des Zeichenflächenbedienfelds. Doppelklicken Sie auf die 4 links neben dem Zeichenflächennamen »Card-back«.

Klicken Sie auf das Zeichenflächenbedienfeld, um die Bedienfeldgruppe einzuklappen.

2 Aktivieren Sie das Auswahl-Werkzeug (). Wählen Sie die linke Fahrradform mit einem Klick aus. Wählen Sie **Objekt: Ausblenden: Auswahl**. Klicken Sie, um die andere Fahrradform auszuwählen.

3 Wählen Sie **Bearbeiten: Kopieren** und dann **Bearbeiten: Davor einfügen**, um eine Kopie direkt auf dem Original einzufügen.

4 Aktivieren Sie das Verbiegen-Werkzeug (), das sich im Werkzeugbedienfeld in der Gruppe des Skalieren-Werkzeugs () befindet. Platzieren Sie den Mauszeiger am unteren Rand der Fahrradform zwischen den Rädern und klicken Sie, um den Bezugspunkt zu setzen.

5 Ziehen Sie vom ungefähren Zentrum des Fahrrads nach links und hören Sie auf, wenn die verbogene Kopie wie in der Abbildung aussieht. Geben Sie die Maustaste frei.

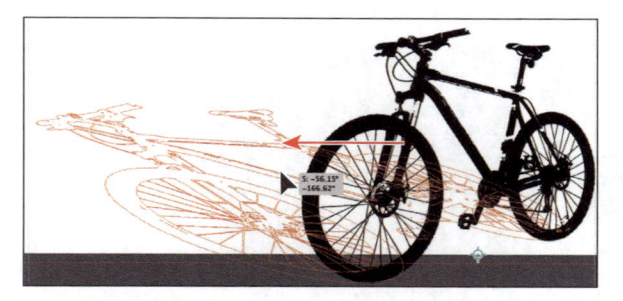

6 Ändern Sie die Deckkraft im Steuerungsbedienfeld in **20%**.

7 Wählen Sie **Objekt: Anordnen: Schrittweise nach hinten**, um die Kopie hinter der ursprünglichen Fahrradform zu platzieren.

▶ **Tipp:** Im Transformierenbedienfeld können Sie Ihr Objekt auch verbiegen, drehen und die Skalierung sowie die Position auf der X- und der Y-Achse ändern.

8   Wählen Sie **Objekt: Alles anzeigen**, um das zuvor ausgeblendete Fahrradduplikat anzuzeigen und auszuwählen. Wählen Sie **Bearbeiten: Ausschneiden**, um das Fahrrad aus der Zeichenfläche auszuschneiden.

9   Wählen Sie »2 Envelope« aus dem Zeichenflächennavigationsmenü in der linken unteren Ecke des Dokumentfensters. Wählen Sie **Bearbeiten: Einfügen**.

10 Wählen Sie **Auswahl: Auswahl aufheben** und dann **Datei: Speichern**.

Objekte exakt positionieren

Nutzen Sie die intelligenten Hilfslinien sowie das Transformierenbedienfeld, um Objekte exakt auf der X- und Y-Achse zu verschieben und deren Position in Bezug auf die Kanten der Zeichenfläche zu kontrollieren.

Sie fügen jetzt Inhalte zu den Hintergründen auf beiden Seiten der Karte hinzu und richten sie dann exakt aus.

1   Wählen Sie **Ansicht: Alle in Fenster einpassen**, um alle Zeichenflächen anzuzeigen.

2   Drücken Sie einmal Strg+– (Windows) oder Befehl+– (Mac OS), um auszuzoomen. Sie sollten die beiden Bilder links von der Flyer-Zeichenfläche sehen.

3   Mit dem Auswahl-Werkzeug( ) klicken Sie auf das obere, dunklere Bild, um es auszuwählen.

4   Wenn das Zeichenflächenbedienfeld nicht angezeigt wird, klicken Sie auf sein Symbol ( ). Klicken Sie einmal auf den Namen der Zeichenfläche »3 Card-front«, um sie zur aktiven Zeichenfläche zu machen.

Der Linealursprung befindet sich nun in der oberen linken Ecke dieser Zeichenfläche.

5 Klicken Sie auf den oberen linken Punkt im Bezugspunktfeld (▦) im Steuerungsbedienfeld. Dann ändern Sie den X-Wert in **0** und den Y-Wert in **0**.

6 Wählen Sie **Objekt: Anordnen: In den Hintergrund** und dann **Auswahl: Auswahl aufheben**.

Das Bild sollte nun exakt auf der Zeichenfläche positioniert sein.

7 Wählen Sie **Ansicht: Zeichenfläche in Fenster einpassen**, um die Zeichenfläche »3 Card-front« in das Dokumentfenster einzupassen.

8 Mit dem Auswahl-Werkzeug und gedrückter Umschalt-Taste klicken und ziehen Sie im Text rechts links vom Wort »YOU« bis zur rechten Kante des »h« in »MAY 19th«. Geben Sie die Maustaste frei und dann die Umschalt-Taste.

9 Im Zeichenflächenbedienfeld klicken Sie einmal auf den Namen der Zeichenfläche »4 Card-back«, um diese Zeichenfläche zu aktivieren. Klicken Sie auf das Register des Zeichenflächenbedienfelds, um die Bedienfeldgruppe einzuklappen.

10 Wählen Sie **Ansicht: Alle in Fenster einpassen**, um alle Zeichenflächen anzuzeigen.

11 Drücken Sie einmal Strg+– (Windows) oder Befehl+– (Mac OS), um auszuzoomen. Sie sollten das zweite, hellere Bild außerhalb der linken Kante der Zeichenfläche »Flyer« sehen.

12 Klicken Sie mit dem Auswahl-Werkzeug, um das Bild außerhalb der linken Seite der Zeichenfläche »Flyer« auszuwählen.

13 Wählen Sie im Bezugspunktfeld (▦) im Steuerungsbedienfeld den linken oberen Punkt aus. Setzen Sie den X- und den Y-Wert jeweils auf 0.

14 Wählen Sie **Objekt: Anordnen: In den Hintergrund**.

15 Wählen Sie **Ansicht: Zeichenfläche in Fenster einpassen**, um die Zeichenfläche »4 Card-back« in das Dokumentfenster einzupassen.

16 Drücken Sie zweimal Strg+– (Windows) oder Befehl+– (Mac OS), um auszuzoomen. Sie sollten die Textgruppe außerhalb der rechten Zeichenflächenkante sehen.

17 Klicken Sie mit dem Auswahl-Werkzeug, um die Textgruppe auszuwählen. Klicken Sie im Bezugspunktfeld (▦) im Steuerungsbedienfeld auf den linken oberen Punkt. Setzen Sie den X- und den Y-Wert jeweils auf **0**.

18 Wählen Sie **Ansicht: Zeichenfläche in Fenster einpassen**.

19 Mit dem Auswahl-Werkzeug positionieren Sie den Mauszeiger über dem oberen linken Wort »YES« und ziehen Sie die Textgruppe nach unten und nach rechts. Wenn die Messbeschriftung »dx: 0.25 in« und »dy: 0.5 in« anzeigt, geben Sie die Maustaste frei.

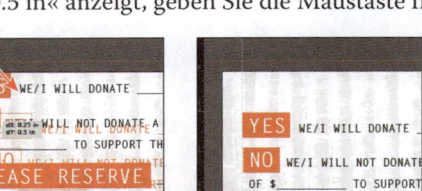

● **Hinweis:** Der Wert dY erscheint in Schritt 4 als negativer Wert, da der Ursprung des Lineals oben links in der Zeichenfläche liegt. Wenn Sie dann Inhalte auf der Zeichenfläche nach oben verschieben, erhalten Sie standardmäßig einen negativen Wert.

Das dy in der Messbeschriftung zeigt die Entfernung entlang der Y-Achse (vertikal) und das dx zeigt die Entfernung entlang der X-Achse (horizontal).

20 Bei weiterhin ausgewählter Textgruppe wählen Sie **Objekt: Anordnen: In den Vordergrund**, um den Text auf den übrigen Inhalten der Zeichenfläche zu platzieren.

21 Klicken Sie außerhalb der Zeichenfläche, um sie abzuwählen. Dann wählen Sie **Datei: Speichern**.

Die Perspektive ändern

Jetzt werden Sie das Frei-transformieren-Werkzeug nutzen, um die Perspektive der Grafik zu ändern. Das Werkzeug kann vielseitig eingesetzt werden, es kombiniert die Funktionen des Skalierens, Verbiegens, Spiegelns und Drehens.

1   Wählen Sie »2 Envelope« aus dem Zeichenflächennavigationsmenü in der linken unteren Ecke des Dokumentfensters.

2   Wählen Sie das Fahrrad auf der Zeichenfläche mit einem Klick des Auswahl-Werkzeugs (k) aus. Aktivieren Sie das Frei-transformieren-Werkzeug (⌸) im Werkzeugbedienfeld.

3   Platzieren Sie den Mauszeiger über dem oberen mittleren Punkt des Begrenzungsrahmens um das Fahrrad. *Der Rest dieses Schrittes erfordert volle Konzentration; folgen Sie den Anweisungen deshalb genau.* Ziehen Sie den Punkt langsam nach unten und rechts. *Während des Ziehvorgangs* drücken Sie die Strg- (Windows) oder Befehl-Taste (Mac OS), um das Objekt zu transformieren. Wenn die Messbeschriftung eine Breite von etwa 4.75 in und eine Höhe von etwa 1.5 in anzeigt, geben Sie die Maustaste und dann die Strg-/Befehl-Taste frei.

Wenn Sie die Strg- (Windows) oder Befehl-Taste (Mac OS) beim Ziehen gedrückt halten, verzerren Sie ein Objekt vom gezogenen Ankerpunkt oder Begrenzungsrahmengriff aus.

● **Hinweis:** Nehmen Sie sich für diese spezielle Technik Zeit. Wenn Sie einen Fehler machen, wählen Sie **Bearbeiten: Rückgängig**.

4   Platzieren Sie den Mauszeiger über der linken oberen Ecke des Begrenzungsrahmens und beginnen Sie, nach unten zu ziehen. *Während des Ziehvorgangs* drücken Sie die Tastenkombination Umschalt+Strg+Alt (Windows) oder

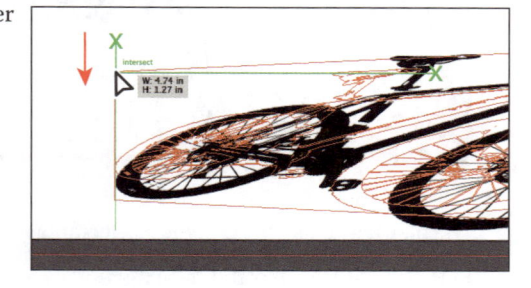

Umschalt+Alt+Befehl (Mac OS), um das Objekt zu transformieren. Wenn die Messbeschriftung eine Breite von etwa 4.75 in und eine Höhe von etwa 1.25 in anzeigt, geben Sie die Maustaste und dann die Tasten auf Ihrer Tastatur frei. Es macht nichts aus, wenn Ihre Werte nicht genau mit den hier genannten übereinstimmen.

5 Mit dem Auswahl-Werkzeug ziehen Sie das Fahrrad nach links, bis die linke Kante sich dicht an der Zeichenflächenkante befindet. Ändern Sie die Deckkraft in **20%** im Steuerungsbedienfeld. Betrachten Sie die Abbildung für Hilfe bei der Platzierung.

6 Wählen Sie **Auswahl: Auswahl aufheben** und dann **Datei: Speichern**.

Mehrere Transformationen zuweisen

Jetzt erfahren Sie, wie Sie den Befehl **Einzeln transformieren** nutzen und wie Sie eine Serie von Transformationen mehrfach anwenden.

1 Die Zeichenfläche »2 Envelope« wird im Dokumentfenster angezeigt. Wählen Sie das Zoomwerkzeug (🔍) und ziehen Sie ein Rechteck über die linke obere Ecke der Zeichenfläche. Vergewissern Sie sich, dass Sie weiterhin die Ecke der Zeichenfläche und das Rad sehen können.

2 Mit dem Auswahl-Werkzeug(▶) doppelklicken Sie auf das Logo des kleinen Rads. Klicken Sie, um die Radform auszuwählen (nicht den »RE-CYCLE IT«-Text), und wählen Sie **Bearbeiten: Kopieren**.

3 Drücken Sie die Esc-Taste, um den Isolationsmodus zu verlassen, und wählen Sie dann **Bearbeiten: Davor einfügen**.

4 Wählen Sie **Objekt: Transformieren: Einzeln transformieren**. Im Dialogfeld **Einzeln transformieren** aktivieren Sie das Kontrollfeld **Vorschau**. Vergewissern Sie sich, dass der Mittelpunkt im Bezugspunktfeld (▦) im Dialogfeld ausgewählt ist. Ändern Sie den Wert »Verschieben: Horizontal« in **–0,45 in**. Ändern Sie den Drehwinkel in **20**. Lassen Sie die übrigen Einstellungen unverändert und klicken Sie auf **Kopieren**.

▶ **Tipp:** Sie können Transformationen ausgewählten Inhalten auch als Effekt zuweisen **(Effekt: Verzerrungs- und Transformationsfilter: Transformieren)**. Dies bietet den Vorteil, dass Sie die Transformation jederzeit im Aussehenbedienfeld ändern oder entfernen können. Mehr über das Aussehenbedienfeld erfahren Sie in Lektion 13, »Aussehen-Attribute und Grafikstile anwenden.«

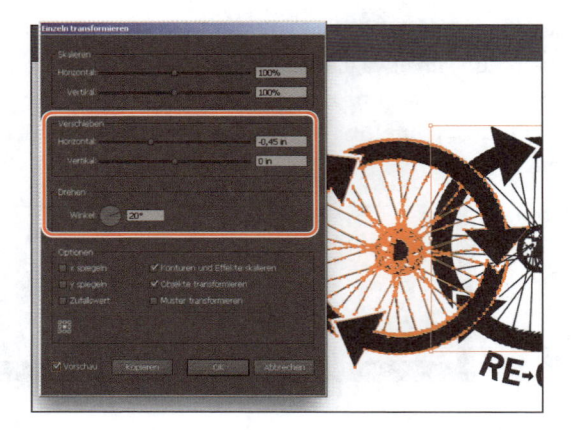

Die Optionen im Dialogfeld »Einzeln transformieren« geben Ihnen die Möglichkeit, mehrere Arten von Transformationen beliebig und bei Bedarf auch per Zufall zuzuweisen. Sie können auch mehrere ausgewählte Objekte unabhängig voneinander auf der Zeichenfläche transformieren.

5   Lassen Sie das neue Rad ausgewählt und ändern Sie die Flächenfarbe im Steuerungsbedienfeld in ein dunkleres Grau (C=0, M=0, Y=0, K=60). Wählen Sie **Objekt: Anordnen: In den Hintergrund**.

6   Wählen Sie **Objekt: Transformieren: Erneut transformieren**, um noch ein Rad zu erzeugen.

7   Lassen Sie das neue Rad ausgewählt, ändern Sie die Flächenfarbe im Steuerungsbedienfeld in ein helleres Grau (C=0, M=0, Y=0, K=30) und wählen Sie **Objekt: Anordnen: In den Hintergrund**.

8   Drücken Sie Strg+D (Windows) oder Befehl+D (Mac OS), um das letzte ausgewählte Rad zu transformieren. Dadurch erzeugen Sie insgesamt vier Radformen.

9   Ändern Sie die Flächenfarbe des letzten Rads im Steuerungsbedienfeld in ein helleres Grau (C=0, M=0, Y=0, K=10) und wählen Sie **Objekt: Anordnen: In den Hintergrund**.

10 Wählen Sie **Datei: Speichern** und **Datei: Schließen**.

Objekte mit dem Effekt »Frei verzerren« bearbeiten

Nun beschäftigen Sie sich mit einer etwas anderen Art, Objekte zu verzerren. »Frei verzerren« ist ein Effekt, mit dem Sie eine Auswahl verzerren können, indem Sie einen ihrer vier Eckpunkte verschieben.

1. Wählen Sie **Datei: Öffnen** und öffnen Sie die Datei *L4start_2.ai* im Ordner *Lektion04* innerhalb des Ordners *Lektionen* auf Ihrer Festplatte.

2. Wählen Sie **Datei: Speichern unter**. Im Dialogfeld »Speichern unter« ändern Sie den Namen in **hangtags.ai** und navigieren Sie zum Ordner *Lektion04.* Lassen Sie die Option »Speichern unter« auf »Adobe Illustrator (*.AI)« (Windows) oder die Option »Format« auf »Adobe Illustrator (ai)« (Mac OS). Klicken Sie auf »Speichern«. Im Dialogfeld »Illustrator-Optionen« lassen Sie die Illustrator-Optionen auf ihren Standardeinstellungen und klicken Sie auf OK.

3. Wählen Sie **Ansicht: Zeichenfläche in Fenster einpassen**, um Zeichenfläche 1 in das Fenster einzupassen.

4. Mit dem Auswahl-Werkzeug( ) doppelklicken Sie auf den Text »RE-CYCLE IT«, um den Isolationsmodus zu öffnen. Wählen Sie die Textformen mit einem Klick aus.

   ▶ **Tipp:** In diesem Fall wurde der Text mit dem Auswahl-Werkzeug ausgewählt und dann der Befehl **Schrift: In Pfade umwandeln** angewandt, um den Text in Vektorformen zu konvertieren. Es ist jedoch nicht notwendig, den Text vor dem Anwenden des Befehls **Frei verzerren** in Pfade umzuwandeln.

5. Wählen Sie **Effekt: Verzerrungs- und Transformationsfilter: Frei verzerren**.

6. Im Dialogfeld »Frei verzerren« ziehen Sie einen oder mehrere der Griffe, um die Auswahl zu verzerren. In der Abbildung zogen wir den rechten oberen Punkt nach oben und den rechten unteren Punkt in Richtung Mitte. Klicken Sie auf OK.

7. Doppelklicken Sie außerhalb der Grafik, um den Isolationsmodus zu verlassen und die Grafik abzuwählen.

   Nun erstellen Sie mehrere Kopien der Grafik.

8. Wählen Sie **Auswahl: Alles auf der aktiven Zeichenfläche**.

9. Wählen Sie **Bearbeiten: Ausschneiden**.

10. Wählen Sie **Ansicht: Alle in Fenster einpassen** und dann **Bearbeiten: In alle Zeichenflächen einfügen**.

    ▶ **Tipp:** Um die Karten auf eine einzige Seite zu drucken, wählen Sie **Datei: Drucken** und aktivieren Sie das Kontrollfeld **Zeichenflächen ignorieren,** um alle Zeichenflächen auf eine einzige Seite zu drucken.

11. Wählen Sie **Auswahl: Auswahl aufheben**. Dann wählen Sie **Ansicht: Hilfslinien: Hilfslinien ausblenden**, um die roten Anschnittshilfslinien zu verbergen.

12. Wählen Sie **Datei: Speichern** und dann **Datei: Schließen**.

Fragen

1. Nennen Sie zwei Möglichkeiten, die Größe einer Zeichenfläche zu ändern.
2. Wie können Sie eine Zeichenfläche umbenennen?
3. Was ist der Linealursprung?
4. Erläutern Sie mehrere Möglichkeiten, ein Objekt zu vergrößern oder zu verkleinern.
5. Welche Transformationen können Sie im Transformierenbedienfeld durchführen?
6. Was besagt das quadratische Symbol (▦) und wie wirkt es sich auf die Transformationen aus?

Antworten

1. Klicken Sie doppelt auf das Zeichenflächenwerkzeug (⌗) und ändern Sie die Abmessungen der aktiven Zeichenfläche im Dialogfeld. Aktivieren Sie das Zeichenflächenwerkzeug, positionieren Sie den Mauszeiger des Werkzeugs über einer Kante oder Ecke der Zeichenfläche und ziehen Sie. Aktivieren Sie das Zeichenflächenwerkzeug, klicken Sie in eine Zeichenfläche im Dokumentfenster und ändern Sie die Abmessungen im Steuerungsbedienfeld.

2. Klicken Sie zum Umbenennen einer Zeichenfläche mit dem Zeichenflächenwerkzeug in sie hinein und ändern Sie im Steuerungsbedienfeld den Namen. Sie können auch im Zeichenflächenbedienfeld auf den Namen der Zeichenfläche doppelklicken oder auf die Schaltfläche »Optionen klicken« und dann den Namen im Dialogfeld eingeben.

3. Der Linealursprung ist der Punkt, wo auf jedem Lineal 0 (Null) angezeigt wird. Standardmäßig ist der Linealursprung in der linken oberen Ecke der aktiven Zeichenfläche auf 0 (Null) gesetzt.

4. Es gibt mehrere Möglichkeiten, die Größe anzupassen: Wählen Sie ein Objekt aus und ziehen Sie an dessen Begrenzungsrahmen, nutzen Sie das Skalieren-Werkzeug oder das Transformierenbedienfeld oder wählen Sie **Objekt: Transformieren: Skalieren**, um exakte Werte einzugeben. Nutzen Sie auch den Befehl **Effekt: Verzerrungs- und Transformationsfilter: Transformieren**.

5. Nutzen Sie das Transformierenbedienfeld für folgende Transformation: Objekte exakt verschieben oder platzieren (indem Sie die X- und Y-Koordinaten festlegen), Objekte skalieren, drehen, verbiegen und spiegeln.

6. Das quadratische Bezugspunktfeld stellt den Begrenzungsrahmen eines ausgewählten Objekts dar. Legen Sie hier den Ursprung fest, von dem aus ein Objekt verschoben, skaliert, gedreht, verbogen oder gespiegelt wird.

5 MIT ZEICHEN- UND BUNTSTIFT ZEICHNEN

Überblick

In dieser Lektion lernen Sie Folgendes

- Gebogene Linien zeichnen
- Gerade Linien zeichnen
- Vorlagenebenen verwenden
- Pfadsegmente beenden und Linien aufteilen
- Kurvensegmente auswählen und anpassen
- Gestrichelte Linien und Pfeile erstellen
- Mit dem Buntstift zeichnen und bearbeiten

Diese Lektion dauert ungefähr eineinhalb Stunden. Falls erforderlich, entfernen Sie den Ordner der vorherigen Lektion von Ihrer Festplatte und kopieren Sie den Ordner *Lektion05* darauf.

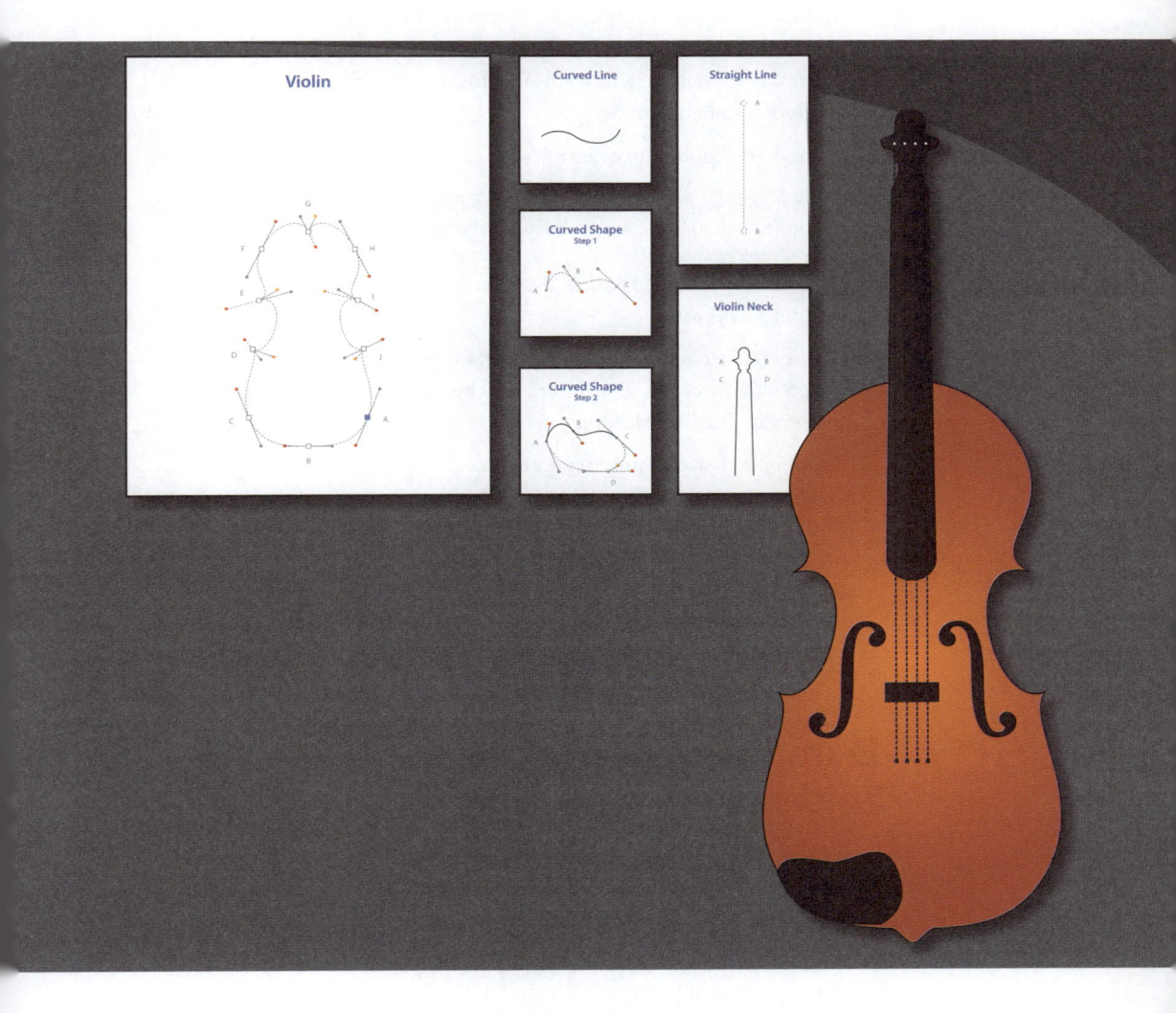

Mit dem Buntstift zeichnen Sie am besten freie Linien; der Zeichenstift eignet sich hingegen eher für das präzise Zeichnen gerader Linien, Bézier-Kurven und komplexer Formen. Sie werden mit dem Zeichenstift auf einer leeren Zeichenfläche üben und im Anschluss eine Geige erstellen.

Vorbereitungen

Im ersten Teil dieser Lektion lernen Sie, wie Sie mit dem Zeichenstift auf einer leeren Zeichenfläche arbeiten.

1   Stellen Sie sicher, dass Ihre Werkzeuge und Bedienfelder genau wie in dieser Lektion funktionieren. Dazu löschen oder deaktivieren Sie die Voreinstellungen für Adobe Illustrator CS6 durch Umbenennen. Mehr darüber erfahren Sie im Abschnitt »Standardvoreinstellungen wiederherstellen« auf Seite 3.

2   Starten Sie Adobe Illustrator CS6.

● **Hinweis:** Falls noch nicht geschehen, kopieren Sie den Ordner für die Übung (*Lektion05*) von der beiliegenden CD auf Ihre Festplatte (siehe Seite 2).

● **Hinweis:** Wenn Sie die Lektionsdateien unter Mac OS öffnen, müssen Sie gegebenenfalls noch die grüne runde Schaltfläche in der linken oberen Ecke des Dokumentfensters anklicken, um dieses zu maximieren.

3   Öffnen Sie die Datei *L5start_1.ai* aus dem Ordner *Lektion05*.

4   Die obere Zeichenfläche zeigt den Pfad, den Sie erstellen werden. Die untere Zeichenfläche nutzen Sie für Ihre Übung.

5   Wählen Sie **Datei: Speichern unter**. Navigieren Sie im Dialogfeld »Speichern« zum Ordner *Lektion05* und speichern Sie darin die Datei, geben Sie ihr den Namen *path1. ai* und behalten Sie die Formatoption »Adobe Illustrator (.AI)« (Windows) bzw. »Adobe Illustrator (ai)« (Mac OS) bei. Im nun angezeigten Dialogfeld nehmen Sie keinerlei Einstellungen vor, sondern klicken einfach auf OK.

Erste Versuche mit dem Zeichenstift-Werkzeug

1   Drücken Sie Alt+Strg+0 (null) (Windows) bzw. Option+Befehl+0 (Mac OS), um beide Zeichenflächen in das Fenster einzupassen. Halten Sie dann die Umschalt-Taste gedrückt und drücken Sie einmal die Tab-Taste, um alle Bedienfelder außer dem Werkzeugbedienfeld zu schließen. Für den ersten Teil der Lektion benötigen Sie die Bedienfelder nicht.

2   Wählen Sie **Ansicht: Intelligente Hilfslinien**, um diese auszublenden.

3   Klicken Sie im Steuerungsbedienfeld auf das Symbol »Flächenfüllung« (▢▼) und wählen Sie »Ohne« (▢). Für die Konturfarbe wählen Sie »Schwarz«.

4   Vergewissern Sie sich, dass die Konturstärke »1 pt« beträgt.

Wenn Sie mit dem Zeichenstift-Werkzeug zeichnen, ist es besser, dem Pfad keine Flächenfüllung zuzuweisen. Diese können Sie später hinzufügen, wenn Sie wollen.

5   Aktivieren Sie im Werkzeugbedienfeld das Zeichenstift-Werkzeug (✐). Achten Sie auf das Asterisk neben dem Zeichenstiftsymbol – es zeigt an, dass Sie einen Pfad beginnen. Klicken Sie in den oberen Bereich der unteren Zeichenfläche, um den ersten Punkt festzulegen, und bewegen Sie den Mauszeiger dann nach rechts – das Asterisk verschwindet.

● **Hinweis:** Wenn Sie statt des Zeichenstift-Symbols ein Fadenkreuz sehen, ist die Feststelltaste aktiv – sie verwandelt die Werkzeugsymbole in ein Fadenkreuz.

6   Klicken Sie rechts unterhalb des Originalpunkts, um den nächsten Ankerpunkt des Pfades zu erstellen.

● **Hinweis:** Das erste Segment wird erst sichtbar, wenn Sie den zweiten Ankerpunkt setzen. Falls Richtungspfeile erscheinen, haben Sie den Zeichenstift versehentlich gezogen; wählen Sie **Bearbeiten: Rückgängig** und versuchen Sie es erneut.

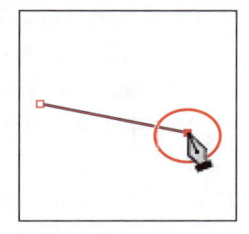

7   Erstellen Sie einen dritten Ankerpunkt unter dem ersten, sodass ein Zickzackmuster entsteht – insgesamt mit sechs Ankerpunkten.

Einer der vielen Vorteile des Zeichenstifts ist, dass Sie eigene Pfade erstellen und die Ankerpunkte dieses Pfades jederzeit bearbeiten können. Beachten Sie, dass nur der letzte Ankerpunkt ausgewählt (ausgefüllt) ist, während die übrigen Ankerpunkte unausgefüllt erscheinen.

Sie erfahren jetzt, wie die Auswahl-Werkzeuge mit dem Zeichenstift zusammenarbeiten.

8   Aktivieren Sie im Werkzeugbedienfeld das Auswahl-Werkzeug (▶) und zeigen Sie direkt auf den Zickzackpfad. Sobald am Mauszeiger ein ausgefülltes schwarzes Quadrat (▶₌) erscheint, klicken Sie, um den Pfad und alle Ankerpunkte auszuwählen. Beachten Sie, dass nun sämtliche Ankerpunkte ausgefüllt erscheinen – sie sind also alle ausgewählt. Ziehen Sie den Pfad an eine neue Position auf der Zeichenfläche. Alle Ankerpunkte werden gemeinsam verschoben, die Zickzacklinie bleibt erhalten.

9   Heben Sie die Auswahl des Pfades mit einer der folgenden Techniken auf:

- Klicken Sie mit dem Auswahl-Werkzeug in einen leeren Bereich der Zeichenfläche.
- Wählen Sie **Auswahl: Auswahl aufheben**.
- Bei aktiviertem Zeichenstift-Werkzeug könnten Sie mit gedrückter Strg-Taste (Windows) bzw. Befehl-Taste (Mac OS) in einen leeren

ADOBE ILLUSTRATOR CS6 CLASSROOM IN A BOOK   **177**

Bereich der Zeichenfläche klicken, um die Pfadauswahl aufzuheben. So greifen Sie vorübergehend auf das Auswahl-Werkzeug zu. Sobald Sie die Modifikatortaste loslassen, ist wieder der Zeichenstift aktiv.

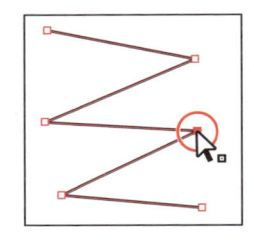

10 Aktivieren Sie im Werkzeugbedienfeld das Direktauswahl-Werkzeug (▸) und zeigen Sie auf einen beliebigen Ankerpunkt. Am Mauszeiger erscheint ein kleines Quadrat mit einem Punkt in der Mitte (▸). Dieser zeigt an, dass Sie mit einem Klick einen Ankerpunkt auswählen.
Klicken Sie auf diesen Punkt in der Zickzacklinie oder ziehen Sie ein Auswahlrechteck um einen Ankerpunkt. Der ausgewählte Ankerpunkte wird gefüllt, die anderen bleiben hohl.

11 Ziehen Sie einen ausgewählten Ankerpunkt, um ihn neu zu positionieren – die anderen bleiben, wo sie sind. Bearbeiten Sie den Pfad mit dieser Technik.

12 Wählen Sie **Auswahl: Auswahl aufheben**.

● **Hinweis:** Sollte der gesamte Zickzackpfad verschwinden, wählen Sie **Bearbeiten: Rückgängig** und versuchen Sie es noch einmal.

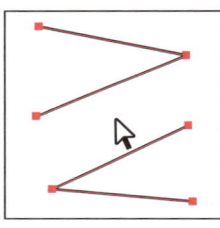

13 Klicken Sie mit dem Direktauswahl-Werkzeug auf ein Liniensegment zwischen zwei Ankerpunkten und wählen Sie **Bearbeiten: Ausschneiden**. Nur das ausgewählte Segment wird aus der Zickzacklinie ausgeschnitten.

Wenn Sie den Mauszeiger über einem Liniensegment positionieren, *das noch nicht ausgewählt ist,* erscheint ein schwarzes Quadrat neben dem Direktauswahl-Werkzeug (▸). Das ausgefüllte Quadrat zeigt Ihnen, dass Sie ein Liniensegment auswählen.

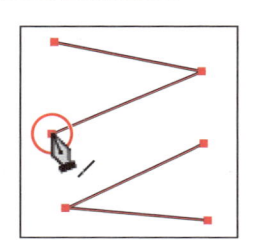

14 Stellen Sie den Mauszeiger des Zeichenstifts über einen der End-Ankerpunkte, die mit dem ausgeschnittenen Liniensegment verbunden waren. Beachten Sie den Schrägstrich (/) am Mauszeiger – er zeigt an, dass der Pfad hier eigentlich weitergeht. Klicken Sie auf den Punkt. Er wird ausgefüllt. Nur aktive Punkte sind ausgefüllt.

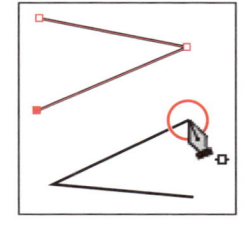

15 Stellen Sie den Mauszeiger nun über den anderen Ankerpunkt, mit dem das Liniensegment verbunden war. Neben dem Mauszeiger erscheint ein Zusammenfügen-Symbol (▸). Klicken Sie auf den Punkt, um die Pfade wieder zu verbinden.

16 Wählen Sie **Datei: Speichern** und **Datei: Schließen**.

Gerade Linien erstellen

In Lektion 4 haben Sie gelernt, dass bei der Verwendung der Umschalt-Taste und intelligenten Hilfslinien in Kombination mit den Formwerkzeugen die Form eines Objekts erhalten bleibt. Umschalt-Taste und intelligente Hilfslinien sorgen beim Zeichenstift dafür, dass Pfade im Winkel von 45° erstellt werden.

Sie lernen jetzt den Umgang mit Winkeln und gerade Linien zu erstellen.

1   Öffnen Sie die Datei *L5start_2.ai* aus dem Ordner *Lektion05* auf Ihrer Festplatte. Die obere Zeichenfläche zeigt den Pfad, den Sie erstellen werden. Verwenden Sie die untere Zeichenfläche für Ihre Übung.

2   Wählen Sie **Datei: Speichern unter** und speichern Sie die Datei im Ordner *Lektion05* unter dem Namen *path2.ai*. Behalten Sie die Formatoption »Adobe Illustrator (.AI)« (Windows) bzw. »Adobe Illustrator (ai) (Mac OS)« bei. Im Dialogfeld »Illustrator-Optionen« nehmen Sie keine Änderungen vor. Klicken Sie auf OK.

3   Wählen Sie **Ansicht: Intelligente Hilfslinien**, um die intelligenten Hilfslinien auszuwählen. Anschließend wählen Sie **Ansicht: Alle in Fenster einpassen**.

4   Aktivieren Sie das Zeichenstift-Werkzeug ( ) und klicken Sie (ohne zu ziehen) einmal auf die linke Seite der unteren Zeichenfläche (im oberen Bereich), um den ersten Punkt zu setzen.

5   Bewegen Sie den Mauszeiger nach rechts neben den ersten Ankerpunkt – der Abstand sollte etwa 1,5 Zoll betragen. Sobald sich der Mauszeiger auf einer Linie mit dem vorhergehenden Ankerpunkt befindet, erscheint eine grüne Konstruktionshilfslinie. Klicken Sie, um einen weiteren Ankerpunkt zu setzen.

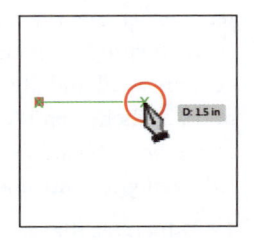

▶ **Tipp:** Graues Kästchen und Konstruktionshilfslinie erscheinen nur, wenn die intelligenten Hilfslinien aktiv sind. Ohne intelligente Hilfslinien drücken Sie die Umschalt-Taste, um gerade Linien zu erstellen.

Wie Sie in den vorherigen Lektionen gelernt haben, sind das kleine graue Kästchen – und die grüne Konstruktionshilfslinie Teil der intelligenten Hilfslinien. Bei der Arbeit mit dem Zeichenstift-Werkzeug können Sie durch Einzoomen feinere Unterteilungen in der Messbeschriftung vornehmen.

6   Setzen Sie drei weitere Punkte und erstellen Sie dabei die Form, die in der oberen Hälfte der Zeichenfläche zu sehen ist.

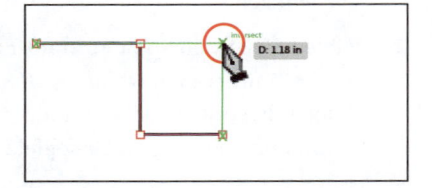

● **Hinweis:** Die Punkte, die Sie setzen, müssen nicht exakt dem Pfad im oberen Bereich der Zeichenfläche entsprechen. Dasselbe gilt für die Werte im grauen Kästchen.

7   Drücken Sie die Umschalt-Taste und bewegen Sie den Mauszeiger nach rechts unten, bis er mit den unteren beiden Punkten ausgerichtet ist und die grüne Hilfslinie erscheint. Klicken Sie, um den Ankerpunkt zu setzen, und lassen Sie die Umschalt-Taste wieder los.

Die Umschalt-Taste sorgt dafür, dass Linien im 45°Winkel entstehen. Die intelligenten Hilfslinien zeigen eine grüne Konstruktionslinie, sobald der neue Ankerpunkt an den anderen beiden Punkten ausgerichtet ist – das ist sehr nützlich, wenn Sie Pfade aus geraden Linien erstellen.

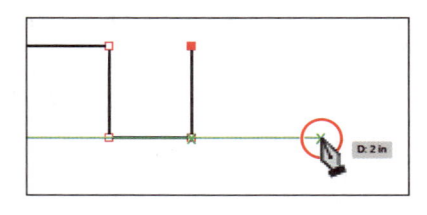

8   Stellen Sie den Mauszeiger unter den zuletzt erstellten Punkt und klicken Sie, um den letzten Ankerpunkt der Form zu setzen.

9   Wählen Sie **Datei: Speichern** und schließen Sie die Datei.

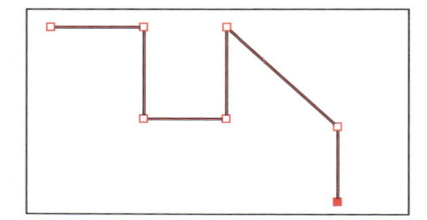

Gebogene Pfade erstellen

Jetzt lernen Sie, wie Sie glatte, gebogene Linien mit dem Zeichenstift erstellen. In Vektorprogrammen wie Illustrator erstellen Sie eine Kurve, die Bézier-Kurve genannt wird und Steuerpunkte enthält. Durch das Setzen von Ankerpunkten und das Ziehen an Richtungsgriffen legen Sie die Form der Kurve fest. Auch wenn diese Zeichentechnik etwas Übung erfordert, bleiben solche Pfade jederzeit gut kontrollierbar und flexibel.

1   Öffnen Sie die *Datei L5start_3.ai* aus dem Ordner *Lektion05*. Wählen Sie **Ansicht: Alle in Fenster einpassen**.

● **Hinweis:** Mehr über das Erstellen von Ebenen erfahren Sie in Lektion 8, »Mit Ebenen arbeiten«.

Die Datei enthält eine Vorlagenebene, die Sie mit dem Zeichenstift-Werkzeug (✎) nachzeichnen können. (Mehr über Ebenen erfahren Sie in Lektion 8.) Nutzen Sie für diese Übung den unteren Bereich der Zeichenfläche.

2   Wählen Sie **Datei: Speichern unter** und speichern Sie die Datei im Ordner *Lektion05* unter dem Namen *path3.ai*. Behalten Sie die Formatoption »Adobe Illustrator (.AI)« (Windows) bzw. »Adobe Illustrator (ai)« (Mac OS) bei. Im nun angezeigten Dialogfeld klicken Sie lediglich auf OK.

3   Aktivieren Sie im Steuerungsbedienfeld die Flächenfüllung (▭) »Ohne« (⊘) und wählen Sie die Konturfarbe (▭) Schwarz.

4 Stellen Sie sicher, dass die Konturstärke 1 pt beträgt.

5 Klicken Sie mit dem Zeichenstift ( ) in den linken Bereich der unteren Zeichenfläche, um den ersten Ankerpunkt zu setzen. Klicken Sie dann an anderer Stelle und ziehen Sie von diesem Punkt aus, um einen gebogenen Pfad zu erstellen.

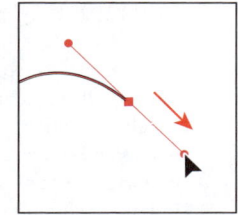

Klicken und ziehen Sie an unterschiedlichen Stellen auf der Seite. Hier soll nichts Bestimmtes entstehen, Sie sollen einfach ein Gefühl für Bézier-Kurven bekommen.

Beachten Sie die Grifflinien, die beim Ziehen entstehen – sie haben jeweils einen runden Griffpunkt am Ende. Länge und Winkel dieser Grifflinien bestimmen Form und Größe der Kurve. Die Grifflinien werden nicht gedruckt und sind auch nur sichtbar, wenn der zugehörige Ankerpunkt aktiv ist.

6 Wählen Sie **Auswahl: Auswahl aufheben**.

7 Aktivieren Sie im Werkzeugbedienfeld das Direktauswahl-Werkzeug ( ) und klicken Sie zwischen zwei Punkte (auf ein sogenanntes Kurvensegment), um die Grifflinien anzuzeigen. Klicken und ziehen Sie das Ende einer Grifflinie wie in der Abbildung. Durch Verschieben der Griffe ändern Sie die Form der Kurve.

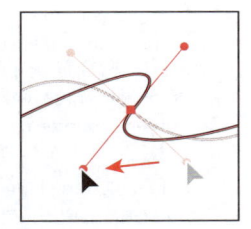

8 Lassen Sie die Datei für die nächste Übung geöffnet.

Eine Kurve erstellen

In diesem Teil der Lektion lernen Sie den Umgang mit den Grifflinien zur besseren Kontrolle von Kurven. Zeichnen Sie die Formen auf der oberen Zeichenfläche nach.

1 Drücken Sie die Taste Z, um das Zoomwerkzeug ( ) zu aktivieren, und ziehen Sie einen Rahmen um Kurve A auf der oberen Zeichenfläche.

2 Wählen Sie **Ansicht: Intelligente Hilfslinien**, um diese auszublenden.

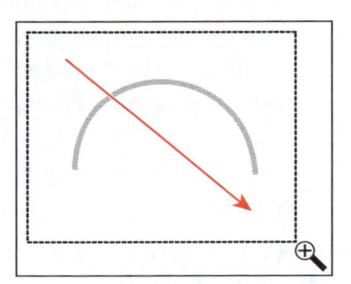

Komponenten eines Pfades

Beim Zeichnen erstellen Sie eine Linie, die als Pfad bezeichnet wird. Ein Pfad besteht aus einem oder mehreren geraden oder gekrümmten Segmenten. Anfang und Ende jedes Segments sind durch sogenannte Ankerpunkte gekennzeichnet. Ein Pfad ist entweder geschlossen (z. B. ein Kreis) oder geöffnet (mit eindeutigen Endpunkten; z. B. eine Wellenlinie). Sie können die Form eines Pfads ändern, indem Sie die Ankerpunkte, die Griffpunkte am Ende der Grifflinien der Ankerpunkte oder das Pfadsegment selbst an die gewünschte Stelle ziehen.

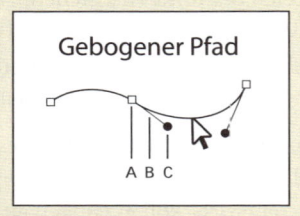

Gebogener Pfad

A B C

A. Ankerpunkt
B. Grifflinie
C. Griffpunkt

Pfade können zwei Arten von Ankerpunkten haben: Eckpunkte und Übergangspunkte. An einem Eckpunkt ändert der Pfad abrupt seine Richtung. An einem Übergangspunkt werden Pfadsegmente zu einer durchgehenden Kurve verbunden.

Beim Zeichnen eines Pfades können Eck- und Übergangspunkte beliebig kombiniert werden. Wenn Sie einen falschen Punkt zeichnen, können Sie ihn jederzeit ändern.

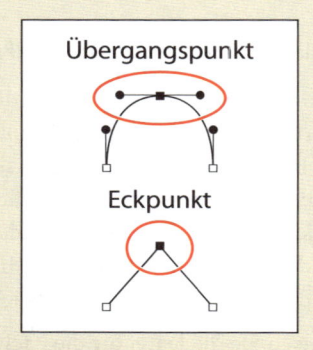

Übergangspunkt

Eckpunkt

—Aus der Illustrator-Hilfe

● **Hinweis:** Es kann sein, dass sich die Zeichenfläche beim Ziehen verschiebt. Sollten Sie die Kurve aus dem Blick verlieren, wählen Sie **Ansicht: Auszoomen**, bis Sie Kurve und Ankerpunkte wieder sehen. Wenn Sie die Leertaste drücken, können Sie mit dem Hand-Werkzeug die Grafik neu positionieren.

3 Aktivieren Sie im Werkzeugbedienfeld den Zeichenstift (✒), klicken Sie unten links auf den Bogen und ziehen Sie nach oben, um eine Grifflinie zu erstellen, die dieselbe Ausrichtung wie der Bogen hat. Denken Sie immer daran, der Richtung der Kurve zu folgen. Geben Sie die Maustaste frei, sobald sich die Grifflinie über dem grauen Bogen befindet.

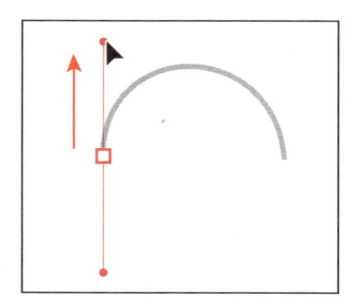

▶ **Tipp:** Wenn Sie beim Zeichnen mit dem Zeichenstift einen Fehler machen, wählen Sie **Bearbeiten: Rückgängig.**

4 Klicken Sie auf den Pfadpunkt unten rechts und ziehen Sie nach unten. Geben Sie die Maustaste frei, sobald der Pfad aussieht wie der Bogen.

● **Hinweis:** Je länger die Grifflinie, desto höher wird der Bogen; je kürzer die Grifflinie, desto flacher.

5 Entspricht Ihr Pfad nicht exakt der Vorlage, wählen Sie die Ankerpunkte nacheinander mit dem Direktauswahl-Werkzeug aus.
Passen Sie dann die Grifflinien an, bis der Pfad der Vorlage entspricht.

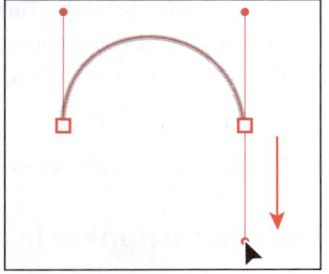

6 Klicken Sie mit dem Auswahl-Werkzeug ( ) in einen leeren Bereich der Zeichenfläche oder wählen Sie **Auswahl: Auswahl aufheben**. Wenn Sie die Auswahl vorher aufheben, können Sie einen neuen Pfad erstellen. Klicken Sie hingegen mit dem Zeichenstift, während Pfad A noch aktiv ist, wird dieser mit dem nächsten erzeugten Punkt verbunden.

▶ **Tipp:** Um die Auswahl von Objekten aufzuheben, können Sie auch die Strg-Taste (Windows) bzw. Befehl-Taste (Mac OS) drücken, um vorübergehend auf das Auswahl- oder Direktauswahl-Werkzeug zuzugreifen. Klicken Sie damit dann in einen leeren Bereich der Zeichenfläche.

7 Wählen Sie **Datei: Speichern**.

8 Zoomen Sie aus, um Pfad B zu sehen.

9 Ziehen Sie mit dem Zeichenstift auf dem Pfad vom linken Punkt nach oben (in Richtung des Bogens). Klicken Sie dann in den nächsten quadratischen Punkt und ziehen Sie nach unten. Passen Sie den Bogen mithilfe der Grifflinien an, bevor Sie die Maustaste loslassen. Damit erzeugen Sie den gleichen Bogen, den Sie für den ersten Pfad erzeugt haben.

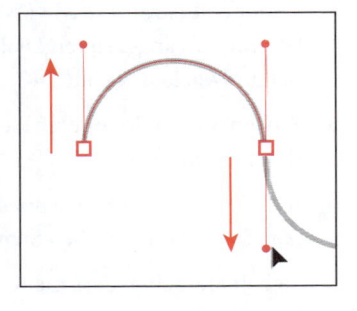

● **Hinweis:** Keine Sorge, falls der Pfad nicht ganz exakt ist. Sie können die Linie jederzeit mit dem Direktauswahl-Werkzeug korrigieren.

10 Fahren Sie entlang des Pfades fort, ziehen Sie mal nach unten, mal nach oben. Setzen Sie Ankerpunkte nur dort, wo Sie quadratische Kästchen sehen. Falls Sie einen Fehler machen, wählen Sie **Bearbeiten: Rückgängig: Zeichenstift**.

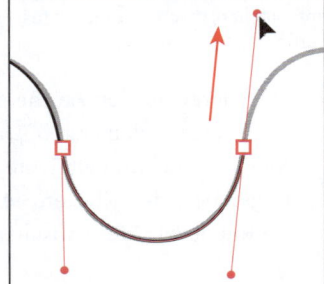

11 Ist der Pfad vollständig, nutzen Sie das Direktauswahl-Werkzeug und wählen Sie einen Ankerpunkt aus. Sobald die Grifflinien erscheinen, können Sie die Form des Pfades anpassen.

12 Bauen Sie diesen Pfad zur Übung im Arbeitsbereich noch einmal nach.

13 Wählen Sie **Datei: Speichern** und **Datei: Schließen**.

Übergangspunkte in Eckpunkte umwandeln

Beim Erstellen von Kurven bestimmen die Grifflinien die Form und Größe der gebogenen Segmente. Wenn Sie einen Übergangspunkt durch Herausziehen der Richtungslinien erzeugt haben, wie Sie es im vorigen Abschnitt getan haben, können Sie diesen Punkt in einen Eckpunkt umwandeln. Im folgenden Teil der Übung werden Sie Kurvenpunkte in Eckpunkte umwandeln.

1 Öffnen Sie die Datei *L5start_4.ai* aus dem Ordner *Lektion05*. Wählen Sie **Ansicht: Alle in Fenster einpassen**.

Auf der oberen Zeichenfläche sehen Sie die Pfade A und B, die Sie erstellen werden. Sie dienen als Vorlage für diese Übung. Erstellen Sie Ihre Pfade direkt darüber. Nutzen Sie die untere Zeichenfläche für zusätzliche, eigene Übungen.

2 Wählen Sie **Datei: Speichern unter** und speichern Sie die Datei im Ordner *Lektion05* unter dem Namen *path4.ai*. Behalten Sie die Formatoption »Adobe Illustrator (.AI)« (Windows) bzw. »Adobe Illustrator (ai)« (Mac OS) bei. Im nun angezeigten Dialogfeld behalten Sie die Standardeinstellungen bei und klicken Sie auf OK.

3 Ziehen Sie auf der oberen Zeichenfläche mit dem Zoomwerkzeug ( ) einen Rahmen um Pfad A.

4 Aktivieren Sie im Steuerungsbedienfeld die Flächenfüllung »Ohne« ( ) (sowie die Konturfarbe »Schwarz«).

5 Stellen Sie sicher, dass die Konturstärke im Steuerungsbedienfeld 1 pt beträgt.

● **Hinweis:** Sollten Ihre Pfade in diesen Übungen den grauen Vorlagen nicht exakt entsprechen, macht das nichts aus! Es geht nur darum, sich mit dem Zeichenstift-Werkzeug vertraut zu machen.

● **Hinweis:** Die Umschalt-Taste sorgt dafür, dass Sie eine Linien in 45-Grad-Winkelschritten erstellen.

6 Aktivieren Sie den Zeichenstift ( ), halten Sie die Umschalt-Taste gedrückt, klicken Sie in den ersten Ankerpunkt und ziehen Sie nach oben. Geben Sie Maus- und Umschalt-Taste frei, wenn sich die Grifflinie etwas über dem Bogen befindet. Klicken Sie in den nächsten Ankerpunkt rechts und ziehen Sie mit gedrückter Umschalt-Taste nach unten. Sieht die Kurve korrekt aus,

geben Sie zuerst die Maus- und dann die Umschalt-Taste frei. Lassen Sie den Pfad ausgewählt.

Sie werden die Grifflinie jetzt teilen, um einen Übergangspunkt in einen Eckpunkt zu verwandeln.

7   Halten Sie die Alt-Taste gedrückt und platzieren Sie den Mauszeiger entweder über dem letzten erzeugten Ankerpunkt oder dem unteren Richtungspunkt. Wenn das Caret-Symbol (^) neben dem Mauszeiger erscheint, klicken Sie und ziehen Sie eine Richtungslinie nach oben. Geben Sie die Maustaste und dann die Alt-Taste frei. Wenn Sie kein Caret-Zeichen (^) sehen, erstellen Sie einen zusätzlichen Bogen.

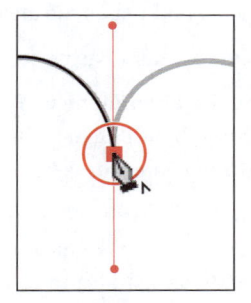

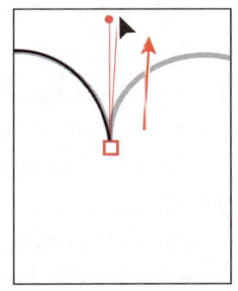

▶ **Tipp:** Nachdem Sie einen Pfad gezeichnet haben, können Sie auch einen oder mehrere Ankerpunkte auswählen und auf das Symbol »Ausgewählte Ankerpunkte in Ecke konvertieren« (🅽) oder »Ausgewählte Ankerpunkte in Übergang konvertieren« (🆁) im Steuerungsbedienfeld klicken.

● **Hinweis:** Wenn Sie nicht exakt auf den Ankerpunkt oder den Richtungspunkt am Ende der Richtungslinie klicken, erscheint eine Warnmeldung. Klicken Sie auf OK und versuchen Sie es erneut.

Die Grifflinien können Sie im Anschluss mit dem Direktauswahl-Werkzeug anpassen.

8   Zeigen Sie auf den nächsten quadratischen Punkt und ziehen Sie nach unten. Geben Sie die Maustaste frei, sobald Ihr Pfad etwa wie der Beispielpfad aussieht.

9   Drücken Sie die Alt-Taste. Sobald das Caret-Zeichen (^) erscheint, zeigen Sie auf den letzten Anker- oder Richtungspunkt und ziehen Sie nach oben. Lassen Sie dann Maus- und Alt-Taste los.

10 Klicken Sie für den vierten Ankerpunkt auf den nächsten quadratischen Punkt auf dem Pfad und ziehen Sie nach unten, bis der Pfad korrekt aussieht. Lassen Sie die Maustaste nicht los.

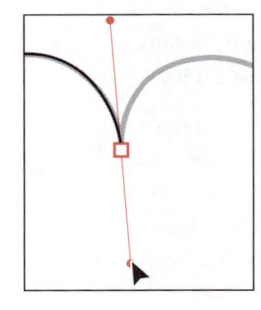

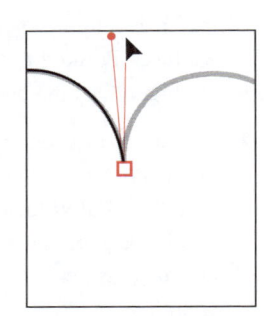

11 Drücken Sie die Alt-Taste und ziehen Sie den Richtungsgriff für die nächste Kurve nach oben. Lassen Sie erst die Maus- und dann die Alt-Taste los.

12 Fahren Sie mit dieser Methode fort, um weitere Eckpunkte zu erstellen, bis der Pfad vollständig ist. Nutzen Sie das Direktauswahl-Werkzeug (), um den Pfad zu verfeinern, und heben Sie anschließend dessen Auswahl auf.

Als Nächstes werden Sie von einer Kurve zu einer gebogenen Linie wechseln.

1 Wählen Sie **Ansicht: Zeichenfläche in Fenster einpassen**. Sie können auch Strg+0 (Null; Windows) bzw. Befehl+0 (Null; Mac OS) drücken. Ziehen Sie mit dem Zoomwerkzeug eine Auswahl um Pfad B, um ihn zu vergrößern.

2 Klicken Sie mit dem Zeichenstift () in den ersten Ankerpunkt links von der grauen Pfadvorlage und ziehen Sie nach oben. Geben Sie die Maustaste frei, wenn der Pfad korrekt aussieht. Dann ziehen Sie vom zweiten Ankerpunkt nach unten und geben Sie die Maustaste frei, wenn der Bogen der Vorlage entspricht.

Diese Methode sollte Ihnen nun vertraut sein.

Sie werden jetzt den Pfad als gerade Linie fortführen. Durch Klicken mit gedrückter Umschalt-Taste entsteht keine gerade Linie, da der letzte Punkt der Ankerpunkt einer Kurve ist. Die nebenstehende Abbildung zeigt, wie der Pfad aussehen würde, wenn Sie mit dem Zeichenstift einfach auf den letzten Punkt klicken würden.

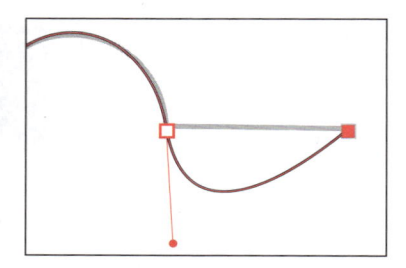

3 Klicken Sie auf den zuletzt erstellten Punkt, um eine Grifflinie dieses Pfades zu löschen (siehe nebenstehende Abbildung). Klicken Sie mit gedrückter Umschalt-Taste auf den nächsten Punkt im Vorlagenpfad rechts, um einen weiteren Punkt zu setzen. Dadurch erzeugen Sie eine gerade Linie.

4 Positionieren Sie den Mauszeiger für den nächsten Bogen über dem zuletzt erstellten Punkt (achten Sie auf das Symbol) und ziehen Sie von dort aus nach unten. Es entsteht eine neue Grifflinie.

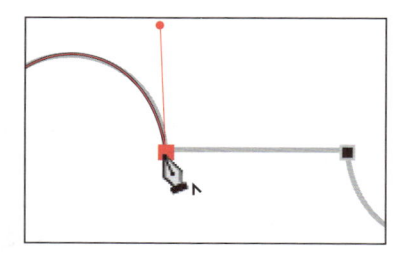

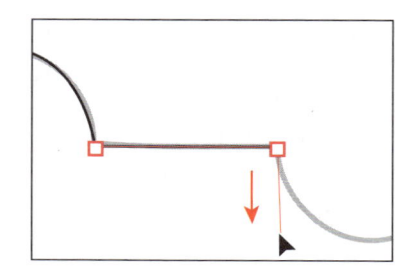

5 Klicken Sie in den nächsten Punkt und ziehen Sie nach oben, um den Bogen zu vervollständigen. Klicken Sie in den letzten Ankerpunkt, um die Grifflinie zu löschen.

6 Klicken Sie mit gedrückter Umschalt-Taste für das zweite gerade Segment.

7 Klicken Sie und ziehen Sie vom letzten Punkt nach oben und klicken und ziehen Sie dann nach unten auf den letzten Punkt, um den fertigen Bogen zu erstellen. Versuchen Sie, diesen Pfad auf der unteren Zeichenfläche noch einmal nachzustellen. Passen Sie den Pfad gegebenenfalls mit dem Direktauswahl-Werkzeug an.

8 Wählen Sie **Datei: Speichern** und **Datei: Schließen**.

Eine Geige zeichnen

Erstellen Sie in diesem Teil der Lektion eine Geige. Nutzen Sie dazu die Techniken, die Sie in den letzten Übungen gelernt haben. Außerdem kommen noch ein paar neue Techniken für das Zeichenstift-Werkzeug hinzu.

1 Wählen Sie **Datei: Öffnen** und öffnen Sie die Datei *L5end_5.ai*.

2 Wählen Sie **Ansicht: Alle in Fenster einpassen**, um die fertige Grafik zu sehen. (Verschieben Sie die Grafik mit dem Hand-Werkzeug (✋) an eine passende Stelle.) Wenn Sie die Datei nicht geöffnet lassen wollen, wählen Sie **Datei: Schließen**.

● **Hinweis:** Die Erstellung der S-Formen in der fertigen Grafik wird in dieser Lektion nicht behandelt.

3 Öffnen Sie nun die Datei *L5start_5.ai* aus dem Ordner *Lektion05*.

4 Wählen Sie **Datei: Speichern** unter, geben Sie der Datei den Namen **violin.ai** und speichern Sie sie im Ordner *Lektion05*. Behalten Sie die Formatoption »Adobe Illustrator (.AI)« (Windows) bzw. »Adobe Illustrator (ai)« (Mac OS) bei und klicken Sie auf »Speichern«. Im nächsten Dialogfeld nehmen Sie keine Änderungen vor und klicken auf OK.

5 Aktivieren Sie im Steuerungsbedienfeld die Flächenfüllung »Ohne« (◻) sowie die Konturfarbe »Schwarz«.

6 Vergewissern Sie sich, dass die Konturstärke 1 pt beträgt.

Kurven zeichnen

In diesem Teil der Lektion üben Sie noch einmal das Zeichnen von Kurven, indem Sie eine Geige erstellen. Sie werden erst eine einzelne Kurve und dann eine Serie von Kurven erstellen – orientieren Sie sich dabei an der Vorlage.

Eine Kurve auswählen

Zuerst beschäftigen Sie sich mit einer einzelnen Kurve und zeichnen dann eine Abfolge von Kurven. Dabei lassen Sie sich von den Hilfslinien auf der Vorlage leiten.

1   Wählen Sie aus dem Zeichenflächennavigationsmenü unten links im Dokumentfenster die Zeichenfläche 2 »Curved Line«.

2   Falls die Zeichenfläche noch nicht in das Dokumentfenster eingepasst ist, wählen Sie **Ansicht: Zeichenfläche in Fenster einpassen**,

3   Klicken Sie mit dem Direktauswahl-Werkzeug ( ) auf eines der Segmente der gebogenen Linie, um dessen Ankerpunkte und Grifflinien zu sehen. Mit dem Werkzeug können Sie einzelne Segmente der gebogenen Linie auswählen und bearbeiten.

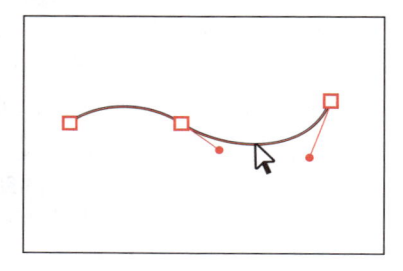

Wenn Sie eine Kurve ausgewählt haben, können Sie auch Kontur und Flächenfüllung der Kurve auswählen. In diesem Fall wird die nächste Linie, die Sie erstellen, dieselben Attribute aufweisen. Mehr über Attribute erfahren Sie in Lektion 6, »Farbe und Malen«.

Einen gebogenen Pfad zeichnen

Jetzt zeichnen Sie die erste Kurve der gebogenen Form.

1   Blenden Sie über das Menü unten links im Dokumentfenster die Zeichenfläche 3 »Curved Shape step 1« ein.

Anstatt mit dem Zeichenstift ( ) zu klicken, um den Pfadbeginn festzulegen, ziehen Sie, um einen Startpunkt und die Richtung der Kurve festzulegen.

2   Zeigen Sie mit dem ( ) auf Punkt A auf der Vorlage. Ziehen Sie von Punkt A zum roten Punkt.

Setzen Sie nun den zweiten Ankerpunkt und dessen Grifflinien.

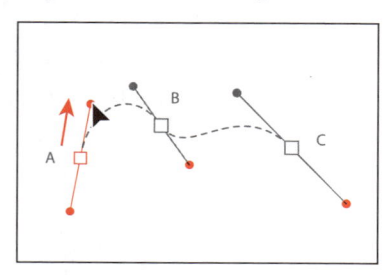

3 Ziehen Sie mit dem Zeichenstift () von Punkt B zum nächsten roten Punkt.

Die beiden Ankerpunkte werden durch ein Liniensegment verbunden, das den erstellten Grifflinien folgt. Wenn Sie beim Ziehen den Winkel verändern, ändern Sie die Form der Kurve.

4 Um die gebogene Linie zu vervollständigen, positionieren Sie den Mauszeiger über Punkt C und ziehen Sie von diesem Punkt zum letzten roten Punkt.

5 Klicken Sie mit gedrückter Strg- (Windows) bzw. Befehl-Taste (Mac OS) vom Pfad weg, um die Zeichnung zu beenden.

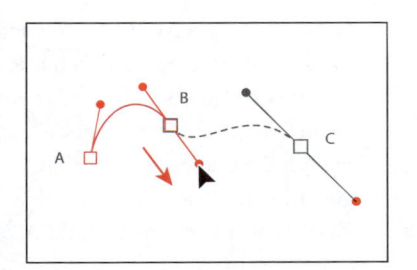

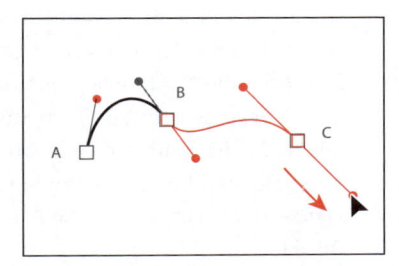

▶ **Tipp:** Sie können einen Pfad auch beenden, indem Sie mit dem Stift-Werkzeug klicken, die P-Taste drücken oder **Auswahl: Auswahl aufheben** wählen.

Einen geschlossenen Pfad zeichnen

Nun stellen Sie die Kurvenform fertig, indem Sie an einem vorhandenen gebogenen Pfad weiterzeichnen. Selbst nachdem Sie einen Pfad beendet haben, können Sie zu der Kurve zurückkehren und sie bearbeiten.

1 Aktivieren Sie im Menü unten links im Dokumentfenster die Zeichenfläche 4 »Curved Shape step 2«.

Fügen Sie nun einen Eckpunkt zum Pfad hinzu. Mithilfe eines Eckpunktes können Sie die Richtung einer Kurve ändern. Mit einem Übergangspunkt erstellen Sie eine fortlaufende Kurve.

2 Positionieren Sie den Zeichenstift () über Punkt A. Der Schrägstrich (/) neben dem Zeichenstiftsymbol zeigt, dass Sie sich über einem Ankerpunkt am Ende eines offenen Pfads befinden. Wenn Sie den Punkt anklicken, führen Sie den Pfad fort, statt einen neuen zu beginnen.

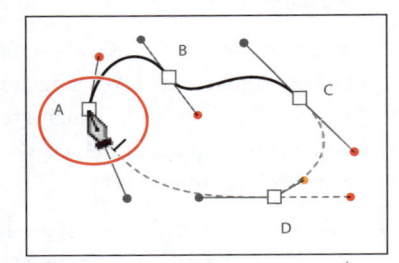

● **Hinweis:** Die gepunkteten Linien dienen nur als Richtschnur. Die von Ihnen erstellten Formen müssen den Linien nicht exakt folgen.

3 Drücken Sie die Alt-Taste und achten Sie auf die Statusleiste unten links im Dokumentfenster. Sie zeigt an: »Zeichenstift: Eckpunkt erstellen«. Halten Sie die Taste weiterhin gedrückt und ziehen Sie mit dem Zeichenstift von Ankerpunkt A zum grauen Punkt. Geben Sie die Maus- und dann die Alt-Taste frei.

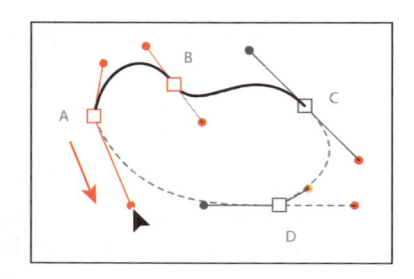

4 Ziehen Sie mit dem Zeichenstift von Punkt D zum roten Punkt rechts. Geben Sie die Maustaste noch nicht frei. Drücken Sie die Alt-Taste und ziehen Sie die Grifflinie vom roten zum goldenen Punkt. Lassen Sie die Maus- und anschließend die Alt-Taste los.

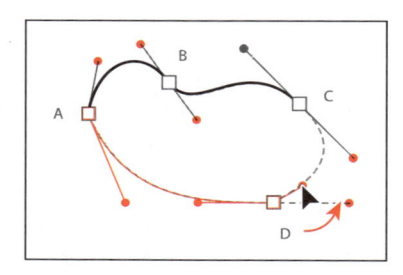

Bisher haben Sie offene Pfade gezeichnet, die über zwei Endpunkte verfügen. Nun zeichnen Sie einen geschlossenen Pfad mit einem Übergangspunkt.

5 Ziehen Sie mit dem Zeichenstift von Punkt D zum roten Punkt. Drücken Sie die Alt-Taste und ziehen Sie die Grifflinie vom roten zum goldenen Punkt. Lassen Sie dann alles los.

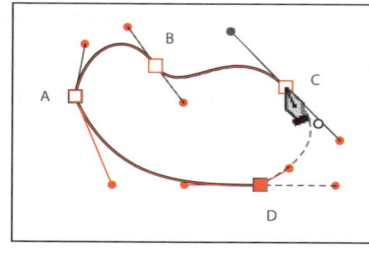

6 Positionieren Sie den Mauszeiger über Ankerpunkt C auf der Vorlage. Neben dem Zeichenstift-Werkzeug erscheint ein Kreis (), der anzeigt, dass Sie den Pfad durch Klicken schließen können. Ziehen Sie von diesem Punkt zum grauen Punkt. Achten Sie dabei auf das Liniensegment auf beiden Seiten von Punkt C.

Beachten Sie, dass die Grifflinien, die an beiden Enden eines Übergangspunktes zu sehen sind, wenn Sie einen Pfad geschlossen haben, im selben Winkel ausgerichtet sind.

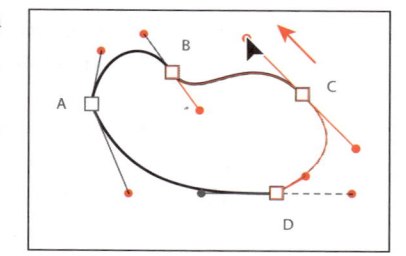

7 Klicken Sie mit gedrückter Strg-Taste (Windows) bzw. Befehl-Taste (Mac OS) außerhalb der Linie und wählen Sie **Datei: Speichern**.

Die Violinenform zeichnen

Erstellen Sie jetzt einen einzelnen, fortlaufenden Pfad, der aus Übergangs- und Eckpunkten besteht. Diese geschlossene Form wird der Körper der Geige.

1. Wählen Sie **Ansicht: Violin**, um die Ansicht der Geige im Dokumentfenster zu vergrößern. Bei Bedarf können Sie im Verlauf dieser Lektion noch weiter hineinzoomen.

2. Aktivieren Sie den Zeichenstift ( ) und beginnen Sie an dem blauen, quadratischen Punkt (Punkt A). Ziehen Sie von Punkt A zum roten Punkt, um den ersten Ankerpunkt und die Richtung der ersten Kurve zu setzen.

   Hinweis: Sie müssen nicht am blauen Punkt (Punkt A) beginnen. Sie können Ankerpunkte für einen Pfad mit dem Zeichenstift im oder gegen den Uhrzeigersinn setzen.

3. Ziehen Sie dann von Punkt B zum roten Punkt links. Halten Sie dabei die Umschalt-Taste gedrückt. Sobald Sie den roten Punkt erreichen, lassen Sie erst die Maus- und dann die Umschalt-Taste los.

4. Ziehen Sie von Punkt C zum roten Punkt. Geben Sie die Maustaste noch nicht frei.

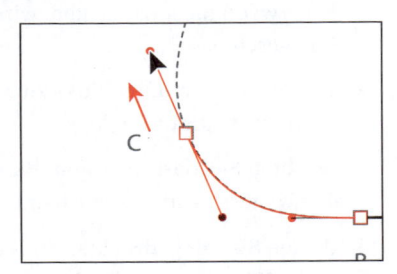

5. Wenn der Mauszeiger den roten Punkt erreicht, halten Sie die Alt-Taste gedrückt und ziehen Sie vom roten zum goldenen Punkt. Geben Sie zuerst die Maus- und dann die Alt-Taste frei. Dadurch teilen Sie die Grifflinien.

6. Ziehen Sie mit dem Zeichenstift von Punkt E zum roten Punkt. Drücken Sie die Alt-Taste und ziehen Sie die Grifflinie vom roten zum goldenen Punkt. Geben Sie zuerst die Maus- und dann die Alt-Taste frei.

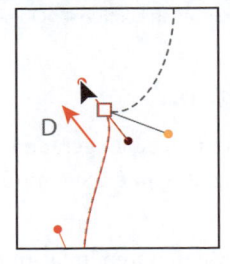

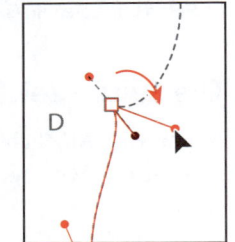

7. Ziehen Sie von Punkt F zum roten Punkt.

8 Ziehen Sie nun von Punkt G zum roten Punkt. Halten Sie die Maustaste gedrückt und drücken Sie die Alt-Taste; ziehen Sie die Grifflinie vom roten zum goldenen Punkt. Geben Sie die Maus- und dann die Alt-Taste frei.

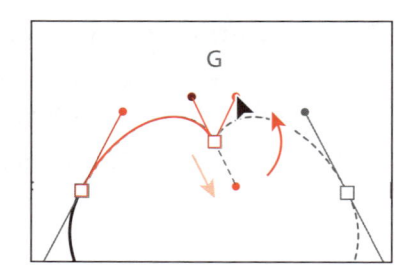

9 Ziehen Sie von Punkt H zum roten Punkt.

10 Fahren Sie bei den Punkten I und J so fort, indem Sie erst vom Ankerpunkt zum roten Punkt und dann mit gedrückter Alt-Taste vom roten zum goldenen Punkt ziehen.

Jetzt schließen Sie den Pfad und stellen damit die Zeichnung der Geige fertig.

11 Positionieren Sie den Zeichenstift über Punkt A. Achten Sie auf den offenen Kreis neben dem Mauszeiger (🖉₀) – wenn Sie jetzt klicken, wird der Pfad geschlossen.

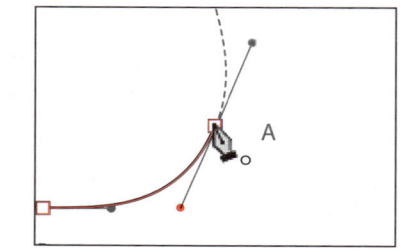

12 Ziehen Sie nach unten links zum roten Punkt unter Punkt A.

Beachten Sie, dass über dem Punkt eine weitere Grifflinie erscheint. Beim Ziehen verformen Sie den Pfad.

13 Klicken Sie mit gedrückter Strg-Taste (Windows) bzw. Befehl-Taste (Mac OS) neben den Pfad und wählen Sie **Datei: Speichern**.

▶ **Tipp:** Es ist wichtig, dass Sie den Umgang mit dem Zeichenstift üben. Damit Sie symmetrische Objekte schneller zeichnen können und dabei sichergehen, dass sie wirklich exakt symmetrisch sind, reicht es auch, wenn Sie eine Hälfte des Objekts zeichnen und diese dann kopieren und spiegeln (siehe auch Lektion 4, »Objekte transformieren«).

Die Saiten zeichnen

Es gibt viele Möglichkeiten, einen geraden Pfad zu zeichnen. Eine davon ist das Zeichenstift-Werkzeug. Zeichnen Sie mit dem Zeichenstift nun die Saiten der Geige.

1 Aktivieren Sie im Menü unten links im Dokumentfenster die Zeichenfläche 5 »Strings«.

2 Wählen Sie **Fenster: Arbeitsbereich: Zurücksetzen: Grundlagen**.

● **Hinweis:** Wenn der Befehl **Zurücksetzen: Grundlagen** beim Öffnen des Menüs **Fenster: Arbeitsbereich** zunächst nicht angezeigt wird, wählen Sie zuerst **Fenster: Arbeitsbereich: Grundlagen** und dann **Fenster: Arbeitsbereich: Zurücksetzen: Grundlagen.** Dieselben Befehle sind im Arbeitsbereich-Umschalter in der Anwendungsleiste vorhanden.

3 Stellen Sie im Steuerungsbedienfeld die Option »Keine« (◻) als Flächenfüllung ein; für die Konturfarbe wählen Sie »Schwarz« und die Konturstärke sollte 1 pt betragen.

4 Wählen Sie **Ansicht: Begrenzungsrahmen ausblenden**, um die Begrenzungsrahmen ausgewählter Objekte zu verbergen.

5 Platzieren Sie den Zeichenstift (✐) in der Mitte des Kreises (Punkt A) auf der Arbeitsfläche. Beachten Sie das Asterisk neben dem Mauszeiger – mit dem nächsten Klick beginnen Sie einen neuen Pfad. Klicken Sie, um den ersten Ankerpunkt zu erstellen.

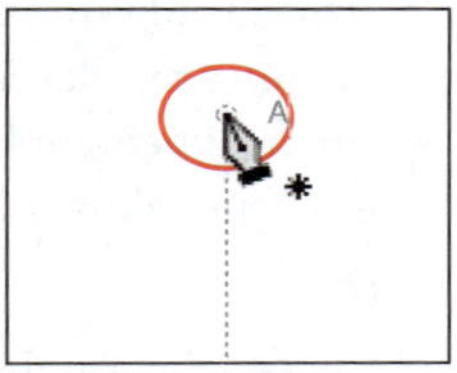

● **Hinweis:** Bei der Arbeit mit dem Zeichenstift kann es einfacher sein, Pfade ohne Füllung zu zeichnen. Sie können die Füllung und andere Eigenschaften des Pfads auch noch später ändern.

6 Klicken Sie mit gedrückter Umschalt-Taste in Punkt B, um den Endankerpunkt zu setzen. Durch die Umschalt-Taste beschränken Sie die Platzierung des Ankerpunkts auf ein Vielfaches von 45°.

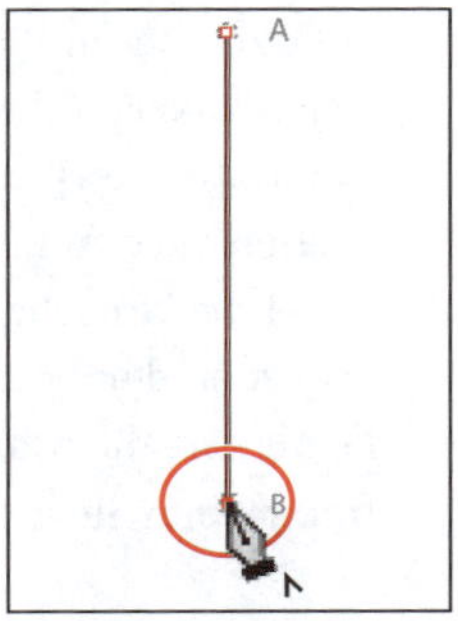

Nachdem Sie Punkt B mit einem Klick erstellt haben, erscheint neben dem Zeichenstift ein Caret-Zeichen (^), wenn der Mauszeiger sich über dem neuen Punkt befindet. Es signalisiert, dass Sie eine Grifflinie für eine Kurve erstellen können, wenn Sie mit dem Zeichenstift von diesem Punkt aus ziehen. Bewegen Sie den Mauszeiger vom Ankerpunkt weg, verschwindet das Symbol.

7 Drücken Sie die Taste V, um zum Auswahl-Werkzeug (▶) zu wechseln. Die gerade Linie bleibt ausgewählt. Klicken Sie in einen leeren Bereich, um die Auswahl aufzuheben, sodass Sie andere Linien zeichnen können, die nicht mit diesem Pfad verbunden sind.

Ändern Sie nun die Konturstärke, damit die Linie dicker wird.

8 Klicken Sie mit dem Auswahl-Werkzeug auf die soeben erstellte Linie. Ändern Sie die Konturstärke im Steuerungsbedienfeld in 3 pt. Heben Sie die Auswahl nicht auf.

● **Hinweis:** Wenn Sie die Konturstärke im Steuerungsbedienfeld nicht sehen, klicken Sie erneut auf die Linie, auch wenn sie scheinbar bereits ausgewählt ist. Illustrator erkennt dann, dass Sie nicht mehr zeichnen. Sie können auch das Konturbedienfeld ausklappen, indem Sie auf der rechten Seite des Arbeitsbereichs sein Symbol anklicken.

Einen Pfad aufteilen

Für die Saiten werden Sie jetzt einen Pfad aufteilen. Nutzen Sie dazu das Schere-Werkzeug und passen Sie anschließend die Segmente an.

● **Hinweis:** Wenn Sie mit der Schere auf die Kontur einer geschlossenen Form klicken, wird der Pfad einfach geteilt – es entsteht ein offener Pfad mit zwei Endpunkten.

1. Klicken Sie bei aktiver gerader Linie im Werkzeugbedienfeld auf den Radiergummi (🖉) und halten Sie die Maustaste gedrückt, um das Schere-Werkzeug (✂) einzublenden. Aktivieren Sie es und klicken Sie etwa bei 3/4 von oben auf die Linie, um sie durchzuschneiden. Die Abbildung hilf Ihnen bei der genauen Platzierung der Schere.

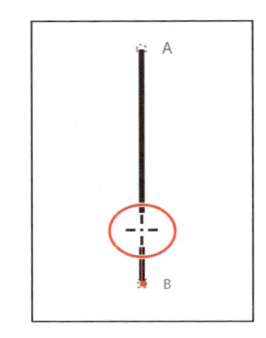

   Wenn Sie nicht genau auf den Pfad klicken, erhalten Sie eine Warnmeldung. Klicken Sie einfach auf OK und probieren Sie es erneut.
   Schnitte mit der Schere müssen auf einer Linie oder einer Kurve liegen (nicht auf einem Endpunkt). Wenn Sie mit der Schere klicken, erscheint ein neuer aktiver Ankerpunkt. Das Schere-Werkzeug hat die Linie in zwei geteilt.

2. Klicken Sie mit dem Direktauswahl-Werkzeug (▶) auf den oberen Pfad, um ihn auszuwählen und seine Ankerpunkte anzuzeigen. Klicken Sie in den unteren Ankerpunkt des ausgewählten Pfades. Ziehen Sie den Punkt nach oben und halten Sie dabei die Umschalt-Taste gedrückt, um die Lücke zwischen den beiden Segmenten zu vergrößern. Geben Sie die Maus- und dann die Umschalt-Taste frei. Heben Sie die Auswahl nicht auf.

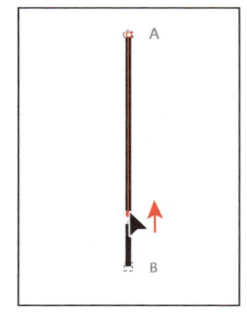

Pfeilspitzen hinzufügen

Beide Enden eines offenen Pfads können Sie mithilfe des Konturbedienfelds mit Pfeilspitzen versehen. Es gibt verschiedene Stile und Bearbeitungsoptionen, die Sie in Illustrator wählen können.

Versehen Sie die Pfade nun mit verschiedenen Pfeilspitzen.

1. Das obere Liniensegment ist noch aktiv. Öffnen Sie das Konturbedienfeld, indem Sie auf das Kontur-Symbol (☰) rechts im Arbeitsbereich klicken.

2. Wählen Sie im Bedienfeld aus dem Menü rechts neben den Pfeilspitzen den Pfeil 24 aus. Die Pfeilspitze wird an den Beginn (das obere Ende) der Linie gesetzt.

● **Hinweis:** Falls nötig, klicken Sie auf die Doppelpfeile auf der linken Seite des Konturbedienfelds oder wählen Sie **Optionen** aus dem Bedienfeldmenü, um das Bedienfeld so zu erweitern, dass Sie seinen gesamten Inhalt sehen können.

3 Ändern Sie im Konturbedienfeld die Skalierung (unter den Pfeilspitzen) auf 30%, indem Sie auf das Wort »Skalierung« klicken, den Wert in das Feld eingeben und anschließend die Enter-Taste drücken.

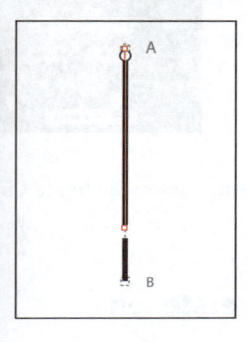

4 Klicken Sie mit dem Auswahl-Werkzeug in den unteren, kürzeren Pfad. Im Konturbedienfeld wählen Sie aus dem Pfeilspitzenmenü ganz rechts den Pfeil 22, um diese Pfeilspitze am Ende der Linie hinzuzufügen (siehe Abbildung).

▶ **Tipp:** Klicken Sie im Konturbedienfeld auf das Symbol »Pfeilspitze am Anfang und Ende vertauschen« (), um die Spitzen zu tauschen.

5 Ändern Sie hier die Skalierung (unter dem Menü) auf 40%, indem Sie den Wert direkt eingeben. Drücken Sie dann die Enter-Taste.

Beachten Sie, dass die Pfeilspitzen standardmäßig innerhalb der Endpunkte der Linie gesetzt werden. Sie werden die Pfeilspitzen nun über die Pfade hinaus erweitern.

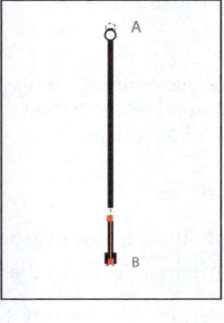

▶ **Tipp:** Mit dem Symbol »Verknüpft Skalierung der Pfeilspitzen am Anfang und Ende« () rechts neben der Skalierung im Konturenbedienfeld koppeln Sie die beiden Skalierungen, sodass sie sich proportional ändern.

6 Klicken Sie mit dem Auswahl-Werkzeug und gedrückter Umschalt-Taste in das obere Liniensegment. Klicken Sie im Konturbedienfeld auf das Symbol »Verlängert die Pfeilspitze über das Pfadende hinaus« (▇).

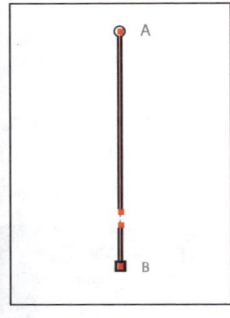

Beachten Sie, dass sich beide Pfeilspitzen leicht über die Linie hinaus bewegen. Lassen Sie beide Linien für die nächsten Schritte ausgewählt.

Eine gestrichelte Linie erstellen

Gestrichelte Linien werden auf die Kontur eines Objekts angewendet, und können zu einem offenen oder geschlossenen Pfad hinzugefügt werden. Legen Sie einfach die Strichlänge sowie die Zwischenräume fest.

Versehen Sie nun beide Pfade mit gestrichelten Linien.

▶ **Tipp:** Das Symbol »Erhält die Länge von Strichen und Lücken exakt bei« (▇) ermöglicht, das Aussehen der Striche zu erhalten, ohne die Ecken oder Enden der Linien ausrichten zu müssen.

1 Achten Sie darauf, dass beide Pfade weiterhin ausgewählt sind. Stellen Sie sicher, dass im Bedienfeld das Symbol »Abgeflacht« (▇) rechts neben dem Wort »Abschluss« aktiv ist. In der Mitte des Bedienfelds aktivieren Sie die Option »Gestrichelte Linie«.

Es entsteht ein Standardlinienmuster mit 12 pt Strich und 12 pt Lücke.

▶ **Tipp:** Mehr über die Ecken- und Abschlussoptionen im Konturbedienfeld erfahren Sie in der Illustrator-Hilfe. Suchen Sie nach »Ändern von Linienabschlüssen oder -ecken«.

Ändern Sie nun die Länge der Striche.

2 Wählen Sie im ersten Feld ganz links im Konturbedienfeld den Wert »12 pt« und ändern Sie ihn in **3 pt**. Drücken Sie dann die Enter-Taste.

Es entsteht ein sich wiederholendes Muster mit 3 pt Strich, 3 pt Lücke usw. Passen Sie nun die Lücken zwischen den Strichen an.

3   Klicken Sie in das Feld »Lücke« rechts neben dem ersten Strichwert und geben Sie 1 pt ein. Drücken Sie die Enter-Taste. Das Muster besteht jetzt aus 3 pt Strich, 1 pt Lücke usw.

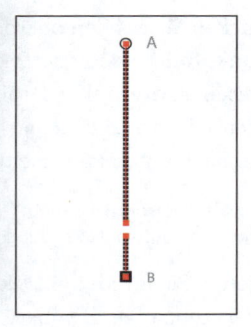

▶ **Tipp:** Wenn Sie ein eigenes Muster mit unterschiedlichen Strich- und Lückengrößen erstellen wollen, geben Sie in die nächsten Felder die Werte ein. Dieses Muster wird auf dem Liniensegment dann wiederholt.

4   Beide Linien sind noch aktiv, wählen Sie also **Objekt: Gruppieren**.

5   Wählen Sie **Auswahl: Auswahl aufheben** und **Datei: Speichern**.

Kurven bearbeiten

In diesem Teil der Übung werden Sie die gezeichneten Kurven anpassen, indem Sie entweder die Ankerpunkte oder die Grifflinien verschieben. Es ist auch möglich, die Linie zu verschieben. Blenden Sie die Vorlagenebene aus, sodass Sie den aktuellen Pfad leichter bearbeiten können.

1   Aktivieren Sie im Menü unten links im Dokumentfenster die Zeichenfläche 4 »Curved Shape step 2«.

2   Wählen Sie **Fenster: Arbeitsbereich: Zurücksetzen: Grundlagen**. Klicken Sie rechts im Arbeitsbereich auf das Symbol für das Ebenenbedienfeld (◆) und anschließend auf das Symbol für die Template-Ebene (▣), um diese auszublenden.

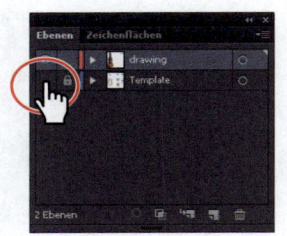

▶ **Tipp:** Mehr über Ebenen erfahren Sie in Lektion 8, »Mit Ebenen arbeiten«.

3   Klicken Sie mit dem Direktauswahl-Werkzeug (▸) auf den Umriss der gebogenen Form. Es werden alle Punkte eingeblendet.

Durch Klicken mit dem Werkzeug werden sämtliche Grifflinien des ausgewählten Liniensegments eingeblendet und Sie können die Form der einzelnen Kurvensegmente anpassen. Durch Klicken mit dem Auswahl-Werkzeug (↖) wählen Sie den gesamten Pfad aus.

> **Tipp:** Wenn Sie die Umschalt-Taste gedrückt halten und dann eine der Pfeiltasten drücken, wird der Punkt fünfmal weiter verschoben, als wenn Sie nur die Pfeiltaste drücken.

4 Klicken Sie auf den oberen Ankerpunkt (links neben der Mitte), um diesen auszuwählen. Drücken Sie dreimal die Pfeiltaste nach unten, um ihn nach unten zu verschieben.

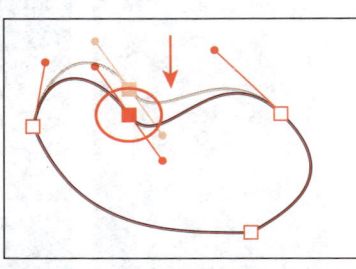

● **Hinweis:** Sie können den Ankerpunkt auch mit dem Direktauswahl-Werkzeug verschieben.

5 Ziehen Sie mit dem Direktauswahl-Werkzeug über die obere Hälfte der Form, um die oberen beiden Ankerpunkte auszuwählen.

Beachten Sie, dass die Grifflinien verschwinden, sobald zwei Punkte ausgewählt sind.

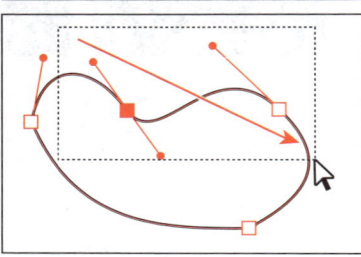

● **Hinweis:** Wenn beim ersten Versuch nicht beide Punkte ausgewählt sind, versuchen Sie es erneut. Sie können aber auch mit gedrückter Umschalt-Taste und dem Direktauswahl-Werkzeug auf den zweiten Punkt klicken.

6 Klicken Sie im Steuerungsbedienfeld auf das Symbol »Griffe für mehrere ausgewählte Ankerpunkte einblenden« (▨). Jetzt können Sie die Richtung der Grifflinien für beide Ankerpunkte anpassen.

7 Ziehen Sie den unteren Griffpunkt des unteren Punktes rechts nach oben links, um die Kurve zu bearbeiten.

Beachten Sie beim Ziehen, dass sich beide Grifflinien bewegen. Außerdem können Sie die Länge der Grifflinien unabhängig voneinander bewegen.

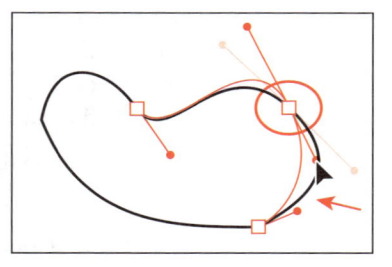

8 Ziehen Sie den unteren Griffpunkt des ausgewählten Punktes links nach oben rechts, um die Kurve neu zu formen.

9 Wählen Sie **Auswahl: Auswahl aufheben**.

10 Wählen Sie **Datei: Speichern**.

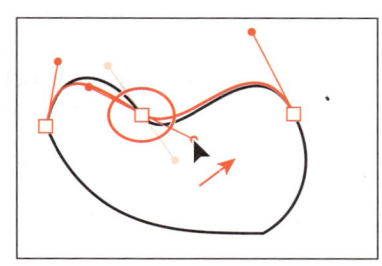

Ankerpunkte löschen und hinzufügen

Der Umgang mit Pfaden kann einfacher sein, wenn sie nicht mehr Ankerpunkte als nötig besitzen. Ein Pfad mit weniger Punkten lässt sich einfacher bearbeiten, anzeigen und drucken. Wenn Sie unnötige Punkte löschen, verringern Sie die Komplexität eines Pfades oder verändern seine Form. Sie können einen Pfad auch neu formen, indem Sie Punkte hinzufügen.

Sie werden jetzt einen Ankerpunkt löschen und dann Punkte zu einem Pfad hinzufügen.

1. Wählen Sie aus dem Menü unten links im Dokumentfenster die Zeichenfläche 1 »Violin« aus.

2. Aktivieren Sie das Zoomwerkzeug (🔍) und klicken Sie zum Einzoomen einmal in die Mitte der Geigenform. Für die nächsten Schritte müssen Sie die komplette Form sehen.

3. Klicken Sie mit dem Direktauswahl-Werkzeug (▶) auf den Rand der Geige.

4. Positionieren Sie den Mauszeiger über dem oberen Eckpunkt. Klicken Sie, um den Ankerpunkt auszuwählen.

5. Klicken Sie im Steuerungsbedienfeld auf das Symbol »Ausgewählte Ankerpunkte entfernen« (✒), um den Ankerpunkt zu löschen.

6. Positionieren Sie den Mauszeiger des Direktauswahl-Werkzeugs über dem oberen Teil des Pfades. Klicken und ziehen Sie den Pfad mit gedrückter Umschalt-Taste nach oben, um die Kurve zu verformen. Halten Sie beim Ziehen die Umschalt-Taste gedrückt. Lassen Sie erst die Maus- und dann die Umschalt-Taste los, sobald die neue Form fertig ist. Heben Sie die Auswahl noch nicht auf.

▶ **Tipp:** Sie können einen Ankerpunkt auch löschen, indem Sie ihn mit dem Zeichenstift anklicken.

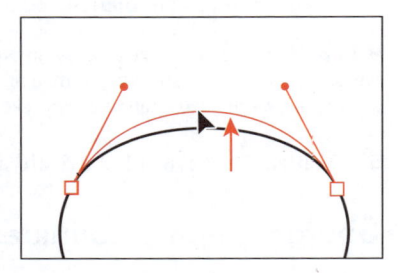

● **Hinweis:** Zum Löschen von Ankerpunkten sollten Sie nicht die Rück- oder Entf-Taste oder die Menübefehle **Bearbeiten: Ausschneiden** bzw. **Bearbeiten: Löschen** verwenden. Damit würden Sie den Punkt und die Liniensegmente, die mit diesem Punkt verbunden sind, löschen.

Fügen Sie jetzt Ankerpunkte hinzu und formen Sie den unteren Teil der Geige neu.

▶ **Tipp:** Eine weitere Möglichkeit zum Hinzufügen von Ankerpunkten ist das Ankerpunkt-hinzufügen-Werkzeug (⁺✒). Zeigen Sie auf einen Pfad und klicken Sie, um einen Punkt hinzuzufügen.

1. Klicken Sie mit dem Zoomwerkzeug (🔍) zweimal langsam in den unteren Teil, um hineinzuzoomen.

2. Positionieren Sie den Mauszeiger des Zeichenstifts (✒) auf dem Geigenpfad rechts neben dem unteren Ankerpunkt. Neben dem Mauszeiger erscheint ein Pluszeichen (+). Klicken Sie, um einen Ankerpunkt hinzuzufügen.

3. Positionieren Sie den Mauszeiger jetzt links auf dem Pfad neben dem unteren Ankerpunkt und klicken Sie, sobald das Pluszeichen (+) erscheint, um einen Ankerpunkt hinzuzufügen und den dritten Punkt in Reihe zu erzeugen.

4. Klicken Sie mit dem Direktauswahl-Werkzeug (▶) auf den mittleren der drei Ankerpunkte. Ziehen Sie den Punkt mit gedrückter Umschalt-Taste etwas nach unten. Lassen Sie erst die Maus- und dann die Umschalt-Taste los.

   Gegebenenfalls zoomen Sie ein.

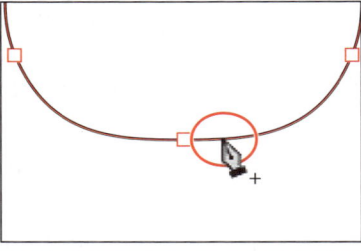

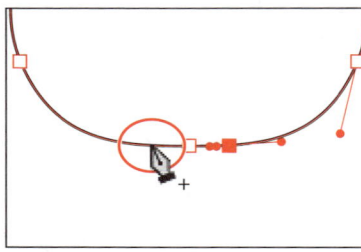

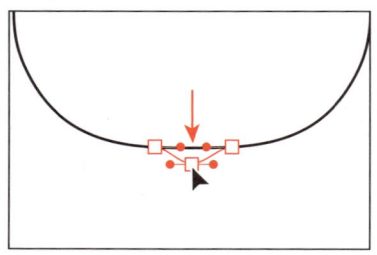

▶ **Tipp:** Wenn Sie Punkte zu einer symmetrischen Form hinzufügen, kann es etwas schwierig werden, denselben Abstand zur Mitte einzuhalten. Sie können dies jedoch im Anschluss korrigieren. Mehr dazu erfahren Sie in Lektion 2, »Auswählen und ausrichten«.

5. Wählen Sie **Auswahl: Auswahl aufheben** und **Datei: Speichern**.

Übergangs- in Eckpunkte umwandeln und umgekehrt

Stellen Sie den Geigenhals jetzt fertig, indem Sie den Pfad noch etwas anpassen. Sie werden einen Übergangs- in einen Eckpunkt umwandeln und einen Eck- in einen Übergangspunkt.

1. Aktivieren Sie im Menü unten links im Dokumentfenster die Zeichenfläche 6 »Violin Neck«.

2. Klicken Sie im Ebenenbedienfeld in das leere Kästchen links neben dem Sperren-Icon für die Template-Ebene (🔒), um diese wieder einzublenden.

3. Aktivieren Sie in der Werkzeugleiste das Zoomwerkzeug ( ) und klicken Sie dreimal in die Mitte der Punkte A, B, C und D.

4. Stellen Sie den Mauszeiger des Direktauswahl-Werkzeugs ( ) über Punkt A auf der linken Seite der Form. Sobald neben dem Mauszeiger ein offenes Quadrat mit einem Punkt in der Mitte ( ) erscheint, klicken Sie auf den Ankerpunkt, um ihn auszuwählen.

5. Klicken Sie anschließend im Steuerungsbedienfeld auf das Symbol »Ausgewählte Ankerpunkte in Übergang konvertieren« ( ).

6. Ziehen Sie mit gedrückter Umschalt-Taste und dem Direktauswahl-Werkzeug die untere Grifflinie nach unten, um den unteren Teil der Kurve neu zu formen. Lassen Sie erst die Maus- und dann die Umschalt-Taste los.

● **Hinweis:** Wenn Sie mit dem Direktauswahl-Werkzeug an einer Grifflinie ziehen, bleiben die Griffe parallel zueinander; sie können aber unabhängig voneinander verkürzt oder verlängert werden.

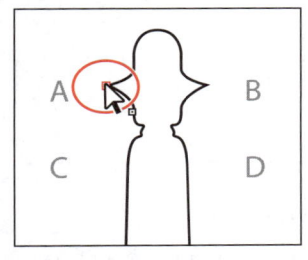

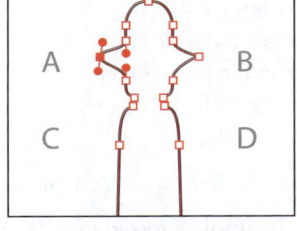

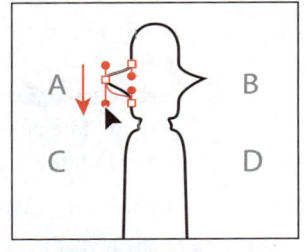

Den Punkt auswählen   Den Ankerpunkt konvertieren   Den Richtungspunkt nach unten ziehen

7. Wiederholen Sie die Schritte 3–5 mit Punkt B auf der rechten Seite der Form.

8. Klicken Sie mit dem Direktauswahl-Werkzeug auf den Punkt rechts neben dem Buchstaben C. Klicken Sie dann im Steuerungsbedienfeld auf das Symbol »Ausgewählte Ankerpunkte in Ecke konvertieren« ( ).

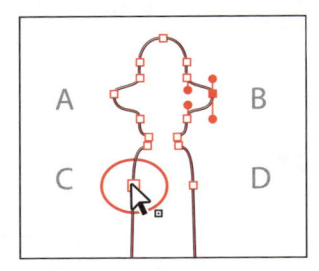

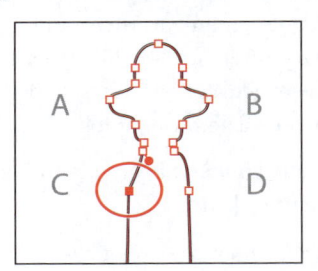

9. Wählen Sie Punkt D mit dem Direktauswahl-Werkzeug aus und konvertieren Sie ihn ebenfalls in einen Eckpunkt.

10. Klicken Sie mit dem Direktauswahl-Werkzeug in den oberen Punkt des Halses. Klicken Sie im Anschluss im Steuerungsbedienfeld auf das Symbol »Pfad an ausgewählten Ankerpunkten ausschneiden« ( ) und wählen Sie **Auswahl: Auswahl aufheben**.

11 Halten Sie die Umschalt-Taste gedrückt und ziehen Sie die rechte Seite des Halses mit dem Auswahl-Werkzeug (▶) etwas nach rechts. Geben Sie Maus- und Umschalt-Taste frei. Es entsteht eine Lücke zwischen zwei offenen Pfaden.

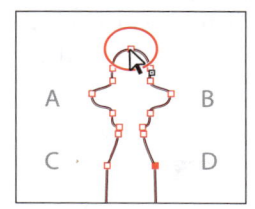

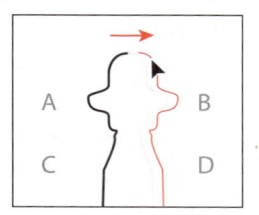

12 Ziehen Sie mit dem Direktauswahl-Werkzeug einen Auswahlrahmen um die oberen zwei Punkte beider Pfade auf. Klicken Sie dann im Steuerungsbedienfeld auf das Symbol »Ausgewählte Endpunkte verbinden« (▣), um an dieser Stelle eine gerade Linie zu erzeugen, die die beiden Pfade miteinander verbindet.

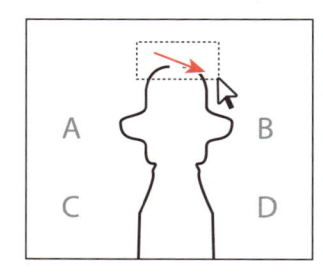

13 Wählen Sie **Ansicht: Zeichenfläche in Fenster einpassen**.

14 Klicken Sie mit dem Auswahl-Werkzeug auf den Pfad (auch wenn er bereits ausgewählt aussieht). Wählen Sie **Objekt: Pfad: Zusammenfügen**, um die beiden offenen Endpunkte zusammenzufügen. Heben Sie die Auswahl nicht auf.

15 Aktivieren Sie das Ankerpunkt-konvertieren-Werkzeug (ᐅ). Dieses befindet sich im Werkzeugbedienfeld in der Gruppe des Zeichenstift-Werkzeugs.

● **Hinweis:** Drücken Sie die Umschalt-Taste erst, NACHDEM Sie mit dem Ziehen begonnen haben.

16 Ziehen Sie den unteren linken Ankerpunkt der Halsform nach unten. Halten Sie dabei die Umschalt-Taste gedrückt und lassen Sie im Anschluss beide Tasten wieder los.

Mit dem Werkzeug können Sie unter anderem Übergangs- in Eckpunkte verwandeln und umgekehrt.

● **Hinweis:** Wenn Sie nicht genau auf den Punkt klicken, erscheint eine Warnmeldung.

17 Ziehen Sie aus der unteren rechte Ecke nach oben. Halten Sie die Umschalt-Taste gedrückt, um einen Übergangspunkt zu erstellen. Der untere Teil der Form wird rund. Lassen Sie erst die Maus- und dann die Umschalt-Taste los.

18 Wählen Sie **Auswahl: Auswahl aufheben** und **Datei: Speichern**.

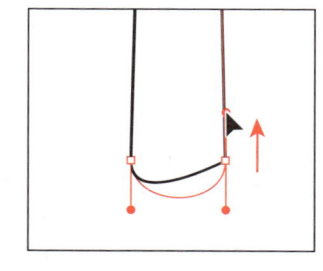

Mit dem Buntstift zeichnen

Mit dem Buntstift können Sie offene oder geschlossene Pfade zeichnen, als würden Sie mit einem Buntstift auf Papier malen. Illustrator erstellt auf dem gezeichneten Pfad Ankerpunkte. Diese Punkte können auch im Anschluss noch bearbeitet werden. Die Anzahl der Ankerpunkte wird durch die Länge und Komplexität des Pfades und die Toleranzeinstellung im Dialogfeld »Buntstift-Werkzeug-Optionen« bestimmt. Der Buntstift eignet sich für Freihandzeichnungen und eher natürliche Formen.

Zeichnen Sie jetzt ein paar Linien, die sich auf eine früher gezeichnete Kurve stützen.

1 Aktivieren Sie die Zeichenfläche 4 »Curved Shape step 2« aus dem Menü unten links im Dokumentfenster.

2 Klicken Sie im Ebenenbedienfeld ( ) auf das Symbol für die Template-Ebene ( ) oder auf das Bedienfeldregister, um es auszublenden. Blenden Sie das Ebenenbedienfeld aus.

3 Klicken Sie im Werkzeugbedienfeld doppelt auf den Buntstift ( ). Im Dialogfeld »Werkzeugoptionen« ziehen Sie den Regler für die Glättung auf 100%. Die Anzahl der Punkte auf dem Pfad wird reduziert und der Pfad erscheint glatter. Klicken Sie dann auf OK.

4 Klicken Sie mit aktivem Werkzeug auf die Konturfarbe im Steuerungsbedienfeld und wählen Sie »Schwarz«; für die Flächenfüllung wählen Sie die Option »Ohne« ( ), falls diese noch nicht ausgewählt ist.

● **Hinweis:** Die Farben für Flächenfüllung und Kontur sind möglicherweise schon korrekt eingestellt.

5 Positionieren Sie den Mauszeiger links innerhalb der gebogenen Form. Wenn Sie rechts neben dem Mauszeiger ein kleines x sehen, ziehen Sie, um einen Bogen von links nach rechts zu zeichnen (siehe Abbildung).

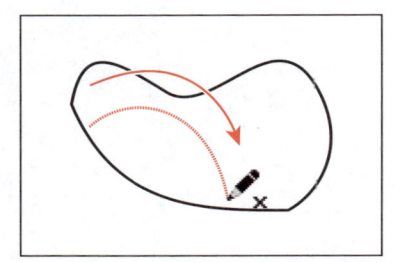

Das x verdeutlicht, dass Sie einen neuen Pfad erstellen. Sollten Sie es nicht sehen, zeichnen Sie einfach nur eine Form nach, die sich in der Nähe des Mauszeigers befindet. Vergrößern Sie dann gegebenenfalls den Abstand zur Kante.

▶ **Tipp:** Um einen geschlossenen Pfad zu erstellen (z. B. einen Kreis), aktivieren Sie den Buntstift und drücken Sie die Alt-Taste und ziehen Sie. Die Buntstift-Werkzeugspitze zeigt einen kleinen Kreis, der anzeigt, dass Sie einen geschlossenen Pfad erstellen. Hat der Pfad die gewünschte Größe und Form, geben Sie die Maustaste frei, die Alt-Taste jedoch erst, wenn der Pfad wirklich geschlossen ist. Anfangs- und End-Ankerpunkte werden mit der kürzest möglichen Linie verbunden.

Es kann sein, dass der Pfad beim Zeichnen noch nicht perfekt glatt aussieht. Sobald Sie die Maustaste jedoch loslassen, wird der Pfad entsprechend des Glättungswertes im Dialogfeld »Werkzeugoptionen« geglättet.

6   Stellen Sie den Mauszeiger über den neu erstellten Pfad. Jetzt ist neben dem Cursor kein x mehr zu sehen. Wenn Sie jetzt zeichnen, bearbeiten Sie den Pfad von diesem Punkt aus, anstatt einen neuen Pfad zu erstellen.

Stellen Sie jetzt noch ein paar weitere Optionen für den Buntstift ein und zeichnen Sie eine weitere Kurve.

7   Klicken Sie doppelt auf das Buntstift-Werkzeug (✏).

8   Deaktivieren Sie im Dialogfeld die Option »Ausgewählte Pfade bearbeiten« und ändern Sie den Wert für die Genauigkeit auf 10 Pixel. Klicken Sie auf OK.

▶ **Tipp:** Je höher der Wert für die Genauigkeit, desto größer ist der Abstand zwischen den Ankerpunkten und desto weniger Ankerpunkte werden erstellt – dadurch wird der Pfad glatter und weniger komplex.

9   Klicken Sie mit dem Buntstift auf das Ende des gerade gezeichneten gebogenen Pfades und ziehen Sie nach rechts, um einen weiteren Bogen zu zeichnen.

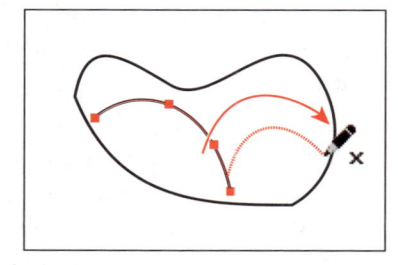

10 Wählen Sie **Auswahl: Auswahl aufheben**.

Pfade mit dem Buntstift bearbeiten

Sie können Pfade auch mit dem Buntstift bearbeiten und Freiformlinien und Formen zu bereits bestehenden Formen hinzufügen.

Bearbeiten Sie nun die Kurve mit dem Buntstift.

1 Wählen Sie mit dem Auswahl-Werkzeug (▸) den geschlossenen Pfad (nicht die mit dem Buntstift gezeichneten Bögen) aus.

2 Klicken Sie doppelt auf den Buntstift und im Dialogfeld auf »Zurück«. Die Option »Ausgewählte Pfade bearbeiten« ist jetzt wieder aktiv (das ist für die nächsten Schritte äußerst wichtig). Ändern Sie den Wert für die »Genauigkeit« auf »10« und die »Glättung« auf »30%«. Klicken Sie auf OK.

3 Positionieren Sie den Buntstift oben links im gebogenen Pfad (nicht auf dem Punkt) und beachten Sie, dass das x verschwindet. Dies signalisiert Ihnen, dass Sie den ausgewählten Pfad jetzt neu zeichnen werden.

● **Hinweis:** Je nachdem, an welcher Stelle Sie beginnen und in welche Richtung Sie ziehen, erhalten Sie möglicherweise unerwartete Ergebnisse. Versuchen Sie es gegebenenfalls neu.

4 Ziehen Sie nach rechts, um die Kurve des Pfades zu bearbeiten. Befindet sich der Mauszeiger wieder auf dem Pfad, geben Sie die Maustaste frei.

5 Wählen Sie **Auswahl: Alles auf der aktiven Zeichenfläche**.

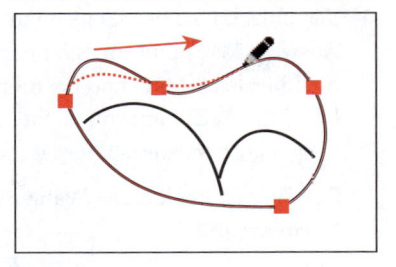

▶ **Tipp:** Wenn die Form nicht wie gewünscht aussieht, wählen Sie **Bearbeiten: Rückgängig** oder ziehen Sie mit dem Buntstift erneut über denselben Bereich.

● **Hinweis:** Ihr Pfad sieht vielleicht nicht exakt so aus wie in der Abbildung, aber das macht nichts aus. Wenn Sie wollen, können Sie ihn aber auch noch einmal neu bearbeiten.

6 Wählen Sie **Objekt: Gruppieren**.

7 Klicken Sie anschließend doppelt auf das Skalieren-Werkzeug (🔁) und ändern Sie im Dialogfeld die gleichförmige Skalierung in **70%**. Klicken Sie auf OK.

8 Wählen Sie **Auswahl: Auswahl aufheben** und **Datei: Speichern**.

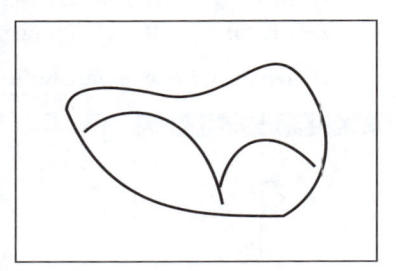

Die Geige fertigstellen

Um die Illustration zu vervollständigen, werden Sie noch ein paar kleine Änderungen vornehmen, die Einzelobjekte zusammensetzen und füllen.

Die Teile zusammensetzen

1 Wählen Sie **Ansicht: Alle in Fenster einpassen**. Wählen Sie **Zurücksetzen: Grundlagen** aus dem Arbeitsbereich-Umschalter in der Anwendungsleiste.

2 Wählen Sie **Ansicht: Begrenzungsrahmen einblenden**, sodass Sie die Begrenzungsrahmen der ausgewählten Objekte sehen.

3 Verschieben Sie die soeben erstellte Gruppe mit dem Auswahl-Werkzeug (▶) nach unten links in die Geigenform (wie in der Abbildung zu sehen).

4 Klicken Sie mit gedrückter Umschalt-Taste auf die Geige und wählen Sie **Objekt: Gruppieren**.

5 Wählen Sie **Objekt: Sperren: Auswahl**.

6 Verschieben Sie den Geigenhals mit dem Auswahl-Werkzeug an den oberen Bereich des Geigenkörpers. Nutzen Sie die Lineale als Hilfe und positionieren Sie den Hals etwa ein Zoll vom oberen Rand der Zeichenfläche. Richten Sie ihn so nah wie möglich an der Mitte des Geigenkörpers aus (später werden Sie ihn noch exakter ausrichten).

7 Der Hals ist noch aktiv: Wählen Sie **Objekt: Anordnen: In den Vordergrund**.

8 Ziehen Sie mit dem Direktauswahl-Werkzeug (▶) einen Rahmen um den unteren Teil des Halses auf. Halten Sie die Umschalt-Taste gedrückt und ziehen Sie einen der unteren Punkte nach unten. Lassen Sie erst die Maus- und dann die Umschalt-Taste los. (Die ungefähre Länge erkennen Sie in der Abbildung.)

9 Wählen Sie **Objekt: Sperren: Auswahl**.

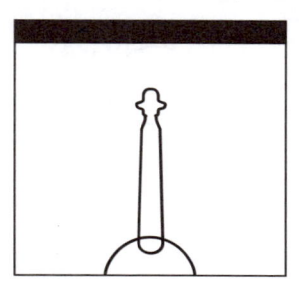

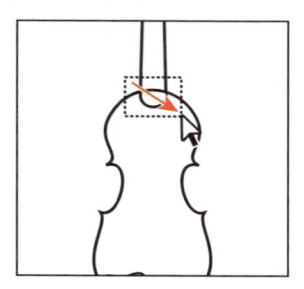

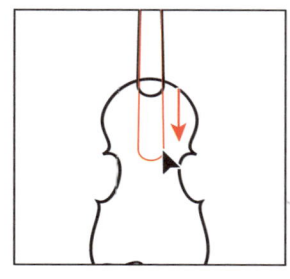

● **Hinweis:** Weil die Gruppe mit den gebogenen Formen keine Flächenfarbe aufweist, ist es möglicherweise einfacher, einen Pfad in der Gruppe zu ziehen, statt zu versuchen, die Form aus ihrer Mitte heraus zu ziehen.

10 Ziehen Sie mit dem Direktauswahl-Werkzeug die Gruppe mit der gestrichelten Linie (aus der Zeichenfläche 5 Strings) auf die Mitte der Geige. Ziehen Sie so, dass sich der untere Teil der Linien über der gebogenen Form und am linken Rand des Geigenhalses befindet (siehe Abbildung unten).

11 Wählen Sie **Objekt: Anordnen: In den Vordergrund**.

12 Klicken Sie mit dem Direktauswahl-Werkzeug auf den oberen Punkt der Gruppe mit den gestrichelten Linien. Ziehen Sie diesen Punkt mit gedrückter Umschalt-Taste bis kurz unter die Spitze des Geigenhalses. Lassen Sie Maus- und Umschalt-Taste wieder los.

13 Klicken Sie mit dem Werkzeug anschließend in die Liniengruppe und dann doppelt auf das Auswahl-Werkzeug im Werkzeugbedienfeld, um das Dialogfeld »Verschieben« zu öffnen.

14 Ändern Sie im Dialogfeld den Wert für »Horizontal« in 0,1 Zoll und für »Vertikal« in 0. Klicken Sie auf »Kopieren« und verschieben Sie die Gruppe mit der gestrichelten Linie nach rechts.

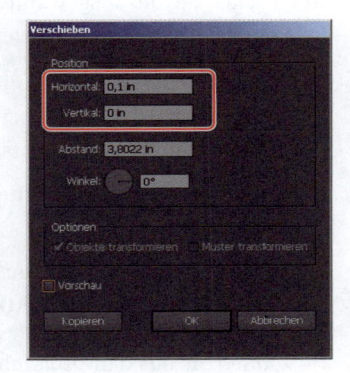

15 Die Kopie ist ausgewählt. Wählen Sie dann zweimal **Objekt: Transformieren: Erneut transformieren**, sodass die Linien nun in vierfacher Ausfertigung vorhanden sind.

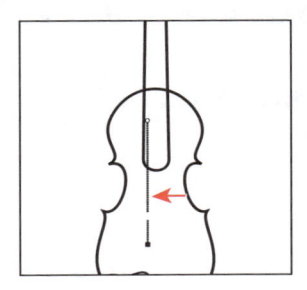

Die Linien an Ort und Stelle ziehen

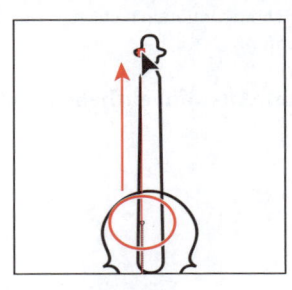

Die Linie verändern

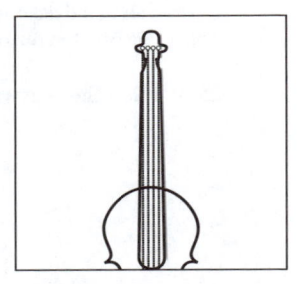

Die Linien kopieren

16 Wählen Sie **Auswahl: Alles auf der aktiven Zeichenfläche** und dann **Objekt: Gruppieren**.

17 Im Steuerungsbedienfeld ändern Sie die Konturstärke in 1 pt.

18 Wählen Sie das Zoomwerkzeug (🔍) im Werkzeugbedienfeld und klicken Sie dreimal auf den unteren Teil der gepunkteten Liniengruppen.

19 Aktivieren Sie das Rechteck-Werkzeug und klicken Sie in die Grafik. Ändern Sie im Dialogfeld die Breite in 0,5 und die Höhe in 0,18 Zoll. Klicken Sie auf OK.

20 Drücken Sie bei ausgewähltem Rechteck die Taste D, um Standardkontur und -flächenfüllung anzuwenden.

● **Hinweis:** Möglicherweise müssen Sie die Höhe des Rechtecks noch anpassen, damit es genau dazwischen passt.

21 Ziehen Sie das Rechteck mit dem Auswahl-Werkzeug auf den Bereich, wo die Linien durchgeschnitten wurden (siehe Abbildung).

22 Wählen Sie **Ansicht: Zeichenfläche in Fenster einpassen**.

23 Wählen Sie **Objekt: Alle entsperren** und **Auswahl: Alles auf der aktiven Zeichenfläche**.

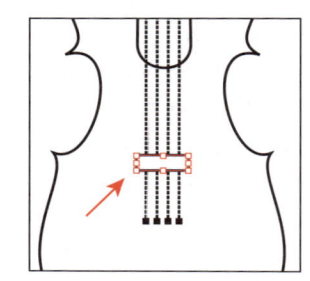

24 Wählen Sie aus dem Ausrichten-Menü (▦▾) im Steuerungsbedienfeld die Option »An Zeichenfläche ausrichten« und klicken Sie dann auf das Symbol »Horizontal zentriert ausrichten« (▤).

● **Hinweis:** Sind die Ausrichten-Optionen nicht zu sehen, klicken Sie auf »Ausrichten« oder wählen Sie **Fenster: Ausrichten**.

25 Wählen Sie **Auswahl: Auswahl aufheben** und **Datei: Speichern**.

Die Grafik einfärben

In der farbigen Version der Geige wurde diese mit eigenen Farben namens »Violin«, »Neck« und »Gray« gefärbt. Mehr über das Einfärben von Objekten erfahren Sie in Lektion 6, »Farbe und Malen.«

1 Wählen Sie mit dem Auswahl-Werkzeug ( ) ein Objekt aus und ändern Sie die Flächenfüllung im Steuerungsbedienfeld. Wenden Sie das Farbfeld »Violin« auf den Geigenkörper an, »Gray« auf das Rechteck und die gebogene Form sowie »Neck« auf den Geigenhals.

2 Wählen Sie **Datei: Speichern** und dann **Datei: Schließen**.

● **Hinweis:** Um die Farbe der gebogenen Form zu ändern, klicken Sie doppelt auf die Form, um den Isolationsmodus zu aktivieren. Um ihn wieder zu verlassen, drücken Sie die Escape-Taste.

Fragen

1. Beschreiben Sie, wie Sie eine gerade, vertikale, horizontale oder diagonale Linie mit dem Zeichenstift erstellen.
2. Wie zeichnen Sie mit dem Zeichenstift eine gebogene Linie?
3. Wie erstellen Sie einen Eckpunkt auf einer gebogenen Linie?
4. Nennen Sie zwei Möglichkeiten, einen Übergangspunkt in einen Eckpunkt umzuwandeln.
5. Mit welchem Werkzeug bearbeiten Sie ein Segment auf einer gebogenen Linie?
6. Wie ändern Sie die Funktionsweise des Buntstifts?

Antworten

1 Klicken Sie zweimal mit dem Zeichenstift, um eine gerade Linie zu erstellen. Mit dem ersten Klick setzen Sie den Start-Ankerpunkt, mit dem zweiten den End-Ankerpunkt. Damit die Linie vertikal, horizontal oder in einem Winkel von 45° diagonal wird, drücken Sie beim Klicken die Umschalt-Taste.

2 Um mit dem Zeichenstift eine gebogene Linie zu erstellen, klicken Sie, um einen Start-Ankerpunkt zu setzen, ziehen Sie, um die Richtung zu bestimmen, und klicken Sie erneut für das Ende der Kurve.

3 Um einen Eckpunkt zu erstellen, drücken Sie die Alt-Taste und ziehen Sie die Grifflinie am Endpunkt der Kurve, um die Richtung des Pfades zu ändern. Ziehen Sie weiter, um das nächste Kurvensegment zu erstellen.

4 Wählen Sie mit dem Direktauswahl-Werkzeug einen Ankerpunkt und nutzen Sie dann das Ankerpunkt-konvertieren-Werkzeug, um an der Grifflinie zu ziehen. Oder klicken Sie mit dem Direktauswahl-Werkzeug auf einen oder mehrere Punkte und dann im Steuerungsbedienfeld auf das Symbol »Ausgewählte Ankerpunkte in Ecke konvertieren« (N).

5 Um ein Segment auf einer gebogenen Linie zu bearbeiten, aktivieren Sie das Direktauswahl-Werkzeug und ziehen Sie das Segment oder die Grifflinie eines Ankerpunktes, um Länge und Form des Segments anzupassen.

6 Klicken Sie doppelt auf das Buntstift-Werkzeug, um das Dialogfeld »Werkzeugoptionen« zu öffnen. Dort stellen Sie die Genauigkeit, Glättung etc. ein.

6 FARBE UND MALEN

Überblick

In dieser Lektion lernen Sie Folgendes:

- Farbmodi und Farbeinstellungen nutzen
- Mithilfe des Steuerungsbedienfelds und der Tastenkürzel mit Farben arbeiten und malen
- Farben benennen und speichern, Farbgruppen und Farbpaletten erstellen
- Umgang mit dem Farbhilfebedienfeld und den Funktionen »Farben bearbeiten«/»Grafik neu färben«
- Mal- und Aussehenattribute von einem Objekt zum anderen kopieren
- Muster erstellen und damit malen
- Umgang mit der Option »Interaktiv malen«

Diese Lektion dauert ungefähr eineinhalb Stunden. Falls erforderlich, entfernen Sie den Ordner der vorherigen Lektion von Ihrer Festplatte und kopieren Sie den Ordner *Lektion06* darauf.

Peppen Sie Ihre Illustrationen mit Farben auf, indem Sie die Farbsteuerungen in Adobe Illustrator CS6 nutzen. In dieser Lektion voller Informationen lernen Sie, Flächen und Konturen auszumalen, das Farbhilfebedienfeld als Inspirationsquelle zu nutzen, mit Farbgruppen zu arbeiten, Grafiken neu zu färben, Muster zu erstellen und vieles andere mehr.

Vorbereitungen

In dieser Lektion lernen Sie die Grundlagen von Farbe und werden Farben mithilfe des Farbe- sowie des Farbfelderbedienfelds erstellen und bearbeiten.

1 Stellen Sie sicher, dass Ihre Werkzeuge und Bedienfelder genau wie in dieser Lektion funktionieren. Dazu löschen oder deaktivieren Sie die Voreinstellungen für Adobe Illustrator CS6 durch Umbenennen. Mehr darüber erfahren Sie im Abschnitt »Standardvoreinstellungen wiederherstellen« auf Seite 3.

2 Starten Sie Adobe Illustrator CS6.

● **Hinweis:** Falls noch nicht geschehen, kopieren Sie den Ordner dieser Lektion (*Lektion06*) von der beiliegenden CD auf Ihre Festplatte. Mehr darüber erfahren Sie auf Seite 2.

3 Wählen Sie **Datei: Öffnen** und öffnen Sie die Datei *L6end_1.ai* aus dem Ordner *Lektion06*, um das Ergebnis zu sehen. Lassen Sie die Datei als Referenz offen.

4 Wählen Sie erneut **Datei: Öffnen** und öffnen Sie nun die Datei *L6start_1.ai* aus demselben Ordner. Die Datei enthält bereits einige Komponenten. Sie werden noch ein paar Farben erstellen und anwenden, um die Etiketten zu vervollständigen.

5 Wählen Sie **Datei: Speichern unter**, gehen Sie zum Ordner *Lektion06* und speichern Sie die Datei unter dem Namen *label.ai*. Behalten Sie die Formatoption »Adobe Illustrator (*.AI)« (Windows) bzw. »Adobe Illustrator (ai)« (Mac OS) bei und klicken Sie auf **Sichern: Speichern**. Im sich öffnenden Dialogfeld nehmen Sie keine Änderungen vor und klicken einfach auf OK.

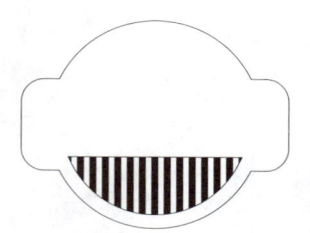

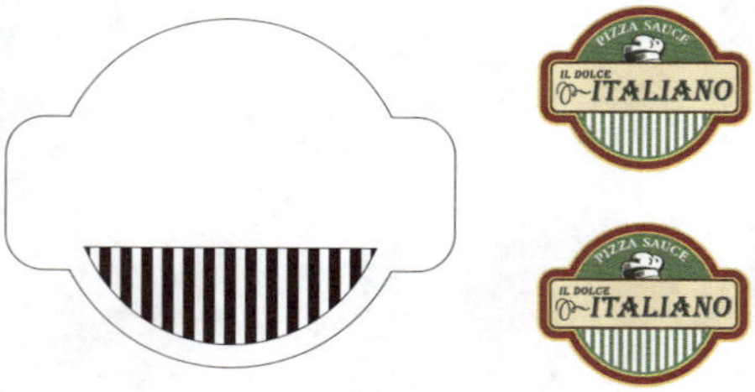

● **Hinweis:** Wenn Sie im Menü den Eintrag **Zurücksetzen: Grundlagen** nicht finden, wählen Sie zunächst **Fenster: Arbeitsbereich: Grundlagen** und dann erst **Fenster: Arbeitsbereich: Zurücksetzen: Grundlagen**.

6 Wählen Sie **Fenster: Arbeitsbereich: Zurücksetzen: Grundlagen**.

Farben verstehen

Wenn Sie in Illustrator mit Farben arbeiten, müssen Sie sich zuallererst mit Farbmodi auskennen. Wenn Sie Farben auf eine Grafik anwenden, sollten Sie bereits im Hinterkopf haben, wo diese Grafik veröffentlicht wird (Druck, Web etc.), um den richtigen Farbmodus und die richtigen Farbdefinitionen zu verwenden. Lernen Sie zunächst etwas über die Farbmodi und dann die Grundlagen der Farbeinstellungen.

Farbmodi

Bevor Sie mit einer neuen Illustration beginnen, müssen Sie entscheiden, welchen Farbmodus Sie für Ihre Grafik verwenden wollen: CMYK oder RGB.

- **CMYK** – Cyan, Magenta, Gelb (Yellow) und Schwarz (Black) sind die Farben für den Vierfarbdruck. Diese vier Farben werden miteinander kombiniert und in einem Raster überlappend dargestellt, um die unterschiedlichsten Farben zu erzeugen. Wählen Sie diesen Modus für den Druck aus.
- **RGB** – Rotes, grünes und blaues Licht wird in unterschiedlichen Anteilen gemischt, um ein breites Farbspektrum zu erzeugen. Wählen Sie diesen Modus aus, wenn Sie Bilder für die Bildschirmdarstellung oder das Internet erstellen.

Bei einem neuen Dokument legen Sie den Modus fest, indem Sie **Datei: Neu** und ein entsprechendes Dokumentprofil – z. B. Druck und somit CMYK – auswählen. Sie ändern den Farbmodus, indem Sie auf den Pfeil links neben der Option **Erweitert** klicken und dort einen Modus auswählen.

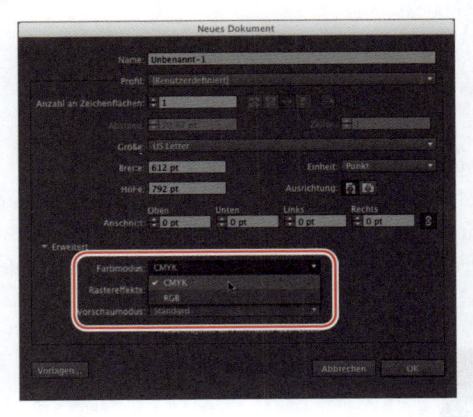

Entsprechend dem gewählten Farbmodus zeigen die Bedienfelder die Farben entweder im CMYK- oder RGB-Modus an. Bei einer bereits erstellten Datei ändern Sie den Farbmodus, indem Sie **Datei: Dokumentfarbmodus** wählen und sich dort für »CMYK« oder »RGB« entscheiden.

Der Umgang mit den Farbsteuerungen

In dieser Lektion lernen Sie traditionelle Methoden kennen, Objekte in Illustrator einzufärben. Dazu gehört das Füllen von Objekten mit Farben und Mustern mit einer Kombination aus Bedienfeldern und Werkzeugen. Dazu gehören: Steuerungs-, Farbe-, Farbfelder-, Verlauf-, Kontur- und Farbhilfebedienfeld, Farbwähler und Farbe-Schaltflächen im Werkzeugbedienfeld. Sehen Sie sich zunächst die fertige Grafik an, auf die die Farben bereits angewendet wurden.

1   Klicken Sie oben im Dokumentfenster auf den Reiter »L6end_1.ai«.

2   Aktivieren Sie im Menü »Zeichenflächennavigation« unten links im Dokumentfenster die Zeichenfläche 1 und wählen Sie dann **Ansicht: Zeichenfläche in Fenster einpassen**.

3   Klicken Sie mit dem Auswahl-Werkzeug (▶) auf die grüne Form hinter dem Text »Pizza Sauce«.

Objekte können in Illustrator eine Flächenfüllung, eine Konturfarbe oder beides besitzen. Beachten Sie, dass im Werkzeugbedienfeld das Kästchen für die Flächenfüllung im Vordergrund erscheint – es ist ausgewählt. Das ist die Standardeinstellung. Für dieses Objekt ist das Kästchen grün. Dahinter sehen Sie das Kästchen für die Kontur – es ist gelb.

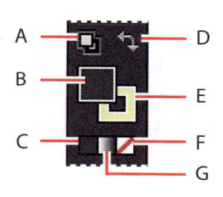

A. Standardfläche und -kontur
B. Flächenfüllung
C. Farbe-Schaltfläche
D. Flächenfüllung und Konturfarbe tauschen
E. Konturfeld
F. Ohne-Schaltfläche
G. Verlauf-Schaltfläche

4   Klicken Sie rechts im Arbeitsbereich auf das Symbol des Aussehenbedienfelds (◉).

Die Attribute für Flächenfüllung und Kontur des ausgewählten Objekts erscheinen außerdem im Aussehenbedienfeld. Sie können Aussehenattribute als Grafikstile bearbeiten, löschen oder speichern und somit später auf andere Objekte, Ebenen und Gruppen anwenden. Sie werden das Bedienfeld auch noch in späteren Lektionen nutzen.

A. Ausgewähltes Objekt
B. Konturfarbe
C. Flächenfüllung

5   Klicken Sie rechts im Arbeitsbereich auf das Symbol für das Farbebedienfeld (▣). Klicken Sie bei Bedarf auf den Doppelpfeil links neben dem Wort »Farbe«, um das Bedienfeld zu erweitern. Im Bedienfeld werden die aktuellen Farben für Fläche und Kontur angezeigt. Die CMYK-Regler zeigen die prozentualen Anteile von Cyan, Magenta, Gelb und Schwarz. Darunter sehen Sie noch ein Farbspektrum.

▶ **Tipp:** Um zwischen den unterschiedlichen Farbmodi (z. B. RGB und CMYK) zu wechseln, klicken Sie mit gedrückter Umschalt-Taste in das Farbspektrum.

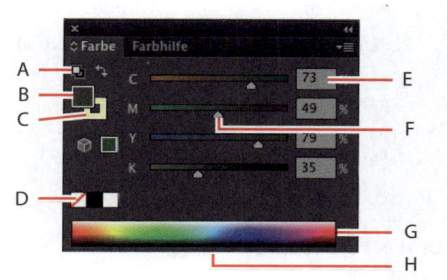

A. Standardfläche und -kontur
B. Flächenfüllung
C. Konturfarbe
D. Ohne-Schaltfläche
E. Farbwert
F. Farbregler
G. Farbspektrum
H. Anfasser (Ziehen zum Erweitern des Farbspektrums)

Aus dem Farbspektrum können Sie schnell und einfach eine Farbe für Fläche und Kontur auswählen. Mit den Farbfeldern am rechten Ende wählen Sie auch ganz einfach zwischen Schwarz und Weiß.

6   Klicken Sie rechts im Arbeitsbereich auf das Symbol für das Farbfelder-bedienfeld (▦). Hier können Sie Dokumentfarben, Verläufe und Muster speichern und schnell wieder darauf zugreifen. Besitzt ein Objekt eine Flächenfüllung oder Kontur aus einer Farbe, einem Verlauf, einem Muster oder einem Farbton aus dem Farbfelderbedienfeld, so wird das entsprechende Farbfeld hier hervorgehoben.

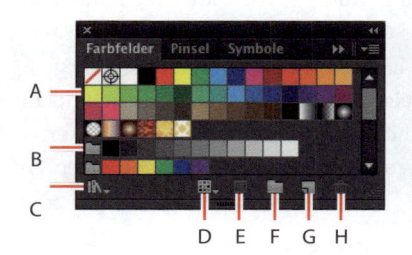

A. Farbfeld
B. Farbgruppe
C. Menü »Farbfeld-bibliotheken«
D. Menü »Farbfeldarten einblenden«
E. Farbfeldoptionen
F. Neue Farbgruppe
G. Neues Farbfeld
H. Farbfeld löschen

7   Klicken Sie nun auf das Symbol für das Farbhilfebedienfeld (▣) rechts im Arbeitsbereich. Klicken Sie auf das grüne Farbfeld oben links, um die Basisfarbe für das ausgewählte Objekt einzustellen (in der Abbildung unten mit A markiert). Wählen Sie im Menü »Harmonieregeln« die Option »Komplementär 2« (in der Abbildung mit D markiert).

● **Hinweis:** Die Farben in Ihren Bedienfeldern könnten von unseren Abbildungen abweichen, das ist in Ordnung.

Das Farbhilfebedienfeld liefert Ihnen Inspirationen für Ihre Arbeit. Sie haben Zugriff auf Farbtöne, Analogfarben und vieles andere mehr. Hier können Sie auch die Funktion »Farben bearbeiten oder anwenden« aufrufen, mit der Sie Farben erstellen und bearbeiten können.

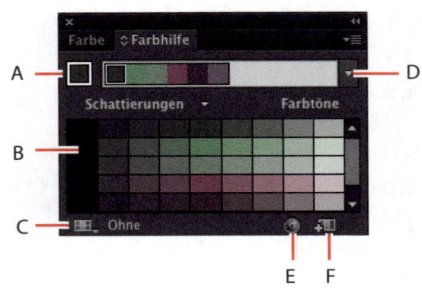

A. Aktuelle Farbe als Basisfarbe einstellen

B. Farbvariationen

C. Beschränkt die Farbgruppe auf Farben einer Farbfeldbibliothek

D. Harmonieregler und aktive Farbgruppe

E. Farben bearbeiten oder anwenden

F. Farbgruppe im Farbfelderbedienfeld speichern

8   Klicken Sie nun auf das Symbol für das Farbebedienfeld (). Klicken Sie mit dem Auswahl-Werkzeug () in verschiedene Formen der Datei *L6end_1.ai*, um die entsprechenden Attribute im Bedienfeld zu sehen.

9   Lassen Sie die Datei *L6end_1.ai* zu Vergleichszwecken geöffnet oder wählen Sie **Datei: Schließen**, ohne die Datei zu speichern.

10 Klicken Sie oben im Dokumentfenster auf den Reiter »label.ai« (falls Sie das andere Dokument nicht geschlossen haben).

Farben erstellen

In diesem Projekt bearbeiten Sie eine Grafik im CMYK-Modus. Sie können also eigene Farben aus einer Kombination aus Cyan, Magenta, Gelb und Schwarz erstellen. Je nach Grafik können Sie die Farben auf unterschiedlichen Wegen zusammenstellen. Handelt es sich beispielsweise um eine Farbe speziell für Ihre Firma, können Sie eine Farbfelderbibliothek nutzen. Wollen Sie sich nach einer Farbe in einer Grafik richten, nehmen Sie diese mit der Pipette oder geben im Farbwähler exakte Farbwerte ein.

Sie erstellen jetzt Farben mithilfe unterschiedlicher Methoden und wenden diese dann auf Objekte an.

Eigene Farben erstellen und speichern

Nutzen Sie zunächst das Farbebedienfeld und speichern Sie die Farbe dann als Farbfeld im Farbfelderbedienfeld.

1 Wählen Sie **Auswahl: Auswahl aufheben**, um sicherzustellen, dass nichts ausgewählt ist.

● **Hinweis:** Wenn beim Erstellen einer Farbe ein Objekt ausgewählt ist, wird die Farbe auf dieses Objekt angewendet.

2 Aktivieren Sie bei Bedarf im Menü »Zeichenflächennavigation« unten links im Dokumentfenster die Zeichenfläche 1 und wählen Sie dann **Ansicht: Zeichenfläche in Fenster einpassen**.

3 Ist das Farbebedienfeld nicht sichtbar, klicken Sie auf dessen Symbol (▣). Falls die CMYK-Regler ausgeblendet sind, wählen Sie CMYK aus dem Bedienfeldmenü (▼≡) oben rechts. Klicken Sie in das Kästchen für die Konturfarbe und geben Sie in die CMYK-Felder folgende Werte ein: C=**19**, M=**88**, Y=**78**, K=**22**.

4 Öffnen Sie das Farbfelderbedienfeld (▦) und wählen Sie aus dem Bedienfeldmenü (▼≡) die Option »Neues Farbfeld«. Geben Sie im Dialogfeld »Neues Farbfeld« den Namen **label background ein** und lassen Sie die übrigen Optionen unverändert. Klicken Sie auf OK.

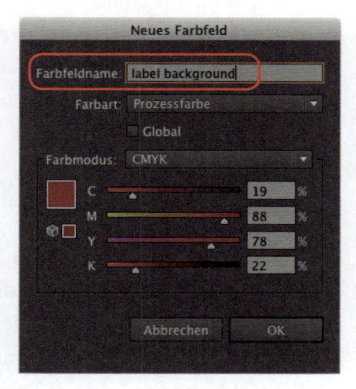

▶ **Tipp:** Um eine Farbe im Farbebedienfeld zu speichern, können Sie auch im Farbfelderbedienfeld auf die Schaltfläche »Neues Farbfeld« klicken, um das Dialogfeld »Neues Farbfeld« zu öffnen.

▶ **Tipp:** Um Farbfelder aus einem anderen Dokument zu laden, klicken Sie unten im Farbfelderbedienfeld auf die Schaltfläche »Menü ‚Farbfeldbibliotheken'« (▣) und wählen Sie den Eintrag »Andere Bibliothek«. Suchen Sie dann das Dokument, dessen Farbfelder Sie importieren wollen.

Das Farbfeld wird jetzt im Farbfelderbedienfeld durch eine weiße Umrandung hervorgehoben. Neue Farben im Bedienfeld werden immer nur mit der aktuellen Datei gespeichert. Wenn Sie eine neue Datei öffnen, sind nur die Standard-Farbfelder von Adobe Illustrator CS6 zu sehen.

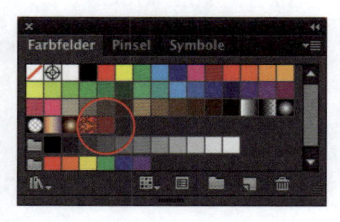

● **Hinweis:** Das Farbfelderbedienfeld, das angezeigt wird, wenn Sie im Steuerungsbedienfeld auf die Flächenfarbe klicken, ist identisch mit dem Farbfelderbedienfeld auf der rechten Seite des Arbeitsbereichs.

5   Klicken Sie mit dem Auswahl-Werkzeug (🔼) irgendwo in die weiße Hintergrundform auf der Zeichenfläche, um sie auszuwählen. Klicken Sie anschließend im Werkzeugbedienfeld auf das Kästchen für die Flächenfüllung. Klicken Sie auf das Symbol des Farbfelderbedienfelds (▦), falls das Bedienfeld nicht angezeigt wird, und wählen Sie dort das Farbfeld »label background«. Wählen Sie **Auswahl: Auswahl aufheben**.

Jetzt erstellen Sie mit einer ähnlichen, aber anderen Methode ein weiteres Farbfeld.

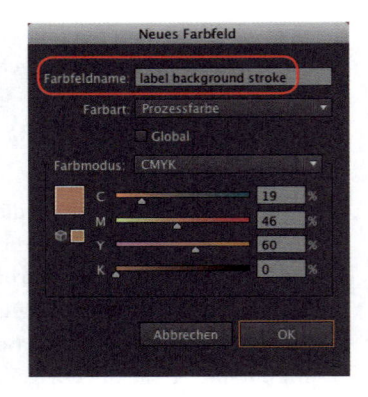

6   Klicken Sie unten im Farbfelderbedienfeld auf die Schaltfläche »Neues Farbfeld« (▦), um eine Kopie des markierten Farbfelds anzulegen.

7   Ändern Sie im Dialogfeld »Neues Farbfeld« den Namen in **label background stroke** und geben Sie die Farbwerte C=**19**, M=**46**, Y=**60**, K=**0** ein. Klicken Sie auf OK.

● **Hinweis:** Wäre die Form noch ausgewählt, würde sie direkt mit der neuen Farbe gefüllt.

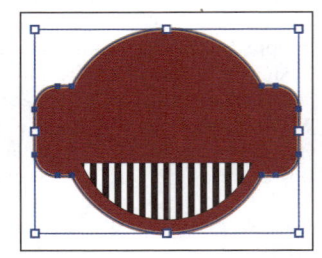

8   Klicken Sie mit dem Auswahl-Werkzeug (🔼) erneut in die Form und dann im Steuerungsbedienfeld auf die Konturfarbe. Aktivieren Sie dann im neu angezeigten Farbfelderbedienfeld das Farbfeld »label background stroke«.

9   Ändern Sie die Konturstärke im Steuerungsbedienfeld in **7 pt** und lassen Sie das Farbfelderbedienfeld geöffnet.

Farbfelder bearbeiten

Nachdem Sie eine Farbe erstellt und im Farbfelderbedienfeld gespeichert haben, können Sie sie jederzeit bearbeiten. Bearbeiten Sie nun das soeben gespeicherte Farbfeld »label background stroke«.

1 Klicken Sie im Werkzeugbedienfeld auf das Kästchen für die Kontur, um das Farbebedienfeld auszuklappen. Klicken Sie dann rechts im Arbeitsbereich auf das Symbol für das Farbfelderbedienfeld (▦).

2 Die Form ist noch ausgewählt; klicken Sie im Farbfelderbedienfeld doppelt auf das Farbfeld »label background stroke«. Im Dialogfeld »Farbfeldoptionen« ändern Sie dann die Werte in C=**2**, M=**15**, Y=**71**, K=**20**. Aktivieren Sie die Vorschauoption, um die Änderungen im Logo nachzuverfolgen. Ändern Sie den K-Wert nochmals auf 0 und klicken Sie dann auf OK.

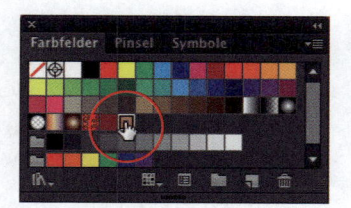

▶ **Tipp:** Wenn Sie den Mauszeiger über ein Farbfeld im Farbfelderbedienfeld stellen, wird der Name des Farbfelds eingeblendet.

Wenn Sie ein Farbfeld erstellen und dann bearbeiten, müssen die Objekte, die dieses Farbfeld bereits verwenden, ausgewählt sein, damit die Änderung übernommen wird.

Ändern Sie nun das Farbfeld »label background« in eine globale Farbe. Globale Farben werden in der Grafik automatisch aktualisiert, egal ob das entsprechende Objekt ausgewählt ist oder nicht.

3 Die Form ist weiterhin ausgewählt; klicken Sie im Werkzeugbedienfeld in das Kästchen für die Flächenfüllung.

4 Klicken Sie im Farbfelderbedienfeld doppelt auf das Farbfeld »label background«, um das Dialogfeld »Farbfeldoptionen« zu öffnen. Aktivieren Sie die Option »Global« und klicken Sie dann auf OK.

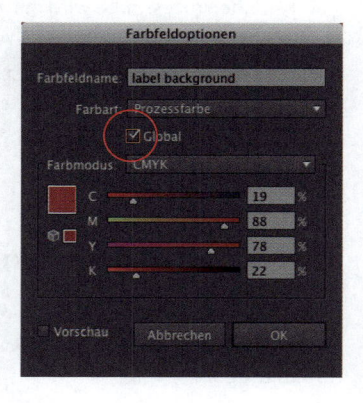

5 Wählen Sie **Auswahl: Auswahl aufheben**.

6 Klicken Sie nun erneut doppelt auf das Farbfeld »label background« und ändern Sie im Dialogfeld »Farbfeldoptionen« den Wert K (schwarz) in 70. Aktivieren Sie die Vorschau, um die Änderungen zu sehen. Achten Sie auf die Änderung der Flächenfüllung, obwohl die Form nicht ausgewählt ist. Das ist der Sinn einer globalen Farbe. Klicken Sie auf »Abbrechen«, um die Farbänderung zu verwerfen.

● **Hinweis:** Ein weißes Dreieck unten rechts im Farbfeld (▣) deutet im Farbfelderbedienfeld auf eine globale Farbe hin.

7 Wählen Sie **Datei: Speichern**.

Farbfeldbibliotheken einsetzen

Farbfeldbibliotheken sind Sammlungen fertiger Farben wie PANTONE, TOYO sowie thematische Bibliotheken wie »Erdfarben« und »Natur«. Illustrator verfügt über vorgegebene Bibliotheken, die als separate Bedienfelder erscheinen und nicht bearbeitet werden können. Wenn Sie daraus eine Farbe auf eine Grafik anwenden, wird das entsprechende Farbfeld im Farbfeldbedienfeld für dieses Dokument gespeichert. Die Bibliotheken bieten einen guten Ausgangspunkt für eigene Farbkreationen.

Sie erstellen jetzt für eine andere Form im Etikett eine gelbe Volltonfarbe mithilfe einer PANTONE+-Bibliothek. Die so definierte Farbe könnte ein warmes, dunkles oder ein helles Gelb sein. Daher verlassen sich die meisten Druckereien und Designer auf Farbmesssysteme wie das von PANTONE, um eine beständige Farbwiedergabe sicherzustellen und in einigen Fällen auch den verfügbaren Farbumfang zu erweitern.

Vollton- und Prozessfarben

Sie können Farben als Vollton- oder Prozessfarben anlegen – das bezieht sich auf die beiden wesentlichen Farbtypen im kommerziellen Druck.

- Eine Prozessfarbe wird mithilfe einer Kombination aus vier Standard-Prozessfarben gedruckt: Cyan, Magenta, Gelb und Schwarz (CMYK).
- Eine Volltonfarbe ist eine speziell vorgemischte Farbe, die anstelle oder zusätzlich zu CMYK-Druckfarben verwendet wird. Eine Volltonfarbe erfordert beim Druck eine eigene Druckplatte.

Volltonfarben erstellen

In diesem Abschnitt lernen Sie, eine Farbbibliothek (z. B. PANTONE) zu laden und eine PANTONE-Matching-System-(PMS-)Farbe zum Farbfelderbedienfeld hinzuzufügen.

● **Hinweis:** Wenn Sie Illustrator beenden und später neu starten, wird das Bedienfeld für die PANTONE-Farbbibliothek nicht erneut geöffnet. Um das Bedienfeld automatisch zu öffnen, wenn Illustrator gestartet wird, wählen Sie aus dem Bedienfeldmenü die Option »Gleiche Position«.

1. Klicken Sie im Farbfelderbedienfeld auf die Schaltfläche »Menü ‚Farbfeldbibliotheken'» ( ). Wählen Sie »Farbtafeln: PANTONE+ Solid Coated«.

   Die Farbbibliothek »PANTONE+ Solid Coated« erscheint in einem eigenen Bedienfeld.

2. Geben Sie **100** in das Suchfeld ein. Die Farbe PANTONE 100 C wird in den Farbfeldern hervorgehoben. Klicken Sie auf dieses Farbfeld, um es zum Farbfelderbedienfeld hinzuzufügen. Schließen Sie das Bedienfeld PANTONE+ Solid Coated. Die PANTONE-Farbe erscheint im Farbfelderbedienfeld.

3   Positionieren Sie den Mauszeiger auf der Zeichenfläche, halten Sie die Leertaste gedrückt und ziehen Sie nach rechts, um sowohl die weiße Form links als auch den Inhalt der ersten Zeichenfläche zu sehen.

4   Klicken Sie mit dem Auswahl-Werkzeug (▸) in die weiße Form links auf der Zeichenfläche 1. Als Flächenfüllung aktivieren Sie im Steuerungsbedienfeld die Farbe PANTONE100 C. Ändern Sie die Konturfarbe in »Ohne« (⊘).

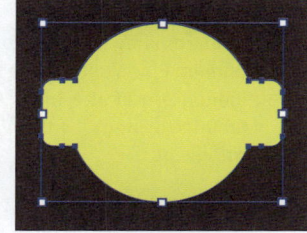

5   Die Form ist immer noch markiert; klicken Sie jetzt mit gedrückter Umschalt-Taste in die ursprüngliche rote Hintergrundform auf der ersten Zeichenfläche. Lassen Sie die Umschalt-Taste dann wieder los.

6   Wählen Sie **Ansicht: Zeichenfläche in Fenster einpassen**.

7   Klicken Sie mit dem Auswahl-Werkzeug erneut in die rote Form, um sie als Basisobjekt festzulegen.

8   Klicken Sie im Steuerungsbedienfeld auf die Schaltflächen »Horizontal zentriert ausrichten« (▯) und »Vertikal zentriert ausrichten« (▯), um die gelbe Form an der roten auszurichten.

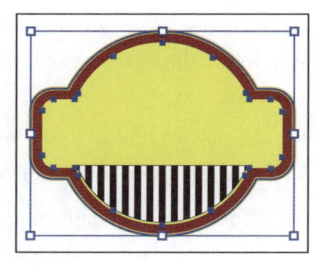

● **Hinweis:** Mehr über Basisobjekte und den Umgang mit ihnen erfahren Sie in Lektion 2, »Auswählen und ausrichten«.

● **Hinweis:** Sind die Ausrichten-Optionen nicht zu sehen, klicken Sie im Steuerungsbedienfeld auf das Wort »Ausrichten«, um das Bedienfeld zu öffnen.

9   Wählen Sie **Auswahl: Auswahl aufheben**.

10 Wählen Sie **Datei: Speichern**, lassen Sie die Datei geöffnet.

Warum sieht mein PANTONE-Farbfeld anders aus als die anderen Farbfelder im Farbfelderbedienfeld?

Der Farbtyp ist im Farbfelderbedienfeld an einem kleinen Symbol zu erkennen, das neben dem Namen der Farbe erscheint. Volltonfarben erkennen Sie am dazugehörigen Symbol (◨) in der Listenansicht des Bedienfelds oder am Punkt in der Ecke unten rechts (◪), wenn sich das Bedienfeld in der Miniaturansicht befindet. Prozessfarben haben weder Symbol noch Punkt.

Standardmäßig ist das Farbfeld »PANTONE+ Solid Coated« als Volltonfarbe definiert. Eine Volltonfarbe besteht nicht aus CMYK-Farben, sondern aus einer eigenen Druckfarbe. In der Druckerei werden vorgemischte PMS-(PANTONE Matching System-)Farben verwendet, was eine farbtreuere Wiedergabe ermöglicht.

Ein kleines Dreieck zeigt an, dass es sich um eine globale Farbe handelt. Wird diese Farbe bearbeitet, werden sämtliche Vorkommen innerhalb der Illustrationen aktualisiert. Alle Farben – nicht nur PANTONE-Farben – können global sein. Mehr über Volltonfarben erfahren Sie in der Illustrator-Hilfe bei einer Suche nach »Volltonfarben« (**Hilfe: Illustrator-Hilfe**).

Der Farbwähler

Mithilfe des Farbwählers können Sie eine Farbe aus einem Spektrum auswählen, indem Sie die Farbwerte entweder numerisch eingeben oder in ein Farbfeld klicken.

Sie werden jetzt eine Farbe mit dem Farbwähler erstellen und diese dann im Farbfelderbedienfeld speichern.

1 Klicken Sie mit dem Auswahl-Werkzeug (▶) unten auf der ersten Zeichenfläche in einen der weißen Streifen im unteren Bereich der Form, um die darunter liegende weiße Form zu wählen.

▶ **Tipp:** Den Farbwähler kennen Sie vielleicht aus Adobe Photoshop oder Adobe InDesign, denn dort gibt es diese Funktion auch.

2 Klicken Sie doppelt auf das Kästchen für die Flächenfüllung im Werkzeugbedienfeld, um den Farbwähler zu öffnen.

▶ **Tipp:** Mit einem Doppelklick auf die Felder für Flächenfüllung oder Konturfarbe gelangen Sie aus dem Farbebedienfeld zum Farbwähler.

3 Geben Sie im Dialogfeld »Farbwähler« folgende Werte in die CMYK-Felder ein: C=**0**, M=**11**, Y=**54** und K=**0**.

Achten Sie darauf, wie sich der Regler im Farbspektrum und der Kreis im Farbfeld bewegen, während Sie Ihre CMYK-Werte eingeben. Das Farbspektrum zeigt den Farbton, das Farbfeld die Sättigung (horizontal) sowie die Helligkeit (vertikal).

4. Wählen Sie S (Sättigung), um das im Farbwähler angezeigte Farbspektrum zu ändern. Es wird jetzt die Sättigung des Orangetons angezeigt. Ziehen Sie den Regler nach oben, bis der Wert S=60% beträgt, und klicken Sie auf OK.

Die weiße Form ist jetzt mit der im Farbwähler neu erstellten Farbe gelb/orange gefärbt.

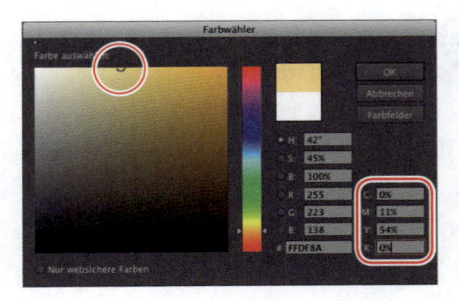

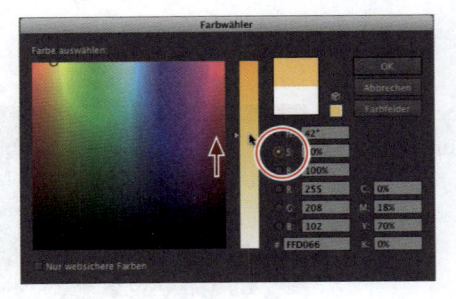

● **Hinweis:** Die »Farbfelder«-Schaltfläche im Farbwähler bietet Ihnen die Farbfelder im Farbfelderbedienfeld und die standardmäßigen Farbtafeln in Illustrator zur Auswahl. Kehren Sie anschließend zur Ansicht der Farbmodelle zurück, indem Sie auf die Schaltfläche »Farbmodi« klicken und die Farbwerte bei Bedarf bearbeiten.

5. Ändern Sie die Konturfarbe im Steuerungsbedienfeld in »Ohne« (◻).

Speichern Sie nun die Farbe im Farbfelderbedienfeld.

6. Stellen Sie sicher, dass unten im Werkzeugbedienfeld das Kästchen für die Flächenfüllung aktiviert (im Vordergrund) ist.

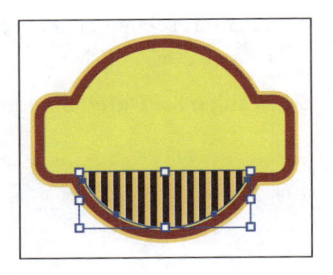

So nutzen Sie für Ihr neues Farbfeld die Farbe des aktuell ausgewählten Objekts als Basis.

7 Klappen Sie bei Bedarf das Farbfelderbedienfeld aus, indem Sie rechts im Arbeitsbereich auf das entsprechende Symbol klicken (▦).

8 Klicken Sie unten im Farbfelderbedienfeld auf die Schaltfläche »Neues Farbfeld« (▦) und geben Sie der Farbe im Dialogfeld »Neues Farbfeld« den Namen **yellow/orange**. Aktivieren Sie die Option »Global« und klicken Sie auf OK, damit die Farbe im Farbfelderbedienfeld erscheint.

9 Wählen Sie **Auswahl: Auswahl aufheben** und **Datei: Speichern**.

Farbtöne erstellen und speichern

Ein Farbton ist eine hellere, mit Weiß abgetönte Version einer Farbe. Sie können einen Farbton aus einer globalen Prozessfarbe (CMYK) oder aus einer Volltonfarbe erstellen.

Erstellen Sie jetzt einen Farbton für das soeben erstellte Farbfeld yellow/orange.

1 Klicken Sie mit dem Auswahl-Werkzeug in einen der schwarzen Balken in der unteren Hälfte der Zeichenfläche. Ändern Sie die Flächenfüllung im Steuerungsbedienfeld in yellow/orange (die Farbe, die Sie eben erstellt haben).

2 Klicken Sie auf das Symbol für das Farbebedienfeld (▦), um es auszuklappen.

● **Hinweis:** Eventuell müssen Sie im Bedienfeldmenü des Farbebedienfelds **Optionen einblenden** wählen, um den Regler zu sehen.

3 Stellen Sie sicher, dass im Farbebedienfeld das Kästchen für die Flächenfüllung aktiv ist, und ziehen Sie den Farbtonregler nach links auf einen Wert von 20%.

4 Klicken Sie dann rechts im Arbeitsbereich auf das Symbol für das Farbfelderbedienfeld (▦). Klicken Sie dort unten auf die Schaltfläche »Neues Farbfeld« (▦), um den Farbton zu speichern. Stellen Sie den Mauszeiger nun über das soeben erstellte Farbfeld und achten Sie auf den Namen yellow/orange 20%.

5 Wählen Sie **Datei: Speichern**.

Aussehen-Attribute kopieren

Mit dem Pipette-Werkzeug können Sie Aussehenattribute zwischen zwei Objekten kopieren. Dazu zählen auch Zeichen-, Absatz-, Flächen- und Konturattribute.

1   Wählen Sie mit dem Auswahl-Werkzeug ( ) einen der schwarzen Balken aus, der noch nicht eingefärbt wurde, und wählen Sie **Auswahl: Gleich: Flächenfüllung**, um auch die verbleibenden schwarzen Rechtecke auszuwählen.

2   Klicken Sie mit dem Pipette-Werkzeug ( ) in den mit yellow/orange 20% gefüllten Balken. Alle zuvor schwarzen Balken nehmen nun die Attribute des eingefärbten Balkens an.

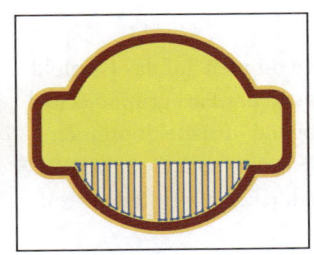

3   Klicken Sie mit dem Auswahl-Werkzeug und gedrückter Umschalt-Taste in den Originalbalken.

4   Wählen Sie **Objekt: Gruppieren**.

5   Wählen Sie **Auswahl: Auswahl aufheben** und **Datei: Speichern**.

Farbgruppen anlegen

In Illustrator können Sie Farben im Farbfelderbedienfeld in Farbgruppen mit verwandten Farben speichern. Verwalten Sie Farben nach ihrer Verwendung (z. B. Logofarben) – so behalten Sie den Überblick und können bei Bedarf alle Farben einer Gruppe gemeinsam bearbeiten. Es können jedoch nur Vollton-, Prozess- und globale Farben gruppiert werden.

Legen Sie nun mit den soeben erstellten Farben eine Farbgruppe an.

1   Klicken Sie im Farbfelderbedienfeld in einen leeren Bereich und dann auf das (rote) Farbfeld »label background«. Halten Sie die Umschalt-Taste gedrückt und klicken Sie auch auf das Farbfeld »yellow/orange« rechts daneben; so haben Sie insgesamt vier Farbfelder ausgewählt.

▶ **Tipp:** Um mehrere Farben auszuwählen, die sich nicht direkt nebeneinander befinden, klicken Sie diese mit gedrückter Strg-Taste (Windows) bzw. Befehl-Taste (Mac OS) an.

Hinweis: Sind Objekte ausgewählt, wenn Sie auf die Schaltfläche »Neue Farbgruppe« klicken, erscheint eine erweiterte Version des Dialogfelds »Neue Farbgruppe«. Dort können Sie eine Gruppe aus den Farben der Grafik erstellen und die Farben gleichzeitig in globale Farben umwandeln.

2 Klicken Sie unten im Farbfelderbedienfeld auf die Schaltfläche »Neue Farbgruppe« (). Ändern Sie den Namen im Dialogfeld »Neue Farbgruppe« in **label base** und klicken Sie auf OK, um die Gruppe zu speichern.

3 Klicken Sie mit dem Auswahl-Werkzeug () in einen leeren Bereich des Farbfelderbedienfelds, um die Auswahl der soeben erstellten Gruppe aufzuheben.

4 Klicken Sie dann doppelt auf das Farbfeld »yellow/orange« in der Farbgruppe »label base«. Im Dialogfeld »Farbfeldoptionen« ändern Sie die Farbwerte in C=**0**, M=**12**, Y=**54**, K=**0** und klicken abschließend auf OK.

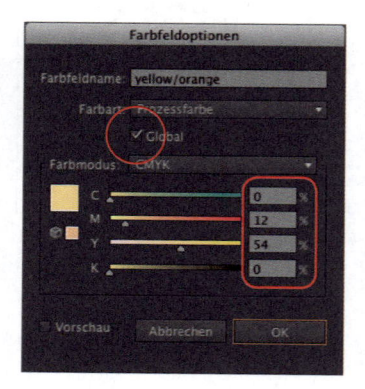

5 Klicken Sie auf das Farbfeld »yellow/orange 20%« und ziehen Sie es zwischen die Farbfelder »PANTONE 100 C« und »yellow/orange« in der Farbgruppe »label base«.

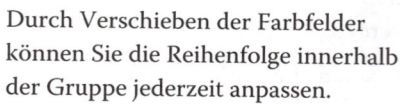

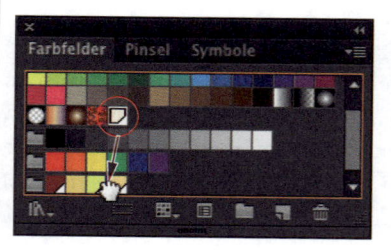

Durch Verschieben der Farbfelder können Sie die Reihenfolge innerhalb der Gruppe jederzeit anpassen.

6 Ziehen Sie das Farbfeld »PANTONE 100 C« rechts neben das Farbfeld »yellow/orange«.

Hinweis: Wenn Sie das Farbfeld »PANTONE 100 C« zu weit nach rechts ziehen, entfernen Sie es möglicherweise aus der Gruppe. Sollte das passieren, ziehen Sie es einfach wieder zurück.

7 Wählen Sie **Datei: Speichern**.

Das Farbhilfebedienfeld verwenden

Das Farbhilfebedienfeld liefert Ihnen Inspirationen beim Erstellen Ihrer Grafiken. Nutzen Sie es zur Auswahl von Harmonieregeln wie Farbtönen, Analogfarben und vielen mehr. Über das Bedienfeld haben Sie auch Zugriff auf die Funktion **Farben bearbeiten: Bildmaterial neu färben**, mit denen Sie Farben bearbeiten und erstellen können.

Nutzen Sie das Farbhilfebedienfeld jetzt, um verschiedene Farben für ein zweites Etikett zu erstellen und diese dann als Gruppe im Farbfelderbedienfeld zu speichern.

1. Aktivieren Sie aus dem Menü »Zeichenflächennavigation unten links« im Dokumentfenster die Zeichenfläche 2.

2. Klicken Sie mit dem Auswahl-Werkzeug ( ) in die rote Hintergrundform des Etiketts. Stellen Sie im Werkzeugbedienfeld sicher, dass das Kästchen für die Flächenfüllung aktiv ist.

3. Klicken Sie rechts im Arbeitsbereich auf das Symbol des Farbhilfebedienfelds ( ). Klicken Sie im Bedienfeld dann auf die Schaltfläche »Aktuelle Farbe als Basisfarbe einstellen« ( ).

   Jetzt liefert Ihnen das Farbhilfebedienfeld Farbvorschläge aufgrund der im Farbfeld der Schaltfläche »Aktuelle Farbe als Basisfarbe einstellen« angezeigten Farbe.

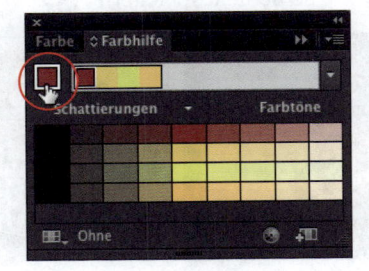

   ● **Hinweis:** Die Farben im Farbhilfebedienfeld sehen bei Ihnen möglicherweise anders aus als in der Abbildung, aber das macht nichts.

   Experimentieren Sie nun mit den Farben im Etikett.

4. Wählen Sie im Menü »Harmonieregeln« rechts von der Schaltfläche »Aktuelle Farbe als Basisfarbe einstellen« den Eintrag »Komplementär 2«.

5. Klicken Sie nun auf die Schaltfläche »Farbgruppe in Farbfeldbedienfeld speichern« ( ), um die Farben der Harmonieregel »Komplementär 2« im Farbfelderbedienfeld zu speichern.

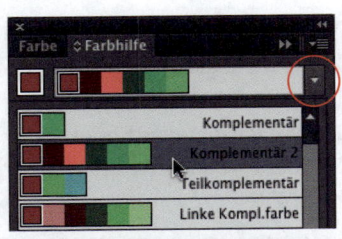

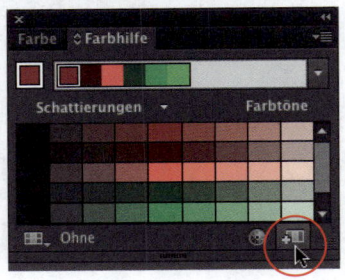

6 Klicken Sie auf das Symbol für das Farbfelderbedienfeld (▦). Scrollen Sie nach unten, um die neu hinzugefügte Gruppe zu sehen.

Sie können diese Farben jetzt auf Ihre Grafik anwenden und bearbeiten.

7 Klicken Sie auf das Symbol für das Farbhilfebedienfeld (◼), um es zu öffnen.

Experimentieren Sie jetzt mit den Farben.

● **Hinweis:** Wenn Sie eine andere Farbvariation als die vorgeschlagene wählen, weichen Ihre Farben von denen im Rest des Abschnitts ab.

8 Wählen Sie in den Farbvariationen des Farbhilfebedienfelds die fünfte Farbe von links in der zweiten Zeile aus. Beachten Sie die Farbänderung des Logos. Klicken Sie auf die Schaltfläche »Aktuelle Farbe als Basisfarbe einstellen« (◼), um eine neue Gruppe mithilfe der Harmonieregel »Komplementär 2« zu erstellen. Klicken Sie dann auf die Schaltfläche »Farbgruppe in Farbfeldbedienfeld speichern« (▦).

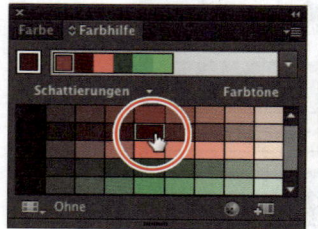

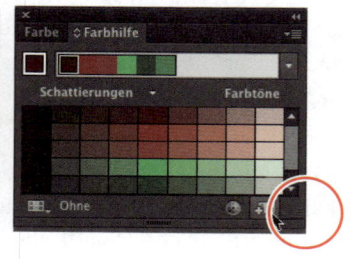

9 Wählen Sie **Datei: Speichern**.

Eine Farbgruppe bearbeiten

Wenn Sie Farbgruppen erstellen – im Farbfelder- oder im Farbhilfebedienfeld – können Sie die Farben einzeln oder als Gruppe im Dialogfeld »Farben bearbeiten« anpassen. Sie können die Farbgruppe auch umbenennen, die Farben darin umsortieren, Farben hinzufügen oder entfernen usw. Hier lernen Sie, die Farben einer gespeicherten Gruppe mithilfe des Dialogfelds »Farben bearbeiten« zu verändern.

1 Wählen Sie **Auswahl: Auswahl aufheben** und öffnen Sie das Farbfelderbedienfeld (▦).

2 Klicken Sie auf das Ordnersymbol links neben der letzten Farbgruppe, um diese Gruppe auszuwählen (eventuell müssen Sie dazu im Farbfelderbedienfeld nach unten scrollen).

Beachten Sie, dass sich die Schaltfläche »Farbfeldoptionen« (▣) in »Farben bearbeiten« (▣) ändert, wenn die Gruppe (der Ordner) ausgewählt ist. Mithilfe der Schaltfläche »Farbfeldoptionen« am unteren Bedienfeldrand können Sie einzelne Farben bearbeiten.

3   Klicken Sie auf die Schaltfläche »Farben bearbeiten« (▣) unten im Farbfelderbedienfeld, um das gleichnamige Dialogfeld zu öffnen.

Rechts im Dialogfeld »Farben bearbeiten« werden im Abschnitt »Farbgruppen« alle Farbgruppen des Farbfelderbedienfelds aufgelistet. Links können Sie die Farben der Gruppen individuell oder als Gruppe bearbeiten.

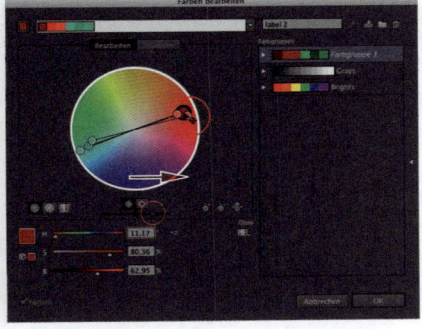

● **Hinweis:** Wenn Sie auf die Schaltfläche »Farbgruppe bearbeiten« klicken, während Grafikmaterial ausgewählt ist, wird die Farbgruppe auf diese(s) Objekt(e) angewendet. Es erscheint das Dialogfeld »Bildmaterial neu färben«, in dem Sie die Farben der Auswahl bearbeiten und neu zuweisen können.

Die Farbgruppe umbenennen   Farbe und Helligkeit bearbeiten

▶ **Tipp:** Um eine Farbgruppe zu bearbeiten, reicht auch ein Doppelklick auf das Ordnersymbol links neben der Farbgruppe im Farbfelderbedienfeld.

Nachfolgend bearbeiten Sie die Farben der Farbgruppe.

4   Links oben im Dialogfeld »Farben bearbeiten« wird Ihnen die zu bearbeitende Farbgruppe angezeigt. Wählen Sie im Feld über der Farbgruppenliste den Namen »Farbgruppe 2« und benennen Sie die Gruppe in »label 2« um. Das ist der Name der neuen Farbgruppe, die Sie später in der Lektion speichern.

5   Im Farbrad sehen Sie Marken (Kreise), die die einzelnen Farben der Gruppe darstellen. Ziehen Sie den großen roten Kreis rechts im Rad nach oben rechts.

6   Ändern Sie die Helligkeit, indem Sie den Regler »Helligkeit anpassen« unter dem Farbrad nach rechts ziehen, um alle Farben gleichzeitig aufzuhellen. Lassen Sie das Dialogfeld offen.

● **Hinweis:** Sie können die HSB-Werte (Farbton, Sättigung, Helligkeit) unter dem Farbrad im Dialogfeld »Farben bearbeiten« an die Werte aus der Abbildung anpassen, wenn Sie genau die von uns verwendeten Farben einstellen möchten.

> Falls die Option »Färben« am unteren Rand des Dialogfelds »Farben bearbeiten« ausgegraut ist, wurden zuvor keine Objekte ausgewählt. Wurde hingegen Bildmaterial ausgewählt, heißt das Dialogfeld »Bildmaterial neu färben« und alle Änderungen wirken sich sofort auf die Farbgruppe und das Bildmaterial aus.

● **Hinweis:** Die große Marke mit dem doppelten Kreis stellt die Basisfarbe der Gruppe dar.

Bearbeiten Sie die Farben der Gruppe jetzt unabhängig voneinander und speichern Sie die Farbe dann als Gruppe unter einem neuen Namen.

7 Klicken Sie im Dialogfeld auf die Schaltfläche »Verknüpfung der harmonischen Farben aufheben« (), um die Farben einzeln zu bearbeiten. Die Schaltfläche verwandelt sich nun in »Harmonische Farben verknüpfen« ().

Die Linien zwischen den Farbmarken (Kreisen) und der Mitte des Farbrades werden nun gestrichelt dargestellt – die Farben lassen sich jetzt einzeln bearbeiten.

8 Ziehen Sie die große rote Marke nach unten links unter die grüne Marke, um die rote Farbe in einen Blauton zu ändern.

Durch das Verschieben der Marken von der Mitte weg erhöhen Sie die Sättigung. Je näher sich eine Marke an der Mitte des Farbrads befindet, desto geringer ist die Sättigung. Ist eine Marke ausgewählt, können Sie die Farbe auch mithilfe der HSB-Regler (Farbton, Sättigung, Helligkeit) unter dem Farbrad verändern.

9 Klicken Sie auf die Schaltfläche »Farbmodus« () rechts neben den HSB-Werten unter dem Farbrad. Wählen Sie »CMYK« aus dem Menü, falls die CMYK-Regler noch nicht zu sehen sind. Klicken Sie, wie in der Abbildung rechts gezeigt, auf eine der grünen Farbmarken im Farbrad und ändern Sie die CMYK-Werte in C=65, M=0, Y=80 und K=0. Beachten Sie, dass sich die hellgrüne Marke im Farbrad bewegt. Lassen Sie das Dialogfeld offen.

Eine einzelne Farbe bearbeiten Eine weitere Farbe bearbeiten

● **Hinweis:** Es ist kein Problem, falls sich die Farbmarken in Ihrem Dialogfeld von denen in der Abbildung unterscheiden.

10 Klicken Sie erneut auf die Schaltfläche »Farbmodus« (▦) und wählen Sie den Menüeintrag »HSB«, sodass Sie die nächsten Farben mithilfe der HSB-Regler bearbeiten.

11 Klicken Sie oben im Dialogfeld »Farben bearbeiten« auf die Schaltfläche »Neue Farbgruppe« (▢), um die bearbeiteten Farben als neue Gruppe unter dem Namen »label 2« zu speichern.

12 Klicken Sie auf OK, um das Dialogfeld zu schließen und die neu erstellte Farbgruppe »label 2« automatisch im Farbfelderbedienfeld zu speichern. Falls ein Dialogfeld erscheint, klicken Sie auf »Ja«, um die Änderungen zu speichern.

13 Wählen Sie **Datei: Speichern**.

▶ **Tipp:** Um eine Farbgruppe zu bearbeiten und die Änderungen zu speichern, ohne eine neue Gruppe zu erstellen, klicken Sie auf die Schaltfläche »Änderungen an Farbgruppe speichern« (▦).

Farboptionen bearbeiten

Nutzen Sie die Optionen im unteren Bereich des Dialogfelds »Farben bearbeiten«, um Ihre Farben wie unten beschrieben zu bearbeiten.

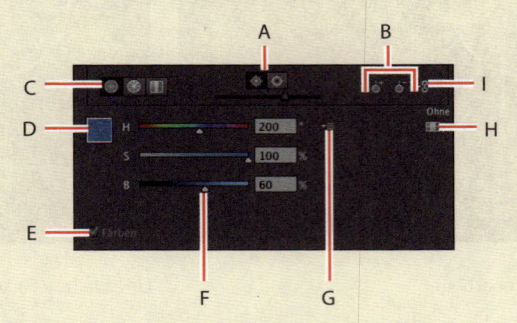

A Sättigung und Farbton auf Farbrad anzeigen

B Farbe hinzufügen/Farbe entfernen

C Anzeigeoptionen (geglättetes Farbrad, segmentiertes Farbrad, Farbkontrollstreifen)

D Farbe der ausgewählten Marke oder des ausgewählten Farbbalkens

E Ausgewähltes Bildmaterial wird gefärbt (ist kein Bildmaterial ausgewählt, steht das Kontrollfeld nicht zur Verfügung)

F Farbregler

G Farbmodus-Schaltfläche

H Beschränkt Farbgruppe auf Farben einer Bibliothek

I Verknüpfung harmonischer Farben aufheben

Farben in einer Grafik bearbeiten

Sie können auch die Farben einer ausgewählten Grafik bearbeiten – mit dem Befehl »Bildmaterial neu färben«. Bearbeiten Sie nun die Farben der Grafiken auf der zweiten Zeichenfläche und speichern Sie diese als Farbgruppe.

1 Wählen Sie **Auswahl: Alles auf der aktiven Zeichenfläche**.

2 Wählen Sie **Bearbeiten: Farben bearbeiten: Bildmaterial neu färben**, um das Dialogfeld »Bildmaterial neu färben« aufzurufen.

Nutzen Sie das Dialogfeld »Bildmaterial neu färben«, um Farben in der Grafik neu zuzuweisen, zu reduzieren und um Farbgruppen zu erstellen und zu bearbeiten. Alle Farbgruppen eines Dokuments erscheinen im Bereich »Farbgruppenspeicher« auf der rechten Seite dieses Dialogfelds und im

Farbfelderbedienfeld. Sie können diese Farbgruppen jederzeit auswählen und verwenden.

▶ **Tipp:** Zum Dialogfeld »Bildmaterial neu färben« gelangen Sie auch, wenn Sie eine Grafik auswählen und im Steuerungsbedienfeld auf die Schaltfläche »Bildmaterial neu färben« ( ) klicken.

3   Klicken Sie rechts im Dialogfeld »Bildmaterial neu färben« auf das Symbol »Farbgruppenspeicher ausblenden« ( ).

4   Klicken Sie auf das Register »Bearbeiten«, um die Farben mithilfe des Farbrades zu bearbeiten.

5   Klicken Sie nun auf die Schaltfläche »Harmonische Farben verknüpfen« ( ), um alle Farben gleichzeitig zu bearbeiten. Das Symbol sollte anschließend so aussehen: .

6   Klicken Sie auf die größere rote Farbmarke, um sie auszuwählen. Ändern Sie unten im Dialogfeld den H-Wert in **336**, den S-Wert in **77** und den B-Wert in **25**.

Wenn Sie die Werte H (Farbton) und S (Sättigung) ändern, entspricht dies einem Verschieben der großen roten Farbmarke auf dem Farbrad. Eine Änderung des B-Werts (Helligkeit) entspricht einer Manipulation des Helligkeitsreglers.

▶ **Tipp:** Wenn Sie zu den Originalfarben des Logos zurückkehren wollen, klicken Sie auf die Schaltfläche »Farben aus ausgewähltem Bildmaterial erfassen« ( ).

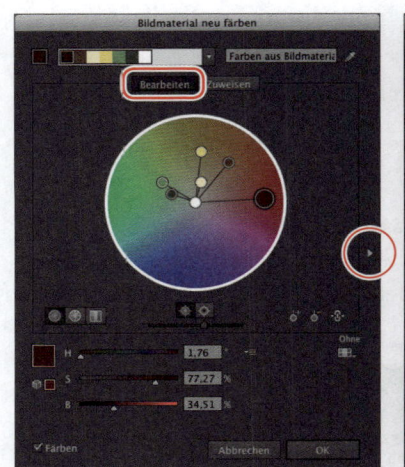

Die Farbgruppen verbergen    Die größere rote Farbmarke bearbeiten    Ergebnis

▶ **Tipp:** Speichern Sie die bearbeiteten Farben als Farbgruppe, indem Sie auf die Schaltfläche »Farbgruppenspeicher einblenden« ( ) auf der rechten Seite des Dialogfelds klicken und dann auf »Neue Farbgruppe« ( ) klicken.

Die Bearbeitungsoptionen hier sind dieselben wie im Dialogfeld »Farben bearbeiten«. Anstatt Farben zu bearbeiten und Farbgruppen zu erstellen, die Sie später anwenden, bearbeiten Sie hier dynamisch die Farben einer ausgewählten Grafik. Beachten Sie die aktivierte Option »Färben« unten links im Dialogfeld – ist Grafikmaterial ausgewählt, so bearbeiten Sie dieses auch.

7 Klicken Sie im Dialogfeld »Bildmaterial neu färben« auf OK.

8 Wählen Sie **Auswahl: Auswahl aufheben** und dann **Datei: Speichern**.

Jetzt beziehen Sie über das Kuler-Bedienfeld eine Farbgruppe von der Kuler-Nutzergemeinde.

Das Kuler-Bedienfeld verwenden

Das Kuler-Bedienfeld ist ein Portal zu Farbgruppen bzw. Schemata, die von einer Online-Community von Designern erstellt wurden. Sie können eine Vielzahl von Gruppen durchsehen und diese herunterladen und bei Bedarf für Ihre Projekte auch noch selbst verändern. Außerdem können Sie selbst eigene Farbgruppen hochladen und der Nutzergemeinschaft zur Verfügung stellen.

Laden Sie sich nun eine Farbgruppe für ein italienisches Restaurant herunter und wenden Sie Farben darauf an.

1 Aktivieren Sie im Menü »Zeichenflächennavigation« unten links im Dokumentfenster die Zeichenfläche 3.

2 Wählen Sie **Fenster: Erweiterungen: Kuler**.

● **Hinweis:** Um auf die Kuler-Farbthemen zugreifen zu können, benötigen Sie eine Internetverbindung.

● **Hinweis:** Die Themen werden ständig aktualisiert und über das Internet in das Kuler-Bedienfeld eingefügt. Deshalb sieht das Bedienfeld bei Ihnen möglicherweise anders aus als in der Abbildung.

3 Klicken Sie im Kuler-Bedienfeld in das Menü »Anzuzeigende Schemas auswählen« und wählen Sie »Beliebtheit«. Im Kuler-Bedienfeld können Sie sich die neuesten, beliebtesten oder am besten bewerteten Farbthemen anzeigen lassen.

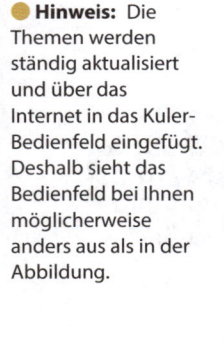

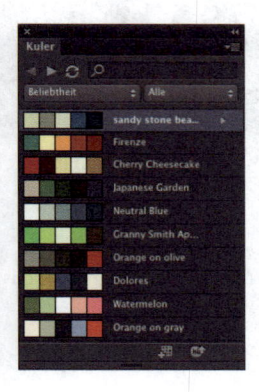

4   Um nach Themen zu suchen, geben Sie in das Suchfeld oben im Bedienfeld »Italian restaurant« ein und drücken Sie die Enter-Taste. Es erscheinen Themen, die einen Bezug zu diesem Suchbegriff haben.

5   Klicken Sie in den Suchergebnissen unter dem Suchfeld auf das Thema »Italian Restaurant«, das ungefähr so aussieht (▬▬▬▬). Falls dieses Thema nicht erscheint, wählen Sie ein anderes. Klicken Sie auf die Schaltfläche »Ausgewähltes Schema zu Farbfeldern hinzufügen« (), um es für das geöffnete Dokument zum Farbfelderbedienfeld hinzuzufügen.

● **Hinweis:** Mehr über die Optionen im Kuler-Bedienfeld erfahren Sie bei einer Suche nach »Kuler-Bedienfeld« in der Illustrator-Hilfe.

6   Schließen Sie das Kuler-Bedienfeld.

7   Klicken Sie auf das Symbol für das Farbfelderbedienfeld (), falls dieses Bedienfeld nicht bereits geöffnet ist.

Achten Sie auf die neue Farbgruppe »Italian Restaurant« am Ende der Liste (scrollen Sie bei Bedarf nach unten).

8   Wählen Sie **Datei: Speichern**.

Dem Bildmaterial Farben zuweisen

Über die Schaltfläche »Zuweisen« im Dialogfeld »Bildmaterial neu färben« können Sie Farben einer Farbgruppe auf Ihr Bildmaterial anwenden. Dazu gehört auch die Verwendung einer neuen Farbgruppe aus dem Menü »Harmonieregeln«. Wenden Sie nun neue Farben auf eine dritte Version des Etiketts an.

1   Wählen Sie **Auswahl: Alles auf der aktiven Zeichenfläche**.

2   Klicken Sie im Steuerungsbedienfeld auf die Schaltfläche »Bildmaterial neu färben« ().

3   Klicken Sie auf die Schaltfläche »Farbgruppenspeicher einblenden« () (den kleinen Pfeil) rechts im Dialogfeld, falls die Farbgruppen noch nicht zu sehen sind. Stellen Sie sicher, dass oben links im Dialogfeld das Register »Zuweisen« aktiv ist.

Beachten Sie, dass links im Dialogfeld »Bildmaterial neu färben« die Farben des Etiketts in der Spalte »Aktuelle Farben« aufgelistet sind. Dabei sind sie von oben nach unten entsprechend des Farbrades angeordnet: Rot, Orange, Gelb, Grün, Blau, Indigo und Violett.

● **Hinweis:** Wenn sich die Farben der vorhin ausgewählten Kuler-Gruppe von der hier gezeigten Gruppe unterscheiden, sehen die Farben in dieser Auswahl auch ein bisschen anders aus. Das macht nichts aus.

4. Wählen Sie im Abschnitt »Farbgruppen« des Dialogfelds »Bildmaterial neu färben« die Gruppe »Italian Restaurant« aus.

   Beachten Sie, dass links im Dialogfeld »Bildmaterial neu färben« den Farben des Etiketts die Farben der Farbgruppe »Italian Restaurant« zugewiesen wurden. In der Spalte »Aktuelle Farben« sehen Sie, wie die Farben ursprünglich aussahen, daneben in der Spalte »Neu« sehen Sie die neu zugewiesenen. Beachten Sie außerdem, dass sich zwei Gelbtöne im Original jetzt direkt nebeneinander befinden und als eine Farbe angesehen werden. Das liegt daran, dass es nur fünf Farben in der Gruppe »Italian Restaurant« gibt, aber sechs im Etikett.

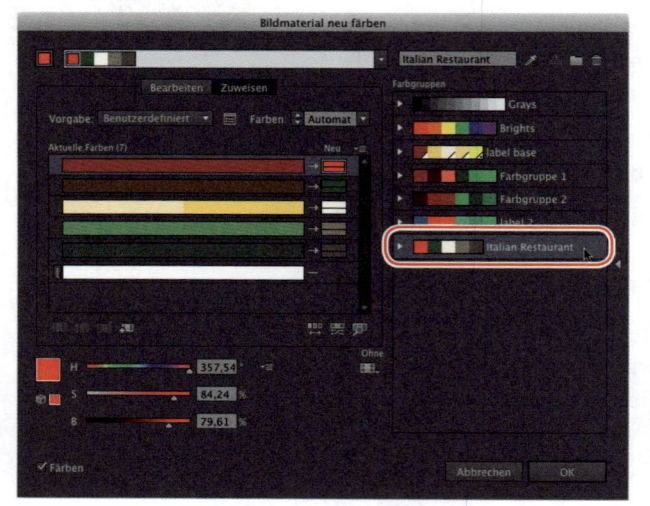

● **Hinweis:** Sollten sich die Farben des Etiketts nicht ändern, vergewissern Sie sich, dass die Option »Färben« unten links im Dialogfeld aktiv ist.

5. Klicken Sie rechts im Dialogfeld auf das Symbol »Farbgruppenspeicher ausblenden« (◀), um die Farbgruppen wieder auszublenden. Platzieren Sie das Dialogfeld durch Ziehen der Titelleiste so, dass Sie die Grafik erkennen können.

6. Ziehen Sie in der Spalte »Neu« des Dialogfelds »Bildmaterial neu färben« die rote über die grüne Farbe, die sich etwas weiter unten befindet. Sehen Sie sich dazu den ersten Teil der unteren Abbildung an.

   Die Farben werden dadurch in ihrer Reihenfolge getauscht und die Farben in der Grafik auf der Zeichenfläche entsprechend geändert.

7   Ziehen Sie die Farben wieder an die Originalposition.

    Die Farben in der Spalte »Neu« sind diejenigen, die Sie in der Grafik sehen. Wenn Sie eine der Farben anklicken, können Sie die HSB-Regler unten im Dialogfeld verschieben, um die gewählte Farbe zu bearbeiten.

8   Doppelklicken Sie auf die dunkelbraune Farbe unten in der Spalte »Neu«.

9   Klicken Sie im Farbwähler auf die Schaltfläche »Farbfelder«, um die Dokumentfarbfelder zu sehen. Wählen Sie die Farbe »label background« aus und klicken Sie auf OK, um ins Dialogfeld »Bildmaterial neu färben« zurückzukehren.

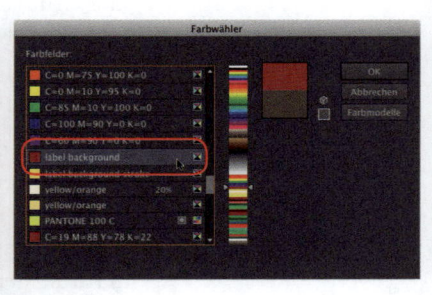

Die neuen Farben neu anordnen   Doppelklick auf das braune Farbfeld   Das Farbfeld label background auswählen

Sie nehmen jetzt noch ein paar weitere Änderungen an den Farben vor und speichern diese dann in der Farbgruppe »Italian Restaurant«.

10 Klicken Sie auf den Pfeil zwischen dem hellen Grün der Spalte »Aktuelle Farbe« und dem Braun der Spalte »Neu«.

    Die Farben in der Grafik ändern sich leicht. Wenn Sie auf den Pfeil zwischen der aktuellen und einer neuen Farbe klicken, verhindern Sie, dass die aktuelle Farbe (Hellgrün) durch die neue Farbe (Braun) ersetzt wird. In diesem Fall bleibt es bei Hellgrün.

11 Ziehen Sie den hellgrünen Balken über den braunen Balken in der Liste »Aktuelle Farbe«. Beachten Sie die Farbänderung in der Grafik.

● **Hinweis:** Wenn Sie eine einzelne Farbe auf eine Grafik anwenden wollen, wählen Sie im Dialogfeld »Bildmaterial neu färben« aus dem Menü »Farben« über der Spalte »Neu« die Option »1«. Beenden Sie aber erst die Schritte dieser Übung, bevor Sie mit dieser Option experimentieren.

ADOBE ILLUSTRATOR CS6 CLASSROOM IN A BOOK   **239**

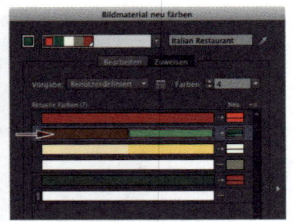

Wenn Sie in der Spalte »Aktuelle Farbe« eine Farbe in eine neue Zeile derselben Spalte ziehen, teilen Sie Illustrator mit, dass dieselbe neue Farbe (hier Grün) auf beide Farben angewendet werden soll. Die grüne Farbe in der Spalte »Neu« wird in drei Teile aufgespalten (▮). Die dunkelste Farbe in der Zeile (das dunkelbraune Grau) wird durch das Grün ersetzt. Das Hellgrün wird durch ein entsprechend noch helleres Grün ersetzt.

12 Blenden Sie den Farbgruppenspeicher im Dialogfeld wieder ein (▶). Klicken Sie dann oben auf die Schaltfläche »Änderungen an Farbgruppe speichern« (▮), um die Änderungen zu speichern, ohne das Dialogfeld zu schließen. Klicken Sie auf OK. Die Farbänderungen an Ihrer Farbgruppe werden auch im Farbfelderbedienfeld gespeichert.

● **Hinweis:** Im Dialogfeld »Bildmaterial neu färben« können Sie die unterschiedlichsten Farbänderungen vornehmen. Mehr dazu erfahren Sie in der Illustrator-Hilfe unter dem Stichwort »Umgang mit Farbgruppen«.

13 Wählen Sie **Auswahl: Auswahl aufheben** und **Datei: Speichern**.

Farben anpassen

Ändern Sie nun das Originallogo auf Zeichenfläche 1 so, dass nur CMYK-Farben verwendet werden. Dazu müssen Sie die gelbe Farbe PANTONE 100 C in CMYK umwandeln.

1 Aktivieren Sie im Menü »Zeichenflächennavigation« unten links im Dokumentfenster die Zeichenfläche 1.

2 Wählen Sie **Auswahl: Alles auf der aktiven Zeichenfläche**.

● **Hinweis:** Bei dieser Umwandlung in CMYK gibt es keinerlei Änderungen im Farbfelderbedienfeld. Nur die Farben der Grafik werden umgewandelt.

3 Wählen Sie nun **Bearbeiten: Farben bearbeiten: In CMYK konvertieren**.

Die Farben der markierten Grafik, unter anderem PANTONE 100 C, befinden sich nun alle im CMYK-Modus. Im Menü **Bearbeiten: Farben bearbeiten** gibt es verschiedene Konvertierungsoptionen, inklusive der Option »Mit Vorgabe neu färben«. Damit können Sie die Farbe einer Grafik mit einer gewählten Anzahl von Farben, einer Farbbibliothek oder einer Farbharmonie (z. B. Komplementärfarben) konvertieren.

4 Wählen Sie **Auswahl: Auswahl aufheben** und **Datei: Speichern**.

Mit Mustern malen

Neben Vollton- und Prozessfarben finden Sie im Farbfelderbedienfeld auch Muster und Verläufe. Illustrator liefert für beides Beispiele und lässt Sie auch eigene Muster und Verläufe erstellen. In diesem Abschnitt konzentrieren Sie sich auf die Erstellung, Anwendung und Bearbeitung von Mustern. Mehr über den Umgang mit Verläufen erfahren Sie in Lektion 10, »Farben und Formen mischen«.

Vorhandene Muster anwenden

Ein Muster ist eine Grafik, die im Farbfelderbedienfeld gespeichert ist und die auf die Kontur oder Fläche eines Objekts angewendet werden kann. Sie können mithilfe der Illustrator-Werkzeuge vorhandene Muster anpassen oder ganz neue erstellen. Alle Muster beginnen mit einer Kachel, die innerhalb der Form wiederholt wird und sich vom Linealursprung aus nach rechts ausbreitet. Wenden Sie nun ein bestehendes Muster auf eine Form an.

1 Wählen Sie **Fenster: Arbeitsbereich: Zurücksetzen: Grundlagen**.

2 Klicken Sie auf das Symbol des Ebenenbedienfelds (), um es einzublenden.

3 Klicken Sie im Ebenenbedienfeld auf das Augensymbol links neben der Ebene »pattern«.

4 Öffnen Sie das Farbfelderbedienfeld mit einem Klick auf sein Symbol (). Klicken Sie unten im Farbfelderbedienfeld auf die Schaltfläche »Menü ‚Farbfeldbibliotheken'« () und wählen Sie **Muster: Dekorativ: Vonster-Muster**.

5 Wählen Sie mit dem Auswahl-Werkzeug () die weiße Form im oberen Bereich der Zeichenfläche aus. Aktivieren Sie im Steuerungsbedienfeld für die Konturfarbe die Option »Ohne« (). Im unteren Bereich des Werkzeugbedienfelds muss das Kästchen für die Flächenfüllung aktiv sein.

● **Hinweis:** Dieser letzte Schritt ist wichtig. Wenn Sie ein Muster anwenden, wird es auf die Kontur oder die Fläche angewendet – je nachdem, was aktiv ist.

6 Wählen Sie im Vonster-Musterbedienfeld das Farbfeld des »Lodern-Musters« aus, um die Form damit zu füllen. Schließen Sie das Vonster-Musterbedienfeld und beachten Sie, wie die Form nun mit dem Musterfeld gefüllt wird und dass dieses auch in der Liste des Farbfelderbedienfelds erscheint. Klappen Sie das Farbfelderbedienfeld mit einem Klick auf sein Symbol ein.

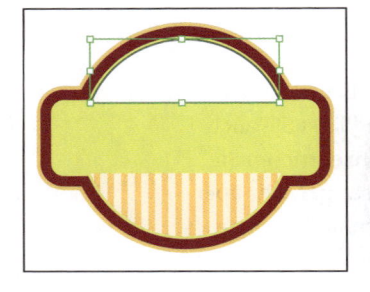

7 Wählen Sie **Auswahl: Auswahl aufheben** und anschließend **Datei: Speichern**.

Eigene Muster erstellen

In diesem Teil der Lektion erstellen Sie ein eigenes Muster und fügen es zum Farbfelderbedienfeld hinzu.

1 Aktivieren Sie das Rechteck-Werkzeug (■) im Werkzeugbedienfeld und klicken Sie einmal in einen leeren Bereich der Zeichenfläche, um das Dialogfeld »Rechteck« zu öffnen. Ändern Sie die Breite und Höhe in jeweils 34 pt und klicken Sie auf OK.

Beachten Sie, dass das neue Rechteck mit demselben Muster gefüllt ist wie die Form im letzten Schritt. Sie verwenden diese Form als Grundlage für Ihr neues Muster.

2 Drücken Sie bei gewähltem Rechteck den Buchstaben D auf Ihrer Tastatur, um für die gewählte Form die Standardfarben (Schwarz für die Kontur und Weiß für die Flächenfüllung) wiederherzustellen. Ein selbst erstelltes Muster kann kein anderes Muster enthalten.

● **Hinweis:** Um mit einem leeren Muster zu beginnen, brauchen Sie nichts ausgewählt zu haben.

3 Das Rechteck ist noch ausgewählt; wählen Sie **Objekt: Muster: Erstellen**. Klicken Sie im neu erscheinenden Dialogfeld auf OK.

Wenn Sie ein Muster erstellen, wechselt Illustrator in den Musterbearbeitungsmodus. Dieser entspricht dem Isolationsmodus, den Sie bereits bei der Arbeit mit gruppierten Elementen kennengelernt haben. Im Musterbearbeitungsmodus können Sie Muster interaktiv erstellen und bearbeiten, die Änderungen am Muster werden Ihnen dabei gleich auf der Zeichenfläche angezeigt. Zudem öffnet sich das Musteroptionenbedienfeld (**Fenster: Musteroptionen**). Hier finden Sie alle erforderlichen Optionen zur Erstellung Ihrer Muster.

4   Aktivieren Sie das Auswahl-Werkzeug ( ) und klicken Sie in das mittlere Rechteck, um es auszuwählen. Drücken Sie zweimal Strg++ (Windows) oder Befehl++ (Mac OS), um die Anzeige zu vergrößern.

Achten Sie auf die heller eingefärbten Rechtecke um das mittlere Rechteck herum. Hier wird die Rechteckform als blasses Muster wiederholt, sodass Sie sich auf das Ursprungsrechteck konzentrieren können.

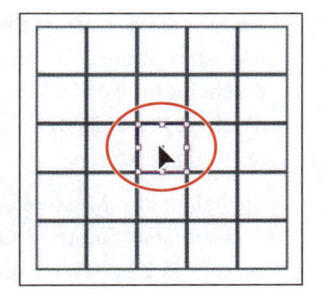

● **Hinweis:** Ein Muster kann aus mehr als einer Form bestehen. Für ein Textilmuster für ein T-Shirt können Sie beispielsweise drei überlappende Rechtecke oder Linien mit jeweils unterschiedlichen Aussehen-Optionen verwenden.

5   Die Form ist markiert und Sie doppelklicken nun im Werkzeugbedienfeld auf das Drehen-Werkzeug ( ). Ändern Sie im Dialogfeld »Drehen« den »Winkel«-Wert in **45** und klicken Sie OK.

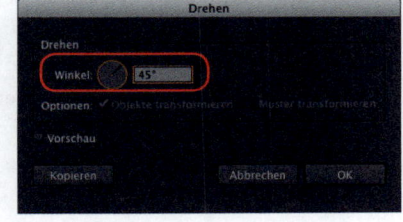

Achten Sie auf das blaue Rechteck in der Mitte des Musters (damit es angezeigt wird, muss in den Musterfeldoptionen die Option »Musterelement-Kante anzeigen« aktiviert sein).

Dieses zeigt Ihnen die Kante der Kachel an (den Musterdefinitionsbereich).

6   Wählen Sie das Auswahl-Werkzeug, drücken Sie die Tasten Alt+Umschalt und ziehen Sie den oberen Begrenzungspunkt des markierten Rechtecks nach unten, bis Breite und Höhe ungefähr 30 pt betragen.

Beachten Sie, dass sich die Größe des Kachelbereichs (der blaue Rahmen) nicht verändert hat und dass sich der Zwischenraum zwischen den Rechtecken vergrößert hat. An dieser Stelle können Sie die bestehenden Grafiken bearbeiten, neue Grafiken hinzufügen, oder Grafiken löschen.

● **Hinweis:** Die Abbildung rechts zeigt das Muster vor der Skalierung.

7 Ändern Sie den Namen im Dialogfeld »Musteroptionen« in **checker** (dieser Name erscheint im Farbfelderbedienfeld als Tooltipp). Wählen Sie als Musterelementtyp »6-seitig vertikal«.

Sie haben drei Musterelementtypen zur Auswahl: das Standard-Gitterraster, ein versetztes Ziegelraster und das 6-seitige Raster. Wenn Sie ein versetztes Raster auswählen, können Sie auch den Ziegelversatz einstellen.

8 Klicken Sie in der oberen rechten Ecke des Musteroptionenbedienfelds auf die Schaltfläche »Musterelement-Werkzeug« ( ). Platzieren Sie den Mauszeiger über dem rechten mittleren Größenwidget des blauen Musterelements. Halten Sie die Alt-Taste gedrückt und ziehen Sie das Widget nach rechts, um das Musterelement etwas zu verbreitern.

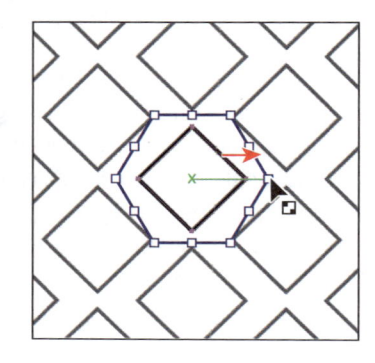

Um die Bearbeitung des Musterelements zu unterbrechen, können Sie entweder ein Werkzeug im Werkzeugbedienfeld auswählen oder erneut auf die Schaltfläche »Musterelement-Werkzeug« ( ) klicken. Anstatt die Größe des Musterelements durch Ziehen von Hand zu verändern, können Sie im Musteroptionenbedienfeld auch entsprechende Werte für die Höhe und Breite eingeben. Das geht allerdings nur, wenn das Kontrollfeld »Musterelementgröße an Bildmaterial anpassen« ausgeschaltet bleibt.

9 Markieren Sie im Musteroptionenbedienfeld das Kontrollfeld »Musterelementgröße an Bildmaterial anpassen«.

Diese Funktion passt die Musterelementfläche (das blaue Sechseck) an die Begrenzungen der Grafik an, wodurch sich die Abstände zwischen den sich wiederholenden Objekten ändern. Sie können die Breite und Höhe des Musterdefinitionsbereichs von Hand ändern, um mehr Inhalt unterzubringen, oder die Abstande variieren.

10 Ändern Sie den H-Abstand in **5** pt und den V-Abstand in **-5** pt.

▶ **Tipp:** Die Abstandswerte können sowohl positiv als auch negativ sein, die Musterkacheln bewegen sich dadurch auseinander oder rücken näher zusammen.

11 Wählen Sie im Bereich »Überlappung« die Option »Unten nach vorne« (■) und begutachten Sie die Veränderung im Muster.

Es ist möglich, dass die Mustergrafiken sich aufgrund der Musterelementgröße oder der Abstandswerte zu überlappen beginnen. Standardmäßig ist bei horizontaler Überlappung das linke Objekt und bei vertikaler Überlappung das obere Objekt oben.

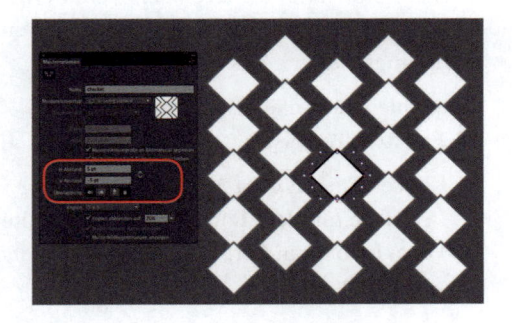

Das Musteroptionenbedienfeld bietet diverse Musterbearbeitungsoptionen, darunter auch die Funktion »Kopien«, mit der Sie eine größere oder kleinere Musterfläche angezeigt bekommen. Mehr über das Musteroptionenbedienfeld erfahren Sie durch eine Suche nach »Musteroptionen« in der Illustrator-Hilfe.

12 Wählen Sie *zweimal* **2**, um die Veränderung der Überlappung und des vertikalen Abstands zurückzunehmen. Belassen Sie den horizontalen Abstand aber bei 5 pt.

13 Wählen Sie unten im Musteroptionenbedienfeld das Kontrollfeld »Musterfeldbegrenzungen anzeigen aus«, um den gepunktet umrahmten Bereich zu erkennen, der im Musterfeld gespeichert wird. Deaktivieren Sie die Option »Musterfeldbegrenzungen anzeigen« dann wieder.

14 Das Rechteck ist noch markiert; ändern Sie die Füllfarbe im Steuerungsbedienfeld in »CMYK Cyan«.

15 Klicken Sie in der Leiste über dem Dokumentfenster auf »Fertig«.

16 Wählen Sie **Datei: Speichern**.

▶ **Tipp:** Wenn Sie Mustervariationen erstellen möchten, klicken Sie in der grauen Leiste über dem Dokumentfenster auf »Kopie speichern«. So speichern Sie das derzeitige Muster als Kopie im Farbfelderbedienfeld und Sie können direkt weiterarbeiten.

ADOBE ILLUSTRATOR CS6 CLASSROOM IN A BOOK **245**

Ein Muster anwenden

Muster können mit unterschiedlichen Methoden angewendet werden. Nutzen Sie hier das Farbfelderbedienfeld. Sie könnten ebenso die Flächenfüllung im Steuerungsbedienfeld verwenden.

● **Hinweis:** Falls Ihr Muster etwas anders aussieht, ist das in Ordnung.

1 Wählen Sie **Ansicht: Zeichenfläche in Fenster einpassen**.

2 Klicken Sie mit dem Auswahl-Werkzeug (▶) in die mit dem Lodern-Muster gefüllte Form im oberen Bereich der Zeichenfläche.

3 Wählen Sie in der Flächenfüllung des Steuerungsbedienfelds das »checker«-Muster aus.

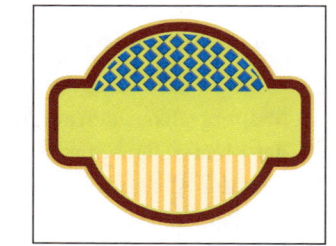

4 Wählen Sie **Auswahl: Auswahl aufheben** und **Datei: Speichern**.

Ein Muster bearbeiten

Bearbeiten Sie nun das gespeicherte Muster und aktualisieren Sie dann alle Vorkommen in der Grafik.

1 Doppelklicken Sie im Farbfelderbedienfeld auf das Musterfeld »checker«, um dieses Muster zu bearbeiten.

▶ **Tipp:** Sie können auch ein Objekt auswählen, das eine Musterfüllung besitzt. Wählen Sie dann mit aktivierter Flächenfüllung im Werkzeugbedienfeld **Objekt: Muster: Muster bearbeiten**.

2 Klicken Sie im Musterbearbeitungsmodus mit aktiviertem Auswahl-Werkzeug in die mittlere Rautenform im Musterelement. Ändern Sie die Flächenfüllung im Steuerungsbedienfeld in das gelbe Farbfeld mit der Bezeichnung **label background stroke** (in einer Farbgruppe). Ändern Sie die Konturstärke auf **0**.

3 Klicken Sie auf »Fertig«, um den Musterbearbeitungsmodus zu verlassen.

4 Klicken Sie in die mit dem »checker«-Muster gefüllte Form, um sie auszuwählen. Klicken Sie doppelt auf das Skalieren-Werkzeug ( ) im Werkzeugbedienfeld, um das Muster zu vergrößern, ohne die Form selbst zu ändern. Ändern Sie dazu die »Gleichmäßige Skalierung« im Dialogfeld »Skalieren« auf **110%**. Deaktivieren Sie gegebenenfalls das Kontrollfeld »Konturen und Effekte skalieren«. Wählen Sie auch die Option »Objekte transformieren« ab – dadurch aktiviert sich automatisch das Feld »Muster transformieren«. Aktivieren Sie die Vorschau, um die Veränderungen zu sehen. Klicken Sie auf OK.

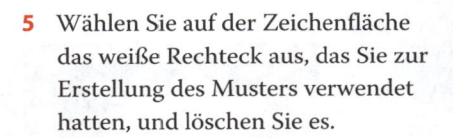

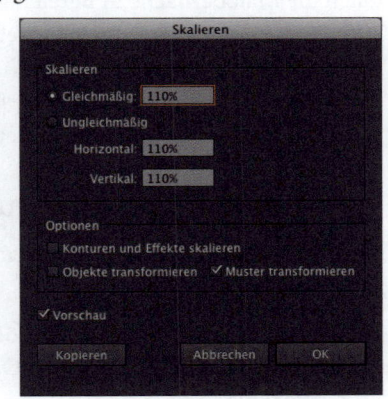

5 Wählen Sie auf der Zeichenfläche das weiße Rechteck aus, das Sie zur Erstellung des Musters verwendet hatten, und löschen Sie es.

6 Öffnen Sie die das Ebenenbedienfeld und blenden Sie alle Ebenen ein. Klicken Sie dazu in die Sichtbarkeitsspalte links von den Ebenen »tomato« und »top shapes«. Klicken Sie auf das Symbol des Ebenenbedienfelds, um die Bedienfeldgruppe einzuklappen.

7 Wählen Sie **Auswahl: Auswahl aufheben** und dann **Datei: Speichern**.
8 Wählen Sie **Datei: Schließen**.

Interaktiv malen

Mit der Funktion »Interaktiv malen« können Sie Vektorgrafiken intuitiv ausmalen – Lücken werden dabei automatisch erkannt und korrigiert, da sich diese sonst auf die Flächenfüllung und die Kontur auswirken würden. Pfade teilen die Maloberfläche in Bereiche ein, die anschließend koloriert werden können, egal ob sie von einem einzelnen oder mehreren Pfadsegmenten umgeben sind. Denken Sie an das Malen in einem Malbuch oder das Ausmalen einer Bleistiftzeichnung mit Wasserfarben. Die Funktion »Interaktiv malen« wirkt sich nicht auf die zugrunde liegenden Formen aus.

Eine Interaktiv-malen-Gruppe erstellen

Sie öffnen nun eine Datei und malen Objekte mit dem Interaktiv-malen-Werkzeug aus.

● **Hinweis:** Die fertige Datei *L6end_2.ai* befindet sich im Verzeichnis *Lektionen/Lektion06*, falls Sie diese gerne öffnen möchten.

1. Wählen Sie **Datei: Öffnen** und öffnen Sie die Datei *L6start_2.ai* aus dem Ordner *Lektion06*.

2. Wählen Sie **Datei: Speichern unter** und geben Sie im Dialogfeld den Namen »greetingcard.ai« ein. Speichern Sie die Datei im Ordner *Lektion06* mit der Formatoption »Adobe Illustrator (*.AI)« (Windows) bzw. »Adobe Illustrator (ai)« (Mac OS) und klicken Sie auf »Speichern«. Im dem nachfolgenden Dialogfeld Illustrator-Optionen behalten Sie die Standardeinstellungen bei und klicken auf OK.

3. Ziehen Sie mit dem Auswahl-Werkzeug (▶) einen Auswahlrahmen um die drei weißen Blumen auf der Zeichenfläche. Die übrigen Inhalte auf der Zeichenfläche sind gesperrt.

▶ **Tipp:** Sie erkennen die Interaktiv-malen-Gruppe an dem speziellen Begrenzungsrahmen um alle drei Formen.

4. Wählen Sie **Objekt: Interaktiv malen: Erstellen**.

Es wird eine Interaktiv-malen-Gruppe erstellt, die Sie jetzt mit dem Interaktiv-malen-Werkzeug (🖌) anmalen können. Sobald eine solche Gruppe erstellt wurde, bleiben sämtliche Pfade vollständig editierbar. Wenn Sie die Form eines Pfades verschieben oder anpassen, werden die Farben automatisch auch den neuen Regionen der bearbeiteten Pfade zugewiesen.

5 Aktivieren Sie das Interaktiv-malen-Werkzeug (🖁) aus der Gruppe des Formerstellungswerkzeugs (🖉) im Werkzeugbedienfeld. Bevor Sie malen, klicken Sie im Steuerungsbedienfeld auf das Kästchen für die Flächenfüllung und wählen das Farbfeld »yellow/orange« aus dem Farbfelderbedienfeld aus.

● **Hinweis:** Drücken Sie ggf. die Escape-Taste, um das Farbfelderbedienfeld auszublenden.

6 Platzieren Sie den Mauszeiger über der Mitte der Gruppe. Die drei Objekte werden hervorgehoben und über dem Mauszeiger erscheinen drei Farbfelder. Diese Farbfelder repräsentieren die drei nebeneinander-liegenden Farbfelder im Farbfelder-bedienfeld. Das mittlere Farbfeld entspricht der zuletzt gewählten Farbe. Klicken Sie, wenn die größere Blumenform in der Mitte hervorgehoben wird.

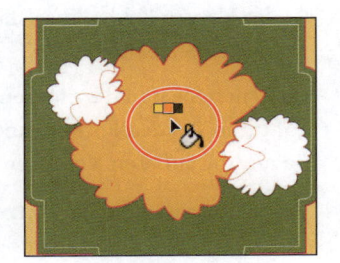

▶ **Tipp:** Sie können auch über mehrere Formen hinwegziehen, um eine Farbe auf alle gleichzeitig anzuwenden.

7 Verschieben Sie den Mauszeiger nach links auf die überlappende Form. Drücken Sie zweimal die Pfeiltaste nach links, um das hellgelbe Farbfeld über dem Mauszeiger zu markieren. Klicken Sie, um die Farbe auf die Blume anzuwenden.

● **Hinweis:** Sie können auch eine ganz andere Farbe auswählen, indem Sie einfach auf ein Farbfeld im Farbfelderbedienfeld klicken.

8 Malen Sie die anderen drei Blumen mithilfe der Farben in der Abbildung rechts aus (Gelb, Pink und dunkles Pink). Bevor Sie klicken, um eine Farbe anzuwenden, drücken Sie die Pfeiltasten nach links und rechts, um zwischen den Farben im Farbfelderbedienfeld zu wechseln.

Auch das Malen von Konturen ist mit dem Interaktiv-malen-Werkzeug ganz einfach. Allerdings müssen Sie zunächst eine entsprechende Option aktivieren.

● **Hinweis:** Mehr über die Einstellungen im Dialogfeld »Optionen für Interaktiv-malen-Werkzeug« (z. B. über die Cursorfarbfeld-Vorschau und die Markieren-Optionen) finden Sie in der Illustrator-Hilfe unter dem Stichwort »Mit dem Interaktiv-malen-Werkzeug malen«.

9. Klicken Sie doppelt auf das Interaktiv-malen-Werkzeug. Das Dialogfeld »Optionen für Interaktiv-malen-Werkzeug« erscheint. Aktivieren Sie das Kontrollfeld »Pinselstärken« und klicken Sie dann auf OK.

Entfernen Sie nun die inneren schwarzen Konturen aus den Formen und erhalten Sie nur die äußeren Konturen.

10. Positionieren Sie die Spitze (▶) des Mauszeigers direkt über der Kontur zwischen der Form in der Mitte und der hellgelben Form (wie in der Abbildung zu sehen). Sobald der Konturcursor (↘) erscheint, drücken Sie die Pfeiltaste nach links und wählen »Ohne«. Klicken Sie dann auf die Kontur, um die Konturfarbe zu entfernen.

11. Stellen Sie den Mauszeiger direkt über die Kontur zwischen der mittleren Form und der hellrosa Blume (wie in der Abbildung zu sehen). Sobald der Konturcursor erscheint, vergewissern Sie sich, dass »Ohne« in den Farbfeldern über dem Mauszeiger erscheint, und klicken Sie dann auf die Kontur, um die Konturfarbe zu entfernen.

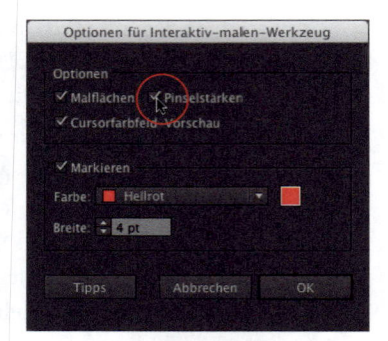

12. Wählen Sie **Auswahl: Auswahl aufheben**, um die Konturen zu betrachten, und dann **Datei: Speichern**.

Interaktiv-malen-Regionen bearbeiten

Wenn Sie eine Interaktiv-malen-Gruppe erstellen, bleibt jeder Pfad editierbar. Wenn Sie einen Pfad verschieben oder anpassen, verbleiben die Farben nicht starr wie bei einer herkömmlichen Bildbearbeitungssoftware, sondern werden automatisch auf die durch die Pfadbearbeitung entstandenen neuen Regionen angewendet. Bearbeiten Sie nun die Pfade und fügen Sie eine weitere Form hinzu.

1 Aktivieren Sie das Auswahl-Werkzeug () im Werkzeugbedienfeld. Halten Sie nun die Leertaste gedrückt und ziehen Sie die Zeichenfläche nach rechts, um die weiße Blumenform neben dem linken Zeichenflächenrand zu erkennen.

2 Wählen Sie diese Form aus und wählen Sie dann **Bearbeiten: Kopieren**.

3 Klicken Sie doppelt auf das Hand-Werkzeug (), um die Zeichenfläche in das Dokumentfenster einzupassen.

4 Klicken Sie mit dem Auswahl-Werkzeug doppelt in die Interaktiv-malen-Gruppe.

So aktivieren Sie den Isolationsmodus und können jede Form einzeln bearbeiten.

5 Wählen Sie **Bearbeiten: Einfügen**. Ziehen Sie die eingefügte Blume nach unten links, sodass sie sich etwas mit der mittleren Blume überlappt (wie hier zu sehen).

6 Aktivieren Sie das Interaktiv-malen-Werkzeug () im Werkzeugbedienfeld, und malen Sie die äußere Hälfte der eingefügten Form mit dunklem Grün, die innere Hälfte mit hellem Grün an.

● **Hinweis:** Beim Bearbeiten oder Verschieben von Formen, die Teil einer Interaktiv-malen-Gruppe sind, können unerwartete Dinge geschehen. So kann beispielsweise eine Kontur auftauchen, wo vorher keine war. Sehen Sie sich die Formen unbedingt genau an, um sicherzugehen, dass sie so aussehen, wie sie sollten.

7   Stellen Sie den Mauszeiger dann direkt über die Kontur zwischen orangefarbener Form in der Mitte und grüner Form. Sobald der Konturcursor erscheint, klicken Sie auf den Pfeil nach links und wählen »Ohne«. Klicken Sie dann auf die Kontur, um die Konturfarbe zu entfernen. Wiederholen Sie diesen Schritt für die verbleibende Kontur innerhalb der grünen Form.

8   Ziehen Sie die grüne Form mit dem Auswahl-Werkzeug leicht nach oben links. Achten Sie darauf, wie sich auch die Farbfüllung ändert.

9   Stellen Sie den Mauszeiger des Direktauswahl-Werkzeugs () über die kleine gelbe Blume oben links. Klicken Sie dann auf einen der Ankerpunkte auf dem Rand der mittleren Blume (in der gelben Blume gelegen) und ziehen Sie, um sie zu verschieben.

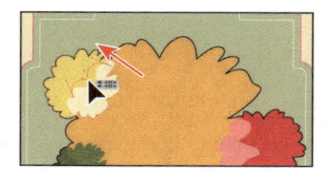

Beachten Sie, dass die Pfade weiterhin vollständig bearbeitbar sind und die Farben automatisch den neu durch die Bearbeitung der Pfade entstandenen Regionen zugewiesen werden.

Fügen Sie nun zur Mitte der größeren Blume noch eine weiße Farbe hinzu, damit Sie darin lesbaren Text erstellen können.

10 Drücken Sie zweimal Strg++ (Windows) oder Befehl++ (Mac OS), um die Ansicht zu vergrößern. Verlassen Sie den Isolationsmodus mit der Esc-Taste und wählen Sie dann **Auswahl: Auswahl aufheben**.

11 Klappen Sie das Ebenenbedienfeld durch einen Klick auf sein Symbol () auf der rechten Seite des Arbeitsbereichs aus. Klicken Sie auf das Kästchen für das Augensymbol neben der Ebene »Text« (direkt über dem Augensymbol für die Ebene »live paint«). Klappen Sie die Ebenen- Bedienfeldgruppe wieder zu.

12 Wählen Sie das Auswahl-Werkzeug () und doppelklicken Sie auf die Blumenformen, um in den Isolationsmodus zu gelangen.

13 Aktivieren Sie das Liniensegment-Werkzeug (/) im Werkzeugbedienfeld und ändern Sie die Konturfarbe im Steuerungsbedienfeld in Weiß.

14 Klicken Sie in die Mitte der orangenfarbenen Blume und ändern Sie im Dialogfeld »Optionen für Liniensegment-Werkzeug« die Länge in **6,48 cm** und den Winkel in **0**. Klicken Sie auf OK und lassen Sie die Linie weiterhin ausgewählt.

15 Wählen Sie das Auswahl-Werkzeug. Achten Sie im Steuerungsbedienfeld darauf, dass als Ursprung der mittlere Punkt markiert ist. Ändern Sie den X-Wert in **11,38 cm** und den Y-Wert in **4,57 cm**, um die Linie zu platzieren und links und rechts eine kleine Lücke zwischen Linienende und Blumenform zu erhalten.

● **Hinweis:** Wenn das Wort »Transformieren« erscheint, klicken Sie dieses an, um ins Transformierenbedienfeld zu wechseln und dort Ihre Änderungen anzuwenden.

16 Wählen Sie das Liniensegment-Werkzeug (/) und zeichnen Sie darunter mit gedrückter Umschalt-Taste eine weitere Linie. Klicken Sie dazu auf die rechte Kante der grünen Blume und ziehen Sie nach rechts, bis die Linie an der hellrosa Form einrastet. Die intelligenten Hilfslinien (**Ansicht: Intelligente Hilfslinien**) sorgen dafür, dass die Linie an den Objekten einrastet.

17 Wählen Sie im Werkzeugbedienfeld das Interaktiv-malen-Werkzeug und platzieren Sie den Mauszeiger über der Mitte der großen orangefarbenen Blume, zwischen den Linien. *Nicht klicken.*

● **Hinweis:** Endet der rote Umriss an der oberen Linie, verkürzen Sie diese mit dem Direktauswahl-Werkzeug.

Beachten Sie, dass die untere Linie den unteren Teil der Blumenform »abschließt«, während die obere Linie den oberen Teil des Pfads nicht abschließt. Würden Sie nun also klicken (tun Sie es nicht), so würde die Farbe alles ausfüllen, was die rote Umrisslinie umgibt. Die rote Linie in der unteren Abbildung wurde hervorgehoben, damit sie besser zu erkennen ist.

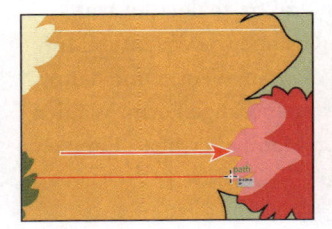

Die untere Linie zeichnen

Mit schwebendem Mauszeiger den Zeichenbereich anzeigen

Lückenoptionen

Sie arbeiten jetzt mit dem Dialogfeld »Lückenoptionen«.

1 Wählen Sie **Auswahl: Alles auswählen**.

2 Wählen Sie nun **Objekt: Interaktiv malen: Lückenoptionen**. Aktivieren Sie im Dialogfeld »Lückenoptionen« das Kontrollfeld »Lückensuche« (falls noch nicht aktiv). Wählen Sie im Menü »Pinsel stoppt bei« die Option »Mittelgroßen Lücken«.

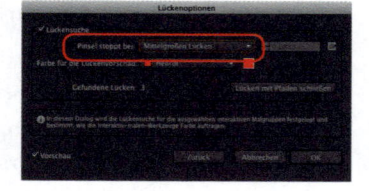

▶ **Tipp:** Wenn Sie im Dialogfeld »Lückenoptionen« auf die Schaltfläche »Lücken mit Pfaden schließen« klicken, fügt Illustrator Vektorpfade in die Grafik ein.

Die Farbe für die Lückenvorschau ist Rot. Die aktivierte Option »Lückensuche« verhindert, dass beim Malen Farbe aus möglichen Lücken zwischen den Objekten austritt. Lücken werden in der Grafik rot hervorgehoben. Die Lücke zwischen der oberen Linie und dem rechten Rand der Blume sollte mit einer roten Linie verschlossen worden sein. Falls nicht, probieren Sie im Menü »Pinsel stoppt bei« die Option »Großen Lücken« aus. Klicken Sie auf OK.

3 Aktivieren Sie das Interaktiv-malen-Werkzeug (🖌) und malen Sie über den Bereich zwischen den soeben erstellten Linien. Stellen Sie sicher, dass Sie über dem Mauszeiger das weiße Kästchen aktiviert haben, und klicken Sie, um den Bereich weiß einzufärben.

4 Wählen Sie **Ansicht: Zeichenfläche in Fenster einpassen**.

▶ **Tipp:** Sie können innerhalb einer Interaktiv-malen-Gruppe auch Inhalt auswählen, indem Sie mit dem Interaktiv-malen-Auswahl-Werkzeug quer über die Grafik ziehen.

5 Aktivieren Sie im Werkzeugbedienfeld das Interaktiv-malen-Auswahl-Werkzeug (🖱). Es befindet sich in derselben Gruppe wie das Interaktiv-malen-Werkzeug. Klicken Sie auf die obere gelborange Form und dann mit gedrückter Umschalt-Taste auf die untere gelborange Form. Wählen Sie das Hintergrund-Verlaufsfarbfeld aus dem Menü »Flächenfüllung« im Steuerungsbedienfeld.

6   Aktivieren Sie das Verlaufswerkzeug (■) im Werkzeugbedienfeld. Stellen Sie sicher, dass dort im unteren Bereich auch das Kästchen für die Flächenfüllung aktiv ist. Ziehen Sie nun von der Mitte der großen Blume (dem weißen Bereich) nach unten rechts, um einen gleichmäßigen Verlauf über beide Formen zu erstellen.

7   Aktivieren Sie das Auswahl-Werkzeug (▶) und drücken Sie die Esc-Taste, um den Isolationsmodus zu verlassen und den Text »Happy Birthday« zu sehen.

Die Teile auswählen   Mit dem Verlaufswerkzeug ziehen   Ergebnis

8   Wählen Sie **Datei: Speichern** und dann **Datei: Schließen**.

Fragen

1 Beschreiben Sie mindestens drei Möglichkeiten, ein Objekt mit Farbe zu füllen.
2 Wie können Sie eine Farbe speichern?
3 Wie geben Sie einer Farbe einen Namen?
4 Wie wählen Sie Farbharmonien für Farben aus?
5 Nennen Sie zwei Dinge, die im Dialogfeld »Farben bearbeiten/Bildmaterial neu färben« möglich sind.
6 Wie fügen Sie Musterfelder zum Farbfelderbedienfeld hinzu?
7 Erklären Sie, was mit der Funktion »Interaktiv malen« möglich ist.

Antworten

1 Um ein Objekt mit Farbe zu füllen, klicken Sie es an und ändern Sie die Flächen- oder Konturfarbe im Steuerungsbedienfeld oder klicken Sie auf das Kästchen für die Flächenfüllung im Werkzeugbedienfeld. Führen Sie dann einen der folgenden Schritte aus:

- Klicken Sie doppelt auf das Kästchen für die Flächenfüllung oder die Konturfarbe im Steuerungsbedienfeld, um den Farbwähler zu öffnen.
- Verschieben Sie die Farbregler oder geben Sie exakte Werte in die Felder im Farbebedienfeld ein.
- Klicken Sie auf ein Farbfeld im Farbfelderbedienfeld.
- Aktivieren Sie die Pipette und klicken Sie damit in eine Farbe in der Grafik.
- Wählen Sie **Fenster: Farbfeldbibliotheken**, um eine andere Farbfeldbibliothek zu öffnen, und klicken Sie dann auf eines der Farbfelder im Bedienfeld der Farbfeldbibliothek.

2 Sie können eine Farbe speichern, um damit auch andere Objekte zu färben, indem Sie sie zum Farbfelderbedienfeld hinzufügen. Wählen Sie die Farbe aus und führen Sie dann einen der nachfolgenden Schritte aus:

- Ziehen Sie sie aus dem Kästchen für die Flächenfüllung in das Farbfelderbedienfeld.
- Klicken Sie unten im Farbfelderbedienfeld auf die Schaltfläche »Neues Farbfeld«.
- Wählen Sie aus dem Bedienfeldmenü des Farbfelderbedienfelds die Option »Neues Farbfeld«.

Sie können auch Farben aus anderen Farbfeldbibliotheken hinzufügen, indem Sie sie dort auswählen und im Bedienfeldmenü der Farbfeldbibliothek die Option »Ausgewählte Farben hinzufügen« wählen.

3 Um eine Farbe zu benennen, klicken Sie doppelt auf das Farbfeld im Bedienfeld oder wählen Sie die Farbe aus und wählen Sie die Farbfeldoptionen aus dem Bedienfeldmenü. Geben Sie im Dialogfeld »Farbfeldoptionen« einen Namen ein.

4 Das Farbhilfebedienfeld ist ein Werkzeug, das Sie als Inspiration beim Erstellen Ihrer Grafiken verwenden können. Das Bedienfeld schlägt Farbharmonien basierend auf der aktuellen Farbe im Werkzeugbedienfeld vor.

5 Nutzen Sie das Dialogfeld »Farben bearbeiten/Bildmaterial neu färben«, um Farbgruppen zu erstellen und zu bearbeiten, Farben in einer Grafik zuzuweisen oder zu reduzieren usw.

6 Erstellen und bearbeiten Sie auf einfache Weise nahtlose aneinandergefügte Vektormuster. Erstellen Sie entweder einen Musterinhalt oder heben Sie Ihre Objektauswahl auf und wählen Sie **Objekt: Muster: Erstellen**. Im Musterbearbeitungsmodus können Sie das Muster bearbeiten und erhalten eine Vorschau.

7 Mit der Funktion »Interaktiv malen« können Sie Vektorgrafiken intuitiv ausmalen. Lücken, die ansonsten den Verlauf der Füllung und Kontur beeinflusst hätten, werden automatisch erkannt und korrigiert. Pfade trennen die Maloberfläche in Bereiche, die dann einzeln koloriert werden können – unabhängig von den anliegenden Pfaden oder Segmenten. Die Funktion »Interaktiv malen« entspricht dem Ausmalen eines Malbuches oder dem Ausmalen einer Bleistiftskizze mit Wasserfarben.

7 MIT TEXT ARBEITEN

Überblick

In dieser Lektion lernen Sie Folgendes:

- Text importieren
- Textspalten erstellen
- Textattribute ändern
- Zeichen- und Absatzformate erstellen und bearbeiten
- Textattribute durch das Aufnehmen von Text kopieren und zuweisen
- Text aufnehmen
- Text um eine Grafik fließen lassen
- Text verkrümmen
- Text auf Pfaden und Formen erstellen
- Pfadtext erstellen

Diese Lektion dauert ungefähr eine Stunde. Falls erforderlich, entfernen Sie den Ordner der vorherigen Lektion von Ihrer Festplatte und kopieren Sie den Ordner *Lektion07* darauf.

Text als Designelement spielt in Illustrationen und Grafiken eine wichtige Rolle. Wie andere Objekte kann auch Text angemalt, skaliert und gedreht werden usw. Lernen Sie hier, einfachen Text und interessante Texteffekte zu erstellen.

Vorbereitungen

In dieser Lektion arbeiten Sie an einer einzigen Grafikdatei. Bevor Sie beginnen, stellen Sie die Standardvorgaben für Adobe Illustrator CS6 wieder her. Dann öffnen Sie die fertige Grafikdatei für diese Lektion, um die Illustration zu betrachten.

1. Stellen Sie sicher, dass Ihre Werkzeuge und Bedienfelder genau wie in dieser Lektion funktionieren. Dazu löschen oder deaktivieren Sie die Voreinstellungen für Adobe Illustrator CS6 durch Umbenennen. Mehr darüber erfahren Sie im Abschnitt »Standardvoreinstellungen wiederherstellen« auf Seite 3.

2. Starten Sie Adobe Illustrator CS6.

● **Hinweis:** Falls noch nicht geschehen, kopieren Sie den Ordner *Lektion07* aus dem *Lektionen*-Ordner auf der beigefügten CD-ROM auf Ihre Festplatte (siehe »Die Classroom-in-a-Book-Dateien kopieren« auf Seite 2).

3. Wählen Sie **Datei: Öffnen**. Suchen Sie die Datei *L7end.ai* im Ordner *Lektion07* auf Ihrer Festplatte.

   In dieser Lektion erstellen Sie den Text für dieses Plakat. Lassen Sie es zu Vergleichszwecken geöffnet oder wählen Sie **Datei: Schließen**, ohne zu speichern.

● **Hinweis:** Wenn Sie die Lektionsdateien unter Mac OS öffnen, müssen Sie möglicherweise auf die runde grüne Schaltfläche in der linken oberen Ecke des Dokumentfensters klicken, um die Fenstergröße zu maximieren.

4. Wählen Sie **Datei: Öffnen** und öffnen Sie aus dem Ordner *Lektion07* die Datei *L7start_1.ai*.

   Bilder und Grafiken sind in dieser Datei bereits enthalten – erstellen Sie nun sämtliche Textelemente für das Plakat.

5. Wählen Sie **Datei: Speichern unter**, navigieren Sie zum Ordner *Lektion07* und geben Sie der Datei den Namen »poster.ai«. Behalten Sie die Formatoption »Adobe Illustrator (*.AI)« (Windows) bzw. »Adobe Illustrator (ai)« (Mac OS) bei und klicken Sie auf **Sichern: Speichern**. Im nachfolgenden Dialogfeld behalten Sie die Einstellungen bei und klicken nur auf OK.

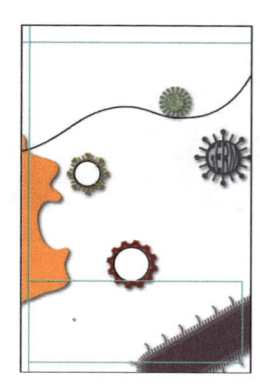

6. Wählen Sie **Ansicht: Intelligente Hilfslinien**, um diese auszublenden.

7. Wählen Sie **Fenster: Arbeitsbereich: Zurücksetzen: Grundlagen**.

● **Hinweis:** Wenn Sie im Menü »Arbeitsbereich« den Befehl **Zurücksetzen: Grundlagen** nicht sehen, wählen Sie **Fenster: Arbeitsbereich: Grundlagen**, bevor Sie **Fenster: Arbeitsbereich: Zurücksetzen: Grundlagen** wählen.

Mit Text arbeiten

Die Textfunktionen gehören zu den leistungsstärksten Features in Illustrator. Sie können eine einzelne Textzeile erstellen oder Text in Spalten und Zeilen anfertigen – ganz wie in Adobe InDesign. Der Text kann auch in eine Form oder entlang eines Pfads fließen. Nicht zuletzt können Sie Texte in Pfade konvertieren, um die konvertierten Zeichen anschließend wie eine Vektorgrafik zu bearbeiten.

Für die Texterstellung stehen Ihnen drei Möglichkeiten offen: Punkt, Flächen- oder Absatztext und Pfadtext. Hier jeweils eine kurze Beschreibung:

- **Punkttext** beschreibt eine horizontale oder vertikale Textzeile. Diese beginnt an der Stelle, die Sie anklicken, und sie erweitert sich mit der Zeicheneingabe. Jede Textzeile ist unabhängig – sie wird bei der Bearbeitung länger oder kürzer, springt aber nicht in die nächste Zeile über. Punkttext eignet sich für Überschriften oder einzelne Wörter.

- Beim **Flächentext** fließt der Text horizontal oder vertikal innerhalb der Grenzen eines Vektorobjekts. Er wird innerhalb dieser Form automatisch umbrochen. Flächentext ist nützlich, wenn Sie einen oder mehrere Absätze (z. B. für eine Broschüre) erstellen wollen.

- **Pfadtext** fließt entlang der Kante eines offenen oder geschlossenen Pfades. Wenn Sie den Text horizontal eingeben, werden die Zeichen parallel zur Grundlinie erstellt. Geben Sie den Text vertikal ein, stehen die Zeichen senkrecht zur Grundlinie. In beiden Fällen fließt der Text in die Richtung, in der die Punkte zum Pfad hinzugefügt wurden.

Sie werden jetzt erst Punkt- und dann Flächentext erstellen. Später lernen Sie dann auch, Pfadtext zu erzeugen.

Punkttext erstellen

Wenn Sie Text direkt in ein Dokument eingeben, aktivieren Sie dazu das Text-Werkzeug und klicken Sie an die Stelle, wo der Text erscheinen soll. Sobald der Textcursor erscheint, können Sie mit der Eingabe beginnen.

Erstellen Sie am oberen Rand des Plakats einen Text.

1 Klicken Sie mit dem Zoomwerkzeug (🔍) zweimal langsam in die linke obere Ecke der Zeichenfläche.

2 Aktivieren Sie das Text-Werkzeug (**T**) und klicken Sie dorthin, wo sich die Hilfslinien in der linken oberen Ecke der Zeichenfläche treffen. Der Mauszeiger erscheint auf der Zeichenfläche. Geben Sie **Help stop the spread of germs that cause colds and other illnesses!** ein.

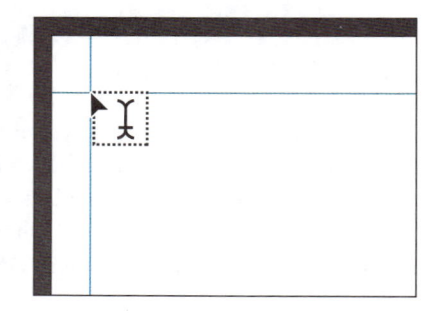

Wenn Sie mit dem Text-Werkzeug klicken, erstellen Sie Punkttext, der erst dann umbrochen wird, wenn Sie die Enter-Taste drücken. Punkttext eignet sich beispielsweise für Überschriften.

● **Hinweis:**
Skalierter Punkttext (siehe Schritt 3) kann trotzdem gedruckt werden. Allerdings beträgt die Schriftgröße wahrscheinlich keine ganze Zahl mehr (z. B. 12 pt).

3 Aktivieren Sie im Werkzeugbedienfeld das Auswahl-Werkzeug (▸); achten Sie auf den Begrenzungsrahmen um den Text. Ziehen Sie den rechten Begrenzungspunkt nach rechts – der Text wird gedehnt.

4 Wählen Sie **Bearbeiten: Rückgängig: Skalieren** und dann **Ansicht: Zeichenfläche in Fenster einpassen**.

Flächentext erstellen

Für Flächentext klicken Sie mit dem Text-Werkzeug an die gewünschte Stelle und ziehen einen Bereich auf. Sobald der Cursor erscheint, können Sie den Text eingeben. Sie können auch eine vorhandene Form oder ein Objekt in ein Textobjekt umwandeln, indem Sie mit dem Text-Werkzeug auf oder innerhalb des Objektrahmens klicken.

Erstellen Sie einen Flächentext und geben Sie mehr Text ein.

1 Wählen Sie **Ansicht: Intelligente Hilfslinien**, um die intelligenten Hilfslinien anzuzeigen.

2 Aktivieren Sie das Text-Werkzeug (**T**), positionieren Sie den Mauszeiger unter dem soeben erstellten Text, sodass er an der linken Hilfslinie ausgerichtet ist. Ziehen Sie von der Hilfslinie nach unten und nach rechts, um einen Textbereich mit einer Höhe und Breite von jeweils ca. 5 cm zu erzeugen.

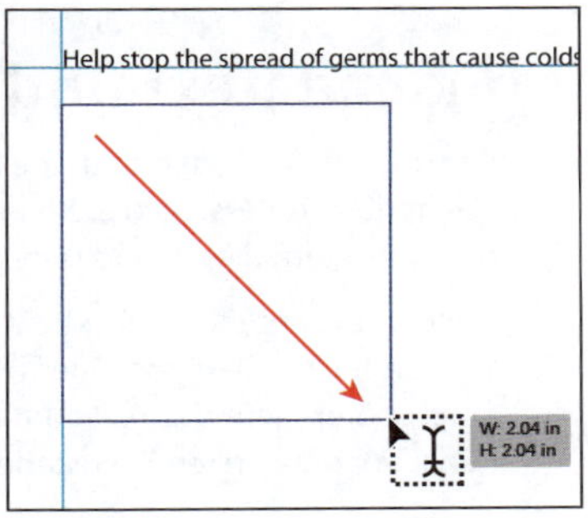

Der Mauszeiger erscheint im neuen Textbereich.

3 Aktivieren Sie im Werkzeugbedienfeld das Zoomwerkzeug (🔍) und klicken Sie zweimal nacheinander in die Mitte des neuen Textbereichs (kein Doppelklick).

4 Wählen Sie das Text-Werkzeug (**T**) und geben sie **Cover your mouth and nose when you cough or sneeze** ein.

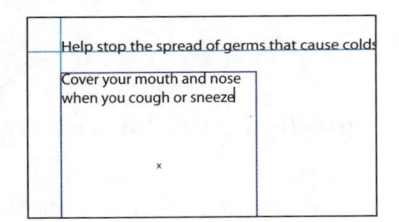

Beachten Sie, dass der Text im Textbereich umbrochen wird.

● **Hinweis:** Im Moment behalten Sie die Standard-einstellungen für die Schriftformatierung bei.

5 Aktivieren Sie das Auswahl-Werkzeug (▶) und achten Sie auf den Begrenzungsrahmen um den Text. Ziehen Sie den rechten mittleren Begrenzungspunkt nach rechts. Beachten Sie dabei, dass der Text innerhalb des Objekts umbrochen wird. Ziehen Sie, bis er ungefähr an der rechten Kante des darüber liegenden Textes ausgerichtet ist.

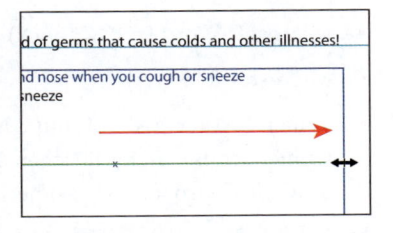

6 Wählen Sie **Auswahl: Auswahl aufheben** und dann **Datei: Speichern**.

Flächentext und Punkttext

Illustrator liefert Ihnen optische Hilfen, sodass Sie besser zwischen Punkt- und Flächentext unterscheiden können. Klicken Sie mit dem Auswahl-Werkzeug in einen Text, um diesen und seinen Begrenzungsrahmen auszuwählen.

Flächentext enthält zwei extra Kästchen, die sogenannten Ports. Diese werden verwendet, um Text von einem Bereich in einen anderen überfließen zu lassen (aber später mehr dazu). Punkttext hat diese Ports nicht; stattdessen einen Punkt vor dem ersten Buchstaben der ersten Zeile.

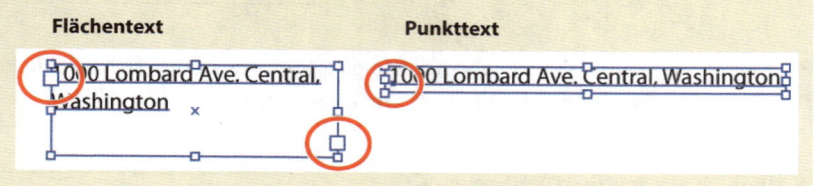

Flächentext **Punkttext**

Eine Textdatei importieren

Sie können Text aus einer in einem anderen Programm erstellten Datei importieren. Illustrator unterstützt die folgenden Formate:

- Microsoft Word (doc)
- Microsoft Word DOCX (docx)
- Microsoft RTF (rtf)
- Reiner Text (txt)(ASCII) mit ANSI-, Unicode-, Shift JIS-, GB2312-, Chinesisch Big 5-, kyrillischer, GB18030-, griechischer, türkischer, baltischer und mitteleuropäischer Kodierung.

Sie können Text auch per **Kopieren: Einfügen** übernehmen, allerdings kann dabei die Formatierung verloren gehen. Einer der Vorteile des Imports ist, dass die Absatz- und Zeichenformatierung erhalten bleibt. Beispielsweise bleiben beim Import einer RTF-Datei Schriften und Formatierungen in Illustrator erhalten.

Platzieren Sie nun Text aus einer einfachen Textdatei.

● **Hinweis:**
Vergewissern Sie sich, dass der Mauszeiger sich vor dem Klicken im Textrahmen befindet. Anderenfalls erzeugen Sie einen neuen Textrahmen.

1 Bevor Sie den Text importieren, aktivieren Sie das Text-Werkzeug (**T**) und klicken an das Ende des Textes »Cover your mouth and nose when you cough or sneeze.« Drücken Sie die Enter-Taste und belassen Sie die Einfügemarke im Text.

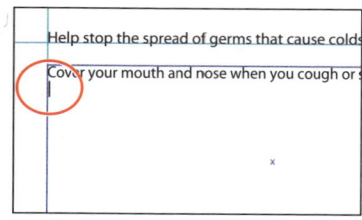

2 Wählen Sie **Datei: Platzieren**. Suchen Sie die Datei *L7copy.txt* im Ordner *Lektion07* und klicken Sie auf »Platzieren«.

3 In der Dialogfeld »Importoptionen« können Sie vor dem Textimport einige Einstellungen vornehmen. Behalten Sie hier die Standardeinstellungen bei und klicken Sie auf OK.

Der Text wird im Textbereich platziert. Später lernen Sie, Textattribute anzuwenden, um den Text zu formatieren. Sollten Sie unten rechts im Textobjekt ein rotes Pluszeichen (⊞) sehen, heißt das, dass der Text nicht vollständig in das Objekt passt. Auch das korrigieren Sie später.

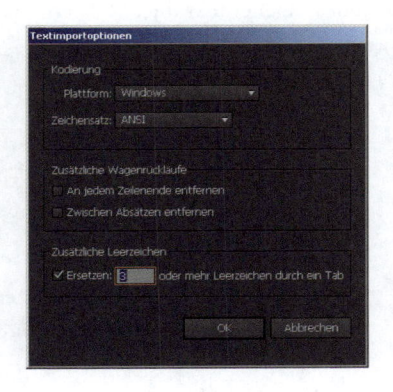

4 Wählen Sie **Datei: Speichern** und lassen Sie die Datei geöffnet.

Wenn Sie Text in einen Textbereich einfügen, wird er automatisch innerhalb der Begrenzungen des Bereichs umbrochen. Hätten Sie den Cursor nicht in den Textbereich eingefügt und den Text platziert, könnten Sie klicken, damit Illustrator automatisch einen Textbereich erstellt, der den größten Teil der Seite bedeckt, oder klicken und ziehen, um einen neuen Textbereich in der gewünschten Größe und Position zu erzeugen.

Microsoft Word-Dokumente platzieren

Wenn Sie mit **Datei: Platzieren** RTF-(Rich Text Format-) oder Word-Dokumente (.DOC oder .DOCX) in Illustrator importieren, wird das Dialogfeld »Microsoft Word-Optionen« angezeigt.

In diesem Dialogfeld können Sie festlegen, dass Sie das generierte Inhaltsverzeichnis, Fuß- und Endnoten sowie Indextext beibehalten möchten. Sie können sogar bestimmen, dass Sie die Formatierung vom Text entfernen möchten, bevor Sie ihn platzieren. **Hinweis:** *Wenn Sie ein Word-Dokument platzieren und »Textformatierung entfernen« deaktiviert lassen, werden die in Word verwendeten Absatzformate in Illustrator eingefügt.*

Übersatztext und Textumfluss bearbeiten

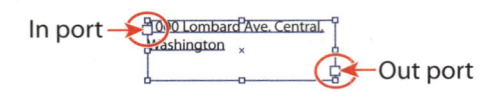

Jedes Flächentextobjekt besitzt einen Eingangs- und einen Ausgangsport. Dadurch lassen sich mehrere Flächentextobjekte miteinander verbinden. Ist ein Port leer, heißt das, dass der gesamte Text zu sehen ist. Ein rotes Pluszeichen (⊞) in einem Ausgangsport signalisiert, dass das Objekt weiteren Text – sogenannten Übersatztext – enthält.

Es gibt zwei Methoden, um Übersatztext zu korrigieren:

- Verketten Sie den Text mit einem anderen Objekt.
- Skalieren Sie das Textobjekt oder passen Sie den Text an.

Text verketten

Um Text von einem Objekt in ein nächstes fließen zu lassen (zu verketten), müssen Sie die Objekte miteinander verbinden. Die verbundenen Objekte können jede beliebige Form haben; der Text muss jedoch in ein Objekt oder entlang eines Pfades eingegeben werden – es darf sich nicht um Punkttext handeln.

Jetzt verketten Sie den Übersatztext mit einem anderen Textobjekt.

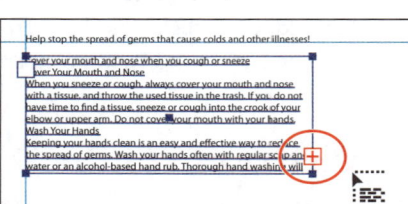

1 Wählen Sie das größere Textobjekt mit dem Auswahl-Werkzeug (▶) aus.

2 Klicken Sie mit dem Auswahl-Werkzeug auf den Ausgang (⊞) des ausgewählten Textobjekts. Der Mauszeiger wird zum Geladener-Text-Symbol (▨), sobald Sie an eine andere Stelle zeigen.

● **Hinweis:** Wenn Sie doppelt klicken, erscheint ein neues Textobjekt. Ziehen Sie dieses entweder an den richtigen Platz oder wählen Sie **Bearbeiten: Rückgängig: Text verketten** und laden Sie das Texticon.

3 Wählen Sie **Ansicht: Zeichenfläche in Fenster einpassen**.

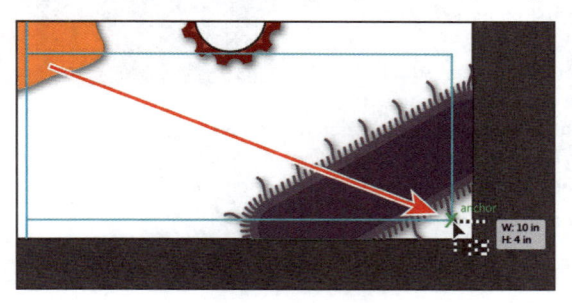

4 Klicken und ziehen Sie auf der Zeichenfläche von der oberen linken Ecke des blauen Kastens zur rechten unteren Ecke.

● **Hinweis:** Mit dem Symbol für geladenen Text können Sie auch einfach in die Zeichenfläche klicken, um ein neues Textobjekt zu erstellen. Das Textobjekt wird dann nur deutlich größer.

5 Wählen Sie **Datei: Speichern**.

Das untere Textobjekt ist noch aktiv – achten Sie auf die Linie zwischen den beiden Objekten (die Verbindungslinie). Sie erkennen daran, dass die beiden Objekte miteinander verbunden sind. Beachten Sie den Ausgang (▶) des oberen Objekts und den Eingang des unteren Objekts (▶) (beide sind rechts in der Abbildung eingekreist). Der Pfeil zeigt, dass die Objekte miteinander verbunden sind.

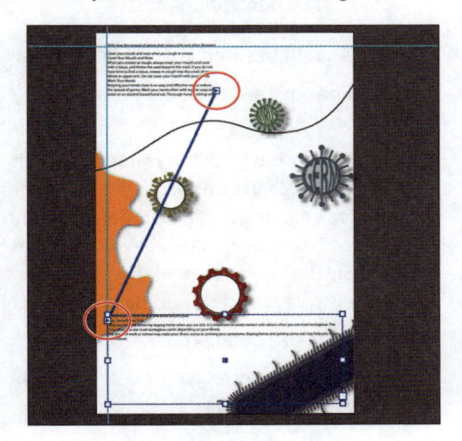

▶ **Tipp:** Sie können Text auch verketten, indem Sie ein Flächentextobjekt auswählen, das andere Objekt aktivieren und **Text: Verketteter Text: erstellen** wählen.

● **Hinweis:** Wenn Sie das zweite (im vorigen Schritt erzeugte) Textobjekt löschen, erscheint der Text als Übersatztext im ursprünglichen Objekt. Obwohl der Übersatz unsichtbar ist, ist er nicht gelöscht worden.

Textspalten erstellen

Zeilen und Spalten erstellen Sie mithilfe der Flächentextoptionen.

1 Wenn das untere Textobjekt nicht mehr ausgewählt ist, markieren Sie es mit dem Auswahl-Werkzeug (▶).

2 Wählen Sie **Schrift: Flächentextoptionen**. Im Dialogfeld »Flächentextoptionen« aktivieren Sie die Vorschau. Im Abschnitt »Spalten« ändern Sie die Anzahl in »2« und klicken dann auf OK.

● **Hinweis:** Falls der Cursor noch im Textobjekt steht, brauchen Sie es nicht erst mit dem Auswahl-Werkzeug auszuwählen, um zu den Flächentextoptionen zu gelangen.

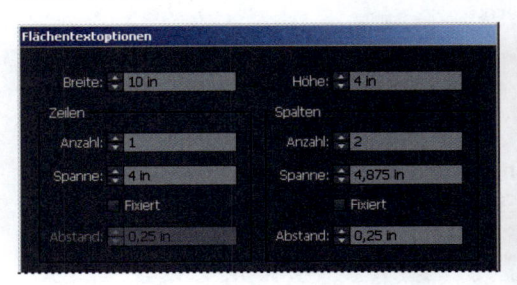

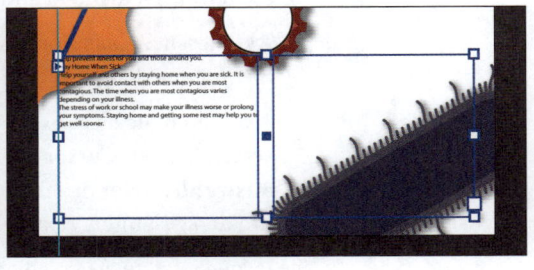

● **Hinweis:** Ihr Text unterscheidet sich möglicherweise etwas von dem in der Abbildung. Das macht nichts aus.

3 Wählen Sie **Auswahl: Auswahl aufheben**.

4 Wählen Sie **Datei: Speichern**, ohne das Dokument zu schließen.

> ## Flächentextoptionen
>
> Nutzen Sie die Flächentextoptionen, um Textzeilen und -spalten zu erstellen. Hier einige der Optionen:
>
> - **Anzahl** bestimmt, wie viele Zeilen und Spalten das Objekt enthalten soll.
> - **Spanne** bestimmt die Höhe einzelner Zeilen bzw. die Breite einzelner Spalten.
> - **Fixiert** bestimmt, was mit der Zeilen- bzw. Spaltenspanne geschehen soll, wenn Sie die Größe des Textbereiches ändern. Wenn diese Option aktiviert ist, kann durch eine Größenänderung des Bereichs zwar die Anzahl der Zeilen und Spalten, aber nicht deren Breite geändert werden. Lassen Sie diese Option deaktiviert, wenn sich die Zeilen- und Spaltenbreite entsprechend der Größe des Textbereichs ändern soll.
> - **Abstand** definiert den Abstand zwischen Zeilen und Spalten.
> - **Versatz** kontrolliert den Bereich zwischen Text und angrenzendem Pfad.
> - **Erste Grundlinie** kontrolliert die Ausrichtung der ersten Textzeile an der Oberkante des Objekts.
> - **Textfluss** bestimmt den Textfluss zwischen Zeilen und Spalten.
>
> – Aus der Illustrator-Hilfe

Text formatieren

In diesem Abschnitt erfahren Sie, wie Sie Textattribute – Größe, Schriftart und Stil – verändern können. Die meisten Attribute lassen sich schnell und einfach im Steuerungsbedienfeld ändern.

1. Aktivieren Sie das Zoomwerkzeug (🔍) im Werkzeugbedienfeld und klicken Sie zweimal langsam in die Mitte des oberen Textbereichs.

2. Aktivieren Sie das Text-Werkzeug (**T**) im Werkzeugbedienfeld und setzen Sie den Cursor irgendwo in den Text. Wählen Sie **Auswahl: Alles auswählen** oder drücken Sie Strg+A (Windows) bzw. Befehl+A (Mac OS), um den gesamten Text in beiden verketteten Textobjekten auszuwählen.

Sie lernen jetzt zwei verschiedene Methoden, eine Schriftart auszuwählen. Nutzen Sie zunächst das »Schriftart«-Menü im Steuerungsbedienfeld.

3 Klicken Sie auf den Pfeil rechts neben dem Menü und scrollen Sie zur Schriftart »Adobe Myriad Pro«, falls diese noch nicht ausgewählt ist.

Damit legen Sie die Schriftart für den gesamten verketteten Text fest.

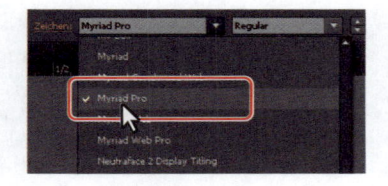

● **Hinweis:** Gegebenenfalls müssen Sie auf den Pfeil klicken, der am unteren Rand der Schriftliste erscheint, um weiter durch die Liste zu scrollen.

● **Hinweis:** Gegebenenfalls sehen Sie im Steuerungsbedienfeld statt des Menüs das Wort »Zeichen«. Klicken Sie auf dieses Wort, um das Zeichenbedienfeld zu öffnen.

4 Klicken Sie dreimal in die erste Zeile des Textes »Cover your mouth and nose when you cough or sneeze«, um den gesamten Absatz auszuwählen. Wählen Sie **Schrift: Schriftart**, um die Liste der verfügbaren Schriften anzuzeigen. Scrollen Sie nach unten und wählen Sie **Minion Pro: Bold**. Wenn Ihre Schriftliste lang ist, müssen Sie möglicherweise ziemlich weit scrollen, um diese Schrift zu finden (die Liste ist alphabetisch sortiert).

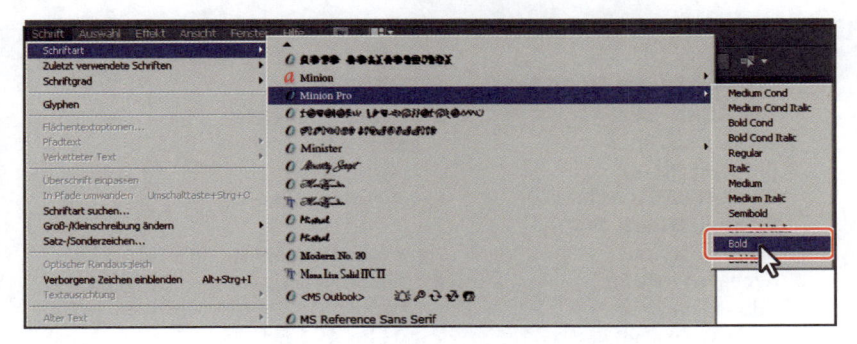

● **Hinweis:** Geben Sie acht, wenn Sie Text auswählen. Wenn Sie versuchen, über den Text zu ziehen, um ihn auszuwählen, erhalten Sie am Ende möglicherweise einen neuen Textbereich.

5 Vergewissern Sie sich, dass der Text noch ausgewählt ist und folgen Sie den unten stehenden Anweisungen. Diese Methode zur Schriftauswahl ist die dynamischste.

- Klicken Sie im Steuerungsbedienfeld in die Schriftliste und beginnen mit der Eingabe des Namens **Letter Gothic Std**. Illustrator zeigt den Schriftnamen im Feld an.

▶ **Tipp:** Sobald Sie einen Schriftnamen ausgewählt haben, können Sie auch die Pfeiltasten nach oben bzw. unten drücken, um durch die Liste zu scrollen.

▶ **Tipp:** Alternativ klicken Sie im Steuerungsbedienfeld auf das Wort »Zeichen«, um das Zeichenbedienfeld zu öffnen (**Fenster: Schrift: Zeichen**). Geben Sie den Schriftnamen dort ein.

6 Klicken Sie im Popup-Menü »Schriftschnitt« im Steuerungsbedienfeld auf den Pfeil, um die zur Verfügung stehenden Schriftschnitte für »Letter Gothic Std« einzublenden – vergewissern Sie sich, dass »Bold« ausgewählt ist.

Schriftschnitte gehören immer speziell zu einer Schriftfamilie. Es kann zwar sein, dass Sie die Familie »Letter Gothic« auf Ihrem Computer haben, das heißt aber nicht, dass auch die Schriftschnitte »Bold« und »Italic« installiert sind.

In Illustrator CS6 installierte Schriftarten

Die folgenden Schriftarten werden mit dem Programm zusammen installiert und gehören zum Dokumentationsordner der Produkt-DVD bzw. der Download-Datei. Testkunden stehen die Schriftarten erst nach dem Kauf des Produkts zur Verfügung.

Adobe Arabic	Letter Gothic Std
Birch Std	LITHOS PRO
Blackoak Std	MESQUITE STD
Brush Script Std	Adobe Ming Std
Adobe Caslon® Pro	Minion Pro
Chaparral Pro	Myriad Arabic
CHARLEMAGNE STD	Myriad Hebrew
Cooper Black Std	Myriad Pro
Adobe Devanagari	Adobe Myungjo Std
Adobe Fan Heiti Std	Adobe Naskh
Adobe Fangsong Std	Nueva Std
Adobe Garamond® Pro	OCR A Std
Giddyup Std	ORATOR STD
Adobe Gothic Std	Poplar Std
Adobe Hebrew	Prestige Elite Std
Adobe Heiti Std	ROSEWOOD STD
Hobo Std	Adobe Song Std
Adobe Kaiti Std	STENCIL STD
Kozuka Gothic Pro (und Pr6N)	Tekton Pro
Kozuka Mincho Pro (und Pr6N)	TRAJAN PRO

Was ist OpenType?

Wenn Sie regelmäßig Dateien zwischen verschiedenen Plattformen austauschen, sollten Sie die Textdateien im OpenType-Format erstellen.

OpenType® ist ein neues, plattformübergreifendes Format für Schriftdateien, das gemeinsam von Adobe und Microsoft entwickelt wurde. Adobe hat bereits alle Schriften in der Adobe Type Library in dieses Format konvertiert und bietet mittlerweile Tausende von OpenType-Schriften an.

Die zwei größten Vorteile des OpenType-Formats liegen in seiner plattformübergreifenden Kompatibilität (eine Schriftdatei funktioniert auf Macintosh ebenso wie auf Windows-Computern) sowie in seiner Unterstützung stark erweiterter Zeichensätze und Layout-Funktionen, wodurch eine umfassendere Sprachunterstützung und erweiterte typografische Kontrolle ermöglicht werden.

Das OpenType-Format ist eine Erweiterung des TrueType-Formats SFNT, das auch Adobe® PostScript®-Schriftarten und neue typografische Funktionen unterstützen kann. OpenType-Schriftarten mit PostScript-Daten, wie beispielsweise Schriftarten in der Adobe Type Library, haben die Dateierweiterung ».otf«, während OpenType-Schriftarten auf der Grundlage von TrueType-Schriftarten die Erweiterung ».ttf« haben.

OpenType-Schriftarten können einen erweiterten Schriftsatz und erweiterte Layout-Funktionen umfassen und ermöglichen somit bessere Sprachunterstützung sowie genauere typografische Kontrolle. Diese Schriften sind an dem Namenszusatz »Pro« erkennbar, der auch im Schriftenmenü der Anwendung angezeigt wird. OpenType-Schriftarten können neben PostScript Type 1- und TrueType-Schriftarten installiert und verwendet werden.

– Aus Adobe.com/type/opentype

Die Schriftgröße ändern

1. Achten Sie darauf, dass Text und Text-Werkzeug (**T**) weiterhin ausgewählt sind und dass sich der Mauszeiger im oberen, verketteten Textbereich befindet. Wählen Sie **Auswahl: Alles auswählen**.

2. Geben Sie im Steuerungsbedienfeld für die Schriftgröße **13 pt** ein und drücken Sie die Enter-Taste. Beachten Sie, dass sich der Text geändert hat. Wählen Sie nun die Schriftgröße »14 pt« aus dem Menü »Schriftgröße«. Heben Sie die Auswahl noch nicht auf.

● **Hinweis:** Möglicherweise ist im Steuerungsbedienfeld nur das Wort »Zeichen« statt des Felds »Schriftgröße« zu sehen. Klicken Sie es an, um das Zeichenbedienfeld zu öffnen.

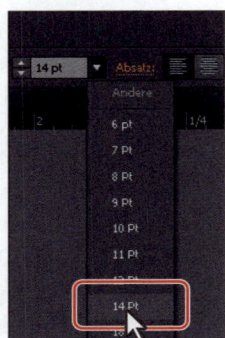

Im Menü für die Schriftgröße gibt es feste Größen. Eigene Werte müssen Sie eingeben und die Enter-Taste drücken.

▶ **Tipp:** Sie können die Größe eines ausgewählten Textes auch dynamisch mithilfe von Tastenkürzeln ändern. Zum Erhöhen in Zweierschritten drücken Sie Strg+Umschalt-. (Windows), bzw. Befehl+Umschalt-. (Mac OS). Zum Verringern drücken Sie Strg+Umschalt-, (Windows) bzw. Befehl+Umschalt-, (Mac OS).

Die Schriftfarbe ändern

Sie können die Flächenfarbe sowie die Konturfarbe eines ausgewählten Texts ändern. In diesem Beispiel ändern Sie nur die Füllung.

1 Klicken Sie bei ausgewähltem Text auf die Flächenfarbe im Steuerungsbedienfeld und wählen Sie die Option »Weiß«. Der Text wird nun weiß.

2 Klicken Sie auf das Ebenenbedienfeldsymbol (⬛) auf der rechten Seite der Arbeitsfläche, um das Bedienfeld zu expandieren. Klicken Sie links von der Ebene »background« auf die Sichtbarkeitsspalte. Ein blauer Hintergrund erscheint. Klicken Sie auf das Ebenenbedienfeld, um die Gruppe einzuklappen.

▶ **Tipp:** Doppelklicken Sie, um ein Wort auszuwählen. Mit einem Dreifachklick wählen Sie einen ganzen Absatz aus. Das Ende eines Absatzes wird durch einen harten Umbruch definiert (dieser entsteht, wenn Sie die Enter-Taste drücken).

3 Klicken Sie dreimal mit dem Text-Werkzeug, um den zweiten Absatz auszuwählen (»Cover Your Mouth and Nose«). Die Abbildung unten zeigt Ihnen, welchen Text Sie auswählen sollen.

4 Ändern Sie die Flächenfarbe im Steuerungsbedienfeld in das helle Gelb (im Tooltipp des Farbfelds ist C=0, M=2, Y=60, K=0 zu lesen).

5 Lassen Sie die Textzeile ausgewählt. Ändern Sie die Schriftgröße im Steuerungsbedienfeld in **20**. Drücken Sie die Enter-Taste.

6 Aktivieren Sie im Pull-down-Menü »Schriftschnitt« des Steuerungsbedienfelds außerdem den Schriftschnitt »Bold«, um den Schriftschnitt für den ausgewählten Text zu ändern.

7 Wählen Sie **Auswahl: Alles aufheben**.

8 Klicken Sie mit dem Text-Werkzeug dreimal in den oberen Text in der Zeichenfläche (beginnend mit »Help stop the spread ...«).

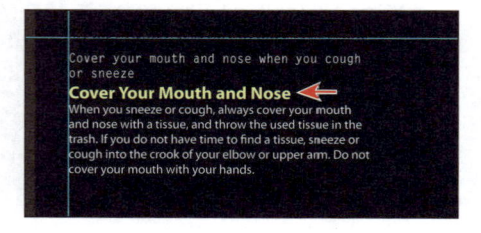

9 Ändern Sie die Flächenfüllung im Steuerungsbedienfeld in Orange (im Tooltipp des Farbfelds ist C=0, M=50, Y=100, K=0 abzulesen).

10 Ändern Sie die Schriftgröße in **30** und den Schriftschnitt im Steuerungsbedienfeld in **Bold Condensed**.

11 Wählen Sie **Bearbeiten: Alles aufheben**.

12 Wählen Sie **Datei: Speichern**.

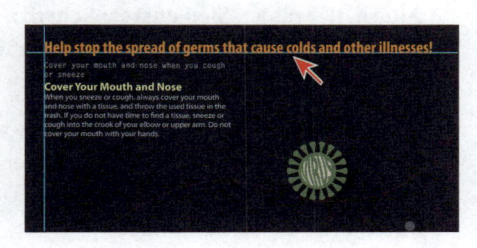

Weitere Textattribute ändern

Sie können im Zeichenbedienfeld viele weitere Textattribute ändern (dieses öffnen Sie, wenn Sie im Steuerungsbedienfeld auf das blaue, unterstrichene Wort »Zeichen« klicken oder indem Sie **Fenster: Schrift: Zeichen** wählen).

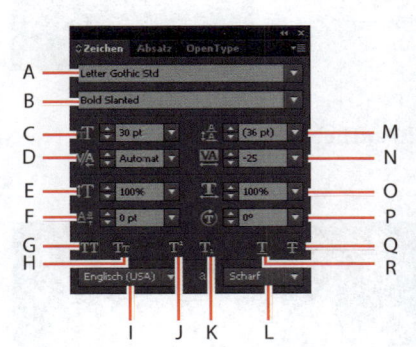

A. Schriftfamilie
B. Schriftschnitt
C. Schriftgrad
D. Abstand zwischen zwei Zeichen
E. Vertikal skalieren
F. Grundlinienversatz
G. Großbuchstaben
H. Kapitälchen
I. Sprache
J. Hochgestellt
K. Tiefgestellt
L. Glättungsmethode
M. Zeilenabstand
N. Laufweite
O. Horizontal skalieren
P. Zeichendrehung
Q. Durchgestrichen
R. Unterstrichen

In diesem Abschnitt weisen Sie einige der vielen möglichen Attribute zu, um mit den unterschiedlichen Möglichkeiten zur Formatierung von Text zu experimentieren.

1 Klicken Sie mit dem Text-Werkzeug (**T**) in den Text, der mit »Cover your mouth ...« beginnt. Klicken Sie dann dreifach, um den gesamten Absatz auszuwählen.

2 Klicken Sie mit dem Zoom-werkzeug (🔍) noch einmal in den Text, um einzuzoomen.

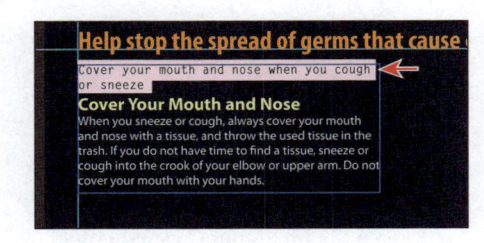

● **Hinweis:** Wenn Sie mit dem Zeichenbedienfeld (**Fenster: Schrift: Zeichen**) arbeiten, müssen Sie ggf. auf den Doppelpfeil neben dem Wort »Zeichen« im Bedienfeldmenü klicken, um weitere Optionen anzuzeigen.

3. Klicken Sie im Steuerungsbedienfeld auf das Wort »Zeichen«, um dieses Bedienfeld einzublenden. Alternativ wählen Sie **Fenster: Schrift: Zeichen**). Klicken Sie in das Feld »Laufweite« (![]) und geben Sie **-25** ein.

   Die Laufweite verändert den Abstand zwischen den einzelnen Buchstaben. Ein positiver Wert vergrößert den Abstand; ein negativer rückt die Buchstaben näher zusammen.

4. Klicken Sie auf das Symbol »Horizontal skalieren« (![]) und geben Sie **50%** in das zugehörige Feld ein. Ändern Sie die Schriftgröße, indem Sie **80** eingeben, und drücken Sie die Enter-Taste, um das Zeichenbedienfeld zu schließen.

5. Wählen Sie **Schrift: Groß-/Kleinschreibung ändern: GROSSBUCHSTABEN**.

6. Wählen Sie **Ansicht: Zeichenfläche in Fenster einpassen** und dann **Auswahl: Auswahl aufheben**.

7. Aktivieren Sie das Auswahl-Werkzeug (![]) und klicken Sie in den Text »COVER YOUR«, um den Textbereich auszuwählen. Ziehen Sie den unteren rechten Begenzungspunkt des Textrahmens nach rechts unten, bis der Text »COVER YOUR MOUTH Und NOSE« einzeilig wird. Betrachten Sie die Abbildung als Hilfe.

8. Wählen Sie mit dem Text-Werkzeug die zweite Zeile des ersten Absatzes (»WHEN YOU COUGH OR SNEEZE«) aus.

9. Ändern Sie die Schriftgröße im Steuerungsbedienfeld in **48 pt**.

10. Klicken Sie dreimal in den bereits ausgewählten Text »WHEN YOU COUGH OR SNEEZE«, um den gesamten Absatz auszuwählen.

11. Klicken Sie im Steuerungsbedienfeld in das Wort »Zeichen« und ändern Sie den Zeilenabstand (![]) auf **50 pt**. Drücken Sie die Enter-Taste, um das Bedienfeld zu schließen.

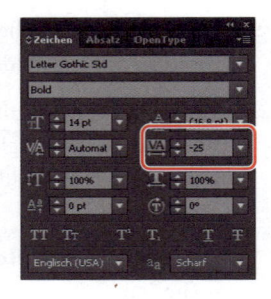

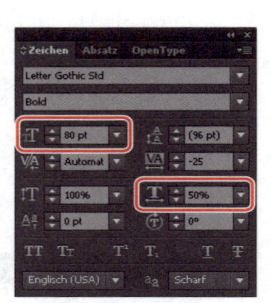

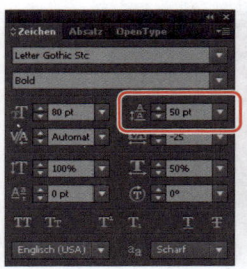

Achten Sie auf den veränderten vertikalen Abstand zwischen den Zeilen. Die Anpassung des Zeilenabstands kann sinnvoll sein, um Text besser in einen Textbereich einzupassen.

12 Wählen Sie **Auswahl: Auswahl aufheben** und dann **Datei: Speichern**.

Mit Glyphen arbeiten

Glyphen sind Zeichen innerhalb einer bestimmten Schriftart, die über die Tastatur möglicherweise schwierig einzugeben sind, zum Beispiel ein Aufzählungszeichen oder ein Copyright-Symbol.

1 Wählen Sie das Zoomwerkzeug (🔍) im Werkzeugbedienfeld und ziehen Sie einen Rahmen um den unteren Rand des Textes im unteren Zeichenflächenbereich.

2 Aktivieren Sie das Text-Werkzeug (T) im Werkzeugbedienfeld und klicken Sie, um die Einfügemarke direkt nach dem Punkt in den Text »...may help you to get well sooner« zu setzen. Drücken Sie zweimal die Enter-Taste, um zwei Absatzumbrüche einzufügen.

3 Geben Sie **The Feel Better People** ein. Lassen Sie die Einfügemarke hinter dem letzten Wort (»People«) stehen.

4 Wählen Sie **Schrift: Glyphen**, um das Glyphenbedienfeld zu öffnen.

Verwenden Sie das Glyphenbedienfeld, um Sonderzeichen wie das Trademark-Symbol (™) oder einen Aufzählungspunkt (•) einzufügen. Es enthält alle für eine bestimmte Schriftart verfügbaren Zeichen (Glyphen).

Fügen Sie jetzt ein Copyright-Symbol ein.

5 Scrollen Sie im Glyphenbedienfeld zum Copyright-Symbol (©). Klicken Sie es doppelt an, um es an der Cursorposition einzufügen. Schließen Sie das Bedienfeld.

● **Hinweis:** Vergewissern Sie sich, dass Sie keinen neuen Textbereich erstellt haben, sondern dass die Einfügemarke im vorhandenen Textbereich steht.

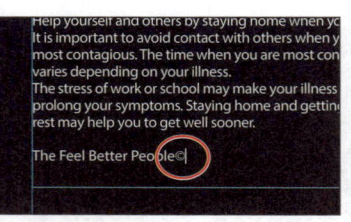

▶ **Tipp:** Am unteren Rand des Glyphenbedienfelds können Sie auch eine andere Schriftart auswählen. Zudem können Sie die Größe der Glyphen ändern, indem Sie auf die Symbole unten rechts im Bedienfeld klicken – mit dem größeren Berg (▲) vergrößern Sie die Glyphensymbole, mit dem kleineren (▲) verkleinern Sie sie.

6   Wählen Sie mit dem Text-Werkzeug das soeben eingefügte Copyright-Symbol (©) aus.

7   Klicken Sie im Steuerungsbedienfeld auf das Wort »Zeichen« (oder wählen Sie **Fenster: Schrift: Zeichen**) und klicken Sie auf das Hochgestellt-Symbol (T¹) am unteren Bedienfeldrand.

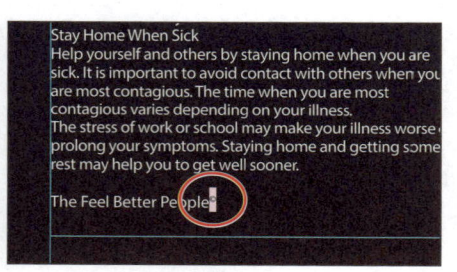

8   Klicken Sie mit dem Text-Werkzeug vor das Copyright-Symbol. Das Zeichenbedienfeld schließt sich.

▶ **Tipp:** Um Kerningänderungen zu entfernen, fügen Sie den Textcursor ein und wählen Sie im Menü für den Abstand zwischen zwei Buchstaben (Kerning) die Option »Automatisch«.

9   Wählen Sie im Menü »Kerning« die Option »75« und schließen Sie anschließend die Bedienfeldgruppe.

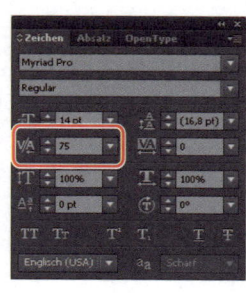

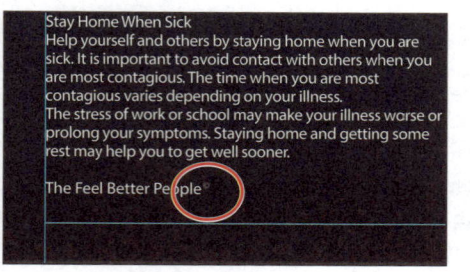

Das Kerning ähnelt der Laufweite, nur dass dabei nur der Abstand zwischen zwei Zeichen verändert wird. Das ist vor allem bei Glyphen ganz praktisch.

10 Wählen Sie **Auswahl: Auswahl aufheben** und dann **Datei: Speichern**.

Die Größe von Textobjekten ändern

In diesem Abschnitt erfahren Sie, wie Sie die Größe von Textobjekten ändern, um entweder Platz für weitere Textobjekte zu schaffen oder um sicherzustellen, dass verkettete Rahmen den korrekten Text enthalten.

1 Wählen Sie **Ansicht: Zeichenfläche in Fenster einpassen**.

2 Wählen Sie das Zoomwerkzeug (🔍) im Werkzeugbedienfeld und klicken Sie zweimal langsam in die Mitte des oberen verketteten Textbereichs.

3 Mit dem Auswahl-Werkzeug (▶) klicken Sie in den Text im oberen verketteten Textbereich, um ihn auszuwählen. Doppelklicken Sie in den Ausgangs-Port (▶) in der unteren rechten Ecke des Textbereichs.

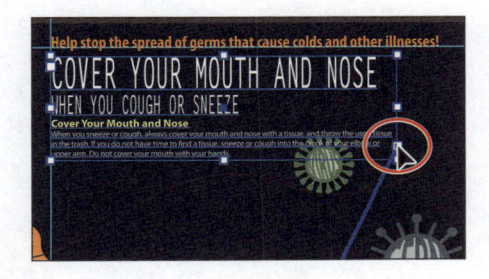

Weil die beiden Textbereiche verkettet sind, doppelklicken Sie in den Ausgangs-Port des oberen Textbereichs oder in den Port des unteren Textbereichs, um die Verkettung zwischen ihnen aufzuheben. Alle Texte, die zwischen den beiden Textobjekten verkettet sind, fließen zurück in das erste Objekt. Der untere Textbereich ist nach wie vor vorhanden, hat aber keine Kontur oder Füllung.

4 Wählen Sie **Ansicht: Intelligente Hilfslinien**, um sie auszuschalten.

5 Mit dem Auswahl-Werkzeug ziehen Sie den Begrenzungsgriff in der unteren Mitte nach oben, bis der gelbe Text »Cover Your Mouth and Nose« verschwindet. Der Textbereich ändert seine vertikale Größe.

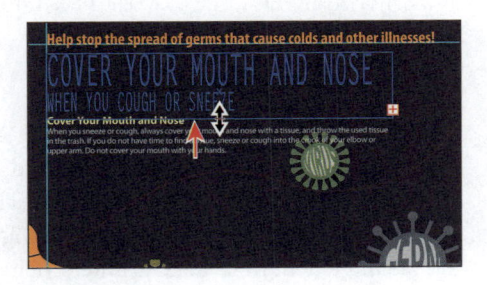

6 Mit dem Auswahl-Werkzeug klicken Sie auf den Ausgangs-Port (⊞) in der unteren rechten Ecke des oberen Textobjekts. Der Zeiger wird zum Geladener-Text-Symbol (▤).

7 Wählen Sie **Ansicht: Zeichenfläche in Fenster einpassen**.

8   Zeigen Sie mit dem Geladener-Text-Symbol (⬚) auf die Kante des unteren Textobjekts. Der Mauszeiger ändert sein Aussehen (▸). Klicken Sie, um die beiden Objekte zu verketten.

9   Wählen Sie **Auswahl: Auswahl aufheben**.

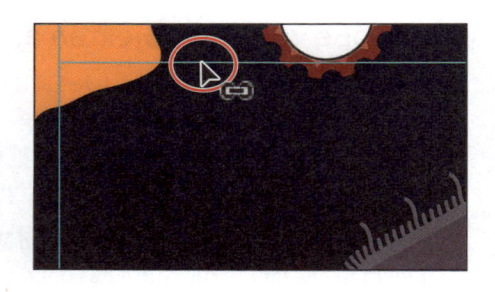

Verkettete Textobjekte können Sie beliebig verschieben, ohne dass die Verbindung zwischen ihnen verloren geht. Sie können sogar zwischen verschiedenen Zeichenflächen verketten. Wenn die Größe der Textobjekte geändert wird, besonders am Beginn der Textkette, wird der Text unter Umständen neu umbrochen.

10 Wählen Sie **Datei: Speichern**.

● **Hinweis:** Falls Sie das Textobjekt nach dem vorhergehenden Tipp bearbeitet haben, wählen Sie jetzt **Bearbeiten/ Rückgängig**.

▸ **Tipp:** Sie können eigene Textobjektformen erstellen. Wählen Sie dazu das Direktauswahl-Werkzeug (▸). Ziehen Sie die Kante oder Ecke des Textobjekts, um die Pfadform anzupassen. Diese Methode ist leichter anwendbar, wenn der Befehl **Ansicht: Begrenzungsrahmen ausblenden** aktiviert ist. Die Anpassung des Textpfads mit dem Direktauswahl-Werkzeug ist am leichtesten, wenn Sie im Modus Pfadansicht arbeiten (**Ansicht: Pfadansicht**).

Absatzeigenschaften ändern

Wie die Zeichenattribute können Sie auch Absatzattribute (z. B. die Ausrichtung) anpassen. Wenn Sie mehrere Textpfade und Textcontainer auswählen, können Sie die Attribute für alle gleichzeitig einstellen. Die meisten Optionen für diese Art Schriftformatierung finden Sie im Absatzbedienfeld, das Sie mit einem Klick auf das unterstrichene Wort »Absatz« im Steuerungsbedienfeld aktivieren oder indem Sie **Fenster: Schrift: Absatz** wählen.

A. Ausrichtung
B. Einzug links
C. Einzug links in erster Zeile
D. Abstand vor Absatz
E. Silbentrennung
F. Einzug rechts
G. Abstand nach Absatz

Vergrößern Sie den Abstand nach allen Absätzen im Haupttext.

1. Aktivieren Sie das Zoomwerkzeug (🔍) im Werkzeugbedienfeld und klicken Sie zweimal in das Zentrum des unteren Textrahmens (am unteren Rand der Zeichenfläche).

2. Klicken Sie mit dem Text-Werkzeug (T) in den zweiten Textrahmen, der mit »When you sneeze ...« anfängt.

3. Klicken Sie im Steuerungsbedienfeld auf das Wort »Absatz«, um das Absatzbedienfeld zu öffnen.

4. Geben Sie im Feld »Abstand nach Absatz« (unten rechts) den Wert **10 pt** ein und drücken Sie die Enter-Taste. Wenn Sie mit großen Textobjekten arbeiten, empfiehlt es sich, den Abstand nach einem Absatz einzustellen, statt die Return-Taste zu drücken.

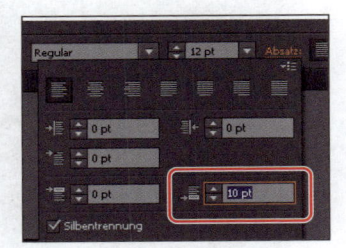

5. Wählen Sie **Auswahl: Auswahl aufheben** und wählen Sie **Datei: Speichern**.

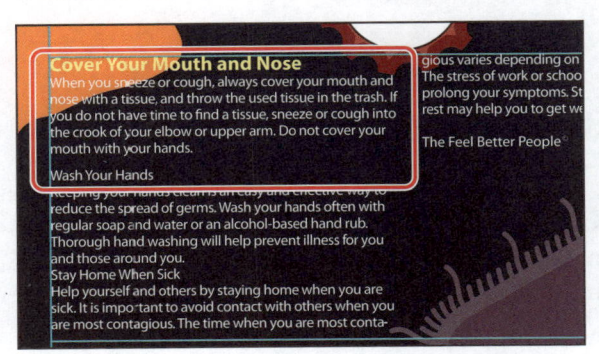

● **Hinweis:** Ihr Text unterscheidet sich möglicherweise etwas von dem in der Abbildung. Das macht nichts aus.

Dokument einrichten

Wenn Sie **Datei: Dokument einrichten** wählen, gelangen Sie zum gleichnamigen Dialogfeld. Dort gibt es viele Textoptionen, unter anderem »ersetzte Schriften hervorheben« und »ersetzte Glyphen hervorheben«.

In den Textoptionen unten im Dialogfeld wählen Sie die Sprache, stellen das Aussehen der Anführungszeichen ein und die Optionen für Hoch- und Tiefstellung, Kapitälchen etc.

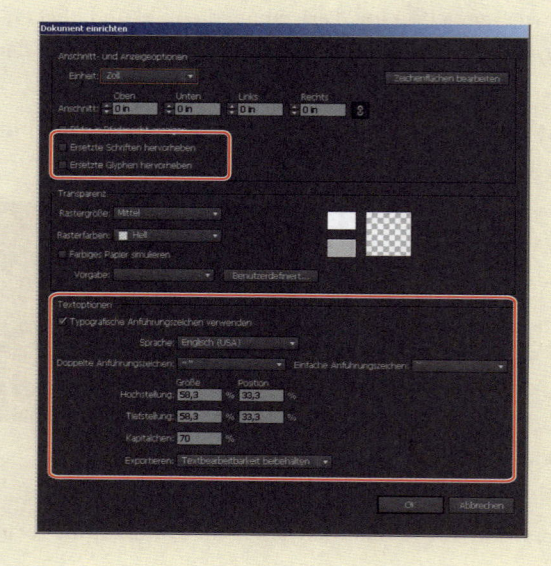

Formate erstellen und anwenden

Formate helfen Ihnen, Texte einheitlich zu formatieren, und sind hilfreich, wenn Textattribute global aktualisiert werden müssen. Sobald Sie ein Format erstellt haben, müssen Sie es nur noch verändern, damit alle mit diesem Format versehenen Texte aktualisiert werden.

In Illustrator gibt es zwei verschiedene Formatarten:

- **Absatzformate** enthalten Text und Absatzattribute, die für den ganzen Absatz gelten.
- **Zeichenformate** enthalten Texteigenschaften nur für den gewählten Text.

Ein Absatzformat erstellen und anwenden

Zuerst erzeugen Sie ein Absatzformat für die Unterüberschriften.

1 Mit dem Text-Werkzeug (**T**) klicken Sie in die gelbe Unterüberschrift »Cover Your Mouth and Nose.«

Sie müssen den Text nicht auswählen, um ein Absatzformat zu erstellen. Sie müssen aber die Einfügemarke in die Textzeile stellen, die die gewünschte Formatierung aufweist.

2 Wählen Sie **Fenster: Schrift: Absatzformate**. Klicken Sie am unteren Rand des Absatzformatebedienfelds auf das Symbol »Neues Format erstellen« ( ).

Damit erstellen Sie ein neues Absatzformat mit dem Namen »Absatzformat 1«. Dieses Format übernimmt die Zeichen- und Absatzformatierung der gelben Unterüberschrift.

3 Doppelklicken Sie in der Formatliste auf den Formatnamen »Paragraph Style 1«. Ändern Sie den Namen des Formats in **Subhead** und drücken Sie die Enter-Taste, um den Namen zu bearbeiten.

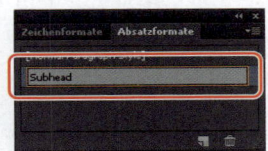

Wenn Sie auf das Format doppelklicken, um den Namen zu bearbeiten, weisen Sie das neue Format auch der gelben Unterüberschrift (in der die Einfügemarke steht) zu. Das bedeutet: Wenn Sie das Absatzformat »Subhead« bearbeiten, wird dieser erste gelbe Absatz ebenfalls aktualisiert.

4 Klicken Sie zwei Absätze unter der ersten gelben Unterüberschrift dreimal auf den Text »Wash Your Hands«, um ihn auszuwählen. Klicken Sie im Absatzformatebedienfeld auf das Format »Subhead«.

Beachten Sie, dass ein Pluszeichen (+) rechts vom Formatnamen erscheint und der Text nicht exakt wie der Text »Cover Your Mouth and Nose« aussieht. Das Pluszeichen (+) signalisiert eine Abweichung vom Format. Eine Abweichung ist eine Formatierung, die nicht den vom Format definierten Attributen entspricht. Zum Beispiel könnte die Schriftgröße des ausgewählten Absatzes geändert worden sein.

5 Halten Sie die Alt-Taste gedrückt und wählen Sie erneut im Absatzformatebedienfeld den Formatnamen »Subhead«, um vorhandene Attribute des ausgewählten Textes zu überschreiben. Die Textattribute des Formats »Subhead« werden dem ausgewählten Text zugewiesen.

● **Hinweis:** Wenn Sie ein Microsoft Word-Dokument platzieren und dabei die Formatierung beibehalten, werden die im Word-Dokument verwendeten Formate möglicherweise in das Illustrator-Dokument übernommen und im Absatzformatebedienfeld angezeigt.

6 Klicken Sie mit dem Text-Werkzeug dreimal in den Text »Stay Home When Sick«, um den Absatz auszuwählen. Klicken Sie im Absatzformatebedienfeld mit gedrückter Alt-Taste in das Format »Subhead«.

7 Wählen Sie **Auswahl: Auswahl aufheben**.

Ein Absatzformat bearbeiten

Nachdem Sie ein Absatzformat erstellt haben, können Sie seine Formatierung bearbeiten. Alle Absätze, denen dieses Format zugewiesen ist, werden dann automatisch aktualisiert.

1 Doppelklicken Sie rechts vom Namen »Subhead« im Absatzformatebedienfeld, um das Dialogfeld »Absatzformatoptionen« zu öffnen.

▶ **Tipp:** Alternativ wählen Sie aus dem Absatzformatebedienfeldmenü (▼≡) den Befehl Absatzformatoptionen.

2 Aktivieren Sie im linken Dialogfeldbereich die Kategorie »Einzüge und Abstände«.

3 Ändern Sie den »Abstand nach« in **10 pt**.

Weil die Vorschau standardmäßig aktiviert ist, können Sie das Dialogfeld wegziehen, um die Textänderung zu begutachten.

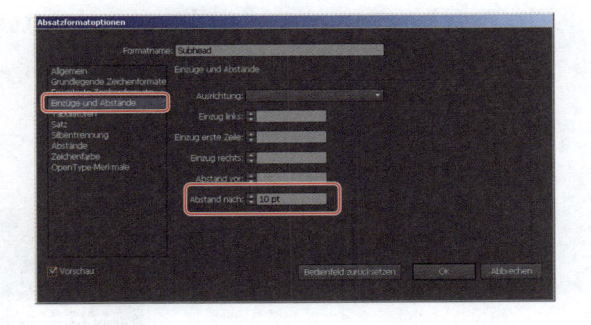

4 Klicken Sie auf OK. Wählen Sie **Datei: Speichern**.

Es gibt viele Optionen für die Arbeit mit Absatzformaten. Die meisten davon finden Sie im Absatzformatebedienfeldmenü, zum Beispiel das Duplizieren, Löschen und Bearbeiten von Absatzformaten.

Textformate aufnehmen

Mithilfe der Pipette können Sie Textattribute aufnehmen und auf andere Textbereiche anwenden, ohne ein Format erstellen zu müssen.

1 Klicken Sie mit dem Text-Werkzeug (**T**) dreifach in zweiten Hauptabsatz in der ersten Spalte (»Keeping your hands clean …«), um diesen Absatz auszuwählen.

2 Aktivieren Sie im Werkzeugbedienfeld die Pipette (🖊) und klicken Sie in den ersten Absatz mit weißem Text. Über der Pipette erscheint der Buchstabe T.

Die Attribute werden sofort auf den ausgewählten Text angewendet.

3 Klicken Sie dreimal mit dem Text-Werkzeug in den Absatz nach der Unterüberschrift »Stay Home When Sick«, die mit »Help yourself and others …« beginnt, um sie auszuwählen. Aktivieren Sie dann die Pipette und klicken Sie erneut in den ersten Textabsatz. Wiederholen Sie diesen Vorgang für den nächsten Absatz, der mit »The stress of work …« beginnt.

▶ **Tipp:** Alternativ hätten Sie ein Absatzformat für den weißen Textkörper erstellen können.

4 Wählen Sie **Auswahl: Auswahl aufheben** und dann **Datei: Speichern**. Lassen Sie die Datei geöffnet.

Ein Zeichenformat erstellen und anwenden

Absatzformate werden auf einen ganzen Absatz angewendet, Zeichenformate hingegen nur auf den ausgewählten Text. Letztere können nur Zeichenformatierungen enthalten. Nun erzeugen Sie ein Zeichenformat aus der Textformatierung innerhalb der beiden Textspalten.

1. Wählen Sie mit dem Text-Werkzeug (T) den Text »Do not cover your mouth with your hands« im ersten Absatz nach der Unterüberschrift »Cover Your Mouth and Nose« aus.

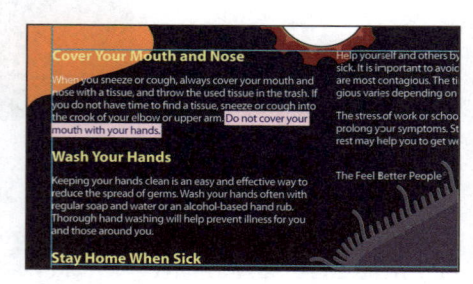

● **Hinweis:** Statt des »Schriftstil«-Menüs sehen Sie im Steuerungsbedienfeld vielleicht nur das Wort »Zeichen«. Klicken Sie es an, um das Zeichenbedienfeld einzublenden.

2. Wählen Sie im Steuerungsbedienfeld »Italic« aus dem Popup-Menü »Schriftschnitt«. Klicken Sie auf das Wort »Zeichen« und dann auf das Symbol »Unterstrichen« (T), um den Text zusätzlich zu unterstreichen.

3. In der Absatzformatebedienfeldgruppe klicken Sie auf das Register des Zeichenformatebedienfelds.

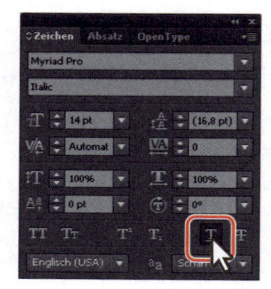

4. Im Zeichenformatebedienfeld klicken Sie mit gedrückter Alt-Taste auf das Symbol »Neues Format erstellen« ( ) am unteren Rand des Zeichenformatebedienfelds.

Wenn Sie mit gedrückter Alt-Taste auf das Symbol »Neues Format erstellen« im Zeichen- oder Absatzformatebedienfeld klicken, können Sie das Format gleich benennen, wenn es in das Bedienfeld eingefügt wird.

5   Geben Sie dem Format den Namen **emphasis** und klicken Sie auf OK.

    Das Format enthält die Formate, die dem ausgewählten Text zugewiesen waren.

6   Lassen Sie den Text ausgewählt und klicken Sie im Zeichenformatebedienfeld mit gedrückter Alt-Taste auf das Format »emphasis«, um das Format diesem Text zuzuweisen. Wenn Sie das Format ändern, wird der Text entsprechend aktualisiert.

7   Im nächsten Absatz wählen Sie den Text »Wash your hands often« nach der Unterüberschrift »Wash Your Hands« aus und weisen ihm mit gedrückter Alt-Taste das Format »emphasis« zu.

8   Wählen Sie **Auswahl: Auswahl aufheben**.

● **Hinweis:** Sie müssen das ganze Wort auswählen, es reicht nicht, den Cursor zu platzieren.

Ein Zeichenformat bearbeiten

Nachdem Sie ein Zeichenformat erstellt haben, können Sie seine Formatierung bequem ändern. Alle Texte, denen dieses Format zugewiesen ist, werden entsprechend aktualisiert.

1   Doppelklicken Sie rechts vom Formatnamen »emphasis« im Zeichenformatebedienfeld (*nicht* auf den Formatnamen selbst). Im Dialogfeld »Zeichenformatoptionen« klicken Sie im linken Bereich auf die Kategorie »Zeichenfarbe«. Vergewissern Sie sich, dass das Feld »Fläche« ausgewählt ist. Klicken Sie auf das hellgelbe Farbfeld (C=0, M=2, Y=60, K=0). Achten Sie darauf, dass die Vorschau aktiviert ist. Während Sie die Formatierung ändern, wird der Text mit dem Format »emphasis« automatisch aktualisiert. Klicken Sie auf OK.

● **Hinweis:**
Wenn Sie das Zeichenformat »[Normal Character Style]« anklicken, verhindern Sie, dass neu eingegebener Text mit dem Format »emphasis« formatiert wird.

2   Klicken Sie auf das Format »[Normal Character Style]« im Zeichenformatebedienfeld. Schließen Sie die Zeichenformatebedienfeldgruppe.

3   Wählen Sie gegebenenfalls **Auswahl: Auswahl aufheben** und dann **Datei: Speichern**.

Text mit einer vordefinierten Hülle verkrümmen

Hüllen sind Objekte, die ausgewählte Objekte verzerren oder verformen. Sie können eine vordefinierte Form oder ein Hüllengitter als Hülle verwenden oder Sie können Ihre eigene Hülle aufgrund von Objekten auf der Zeichenfläche erstellen und bearbeiten.

Experimentieren Sie jetzt mit den vordefinierten Hüllen.

1   Aktivieren Sie das Text-Werkzeug (T). Bevor Sie mit der Texteingabe beginnen, wählen Sie im Steuerungsbedienfeld die Schriftart »Myriad Pro« aus (falls noch nicht aktiv), den Schriftschnitt »Bold« und die Schriftgröße **36 pt**.

2   Klicken Sie mit dem Text-Werkzeug in das Plakat rechts vom orangefarbigen Gesicht und unter dem grünen Objekt (gegebenenfalls müssen Sie im Dokumentfenster nach oben scrollen). Die exakte Position ist nicht wichtig. Es erscheint ein Cursor.

● **Hinweis:** Das Symbol »Hülle erstellen« (🔲▾) selbst wendet noch keinen Effekt an. Es wandelt den Text nur in eine Hülle um. Dasselbe Ergebnis erreichen Sie, wenn Sie **Effekt: Verkrümmungsfilter: Bogen oben** wählen. Mehr Informationen über die Hüllenfunktion finden Sie in der Illustrator-Hilfe unter »Verformen mit Hüllen«.

3   Geben Sie das Wort **COLD** (in Großbuchstaben) ein. Markieren Sie den Text mit dem Text-Werkzeug und aktivieren Sie die Pipette (🖋). Klicken Sie auf die grüne Flächenfüllung des Objekts über dem Text, um den Text mit derselben grünen Farbe zu füllen.

4   Wählen Sie den Textbereich mit dem Auswahl-Werkzeug (▸) aus und klicken Sie im Steuerungsbedienfeld auf das Symbol »Hülle erstellen« (🔲▾) (nicht auf den zugehörigen Pfeil). Aktivieren Sie im Dialogfeld »Verkrümmen-Optionen« die Vorschau. Der Text erscheint als Bogen.

5   Wählen Sie aus dem Popup-Menü »Stil« die Option »Wulst« und ziehen Sie den Regler »Biegung« nach rechts, um einen stärkeren Wulst zu erzeugen. Experimentieren Sie mit den unterschiedlichsten Kombinationen. Ziehen Sie die Regler »Verzerrung: Horizontal« und »Verzerrung: Vertikal«, um die Auswirkungen auf den Text zu prüfen. Sobald Sie Ihre Experimente abgeschlossen haben, ziehen Sie die »Verzerrung«-Regler auf **0%**, vergewissern sich, dass der Regler »Biegung« auf **40%** steht, und klicken Sie auf OK.

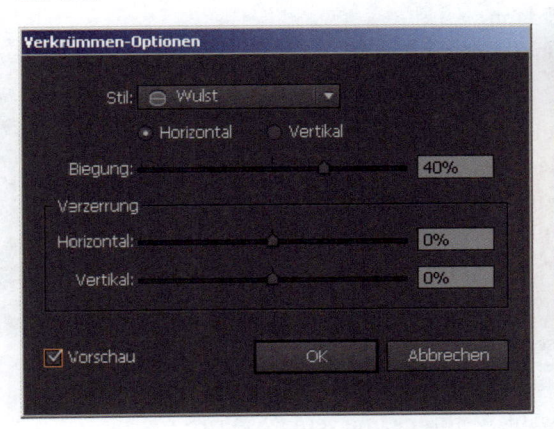

6   Mit dem Auswahl-Werkzeug wählen Sie den weißen Textplatzhalterkreis auf dem grünen Objekt über dem Text aus und drücken die Entf- oder Rück-Taste, um ihn zu löschen.

7   Verschieben Sie das Hüllenobjekt (den verkrümmten Text) mit dem Auswahl-Werkzeug in das ungefähre Zentrum des grünen Objekts.

Wenn Sie Änderungen vornehmen wollen, können Sie Text und Form getrennt voneinander bearbeiten. Ändern Sie als Nächstes zuerst den Text und dann die Form.

8   Wählen Sie das Zoomwerkzeug () und klicken Sie mehrmals auf den verkrümmten Text, um einzuzoomen.

9   Klicken Sie bei ausgewähltem Text im Steuerungsbedienfeld auf das Symbol »Inhalte bearbeiten« (). Nun können Sie den Text bearbeiten.

10 Wählen Sie **Ansicht: Intelligente Hilfslinien**, um sie einzuschalten.

▶ **Tipp:** Wenn Sie nicht mit dem Text-, sondern mit dem Auswahl-Werkzeug doppelklicken, schalten Sie in den Isolationsmodus um. Dieser stellt eine Alternative zur Textbeabeitung innerhalb des Hüllenobjekts dar. Mit der Esc-Taste verlassen Sie den Isolationsmodus.

11 Positionieren Sie den Cursor des Text-Werkzeugs über dem verkrümmten Text. Beachten Sie, dass der Text »COLD« blau und unterstrichen dargestellt wird. Die intelligenten Hilfslinien zeigen den Originaltext. Klicken Sie einmal in den Text und dann noch einmal doppelt, um ihn auszuwählen.

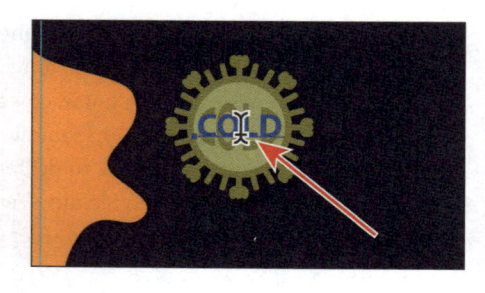

12 Geben Sie **GERM** ein – es wird automatisch in die Form eingepasst. Wählen Sie **Bearbeiten: Rückgängig**, um zum ursprünglichen Text »COLD« zurückzukehren.

Sie können nicht nur den Text bearbeiten, sondern auch seine Formatierung ändern.

13 Aktivieren Sie das Auswahl-Werkzeug und vergewissern Sie sich, dass der verkrümmte Text nach wie vor ausgewählt ist. Klicken Sie im Steuerungsbedienfeld auf das Symbol »Hülle bearbeiten« ( ).

Beachten Sie die Optionen für das Hüllenobjekt im Steuerungsbedienfeld, zum Beispiel »Horizontal«, »Vertikal«, »Biegung« usw. Diese Optionen entsprechen den im Dialogfeld »Verkümmen-Optionen«.

● **Hinweis:** Wenn Sie die Hüllenart ändern, verschiebt sich möglicherweise der Text auf der Zeichenfläche.

14 Ändern Sie im Steuerungsbedienfeld die »Biegung« in **87%**. Vergewissern Sie sich, dass »Verzerrung: H (Horizontal)« und »V (Vertikal)« jeweils auf »0« gesetzt sind.

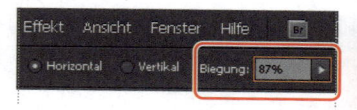

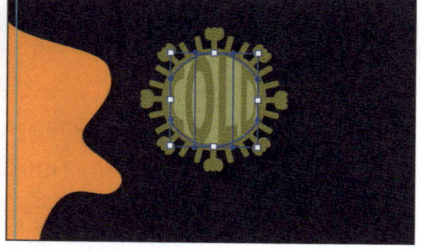

288 LEKTION 7 Mit Text arbeiten

15 Wählen Sie **Ansicht: Intelligente Hilfslinien**.

16 Aktivieren Sie das Direktauswahl-Werkzeug () im Werkzeugbedienfeld. Wählen Sie einen der Ankerpunkte rechts vom Buchstaben D mit einem Klick aus. Ziehen Sie den ausgewählten Punkt dann etwas nach rechts, um die Hüllenform zu ändern.

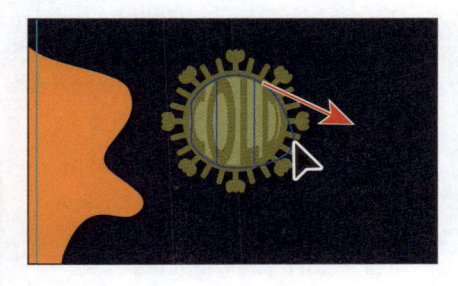

▶ **Tipp:** Um den Text aus der verkrümmten Form zu entnehmen, wählen Sie ihn mit dem Auswahl-Werkzeug aus und wählen Sie **Objekt: Verzerrungshülle: Umwandeln**. Sie erhalten daraufhin zwei Objekte: den Text und eine Ellipsenform.

17 Wählen Sie **Bearbeiten: Rückgängig**.

18 Mit dem Auswahl-Werkzeug und gedrückter Alt-Taste ziehen Sie den rechten mittleren Begrenzungspunkt nach rechts. Damit entfernen Sie die Lücken zwischen dem Text und der grünen Formkontur. Betrachten Sie dazu die Abbildung.

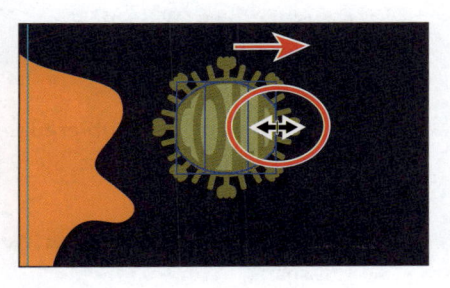

19 Wählen Sie **Auswahl: Auswahl aufheben** und dann **Datei: Speichern**. Lassen Sie die Datei geöffnet.

Text mit einer Objektverkrümmung umformen

Eine andere Möglichkeit, Text neu zu formen, ist das Erstellen und Bearbeiten Ihres eigenen Verkrümmungsobjekts. Dazu verwenden Sie Objekte auf der Zeichenfläche.

1 Mit dem Auswahl-Werkzeug wählen Sie den verkrümmten Text erneut aus. Halten Sie die Alt-Taste gedrückt und ziehen Sie eine Kopie des verkrümmten Objekts nach unten. Scrollen Sie die Zeichenfläche nach unten und ziehen Sie die Kopie des Hüllenobjekts auf die rote Form über den beiden Textspalten.

2 Wählen Sie **Objekt: Verzerrungshülle: Zurückwandeln**, um den Textbereich von der Hülle zu trennen. Wählen Sie **Auswahl: Auswahl aufheben**. Wählen Sie die graue Hüllenform mit einem Klick aus und löschen Sie sie, wobei der Textbereich erhalten bleibt. Wählen Sie diesen mit einem Klick aus.

3 Aktivieren Sie die Pipette (✒) im Werkzeugbedienfeld und klicken Sie auf die dunkelrote Form, die den weißen Kreis umgibt.

4 Mit dem Auswahl-Werkzeug klicken Sie, um den weißen Kreis auszuwählen. Wählen Sie **Objekt: Anordnen: In den Vordergrund**.

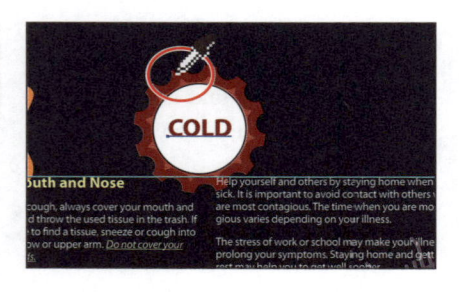

5 Wählen Sie **Bearbeiten: Kopieren** und dann **Bearbeiten: Davor einfügen**. Nun gibt es zwei weiße Kreise. Sie liegen genau übereinander und der obere ist ausgewählt.

6 Wählen Sie **Objekt: Ausblenden: Auswahl**. Diesen weißen Kreis benötigen Sie erst später.

7 Wählen Sie **Ansicht: Pfadansicht**.

8 Halten Sie die Umschalt-Taste gedrückt und klicken Sie auf den Text »COLD« und die Kontur des weißen Kreises, um beide Objekte auszuwählen. Wählen Sie **Ansicht: Pixelvorschau** und vergewissern Sie sich, dass beide Objekte ausgewählt sind.

9 Wählen Sie **Objekt: Verzerrungshülle: Mit oberem Objekt erstellen**.

Das Objekt trägt nun am linken Rand des Steuerungsbedienfelds die Bezeichnung »Hülle oben«. Für diese Art Hüllenobjekt gelten dieselben Bearbeitungsregeln.

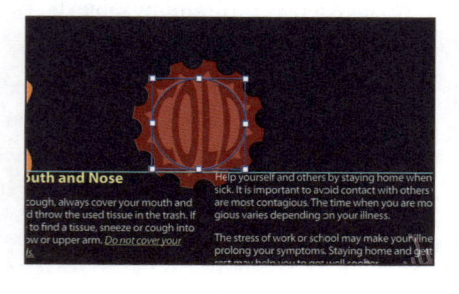

10 Halten Sie die Umschalt-Taste gedrückt und wählen Sie das rote Objekt hinter dem verkrümmten Text aus. Wählen Sie **Objekt: Gruppieren** und dann **Datei: Speichern**.

Text um ein Objekt fließen lassen

Interessante und kreative Ergebnisse erzielen Sie, wenn Sie Text um ein Objekt fließen lassen. Genau das werden Sie nun tun.

1 Wählen Sie **Ansicht: Zeichenfläche in Fenster einpassen**.

2 Klicken Sie mit dem Text-Werkzeug vor die Unterüberschrift »Stay Home When Sick.« Drücken Sie ein- oder zweimal die Enter-Taste, um den Text an den Beginn der nächsten Spalte zu verschieben.

3 Wählen Sie das rote Objekt mit dem Auswahl-Werkzeug aus und wählen Sie **Objekt: Anordnen: In den Vordergrund**.

Damit Text um ein Objekt fließen kann, muss sich das Objekt in derselben Ebene wie der Text befinden und in der Ebenenhierarchie direkt über dem Text liegen.

▶ **Tipp:** Sie können den Textbereich auch skalieren und den Text damit neu umbrechen, indem Sie den unteren mittleren Begrenzungspunkt nach oben oder unten ziehen.

4 Lassen Sie das rote Objekt ausgewählt und wählen Sie **Objekt: Umfließen: Erstellen**. Der Text in den beiden Spalten fließt nun um die rote Form.

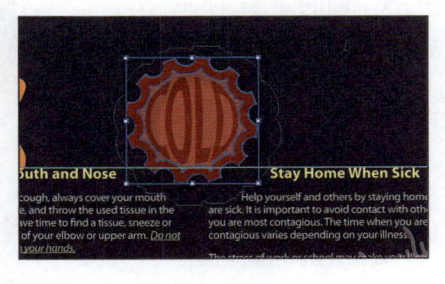

5 Verschieben Sie die rote Form etwas nach unten mit dem Auswahl-Werkzeug, um die Auswirkungen auf den Text in den beiden Spalten zu sehen. Wählen Sie **Bearbeiten: Rückgängig**.

6 Wählen Sie **Objekt: Umfließen: Umfließenoptionen**. Im Dialogfeld »Umfließenoptionen« geben Sie als »Versatz« **10 pt** ein. Aktivieren Sie die Vorschau, um die Änderungen zu prüfen. Klicken Sie auf OK.

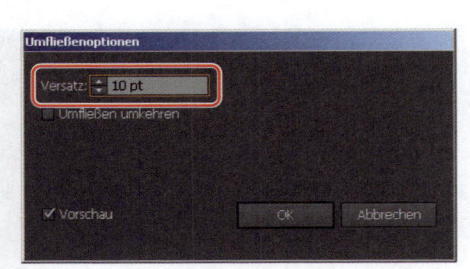

7 Wählen Sie **Auswahl: Auswahl aufheben**.

8 Wählen Sie **Datei: Speichern**. Lassen Sie die Datei geöffnet.

Text auf offenen Pfaden erstellen

Mithilfe der Text-Werkzeuge können Sie auf offenen oder geschlossenen Pfaden und Formen Text eingeben.

1 Wählen Sie bei Bedarf **Ansicht: Zeichenfläche in Fenster einpassen**. Gegebenenfalls müssen Sie einzoomen, um den von Ihnen eingegebenen Text zu sehen.

2 Wählen Sie mit dem Auswahl-Werkzeug (▶) den Wellenpfad über der orangefarbigen Gesichtsform aus.

3 Stellen Sie den Cursor des Text-Werkzeugs (T) über das linke Ende des Pfades, um eine Einfügemarke mit einem Wellenpfad zu sehen ( ). Klicken Sie, sobald dieser Cursor erscheint. Betrachten Sie dazu die nebenstehende Abbildung.

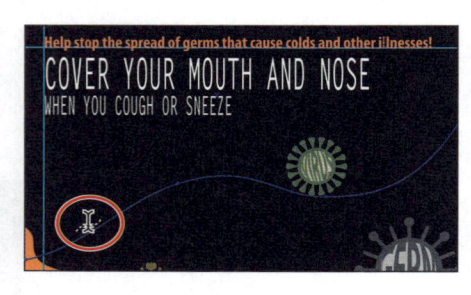

Der Text wird dort beginnen, wo Sie auf den Pfad klicken. Für die »Kontur« wird die Option »Ohne« aktiv.

4 Geben Sie den Text **WASH YOUR HANDS** ein. Beachten Sie, dass der neue Text dem Pfad folgt.

5 Mit dem Text-Werkzeug klicken Sie dreimal auf den neuen Text, um ihn auszuwählen.

6 Klicken Sie mit der Pipette (🖋) in die erste Überschrift (»COVER YOUR MOUTH ...«).

Ein T erscheint über dem Pipettensymbol (achten Sie darauf, dass die Feststelltaste nicht aktiviert ist).

● **Hinweis:** Sollte der Text nicht auf den Pfad passen, erscheint ein kleines Pluszeichen (+). Verringern Sie die Schriftgröße oder verlängern Sie die Linie.

7 Aktivieren Sie das Auswahl-Werkzeug (▶) im Werkzeugbedienfeld und vergewissern Sie sich, dass der Textpfad (nicht der Text) ausgewählt ist. Wählen Sie **Bearbeiten: Kopieren** und dann **Bearbeiten: Davor einfügen**. Ziehen Sie die Kopie senkrecht nach unten, wie in der Abbildung gezeigt.

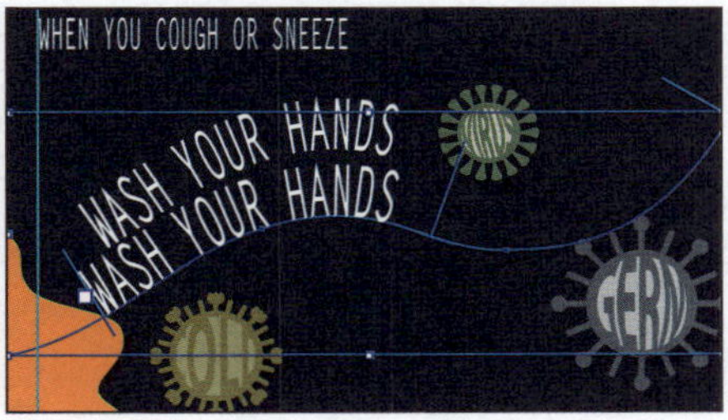

8 Klicken Sie mit dem Text-Werkzeug auf den Text des kopierten Pfads. Klicken Sie drei weitere Male, um den Text auszuwählen, und geben Sie **STAY HOME WHEN SICK** ein.

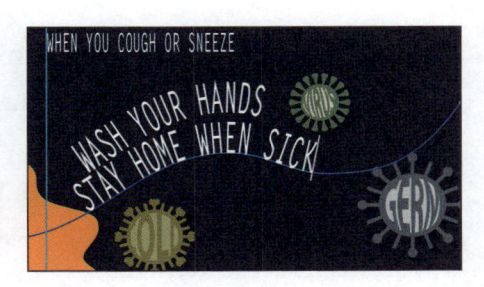

9 Aktivieren Sie das Auswahl-Werkzeug und zeigen Sie auf die vertikale Linie an der linken Textkante. Wenn Sie diesen Cursor (▶+) sehen, klicken und ziehen Sie nach rechts. Die Abbildung zeigt Ihnen, wie Sie ziehen sollten. Achten Sie sorgfältig darauf, dass Sie nicht zu weit nach rechts ziehen. Dann würden Sie ein Pluszeichen (⊞) im Ausgangsport am rechten Pfadende sehen.

▶ **Tipp:** Mit dem Pfad oder dem Text auf dem Pfad ausgewählt, können Sie **Schrift: Pfadtext: Pfadtextoptionen** anklicken, um die Optionen einzustellen.

10 Lassen Sie den Pfad ausgewählt und wählen Sie **Objekt: Transformieren: Drehen**. Im Dialogfeld »Drehen« geben Sie **8** in das Feld »Winkel« ein und klicken Sie auf OK.

11 Ziehen Sie den Pfad mit dem Auswahl-Werkzeug, um ihn wie in der nebenstehenden Abbildung zu positionieren.

12 Wählen Sie **Auswahl: Auswahl aufheben** und dann **Datei: Speichern**.

● **Hinweis:** Sie können dem Text auf dem Pfad jede beliebige Zeichen- und Absatzformatierung zuweisen.

Text auf geschlossenen Pfaden erstellen

Nun richten Sie einen Text an einem geschlossenen Pfad aus.

1 Wählen Sie **Objekt: Alles einblenden**.

2 Wählen Sie **Objekt: Anordnen: In den Vordergrund**.

Nun sehen Sie den weißen Kreis, den Sie zuvor ausgeblendet haben. Er befindet sich auf der roten Form.

3 Mit dem Zoomwerkzeug (🔍) klicken Sie dreimal auf den weißen Kreis, um einzuzoomen. Wählen Sie den weißen Kreis mit dem Auswahl-Werkzeug (▶) aus, falls er noch nicht markiert ist.

4 Doppelklicken Sie im Werkzeugbedienfeld auf das Skalieren-Werkzeug (🔲), um das Dialogfeld »Skalieren« zu öffnen. Geben Sie in das Feld »Gleichmäßig« **155%** ein und klicken Sie auf OK.

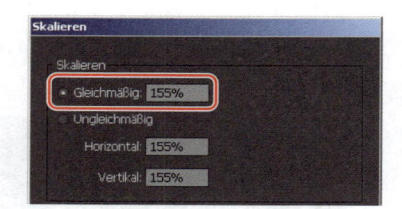

● **Hinweis:** Mehr über das Transformieren von Objekten erfahren Sie in Lektion 4, »Objekte transformieren«.

5 Aktivieren Sie das Text-Werkzeug und zeigen Sie auf die Kontur des weißen Kreises. Der Text-Cursor (🇮) wird durch einen Kreis ergänzt (🇮). Dies zeigt Ihnen, dass der Text beim Klicken (*klicken Sie nicht!*) innerhalb des Kreises platziert würde, wodurch Sie einen Textbereich erhielten.

6   Halten Sie die Alt-Taste gedrückt und positionieren Sie den Mauszeiger über der linken Seite des Kreises (betrachten Sie dazu die nebenstehende Abbildung). Die Einfügemarke wird zu einem Wellenpfad ( ). Klicken Sie, aber geben Sie nichts ein. Die Einfügemarke befindet sich nun auf dem Pfad.

● **Hinweis:** Statt die Alt-Taste zu drücken, um Text auf einem Pfad zu erstellen, können Sie auch das Pfadtext-Werkzeug ( ) verwenden. Sie erreichen es, indem Sie auf dem Text-Werkzeug im Werkzeugbedienfeld die Maustaste gedrückt halten.

● **Hinweis:** Wenn Sie nach dem Klicken feststellen, dass der Mauszeiger an eine andere Stelle auf dem Kreis springt, wählen Sie **Bearbeiten: Rückgängig** und zeigen Sie weiter unten auf den Kreis. Probieren Sie es dann erneut.

7   Geben Sie **THE COMMON COLD** ein. Der Text fließt auf die Kreisgrafik. Klicken Sie die dreimal, um den Text auszuwählen.

8   Wählen Sie **Fenster: Schrift: Absatzformate**. Halten Sie die Alt-Taste gedrückt und klicken Sie auf das Format »[Normales Absatzformat]«, um sicherzustellen, dass dem Text die Standardformatierung zugewiesen ist. Schließen Sie die Bedienfeldgruppe.

9   Lassen Sie den Text markiert und ändern Sie im Steuerungsbedienfeld die Schriftgröße in **15 pt**, die Schriftart in »Myriad Pro« (falls dies noch nicht ausgewählt ist), den Schriftschnitt in »Bold Condensed« oder etwas Ähnliches und die Flächenfüllung in ein helles Grau (C=1, M=1, Y=13, K=15).

10 Um die Platzierung auf dem Pfad einzustellen, aktivieren Sie das Auswahl-Werkzeug. Zeigen Sie auf die Linie oder Klammer am Textende (links vom Wort »THE«). Wenn Sie diesen Mauszeiger ( ) sehen, ziehen Sie entlang des Kreises ein Stückchen nach oben. Betrachten Sie dazu die folgende Abbildung.

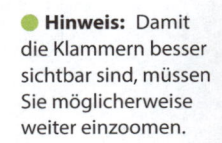

● **Hinweis:** Damit die Klammern besser sichtbar sind, müssen Sie möglicherweise weiter einzoomen.

Solche Klammern erscheinen am Textanfang, am Pfadende und auf dem Mittelpunkt zwischen der Start- und der Endklammer. Alle Klammern können angepasst und damit der Text auf dem Pfad neu positioniert werden.

● **Hinweis:** Um mehr über die Textpfadoptionen zu erfahren, suchen Sie in der Illustrator-Hilfe (**Hilfe: Illustrator-Hilfe**) nach »Pfadtext«.

11 Wählen Sie das Pfadtextsymbol mit dem Auswahl-Werkzeug aus und wählen Sie **Schrift: Pfadtext: Pfadtextoptionen**. Im Dialogfeld »Pfadtextoptionen« aktivieren Sie die Vorschau und wählen aus dem Popup-Menü »Effekte« die Option »Regenbogen«. Probieren Sie auch andere Effekte aus und entscheiden Sie sich dann für »Regenbogen«. Wählen Sie aus dem Popup-Menü »Am Pfad ausrichten« die Option »Unterlänge« und ändern Sie den »Abstand« in **-12 pt**. Klicken Sie auf OK.

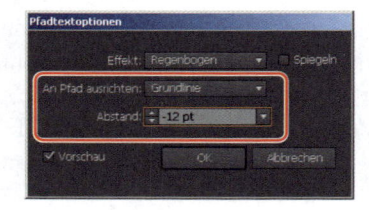

12 Wählen Sie **Auswahl: Auswahl aufheben**.

13 Wählen Sie **Ansicht: Zeichenfläche in Fenster einpassen**.

14 Wählen Sie **Datei: Speichern** und lassen Sie die Datei geöffnet.

Text in Pfade umwandeln

Wenn Sie Texte in Pfade konvertieren, wird er in Vektorkurven umgewandelt, die Sie bearbeiten können wie jedes andere Grafikobjekt. Diese Möglichkeit eignet sich für Schrift in großen Graden, weniger für den Textkörper oder andere Texte in kleinem Schriftgrad. Der Empfänger der Datei muss die verwendete Schriftart nicht auf seinem Computer installiert haben, um sie zu öffnen und korrekt zu anzuzeigen.

1 Klicken Sie auf das Ebenenbedienfeldsymbol (●) auf der rechten Seite des Arbeitsbereichs, um das Bedienfeld auszuklappen. Klicken Sie in die Sichtbarkeitsspalte links von der Ebene mit dem verkrümmten Text. Klicken Sie auf das Ebenenbedienfeld, um es einzuklappen.

2   Mit dem Auswahl-Werkzeug klicken Sie auf den Text »AH-CHOO« auf der Zeichenfläche, um ihn auszuwählen. Wählen Sie **Schrift: In Pfade umwandeln**.

● **Hinweis:** Behalten Sie stets eine Kopie Ihrer Originaltexte, weil Sie in Pfade konvertierten Text nicht mehr in bearbeitbaren Text rückkonvertieren können.

Der Text ist jetzt nicht mehr mit einer speziellen Schriftart verbunden. Er ist jetzt eine Grafik, ganz ähnlich wie die übrigen Vektorgrafiken in Ihrer Illustration. Der Text »AH-CHOO« war außerdem verkrümmt, sodass die Auswahl nicht dem gelben Text entspricht. Damit dies der Fall ist, könnten Sie **Objekt: Aussehen umwandeln** wählen.

3   Wählen Sie **Ansicht: Hilfslinien: Hilfslinien ausblenden** und dann **Auswahl: Auswahl aufheben**.

4   Wählen Sie **Datei: Speichern** und **Datei: Schließen**.

Fragen

1 Nennen Sie zwei Möglichkeiten, einen Textbereich in Illustrator zu erstellen.
2 Nennen Sie zwei Vorteile von OpenType.
3 Was ist der Unterschied zwischen einem Zeichen- und einem Absatzformat?
4 Was sind die Vor- und Nachteile von in Pfaden konvertiertem Text?

Antworten

1. Mit den folgenden Methoden können Sie Textbereiche erstellen:
   - Klicken Sie mit dem Text-Werkzeug in die Zeichenfläche und beginnen Sie mit der Eingabe, sobald der Cursor erscheint – es wird ein Textbereich erstellt.
   - Ziehen Sie mit dem Text-Werkzeug einen Textrahmen auf und geben Sie Ihren Text ein.
   - Klicken Sie mit dem Text-Werkzeug auf einen Pfad oder eine geschlossene Form. Klicken Sie mit gedrückter Alt-Taste auf die Kontur eines geschlossenen Pfades, um Text um die Form zu erstellen.
2. Die zwei Hauptvorteile von OpenType sind die plattformübergreifende Kompatibilität (Windows und Mac OS) und die Unterstützung umfangreicherer Zeichensätze und Layoutfunktionen.
3. Ein Zeichenformat kann nur auf ausgewählten Text angewendet werden; ein Absatzformat auf einen Absatz.
4. Wenn Sie Text in Pfade umwandeln, brauchen Sie bei der Weitergabe der Datei die Schriften nicht mitzugeben. Außerdem können Sie den Text so mit einem Verlauf versehen und interessante Effekte erzeugen. Beachten Sie beim Erstellen von Pfadtext jedoch Folgendes:
   - Der Text ist nicht mehr editierbar. Inhalt und Schriftart können nicht mehr geändert werden. Speichern Sie also am besten auch das Original oder nutzen Sie den Effekt »Konturlinie«.
   - Bitmap-Schriften und geschützte Schriften können nicht umgewandelt werden.
   - Bei einer Schriftgröße von weniger als 10 pt wird Pfadtext nicht empfohlen. Wird Text dann in Pfade umgewandelt, verliert die Schrift ihre Hints – viele Schriften sind daher mit Anweisungen ausgestattet, um sie optimal drucken zu können. Passen Sie nach dem Skalieren die Punktgröße an, bevor Sie Pfade erstellen.
   - Der gesamte Text einer Auswahl muss in Pfade konvertiert werden; Sie können nicht nur einzelne Buchstaben umwandeln, dafür müssten Sie für diese eigene Textbereiche anlegen.

8 MIT EBENEN ARBEITEN

Überblick

In dieser Lektion lernen Sie Folgendes:

- Mit dem Ebenenbedienfeld arbeiten
- Ebenen, verschachtelte Ebenen und Ebenengruppen erstellen, neu anordnen und sperren
- Objekte zwischen Ebenen verschieben
- Objekte im Ebenenbedienfeld finden
- Objekte und Ebenen von einer Datei kopieren und in eine andere einfügen
- Mehrere Ebenen zu einer zusammenfügen
- Einen Schlagschatten auf eine Ebene anwenden
- Eine Ebenenschnittmaske erstellen
- Aussehen-Attribute auf Objekte und Ebenen anwenden
- Inhalt in einer Ebene isolieren

Diese Lektion dauert ungefähr 45 Minuten. Falls erforderlich, entfernen Sie den Ordner der vorherigen Lektion von Ihrer Festplatte und kopieren Sie den Ordner *Lektion08* darauf.

Mit Ebenen, die einzeln oder zusammen betrachtet werden können, lässt sich Ihre Arbeit besser verwalten. Jedes Adobe Illustrator-Dokument besteht aus mindestens einer Ebene. Mithilfe von Ebenen kontrollieren Sie, wie eine Grafik gedruckt, bearbeitet und dargestellt wird.

Vorbereitungen

In dieser Lektion vervollständigen Sie die Grafik eines Fernsehers und lernen dabei das Ebenenbedienfeld kennen.

1 Um sicherzustellen, dass Werkzeuge und Bedienfelder so funktionieren, wie hier beschrieben, löschen oder deaktivieren (durch Umbenennen) Sie die Adobe Illustrator CS6 Preferences-Datei (siehe Seite 3, »Standardvoreinstellungen wiederherstellen«).

2 Starten Sie Adobe Illustrator CS6.

● **Hinweis:** Falls noch nicht geschehen, kopieren Sie die Dateien für diese Lektion auf Ihre Festplatte. Sie befinden sich im Ordner *Lektion08* der beiliegenden CD (siehe »Die Classroom-in-a-Book-Dateien kopieren« auf Seite 2).

● **Hinweis:** Wenn Sie im Menü den Eintrag **Zurücksetzen: Grundlagen** nicht finden, wählen Sie zunächst **Fenster: Arbeitsbereich: Grundlagen** und dann erst **Fenster: Arbeitsbereich: Zurücksetzen: Grundlagen**.

3 Wählen Sie **Datei: Öffnen** und öffnen Sie die Datei *L8end.ai* im Verzeichnis *Lektionen/Lektion08* auf Ihrer Festplatte.

4 Wählen Sie **Ansicht: Zeichenfläche in Fenster einpassen**.

5 Wählen Sie **Fenster: Arbeitsbereich: Zurücksetzen: Grundlagen**.

6 Klicken Sie auf das Symbol des Ebenenbedienfelds (●) auf der rechten Seite des Arbeitsbereichs oder wählen Sie **Fenster: Ebenen**.

Für die Objekte, aus denen die Grafik besteht, wurden verschiedene Ebenen verwendet, die im Ebenenbedienfeld aufgelistet werden. Das Bedienfeld (**Fenster: Ebenen**) mit passenden Beschreibungen ist unten zu sehen.

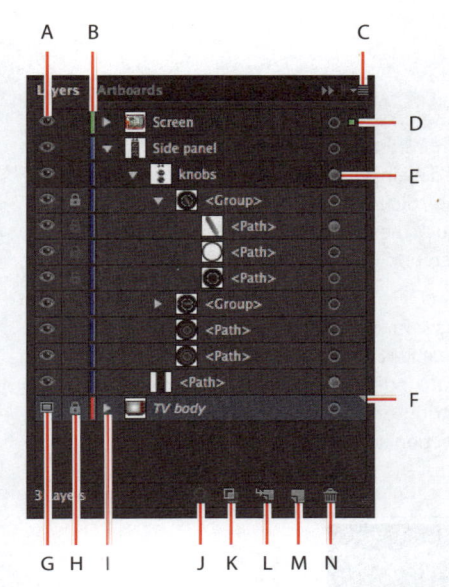

- **A.** Sichtbarkeitsspalte
- **B.** Ebenenfarbe
- **C.** Ebenenbedienfeldmenü
- **D.** Auswahlspalte
- **E.** Zielspalte
- **F.** Indikator für aktuelle Ebene
- **G.** Symbol für Vorlagenebene
- **H.** Bearbeitungsspalte (sperren/entsperren)
- **I.** Pfeil zum Ein- und Ausklappen
- **J.** Objekt suchen
- **K.** Schnittmaske erstellen/zurückwandeln
- **L.** Neue Unterebene erstellen
- **M.** Neue Ebene erstellen
- **N.** Auswahl löschen

● **Hinweis:** Das Ebenenbedienfeld in Ihrem Arbeitsbereich wird *nicht* genau gleich wie in unserer Abbildung aussehen, und das ist okay. An dieser Stelle sollen Sie sich nur mit den Optionen im Bedienfeld vertraut machen.

15 Wenn Sie wollen, lassen Sie die Datei als Referenz geöffnet, ansonsten wählen Sie **Datei: Schließen**.

Öffnen Sie zunächst die vorbereitete Grafikdatei, die noch nicht fertiggestellt ist.

16 Wählen Sie **Datei: Öffnen** und öffnen Sie die Datei *L8start.ai* aus dem Ordner *Lektionen/Lektion08*.

17 Wählen Sie **Datei: Speichern unter** und speichern Sie die Datei unter dem Namen *tv.ai* im Ordner *Lektion08*. Behalten Sie die Formatoption »Adobe Illustrator (*.AI)« (Windows) bzw. »Adobe Illustrator (ai)« (Mac OS) bei und klicken Sie auf »Sichern/Speichern«. Im der darauffolgenden Dialogfeld »Illustrator-Optionen« nehmen Sie keine Änderungen vor, sondern klicken einfach auf OK.

18 Wählen Sie **Ansicht: Zeichenfläche in Fenster einpassen**.

Wissenswertes zu Ebenen

Beim Erstellen von komplexem Bildmaterial kann es problematisch sein, den Überblick über alle Elemente im Dokumentfenster zu behalten. Kleinere Elemente werden von größeren verdeckt, wodurch die Auswahl von Bildmaterial schwieriger wird. Mit Ebenen können Sie die einzelnen Elemente im Bildmaterial einfacher verwalten. Ebenen sind im Prinzip wie transparente Ordner, die Folien mit Bildmaterial enthalten. Wenn Sie die Ordnerstruktur ändern, ändern Sie damit auch die Stapelreihenfolge der Elemente im Bildmaterial. Sie können Elemente zwischen Ordnern verschieben und in einem Ordner weitere Unterordner erstellen.

Die Ebenenstruktur in Ihrem Dokument kann dabei ganz einfach bis sehr komplex sein. Standardmäßig werden alle Elemente auf einer einzelnen übergeordneten Ebene platziert. Sie können aber neue Ebenen erstellen und Elemente auf diese Ebenen verschieben sowie Elemente jederzeit zwischen Ebenen verschieben. Über das Ebenenbedienfeld können Sie die Aussehen-Attribute von Bildmaterial auf einfache Weise auswählen, ausblenden, sperren und ändern. Mit Vorlagenebenen können Sie sogar Bildmaterial nachzeichnen und Ebenen mit Adobe Photoshop austauschen.

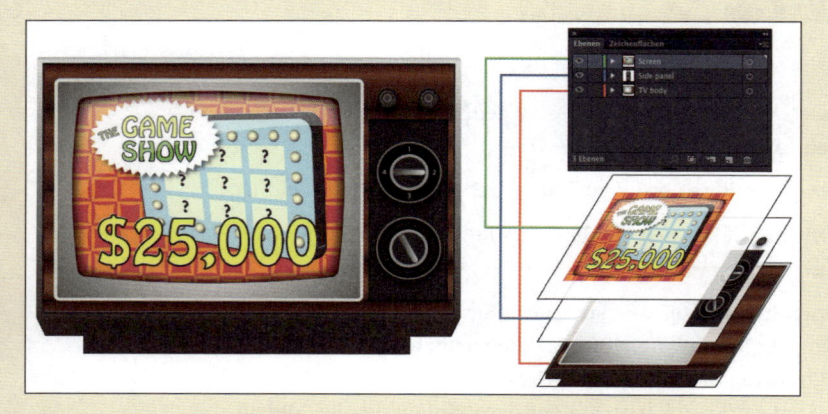

Beispiel einer zusammengesetzten Grafik und der einzelnen Ebenen

– Aus der Illustrator-Hilfe

Ebenen erstellen

Jedes Dokument verfügt standardmäßig über eine Ebene (»Ebene 1«). Während Ihrer Arbeit können Sie jederzeit Ebenen hinzufügen oder umbenennen. Wenn Sie Objekte auf verschiedenen Ebenen platzieren, lassen sich diese leichter auswählen und bearbeiten. Platzieren Sie Text beispielsweise auf einer eigenen Ebene, um diesen später bearbeiten zu können, ohne etwas an der Grafik zu ändern.

Ändern Sie jetzt den Standard-Ebenennamen, erstellen Sie dann auf unterschiedliche Weisen zwei Ebenen und eine Unterebene.

1. Sollte das Ebenenbedienfeld nicht zu sehen sein, klicken Sie rechts im Arbeitsbereich auf das Ebenenbedienfeldsymbol (🗇) oder wählen Sie **Fenster: Ebenen**.

   »Ebene 1« (Standardbezeichnung) ist hervorgehoben und somit die aktive Ebene.

2. Klicken Sie im Ebenenbedienfeld doppelt auf den Ebenennamen. Geben Sie den Namen **Side panel ein** und drücken Sie Return.

   Anstatt alles auf einer Ebene unterzubringen, erstellen Sie mehrere Ebenen und Unterebenen. So können Sie Ihre Inhalte besser gliedern und später leichter wieder auswählen.

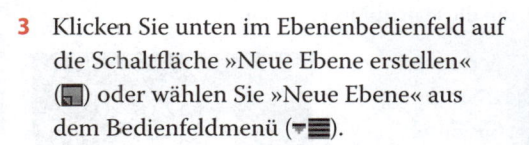

3. Klicken Sie unten im Ebenenbedienfeld auf die Schaltfläche »Neue Ebene erstellen« (🗟) oder wählen Sie »Neue Ebene« aus dem Bedienfeldmenü (▼≡).

   Wenn Sie keinen eigenen Namen vergeben, werden die Ebenen und Unterebenen durchnummeriert; die zweite Ebene heißt dann beispielsweise »Ebene 2«.

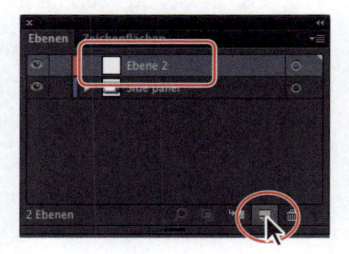

▶ **Tipp:** Zum Löschen können Sie eine Ebene oder Unterebene einfach auswählen und dann die Schaltfläche »Auswahl löschen« (🗑) am unteren Rand des Ebenenbedienfelds betätigen. Damit löschen Sie die Ebene oder Unterebene samt ihrer Inhalte.

4   Klicken Sie doppelt auf »Ebene 2«. Ändern Sie den Namen in **TV body**.

Die neue Ebene wird über der Ebene »Side panel« eingeordnet und sie wird zur aktiven Ebene. Beachten Sie links vom Ebenennamen auch die abweichende Ebenenfarbe der neuen Ebene (Hellrot). Das wird später beim Auswählen von Inhalten noch wichtig sein.

Nun erstellen und benennen Sie eine Ebene mithilfe einer Modifikatortaste in einem Schritt.

5   Klicken Sie mit gedrückter Alt-Taste auf die Schaltfläche »Neue Ebene erstellen« ( ) unten im Ebenenbedienfeld. Ändern Sie den Namen im Dialogfeld »Ebenenoptionen« in »Screen« und klicken Sie auf OK.

● **Hinweis:** Um eine neue Unterebene in einem Schritt anzulegen und zu benennen, halten Sie die Alt-Taste gedrückt und klicken Sie unten im Ebenenbedienfeld auf die Schaltfläche »Neue Unterebene erstellen«. So gelangen Sie direkt ins Dialogfeld »Ebenenoptionen«.

6   Klicken Sie einmal auf die Ebene »Side panel« und klicken Sie dann auf die Schaltfläche »Neue Unterebene erstellen« ( ) unten im Ebenenbedienfeld, um eine neue Unterebene in der Ebene »Side panel« zu erstellen.

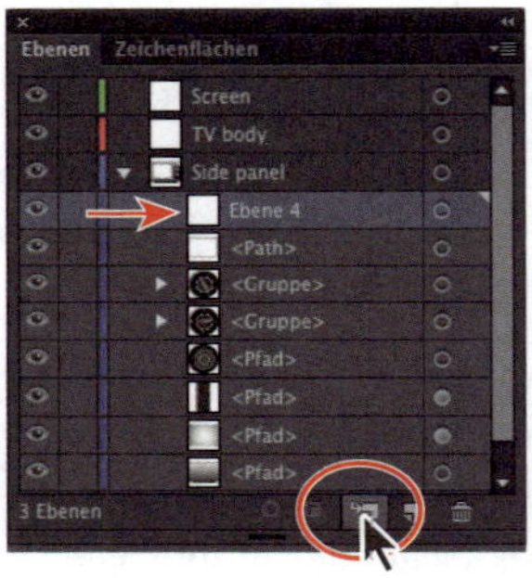

Beim Anlegen einer neuen Unterebene wird die übergeordnete Ebene aufgeklappt, um die bestehenden Unterebenen einzublenden. Eine Unterebene ist eine Ebene innerhalb einer Ebene. Nutzen Sie Unterebenen, um Inhalte einer Ebene besser zu verwalten, ohne diese gruppieren zu müssen.

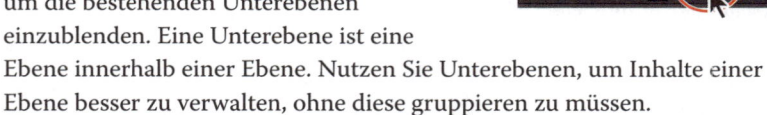

7   Doppelklicken Sie den Namen der neuen Unterebene (»Ebene 4«), ändern Sie den Namen in **knobs** und drücken Sie Enter oder Return.

Die neue Unterebene erscheint direkt unter ihrer Hauptebene, »Side panel«, und sie ist ausgewählt.

Ebenen und ihre Farben

In Illustrator erhält jede Ebene im Ebenenbedienfeld standardmäßig eine eigene Farbe. Die Farbe wird neben dem Ebenennamen im Bedienfeld angezeigt. Die gleiche Farbe wird in der Grafik im Begrenzungsrahmen, im Pfad, in den Ankerpunkten und im Mittelpunkt des ausgewählten Objekts angezeigt.

Anhand dieser Farbe können Sie schnell die zugehörige Ebene eines Objekts im Ebenenbedienfeld finden. Sie können die Ebenenfarbe beliebig ändern.

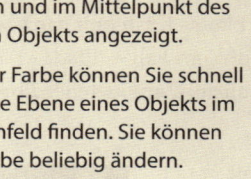

Jede Ebene und Unterebene erhält eine eigene Farbe.

—Aus der Illustrator-Hilfe

Objekte und Ebenen markieren und verschieben

Durch das Neuanordnen von Ebenen im Ebenenbedienfeld ändern Sie auch die Stapelfolge der Objekte in Ihrer Grafik. Je weiter oben sich eine Ebene im Ebenenbedienfeld befindet, desto weiter vorn befinden sich die darauf befindlichen Objekte in der Grafik. Sie können ausgewählte Objekte auch von einer Ebene oder Unterebene auf eine andere verschieben.

Verschieben Sie zunächst die Drehknöpfe in die Unterebene »knobs«.

1. Falls die Inhalte der Ebene »Side panel« im Ebenenbedienfeld nicht angezeigt werden, klicken Sie auf den Pfeil links neben der Ebenenbezeichnung »Side panel«. Dadurch werden die Inhalte der ursprünglichen Ebene »Side panel« eingeblendet.

    Enthält eine Ebene oder Unterebene im Ebenenbedienfeld weitere Elemente, erscheint links vom Namen der Ebene oder Unterebene ein Pfeil. Klicken Sie auf den Pfeil, um die Inhalte anzuzeigen. Wenn kein Pfeil zu sehen ist, enthält die Ebene auch keine weiteren Elemente.

2. Ziehen Sie die Unterkante des Ebenenbedienfelds nach unten, um das Bedienfeld zu vergrößern und alle Ebenen zu erkennen.

▶ **Tipp:** Wenn Sie Ebenen und Unterebenen geschlossen lassen, können Sie besser im Bedienfeld navigieren.

3   Wählen Sie in der Grafik mit dem Auswahl-Werkzeug (▶) den oberen kleineren Knopf auf der rechten Seite des Fernsehers aus.

Beachten Sie, dass der Begrenzungsrahmen und die Ankerpunkte im selben Blau erscheinen wie die Ebene im Ebenenbedienfeld. Außerdem erkennen Sie im Ebenenbedienfeld ein kleines blaues Kästchen ganz rechts neben dem Ebenen- und Objektnamen (in diesem Fall »<Pfad>«). Dies ist das Auswahlfarbfeld (■), das Ihnen signalisiert, auf welcher Ebene sich der ausgewählte Inhalt befindet.

4   Klicken Sie auf die »<Pfad>«-Zeile mit dem Auswahlfarbfeld und ziehen Sie sie auf die Unterebene »knobs«. Lassen Sie die Maustaste los, wenn die Unterebene »knobs« hervorgehoben wird.

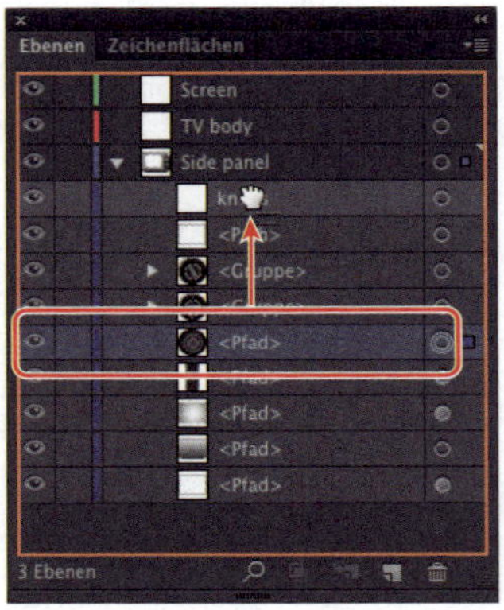

Achten Sie auch auf den Pfeil, der neben der Unterebene erscheint – er weist auf den Inhalt der Unterebene hin.

5   Wählen Sie **Auswahl: Auswahl aufheben**.

6   Klicken Sie im Ebenenbedienfeld auf das obere »<Gruppe>«-Objekt in der Ebene »Side panel«, halten Sie dann die Umschalt-Taste gedrückt und klicken Sie auf das <Gruppe>-Objekt direkt darunter, um beide Objekte zu markieren. Sehen Sie sich zur Hilfe die Abbildung an.

▶ **Tipp:** Mit der Umschalt-Taste können Sie mehrere Unterebenen markieren und gleichzeitig ziehen.

7   Ziehen Sie eine der beiden Ebenen auf die Unterebene »knobs«. Lassen Sie die Maustaste los, sobald die Unterebene hervorgehoben wird.

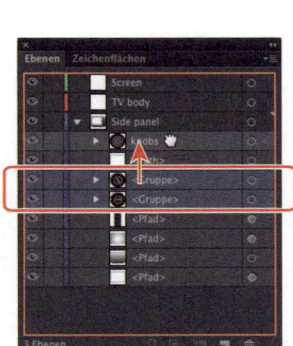

So sind die Inhalte im Bedienfeld besser sortiert und leichter aufzufinden.

8   Klicken Sie auf den Pfeil links von der Unterebene »knobs«, um die Inhalte zu zeigen.

Ebeneninhalt duplizieren

Zum Duplizieren von Ebenen und anderen Inhalten können Sie entweder ins Ebenenbedienfeld gehen oder **Bearbeiten: Kopieren** oder Bearbeiten: Ausschneiden verwenden, wie in den vorangegangenen Lektionen.

1. Klicken Sie auf die Bezeichnung »<Pfad>« in der Unterebene »knobs«. Drücken Sie die Alt-Taste und ziehen Sie das <Pfad>-Objekt nach oben, bis eine Linie direkt über dem aktuellen <Pfad>-Objekt erscheint. Lassen Sie zuerst die Maustaste und dann die Alt-Taste los.

   ▶ **Tipp:** Sie können auch die <Pfad>-Zeile im Ebenenbedienfeld markieren und dann »<Pfad>« duplizieren aus dem Bedienfeldmenü wählen.

   Durch Ziehen mit gedrückter Modifikatortaste kopieren Sie den markierten Inhalt. Das ist dasselbe, als würden Sie Inhalt auf der Zeichenfläche markieren und dann **Bearbeiten: Kopieren** gefolgt von **Bearbeiten: Davor einfügen** wählen.

2. Ziehen Sie die linke Kante des Ebenenbedienfelds nach links, um es zu verbreitern und genug Raum zur Anzeige der Ebenennamen zu stellen.

3. Klicken Sie auf den Pfeil links neben der Unterebene »knobs«, um die Inhalte der Unterebene zu verbergen. Durch das Verbergen von Ebenen- und/oder Unterebeneninhalten lässt sich das Ebenenbedienfeld leichter verwenden.

4. Das Auswahl-Werkzeug (▶) ist ausgewählt; klicken Sie erneut auf den kleinen Knopf in der Grafik. Doppelklicken Sie das Auswahl-Werkzeug und ändern Sie im Dialogfeld »Verändern« die horizontale Position in **0,8 in**. Vergewissern Sie sich, dass die vertikale Position bei **0** ist, und klicken Sie dann auf OK.

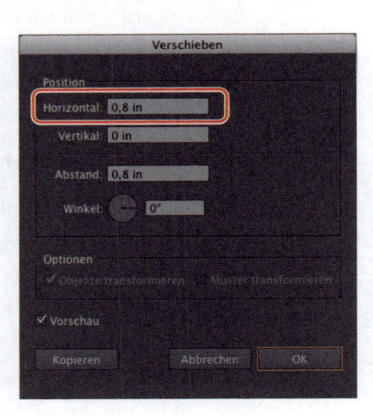

5. Wählen Sie **Auswahl: Auswahl aufheben** und dann **Datei: Speichern**.

Ebenen verschieben

Verschieben Sie jetzt die Bildschirmgrafik auf die Ebene »Screen«. Dort werden Sie später noch weiteren Inhalt aus einer anderen Illustrator-Datei ergänzen. Außerdem verschieben Sie noch Grafiken für das Fernsehergehäuse auf die Ebene »TV body«.

1 Klicken Sie in der Grafik mit dem Auswahl-Werkzeug (▶) in die weiße Form mit abgerundeten Ecken, um sie auszuwählen. Diese wird später den Bildschirminhalt aufnehmen.

Im Ebenenbedienfeld zeigt die Ebene »Side panel« das Auswahlfarbfeld (■) ganz rechts neben dem Ebenennamen.

2 Ziehen Sie das Auswahlfarbfeld (■) von der rechten Seite des »Side panel«-Ebenennamens gerade nach oben, rechts neben das Zielauswahlsymbol (◎) der Ebene »Screen«.

Mit dieser Aktion bewegen Sie das gewählte Objekt (<Pfad>) auf die »Screen«-Ebene. Die Farbe der Begrenzungsrahmen und der Ankerpunkte ändert sich in der Grafik in die Farbe der »Screen«-Ebene (Grün).

3 Wählen Sie **Auswahl: Auswahl aufheben**.

4 Klicken Sie in die Auswahlspalte rechts neben dem unteren <Pfad>-Objekt in der Ebene »Side panel«, um zu erkennen, welcher Inhalt auf der Zeichenfläche ausgewählt ist. In der Auswahlspalte erscheint wie hier dargestellt ein blaues Auswahlfarbfeld (■).

Durch Anklicken der Auswahlspalte können Sie die Grafik auf der Zeichenfläche markieren.

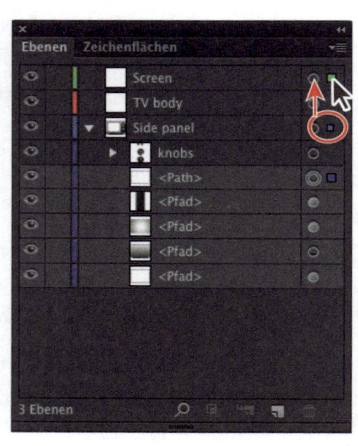

5   Ziehen Sie dieselbe »<Pfad>«-Unterebene nach oben auf die Ebene »TV body«.

Das <Pfad>-Objekt erscheint nun über den meisten anderen Inhalten der Grafik.

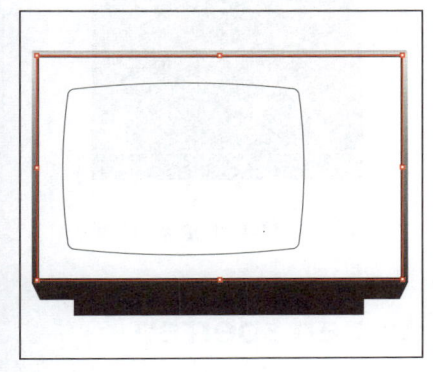

6   Klicken Sie auf die untere »<Pfad>«-Unterebene auf der Ebene »Side panel«, um sie zu markieren. Klicken Sie die darüberliegende »<Pfad>«-Unterebene mit gedrückter Umschalt-Taste an, um beide Unterebenen zu markieren. Ziehen Sie eine der beiden ausgewählten <Pfad>-Unterebenen nach oben auf die Ebene »TV body«.

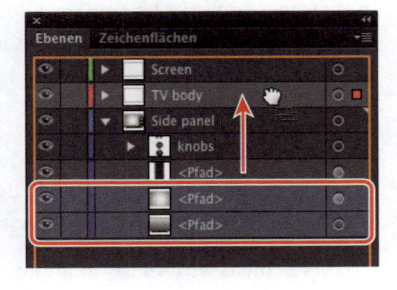

Der Inhalt der Ebene »Side panel« (die Knöpfe) ist verschwunden. Das liegt daran, dass die Ebene »TV body« im Ebenenbedienfeld weiter oben angeordnet ist – Gleiches gilt demnach auch für die Stapelfolge der Ebeneninhalte: »TV body« verdeckt »Side panel«.

7   Klicken Sie auf den Pfeil links von der Ebene »Side panel«, um die Ebeneninhalte zu verbergen, und wählen Sie dann **Auswahl: Auswahl aufheben**.

8   Klicken und ziehen Sie die Ebene »Side panel« nach oben zwischen die Ebenen »Screen« und »TV body« im Ebenenbedienfeld. Sobald zwischen den Ebenen eine Linie erscheint, lassen Sie die Maustaste los.

● **Hinweis:** Achten Sie darauf, die Ebene nicht in eine der anderen Ebenen zu ziehen. Wenn die Ebene »Side panel« verschwindet, wählen Sie **Bearbeiten: Rückgängig: Ebenen neu anordnen** und versuchen Sie es erneut.

9 Wählen Sie **Datei: Speichern**.

Ebenen sperren

Wenn Sie Objekte auf einer Ebene bearbeiten, können Sie andere Ebenen im Bedienfeld sperren, um diese vor versehentlichen Änderungen zu schützen. In diesem Abschnitt lernen Sie, alle Inhalte einer Ebene oder Unterebene zu sperren. Jetzt sperren Sie alle Ebenen außer der Unterebene »knobs«, sodass Sie die Knöpfe problemlos und ohne Auswirkungen auf Objekte auf anderen Ebenen bearbeiten können.

1 Klicken Sie in die Bearbeitungsspalte rechts vom Augensymbol ( ) der Ebene »Screen«, um diese zu sperren.

Das Schlosssymbol ( ) zeigt an, dass die Ebene mit all ihren Inhalten gesperrt ist.

2 Wiederholen Sie den vorangegangenen Schritt für die Ebene »TV body«.

▶ **Tipp:** Durch erneutes Anklicken der Bearbeitungsspalte sperren Sie die Ebene wieder. Wenn Sie beim Anklicken der Bearbeitungsspalte die Alt-Taste gedrückt halten, werden alle anderen Ebenen gesperrt bzw. entsperrt.

3 Klicken Sie auf den Pfeil links von der Ebene »Side panel«, um die Ebeneninhalte einzublenden. Klicken Sie in die Bearbeitungsspalte rechts vom Augensymbol der Unterebene <Pfad> unterhalb der Unterebene »knobs«.

Sie können einzelne Ebenen entsperren, indem Sie das Schlosssymbol ausschalten ( ).

▶ **Tipp:** Sie können auch einen Doppelklick auf die Ebenenminiatur oder direkt rechts neben den Ebenennamen ausführen, um ins Dialogfeld »Ebenenoptionen« zu gelangen. Wählen Sie dort bei Bedarf »Fixieren« und klicken Sie auf OK.

Ändern Sie jetzt die Größe der kleineren Knöpfe.

4   Ziehen Sie mit dem Auswahl-Werkzeug (🔧) einen Auswahlrahmen über die beiden Knöpfe in der oberen rechten Ecke des Fernsehers auf.

Alle anderen Inhalte sind gesperrt und können auf der Zeichenfläche nicht ausgewählt werden. Gesperrte Ebenen können Ihnen die Inhaltsauswahl stark vereinfachen.

5   Wählen Sie **Objekt: Transformieren: Skalieren**. Ändern Sie im Dialogfeld »Skalieren« die »gleichmäßige Skalierung« in **110**% und klicken Sie dann auf OK.

6   Deaktivieren Sie im Ebenenbedienfeld die Schlosssymbole (🔒) neben den Ebenen »<Pfad>«, »Screen« und »TV body«, um diese zu entsperren. Klicken Sie auf den Pfeil links neben der Ebene »Side panel«, um sie einzuklappen.

7   Wählen Sie **Auswahl: Auswahl aufheben**.

8   Wählen Sie **Datei: Speichern**.

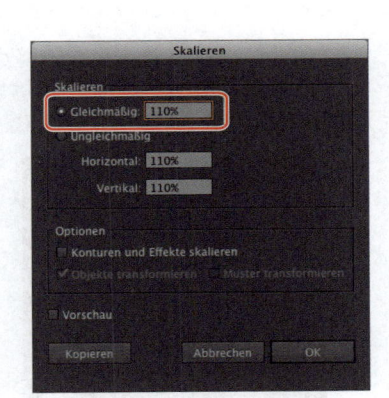

Ebenen betrachten

Im Ebenenbedienfeld können Sie Ebenen, Unterebenen oder einzelne Objekte ausblenden. Wenn eine Ebene verborgen ist, ist ihr Inhalt ebenfalls gesperrt und lässt sich nicht auswählen oder drucken. Sie können das Ebenenbedienfeld auch dazu nutzen, Ebenen oder Objekte einzeln anzuzeigen, und zwar entweder im Vorschaumodus oder in der Pfadansicht. Jetzt ändern Sie die Füllfarbe in einem Teil des Fernsehergehäuses.

▶ **Tipp:** Wenn Sie mit gedrückter Alt-Taste auf ein Augensymbol klicken, werden Ebenen ein- oder ausgeblendet. Das Ausblenden verhindert Änderungen.

1   Klicken Sie im Ebenenbedienfeld auf die TV body-Ebene und anschließend mit gedrückter Alt-Taste auf das Augensymbol (👁) links daneben, um die anderen Ebenen auszublenden.

▶ **Tipp:** Um die Grafiken auf einer Ebene in der Pfadansicht zu betrachten, können Sie auch einen Doppelklick auf die Ebenenminiatur oder rechts vom Ebenennamen ausführen. So gelangen Sie ins Dialogfeld »Ebenenoptionen«. Dort können Sie das Optionsfeld »Vorschau« deaktivieren und auf OK klicken.

2 Klicken Sie auf den Pfeil links neben dem Ebenennamen TV body, um die Inhalte der Ebene anzuzeigen.

3 Klicken Sie mit gedrückter Strg- (Windows) oder Befehl-Taste (Mac OS) auf das Augensymbol (◉) links neben dem Ebenennamen TV body, um die Grafiken dieser Ebene in der Pfadansicht zu betrachten.

Auf diese Weise erkennen Sie, dass es sich um drei Formen handelt. Eine Ebene in der Pfadansicht zu betrachten ist auch nützlich, um Ankerpunkte oder Mittelpunkte von Objekten auszuwählen.

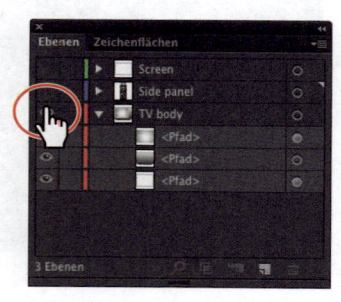

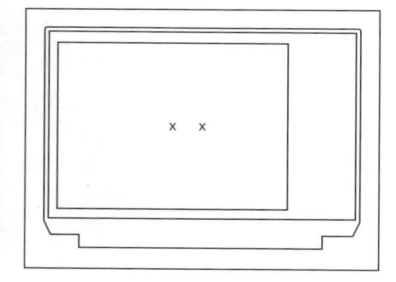

Anklicken des Augensymbols mit gedrückter Strg- (Windows) oder Befehl-Taste (Mac OS) bringt Sie in die Pfadansicht dieser Ebene.

4 Klicken Sie mit dem Auswahl-Werkzeug (▶) auf der Zeichenfläche auf das Rechteck knapp innerhalb der Fernseherform, um es auszuwählen. Sehen Sie sich zum Vergleich die Abbildung an.

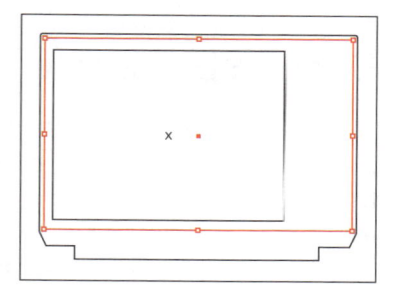

5   Das Rechteck ist ausgewählt; klicken Sie auf die Füllfarbe im Steuerungsbedienfeld und wählen Sie das Farbfeld »Wood Grain« aus dem auftauchenden Farbfelderbedienfeld. Auf diese Weise füllen Sie das Rechteck mit einem Verlauf.

6   Klicken Sie mit gedrückter Strg- (Windows) oder Befehl-Taste (Mac OS) auf das Augensymbol ( ) links neben dem Ebenennamen TV body, um die Grafiken dieser Ebene im Vorschaumodus zu betrachten.

Achten Sie im Ebenenbedienfeld auf das Auswahlfarbfeld ( ) rechts neben der unteren <Pfad>-Unterebene. Beachten Sie auch, dass Sie die Form auf der Zeichenfläche nicht sehen können, da sie sich im Ebenenstapel ganz unten befindet, hinter den beiden anderen <Pfad>-Objekten.

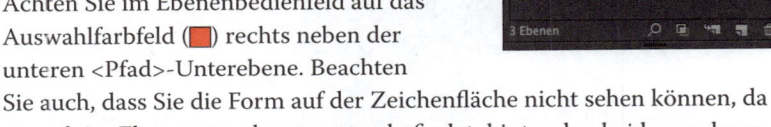

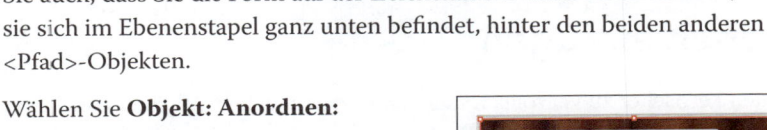

7   Wählen Sie **Objekt: Anordnen: Schrittweise nach vorne**.

Jetzt sehen Sie die ausgewählte Form und ihre Verlaufsfüllung auf der Zeichenfläche. Mit den Anordnen-Befehlen verschieben Sie den Inhalt im Ebenenstapel des Ebenenbedienfelds. Ganz ähnlich haben Sie dies zuvor schon durch Ziehen der Unterebenen im Ebenenbedienfeld getan.

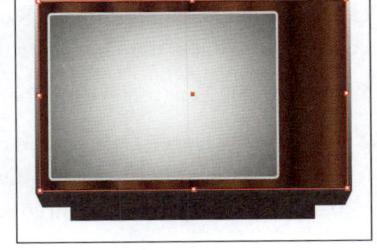

8   Wählen Sie das Verlauf-Werkzeug ( ) im Werkzeugbedienfeld. Achten Sie darauf, dass unten im Werkzeugbedienfeld das Kästchen für die Flächenfüllung ausgewählt ist. Platzieren Sie den Mauszeiger unten in der Mitte des ausgewählten Rechtecks. Halten Sie die Umschalt-Taste gedrückt, klicken Sie und ziehen Sie in einer geraden Linie nach oben bis zur Oberkante des Rechtecks, um

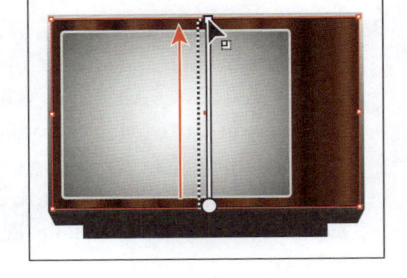

● **Hinweis:** Wenn Sie das Verlauf-Werkzeug erstmals auswählen, erscheint eine horizontale Linie im ausgewählten Rechteck. Das ist die standardmäßige Richtungsvorgabe für die Verlaufsfüllung.

die Verlaufsrichtung zu ändern. Lassen Sie zuerst die Maustaste und dann die Umschalt-Taste wieder los.

9   Wählen Sie **Auswahl: Auswahl aufheben** und dann **Datei: Speichern**.

10 Wählen Sie im Ebenenbedienfeld aus dem Bedienfeldmenü (▼≡) **Alle Ebenen einblenden**.

Im Ebenenbedienfeld können Sie auch mit gedrückter Alt-Taste auf das Augensymbol (👁) links neben dem Ebenennamen »TV body« klicken, um die anderen Ebenen einzublenden.

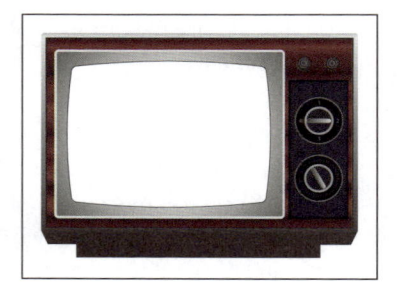

11 Klicken Sie auf den Pfeil links neben dem Ebenennamen »TV body«, um die Inhalte dieser Ebene zu verbergen.

12 Wählen Sie **Datei: Speichern**.

Ebenen einfügen

Um den Fernseher zu vervollständigen, kopieren Sie die restlichen Objekte aus einer anderen Datei hier hinein. Sie können eine Ebenendatei in eine andere kopieren und dabei die Ebenenstruktur erhalten.

1   Wählen Sie **Fenster: Arbeitsbereich: Zurücksetzen: Grundlagen**.

2   Wählen Sie **Datei: Öffnen** und öffnen Sie die Datei *show.ai* aus dem Ordner *Lektionen/Lektion08* auf Ihrer Festplatte.

3   Um zu sehen, wie die Objekte in den einzelnen Ebenen angeordnet sind, klicken Sie mit gedrückter Alt-Taste (Windows) bzw. Option-Taste (Mac OS) auf die Augensymbole (👁) der Ebenen, um eine Ebene ein- und die anderen auszublenden. Sie können auch auf die Pfeile (▶) links neben den Ebenennamen klicken, um die

Ebenen ein- und auszuklappen. Stellen Sie am Ende sicher, dass alle Ebenen zu sehen und zusammengeklappt sind.

4 Wählen Sie **Auswahl: Alles auswählen** und dann **Bearbeiten: Kopieren**, um den Gewinnspiel-Inhalt in die Zwischenablage zu kopieren.

5 Wählen Sie nun **Datei: Schließen**, um die Datei *show.ai* zu schließen, ohne sie zu speichern. Erscheint eine Warnmeldung, klicken Sie auf »Nein« (Windows) bzw. »Nicht speichern« (Mac OS).

6 Wählen Sie für die *Datei tv.ai* im Ebenenbedienfeldmenü (▼≡) die Option »Ebenen beim Einfügen merken«. Ein Häkchen neben der Option zeigt an, dass sie aktiv ist.

Ist diese Option »Aktiv«, werden die eingefügten Grafiken mit ihrer Ebenenstruktur übernommen. Dabei spielt es keine Rolle, welche Ebene im Ebenenbedienfeld markiert ist. Ist die Option nicht ausgewählt, werden alle Elemente in die aktive Ebene eingefügt und die Ebenen aus der Originaldatei werden nicht übernommen.

● **Hinweis:** Wenn es im Zieldokument eine gleichnamige Ebene gibt, kombiniert Illustrator den eingefügten Inhalt in einer gleichnamigen Ebene.

7 Wählen Sie **Bearbeiten: Einfügen**, um den Gewinnspiel-Inhalt in den Fernseher einzufügen.

Durch die Option »Ebenen beim Einfügen merken« werden die Ebenen aus der Datei »show.ai« oben im Ebenenbedienfeld als vier separate Ebenen eingefügt (»Shadow/highlight«, »Text«, »Game board« und »Background«).

8 Ziehen Sie den neuen Inhalt mit dem Auswahl-Werkzeug auf das graue, abgerundete Rechteck und zentrieren Sie ihn, so gut es geht. Sehen Sie sich zum Vergleich unsere Abbildung an.

Jetzt verschieben Sie die neu eingefügten Ebenen in die »Screen«-Ebene.

9 Wählen Sie im Ebenenbedienfeld die Ebene »Shadow/highlight« (falls noch nicht ausgewählt) und klicken Sie mit gedrückter Umschalt-Taste auf die Bezeichnung der »Background«-Ebene. Ziehen Sie eine der vier markierten Ebenen nach unten auf die »Screen«-Ebene. Die Grafik im Dokumentfenster sollte sich dabei nicht verändern.

Ziehen der ausgewählten Ebenen   Ergebnis

Die vier eingefügten Ebenen werden zu Unterebenen der »Screen«-Ebene. Wie Sie sehen, werden die einzelnen Ebenenfarben beibehalten.

10 Wählen Sie **Auswahl: Auswahl aufheben** und dann **Datei: Speichern**.

Schnittmasken erstellen

Sie können im Ebenenbedienfeld Schnittmasken erstellen, um festzulegen, welcher Bereich der Grafik auf einer Ebene (oder in einer Gruppe) zu sehen ist oder nicht. Bei einer Schnittmaske handelt es sich um ein Objekt oder eine Gruppe von Objekten, dessen/deren Form die darunter liegende Grafik maskiert, sodass nur der Teil innerhalb der Form zu sehen ist.

Erstellen Sie nun mit der weißen, abgerundeten Rechteckform oben in der Ebene »Screen« eine Schnittmaske.

1 Ziehen Sie die Unterkante des Ebenenbedienfelds nach unten, sodass alle Ebenen sichtbar werden.

Im Ebenenbedienfeld muss sich das Maskenobjekt über dem Objekt befinden, das es maskieren soll. Sie können eine Schnittmaske für eine gesamte Ebene, eine Unterebene oder eine Objektgruppe erstellen. Weil Sie die gesamten Inhalte der »Screen«-Ebene maskieren wollen, muss sich das Schnittobjekt ganz oben in dieser Ebene befinden.

2 Klicken Sie auf die <Pfad>-Unterebene unten in der »Screen«-Ebene. Ziehen Sie die ausgewählte <Pfad>-Unterebene nach oben auf den Namen der »Screen«-Ebene. Sobald die Ebene hervorgehoben erscheint, lassen Sie die Maustaste los, um den <Pfad> auf der Ebene zu platzieren. Das weiße, abgerundete Rechteck erscheint nun über den anderen Grafiken der »Screen«-Ebene.

3 Wählen Sie die »Screen«-Ebene im Ebenenbedienfeld aus. Klicken Sie auf die Schaltfläche »Schnittmaske erstellen/zurückwandeln« ( ) in der unteren Leiste des Ebenenbedienfelds.

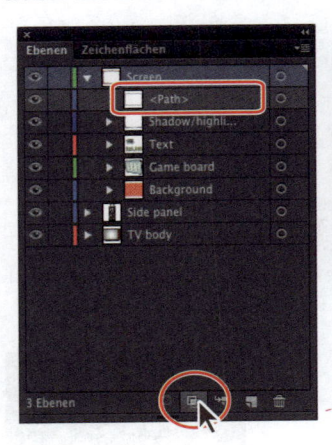

● **Hinweis:** Sie brauchen die Grafiken auf der Zeichenfläche nicht abzuwählen, um die nachfolgenden Schritte auszuführen. Zum Betrachten der Grafik kann dies aber von Vorteil sein.

▶ **Tipp:** Zum Zurückwandeln der Schnittmaske können Sie erneut die »Screen«-Ebene wählen und dann wieder auf die Schaltfläche »Schnittmaske erstellen/zurückwandeln« klicken.

ADOBE ILLUSTRATOR CS6 CLASSROOM IN A BOOK **319**

Der Name der <Pfad>-Unterebene ist unterstrichen, um anzuzeigen, dass es sich dabei um die Maskenform handelt. Auf der Zeichenfläche hat die <Pfad>-Unterebene jene Teile des Bildschirminhalts verborgen, die außerhalb der Form liegen.

4 Wählen Sie **Datei: Speichern**.

Ebenen reduzieren

Um Ihre Grafik noch übersichtlicher zu machen, können Sie Ebenen, Unterebenen oder Gruppen auch reduzieren. Dabei vereinen Sie die Inhalte aller ausgewählten Ebenen, Unterebenen oder Gruppen zu einer einzelnen Ebene, Unterebene oder Gruppe. Beachten Sie, dass alle Inhalte in der zuletzt ausgewählten Ebene oder Gruppe zusammengeführt werden.

1 Klicken Sie im Ebenenbedienfeld auf die Text-Unterebene, um diese zu markieren. Klicken Sie dann mit gedrückter Umschalt-Taste auf die Background-Unterebene, um weitere Ebenen zur Auswahl hinzuzufügen.

Achten Sie auf den Indikator für die aktuelle Ebene (■). Die zuletzt gewählte Ebene ist die aktive Ebene, und sie bestimmt den Namen und die Farbe der reduzierten Ebene.

● **Hinweis:** Ebenen können nur mit Ebenen reduziert werden, die sich im Ebenenbedienfeld auf derselben hierarchischen Stufe befinden. Auch Unterebenen können nur mit Unterebenen derselben übergeordneten Ebene reduziert werden. Objekte können nicht mit anderen Objekten reduziert werden.

2 Wählen Sie im Bedienfeldmenü (▼≡) des Ebenenbedienfelds die Option »Ausgewählte zusammenfügen«, um den Inhalt der drei Unterebenen in der Background-Unterebene zusammenzuführen.

Die Objekte auf der reduzierten Ebene behalten ihre Original-Stapelreihenfolge bei und werden über den Objekten der Zielebene hinzugefügt.

3   Doppelklicken Sie die Miniatur links vom Ebenennamen Background oder doppelklicken Sie direkt rechts vom Ebenennamen. Im Dialogfeld »Ebenenoptionen« wählen Sie Grün aus dem Menü »Farbe«, um sie der Farbe der »Screen«-Ebene anzupassen. Klicken Sie auf OK.

Sie brauchen die Ebenenfarbe nicht der Hauptebene anzupassen. Das Dialogfeld »Ebenenoptionen« verfügt über zahlreiche Funktionen, die Sie bereits verwendet haben, wie etwa Umbenennung von Ebenen, Vorschaumodus oder Pfadansicht oder Sperren, Verbergen und Einblenden von Ebenen. Sie können im Dialogfeld »Ebenenoptionen« auch die Option »Drucken« deaktivieren, dann werden von dieser Ebene keinerlei Inhalte gedruckt.

4   Klicken Sie mit gedrückter Alt-Taste auf das Augensymbol ( ) links von der Ebene »Screen«, um alle anderen Ebenen auszublenden. Klicken Sie in die leere Sichtbarkeitsspalte neben der Unterebene »Shadow/highlight«, damit deren Inhalt auf der Zeichenfläche erscheint.

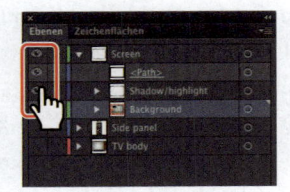

5   Wählen Sie **Auswahl: Alles auf der aktiven Zeichenfläche**.

● **Hinweis:** Die Ausrichten-Optionen erscheinen nicht unbedingt im Steuerungsbedienfeld; sie werden aber durch das Wort »Ausrichten« angezeigt. Die Anzahl der im Steuerungsbedienfeld angezeigten Optionen hängt von Ihrer verwendeten Bildschirmauflösung ab.

6   Vergewissern Sie sich, dass »An Auswahl ausrichten« im Steuerungsbedienfeld ausgewählt ist, und klicken Sie dann auf die Schaltfläche »Horizontal zentriert ausrichten« (⬚) und auf die Schaltfläche »Vertikal zentriert ausrichten« (⬚) im Steuerungsbedienfeld, um die Inhalte aneinander auszurichten.

7   Wählen Sie im Ebenenbedienfeld »Alle Ebenen einblenden« aus dem Bedienfeldmenü (▼≡) und wählen Sie dann **Auswahl: Auswahl aufheben**.

8   Wählen Sie **Datei: Speichern**.

Ebenen auffinden

Wenn Sie in einer Grafik arbeiten, kommt es vor, dass Sie Inhalt auf der Zeichenfläche auswählen und dann denselben Inhalt im Ebenenbedienfeld auffinden möchten. Auf diese Weise können Sie besser verstehen, wie der Inhalt aufgebaut ist.

1   Klicken Sie mit dem Auswahl-Werkzeug (▶) auf einen der kleinen Knöpfe in der Grafik.

    Im Ebenenbedienfeld sehen Sie nun ganz rechts neben der Ebene »Side panel« und der Unterebene »knobs« das Auswahlfarbfeld.

2   Klicken Sie auf die Schaltfläche »Objekt suchen« (⬚) unten im Ebenenbedienfeld, um das Objekt mit der Unterebene »knobs« darzustellen.

Durch Anklicken der Schaltfläche »Objekt suchen« wird die Ebene aufgeklappt, sodass ihre Inhalte zum Vorschein kommen. Das Ebenenbedienfeld scrollt bei Bedarf selbsttätig an die richtige Stelle. Das kann bei Illustrator-Dateien mit stark verschachtelten Inhalten von Vorteil sein.

3 Wählen Sie **Auswahl: Auswahl aufheben**.

4 Klicken Sie jeweils auf den Pfeil links von den Ebenennamen »Screen« und »Side panel«, um die Inhalte dieser Ebenen zu verbergen.

Aussehen-Attribute auf Ebenen anwenden

Sie können Aussehen-Attribute wie Stile, Effekte und Transparenz im Ebenenbedienfeld auf Ebenen, Gruppen und Objekte anwenden. Wird ein Aussehen-Attribut auf eine Ebene angewendet, nehmen alle Objekte dieser Ebene das Attribut an. Wird es hingegen nur auf ein spezielles Objekt der Ebene angewendet, betrifft es nur dieses Objekt, nicht die gesamte Ebene.

● **Hinweis:** Mehr über den Umgang mit Aussehen-Attributen erfahren Sie in Lektion 13, »Aussehen-Attribute und Grafikstile anwenden.«

Sie wenden jetzt einen Effekt auf ein Objekt auf einer Ebene an. Dann kopieren Sie diesen Effekt auf eine andere Ebene und wenden ihn dadurch auf alle Objekte dieser zweiten Ebene an.

1 Klicken Sie auf den Pfeil links vom Ebenennamen »TV body«, um die Inhalte dieser Ebene einzublenden.

2 Klicken Sie auf das Zielauswahlsymbol (◎) in der Zielspalte rechts neben dem unteren <Pfad>-Objekt.

Durch Anklicken des Zielsymbols signalisieren Sie, dass Sie einen Effekt, Stil oder eine Transparenzänderung auf diese Ebene, Unterebene, Gruppe oder dieses Objekt anwenden möchten. Mit anderen Worten wählen Sie die Ebene, Unterebene, Gruppe oder das Objekt als Ziel aus. Der Inhalt im Dokumentfenster ist ebenfalls ausgewählt. Wenn die Zielauswahl-Schaltfläche als Doppelringsymbol (entweder ◎ oder ◎) erscheint, ist das Element als Ziel ausgewählt; ein Symbol mit einfachem Ring bedeutet, dass das Element nicht als Ziel ausgewählt ist.

● **Hinweis:** Durch den Klick auf das Zielauswahlsymbol werden auch die Objekte auf der Zeichenfläche ausgewählt. Sie könnten auch einfach den Inhalt auf der Zeichenfläche auswählen, um einen Effekt anzuwenden.

3   Wählen Sie **Effekt: Stilisierungsfilter: Schlagschatten**. Ändern Sie im Dialogfeld »Schlagschatten« die »Deckkraft« in **50%**, den »X-Versatz« in **0**, den »Y-Versatz« in **0,1 in** und den Wert »Weichzeichnen« in **0,1 in**, falls erforderlich. Klicken Sie auf OK. Ein Schlagschatten umgibt nun die Kanten der Fernseherform.

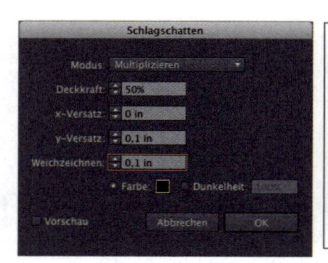

● **Hinweis:** Beachten Sie, dass es im **Effekte**-Menü zweimal die Option **Stilisierungsfilter** gibt. Wählen Sie die Option im Abschnitt **Illustrator-Effekte**.

Beachten Sie, dass das Zielauswahlsymbol (◉) der <Pfad>-Unterebene nun schattiert ist – das Objekt ist also mit einem Aussehen-Attribut versehen worden.

4   Klicken Sie rechts im Arbeitsbereich auf das Symbol für das Aussehenbedienfeld (◉), um das Aussehenbedienfeld einzublenden. Alternativ wählen Sie **Fenster: Aussehen**. Wie Sie sehen, wurde zur Liste der Aussehen-Attribute des gewählten Objekts der Schlagschatten hinzugefügt.

5   Wählen Sie **Auswahl: Auswahl aufheben**.

Nutzen Sie das Ebenenbedienfeld nun, um ein Aussehen-Attribut in eine andere Ebene zu kopieren und zu bearbeiten.

6 Klicken Sie rechts im Arbeitsbereich auf das Symbol für das Ebenenbedienfeld. (), um das Ebenenbedienfeld auszuklappen. Klicken Sie anschließend auf den Pfeil links neben der »Side panel«-Ebene, um deren Inhalte einzublenden. Falls nötig, vergrößern Sie das Bedienfeld oder scrollen Sie nach unten, um alle Ebenen zu sehen.

7 Drücken Sie die Alt-Taste und ziehen Sie das schattierte Zielauswahlsymbol der unteren <Pfad>-Unterebene in der Ebene »TV body« auf das Zielauswahlsymbol der Unterebene »knobs«. Lassen Sie die Maustaste erst dann los, wenn sich das Zielauswahlsymbol der »knobs«-Unterebene hellgrau färbt. Anschließend lassen Sie auch die Alt-Taste los.

● **Hinweis:**
Sie können das schattierte Zielauswahlsymbol auf jede Ebene, Unterebene, Gruppe oder jedes Objekts ziehen, um die Eigenschaften aus dem Aussehenbedienfeld darauf anzuwenden.

Der Schlagschatten wird nun auf die gesamte »knobs«-Unterebene und ihre Inhalte angewendet (am schattierten Zielauswahlsymbol zu erkennen).

Bearbeiten Sie nun den Schlagschatteneffekt für die Knöpfe, damit er noch deutlicher sichtbar wird.

8 Klicken Sie im Ebenenbedienfeld nun auf das Zielauswahlsymbol () rechts vom Namen der Unterebene »knobs«.

Damit werden automatisch alle Objekte der Unterebene markiert und die Auswahl des Objekts auf der Ebene »TV body« wird aufgehoben.

9 Klicken Sie rechts im Arbeitsbereich auf das Symbol des Aussehenbedienfelds (), um es zu öffnen. Klicken Sie dort auf den Eintrag »Schlagschatten« (scrollen Sie bei Bedarf etwas nach unten).

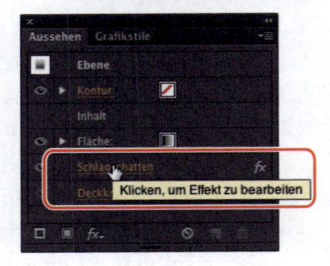

10 Ändern Sie im Dialogfeld »Schlagschatten« die »Deckkraft« in **80%** und klicken Sie dann auf OK.

So erhalten Sie eine feine Verlaufsänderung in den Knöpfen.

11 Wählen Sie **Auswahl: Auswahl aufheben**.

12 Wählen Sie **Datei: Speichern**.

Ebenen isolieren

Befindet sich eine Ebene im Isolationsmodus, werden die Objekte dieser Ebene isoliert, sodass Sie sie bearbeiten können, ohne dass dies Auswirkungen auf andere Ebenen hat. Aktivieren Sie nun für eine Ebene den Isolationsmodus und nehmen Sie eine einfache Bearbeitung vor.

1 Öffnen Sie bei Bedarf das Ebenenbedienfeld, indem Sie auf das entsprechende Bedienfeldsymbol klicken.

2 Klicken Sie auf die Pfeile links von den Ebenen im Ebenenbedienfeld, um alle Ebenen zu schließen.

3 Klicken Sie die Ebene »Side panel« zur Auswahl an.

4 Wählen Sie aus dem Bedienfeldmenü (▼≡) die Option »Isolationsmodus aufrufen«.

Im Isolationsmodus erscheinen die Inhalte dieser Ebene vor allen anderen Objekten auf der Zeichenfläche. Alle anderen Inhalte auf der Zeichenfläche sind verblasst dargestellt und gesperrt – ganz ähnlich wie im Isolationsmodus für eine Gruppe. Im Ebenenbedienfeld finden Sie nun eine Ebene namens Isolationsmodus sowie eine Unterebene, in der sich die Inhalte der Ebene »Side panel« befinden.

5   Wählen Sie das Auswahl-Werkzeug (▶) und klicken Sie mit gedrückter Umschalt-Taste auf die beiden kleinen Knöpfe oben im seitlichen Bedienteil des Fernsehers, um diese auszuwählen.

6   Drücken Sie zweimal die Pfeiltaste nach unten, um die Knöpfe nach unten zu verschieben.

7   Drücken Sie die Esc-Taste, um den Isolationsmodus zu verlassen.

Beachten Sie, dass die Inhalte jetzt nicht länger gesperrt und im Ebenenbedienfeld wieder alle Ebenen und Unterebenen zu sehen sind.

8   Wählen Sie **Auswahl: Auswahl aufheben**.

Die Grafik ist jetzt vollständig. Sie können jetzt, wenn Sie wollen, alle Ebenen auf eine Ebene reduzieren und leere Ebenen löschen. Wenn Sie fertige Arbeiten als Datei mit nur einer Ebene weitergeben, vermeiden Sie mögliche Fehler (z. B. dass Teile der Grafik nicht gedruckt werden, weil Ebenen ausgeblendet sind). Um Ebenen zu reduzieren, ohne ausgeblendete Ebenen zu löschen, wählen Sie die Ebenen aus, die Sie reduzieren wollen, und wählen Sie dann im Bedienfeldmenü des Ebenenbedienfelds den Befehl »Ausgewählte zusammenfügen«.

Eine komplette Liste der Tastenkürzel für das Ebenenbedienfeld finden Sie in der Illustrator-Hilfe unter »Tastaturbefehle«.

9   Wählen Sie **Datei: Speichern** und dann **Datei: Schließen**.

● **Hinweis:** Wenn ein Dialogfeld erscheint, in dem Sie nach der Zwischenablage gefragt werden, klicken Sie auf »Zwischenablage leeren«. Die zuvor in Illustrator kopierten (und jetzt in der Zwischenablage befindlichen) Inhalte lassen sich dann nicht mehr in andere Anwendungen einfügen.

Fragen

1 Nennen Sie zwei Vorteile von Ebenen beim Erstellen von Grafiken.

2 Wie blenden Sie Ebenen aus? Wie zeigen Sie nur einzelne Ebenen?

3 Beschreiben Sie, wie Sie die Ebenenreihenfolge einer Datei ändern.

4 Warum ändert sich die Farbe einer Auswahl abhängig von der gewählten Ebene?

5 Was passiert, wenn Sie eine Ebenendatei in eine andere Datei einfügen? Warum ist die Option »Ebenen beim Einfügen merken« so praktisch?

6 Wie erstellen Sie eine Ebenenschnittmaske?

7 Wie wenden Sie einen Effekt auf eine Ebene an? Wie können Sie den Effekt bearbeiten?

Antworten

1 Einige Vorteile von Ebenen sind: Sie können Bildmaterial schützen, das nicht geändert werden soll, Teile des Bildes ausblenden und genau kontrollieren, was gedruckt wird und was nicht.

2 Um eine Ebene auszublenden, klicken Sie auf deren Augensymbol links neben dem Ebenennamen. Wollen Sie die Ebene wieder einblenden, klicken Sie in die leere Spalte ganz links (wo eigentlich das Augen-Icon zu sehen ist).

3 Sie ordnen Ebenen neu an, indem Sie einen Ebenennamen auswählen und im Ebenenbedienfeld an seine neue Position ziehen. Die Reihenfolge der Ebenen im Bedienfeld bestimmt die Reihenfolge der Ebenen im Dokument – im Bedienfeld ganz oben bedeutet auch: im Bildmaterial ganz vorn.

4 Die Auswahlfarbe bestimmt, wie gewählte Ankerpunkte und Richtungsgriffe auf einer Ebene dargestellt werden, und hilft, die verschiedenen Ebenen eines Dokuments auseinanderzuhalten.

5 Mit den Einfügen-Befehlen fügen Sie Ebenendateien oder Objekte aus anderen Ebenen standardmäßig in die aktive Ebene ein. Die Option »Ebenen beim Einfügen merken« erhält beim Einfügen die Originalebenen.

6 Sie erstellen eine Schnittmaske auf einer Ebene, indem Sie diese auswählen und auf die Schaltfläche »Schnittmaske erstellen/zurückwandeln« klicken. Das oberste Objekt in der Ebene wird dabei zur Schnittmaske.

7 Klicken Sie auf das Zielauswahlsymbol der Ebene, auf die Sie den Effekt anwenden wollen. Wählen Sie dann einen Effekt aus dem Effekte-Menü aus. Um den Effekt zu bearbeiten, aktivieren Sie dessen Ebene und klicken Sie auf den Namen des Effekts im Aussehenbedienfeld. Das Dialogfeld des Effekts öffnet sich und Sie können die Werte bearbeiten.

9 MIT PERSPEKTIVISCHEN ZEICHNUNGEN ARBEITEN

Überblick

In dieser Lektion lernen Sie Folgendes:

- perspektivische Zeichnungen verstehen
- voreingestellte Raster benutzen und bearbeiten
- Objekte in der Perspektive zeichnen und bearbeiten
- Rasterebenen und Inhalt bearbeiten
- perspektivischen Text erzeugen und bearbeiten
- Perspektiven Symbole zuweisen

Diese Lektion dauert ungefähr eineinhalb Stunden. Falls erforderlich, entfernen Sie den Ordner der vorherigen Lektion von Ihrer Festplatte und kopieren Sie den Ordner *Lektion09* darauf.

In Adobe Illustrator CS6 können Sie Grafiken mithilfe des Perspektivenrasters ganz leicht perspektivisch zeichnen oder wiedergeben. Das Perspektivenraster erlaubt es Ihnen, eine Szene annäherungsweise auf einer flachen Oberfläche darzustellen, so wie sie auch vom menschlichen Auge wahrgenommen wird, zum Beispiel zwei Straßen oder Eisenbahngleise, die sich treffen oder in der Ferne zu verschwinden scheinen.

Vorbereitungen

In dieser Übung erkunden Sie die Arbeit mit dem Perspektivenraster und fügen diesem Inhalte hinzu.

Zunächst stellen Sie die Standardwerte für Adobe Illustrator wieder her. Dann öffnen Sie zu Vergleichszwecken die fertige Grafikdatei für diese Lektion.

1 Um sicherzustellen, dass die Werkzeuge und Bedienfelder genau so funktionieren, wie in der Lektion beschrieben, löschen Sie die Adobe Illustrator CS6-Preferences-Datei oder benennen sie um (siehe »So löschen Sie die aktuellen Illustrator-Voreinstellungen« auf Seite 3).

2 Starten Sie Adobe Illustrator CS6.

● **Hinweis:** Falls Sie das noch nicht erledigt haben, kopieren Sie den Ordner *Lektion09* aus dem Ordner *Lektion09* auf der *Adobe Illustrator CS6 Classroom in a Book*-CD auf Ihre Festplatte (siehe »Die Classroom-in-a-Book-Dateien kopieren« auf Seite 2).

3 Öffnen Sie mit **Datei: Öffnen** die Datei *L9end_1.ai* aus dem Ordner *Lektion09* im Ordner *Lektionen* auf Ihrer Festplatte.

4 Verkleinern Sie mit **Ansicht: Auszoomen** die fertige Grafik, falls Sie sie beim Arbeiten auf dem Bildschirm lassen wollen. (Mit dem Hand-Werkzeug (✋) können Sie das Bild an die gewünschte Stelle auf dem Bildschirm schieben.) Lassen Sie die Datei zum Vergleich geöffnet oder wählen Sie **Datei: Schließen**.

● **Hinweis:** Wenn Sie unter Mac OS die Lektionsdateien öffnen, müssen Sie ggf. die Fenstergröße mit einem Klick auf die runde grüne Schaltfläche in der linken oberen Ecke des Dokumentfensters maximieren.

5 Wählen Sie **Datei: Öffnen**. Navigieren Sie zum Ordner *Lektion09* im Ordner *Lektionen* auf Ihrer Festplatte. Öffnen Sie die Datei *L9start_1.ai*.

6 Wählen Sie **Datei: Speichern unter**. Navigieren Sie im Dialogfeld »Speichern unter« zum Ordner *Lektion09* und geben Sie der Datei den Namen *city.ai*. Stellen Sie als Typ Adobe Illustrator (*.AI) (Windows) oder Adobe Illustrator (ai) (Mac OS) ein und klicken Sie auf »Sichern«/«Speichern«. Im nun angezeigten Dialogfeld nehmen Sie keinerlei Einstellungen vor, sondern klicken einfach auf OK.

Perspektive verstehen

In Illustrator CS6 können Sie mit Leichtigkeit perspektivische Grafiken zeichnen oder darstellen. Dabei helfen Ihnen Funktionen, deren Grundlage die üblichen Gesetze für perspektivisches Zeichnen sind. Bei einer perspektivischen Zeichnung wird ein Bild annäherungsweise so auf einer flachen Oberfläche wiedergegeben, wie das Auge es wahrnimmt.

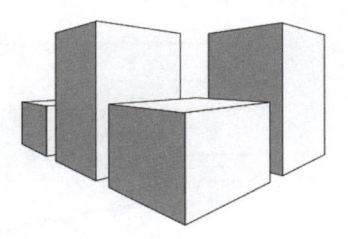

Perspektivisch gezeichnete Objekte zeichnen sich vor allem durch folgende Eigenschaften aus:

- Sie werden kleiner, wenn ihr Abstand zum Betrachter zunimmt.
- Der Blickwinkel auf das Objekt verkürzt sich perspektivisch, d. h., dass ein Gegenstand oder Abstand kürzer erscheint, als er tatsächlich ist.

Das Perspektivenraster verstehen

Das Perspektivenraster erlaubt es Ihnen, eine Szene näherungsweise so auf einer flachen Oberfläche wiederzugeben, wie sie normalerweise vom menschlichen Auge wahrgenommen wird. Sie können z. B. Straßen oder Eisenbahngleise darstellen, die sich in der Ferne zu treffen oder zu verschwinden scheinen. Dazu verwenden Sie das Perspektivenraster.

1 Wählen Sie aus dem Arbeitsbereich-Umschalter in der Anwendungsleiste die Option **Zurücksetzen: Grundlagen**.

2 Wählen Sie **Ansicht: Zeichenfläche in Fenster einpassen**.

3 Aktivieren Sie im Werkzeugbedienfeld das Perspektivenraster-Werkzeug (). Es zeigt standardmäßig ein Zweipunkt-Perspektivenraster auf der Zeichenfläche.

In der unteren Abbildung sehen Sie das Perspektivenraster und dessen Bestandteile. Im Laufe der Lektion werden Sie diese Bestandteile näher kennenlernen.

● **Hinweis:** Wenn Sie **Zurücksetzen: Grundlagen** im Arbeitsbereich-Umschalter nicht finden können, wählen Sie zunächst **Grundlagen** und dann **Zurücksetzen: Grundlagen.**

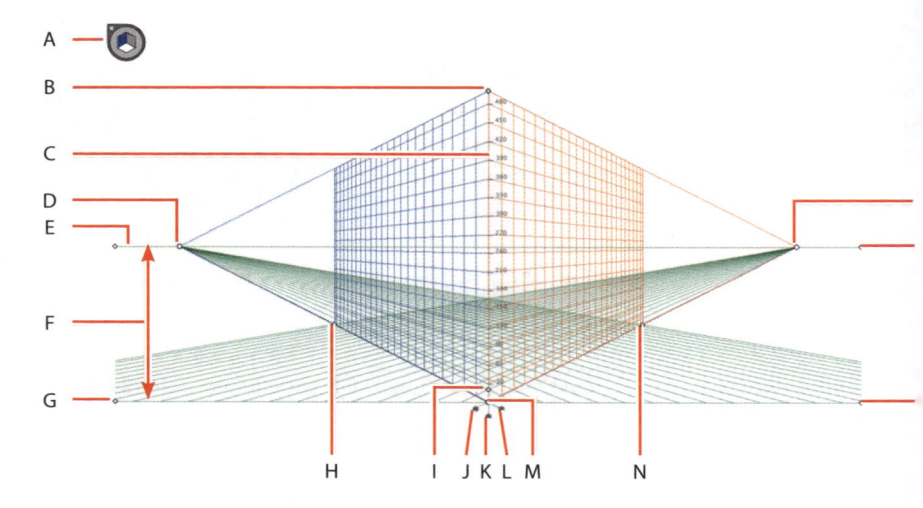

A. Widget zum Ebenenwechsel
B. Vertikale Rasterausdehnung
C. Perspektivenraster-Lineal
D. Linker Fluchtpunkt
E. Horizontlinie
F. Horizonthöhe
G. Bodenebene
H. Ausdehnung des Rasters
I. Größe der Rasterzelle
J. Steuerelement für rechte Rasterebene
K. Steuerelement für horizontale Rasterebene
L. Steuerelement für linke Rasterebene
M. Ursprung
N. Ausdehnung des Rasters
O. Rechter Fluchtpunkt
P. Horizontebene
Q. Bodenebene

Mit dem Perspektivenraster arbeiten

Bevor Sie Inhalte im Perspektivenraster bearbeiten, sollten Sie dieses zunächst auf die gewünschte Weise einrichten.

Ein vorgegebenes Raster benutzen

▶ **Tipp:** Sie können das Perspektivenraster auch ohne das Perspektivenraster-Werkzeug anzeigen, indem Sie **Ansicht: Perspektivenraster: Raster einblenden** wählen.

Zu Anfang arbeiten Sie mit dem Perspektivenraster, das mit einigen Illustrator-Vorgaben voreingestellt wird.

Sie verwenden das Perspektivenraster, um Inhalte in der Perspektive zu zeichnen und an dieser einrasten zu lassen. Das Raster selbst wird nicht mit ausgedruckt. Standardmäßig wird das Perspektivenraster in der Zweipunktperspektive dargestellt. Mit Vorgaben können Sie dies leicht ändern. In Illustrator kann ein Raster bis zu drei Fluchtpunkte haben.

1 Wählen Sie **Ansicht: Perspektivenraster: Einpunktperspektive: [1P-Normalansicht]**. Das Raster wechselt in eine Ansicht mit einem einzigen Fluchtpunkt.

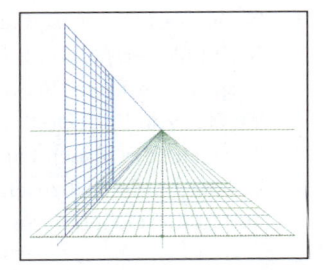

Die Einpunktperspektive eignet sich sehr gut zum Zeichnen von Straßen, Eisenbahngleisen oder Gebäuden, deren Frontseite direkt vor dem Betrachter liegt.

2 Wählen Sie **Ansicht: Perspektivenraster: Dreipunktperspektive: [3P-Normalansicht]**. Sie erhalten nun eine Dreipunktperspektive.

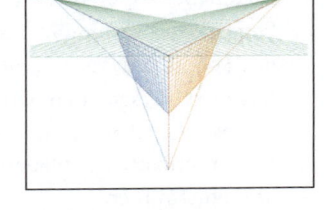

Die Dreipunktperspektive wird normalerweise für Gebäude benutzt, die von oben oder unten betrachtet werden. Zusätzlich zu den Fluchtpunkten für die einzelnen Wände gibt es nun einen Punkt, an dem diese Wände im Boden oder oben am Himmel verschwinden.

3 Um wieder zur Zweipunktperspektive zu gelangen, wählen Sie **Ansicht: Perspektivenraster: Zweipunktperspektive: [2P-Normalansicht]**.

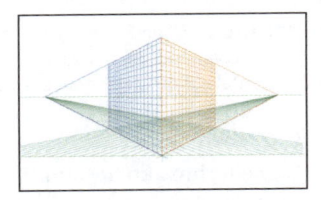

Das Perspektivenraster bearbeiten

Sie erfahren nun, wie Sie das Perspektivenraster bearbeiten. Dazu können Sie entweder das Perspektivenraster-Werkzeug verwenden oder den Menüeintrag **Raster definieren** verwenden. Das Raster lässt sich auch bearbeiten, wenn bereits Inhalt in diesem vorhanden sind. Es ist jedoch einfacher, die Rastereinstellungen vorab vorzunehmen. Sie können pro Illustrator-Dokument nur ein einziges Raster anlegen.

● **Hinweis:** In diesem Abschnitt zeigt das rote X in den Abbildungen, woher Sie gezogen haben.

● **Hinweis:** Die grauen Linien in einigen dieser Abbildungen verdeutlichen die Ausgangsposition des Perspektivenrasters vor dem Einstellen.

1. Ziehen Sie bei eingestellter Zweipunktperspektive mit dem Perspektivenraster-Werkzeug ( ) den Horizontlinienpunkt unter die Unterseite des blauen Himmels, um die Horizontlinie abzusenken. Auf der Maßbezeichnung sollte etwa »147 pt« stehen.

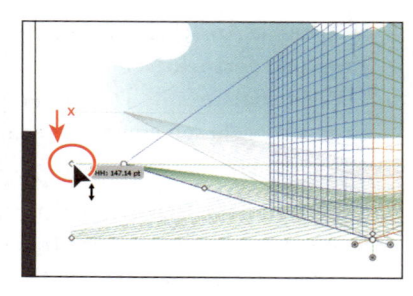

Die Lage der Horizontlinie bezeichnet die Augenhöhe des Betrachters.

2. Ziehen Sie den linken Bodenebenenpunkt mit dem Perspektivenraster-Werkzeug nach oben, um das gesamte Raster zu verschieben. Die gerade eingestellte Horizontlinie soll mit der Unterkante des blauen Himmels übereinstimmen.

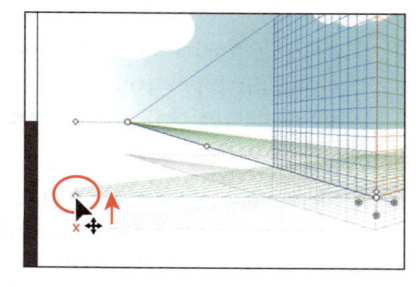

Mit dem Bodenebenenpunkt können Sie das Perspektivenraster auf andere Teile der Zeichenfläche oder auf eine andere Zeichenfläche ziehen.

● **Hinweis:** Wenn Sie das Raster am Bodenebenenpunkt ziehen, werden Sie bemerken, dass Sie es in beliebige Richtungen bewegen können. Es sollte aber immer noch mehr oder weniger horizontal auf der Zeichenfläche zentriert sein.

3. Ziehen Sie bei weiterhin aktiviertem Perspektivenraster-Werkzeug das Steuerelement für die horizontale Rasterebene nach oben auf etwa 68 pt, damit es sich näher an der Horizontlinie befindet.

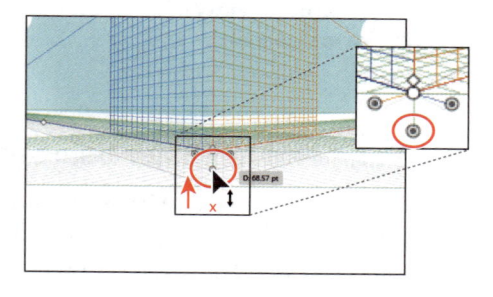

▶ **Tipp:** Die Lage der Bodenebene im Verhältnis zur Horizontlinie bestimmt, wie weit das Objekt über oder unter Augenhöhe liegt.

4. Klicken Sie mit dem Perspektivenraster-Werkzeug auf den Punkt der vertikalen Rasterausdehnung und ziehen Sie nach unten. Damit verkürzen Sie die vertikale Ausdehnung.

Durch das Verkürzen der vertikalen Ausdehnung können Sie das Raster minimieren, falls Sie Objekte mit weniger Präzision zeichnen. Mehr darüber erfahren Sie weiter hinten in dieser Lektion.

5 Wählen Sie **Datei: Speichern**. Änderungen am Perspektivenraster werden nur mit dem aktuellen Dokument gesichert.

Das Einrichten des Rasters für Ihre Zeichnung ist ein wichtiger Schritt. Sie werden auf diese Änderungen nun über das Menü **Raster definieren** zugreifen.

6 Wählen Sie **Ansicht: Perspektivenraster: Raster definieren**.

7 Ändern Sie die Einheit im Dialog auf Zoll und stellen Sie für »Rasterlinie alle« den Wert »0,3 in« ein. Ändern Sie den Sichtabstand auf »7 in«. Dieser Wert bezeichnet den Abstand zwischen dem Betrachter und der Szene. Das ist interessant, wenn echte Maße ins Spiel kommen. Außerdem gibt es noch die Werte »Horizonthöhe« und »Sichtwinkel«, die auch mit dem Perspektivenraster-Werkzeug auf der Zeichenfläche geändert werden können. Lassen Sie die vorgegebenen Werte für Rasterfarbe und Deckkraft unverändert. Wenn Sie fertig sind, klicken Sie auf OK.

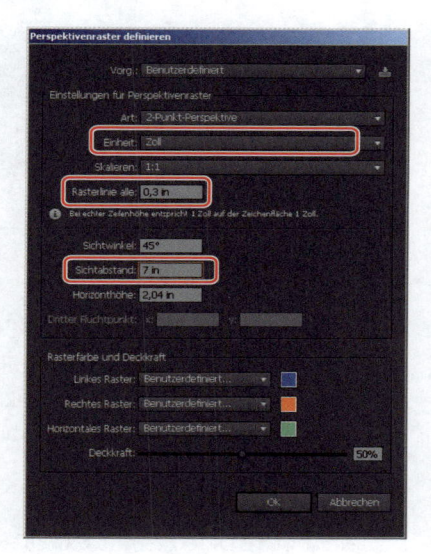

▶ **Tipp:** Mehr über den »Perspektivenraster definieren«-Dialog erfahren Sie in der Illustrator-Hilfe.

▶ **Tipp:** Nach dem Definieren des Perspektivenrasters können Sie die Einstellungen als Vorgabe speichern, um später darauf zurückzugreifen. Stellen Sie im Dialogfeld »Perspektivenraster Definieren« alle Werte ein und klicken Sie dann auf »Vorgabe speichern«.

8 Ziehen Sie mit dem Perspektivenraster-Werkzeug den linken Fluchtpunkt um etwa -0,75 Zoll (in) nach links, bis er den linken Horizontlinienpunkt erreicht. Dadurch ändert sich nur das linke (blaue) Raster in dem Zweipunktperspektivenraster.

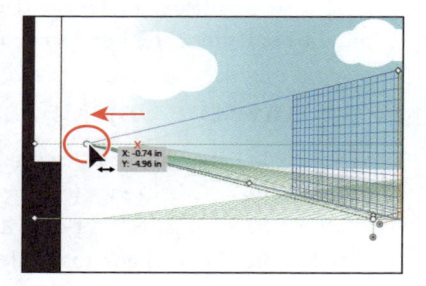

9 Wählen Sie **Bearbeiten: Rückgängig: Perspektivenraster bearbeiten**.

Die meisten Änderungen, die Sie am Perspektivenraster vornehmen, können Sie widerrufen.

10 Wählen Sie **Ansicht: Perspektivenraster: Bezugspunkt sperren**. Damit werden die linken und rechten Fluchtpunkte gesperrt, damit sie sich zusammen verschieben lassen.

11 Ziehen Sie mit dem Perspektivenraster-Werkzeug den linken Fluchtpunkt wieder um −0,75 Zoll nach links, bis er den linken Horizontlinienpunkt erreicht. Dadurch ändern sich beide Teilraster der Zweipunktrasterdarstellung.

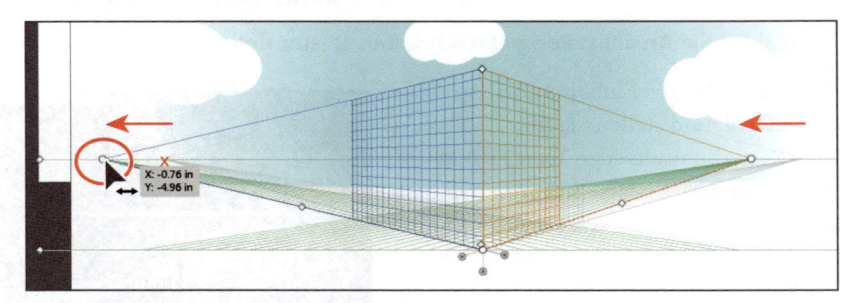

12 Wählen Sie **Datei: Speichern**.

13 Wählen Sie **Ansicht: Perspektivenraster: Raster sperren**.

Diese Option beschränkt die Rasterbewegung und andere Funktionen zur Rasterbearbeitung, die das Perspektivenraster-Werkzeug benutzen. Sie können nur die Sichtbarkeit und die Position der Rasterebene ändern, mit der Sie später arbeiten werden.

● **Hinweis:** Wenn Sie ein anderes Werkzeug aktivieren, ist das Perspektivenraster nicht bearbeitbar. Ist das Raster gesperrt, können Sie es jedoch über **Ansicht: Perspektivenraster: Raster definieren** ändern.

Nachdem Sie das Raster an der richtigen Position verankert haben, beginnen Sie damit, die Stadtsilhouette herzustellen, indem Sie Inhalt hinzufügen.

Perspektivische Objekte zeichnen

Um Objekte in Perspektive zu zeichnen, benutzen Sie die Gruppen der Linien- oder der Rechteck-Werkzeuge (abgesehen vom Blendenflecke-Werkzeug), wobei das Raster eingeblendet ist. Vor dem Zeichnen mit einem dieser Werkzeuge müssen Sie eine Rasterebene auswählen, auf die der Inhalt gelegt wird. Sie verwenden zum Umschalten der Rasterebene das Widget oder ein Tastenkürzel.

Das Widget zum Wechsel der Rasterebene

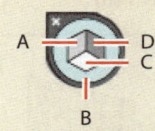

A Linkes Raster (1)
B Kein aktives Raster (4)
C Horizontales Raster (2)
D Rechtes Raster (3)

Wenn Sie das Perspektivenraster auswählen, wird außerdem standardmäßig in der linken oberen Ecke des Dokumentfensters ein Widget zum Wechseln der Ebene angezeigt. Mit diesem Widget wählen Sie die aktive Rasterebene aus.

Im Perspektivenraster ist eine aktive Ebene die Ebene, in der Sie ein Objekt zeichnen, um die Sicht des Betrachters auf diesen Teil der Szene zu projizieren.

Sie können die Position des Widgets und andere Optionen einstellen, indem Sie im Werkzeugbedienfeld auf das Perspektivenraster-Werkzeug doppelklicken.

– Aus der Illustrator-Hilfe

▶ **Tipp:** Die Zahlen in Klammern (z. B. »Linkes Raster (1)«) beziehen sich auf das Tastenkürzel, das diesem Raster zugeordnet ist.

5 Klicken Sie auf das Symbol des Ebenenbedienfelds (), um dieses auszuklappen. Klicken Sie auf das Augensymbol () links neben der Hintergrundebene, um deren Inhalt der Zeichenfläche auszublenden. Aktivieren Sie die »Left face«-Ebene mit einem Klick, damit neuer Inhalt auf dieser Ebene angelegt wird. Klappen Sie das Ebenenbedienfeld durch einen Klick auf dessen Symbol () zu.

6 Aktivieren Sie das Rechteck-Werkzeug () im Werkzeugbedienfeld.

7 Klicken Sie im Ebenenwechsel-Widget auf »Linkes Raster«.

Auf der im Widget ausgewählten Rasterebene im Perspektivenraster fügen Sie neuen Inhalt hinzu.

● **Hinweis:** Mit ein wenig Übung prüfen Sie vor dem Zeichnen oder Hinzufügen von Inhalt immer erst, welche Ebene aktiv ist.

8 Setzen Sie den Zeiger oben im Perspektivenraster an die Stelle, wo die beiden Ebenen aufeinandertreffen. Der Cursor () zeigt einen nach links weisenden Pfeil. Dieser signalisiert, dass Sie auf die linke Rasterebene zeichnen werden. Ziehen Sie gemäß der Abbildung nach links unten zur unteren orthogonalen Linie, sodass die graue Messbeschriftung eine ungefähre Breite von 3,6 Zoll zeigt. Es macht nichts aus, wenn Ihre Maße ein wenig von den hier gezeigten abweichen.

● **Hinweis:** Für die nächsten Schritte sollten Sie ggf. einzoomen.

Beim Zeichnen auf einer Rasterebene rasten die Objekte nicht standardmäßig an den Rasterlinien ein.

● **Hinweis:** Je nach Zoomstufe entspricht Ihr Raster den Abbildungen möglicherweise nicht exakt. Das macht nichts aus.

Bei ausgewähltem Rechteck ändern Sie die Flächenfarbe des Rechtecks im Steuerungsbedienfeld auf Mittelgrau (C=0, M=0, Y=0, K=40).

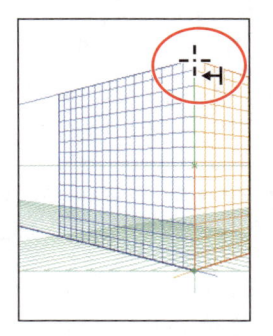

Die Zeichnung beginnen 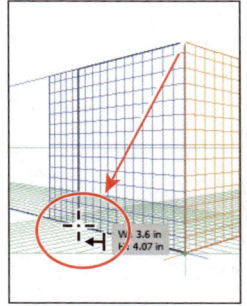   Das Rechteck erzeugen 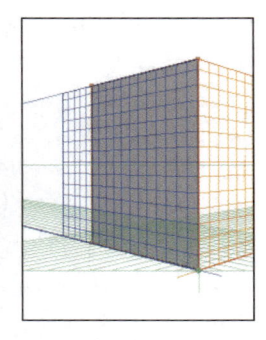   Die Flächenfarbe ändern

Sie zeichnen nun ein weiteres Rechteck für die andere Seite des Gebäudes.

▶ **Tipp:** Sie können das Einrasten am Raster mit dem Befehl **Ansicht: Perspektivenraster: Am Raster ausrichten** deaktivieren.

9   Drücken Sie zweimal Strg + + (Windows) oder Befehl + + (Mac OS), um in das Raster einzuzoomen. Das Ausrichten am Raster funktioniert nicht, wenn Sie zu weit ausgezoomt sind.

10   Klicken Sie auf das Symbol des Ebenenbedienfelds (◆), um es auszuklappen. Klicken Sie auf den Ebenennamen »Right face«, sodass die im Anschluss erstellten Inhalte auf dieser Ebene angelegt werden.

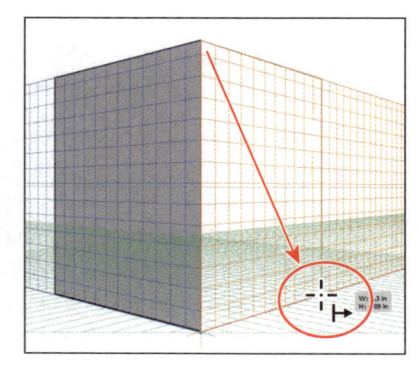

11   Klicken Sie bei weiterhin aktiviertem Rechteck-Werkzeug im Ebenenwechsel-Widget auf »Rechtes Raster(3)«, um perspektivisch auf der rechten Rasterebene zu zeichnen. Der Cursor zeigt einen nach rechts weisenden Pfeil (▶). Sie erkennen daran, dass Sie nun auf der rechten Ebene zeichnen werden. Ziehen Sie nach rechts unten, wobei Sie an derselben Stelle beginnen wie beim vorherigen Rechteck. Wenn die Messbeschriftung eine Breite von etwa 3,3 Zoll zeigt und der Zeiger den unteren Rand der rechten Rasterebene erreicht hat, geben Sie die Maustaste frei.

12 Bei ausgewähltem Rechteck ändern Sie die Flächenfarbe im Steuerungsbedienfeld in Hellgrau (C=0, M=0, Y=0, K=10). Drücken Sie die Esc-Taste, um das Farbfelderbedienfeld auszublenden.

13 Klicken Sie auf das X in der oberen linken Ecke des Ebenenwechsel-Widgets, um das Perspektivenraster auszublenden und Ihre Grafik zu betrachten.

▶ **Tipp:** Sie können zum Ausblenden des Rasters auch **Ansicht: Perspektivenraster: Raster ausblenden** wählen.

14 Wählen Sie **Ansicht: Zeichenfläche in Fenster einpassen**.

Sie zeichnen jetzt ein Rechteck, das als Tür für Ihr Gebäude dient. Zuerst müssen Sie aber das Raster wieder einblenden, sodass Sie wieder in der Perspektive zeichnen können.

15 Drücken Sie die Tastenkombination Umschalt+Strg+I (Windows) oder Umschalt+Befehl+I (Mac OS), um das Raster einzublenden.

▶ **Tipp:** Sie können das Raster auch wieder einblenden, indem Sie entweder das Perspektivenraster-Werkzeug aktivieren oder **Ansicht: Perspektivenraster: Raster einblenden** wählen.

16 Aktivieren Sie im Werkzeugbedienfeld das Abgerundetes-Rechteck-Werkzeug (◻). Zeigen Sie auf die Mitte des gerade erzeugten Rechtecks. Klicken Sie einmal, um das Dialogfeld zu öffnen. Ändern Sie die Breite in **1,5 Zoll** und die Höhe in **0,9 Zoll**. Stellen Sie einen Eckenradius von **0,1 Zoll** ein und klicken Sie auf OK. Dies wird ein Fenster.

17 Drücken Sie zum Einzoomen dreimal Strg + + (Windows) oder Befehl ++ (Mac OS).

18 Aktivieren Sie das Auswahl-Werkzeug (▶) und ziehen Sie das Rechteck nach links unten, um es unten links im hellgrauen Rechteck zu platzieren.

Wenn Sie ein perspektivisches Objekt mit dem Auswahl-Werkzeug ziehen, behält es seine ursprüngliche Perspektive und passt sich nicht an das Perspektivenraster an.

19 Wählen Sie **Bearbeiten: Rückgängig: Verschieben**, um das Rechteck an seiner ursprünglichen Position zu platzieren.

Perspektivische Objekte auswählen und transformieren

Man kann perspektivische Objekte mit dem Perspektivenauswahl-Werkzeug (▶⊙) auswählen. Das Perspektivenauswahl-Werkzeug nutzt die Einstellungen der aktiven Ebene, um die Objekte auszuwählen.

Verschieben Sie nun das gerade gezeichnete Rechteck und ändern Sie die Größe.

▶ **Tipp:** Auch beim perspektivischen Zeichnen können Sie die üblichen Tastenkombinationen für das Zeichnen von Objekten verwenden.

1. Aktivieren Sie das Perspektivenauswahl-Werkzeug (▶⊙), das sich hinter dem Perspektivenraster-Werkzeug im Werkzeugbedienfeld befindet. Ziehen Sie das abgerundete Rechteck gemäß der nebenstehenden Abbildung nach links unten in die Ecke des hellgrauen Rechtecks. Es wird beim Ziehen am Raster ausgerichtet.

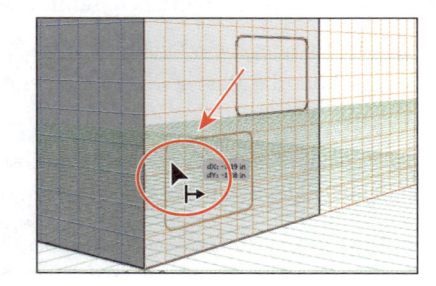

2. Bei aktiviertem Rechteck wählen Sie als Flächenfarbe den Farbverlauf »window«. Drücken Sie die Esc-Taste, um das Farbfelderbedienfeld auszublenden.

3. Wählen Sie mit dem Perspektivenauswahl-Werkzeug das dunkelgraue Rechteck auf der linken Rasterebene aus. Sie sehen, dass die linke Rasterebene nun auch im Ebenenwechsel-Widget ausgewählt ist.

4. Aktivieren Sie das Zoomwerkzeug (🔍) im Werkzeugbedienfeld und ziehen Sie eine Auswahl über die untere linke Ecke des mittelgrauen Rechtecks auf der linken Rasterebene.

▶ **Tipp:** Sie können das Transformieren-bedienfeld (**Fenster: Transformieren**) öffnen und für beide Rechtecke dieselbe Höhe einstellen.

5. Wählen Sie das Perspektivenauswahl-Werkzeug (▶⊙) aus und ziehen Sie die untere linke Ecke nach links oben. Folgen Sie dabei der unteren Rasterebenenlinie, die zum linken Fluchtpunkt führt (siehe folgende Abbildung). Wenn die Messbeschriftung eine Breite von etwa 4,5 Zoll zeigt, lassen Sie die Maustaste los.

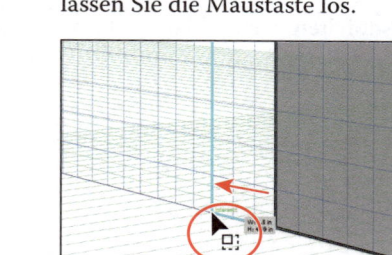

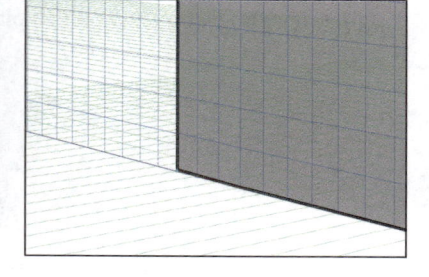

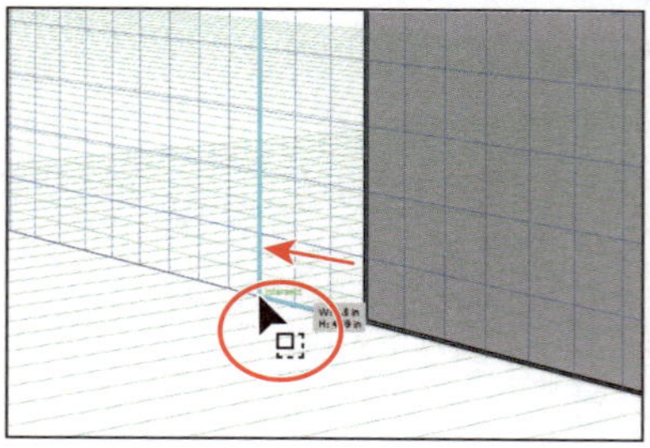

● **Hinweis:** Die Größe muss nicht exakt stimmen, solange die Form sich am Perspektivenraster ausrichtet. Ihre Rechtecke können auch eine andere Höhe haben als die in der Abbildung.

Perspektivische Objekte skalieren

Sie können Objekte im Perspektivenraster mithilfe des Perspektivenauswahl-Werkzeugs skalieren. Beim Skalieren von Objekten im Perspektivenraster gelten folgende Regeln:

- Die Skalierung findet in der Ebene des Objekts statt. Wenn Sie ein Objekt skalieren, werden die Höhe und der Abstand basierend auf der Ebene des Objekts skaliert und nicht basierend auf der aktuellen oder aktiven Ebene.

- Bei mehreren Objekten wird die Skalierung für Objekte ausgeführt, die sich auf derselben Ebene befinden. Wenn Sie z. B. mehrere Objekte auf der rechten und linken Ebene auswählen, werden alle Objekte skaliert, die sich auf derselben Ebene befinden, wie das Objekt, dessen Begrenzungsrahmen für die Skalierung verwendet wird.

- Objekte, die parallel verschoben wurden, werden in ihrer jeweiligen Ebene skaliert und nicht in der aktuellen oder aktiven Ebene.

– Aus der Illustrator-Hilfe

Sie werden nun ein perspektivisches Objekt duplizieren sowie ein Objekt senkrecht zu einem vorhandenen Objekt verschieben.

6 Wählen Sie **Ansicht: Zeichenfläche in Fenster einpassen**.

7 Wählen Sie das hellgraue Rechteck auf der rechten Rasterebene mit einem Klick des Perspektivenauswahl-Werkzeugs aus. Drücken Sie Alt + Umschalt und ziehen Sie das ausgewählte Rechteck mit dem Perspektivenauswahl-Werkzeug nach rechts. Sobald die Messbeschriftung einen Abstand (dX) von etwa 4,75 Zoll zeigt, lassen Sie zuerst die Maustaste und dann die Alt- und Umschalt-Tasten los.

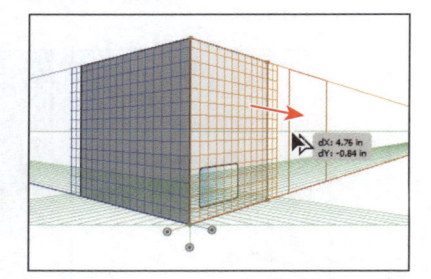

Sie verwenden diese Kopie als Front eines anderen Gebäudes. Wie bei nicht perspektivischen Zeichnungen dupliziert die Alt-Taste das Objekt und die Umschalt-Taste beschränkt die Bewegung.

Nachdem Sie Position und Perspektive der Rechteckkopie eingerichtet haben, passen Sie das Perspektivenraster so an, dass das Raster die neue Form bedeckt. Dazu bearbeiten Sie die Rasterausdehnung.

8   Aktivieren Sie das Perspektivenraster-Werkzeug (🔲) im Werkzeugbedienfeld.

9   Drücken Sie zum Einzoomen zweimal Umschalt+Strg+Alt (Windows) bzw. Umschalt+Befehl+Alt (Mac OS).

Sie sehen, dass sich das Rastermuster im Perspektivenraster beim Zoomen nach rechts und links erweitert.

10 Wählen Sie **Ansicht: Perspektivenraster: Raster entsperren**. Nun ist es möglich, das Raster zu bearbeiten.

11 Setzen Sie mit dem Perspektivenraster-Werkzeug den Zeiger über das Widget der rechten Rasterausdehnung und ziehen nach links, bis es die rechte Kante des kopierten Rechtecks erreicht. Das rote X in der Abbildung kennzeichnet den ungefähren Ausgangsort des Widgets der rechten Rasterausdehnung.

● **Hinweis:** Die Rasterlinien sind so eingestellt, dass sie auf dem Bildschirm anzeigen, wenn sich zwischen ihnen eine Lücke von 1 Pixel auftut. Schrittweises Einzoomen enthüllt weitere Rasterlinien, die näher am Fluchtpunkt liegen.

12 Ziehen Sie das Widget für die Rasterzelle (in der Abbildung eingekreist) ein wenig nach unten, bis die Rasterzellen sich verkleinern.

Wenn Sie zu weit nach unten ziehen, bewegt sich die linke und rechte Ausdehnung des Rasters vom zugehörigen Fluchtpunkt weg. Beim Ziehen nach oben vergrößern sich die Rasterzellen. Es macht nichts aus, wenn sich Ihre Rasterzellengröße etwas von der in der hier gezeigten Abbildung unterscheidet.

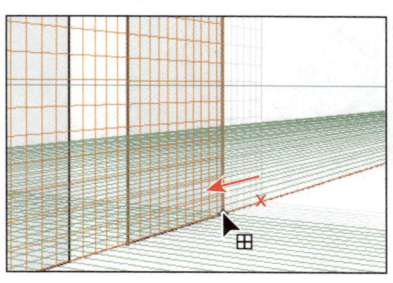

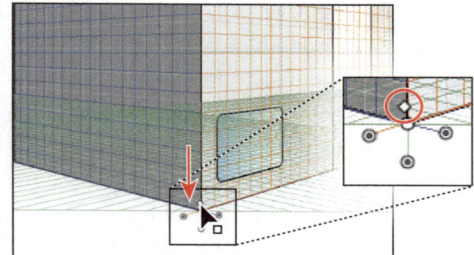

Widget für die Rasterausdehnung ziehen   Größe der Rasterzellen bearbeiten

13 Wählen Sie **Ansicht: Perspektivenraster: Raster definieren**. Im Dialogfeld »Perspektivenraster definieren« ändern Sie den Wert »Rasterlinie alle« in **0,25** Zoll. Klicken Sie auf OK. Dies ist eine Alternative zum Ziehen des Rasterzellen-Widgets.

14 Aktivieren Sie das Auswahl-Werkzeug (▶) und klicken Sie auf das mittelgraue Rechteck auf der linken Rasterebene. Versehen Sie es über das Steuerungsbedienfeld mit der Flächenfarbe »building face 1«. Wählen Sie das zweite Rechteck aus (die andere Seite desselben Gebäudes) und ändern Sie die Flächenfarbe im Steuerungsbedienfeld in »building face 2«.

15 Wählen Sie **Datei: Speichern**.

Nachdem sich das kopierte Rechteck an der richtigen Stelle befindet und auch die Rasterzellen korrekt dargestellt werden, kopieren Sie das Rechteck auf der linken Rasterebene, damit es zur linken Seite des neu kopierten Rechtecks wird. Anschließend verschieben Sie ein Objekt parallel zu seinem aktuellen Ort.

1 Wählen Sie im Werkzeugbedienfeld das Perspektivenauswahl-Werkzeug (▶) aus. Klicken Sie auf das rot gefärbte Rechteck auf der linken Rasterebene. Drücken Sie die Taste 5 und ziehen Sie das Rechteck etwas nach links. Geben Sie zuerst die Maus- und dann die Taste 5 frei.

Das Objekt wird parallel zu seinem aktuellen Ort verschoben.

2 Wählen Sie **Bearbeiten: Rückgängig: Perspektivenverschiebung**.

3 Bei aktiviertem Perspektivenauswahl-Werkzeug drücken Sie die Alt- sowie die 5-Taste. Ziehen Sie das Rechteck mit dem Perspektivenauswahl-Werkzeug nach rechts. Positionieren Sie es als linke Front des zweiten Gebäudes. Wenn es an der richtigen Stelle ist, lassen Sie die Maus- und die anderen Tasten los.

Das Objekt wird dupliziert und an der neuen Stelle abgelegt, ohne dass sich das Originalobjekt ändert.

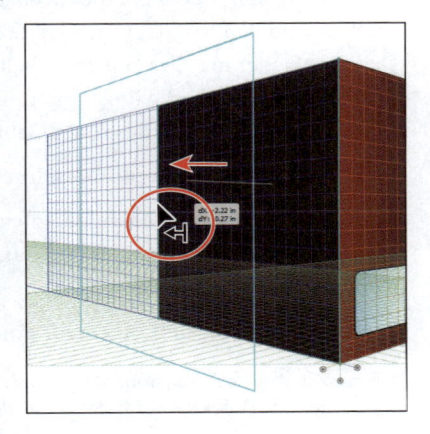

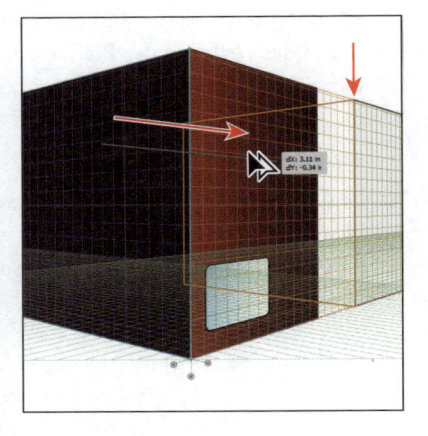

▶ **Tipp:** Würden Sie den Modus »Dahinter zeichnen« wählen, würden Sie das Rechteck kopieren und es hinter allen anderen Objekten platzieren.

4 Die neue Kopie ist noch ausgewählt. Wählen Sie **Objekt: Anordnen: In den Hintergrund**. Ändern Sie die Flächenfarbe des neuen Objekts im Steuerungsbedienfeld in Mittelgrau (C=0, M=0, Y=0, K=50).

Erzeugen Sie nun eine Kopie des abgerundeten, rechteckigen Fensters und ziehen Sie sie auf die linke Rasterebene des roten Gebäudes. Beim Ziehen drücken Sie ein Tastenkürzel zum Wechseln der Ebenen.

5 Wählen Sie mit dem Perspektivenauswahl-Rechteck das blaue Fenster auf der rechten Front des Gebäudes aus. Wählen Sie **Bearbeiten: Kopieren** und dann **Bearbeiten: Davor einfügen**.

● **Hinweis:** Sie müssen die 1 beim Ziehen möglicherweise mehrmals drücken.

6 Ziehen Sie mit dem Perspektivenauswahl-Werkzeug eine Kopie des abgerundeten Rechtecks nach links. Drücken Sie dabei die 1 und lassen Sie dann wieder los. Das Fenster schaltet auf die linke Rasterebene um. Ziehen Sie das Fenster in die linke untere Ecke des roten Rechtecks auf der linken Seite (die linke Seite des roten Gebäudes).

7 Wählen Sie **Bearbeiten: Ausschneiden**.

8 Erweitern Sie das Ebenenbedienfeld mit einem Klick auf sein Symbol (■). Hier sollte die Ebene »Left face« ausgewählt sein. Klicken Sie erneut auf das Ebenenbedienfeldsymbol, um das Bedienfeld wieder einzuklappen.

9 Wählen Sie **Bearbeiten: Davor einfügen**.

● **Hinweis:** Wenn das abgerundete Rechteck nicht über allen anderen Objekten angezeigt wird, wählen Sie **Objekt: Anordnen: In den Vordergrund**.

● **Hinweis:** Die Rastergröße bestimmt die Distanz, über die ein Objekt mit den Pfeiltasten verschoben wird.

10 Lassen Sie das abgerundete Rechteck ausgewählt und drücken Sie die Pfeiltaste nach rechts und dann die Pfeiltaste nach oben. Beachten Sie, dass durch das Drücken der Pfeiltasten eine Seite des abgerundeten Rechtecks am Perspektivenraster einrastet. Platzieren Sie das Fenster gemäß der Abbildung mit den Pfeiltasten in der unteren linken Ecke des roten Rechtecks.

11 Klicken Sie auf das ursprüngliche abgerundete Rechteck auf der rechten Rasterebene, sodass nur noch dieses Element ausgewählt ist. Positionieren Sie es mit den Pfeiltasten auf den gleichen Rasterlinien wie die Kopie (relativ gesehen). Die genaue Platzierung entnehmen Sie der Abbildung.

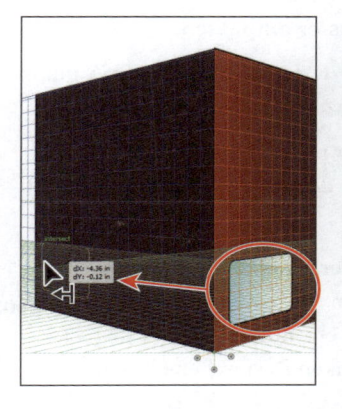

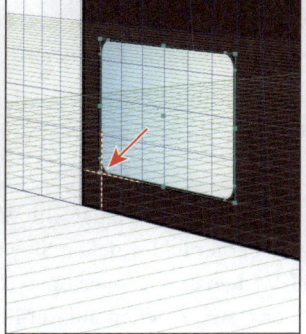

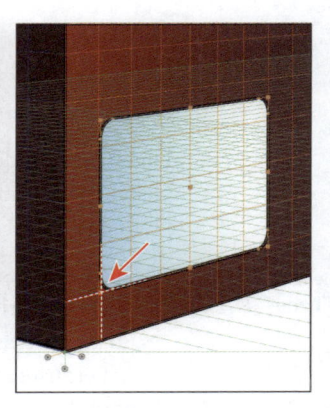

Rechteck kopieren und platzieren

Nutzen Sie die Pfeiltasten zum Platzieren des Rechtecks auf dem linken Raster.

Nutzen Sie die Pfeiltasten zum Platzieren des Rechtecks auf dem rechten Raster.

12 Drücken Sie Strg+Umschalt+I (Windows) oder Befehl+Umschalt+I (Mac OS), um das Perspektivenraster vorübergehend auszublenden.

13 Wählen Sie **Auswahl: Auswahl aufheben** und dann **Datei: Speichern**.

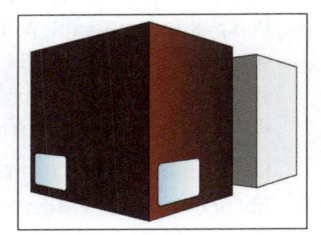

Der Perspektive Objekte zuweisen

Illustrator bietet eine Möglichkeit, bereits erstellte Objekte einer aktiven Ebene auf dem Perspektivenraster zuzuweisen. Sie fügen nun an eine der Seiten eines Gebäudes ein Schild für einen Coffee Shop an.

1 Wählen Sie **Ansicht: Perspektivenraster: Raster einblenden**.

2 Wählen Sie **Ansicht: Alle in Fenster einpassen**, um die beiden Zeichenflächen einzublenden.

3 Klicken Sie mit dem Auswahl-Werkzeug auf das Coffee-Zeichen auf der rechten Zeichenfläche. Ziehen Sie das Zeichen auf die rechte Seite des grauen, in der Perspektive erzeugten Gebäudes. Anschließend klicken Sie einmal in einen leeren Bereich auf der Hauptzeichenfläche mit dem Raster. Dies aktiviert die Zeichenfläche mit dem Perspektivenraster.

4 Wählen Sie **Ansicht: Zeichenfläche in Fenster einpassen**.

5 Drücken Sie zweimal Strg + + (Windows) bzw. Befehl+ + (Mac OS), um in das Perspektivenraster und die Grafik einzuzoomen.

Fügen Sie nun das ausgewählte Zeichen auf der rechten Seite des roten Gebäudes ein und stellen Sie es zusammen mit dem Rest der Grafik perspektivisch dar.

▶ **Tipp:** Sie können die aktive Ebene auch mittels eines Tastenkürzels auswählen: 1 = Linkes Raster, 2 = Horizontales Raster, 3 = Rechtes Raster und 4 = Kein aktives Raster.

6 Aktivieren Sie das Perspektivenauswahl-Werkzeug (▶) im Werkzeugbedienfeld. Klicken Sie im Ebenenwechsel-Widget auf »Linkes Raster(1)«, um sicherzustellen, dass das Zeichen auf der linken Rasterebene hinzugefügt wird.

● **Hinweis:** Dies ist ein wichtiger Schritt, der gern einmal vergessen wird!

7 Ziehen Sie das Zeichen mit dem Perspektivenauswahl-Werkzeug so, dass die Oberseite des Zeichens sich an der Oberseite der vertikalen Rasterausdehnung ausrichtet.

Die Grafik wird in das im Ebenenwechsel-Widget ausgewählten Raster eingefügt.

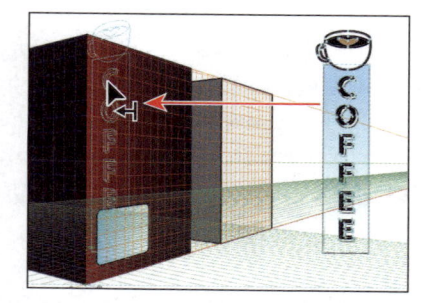

▶ **Tipp:** Anstatt das Objekt zu ziehen, können Sie es auch mit dem Perspektivenauswahl-Werkzeug auswählen, die passende Ebene mit dem Ebenenwechsel-Widget festlegen und dann **Objekt: Perspektive: Aktiver Ebene anhängen** wählen.

● **Hinweis:** Das Kaffeezeichen besteht aus einer Gruppe von Objekten. Man kann auch ein einzelnes Objekt zum Perspektivenraster hinzufügen.

8 Lassen Sie das Zeichen ausgewählt und wählen Sie **Bearbeiten: Ausschneiden**.

9 Klicken Sie auf der rechten Seite des Arbeitsbereichs auf das Ebenenbedienfeldsymbol (●), um das Ebenenbedienfeld auszuklappen. Wählen Sie die Ebene »Right face« aus. Wählen Sie **Bearbeiten: An Originalposition einfügen** aus. Dadurch wird das Zeichen auf der Ebene »Right face« eingefügt.

348 LEKTION 9 Mit perspektivischen Zeichnungen arbeiten

10 Klicken Sie auf das Symbol des Ebenenbedienfelds, um dieses wieder einzuklappen.

Sie werden nun das der linken Rasterebene zugewiesene Kaffeezeichen parallel verschieben, damit es auf die rechte Seite des Gebäudes gelangt.

11 Drücken Sie die 5 und ziehen Sie das Kaffeezeichen mit dem Perspektivenauswahl-Werkzeug gemäß der Abbildung, bis es die rechte Seite des roten Rechtecks erreicht hat. Lassen Sie die Maus- und dann die 5-Taste wieder los.

12 Bei aktiviertem Perspektivenauswahl-Werkzeug drücken Sie die Umschalt-Taste und ziehen Sie den Punkt in der unteren Mitte des Zeichens nach oben, um es zu verkleinern. Wenn Sie eine Höhe von 2,4 oder 2,5 Zoll erreicht haben, geben Sie die Maus- und die Umschalt-Taste frei.

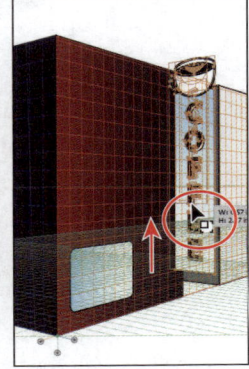

Zeichen in Position ziehen   Zeichen skalieren

● **Hinweis:** Falls der Abstand des Schilds vom Gebäude nach der Verkleinerung nicht mehr stimmt, verschieben Sie es mit dem Perspektivenauswahl-Werkzeug.

13 Wählen Sie **Auswahl: Auswahl aufheben** und dann **Datei: Speichern**.

Ebenen und Objekte zusammen bearbeiten

Perspektivische Ebenen lassen sich vor oder nach dem Hinzufügen von Grafiken bearbeiten. Wie Sie gesehen haben, können Sie Objekte durch Ziehen parallel verschieben. Alternativ verschieben Sie die Rasterebene mit den entsprechenden Steuerelementen.

Sie werden nun die Rasterebenen und die Grafiken bearbeiten.

14 Ziehen Sie mit dem Perspektivenauswahl-Werkzeug ( ) das Steuerelement der rechten Rasterebene nach rechts, bis die Messbeschriftung ungefähr D:1 anzeigt (siehe Abbildung). Damit verschieben Sie die rechte Rasterebene, aber nicht die Objekte darauf.

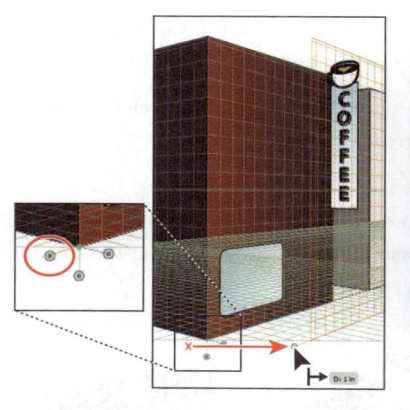

15 Wählen Sie **Bearbeiten: Rückgängig: Perspektivenraster bearbeiten**, um die Rasterebene in ihre Ausgangsposition zurückzubringen.

16 Bei weiterhin ausgewähltem **Perspektivenauswahl-Werkzeug** drücken Sie die Umschalt-Taste und ziehen Sie das Steuerelement der rechten Rasterebene mit dem Perspektivenauswahl-Werkzeug nach rechts, bis das Maß etwa 1 Zoll zeigt. Lassen Sie die Maus- und dann die Umschalt-Taste los.

Die Umschalt-Taste verschiebt die Rasterebene und die Grafik auf dem Raster senkrecht zu ihren Originalpositionen.

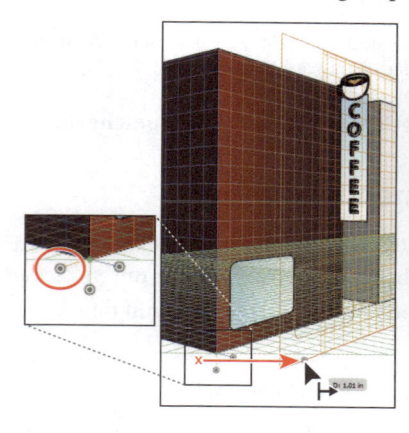

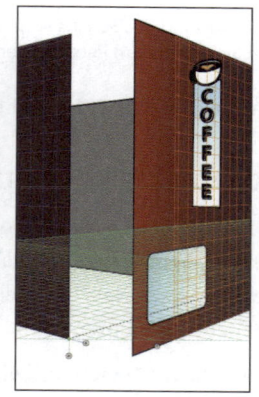

▶ **Tipp:** Wenn Sie ein oder mehrere Objekte auf der aktiven Rasterebene auswählen und dann das Steuerelement der Rasterebene ziehen, während Sie die Umschalt-Taste gedrückt halten, verschieben sich nur die ausgewählten Objekte mit der Rasterebene.

▶ **Tipp:** Ziehen Sie das Steuerelement einer Rasterebene, während Sie Umschalt + Alt gedrückt halten, dann ziehen Sie eine Kopie der Objekte mit der Rasterebene.

Das Ziehen des Steuerelements einer Rasterebene ist nicht sehr präzise. Genauer arbeiten Sie, wenn Sie Werte eingeben, um das Steuerelement zu verschieben.

17 Doppelklicken Sie auf das gerade verschobene Steuerelement. Im Dialogfeld geben Sie »0,5 Zoll« für »Pfad« ein und wählen Sie dann **Alle Objekte verschieben** aus. Klicken Sie auf OK.

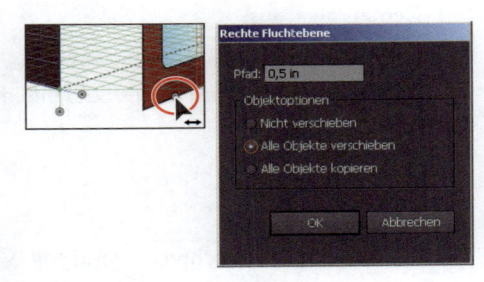

Im Dialogfeld »Rechte Fluchtebene« gibt Ihnen die Option »Nicht verschieben« die Möglichkeit, die Rasterebene zu verschieben, die Objekte hingegen nicht. Mit »Alle Objekte kopieren« verschieben Sie die Rasterebene und bringen eine Kopie der Objekte auf der Ebene mit.

Der Pfad beginnt bei 0, dem Bezugspunkt. Der Bezugspunkt wird durch die kleine grüne Raute über dem Steuerelement für das horizontale Raster gekennzeichnet.

Sie werden die linke Rasterebene nun auf die gleiche Weise verschieben.

18 Doppelklicken Sie auf das Steuerelement der linken Rasterebene. Ändern Sie den Pfad im Dialogfeld auf −0,4 Zoll und wählen Sie dann »Alle Objekte verschieben« aus. Klicken Sie auf OK.

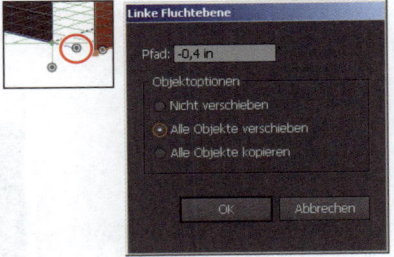

Die Rasterebenen verschieben sich nach rechts, wenn Sie einen positiven Wert eingeben, bei einem negativen Wert nach links.

Nun befinden sich die Rasterebenen und Objekte an den erforderlichen Stellen, abgesehen vom Kaffeeschild und der linken Seite des zweiten, grauen Gebäudes, die Sie später verschieben. Sie fügen nun dem roten Gebäude ein Rechteck hinzu, um die Lücke links zu füllen, wenn Sie die Ebenen verschoben haben.

19 Erweitern Sie das Ebenenbedienfeld durch einen Klick auf sein Symbol (■) auf der rechten Seite des Arbeitsbereichs. Wählen Sie die Ebene »Center face« aus.

20 Klicken Sie auf das Bedienfeldsymbol des Ebenenbedienfelds, um dieses Bedienfeld wieder zu schließen.

21 Aktivieren Sie das Rechteck-Werkzeug (■) in derselben Gruppe wie das Abgerundetes-Rechteck-Werkzeug (■) im Werkzeugbedienfeld. Klicken Sie im Ebenenwechsel-Widget auf »Kein aktives Raster (4)«.

Dies erlaubt es Ihnen, ohne Perspektive zu zeichnen.

22 Beginnen Sie in der oberen rechten Ecke des roten Rechtecks auf der linken Rasterebene. Ziehen Sie nach rechts unten zur linken unteren Ecke des roten Rechtecks auf der rechten Rasterebene (siehe Abbildung unten).

● **Hinweis:** Die Ecken der Rechtecke müssen nicht perfekt ausgerichtet sein. Soll dies der Fall sein, können Sie das Perspektivenauswahl-Werkzeug aktivieren und die einzelnen Rechtecke auswählen. Wenn die intelligenten Hilfslinien aktiviert sind, richten sich die Eckpunkte aneinander aus.

23 Bei weiterhin ausgewähltem Rechteck ändern Sie die Flächenfarbe im Steuerungsbedienfeld auf »building corner«.

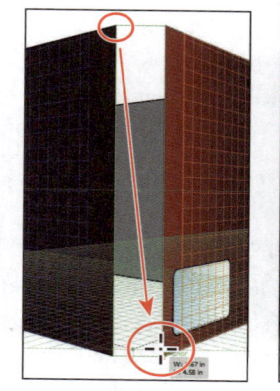

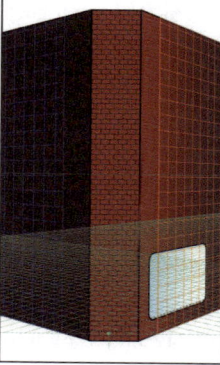

24 Wählen Sie **Auswahl: Auswahl aufheben**, dann **Datei: Speichern**.

Nachdem das rote Gebäude Form angenommen hat, platzieren Sie das Kaffeezeichen neu und zeichnen einige Rechtecke, um das Zeichen an die Front des Gebäudes anzuhängen. Dazu müssen Sie die Rasterebene entsprechend verschieben.

1   Aktivieren Sie das Perspektivenauswahl-Werkzeug () im Werkzeugbedienfeld. Wählen Sie das Kaffeezeichen aus. Wählen Sie **Objekt: Perspektive: Ebene an Objekt ausrichten**.

Die linke Rasterebene wird dadurch so verschoben, dass sie der Perspektive des Zeichens entspricht. So können Sie auf der gleichen Ebene wie das Kaffeeschild zeichnen oder weiteren Inhalt hinzufügen.

2   Wählen Sie **Auswahl: Auswahl aufheben**. Ziehen Sie mit dem Zoomwerkzeug () eine Auswahl um das Kaffeezeichen, um einzuzoomen.

3   Klicken Sie im Ebenenwechsel-Widget auf »Linkes Raster« und aktivieren Sie das Rechteck-Werkzeug im Werkzeugbedienfeld.

Sie zeichnen nun einige Rechtecke zwischen das Zeichen und das Gebäude, um das Zeichen am Gebäude zu befestigen.

● **Hinweis:** Würden Sie das Kaffeeschild einfach mit dem Perspektivenauswahl-Werkzeug in der Perspektive verschieben, müssten Sie die Rasterebene nicht bewegen.

4   Ziehen Sie von der linken Seite des Kaffeezeichens nach links unten, um ein kleines Rechteck herzustellen (siehe linker Teil der Abbildung unten). Dies ist einer der Befestigungspunkte für das Schild.

5   Lassen Sie das Rechteck ausgewählt und ändern Sie die Flächenfarbe für das Rechteck im Steuerungsbedienfeld auf »light blue«.

6   Aktivieren Sie im Werkzeugbedienfeld das Perspektivenauswahl-Werkzeug (). Drücken Sie Umschalt + Alt und ziehen Sie das neue Rechteck nach unten, um eine Kopie im unteren Teil des Zeichens zu erzeugen. Lassen Sie die Maustaste und die anderen Tasten los und zoomen Sie eventuell weiter ein.

7   Bei weiterhin ausgewählter Rechteckkopie klicken Sie mit gedrückter Umschalt-Taste auf das erste gezeichnete Rechteck sowie auf das Kaffeezeichen und wählen Sie **Objekt: Gruppieren**.

8   Wählen Sie **Ansicht: Intelligente Hilfslinien**, um diese auszuschalten.

9   Ziehen Sie das gruppierte Schild bei gedrückter Umschalt-Taste nach rechts, damit es aussieht, als wäre das Schild am Gebäude befestigt. Die Position Ihres Schilds muss nicht exakt mit der Abbildung übereinstimmen.

▶ **Tipp:** Auf perspektivische Objekte können auch Effekte angewandt werden. Sie könnten z. B. auf die Kaffeezeichengruppe einen »3D-Extrudieren«-Effekt anwenden (**Effekt: 3D: Extrudieren und Abgeflachte Kante**).

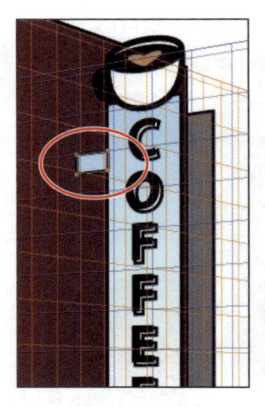

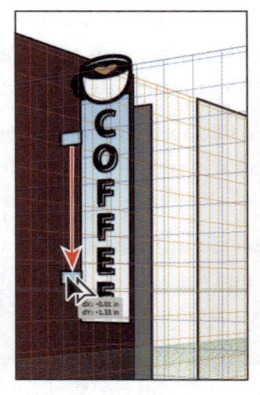

10 Wählen Sie **Ansicht: Zeichenfläche in Fenster einpassen**.

11 Klicken Sie mit dem Perspektivenauswahl-Werkzeug auf das rote Rechteck, das die linke Seite des Gebäudes darstellt. Wählen Sie **Objekt: Perspektive: Ebene an Objekt ausrichten**.

12 Wählen Sie **Auswahl: Auswahl aufheben**.

Verschieben Sie nun das mittelgraue Rechteck, das den linken Teil des zweiten Gebäudes repräsentiert, an die richtige Stelle.

13 Drücken Sie zweimal Strg + + (Windows) bzw. Befehl + + (Mac OS), um in das Perspektivenraster und die Grafik einzuzoomen.

14 Wählen Sie **Ansicht: Intelligente Hilfslinien**, um diese wieder einzuschalten.

15 Klicken Sie mit dem Perspektivenauswahl-Werkzeug auf das mittelgraue Rechteck hinter dem Kaffeeschild (siehe Abbildung unten).

● **Hinweis:** Falls es schwierig ist, das mittelgraue Rechteck hinter dem Kaffeezeichen auszuwählen, könnten Sie **Ansicht: Pfadansicht** wählen, es an einer Kante auswählen und wieder auf **Ansicht: Vorschau** wechseln.

16 Drücken Sie die Umschalt-Taste und setzen Sie den Zeiger über den unteren rechten Eckpunkt des mittelgrauen Rechtecks. Lassen Sie die Umschalt-Taste wieder los.

Die linke Rasterebene wurde temporär an dem mittelgrauen Rechteck ausgerichtet, was bedeutet, dass Sie auf dieser Ebene zeichnen oder Inhalte hinzufügen können. Sie können den Zeiger bei gedrückter Umschalt-Taste auch über einen der anderen Eckpunkte setzen, um diese Aktion zu wiederholen.

▶ **Tipp:** Um die linke Rasterebene auf die Front des Gebäudes zurückzubringen, können Sie auch das Steuerelement der linken Rasterebene doppelt anklicken, Pfad auf –0,4 Zoll ändern, **Nicht verschieben** wählen und dann OK klicken.

● **Hinweis:** Damit Sie die Ebene automatisch mithilfe der Umschalt-Taste ausrichten können, müssen die intelligenten Hilfslinien aktiviert sein (**Ansicht: Intelligente Hilfslinien**).

17 Ziehen Sie den rechten mittleren Punkt auf dem mittelgrauen Rechteck nach rechts, damit er an der Kante des hellgrauen Rechtecks ausgerichtet wird.

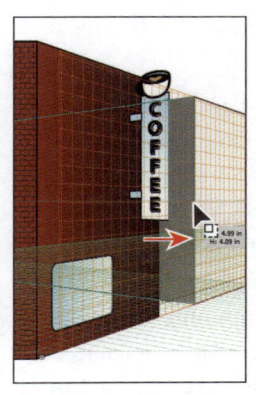

● **Hinweis:** Sie müssen die Rasterebene nicht positionieren, um die Größe oder Position eines perspektivischen Objekts mit dem Perspektivenauswahl-Werkzeug zu ändern.

Nach dem Ziehen des Rechtecks sehen Sie, dass die linke Rasterebene in ihre Originalposition zurückkehrt. Dies ist eine Möglichkeit, um eine Rasterebene zeitweise anders zu positionieren.

18 Wählen Sie **Auswahl: Auswahl aufheben** und dann **Datei: Speichern**.

Automatische Ebenenpositionierung

Mithilfe der Optionen für die automatische Positionierung der Ebenen können Sie die aktive Ebene vorübergehend verschieben, wenn Sie den Mauszeiger über den Anker- oder Rasterlinienschnittpunkt bewegen und die Umschalt-Taste drücken.

Die Optionen für die automatische Positionierung der Ebenen sind im Dialogfeld für Perspektivenrasteroptionen verfügbar. Um diesen Dialog anzuzeigen, doppelklicken Sie auf das Perspektivenraster-Werkzeug (🔲) oder das Perspektivenauswahl-Werkzeug (▶) im Werkzeugbedienfeld.

– Aus der Illustrator-Hilfe

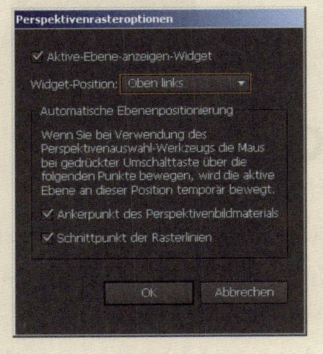

Perspektivischen Text hinzufügen und bearbeiten

Es ist nicht möglich, Text direkt auf eine Perspektivenebene zu bringen, wenn das Raster sichtbar ist. Sie können ihn jedoch in die Perspektive bringen, nachdem Sie ihn normal erzeugt haben. Sie fügen jetzt über einem der Fenster ein weiteres Schild hinzu.

● **Hinweis:** Möchten sie in Ihre Grafik einzoomen, drücken Sie zweimal Strg++ (Windows) oder Befehl++ (Mac OS).

1 Klicken Sie auf das Symbol des Ebenenbedienfelds (), um es auszuklappen. Im Ebenenbedienfeld wählen Sie die Ebene »Left face« aus. Klappen Sie das Ebenenbedienfeld wieder zu. Klicken Sie erneut auf das Ebenenbedienfeldsymbol, um es wieder einzuklappen.

2 Aktivieren Sie im Werkzeugbedienfeld das Text-Werkzeug (**T**). Klicken Sie in einen leeren Bereich der Zeichenfläche und geben Sie **Coffee** ein.

● **Hinweis:** Falls Sie die Optionen zur Schriftformatierung im Steuerungsbedienfeld nicht sehen, klicken Sie auf das Wort »Zeichen« im Bedienfeld, um das Zeichenbedienfeld zu öffnen.

3 Wählen Sie den Text mit dem Text-Werkzeug aus und wählen Sie im Steuerungsbedienfeld die Schrift »Myriad Pro«, Schriftgröße »48 pt«, Schriftstil »Bold«.

4 Aktivieren Sie das Perspektivenauswahl-Werkzeug (). Drücken Sie die 1, um das linke Raster auszuwählen, und ziehen Sie den Text dann über das Fenster mit den abgerundeten Ecken auf der linken Wand.

Als Nächstes bearbeiten Sie den Text, während er sich in Perspektive befindet.

▶ **Tipp:** Sie können den Isolationsmodus zum Bearbeiten von Text auch starten, indem Sie auf das **Text bearbeiten**-Symbol () im Steuerungsbedienfeld klicken.

5 Doppelklicken Sie mit dem Perspektivenauswahl-Werkzeug auf das ausgewählte Textobjekt.

Dadurch wird der Isolationsmodus gestartet, der es Ihnen erlaubt, den Text anstelle des perspektivischen Objekts zu bearbeiten.

6 Im Isolationsmodus ist automatisch das Text-Werkzeug (**T**) ausgewählt. Setzen Sie den Cursor hinter das Wort »Coffee«, drücken Sie die Leertaste und geben Sie »Shop« ein. Drücken Sie zweimal Escape, um

den Isolationsmodus zu verlassen und zum perspektivischen Objekt zurückzukehren.

▶ **Tipp:** Um den Isolationsmodus zu verlassen, können Sie auch zweimal auf den grauen Pfeil klicken, der unter dem Dokumentreiter oben im Dokumentenfenster zu sehen ist.

7   Bei aktiviertem Perspektivenauswahl-Werkzeug drücken Sie die Umschalt-Taste und ziehen die obere rechte Ecke des Textobjekts nach oben und rechts, um es etwas zu vergrößern. Lassen Sie die Maustaste und die Umschalt-Taste wieder los. Das Textobjekt sollte nicht breiter sein als die linke Gebäudeseite.

Den Text »Coffee« bearbeiten 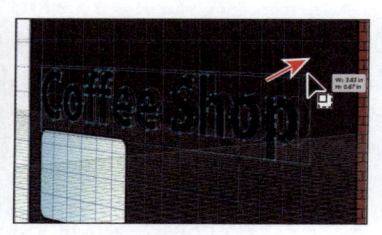   Die Textgröße ändern

8   Klicken Sie auf das Symbol des Grafikstilebedienfelds (▦) auf der rechten Seite der Arbeitsfläche. Klicken Sie im Grafikstilebedienfeld bei ausgewähltem Textobjekt auf den Grafikstil »Text«. Klappen Sie das Grafikstilebedienfeld wieder zu.

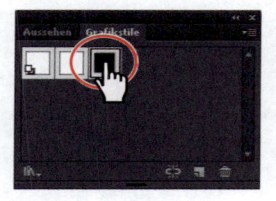

● **Hinweis:** Mehr über das Arbeiten mit Grafikstilen erfahren Sie in Lektion 13, »Aussehen-Attribute und Grafikstile anwenden«.

Damit wenden Sie einen 3D-Extrudieren-Effekt sowie Konturen, Füllungen und einen Schlagschatten auf das Textobjekt an. Sie können perspektivischem Text viele Arten von Effekten, Konturen, Füllungen usw. zuweisen.

9   Wählen Sie **Ansicht: Zeichenfläche in Fenster einpassen**.

10 Drücken Sie Strg+Umschalt+I (Windows) bzw. Befehl+Umschalt+I (Mac OS), um das Perspektivenraster zeitweise auszublenden.

11 Wählen Sie **Auswahl: Auswahl aufheben** und dann **Datei: Speichern**.

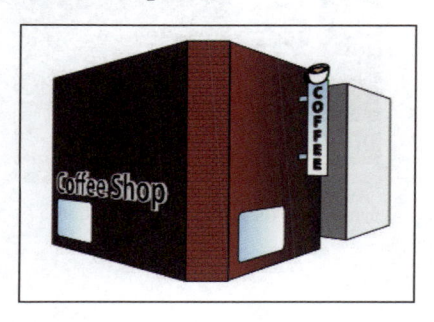

Symbole in der Perspektive nutzen

● **Hinweis:** Mehr über Symbole erfahren Sie in Lektion 14, »Mit Symbolen arbeiten«.

Das Hinzufügen von Symbolen zu einer Perspektivenebene stellt eine tolle Möglichkeit dar, sich wiederholende Objekte, wie z. B. Fenster, zu erzeugen. Genau wie Text können Sie Symbole perspektivisch darstellen, nachdem Sie sie im normalen Modus erstellt haben. Sie fügen dem roten Gebäude nun ein bereits vorbereitetes Fenstersymbol hinzu.

Symbole zum Perspektivenraster hinzufügen

1 Drücken Sie Strg+Umschalt+I (Windows) bzw. Befehl+Umschalt+I (Mac OS), um das Perspektivenraster einzublenden, und drücken Sie dann zweimal Strg+ + bzw. Befehl++ (Mac OS), um einzuzoomen.

2 Aktivieren Sie das Perspektivenauswahl-Werkzeug (▶) und klicken Sie auf die linke Seite des roten Gebäudes auf der linken Rasterebene (der Seite mit dem Text).

Hängen Sie nun ein Fenster an die linke Rasterebene an und setzen es auf die Ebene »Left face«.

3 Klicken Sie auf das Symbol des Symbolebedienfelds ( ) auf der rechten Seite des Arbeitsbereichs, um es aufzuklappen. Ziehen Sie das Symbol »window1« aus dem Symbolebedienfeld auf die linke Front des roten Gebäudes. Sie sehen, dass es sich nicht in der Perspektive befindet.

4 Ziehen Sie das Fenster mit dem Perspektivenauswahl-Werkzeug über den Text »Coffee Shop«, um es an die linke Rasterebene anzuhängen. Ziehen Sie es dann nach oben links auf die linken Seite des roten Gebäudes. Richten Sie es am Raster aus.

● **Hinweis:** Das Fenster muss sich dicht an der Oberkante des Gebäudes befinden, weil Sie darunter eine weitere Fensterreihe hinzufügen werden (siehe Abbildung).

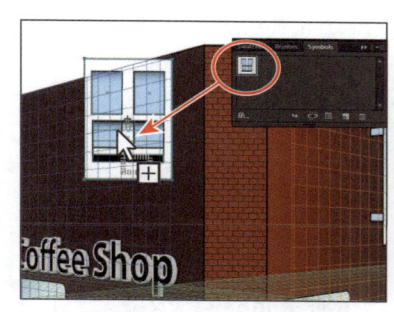

Symbol auf die Zeichenfläche ziehen

Symbol in Perspektive ziehen

Perspektivische Symbole transformieren

1. Doppelklicken Sie mit dem Perspektivenauswahl-Werkzeug (▶️) auf das Fenster in der linken Rasterebene. Ein Meldungsfenster teilt Ihnen mit, dass Sie dabei sind, die Symboldefinition zu bearbeiten. Falls Sie also den Inhalt bearbeiten, ändern sich alle Fenster-Symbole auf der Zeichenfläche, die sogenannten Instanzen. Klicken Sie auf OK.

2. Aktivieren Sie das Auswahl-Werkzeug (▶) im Werkzeugbedienfeld. Wählen Sie **Auswahl: Alles auf der aktiven Zeichenfläche**. Drücken Sie die Umschalt-Taste und ziehen Sie die linke untere Ecke des Fensters nach links oben, um es zu verkleinern. Lassen Sie die Maus- und die Umschalt-Taste bei einer Breite von etwa 0,6 Zoll los.

3. Drücken Sie Escape zum Beenden des Isolationsmodus. Das Fenster ist nun kleiner.

> **Hinweis:** Um ein Symbol zu bearbeiten, das mit dem Perspektivenraster verbunden ist, können Sie auch das Symbol auswählen und dann im Steuerungsbedienfeld auf die Schaltfläche »Symbol bearbeiten« (🔲) klicken.

Das Fenster auf dem Raster muss an der abgerundeten Fensterform unten an der Gebäudefront ausgerichtet werden. Dazu verschieben Sie den Ursprung des Rasters. Dabei werden die X- und Y-Koordinaten der horizontalen Ebene und die X-Koordinate der vertikalen Ebenen beeinflusst. Wenn Sie ein perspektivisches Objekt auswählen, während das Raster sichtbar ist, ändern sich die X- und Y-Koordinaten, die in den Transformieren- und Infobedienfeldern angezeigt werden, mit der Verschiebung des Ursprungs.

4. Aktivieren Sie das Perspektivenauswahl-Werkzeug (▶️) im Werkzeugbedienfeld. Mit einem Klick wählen Sie das abgerundete Fenster an der linken Seite des roten Gebäudes unter dem Coffee Shop-Text aus. Öffnen Sie das Transformierenbedienfeld mit **Fenster: Transformieren**. Achten Sie auf die X- und Y-Maße.

5. Wählen Sie das Perspektivenraster-Werkzeug (🏛) im Werkzeugbedienfeld aus. Setzen Sie den Zeiger über den Ursprungspunkt unten in der mittleren Ziegelfront des roten Gebäudes. Der Cursor (▶️) zeigt einen kleinen Kreis neben dem Zeiger. Ziehen Sie den Ursprungspunkt auf die untere linke Ecke des roten Rechtecks auf der linken Rasterebene. Er rastet etwas links vom unteren linken Punkt des Rechtecks ein. Das macht nichts aus.

> **Tipp:** Sie können Lineale im Perspektivenraster anzeigen, indem Sie **Ansicht: Perspektivenraster: Lineale einblenden** wählen. Dies zeigt an jeder Rasterebene ein Lineal mit derselben Maßeinheit wie im »Raster Definieren«-Dialog.

Damit setzen Sie den 0,0-Punkt für die X- und Y-Koordinaten der horizontalen und die X-Koordinate der vertikalen Ebenen auf diesen neuen Ursprung.

6   Aktivieren Sie das Perspektivenauswahl-Werkzeug im Werkzeugbedienfeld. Wählen Sie das abgerundete Fenster aus und klicken Sie dann auf den unteren linken Referenzpunkt im Transformierenbedienfeld (▦). Ändern Sie den X-Wert auf 0,3 Zoll.

● **Hinweis:** Um den Ursprungspunkt zurückzusetzen, können Sie das Perspektivenraster-Werkzeug auswählen und auf den Ursprungspunkt doppelklicken.

7   Wählen Sie das Fenster über dem abgerundeten Fenster aus und ändern Sie den X-Wert auf 0,3 Zoll. Damit richten Sie die linke Kante beider Objekte mit dem definierten Abstand vom Ursprung aus. Es macht nichts aus, wenn die Y-Position bei Ihnen von der Abbildung abweicht.

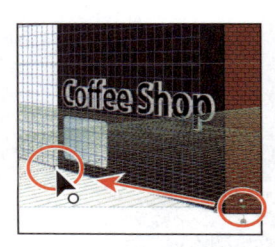

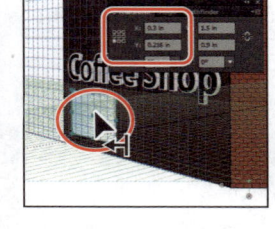

Ursprungspunkt ziehen   Fenster neu positionieren   Das andere Fenster neu positionieren

8   Schließen Sie das Transformierenbedienfeld.

● **Hinweis:** Wenn Sie mit gedrückter Umschalt-Taste auf das (die) Fenster klicken, kann es passieren, dass Sie es (sie) versehentlich verschieben. Wählen Sie in diesem Fall **Bearbeiten: Rückgängig: Perspektivenverschiebung** und probieren Sie es noch einmal.

9   Drücken Sie Umschalt-Alt und ziehen Sie das Fenster nach rechts, bis die Messbeschriftung etwa 1 Zoll für dX anzeigt. Lassen Sie erst die Maustaste und dann die anderen Tasten los. Dies erzeugt eine Kopie des Fensters in der Perspektive.

10 Wählen Sie **Objekt: Transformieren: Erneut transformieren**, um die Transformation zu wiederholen. Drücken Sie einmal Strg+D (Windows) bzw. Befehl+D (Mac OS), um die Transformation noch einmal zu wiederholen. Die Kopien sind in Perspektive.

11 Klicken Sie mit aktiviertem Perspektivenauswahl-Werkzeug und gedrückter Umschalt-Taste auf die drei Fenster in der Reihe, um sie alle auszuwählen.

12 Drücken Sie Umschalt+Alt und ziehen Sie die ausgewählten Fenster nach unten bis über den Text »Coffee Shop«. Lassen Sie erst die Maustaste und dann die anderen Tasten los. Sie erhalten eine Kopie der Fenster, sodass Sie jetzt acht Fenster haben.

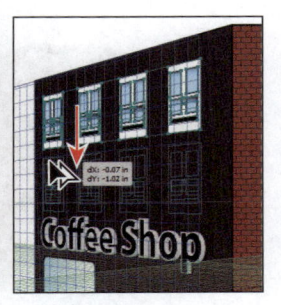

Eine Kopie des Fensters ziehen   Transformation wiederholen   Eine Kopie der Fenster ziehen

13 Wählen Sie **Auswahl: Auswahl aufheben**.

14 Ziehen Sie mit dem Perspektivenauswahl-Werkzeug, beginnend über der linken Seite des roten Gebäudes, eine Auswahl über die vier Fenster über dem Wort »Shop«. Klicken Sie mit gedrückter Umschalt-Taste auf das rote Rechteck links, um die Auswahl aufzuheben.

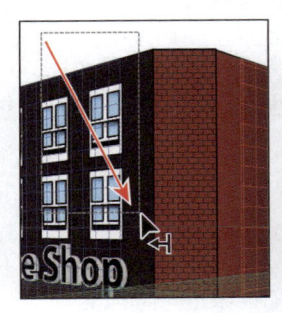

Ziehen, um die Fenster auszuwählen   Umschalt-klicken, um die Auswahl aufzuheben

Der nächste Schritt verlangt mehrere Tastaturbefehle in exakter Reihenfolge – lesen Sie deshalb sorgfältig.

15 Ziehen Sie die vier ausgewählten Fenster nach rechts. Geben Sie die Maustaste noch nicht wieder frei. Drücken Sie die 3, um zur rechten Rasterebene umzuschalten. Drücken Sie die Alt-Taste und ziehen Sie das Fenster näher an die obere linke Ecke der rechten Seite des roten Gebäudes. Versuchen Sie, die linken Kanten der Fenster am abgerundeten Rechteck auf der rechten Rasterebene auszurichten. Wenn sie richtig positioniert sind, geben Sie zuerst die Maus- und dann die Alt-Taste los. Lassen Sie das Fenster ausgewählt.

Die kopierten Fenster liegen auf einer anderen Ebene unter dem Rechteck auf der rechten Seite des Gebäudes. Sie müssen sie nun auf die gleiche Ebene verschieben.

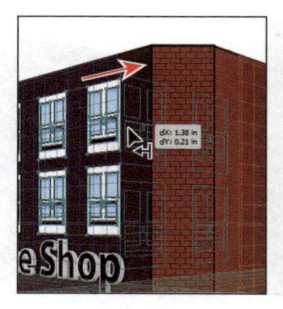

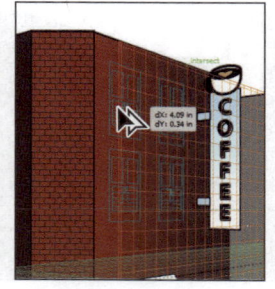

Ziehen und Ebenen wechseln   Ziehen einer Kopie der Fenster

16 Wählen Sie **Bearbeiten: Ausschneiden**.

17 Klicken Sie rechts im Arbeitsbereich auf das Symbol ( ) des Ebenenbedienfelds, um es aufzuklappen. Wählen Sie die Ebene »Right face« aus.

18 Wählen Sie **Bearbeiten: An Originalposition einfügen**.

Sie können die ausgewählten Fenster mit dem Pfeiltasten richtig positionieren.

19 Wählen Sie **Auswahl: Auswahl aufheben**.

20 Wählen Sie **Ansicht: Zeichenfläche in Fenster einpassen** und dann **Datei: Speichern**.

Inhalt aus der Perspektive lösen

Manchmal möchte man momentan perspektivisch dargestellte Objekte anderswo benutzen oder ein Objekt aus einer Rasterebene lösen. Illustrator erlaubt es Ihnen, ein Objekt aus der dazugehörenden Perspektivenebene freizugeben und als normale Grafik zur Verfügung zu stellen. Sie werden das jetzt ebenfalls tun.

1 Klicken Sie mit dem Perspektivenauswahl-Werkzeug ( ) auf den Coffee Shop-Text auf der linken Seite des roten Gebäudes.

2 Wählen Sie **Objekt: Perspektive: Aus Perspektive freigeben**.

3 Wählen Sie **Auswahl: Auswahl aufheben**.

4 Ziehen Sie mit dem Perspektivenauswahl-Werkzeug und gedrückter Umschalt-Taste das Steuerelement der linken Rasterebene nach links, bis ein Abstand von etwa –1 Zoll als Maß angezeigt wird. Lassen Sie die Maus- und dann die andere Taste los. Der Coffee Shop-Text verschiebt sich nicht mit dem Raster, da er aus dem Raster gelöst wurde.

5   Wählen Sie **Bearbeiten: Rückgängig: Perspektivenraster bearbeiten** und dann **Bearbeiten: Rückgängig: Aus Perspektive freigeben**.

6   Klicken Sie im Ebenenbedienfeld auf die Sichtbarkeitsspalte links neben der Hintergrundebene, um sie einzublenden.

7   Wählen Sie **Auswahl: Auswahl aufheben** und dann **Datei: Speichern**.

● **Hinweis:** In der Abbildung ist das Raster nicht zu sehen; in Ihrem Dokument wird es aber noch angezeigt.

Mit der horizontalen Ebene arbeiten

1   Klicken Sie im Ebenenbedienfeld auf die horizontale Ebene, um sie auszuwählen.

2   Aktivieren Sie das Rechteck-Werkzeug (■) und drücken Sie die Taste 2, um das horizontale Raster auszuwählen. Zeigen Sie mit der Maus etwa einen Zoll unter die Unterkante der Ziegelfront des Gebäudes. Ziehen Sie nach oben zur Horizontlinie und geben Sie die Maustaste frei. Dies soll ein Gehsteig werden.

3   Für die Flächenfarbe des Gehsteigrechtecks wählen Sie im Steuerungsbedienfeld ein Grau.

4   Wählen Sie die Ebene »Left face« im Ebenenbedienfeld mit einem Klick aus.

5   Aktivieren Sie das Rechteck-Werkzeug (■) und vergewissern Sie sich, dass das linke Raster im Widget ausgewählt ist. Erzeugen Sie eine Tür für das rote Gebäude auf der linken Rasterebene.

6   Wählen Sie **Datei: Speichern** und dann **Datei: Schließen**.

Fragen

1 Es gibt drei vorgegebene Flächenraster. Beschreiben Sie kurz die jeweiligen Einsatzgebiete.

2 Wie können Sie das Perspektivenraster ein- oder ausblenden?

3 Was muss vor dem Zeichnen von Inhalt auf eine Rasterebene getan werden, damit das Objekt auf der richtigen Rasterebene angelegt wird?

4 Beschreiben Sie die Schritte, die zum Verschieben von Inhalten zwischen Rasterebenen nötig sind.

5 Welche Aktion wird durch den Doppelklick auf eine Rasterebene ermöglicht?

6 Wie verschieben Sie ein Objekt senkrecht zum Raster?

Antworten

1. Eine Einpunktperspektive eignet sich für Straßen, Eisenbahngleise oder Gebäude, deren Front dem Betrachter direkt gegenübersteht. Die Zweipunktperspektive eignet sich zum Zeichnen eines Würfels, wie etwa eines Gebäudes, oder von zwei Straßen, die in der Ferne verschwinden. Üblicherweise gibt es zwei Fluchtpunkte. Die Dreipunktperspektive wird meist für Gebäude benutzt, die von oben oder unten gesehen werden. Neben den Fluchtpunkten für die einzelnen Wände gibt es einen Fluchtpunkt, der zeigt, wie diese Wände im Boden oder im Himmel verschwinden.

2. Sie können das Perspektivenraster aus- oder einblenden, indem Sie das Perspektivenraster-Werkzeug ( ) im Werkzeugbedienfeld auswählen, indem Sie **Ansicht: Perspektivenraster: Raster einblenden** bzw. **ausblenden** wählen oder indem Sie Strg+Umschalt+I (Windows) bzw. Befehl+Umschalt+I (Mac OS) drücken. Die richtige Rasterebene muss im Ebenenwechsel-Widget ausgewählt werden, wofür sich die folgenden Tastenkürzel anbieten: Linkes Raster (1), Horizontales Raster (2), Rechtes Raster (3) oder Kein aktives Raster (4) oder indem man Inhalt auf dem gewünschten Raster mit dem Perspektivenauswahl-Werkzeug ( ) auswählt.

3. Ziehen Sie die ausgewählten Objekte, ohne die Maustaste loszulassen. Drücken Sie 1, 2, 3 oder 4 (je nachdem, auf welchem Raster Sie das oder die Objekte anhängen wollen), um zur gewünschten Rasterebene zu wechseln.

4. Ein Doppelklick auf das Steuerelement einer Rasterebene erlaubt es Ihnen, die Ebene zu verschieben. Sie können angeben, ob Sie den Inhalt, der mit der Ebene verknüpft ist, verschieben wollen, und ob Sie den Inhalt beim Verschieben der Ebene kopieren wollen.

5. Drücken Sie die 5 und ziehen Sie mit dem Perspektivenauswahl-Werkzeug das Objekt senkrecht zur Ebene.

10 FARBEN UND FORMEN MISCHEN

Überblick

In dieser Lektion lernen Sie Folgendes:

- Erstellen und Speichern einer Verlaufsfüllung
- Anwenden und Bearbeiten eines Verlaufs auf einer Kontur
- Anwenden und Bearbeiten eines radialen Verlaufs
- Hinzufügen von Farben zu einem Verlauf
- Anpassen der Verlaufsrichtung
- Anpassen der Farbdeckkraft in einem Verlauf
- Angleichen von Objektformen in Zwischenschritten
- Herstellen von weichen Farbübergängen zwischen Objekten
- Modifizieren einer Angleichung, ihres Pfades, ihrer Form und Farbe

Diese Lektion dauert ungefähr eine Stunde. Falls erforderlich, entfernen Sie den Ordner der vorherigen Lektion von Ihrer Festplatte und kopieren Sie den Ordner von *Lektion10* darauf.

Verläufe sind abgestufte Überblendungen von zwei oder mehr Farben. Mithilfe des Verlauf-Werkzeuges und des Verlaufbedienfelds können Sie einen Verlauf erzeugen oder modifizieren. Mit dem Angleichen-Werkzeug können Sie die Formen und Farben von Objekten zu einem neuen angeglichenen Objekt oder eine Reihe Zwischenformen überblenden.

Vorbereitungen

Sie werden verschiedene Möglichkeiten untersuchen, Ihre eigenen Farbverläufe herzustellen, und darüber hinaus Farben und Formen mit dem Verlauf-Werkzeug, dem Verlaufbedienfeld und dem Angleichen-Werkzeug mischen.

Stellen Sie zu Beginn die vorgegebenen Einstellungen für Adobe Illustrator CS6 wieder her. Öffnen Sie dann die Datei mit der fertigen Grafik, um sich anzusehen, was Sie herstellen werden.

1. Um sicherzustellen, dass die Werkzeuge und Bedienfelder so funktionieren, wie in dieser Lektion beschrieben, löschen oder deaktivieren Sie (indem Sie sie umbenennen) die Adobe Illustrator CS6-Preferences-Datei (siehe Seite 3).

2. Starten Sie Adobe Illustrator CS6.

● **Hinweis:** Falls noch nicht geschehen, kopieren Sie die Dateien für diese Lektion auf Ihre Festplatte. Sie befinden sich im Ordner *Lektion10* der beiliegenden CD (siehe Seite 2, »Die Classroom-in-a-Book-Dateien kopieren«).

3. Wählen Sie **Datei: Öffnen** und öffnen Sie die Datei *L10end.ai* im Verzeichnis *Lektionen/Lektion10*.

4. Wählen Sie **Ansicht: Auszoomen**, um die fertige Grafik zu verkleinern, wenn Sie sie während der Arbeit auf dem Bildschirm behalten möchten. (Verschieben Sie die Grafik mit dem Hand-Werkzeug (🖑) nach Belieben im Fenster.) Wenn Sie das Dokument nicht geöffnet lassen wollen, wählen Sie **Datei: Schließen**.

Öffnen Sie zunächst eine vorhandene Grafikdatei.

● **Hinweis:** Wenn Sie Lektionsdateien unter Mac OS öffnen, müssen Sie gegebenenfalls noch die grüne runde Schaltfläche in der linken oberen Ecke des Dokumentfensters anklicken, um dieses zu maximieren.

5. Wählen Sie **Datei: Öffnen** und öffnen Sie die Datei *L10start.ai* im Verzeichnis *Lektion10* im *Lektionen*-Ordner auf Ihrer Festplatte.

6. Wählen Sie **Datei: Speichern unter**, nennen Sie die Datei *gallery.ai*, und wählen Sie als Speicherort das Verzeichnis *Lektion10*. Behalten Sie das Format »Adobe Illustrator (*.AI)« (Windows) bzw. »Adobe Illustrator (ai)« (Mac OS) bei und klicken Sie dann auf »Sichern/Speichern«. Im Dialogfeld »Illustrator-Optionen« bleiben Sie bei den vorgegebenen Einstellungen. Klicken Sie dann auf OK.

7 Wählen Sie **Zurücksetzen: Grundlagen** aus dem Arbeitsbereich-Umschalter in der Anwendungsleiste.

● **Hinweis:** Wenn **Zurücksetzen: Grundlagen** im Arbeitsbereich-Umschalter nicht angezeigt wird, wählen Sie zuerst **Grundlagen** und dann **Zurücksetzen: Grundlagen**.

Mit Verläufen arbeiten

Eine Verlaufsfüllung ist eine schrittweise Angleichung zwischen zwei oder mehr Farben. Erstellen Sie eigene Verläufe oder nutzen Sie die mit Adobe Illustrator mitgelieferten. Diese können Sie bearbeiten und für eine spätere Verwendung als Verlaufsfelder speichern.

Nutzen Sie das Verlaufbedienfeld (**Fenster: Verlauf**) oder das Verlauf-Werkzeug (▬), um Verläufe anzuwenden, zu erstellen und zu verändern. Im Verlaufbedienfeld werden die Farben und die Art des aktuellen Verlaufs angezeigt und ob er auf eine Kontur oder eine Fläche eines Objekts angewendet wurde.

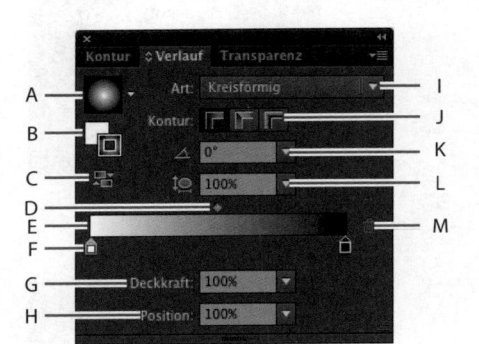

- **A.** Verlaufsfläche
- **B.** Fläche-Feld/Kontur-Feld
- **C.** Verlauf umkehren
- **D.** Mittelpunkt des Verlaufs
- **E.** Verlaufsregler
- **F.** Farbregler
- **G.** Deckkraft
- **H.** Position
- **I.** Verlaufsart
- **J.** Konturoptionen
- **K.** Winkel
- **L.** Seitenverhältnis
- **M.** Verlaufsmarke löschen

Im Verlaufbedienfeld markiert der linke untere Farbregler die Anfangsfarbe, der rechte untere Farbregler die Endfarbe. Ein Farbregler ist ein Punkt, an dem der Verlauf von einer Farbe zur nächsten wechselt. Durch Klicken unter den Verlaufsregler können Sie weitere Farbregler hinzufügen. Durch einen Doppelklick auf einen Farbregler öffnet sich ein Bedienfeld, in dem Sie aus Farbfeldern, mithilfe von Reglern oder mit der Pipette eine Farbe wählen können.

Einen linearen Verlauf erzeugen und als Füllung anwenden

Zu Anfang erzeugen Sie eine Verlaufsfläche für den Hintergrund.

1 Wählen Sie **Ansicht: Zeichenfläche in Fenster einpassen**.

2 Klicken Sie mit dem Auswahl-Werkzeug (▶) in das große gelbe Rechteck mit dem schwarzen Rand im Hintergrund.

Der Hintergrund ist mit einer gelben Fläche und einer schwarzen Kontur ausgemalt, wie Sie in den Fläche- und Kontur-Kästchen unten im Werkzeugbedienfeld sehen. Das Verlauf-Kästchen unter Fläche und Kontur zeigt den zuletzt benutzten Verlauf. Voreingestellt ist ein Schwarz-Weiß-Verlauf.

3 Klicken Sie auf das Fläche-Kästchen, um es zu aktivieren; dann klicken Sie im unteren Bereich des Werkzeugbedienfelds in das Verlauf-Kästchen (▫).

Im »Fläche«-Feld erscheint der vorgegebene Schwarz-Weiß-Verlauf – er füllt die ausgewählte Hintergrundform. Das Verlaufbedienfeld wird ebenfalls eingeblendet.

4 Doppelklicken Sie im Verlaufbedienfeld auf den weißen, ganz links gelegenen Farbregler, um die Anfangsfarbe des Verlaufs auszuwählen.

Wenn Sie auf einen Verlaufsregler doppelklicken, erscheint ein neues Bedienfeld. Hier können Sie dem Farbregler mithilfe von Farbfeldern oder des Farbebedienfelds eine neue Farbe zuweisen. Das werden Sie nun als Nächstes tun.

● **Hinweis:** Die Farben für die Verläufe in dieser Lektion sind in Farbgruppen abgespeichert, gruppiert nach den Objekten, auf die sie angewendet werden. So können Sie die Farben leichter finden.

5 Nachdem Sie den Farbregler doppelgeklickt haben, klicken Sie in dem neu erscheinenden Bedienfeld auf die Schaltfläche »Farbfelder« (▦). Klicken Sie auf das Farbfeld mit dem Namen »wall 1«. Achten Sie auf die Verlaufsänderung auf der Zeichenfläche. Drücken Sie die Esc-Taste oder klicken Sie in einen leeren Bereich des Verlaufbedienfelds, um das Farbebedienfeld zu schließen.

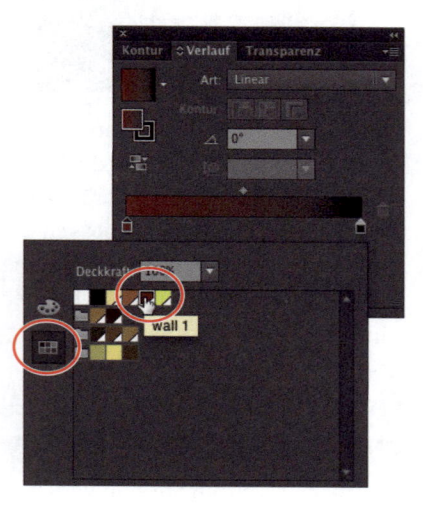

6 Doppelklicken Sie den schwarzen Farbregler rechts im Verlaufsregler, um die Farbe zu bearbeiten.

7 Unter dem Verlaufbedienfeld erscheint ein weiteres Bedienfeld; klicken Sie hier auf die Schaltfläche »Farbe« (), um das Farbebedienfeld zu öffnen. Wählen Sie CMYK aus dem Bedienfeldmenü () des Farbebedienfelds, falls die Regler noch nicht zu sehen sind. Ändern Sie die Werte in C=**50**, M=**80**, Y=**70** und K=**80**. Nachdem Sie den letzten Wert eingegeben haben, klicken Sie in einen leeren Bereich des Verlaufbedienfelds, um dorthin zurückzukehren.

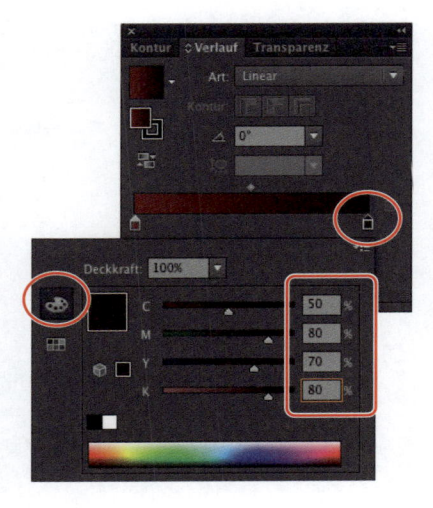

▶ **Tipp:** Durch Drücken der Tab-Taste schalten Sie sich durch die Textfelder. Mit Enter oder Return bestätigen Sie den zuletzt eingetippten Wert.

Als Nächstes speichern Sie den Verlauf im Farbfelderbedienfeld.

8 Um den Verlauf zu speichern, klicken Sie auf die Schaltfläche »Verlaufsmenü« () und dann auf »Zu Farbfeldern hinzufügen« () am Ende des sich öffnenden Bedienfelds.

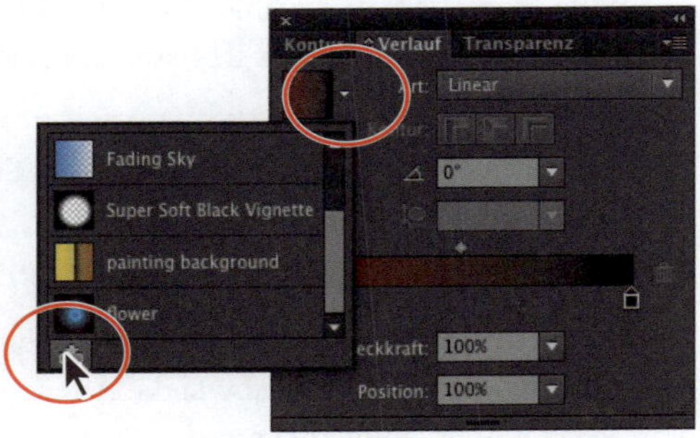

Im Verlaufsmenü finden Sie alle vorgegebenen und vorab gespeicherten Verläufe, die Ihnen zur Verfügung stehen.

▶ **Tipp:** Sie können einen Verlauf speichern, indem Sie ein Objekt mit einer Verlaufsfläche auswählen, auf das Fläche-Kästchen im Werkzeugbedienfeld klicken und dann die Schaltfläche »Neues Farbfeld« () am Ende des Farbfelderbedienfelds betätigen.

Nun benennen Sie Ihr Verlaufsfeld im Farbfelderbedienfeld um.

9 Klicken Sie auf das Symbol des Farbfelderbedienfelds auf der rechten Seite der Arbeitsfläche (), um das Farbfelderbedienfeld zu öffnen. Doppelklicken Sie dort auf »Neues Verlaufsfeld 1«, um das Dialogfeld »Farbfeldoptionen« zu öffnen. Tippen Sie als Farbfeldnamen »wall background« ein und klicken Sie dann auf OK.

10 Um im Farbfelderbedienfeld nur Verlaufsfelder anzuzeigen, klicken Sie unten im Bedienfeld auf das Menü »Farbfeldarten einblenden« (▦) und wählen Sie »Verlaufsfelder einblenden«.

11 Das Rechteck ist auf der Zeichenfläche immer noch ausgewählt; probieren Sie nun einige der Verläufe aus, indem Sie sie im Farbfelderbedienfeld anklicken. Klicken Sie zum Schluss auf den gerade gespeicherten Verlauf (»wall background«), um ihn anzuwenden, bevor Sie fortfahren.

Einige der Verläufe haben mehr als zwei Farben. Sie lernen später in dieser Lektion, wie Sie einen Verlauf mit mehreren Farben herstellen.

12 Klicken Sie unten im Bedienfeld auf die Schaltfläche »Farbfeldarten einblenden« (▦) und wählen Sie »Alle Farbfelder einblenden« aus dem Menü. Klicken Sie auf das Register des Farbfelderbedienfelds, um dieses einzuklappen.

13 Wählen Sie **Datei: Speichern** und lassen Sie das Rechteck ausgewählt.

Anpassen von Verlaufsrichtung und -winkel

Nachdem Sie ein Objekt mit einer Verlaufsfüllung versehen haben, können Sie die Richtung, den Ursprung sowie die Anfangs- und Endpunkte des Verlaufs mit dem Verlauf-Werkzeug anpassen.

Ändern Sie nun die Verlaufsfüllung in der Hintergrundform.

1 Wählen Sie das Verlauf-Werkzeug (▣) im Werkzeugbedienfeld.

Das Verlauf-Werkzeug funktioniert nur mit ausgewählten Objekten, die mit einem Verlauf gefüllt sind. Beachten Sie den horizontalen Verlaufsoptimierer (die Leiste) in der Mitte des Rechtecks. Er zeigt die Richtung des Verlaufs an. Der größere Kreis steht für den Anfangspunkt des Verlaufs (den ersten Farbregler), das kleinere Quadrat rechts steht für den Endpunkt (den letzten Farbregler).

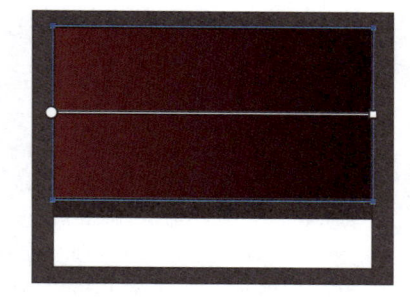

▶ **Tipp:** Sie können den Verlaufsoptimierer ausblenden, indem Sie **Ansicht: Verlaufs-anmerkungen ausblenden** wählen. Um ihn wieder zu zeigen, wählen Sie **Ansicht: Verlaufs-anmerkungen einblenden**.

2   Setzen Sie den Zeiger über den Verlaufsoptimierer.

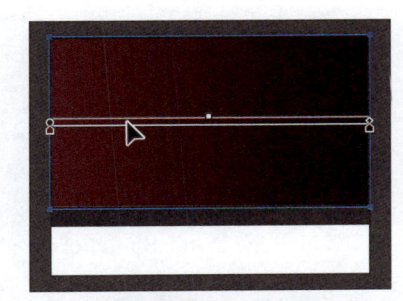

    Er verwandelt sich in einen Verlaufsregler – ähnlich wie im Verlaufbedienfeld. Mit dem Verlaufsregler können Sie den Verlauf bearbeiten, ohne das Bedienfeld zu öffnen.

● **Hinweis:** Wenn Sie den Zeiger über andere Bereiche des Verlaufsreglers schieben, dann ändert sich möglicherweise das Aussehen des Zeigers. Dies signalisiert, dass eine andere Funktionalität aktiviert wurde.

3   Halten Sie die Umschalt-Taste gedrückt und klicken Sie mit dem Verlauf-Werkzeug oben auf das Rechteck und ziehen Sie nach unten, um die Lage und Richtung der Anfangs- und Endfarben des Verlaufs zu ändern. Lassen Sie zuerst die Maustaste und dann die Umschalt-Taste wieder los.

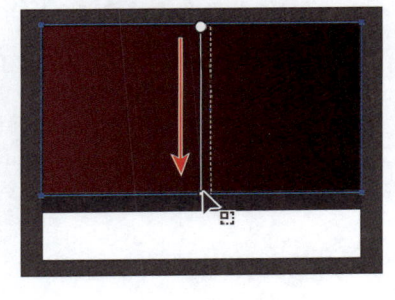

    Wenn Sie die Umschalt-Taste gedrückt halten, beschränken Sie den Verlaufswinkel auf Schritte von 45 Grad.

4   Üben Sie das Ändern des Verlaufs im Rechteck. Ziehen Sie z. B. innerhalb des Rechtecks, um einen kurzen Verlauf mit deutlichen Farbübergängen herzustellen; ziehen Sie eine längere Strecke außerhalb des Rechtecks, um einen längeren Verlauf mit feineren Farbübergängen zu erhalten. Sie können auch nach oben ziehen, um die Farben umzukehren und die Richtung des Verlaufs zu vertauschen. Wiederholen Sie Schritt 3, ehe Sie fortfahren.

5   Setzen Sie den Zeiger mit dem Verlauf-Werkzeug direkt neben das kleine weiße Quadrat am unteren Teil des Verlaufsoptimierers. Es erscheint ein Drehen-Symbol (⟲). Ziehen Sie nach rechts, um den Verlauf im Rechteck zu drehen.

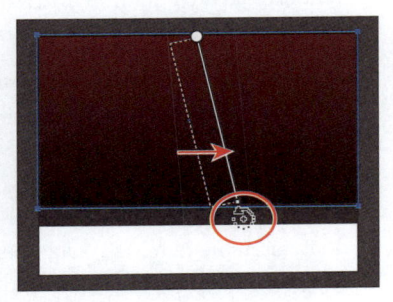

    Der Verlaufsoptimierer wird beim Loslassen der Maustaste zusammen mit dem Verlauf gedreht.

● **Hinweis:** Die Eingabe des Drehwinkels in das Verlaufbedienfeld anstelle der Änderung des Winkels direkt auf der Zeichenfläche bietet sich an, wenn Sie präzise und reproduzierbare Ergebnisse anstreben.

6   Doppelklicken Sie das Verlauf-Werkzeug im Werkzeugbedienfeld, um das Verlaufbedienfeld zu öffnen. Ändern Sie den »Drehwinkel« in **–90°**, um wieder einen senkrechten Verlauf zu erhalten. Drücken Sie Return oder Enter.

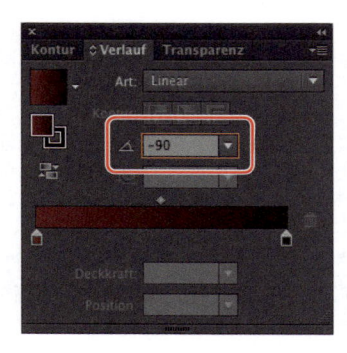

7   Wählen Sie bei weiterhin ausgewähltem Hintergrundrechteck **Objekt: Sperren: Auswahl**.

8   Wählen Sie **Datei: Speichern**.

Einen Verlauf auf eine Kontur anwenden

Sie können nicht nur der Fläche eines Objekts einen Verlauf zuweisen, sondern auch seiner Kontur. Anders als bei Verläufen als Flächenfüllung können Sie mit dem Verlaufswerkzeug keine Verläufe bearbeiten, die der Kontur eines Objekts zugewiesen wurden. Nun werden Sie einem Rechteck, das ein Gemälde werden soll, eine Verlaufsfüllung und eine Verlaufskontur zuweisen.

1   Klicken Sie auf das Symbol des Ebenenbedienfelds ( ), um das Bedienfeld einzublenden. Achten Sie darauf, dass die Ebene »Gallery« aufgeklappt ist. Klicken Sie in die Sichtbarkeitsspalte links von der Unterebene »painting«, um deren Inhalte einzublenden.

2   Klicken Sie mit dem Auswahl-Werkzeug ( ) auf das weiße Rechteck, das auf der Zeichenfläche erscheint.

3   Ändern Sie die Füllfarbe im Steuerungsbedienfeld in das Verlaufsfeld »painting background«.

4   Wählen Sie das Verlauf-Werkzeug im Werkzeugbedienfeld und achten Sie darauf, dass das Kästchen für die Flächenfarbe unten im Werkzeugbedienfeld ausgewählt ist. Platzieren Sie den Mauszeiger kurz über dem Rechteck, und klicken und ziehen Sie mit gedrückter Umschalt-Taste bis zur Unterkante des Rechtecks, um Lage und Richtung des Verlaufs zu ändern. Lassen Sie zuerst die Maustaste und dann die Umschalt-Taste los.

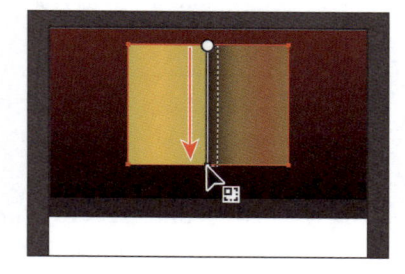

5 Ändern Sie im Steuerungsbedienfeld die Konturstärke auf **30 pt**.

6 Ändern Sie im Steuerungsbedienfeld die Konturfarbe in das Verlaufsfeld »White, Black«. Drücken Sie die Esc-Taste zum Verbergen des Farbfelderbedienfelds.

Sie nutzen jetzt diesen vorgegebenen Verlauf als Ausgangspunkt für den Konturverlauf und bearbeiten ihn dann weiter.

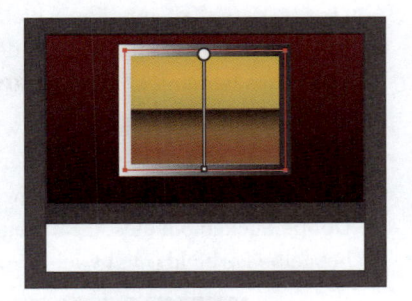

Einen Verlauf auf einer Kontur bearbeiten

Bei einem Verlauf auf einer Kontur haben Sie mehr Einstellungsmöglichkeiten als bei einer Verlaufsfüllung. Als Nächstes fügen Sie dem Konturverlauf einige Farben hinzu, um einen Bilderrahmen zu gestalten.

1 Klicken Sie auf das Verlaufbedienfeldsymbol (▣) auf der rechten Seite des Arbeitsbereichs, um das Bedienfeld zu öffnen.

2 Wählen Sie das Zoomwerkzeug (🔍) im Werkzeugbedienfeld und ziehen Sie einen Rahmen über die obere rechte Ecke des markierten Rechtecks, um einzuzoomen.

3 Klicken Sie auf das Kontur-Kästchen im Verlaufbedienfeld, um den Konturverlauf zu bearbeiten (in der unteren Abbildung eingekreist).

4 Behalten Sie die Verlaufsart »Linear« bei und klicken Sie auf die Schaltfläche »Verlauf horizontal auf Kontur anwenden« (▣).

Einen Verlauf können Sie auf drei Arten auf eine Kontur anwenden: »in Kontur anwenden« (Standard), »vertikal auf Kontur anwenden« und »horizontal auf Kontur anwenden«.

5 Ziehen Sie den schwarzen Farbregler nach links, bis die »Position« ungefähr bei »60%« liegt.

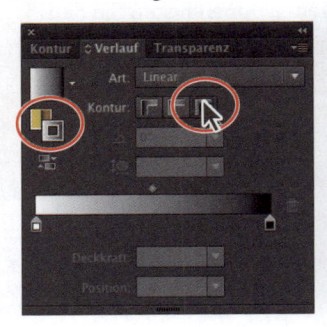

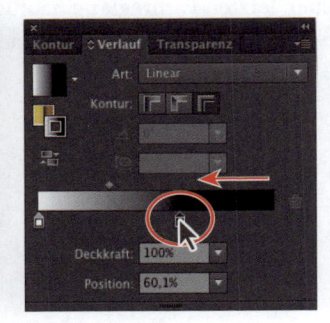

▶ **Tipp:** Sie können eine Farbe aus dem Verlauf löschen, indem Sie einen Farbregler markieren und dann die Schaltfläche »Verlaufsregler löschen« betätigen; alternativ ziehen Sie den Farbregler nach unten aus dem Verlaufbedienfeld heraus.

6 Doppelklicken Sie den weißen Farbregler und klicken Sie auf die Schaltfläche »Farbfelder« (▦), um die Farbfelder einzublenden. Wählen Sie mit einem Klick das Farbfeld »frame 1« in der oberen Farbgruppe aus. Klicken Sie neben das Bedienfeld, um die Auswahl zu übernehmen.

7 Platzieren Sie den Mauszeiger zwischen den beiden Farbreglern unter dem Farbbalken. Klicken Sie, um einen weiteren Regler hinzuzufügen, wenn der Mauszeiger mit einem Pluszeichen (+) erscheint (▶₊) (siehe Abbildung). Doppelklicken Sie diesen Farbregler und wählen Sie aus den Farbfeldern das hellgelbe Farbfeld (»light yellow«) oben im Bedienfeld aus.

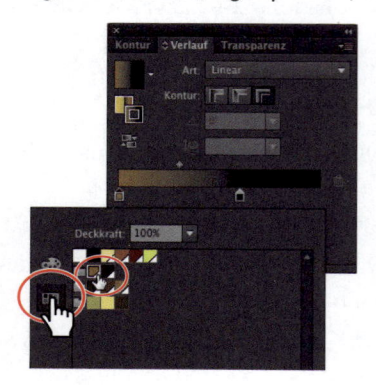

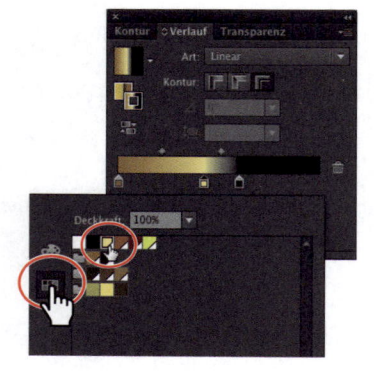

Die weiße Farbe bearbeiten   Eine weitere Verlaufsfarbe hinzufügen

8 Halten Sie die Alt-Taste gedrückt und ziehen Sie den gelben Farbregler nach rechts, in die Nähe des schwarzen Farbreglers. Lassen Sie dann die Maustaste und anschließend die Alt-Taste los. So können Sie eine Verlaufsfarbe sehr einfach duplizieren.

9 Halten Sie die Alt-Taste gedrückt und ziehen Sie den Farbregler ganz links (braun) nach rechts. Lassen Sie dann die Maustaste und anschließend die Alt-Taste los, wenn die Reglerpositionen der unteren Abbildung entsprechen.

10 Klicken Sie zwischen den beiden linken Farbreglern unter den Verlaufsbalken, um einen letzten Farbregler einzufügen. Doppelklicken Sie den Farbregler und wählen Sie aus den Farbfeldern das Farbfeld »frame 2« aus der oberen Farbgruppe aus.

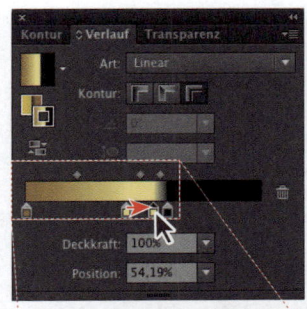

Den gelben Farbregler duplizieren 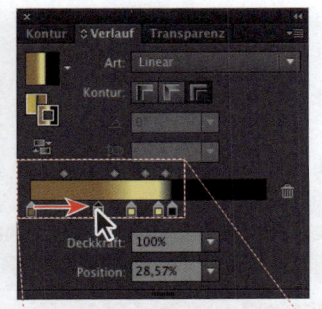   Den Farbregler ganz links duplizieren 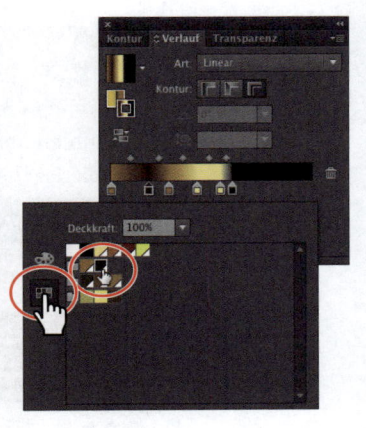   Den letzten Farbregler hinzufügen und bearbeiten

11 Wählen Sie **Auswahl: Auswahl aufheben** und dann **Datei: Speichern**.

Einen kreisförmigen Verlauf erzeugen und anwenden

Sie können lineare oder kreisförmige Verläufe erstellen. Beide Arten besitzen eine Anfangs- und eine Endfarbe. Bei einem kreisförmigen Verlauf definiert die Anfangsfarbe (der ganz links gelegene Farbregler) den Mittelpunkt der Fläche, die nach außen in die Endfarbe (dem ganz rechts befindlichen Farbregler) übergeht. Sie werden nun einen kreisförmigen Verlauf erstellen und auf einen Teller anwenden.

1 Wählen Sie **Ansicht: Zeichenfläche in Fenster einpassen**.

2 Klappen Sie das Ebenenbedienfeld durch einen Klick auf sein Symbol ( ) auf der rechten Seite des Arbeitsbereichs aus. Achten Sie darauf, dass die Ebene »Gallery« aufgeklappt ist. Klicken Sie auf die Sichtbarkeitsspalte links neben der Unterebene »plate« (möglicherweise müssen Sie im Ebenenbedienfeld nach unten scrollen).

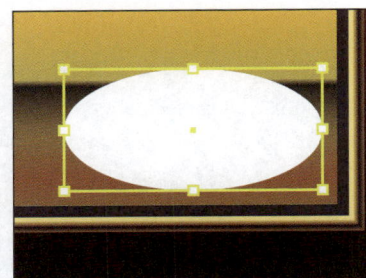

3 Wählen Sie die weiße Ellipse in dem Bilderrahmen mit dem Auswahl-Werkzeug ( ) aus.

4 Klicken Sie mehrmals mit dem Zoomwerkzeug ( ) in die Ellipse, um einzuzoomen.

5   Ändern Sie im Steuerungsbedienfeld die Füllfarbe in den Verlauf »White, Black«.

6   Klicken Sie auf das Verlaufbedienfeld-Symbol (■), um das Verlaufbedienfeld einzublenden. Achten Sie im Verlaufbedienfeld darauf, dass das Kästchen für die Flächenfüllung ausgewählt ist. Wählen Sie als »Verlaufsart« »Kreisförmig« aus dem Menü. Der lineare Verlauf in der Form wird daraufhin in einen kreisförmigen umgewandelt. Lassen Sie die Ellipse ausgewählt und das Verlaufbedienfeld geöffnet.

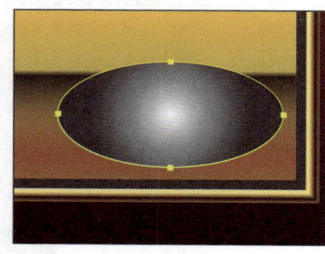

Farben im kreisförmigen Verlauf ändern

Sobald Sie ein Objekt mit einem Verlauf gefüllt haben, können Sie mit dem Verlauf-Werkzeug oder dem Verlaufbedienfeld Bearbeitungen vornehmen, wie etwa Änderungen der Richtung, Farben oder des Ursprungs.

Sie ändern nun mit dem Verlauf-Werkzeug die Farben der einzelnen Farbregler und fügen zwei weitere Farben hinzu. Insgesamt erstreckt sich der kreisförmige Verlauf dann über vier Farben.

1   Wählen Sie das Verlauf-Werkzeug (■) im Werkzeugbedienfeld.

2   Positionieren Sie den Zeiger über die Verlaufsleiste in der Grafik, damit der Verlaufsregler sichtbar wird. Doppelklicken Sie den weißen Farbregler auf der linken Seite, um seine Farbe zu bearbeiten. Klicken Sie in dem sich öffnenden Bedienfeld auf die Schaltfläche »Farbfelder« (■), falls sie nicht bereits ausgewählt ist. Wählen Sie die Farbe »plate 1« aus der zweiten Farbgruppe. Drücken Sie die Esc-Taste, um das Bedienfeld einzuklappen.

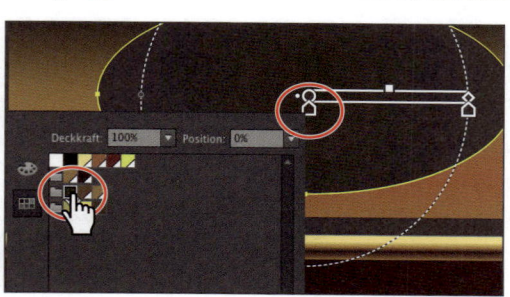

● **Hinweis:** Beim Doppelklicken des Farbreglers wird Ihnen im erscheinenden Bedienfeld dessen Position angezeigt. Sie können bei Ihrer Arbeit die Werte aus unseren Abbildungen übernehmen, wenn Sie die Farbreglerpositionen möglichst präzise nachstellen möchten.

Beachten Sie, dass der Verlaufsoptimierer in der Mitte der Ellipse beginnt und von dort nach rechts weist. Der gestrichelte Kreis darum bedeutet, dass es sich um einen kreisförmigen Verlauf handelt. Für diese Verlaufsart können Sie noch zusätzliche Optionen einstellen, das werden Sie gleich noch sehen.

3 Doppelklicken Sie im Verlaufsregler den schwarzen Farbregler auf der rechten Seite. Wählen Sie in dem erscheinenden Bedienfeld das hellgelbe Farbfeld (»light yellow«) oben im Farbfelderbedienfeld. Schließen Sie das Bedienfeld dann mit der Esc-Taste.

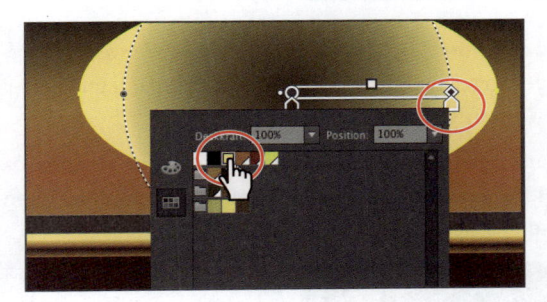

4 Platzieren Sie den Zeiger direkt unterhalb des Verlaufsreglers. Wenn der Zeiger zu einem Pfeil mit einem Pluszeichen (k+) wird, fügen Sie dem Verlauf per Mausklick eine weitere Farbe hinzu. Zur Platzierung sehen Sie sich die untere Abbildung an. Doppelklicken Sie den neuen Farbregler unterhalb des Verlaufsreglers. Wählen Sie im neuen Bedienfeld das Farbfeld »plate 2« aus der zweiten Farbgruppe aus. Schließen Sie das Bedienfeld mit der Esc-Taste.

5 Platzieren Sie den Mauszeiger unter dem Verlaufsregler, und fügen Sie per Mausklick einen vierten (und letzten) Farbregler ein. Zur Platzierung sehen Sie sich die Abbildung an. Doppelklicken Sie den neuen Farbregler unterhalb des Verlaufsreglers. Wählen Sie im neuen Bedienfeld das Farbfeld »plate 3« aus der zweiten Farbgruppe aus. Achten Sie darauf, dass die Position bei **97%** liegt. Schließen Sie das Bedienfeld mit der Esc-Taste.

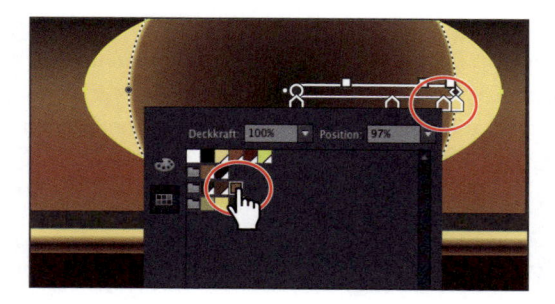

Wenn die Farben eines Verlaufs einmal eingestellt sind, können Sie weiterhin Farben ergänzen, löschen oder sogar in der Reihenfolge verändern. Jetzt vertauschen Sie die beiden letzten Farben.

6 Doppelklicken Sie den Farbregler ganz links und ändern Sie die »Position« im neuen Bedienfeld in **42%**. Drücken Sie Enter oder Return, um den neuen Wert zu übernehmen und das Bedienfeld auszublenden.

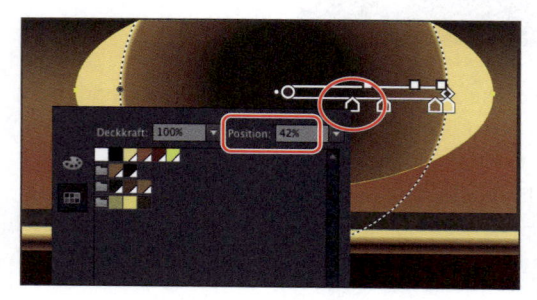

7 Ziehen Sie den gelben Farbregler ganz rechts nach links (knapp links neben den nächstgelegenen braunen Farbregler). Ziehen Sie den am weitesten rechts gelegenen braunen Farbregler weiter nach rechts, bis ganz ans Ende des Verlaufsreglers. In der Abbildung sehen Sie die angestrebte Anordnung. Wie Sie sehen, liegen die Farbregler weiterhin sehr nahe beisammen.

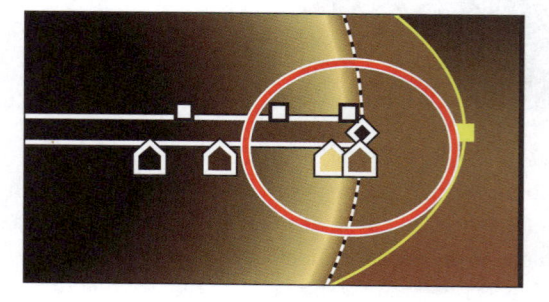

8 Wählen Sie **Datei: Speichern**.

Den kreisförmigen Verlauf anpassen

Nun ändern Sie Seitenverhältnis, Position, Ursprung und Radius für den kreisförmigen Verlauf.

1 Platzieren Sie den Mauszeiger mit dem Verlauf-Werkzeug über dem kleinen weißen Kästchen am rechten Ende des Verlaufsoptimierers. Klicken und ziehen Sie nach rechts. Stoppen Sie knapp neben dem rechten Rand der Ellipsenform und lassen Sie die Maustaste los. Der Verlauf wird dadurch in die Länge gezogen.

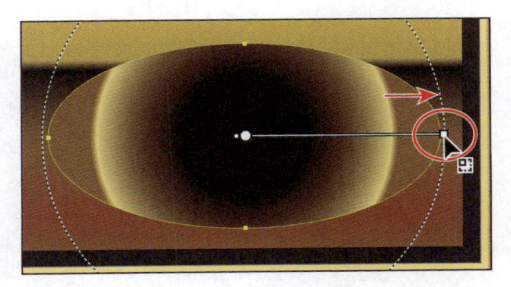

● **Hinweis:** Möglicherweise sehen Sie den gestrichelten Kreis beim Ziehen nicht. Er erscheint nur, wenn Sie den Mauszeiger vor dem Ziehen des rechten Endpunkts zunächst über dem Verlaufsoptimierer platzieren, und das ist okay.

2 Achten Sie im Verlaufbedienfeld darauf, dass das Fläche-Kästchen ausgewählt ist, und ändern Sie das »Seitenverhältnis« (▢) dann in **40%** (wählen Sie diesen Wert im Menü aus).

Durch das Seitenverhältnis wird aus dem kreisförmigen ein elliptischer Verlauf, der viel besser zur Form des Tellers passt.

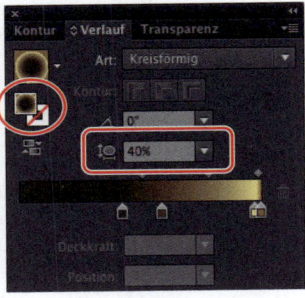

● **Hinweis:** Das Seitenverhältnis ist ein Wert zwischen 0,5 und 32767%. Wenn das Seitenverhältnis kleiner wird, wird die Ellipse flacher und breiter.

3 Platzieren Sie den Mauszeiger mit dem Verlauf-Werkzeug über dem Verlauf auf dem Teller. Klicken Sie auf den oberen schwarzen Kreis auf dem gestrichelten Pfad. Ziehen Sie dann nach oben bis knapp über die Ellipse, um das Seitenverhältnis anzupassen.

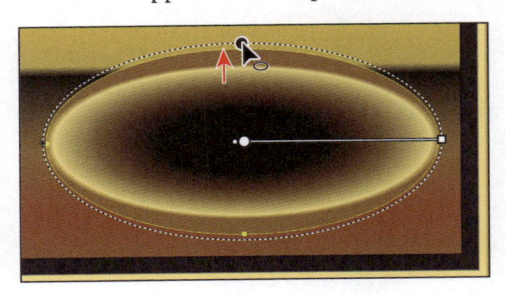

Nach dem Loslassen der Maustaste ändert sich das Seitenverhältnis im Verlaufbedienfeld auf einen Wert über die eingestellten »40%« (es liegt jetzt eher bei 50%).

Ziehen Sie nun den Verlaufsregler, um den Verlauf in der Ellipse neu zu platzieren.

4   Klicken und ziehen Sie den Verlaufsregler mit dem Verlauf-Werkzeug ein wenig nach oben, um den Verlauf in der Ellipse zu verschieben. Achten Sie darauf, dass die Unterkante der gestrichelten Ellipse über der Kante der Ellipse liegt.

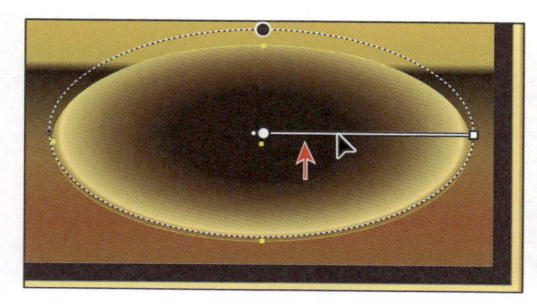

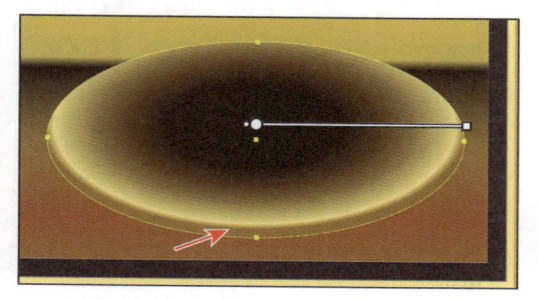

5   Klicken Sie mit dem Verlauf-Werkzeug auf den kleinen weißen Punkt links vom ganz links gelegenen Farbregler und ziehen Sie nach links.

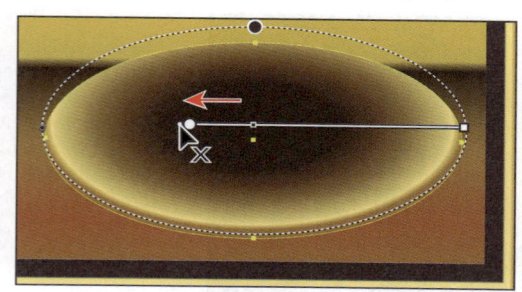

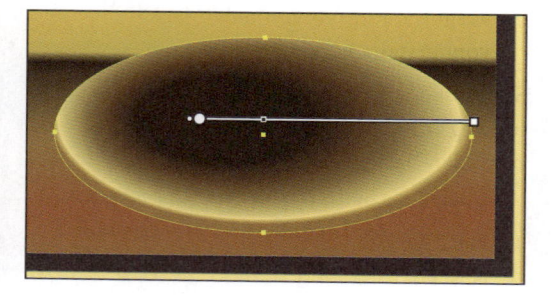

Dieser Punkt richtet den Mittelpunkt des Verlaufs (den Farbregler ganz links) neu aus, ohne dabei den gesamten Verlaufsbalken zu verschieben oder den Radius des Verlaufs zu verändern.

6   Wählen Sie **Bearbeiten: Rückgängig: Verlauf**, um den Verlauf wieder in die Mitte zu rücken.

7   Wählen Sie **Auswahl: Auswahl aufheben** und dann **Datei: Speichern**.

Verläufe auf mehrere Objekte anwenden

Sie können einen Verlauf auf mehrere Objekte anwenden, indem Sie zuerst alle Objekte auswählen, dann eine Verlaufsfarbe übertragen und schließlich mit dem Verlauf-Werkzeug über die Objekte ziehen.

Sie füllen nun eine Blume mit einer kreisförmigen Verlaufsfüllung. Anschließend bearbeiten Sie dann noch die Farben darin.

1 Wählen Sie **Ansicht: Zeichenfläche in Fenster einpassen**.

2 Klicken Sie auf das Symbol des Ebenenbedienfelds (), um das Ebenenbedienfeld zu öffnen. Klicken Sie dann in die Sichtbarkeitsspalte der Unterebene »flower«.

3 Wählen Sie das Zoomwerkzeug () im Werkzeugbedienfeld und ziehen Sie zum Einzoomen einen Auswahlrahmen über die blauen Blumenform auf.

4 Klicken Sie mit dem Auswahl-Werkzeug () auf eine der blauen Blumenformen.

5 Wählen Sie **Auswahl: Gleich: Flächenfarbe**. Damit wählen Sie alle fünf blauen Blumenformen aus.

6 Wählen Sie als Füllfarbe im Steuerungsbedienfeld das Verlaufsfeld »flower«.

Wenn Sie einen Verlauf auf die Flächen oder Konturen mehrerer ausgewählter Objekte anwenden, so werden mehrere Verläufe unabhängig voneinander angewendet.

Sie passen jetzt den Verlauf in den Formen an, sodass er sich über alle Formen hinweg (wie in einem einzelnen Objekt) erstreckt. Anschließend verändern Sie noch den Verlauf selbst.

7 Achten Sie unten im Werkzeugbedienfeld darauf, dass das Kästchen für die Flächenfüllung aktiv ist.

8 Doppelklicken Sie das Verlauf-Werkzeug () im Werkzeugbedienfeld, um das Werkzeug auszuwählen und gleichzeitig das Verlaufbedienfeld anzuzeigen. Ziehen Sie ungefähr aus dem Zentrum der gelben Blumenmitte zum Außenrand einer der Blütenblattformen, um den Verlauf gleichmäßig anzuwenden. Verfahren Sie so, wie in der Abbildung gezeigt, und lassen Sie die Blumenformen am Ende ausgewählt.

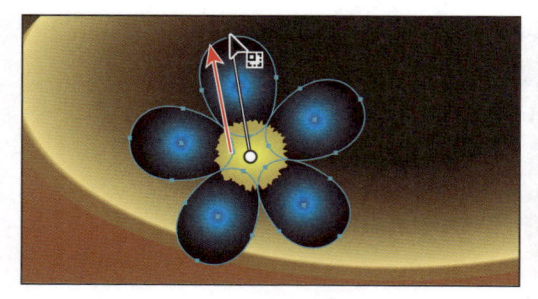

Mit dem Verlauf-Werkzeug über die Blumenformen ziehen   Ergebnis

Andere Methoden zur Bearbeitung von Verlaufsfarben

Bisher haben Sie Farben mithilfe des Verlaufsreglers hinzugefügt, bearbeitet und verschoben. Nun kehren Sie einen Verlauf um und passen den Mittelpunkt zwischen den Farben auf dem Verlaufsregler an.

1 Klicken Sie im Verlaufbedienfeld bei ausgewähltem »Fläche«-Feld auf die Schaltfläche »Verlauf umkehren« (![]).

Sie können die Verlaufsfarben auch mit dem Verlauf-Werkzeug umkehren, indem Sie in entgegengesetzter Richtung über den Verlauf auf der Zeichenfläche ziehen. Die dunkle Farbe liegt dann anschließend in der Verlaufsmitte.

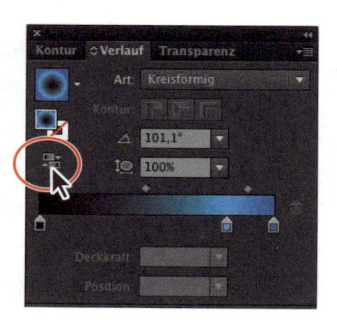

2 Ziehen Sie den ganz links gelegenen Farbregler im Farbbalken des Verlaufbedienfelds nach rechts, bis Ihnen unten als »Position« ungefähr **20%** angezeigt werden (es muss nicht genau stimmen).

3 Ziehen Sie das Raute-Symbol zwischen dem mittleren und dem linken Farbregler nach links, also mehr in Richtung des linken Farbreglers. Stoppen Sie bei einem »Positionswert« von ungefähr **30%** (es muss nicht genau stimmen).

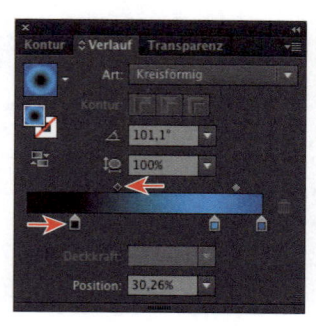

Eine weitere Möglichkeit zur Anwendung einer Farbe auf einen Verlauf ist es, die Farbe mit dem Pipette-Werkzeug aus der Grafik aufzunehmen oder ein Farbfeld auf einen Farbregler zu ziehen.

4   Die Blumenformen sind immer noch ausgewählt; klicken Sie im Verlaufbedienfeld auf den Farbregler ganz links (die dunkle Farbe).

5   Wählen Sie **Ansicht: Zeichenfläche in Fenster einpassen**.

6   Wählen Sie das Pipette-Werkzeug (✐) im Werkzeugbedienfeld. Klicken Sie in der Grafik mit gedrückter Umschalt-Taste auf das schwarze Rechteck unter der Wand.

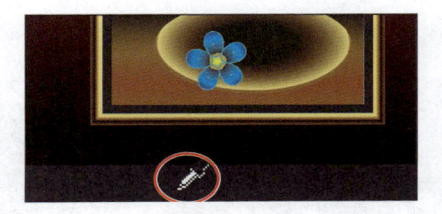

Zusammen mit der Umschalt-Taste bewirkt das Pipette-Werkzeug, dass die aufgenommene Farbe direkt dem ausgewählten Farbregler im Verlauf zugewiesen wird (anstatt den ganzen Verlauf damit zu überschreiben).

Die Blütenblätter sind fertig. Sie gruppieren sie jetzt zusammen mit der mittleren Blumenform und wenden dann eine Verkrümmung an, um der Blume etwas räumliche Wirkung zu geben.

7   Wählen Sie das Zoomwerkzeug (🔍) im Werkzeugbedienfeld und ziehen Sie einen Rahmen über die Blumenformen auf, um sie einzuzoomen.

8   Klicken Sie mit dem Auswahl-Werkzeug (▶) und gedrückter Umschalt-Taste in die gelbe Form in der Mitte der Blume.

9   Wählen Sie **Objekt: Gruppieren**.

10 Wählen Sie **Effekt: Verkrümmungsfilter: Bogen**. Im Dialogfeld »Verkrümmen-Optionen« ist die Option »Horizontal« ausgewählt. Ändern Sie die »Biegung« in **–20%** und klicken Sie dann auf OK.

11 Wählen Sie **Auswahl: Auswahl aufheben** und dann **Datei: Speichern**.

Transparenz zu Verläufen hinzufügen

Indem Sie für die verschiedenen Verlaufsregler in Ihrem Verlauf Deckkraftwerte angeben, erzeugen Sie Verläufe, die ein- oder ausgeblendet werden und darunter liegende Bilder verdecken oder zeigen. Als Nächstes erzeugen Sie ein Licht für das Bild und wenden einen Verlauf an, der transparent ausläuft.

1 Klicken Sie auf das Symbol des Ebenenbedienfelds ( ), um dieses einzublenden. Klicken Sie in die Sichtbarkeitsspalte links von dem <Pfad>-Objekt.

2 Wählen Sie **Ansicht: Zeichenfläche in Fenster einpassen**.

3 Klicken Sie mit dem Auswahl-Werkzeug ( ) auf die weiße Ellipse, die nun auf der Zeichenfläche zu sehen ist.

▶ **Tipp:** Die Standardverläufe Verblassender Himmel und Sehr weiche schwarze Vignette sind ebenfalls hervorragende Ausgangspunkte für einen transparent auslaufenden Verlauf.

4 Öffnen Sie das Verlaufbedienfeld durch einen Klick auf sein Symbol. Achten Sie darauf, dass das Kästchen für die Flächenfüllung ausgewählt ist, und klicken Sie auf die Schaltfläche des Verlaufsmenüs ( ). Wählen Sie dort »White, Black«.

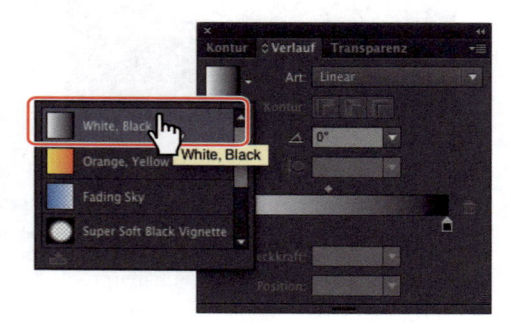

● **Hinweis:** Sie werden im nächsten Schritt den Zweck des Weiß-zu-Weiß-Verlaufs erkennen, wenn Sie die Transparenz des rechten Farbreglers ändern.

5 Wählen Sie »Kreisförmig« aus dem Menü »Art« im Verlaufbedienfeld. Doppelklicken Sie den schwarzen Farbregler ganz rechts. Klicken Sie in dem neuen Bedienfeld auf die Schaltfläche »Farbfelder« ( ) und wählen Sie das Farbfeld »White«. Drücken Sie die Esc-Taste, um die Farbfelder auszublenden.

6 Der rechte Farbregler ist ausgewählt; stellen Sie die »Deckkraft« auf **0**.

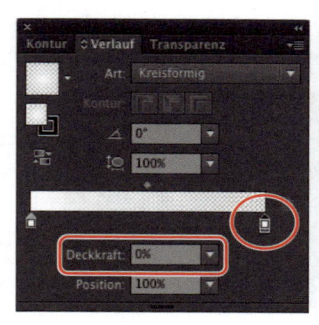

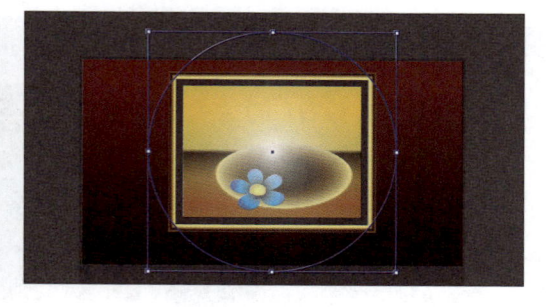

7 Ziehen Sie den Mittelpunkt des Verlaufs (die Rautenform) nach links, bis im Positionsfeld ein Wert von etwa 30% angezeigt wird. Klicken Sie auf das Register des Verlaufbedienfelds, um die Bedienfeldgruppe zu schließen.

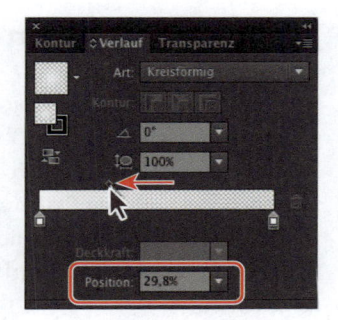

8 Drücken Sie einmal Strg+– (Windows) oder Befehl+– (Mac OS), um herauszuzoomen und den gesamten ausgewählten Kreis zu sehen.

9 Wählen Sie das Verlauf-Werkzeug ( ) im Werkzeugbedienfeld. Halten Sie die Umschalt-Taste gedrückt und ziehen Sie von oben nach unten durch die Ellipsenform. Passen Sie dabei auf, nicht den Anfasser für das Seitenverhältnis zu ziehen.

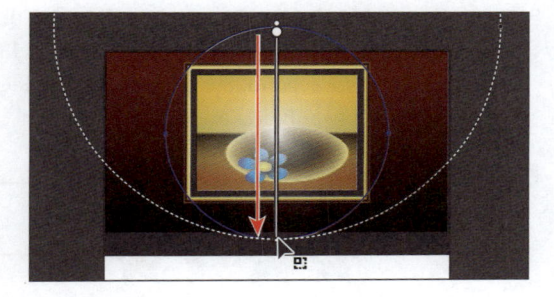

10 Ändern Sie im Steuerungsbedienfeld die »Konturfarbe« in [Ohne].

11 Wählen Sie **Effekt: Weichzeichnungsfilter: Gaußscher Weichzeichner**. Ändern Sie den »Radius« im Dialogfeld »Gaußscher Weichzeichner« in **60** und klicken Sie dann auf OK.

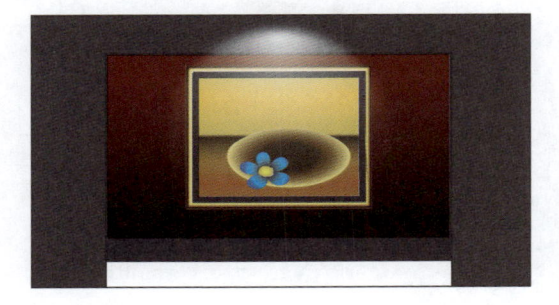

12 Wählen Sie **Auswahl: Auswahl aufheben** und dann **Datei: Speichern**.

Mit angeglichenen Objekten arbeiten

Sie können zwei einzelne Objekte angleichen, um Formen zu erzeugen und gleichmäßig zwischen zwei Objekten zu verteilen. Die beiden Formen, die Sie angleichen, können gleich oder unterschiedlich sein. Es ist auch möglich, zwischen zwei offenen Pfaden anzugleichen, um einen weichen Farbübergang zwischen Objekten zu erreichen, oder Sie kombinieren Angleichungen von Farben und Objekten, um Farbübergänge in der Form eines bestimmten Objekts zu erhalten.

Wenn Sie eine Angleichung herstellen, dann werden die angeglichenen Objekte wie ein Objekt behandelt. Verschieben Sie eines der Originalobjekte oder bearbeiten Sie die Ankerpunkte des Originalobjekts, dann ändert sich die Angleichung entsprechend. Sie können die Angleichung auch erweitern, um sie in einzelne Objekte aufzuteilen.

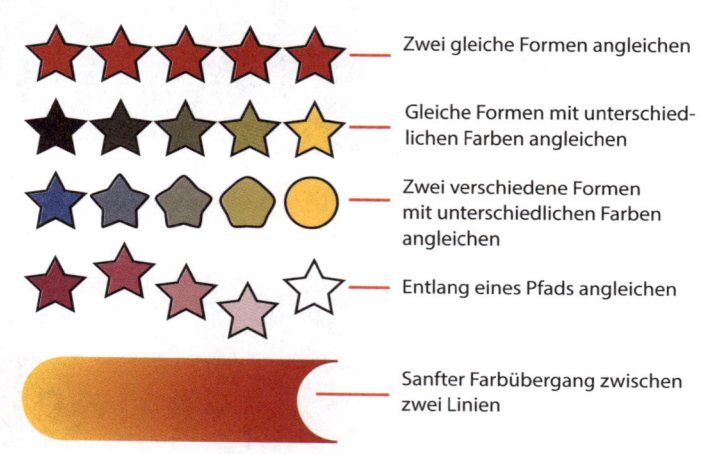

Zwei gleiche Formen angleichen

Gleiche Formen mit unterschiedlichen Farben angleichen

Zwei verschiedene Formen mit unterschiedlichen Farben angleichen

Entlang eines Pfads angleichen

Sanfter Farbübergang zwischen zwei Linien

Eine Angleichung mit festgelegten Stufen herstellen

Sie verwenden nun das Angleichen-Werkzeug, um drei Formen miteinander zu verbinden, die den Holzfußboden der Galerie bilden werden.

1 Wählen Sie **Ansicht: Zeichenfläche in Fenster einpassen**.

2 Klicken Sie auf das Ebenenbedienfeld-Symbol ( ), um das Ebenenbedienfeld zu öffnen. Klicken Sie links von den beiden Unterebenen »floor« und »fruit« in die Sichtbarkeitsspalte, um sie beide anzuzeigen. Klicken Sie zum Verbergen in die Sichtbarkeitsspalte neben den Unterebenen »<Pfad>«, »flower, plate«, »painting« und »wall«. Klicken Sie auf das Register des Ebenenbedienfelds, um die Bedienfeldgruppe zu schließen.

Ehe Sie Formen angleichen, können Sie entsprechende Optionen festlegen.

3 Doppelklicken Sie das Angleichen-Werkzeug ( ) im Werkzeugbedienfeld, um in das Dialogfeld »Angleichung-Optionen« zu gelangen.

4 Wählen Sie »Festgelegte Stufen« aus dem Menü »Abstand« und ändern Sie die »Anzahl der Stufen« in **4**. Klicken Sie auf OK.

▶ **Tipp:** Sie können eine Angleichung auch erstellen, indem Sie Objekte markieren und dann **Objekt: Angleichen: Erstellen** wählen.

5 Scrollen Sie im Dokumentfenster nach unten, damit Sie die drei braunen Fußbodenformen erkennen.

6 Platzieren Sie den Mauszeiger des Angleichen-Werkzeugs über dem verlaufsgefüllten Rechteck ganz links. Klicken Sie, wenn ein X neben dem Mauszeiger erscheint (🖫ₓ). Fahren Sie dann über das mittlere Rechteck, bis der Mauszeiger ein Pluszeichen zeigt (🖫₊). Nun können Sie der Angleichung ein Objekt hinzufügen. Klicken Sie das mittlere Rechteck an, um es zur Angleichung hinzuzufügen. Sie haben nun eine Angleichung zwischen diesen beiden Objekten.

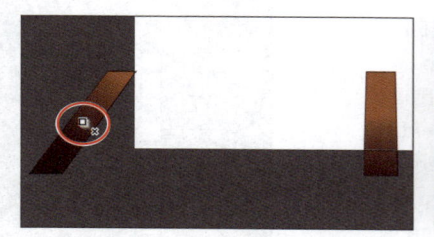

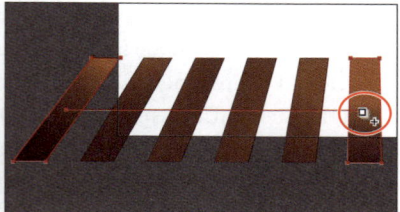

7 Klicken Sie mit dem Angleichen-Werkzeug auf das Rechteck ganz rechts (der Mauszeiger zeigt das Pluszeichen), um es zur Angleichung hinzuzufügen und das Angleichungsobjekt fertigzustellen.

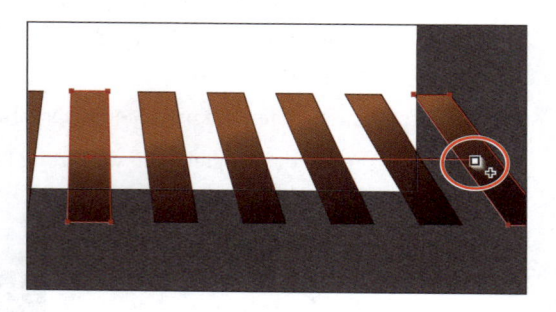

● **Hinweis:** Wenn Sie den aktuellen Pfad abschließen und andere Objekte angleichen wollen, klicken Sie zunächst auf das Angleichen-Werkzeug im Werkzeugbedienfeld und dann einzeln auf die anderen Objekte, um sie anzugleichen.

Die Angleichung verändern

Sie verändern nun das angeglichene Objekt mithilfe des Dialogfelds »Angleichung-Optionen«. Sie erzeugen außerdem eine weitere Angleichung und bearbeiten die Pfadform (die Achse), an der die Objekte aufgereiht sind.

1 Die angeglichenen Rechtecke sind noch markiert; wählen Sie **Objekt: Angleichen: Angleichung-Optionen**. Im Dialogfeld »Angleichung-Optionen« ändern Sie die Anzahl der »festgelegten Stufen« in **9** und klicken dann auf OK.

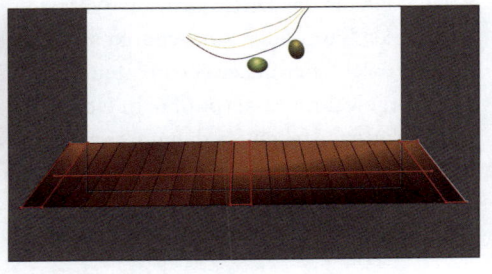

▶ **Tipp:** Um die Angleichung-Optionen für ein Objekt zu bearbeiten, können Sie auch die Angleichung auswählen und dann auf das Angleichen-Werkzeug doppelklicken.

2 Wählen Sie **Auswahl: Auswahl aufheben**.

3 Wählen Sie das Zoomwerkzeug (🔍) im Werkzeugbedienfeld und ziehen Sie einen Rahmen über die grünen Trauben auf, um einzuzoomen. Eventuell müssen Sie dazu im Dokumentfenster nach oben scrollen.

4 Klicken Sie mit dem Angleichen-Werkzeug auf die erste grüne Traube auf der linken Seite und dann auf die Traube auf der rechten Seite, um eine Angleichung zu erstellen.

5 Doppelklicken Sie das Angleichen-Werkzeug (🝙) im Werkzeugbedienfeld, um das Dialogfeld »Angleichung-Optionen« zu öffnen. Ändern Sie die »Anzahl der festgelegten Stufen« in **3** und klicken Sie auf OK.

6 Wählen Sie **Ansicht: Pfadansicht**.

In der Pfadansicht können Sie die Umrisse der beiden ursprünglichen Trauben erkennen. Sie sind mit einem geraden Pfad verbunden. Dies sind die drei Objekte, aus denen ein Angleichungsobjekt standardmäßig besteht. In der Pfadansicht lässt sich der Verbindungspfad zwischen den beiden Originalformen teilweise leichter bearbeiten.

7 Stellen Sie sicher, dass die intelligenten Hilfslinien aktiviert sind (**Ansicht: Intelligente Hilfslinien**).

● **Hinweis:** Sie bearbeiten die Achse der Angleichung. Die Angleichungsobjekte folgen dieser Linie.

8 Wählen Sie das Direktauswahl-Werkzeug ( ) im Werkzeugbedienfeld. Klicken Sie auf den Ankerpunkt am rechten Ende des Pfads, um ihn auszuwählen. Klicken Sie im Steuerungsbedienfeld auf die Schaltfläche »Ausgewählte Ankerpunkte in Übergang konvertieren« ( ), um die Kurve zu glätten. Ziehen Sie den unteren Richtungsgriff mit dem Direktauswahl-Werkzeug nach oben links. Sehen Sie sich zur Hilfe die Abbildung an.

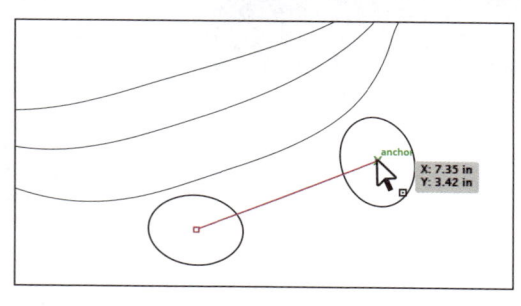

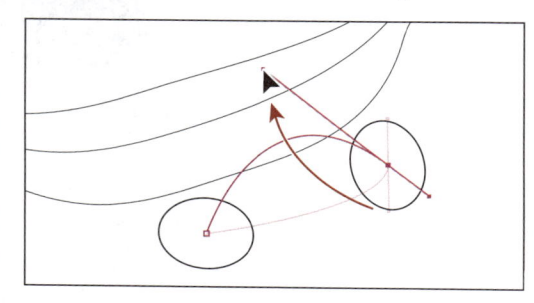

▶ **Tipp:** Eine schnelle Möglichkeit zur Umformung einer Angleichung besteht darin, die Formen entlang eines anderen Pfads anzugleichen. Sie können einen anderen Pfad zeichnen, dann zusätzlich **Angleichen: Achse ersetzen** auswählen.

9 Wählen Sie **Ansicht: Vorschau**, um die Veränderung zu sehen.

10 Wählen Sie **Auswahl: Auswahl aufheben**.

Sie können die Angleichung jederzeit durch Änderung von Form, Farbe oder Position der Originalobjekte bearbeiten. Als Nächstes verschieben Sie die linke Traube und sehen sich die Wirkung auf die Angleichung an.

11 Klicken Sie mit dem Auswahl-Werkzeug ( ) auf die angeglichenen Trauben, um sie auszuwählen.

12 Doppelklicken Sie irgendwo auf das Angleichungsobjekt, um in den Isolationsmodus zu gelangen.

Die Gruppierung der angeglichenen Objekte wird dadurch vorübergehend aufgehoben. Sie können jetzt die ursprüngliche Traube und die Achse bearbeiten (nicht aber die Trauben, die durch die Angleichung entstanden sind).

13 Klicken Sie die linke Traube zur Auswahl an. Halten Sie mit gewähltem Auswahl-Werkzeug die Tastenkombination Umschalt-Alt gedrückt und ziehen Sie einen Eckbegrenzungspunkt nach innen, um die Traube zu verkleinern. Lassen Sie zuerst die Maustaste und dann die übrigen Tasten los.

▶ **Tipp:** Über **Objekt: Angleichen: Achse umkehren** können Sie eine Angleichung umkehren.

14 Drücken Sie die Esc-Taste, um den Isolationsmodus zu verlassen.

Die angeglichenen Objekte werden von Illustrator wie ein einzelnes Angleichungsobjekt behandelt. Wenn Sie alle Trauben bearbeiten müssen, können Sie die Angleichung umwandeln (das betrifft dann auch die neu durch die Angleichung entstandenen Trauben). Beim Umwandeln wird die Angleichung in einzelne Objekte aufgesplittet. Sie können die Angleichung dann nicht mehr als einzelnes Objekt behandeln, weil sie zu einer Gruppe einzelner Traubenformen geworden ist. Als Nächstes wandeln Sie die Angleichung um.

15 Wählen Sie **Objekt: Angleichen: Umwandeln**. Achten Sie auf das Wort »Gruppe« links im Steuerungsbedienfeld, solange noch alle Trauben ausgewählt sind.

Die Angleichung ist nun eine Gruppe aus einzelnen Formen, die sich getrennt voneinander bearbeiten lassen.

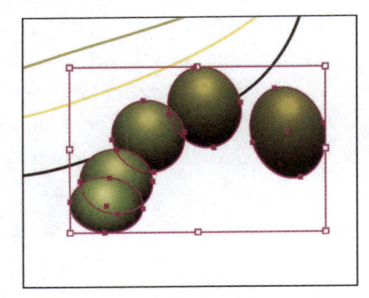

▶ **Tipp:** Um eine Angleichung zurückzuwandeln (von den Originalobjekten zu entfernen), wählen Sie die Angleichung zunächst aus und wählen dann **Objekt: Angleichen: Zurückwandeln**.

16 Wählen Sie **Auswahl: Auswahl aufheben**.

17 Wählen Sie **Datei: Speichern**.

Weiche Farbübergänge erstellen und bearbeiten

Es gibt verschiedene Möglichkeiten für das Angleichen von Formen und Farben von Objekten, um ein neues Objekt herzustellen. Wenn Sie die Option »Farbe glätten« wählen, kombiniert Illustrator die Formen und Farben der Objekte in vielen Zwischenschritten und erzeugt einen weichen Übergang zwischen den Originalobjekten.

Sie kombinieren nun drei Formen zu einem weichen Farbübergang für eine Banane.

1 Wählen Sie **Ansicht: Zeichenfläche in Fenster einpassen**. Drücken Sie zum Einzoomen zweimal Strg++ (Windows) oder Befehl++ (Mac OS).

Sie werden nun die drei Pfade hinter den angeglichenen Trauben angleichen. Die Pfade verfügen jeweils über eine Konturfarbe, aber keine Flächenfüllung. Objekte mit Kontur verhalten sich beim Angleichen anders als Objekte ohne Kontur.

2 Platzieren Sie den Mauszeiger des Angleichen-Werkzeugs über der oberen Linie, bis er ein »X« anzeigt (), und klicken Sie dann. Klicken Sie danach auf die mittlere (gelbe) Linie, sobald der Mauszeiger des Angleichen-Werkzeugs ein Pluszeichen anzeigt (). So fügen Sie diese Linie zur Angleichung hinzu. Platzieren Sie den Mauszeiger schließlich über der dritten Linie (neben den Trauben), und klicken Sie wieder, wenn der Mauszeiger das Pluszeichen zeigt.

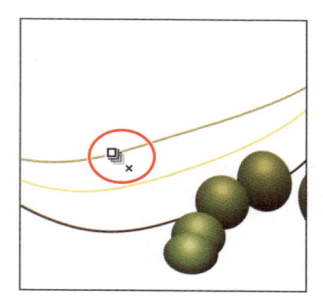

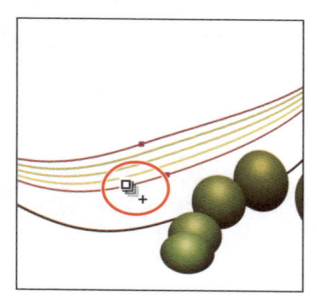

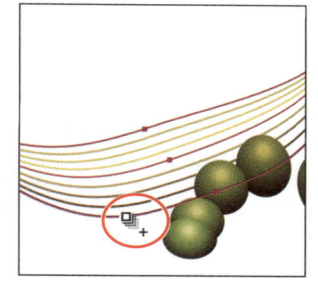

Sie haben eine Angleichung mit den zuvor festgelegten Einstellungen angelegt (festgelegte Stufen). Sie ändern jetzt die Einstellungen für die Bananenangleichung, sodass die Farben geglättet werden.

3 Doppelklicken Sie das Angleichen-Werkzeug (▣) im Werkzeugbedienfeld. Im Dialogfeld »Angleichung-Optionen« wählen Sie »Farbe glätten« aus dem Menü »Abstand«. Diese Angleichung-Optionen bleiben erhalten, bis Sie sie zum nächsten Mal ändern. Klicken Sie auf OK.

4 Wählen Sie **Auswahl: Auswahl aufheben**.

Wenn Sie zwischen Objekten eine Angleichung mit der Option »Farbe glätten« erstellen, errechnet Illustrator automatisch die Anzahl der erforderlichen Zwischenschritte. Nachdem Sie die Angleichung angewendet haben, können Sie sie bearbeiten. Als Nächstes bearbeiten Sie die Pfade der Angleichung.

5 Doppelklicken Sie mit dem Auswahl-Werkzeug (▸) auf die Farbangleichung (die Banane), um in den Isolationsmodus zu gelangen. Klicken Sie zur Auswahl auf den mittleren Pfad und ändern Sie die Konturfarbe im Steuerungsbedienfeld in eine beliebige Farbe. Achten Sie darauf, wie sich die Farben angleichen. Wählen Sie **Bearbeiten: Rückgängig: Farbfeld anwenden**, um zur ursprünglichen Konturfarbe zurückzukehren.

6 Doppelklicken Sie neben die Angleichungspfade, um den Isolationsmodus wieder zu verlassen.

7 Wählen Sie **Ansicht: Zeichenfläche in Fenster einpassen**.

8 Öffnen Sie das Ebenenbedienfeld und aktivieren Sie neben allen Unterebenen das Augensymbol in die Sichtbarkeitsspalte (auch für die »Mask«-Unterebene), um alle Objekte auf der Zeichenfläche sichtbar zu machen.

▶ **Tipp:** in bestimmten Situationen kann es schwierig sein, weiche Farbübergänge zwischen Pfaden zu erzeugen. Wenn sich die Linien z. B. überschneiden oder zu stark gebogen sind, treten möglicherweise unerwartete Ergebnisse auf.

9 Klicken Sie im Ebenenbedienfeld auf die »Gallery«-Ebene, um diese auszuwählen.

10 Klicken Sie unten im Ebenenbedienfeld auf die Schaltfläche »Schnittmaske erstellen/zurückwandeln« (▣).

Dadurch wird die oberste Form (die Maskenform) als Schnittmaske definiert. Grafiken außerhalb der Schnittmaskenform werden verborgen.

11 Wählen Sie **Datei: Speichern** und schließen Sie alle offenen Dateien.

Fragen

1 Was ist ein Verlauf?

2 Nennen Sie mindestens zwei Methoden, um einem ausgewählten Objekt einen Verlauf zuzuweisen.

3 Wie passen Sie die Angleichung zwischen Farben in einem Verlauf an?

4 Nennen Sie zwei Methoden, um Farben zu einem Verlauf hinzuzufügen.

5 Wie passen Sie die Richtung eines Verlaufs an?

6 Worin besteht der Unterschied zwischen einem Verlauf und einer Angleichung?

7 Beschreiben Sie zwei Methoden, um die Formen und Farben von Objekten anzugleichen.

8 Worin besteht der Unterschied zwischen einem geglätteten Farbübergang und einer festen Anzahl von Stufen in einer Angleichung?

9 Wie passen Sie die Formen oder Farben in einer Angleichung an? Wie passen Sie den Pfad einer Angleichung an?

Antworten

1 Ein Verlauf ist der nahtlose Übergang zwischen zwei oder mehr Farben oder zwischen Farbtönen derselben Farbe. Verläufe lassen sich auf die Kontur oder Flächenfüllung eines Objekts anwenden.

2 Wählen Sie zur Anwendung eines Verlaufs ein Objekt aus und führen Sie einen der folgenden Schritte aus:

- Wählen Sie das Kontur- oder Fläche-Feld, und klicken Sie dann auf das Verlaufsfeld im Werkzeugbedienfeld, um ein Objekt mit dem vorgegebenen Weiß-zu-Schwarz-Verlauf oder mit dem zuletzt ausgewählten Verlauf zu füllen.
- Ändern Sie die Füllfarbe oder Konturfarbe im Steuerungsbedienfeld, um dem ausgewählten Inhalt ein Verlaufsfeld zuzuweisen.
- Wählen Sie das Kontur- oder Fläche-Feld im Werkzeugbedienfeld und klicken Sie dann im Farbfelderbedienfeld auf ein Verlaufsfeld.
- Nehmen Sie mit der Pipette einen Verlauf aus einem Objekt in Ihrer Grafik auf und wenden Sie ihn auf das ausgewählte Objekt an.

11 MIT PINSELN ARBEITEN

Überblick

In dieser Lektion lernen Sie Folgendes:

- Vier verschiedene Pinselarten verwenden: Bild, Kalligrafie, Muster und Borsten
- Pinsel auf Pfade anwenden, die mit den Malwerkzeugen erzeugt wurden
- Pfade mit dem Pinsel-Werkzeug zeichnen und bearbeiten
- Pinselfarbe ändern und Pinseleinstellungen anpassen
- Neue Pinsel aus Adobe Illustrator-Grafiken erstellen
- Mit dem Tropfenpinselwerkzeug und dem Radiergummi-
- Werkzeug arbeiten

Diese Lektion dauert ungefähr eine Stunde. Falls erforderlich, entfernen Sie den Ordner der vorherigen Lektion von der Festplatte und kopieren Sie den Ordner *Lektion11* darauf.

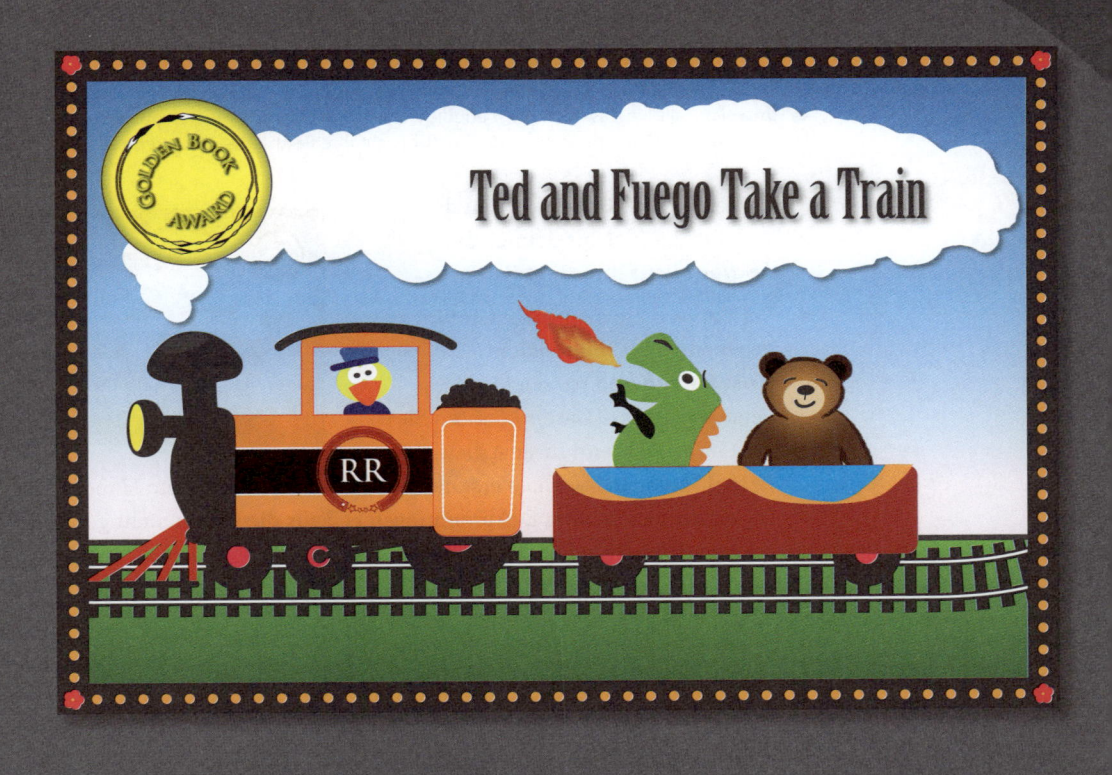

Die Vielzahl der Pinseltypen in Adobe Illustrator CS6 erlaubt es Ihnen, eine Unmenge von Effekten durch einfaches Malen oder Zeichnen mit dem Pinsel-Werkzeug oder den Malwerkzeugen zu erzeugen. Sie können mit dem Tropfenpinselwerkzeug arbeiten, sich für einen Pinsel der Kategorien »Bild«, »Kalligrafie«, »Muster«, »Borsten« und »Spezial« entscheiden oder auf Grundlage Ihrer Grafik einen neuen Pinsel erzeugen.

Vorbereitungen

In dieser Lektion erfahren Sie, wie Sie mit dem Tropfenpinselwerkzeug sowie dem Radiergummi-Werkzeug arbeiten. Sie erlernen außerdem die Benutzung der vier Pinseltypen im Pinselbedienfeld sowie das Ändern der Pinseloptionen und das Herstellen eigener Pinsel. Zunächst jedoch stellen Sie die vorgegebenen Voreinstellungen für Adobe Illustrator CS6 wieder her. Dann öffnen Sie die fertige Grafikdatei für den ersten Teil dieser Lektion, um sich die fertige Grafik anzusehen.

1 Um sicherzustellen, dass die Werkzeuge und Bedienfelder so funktionieren wie in dieser Lektion, löschen oder deaktivieren Sie (durch Umbenennen) die Adobe Illustrator CS6-Preferences-Datei (mehr darüber auf Seite 3).

2 Starten Sie Adobe Illustrator CS6.

● **Hinweis:** Falls Sie das noch nicht erledigt haben, kopieren Sie die Ressourcendatei für diese Lektion aus dem Ordner *Lektion11* der Buch-CD auf Ihre Festplatte (siehe Seite 2).

3 Öffnen Sie mit **Datei: Öffnen** die Datei *L11end.ai* aus dem Ordner *Lektion11* auf Ihrer Festplatte.

4 Verkleinern Sie die fertige Grafik gegebenenfalls mit **Ansicht: Auszoomen** und passen Sie die Fenstergröße an. Damit könnten Sie die Grafik während Ihrer Arbeit auf dem Bildschirm lassen. (Verschieben Sie die Grafik mit dem Hand-Werkzeug (🖑) nach Belieben im Dokumentfenster). Falls die Grafik nicht geöffnet bleiben soll, wählen Sie **Datei: Schließen**.

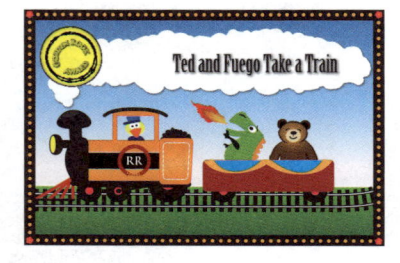

Öffnen Sie zunächst eine vorhandene Datei.

● **Hinweis:** Wenn Sie Lektionsdateien unter Mac OS öffnen, müssen Sie gegebenenfalls noch die grüne runde Schaltfläche in der linken oberen Ecke des Dokumentfensters anklicken, um dieses zu maximieren.

5 Wählen Sie **Datei: Öffnen** und suchen Sie die Datei *L11start.ai* im Ordner *Lektion11*.

6 Wählen Sie **Ansicht: Zeichenfläche in Fenster einpassen**.

7 Wählen Sie **Datei: Speichern unter**, nennen Sie die Datei *bookcover.ai* und legen Sie sie im Ordner *Lektion11* ab. Behalten Sie die Formateinstellung »Adobe Illustrator (*.AI)« (Windows) bzw. »Adobe Illustrator (ai)« (Mac OS) bei und klicken Sie auf »Sichern«/«Speichern«. Im Illustrator-Optionen-Dialog bleiben Sie bei den vorgegebenen Einstellungen. Klicken Sie dann auf OK.

Mit Pinseln arbeiten

Mithilfe von Pinseln können Sie Pfade mit Mustern, Bildern, Pinselstrichen, Texturen oder eckigen Strichen dekorieren. Sie können die in Illustrator enthaltenen Pinsel abändern und Ihre eigenen Pinsel herstellen.

Pinselstriche lassen sich auf vorhandene Pfade aufbringen. Mit dem Pinsel-Werkzeug können Sie zudem gleichzeitig einen Pfad malen und einen Pinselstrich anbringen. Farbe, Größe und andere Eigenschaften eines Pinsels lassen sich anpassen. Auch die Pfade können Sie nachträglich weiterhin bearbeiten.

Pinselarten

A. Kalligrafiepinsel
B. Bildpinsel
C. Musterpinsel
D. Spezialpinsel
E. Borstenpinsel

Es gibt im Pinselbedienfeld (**Fenster: Pinsel**) fünf Arten von Pinseln: Kalligrafie, Spezial, Bild, Borsten und Muster. In dieser Lektion erfahren Sie, wie Sie mit diesen Pinseln arbeiten (ausgenommen sind die Spezialpinsel).

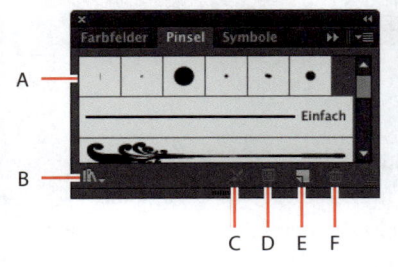

A. Pinsel
B. Menü Pinsel-Bibliotheken
C. Pinselkontur entfernen
D. Optionen für ausgewähltes Objekt
E. Neuer Pinsel
F. Pinsel löschen

Kalligrafiepinsel benutzen

Kalligrafiepinsel ähneln den Strichen, die mit der abgewinkelten Spitze eines Kalligrafiestiftes gezeichnet werden. Sie werden durch eine elliptische Form definiert, deren Mitte dem Pfad folgt. Mit diesen Pinseln können Sie das Erscheinungsbild von handgezeichneten Strichen nachempfinden, die mit einer flachen, abgewinkelten Stiftspitze erzeugt werden.

Zeichen Sie als Nächstes mit einem Kalligrafiestift das Fahnentuch auf dem Zugwaggon.

Beispiele für den Kalligrafiepinsel

● **Hinweis:** Ein Häkchen neben der Pinselart im Bedienfeldmenü bedeutet, dass diese im Pinselbedienfeld angezeigt wird.

1 Klicken Sie auf das Symbol des Pinselbedienfelds (📕) auf der rechten Seite des Arbeitsbereichs, um das Bedienfeld aufzuklappen.

2 Wählen Sie im Bedienfeldmenü (▼≡) des Pinselbedienfelds die Option »Listenansicht«.

3 Öffnen Sie erneut das Bedienfeldmenü (▼≡) und deaktivieren Sie die Optionen »Bildpinsel«, »Einblenden: Borstenpinsel« und »Einblenden: Musterpinsel«, sodass im Pinselbedienfeld nur noch die Kalligrafiepinsel zu sehen sind.

4 Klicken Sie im Steuerungsbedienfeld auf die Konturfarbe und wählen Sie das hellorange Farbfeld (»light orange«). Ändern Sie die Konturstärke in 2 pt und stellen Sie für die Flächenfarbe »Ohne« ein.

Kalligrafiepinsel nutzen die aktuelle Konturfarbe, wenn Sie die Pinsel in einer Grafik einsetzen.

Fahnentuch zeichnen   Pinsel anwenden   Ergebnis

5 Doppelklicken Sie im Werkzeugbedienfeld auf das Buntstift-Werkzeug (✏). Setzen Sie im Dialogfeld »Optionen für Buntstift-Werkzeug« die »Glättung« auf **100%** und belassen Sie die restlichen Einstellungen auf den Standardwerten. Klicken Sie auf OK.

6 Setzen Sie den Zeiger in die obere linke Ecke der roten Waggonform und zeichnen Sie in einer fortlaufenden Bewegung zwei »u«-Formen auf die Seitenwand. Dies wird das Fahnentuch.

7 Die soeben gezeichnete Form ist noch markiert; wählen Sie im Pinselbedienfeld den Pinsel »5 pt. Oval«, um diesen auf die Linie anzuwenden. Eventuell müssen Sie dazu etwas nach unten scrollen. Achten Sie auf die Änderung der Konturstärke im Steuerungsbedienfeld.

Einen Pinsel bearbeiten

Um die Optionen für einen Pinsel zu ändern, können Sie ihn im Pinselbedienfeld doppelklicken. Solche Änderungen gelten nur für das aktuelle Dokument und Sie können die Grafik ändern, auf die der Pinsel angewandt wurde. Sie bearbeiten nun das Aussehen des »5 pt. Oval«-Pinsels.

1 Doppelklicken Sie im Pinselbedienfeld auf den Namen des »5 pt. Oval«-Pinsels und ändern Sie den Namen in **30 pt. Oval**. Drücken Sie die Enter-Taste.

2 Doppelklicken Sie im Pinselbedienfeld auf die Miniatur des »30 pt. Oval«-Pinsels oder rechts neben den Pinselnamen, um das Dialogfeld »Kalligrafiepinseloptionen« zu öffnen.

3 Geben Sie **0** für den »Winkel« ein und wählen Sie aus dem Menü rechts daneben die Option »Fixiert«. Ändern Sie die »Rundheit« in **10%** und wählen Sie aus dem Menü rechts daneben die Option »Fixiert«. Ändern Sie den »Durchmesser« in **30 pt** und aktivieren Sie das Kontrollfeld »Vorschau«. Klicken Sie auf OK.

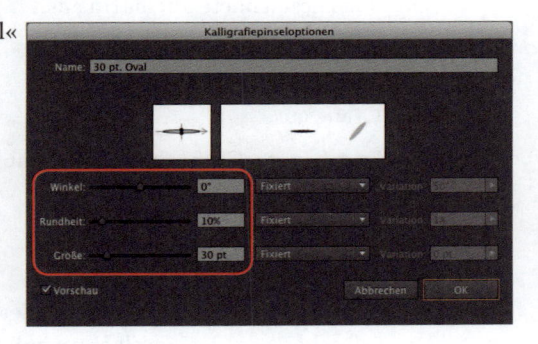

● **Hinweis:** Die Änderungen, die Sie vornehmen, ändern den Pinsel nur für dieses Dokument.

● **Hinweis:** Die Änderungen, die Sie vornehmen, ändern den Pinsel nur für dieses Dokument.

▶ **Tipp:** Das Vorschaufenster im Dialogfeld (unter dem Name-Feld) zeigt die Änderungen, die Sie an dem Pinsel vornehmen.

4 Klicken Sie im Meldungsfenster auf »Auf Konturen anwenden«, um die Änderungen in den Grafikbereichen wirksam werden zu lassen, auf die der Pinsel zuvor angewendet wurde.

● **Hinweis:** Nachdem Sie auf »Auf Konturen anwenden« geklickt haben, erscheint die Pinselkontur möglicherweise nicht mehr auf dem Pfad. Klicken Sie in diesem Fall erneut auf den Pinsel »30 pt. Oval«, während das Fahnentuch noch markiert ist.

5 Wählen Sie **Auswahl: Auswahl aufheben** und dann **Datei: Speichern**.

Eine Füllfarbe mit Pinseln benutzen

Wenn Sie einen Pinsel auf die Kontur eines Objekts anwenden, können Sie auch eine Füllfarbe benutzen, um das Innere des Objekts auszumalen. In diesem Fall erscheinen die Pinselobjekte an den Stellen, an denen sich die Fläche und die Pinselobjekte überschneiden, über der Füll- oder Flächenfarbe. Füllen Sie nun das Fahnentuch mit Farbe.

Pfad mit Flächenfüllung und auf die Kontur angewendetem Pinsel

● **Hinweis:** Das Flaggentuch in Ihrer Form könnte anders (aus)fallen als in unserer Abbildung, das ist in Ordnung.

1 Wählen Sie mit dem Auswahl-Werkzeug (▶) die von Ihnen gezeichnete Tuchform aus.

2 Klicken Sie im Steuerungsbedienfeld auf die Flächenfarbe und wählen Sie das Farbfeld »CMYK Cyan« aus.

3 Klicken Sie neben die Grafik, um die Auswahl aufzuheben.

Einen Pinselstrich entfernen

Eine Pinselkontur lässt sich leicht von einer unerwünschten Stelle in der Grafik entfernen. Sie löschen nun die Pinselkontur auf dem Pfad über der Ente in der Lokomotive. Auf diesen Pfad wurde ursprünglich der Pinsel »5 pt. Oval« angewendet, den Sie inzwischen bearbeitet haben.

● **Hinweis:** Der Pfad sieht bei Ihnen eventuell anders aus, das macht nichts.

1 Klicken Sie mit dem Auswahl-Werkzeug (▶) auf den dunkelgrauen Pfad über der Ente.

2 Klicken Sie unten im Pinselbedienfeld auf »Pinselkontur entfernen« (✕).

3 Ändern Sie die Konturstärke im Steuerungsbedienfeld auf 10 pt.

4 Wählen Sie **Auswahl: Auswahl aufheben** und anschließend **Datei: Speichern**.

Bildpinsel benutzen

Bildpinsel (Pfeilpinsel, dekorative Pinsel, Kunstpinsel u.a.) strecken eine Pinselform oder eine Objektform gleichmäßig entlang eines Pfades. Zu Bildpinseln gehören Konturen, die grafischen Medien ähneln, wie etwa »Kohle-Abgerundet«.

Mit dem Pinsel-Werkzeug zeichnen

Sie benutzen nun das Pinsel-Werkzeug, um einen Bildpinsel auf den Bären anzuwenden und diesem ein pelziges Aussehen zu verleihen. Wie schon erwähnt, können Sie mit dem Pinsel-Werkzeug zugleich zeichnen und eine Pinselkontur anbringen.

Beispiele für Bildpinsel

1 Wählen Sie »**Zurücksetzen: Grundlagen**« aus dem Arbeitsbereich-Umschalter in der Anwendungsleiste.

2 Aktivieren Sie das Zoomwerkzeug (🔍) im Werkzeugbedienfeld und ziehen Sie um den Bären einen Auswahlrahmen zur Vergrößerung auf.

3 Klicken Sie mit dem Auswahl-Werkzeug (▶) aus dem Werkzeugbedienfeld auf den Bären. Wählen Sie dann **Auswahl: Auswahl aufheben**. Damit wird die Ebene ausgewählt, auf der sich der Bär befindet. Alles, was Sie malen, landet nun auf derselben Ebene.

4 Ändern Sie die Konturfarbe im Steuerungsbedienfeld in »bear brown« und die Flächenfüllung (bei Bedarf) in »Ohne«.

5 Klicken Sie auf das Symbol des Pinselbedienfelds (🖌) auf der rechten Seite des Arbeitsbereichs. Öffnen Sie das Bedienfeldmenü (▼≡) und deaktivieren Sie den Eintrag »Einblenden: Kalligrafiepinsel«. Wählen Sie dann »Einblenden: Bildpinsel« aus, um diese im Bedienfeld anzuzeigen.

6 Klicken Sie unten im Pinselbedienfeld auf das Menü »Pinsel-Bibliotheken« (📚) und wählen Sie »Künstlerisch/Künstl._Kr.Koh.Bleist«.

7 Wählen Sie im Künstl._Kr.Koh.Bleistbedienfeld aus dem Bedienfeldmenü (▼≡) die Option »Listenansicht«. Klicken Sie in der Liste auf »Kohle-Breit«, um diesen Pinsel für das aktuelle Dokument zum Bedienfeld hinzuzufügen. Schließen Sie das Bedienfeld.

● **Hinweis:** Wenn Sie **Zurücksetzen: Grundlagen** im Arbeitsbereich-Umschalter nicht finden können, wählen Sie zunächst **Grundlagen** und dann **Zurücksetzen: Grundlagen**.

● **Hinweis:** Ein Häkchen neben dem Pinseltyp im Pinselbedienfeldmenü zeigt an, dass der Pinsel im Bedienfeld zu sehen ist.

Sie malen jetzt außen um den Bären herum, um die Ränder rau (pelzig) erscheinen zu lassen.

8 Aktivieren Sie das Pinsel-Werkzeug ( ) im Werkzeugbedienfeld und klicken Sie dann im Pinselbedienfeld auf den Pinsel »Kohle-Breit«, falls dieser nicht bereits ausgewählt ist. Ändern Sie die Konturstärke im Steuerungsbedienfeld in »0,5 pt«.

Beachten Sie, dass der Mauszeiger des Pinsel-Werkzeugs rechts unten ein X anzeigt ( ). Das X signalisiert, dass Sie einen neuen Pfad zeichnen werden.

9 Zeichnen Sie einen langen, nach oben gerichteten Strich, um die linke Seite des Bärengesichtes zu erzeugen. Beginnen Sie an der Schulter und enden Sie am Ohr. Zeichnen Sie weiter vom linken zum rechten Ohr. Erzeugen Sie zum Schluss die rechte Seite des Bärengesichtes, indem Sie unter dem rechten Ohr beginnen und an der rechten Schulter aufhören.

10 Aktivieren Sie das Auswahl-Werkzeug ( ) im Werkzeugbedienfeld. Doppelklicken Sie zweimal auf das linke Ohr, um den Isolationsmodus zu starten. Klicken Sie auf den äußeren, helleren Teil des Ohrs.

11 Klicken Sie im Pinselbedienfeld auf den »Kohle-Breit«-Pinsel, um ihn anzuwenden. Ändern Sie im Steuerungsbedienfeld die Konturstärke in »0,5 pt« und achten Sie darauf, dass als Farbe der Flächenfüllung »bear brown« eingestellt ist.

12 Drücken Sie die Esc-Taste, um den Isolationsmodus zu beenden. Wiederholen Sie die Schritte für das andere Ohr.

13 Wählen Sie **Auswahl: Auswahl aufheben** und dann **Datei: Speichern**.

Pfade mit dem Pinsel-Werkzeug bearbeiten

Sie benutzen nun das Pinsel-Werkzeug, um einen ausgewählten Pfad zu bearbeiten.

1 Klicken Sie mit dem Auswahl-Werkzeug auf den zuletzt gezeichneten Pfad auf der rechten Seite des Bärengesichts.

2. Aktivieren Sie das Pinsel-Werkzeug (✏) im Werkzeugbedienfeld. Platzieren Sie den Mauszeiger am unteren Ende des markierten Pfads. Wenn Sie den Mauszeiger über einem markierten Pfad platzieren, erscheint daneben *kein* X. Ziehen Sie nach unten links, um den Pfad ein wenig unter das Kinn des Bären zu erweitern. Der markierte Pfad wird ab dem Punkt bearbeitet, an dem Sie zu malen begonnen haben.

3. Drücken und halten Sie die Strg-Taste (Windows) bzw. Befehl-Taste (Mac OS), um zum Auswahl-Werkzeug umzuschalten, und wählen Sie den ersten Pfad aus, den Sie mit dem Pinsel-Werkzeug gezeichnet haben (auf der linken Seite des Bärengesichts).

4. Bewegen Sie den Zeiger des weiterhin aktivierten Pinsel-Werkzeugs an den unteren Teil des ausgewählten Pfades und ziehen Sie nach rechts und unten, um den Pfad bis unter das Kinn des Bären auszuweiten. Schauen Sie sich dazu die Abbildung an.

▶ **Tipp:** Pfade, die Sie mit dem Pinsel-Werkzeug gezeichnet haben, können Sie auch mit dem Glätten- Werkzeug (✏) und dem Löschen-Werkzeug (✏) bearbeiten. Beide befinden sich unter dem Buntstift-Werkzeug (✏) im Werkzeugbedienfeld.

5. Wählen Sie **Auswahl: Auswahl aufheben** und dann **Datei: Speichern**.

Jetzt bearbeiten Sie die Optionen des Pinsel-Werkzeugs.

6. Doppelklicken Sie auf das Pinsel-Werkzeug (✏), um das Dialogfeld »Optionen für Pinsel-Werkzeug« aufzurufen. Markieren Sie das Kontrollfeld »Auswahl beibehalten« und klicken Sie dann auf OK.

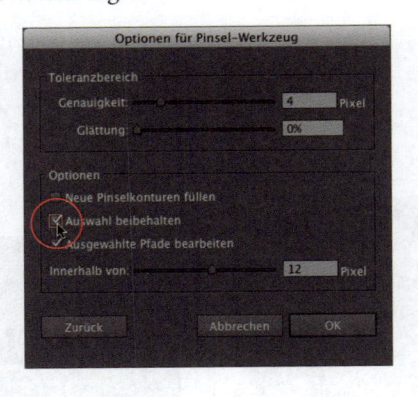

   Das Dialogfeld »Optionen für Pinsel-Werkzeug« ändert je nach Einstellung die Funktionsweise des Pinsel-Werkzeugs. Da Sie »Auswahl beibehalten« angeklickt haben, bleiben die Pfade nun ausgewählt, nachdem Sie sie gezeichnet haben.

▶ **Tipp:** Erhöhen Sie den Wert im Dialogfeld »Optionen für Pinsel-Werkzeug« den Wert für die »Glättung«. Der Pfad wird dann glatter, da beim Zeichnen weniger Ankerpunkte eingefügt werden.

7. Setzen Sie den Zeiger des Pinsel-Werkzeugs über die linke Schulter und ziehen Sie nach unten und nach links, um den linken Arm nachzuzeichnen. Zeichnen Sie weiter am Körper des Bären entlang.

● **Hinweis:** Sie können die Maustaste an bestimmten Punkten loslassen und dann mit dem Malen des Pfades fortfahren. Der Pfad bleibt aufgrund der im Dialogfeld »Optionen für Pinsel-Werkzeug« aktivierten Option »Auswahl beibehalten« ausgewählt.

8   Setzen Sie den Zeiger des Pinsel-Werkzeugs über die rechte Schulter, ziehen Sie nach unten und rechts um den rechten Arm herum. Malen Sie um den ganzen Arm herum und dann weiter an der Flanke des Bären nach unten.

● **Hinweis:** Ohne die Option »Auswahl beibehalten« können Sie einen Pfad bearbeiten, indem Sie ihn mit dem Auswahl-Werkzeug (▶) auswählen oder indem Sie ein Segment oder einen Punkt auf dem Pfad mit dem Direktauswahl- Werkzeug (▶) anklicken und mit dem Pinsel-Werkzeug über den Pfad malen.

9   Doppelklicken Sie auf das Pinsel-Werkzeug. Deaktivieren Sie im Dialogfeld »Optionen für Pinsel-Werkzeug« das Kontrollfeld »Auswahl beibehalten« und klicken Sie dann auf OK.

Die Pfade bleiben nun nach dem Zeichnen nicht mehr ausgewählt und Sie können überschneidende Pfade zeichnen, ohne zuvor gezeichnete Pfade zu verändern.

10 Wählen Sie **Auswahl: Auswahl aufheben** und **Auswahl: Objekt: Pinselkonturen**. Damit werden über alle Zeichenflächen hinweg alle Objekte ausgewählt, auf die eine Pinselkontur angewandt wurde.

11 Aktivieren Sie das Auswahl-Werkzeug im Werkzeugbedienfeld und klicken Sie mit gedrückter Umschalt-Taste auf das Fahnentuch, um es aus der Auswahl auszuschließen.

12 Klicken Sie verschiedene andere Pinsel im Pinselbedienfeld an, um die Wirkung zu sehen. Wenn Sie fertig sind, klicken Sie erneut auf den »Kohle-Breit«-Pinsel, um diesen wieder anzuwenden. Die Konturstärke im Steuerungsbedienfeld sollte 0,5 pt betragen.

Die ausgewählten Pfade   Ein anderer Pinsel   Ergebnis

▶ **Tipp:** Vergessen Sie nicht die große Anzahl an Pinseln, die mit Illustrator geliefert werden. Um auf diese zuzugreifen, klicken Sie in der unteren linken Ecke des Pinselbedienfelds auf die Schaltfläche »Menü ‚Pinsel-Bibliotheken'« ( ).

13 Klicken Sie neben die Grafik, um die Auswahl aufzuheben.

14 Wählen Sie **Datei: Speichern**.

Einen Bildpinsel erzeugen

Sie können – basierend auf Ihren Einstellungen – neue Kalligrafie-, Spezial-, Bild-, Muster- und Borstenpinsel erzeugen. Für Spezial-, Bild- und Musterpinsel müssen Sie zuerst die zu verwendende Grafik herstellen. In diesem Abschnitt nutzen Sie Beispielgrafik zur Erstellung eines neuen Bildpinsels. Mithilfe des Bildpinsels erzeugen Sie dann ein Logo für die Lokomotive.

● **Hinweis:** Richtlinien zur Erstellung von Pinseln finden Sie in der Illustrator-Hilfe unter »Adobe Illustrator * Pinsel«.

1 Wählen Sie **Ansicht: Zeichenfläche in Fenster einpassen**.

2 Wählen Sie **2** aus dem Menü »Zeichenflächennavigation« unten links im Dokumentfenster. Dadurch wird die zweite Zeichenfläche in das Dokumentfenster eingepasst.

3 Klicken Sie mit dem Auswahl-Werkzeug ( ) auf die Sterngruppe.

Sie stellen nun aus der ausgewählten Grafik einen Bildpinsel her. Bildpinsel lassen sich aus Vektorgrafiken erzeugen, allerdings dürfen diese Grafiken keine Verläufe, Angleichungen, anderen Pinselkonturen, Mesh-Objekte, Bitmap-Bilder, Diagramme, platzierte Dateien, Masken oder Text, der nicht in Pfade gewandelt wurde, enthalten.

4 Klicken Sie unten im Pinselbedienfeld auf die Schaltfläche »Neuer Pinsel« ( ). Dadurch wird aus der ausgewählten Grafik ein neuer Pinsel erzeugt.

5 Wählen Sie im Dialogfeld »Neuer Pinsel« die Option »Bildpinsel« und klicken Sie dann auf OK.

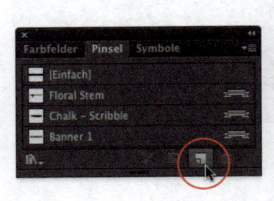

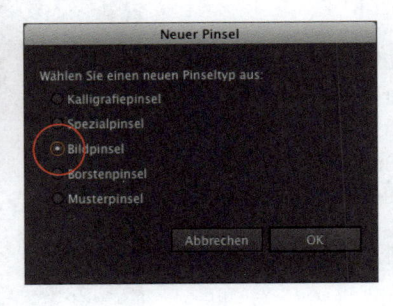

6 Ändern Sie im Dialogfeld »Bildpinsel-Optionen« den Namen in **train logo**. Klicken Sie auf OK.

7 Wählen Sie **1** aus dem Menü »Zeichenflächennavigation« unten links im Dokumentfenster.

8 Aktivieren Sie das Auswahl-Werkzeug in der Werkzeugbedienfeld und klicken Sie auf den Kreis um den Schriftzug »RR« auf der Lok.

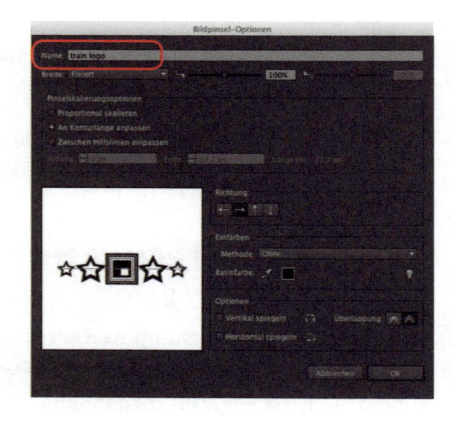

9 Ziehen Sie mit dem Zoomwerkzeug (🔍) einen Auswahlrahmen um den Kreis und das RR in der Mitte der Lok auf, um diesen Bereich vergrößert darzustellen.

10 Klicken Sie im Pinselbedienfeld auf den Pinsel »train logo«, um ihn auf die Auswahl anzuwenden.

Die ursprüngliche Grafik wird rund um die Form gestreckt. Dies ist das vorgegebene Verhalten eines Bildpinsels.

Einen Bildpinsel bearbeiten

Sie werden nun den Bildpinsel »train logo« bearbeiten.

▶ **Tipp:** Mehr über das Dialogfeld »Bildpinsel-Optionen« erfahren Sie in der Illustrator-Hilfe unter dem gleichnamigen Punkt.

1 Doppelklicken Sie bei weiterhin ausgewähltem Kreis auf den Namen »train logo« im Pinselbedienfeld (oder in den leeren Bereich rechts daneben), um das Dialogfeld »Bildpinsel-Optionen« zu öffnen. Aktivieren Sie das Kontrollfeld »Vorschau«, damit Sie die Änderungen sehen können. Ändern Sie die Breite auf **120%**. Dies vergrößert die Grafik relativ zu ihrer Originalbreite. Aktivieren Sie die Option »Zwischen Hilfslinien einpassen«, ändern Sie den Anfang auf **17 px** und das Ende auf **18 px**. Wählen Sie »Vertikal spiegeln« und klicken Sie dann auf OK.

2 Klicken Sie im Warndialog auf »Auf Konturen anwenden«, damit die Änderung in der Grafik wirksam wird, auf die der Pinsel angewandt wurde.

3 Wählen Sie **Ansicht: Zeichenfläche in Fenster einpassen**.

4 Wählen Sie **Auswahl: Auswahl aufheben** und dann **Datei: Speichern**.

● **Hinweis:** Wenn die Sterne in Ihrem Kreis sich nicht an der unteren Seite des Kreises befinden, können Sie den Kreis mit dem Drehen-Werkzeug (⟳) im Werkzeugbedienfeld drehen, bis er der Position in der Abbildung entspricht.

Borstenpinsel benutzen

Borstenpinsel erlauben es Ihnen, Konturen zu erzeugen, die aussehen, als wären sie mit einem echten Pinsel mit wirklichen Borsten gezogen worden. Sie passen zuerst die Optionen für den Pinsel an, um sein Aussehen in der Grafik zu verändern, und malen dann mit dem Pinsel-Werkzeug, um einen Feuereffekt zu erzielen.

Beispiele für Borstenpinsel

Die Optionen des Borstenpinsels ändern

Wie Sie bereits gesehen haben, können Sie das Aussehen eines Pinsels ändern, indem Sie seine Einstellungen im Dialogfeld »Pinsel-Optionen« anpassen, und zwar entweder bevor die Pinsel auf die Grafik angewandt wurden oder auch danach. Wenn Sie mit einem Borstenpinsel malen, werden Vektorpfade erzeugt. Normalerweise ist es am besten, die Einstellungen vor dem Malen zu ändern, da die Aktualisierung der Pinselkonturen eine Weile dauern kann.

1 Wählen Sie im Pinselbedienfeld »Einblenden: Borstenpinsel« aus dem Bedienfeldmenü (▼≡) und deaktivieren Sie anschließend »Einblenden: Bildpinsel«.

2 Doppelklicken Sie auf die Miniatur des Filbert-Pinsels oder direkt rechts neben seinen Namen, um die Borstenpinseloptionen für diesen Pinsel zu öffnen. Für den nächsten Schritt bleibt das Dialogfeld »Borstenpinseloptionen« geöffnet.

▶ **Tipp:** Illustrator enthält eine Reihe vorgegebener Borstenpinsel. Klicken Sie auf das Menü »Pinsel-Bibliotheken« (▣) am Ende des Pinselbedienfelds und wählen Sie »Borstenpinsel/Borstenpinselbibliothek«.

3 Treffen Sie folgende Einstellungen:

- Lassen Sie die Form auf »Flache Kurve« gestellt.
- Die Größe soll 3 mm betragen. Sie gibt den Durchmesser des Pinsels an.
- Ändern Sie die Borstenlänge auf **178%**. Die Borstenlänge beginnt dort, wo die Borsten aus der Halterung austreten.
- Ändern Sie die Borstendichte auf **84%**. Mit der Borstendichte wird die Anzahl der Borsten in einem bestimmten Bereich des Pinselhalses angegeben.
- Setzen Sie den Wert für die Borstendicke auf **74%**. Die Borstendicke kann von fein bis grob reichen (zwischen 1% und 100%).
- Ändern Sie den Wert für die Farbdeckkraft auf **90%**. Sie stellen mit dieser Option die Deckkraft der verwendeten Farbe ein.
- Stellen Sie für die Steifigkeit einen Wert von **29%** ein. Mit Steifigkeit ist die Härte der Borsten gemeint.

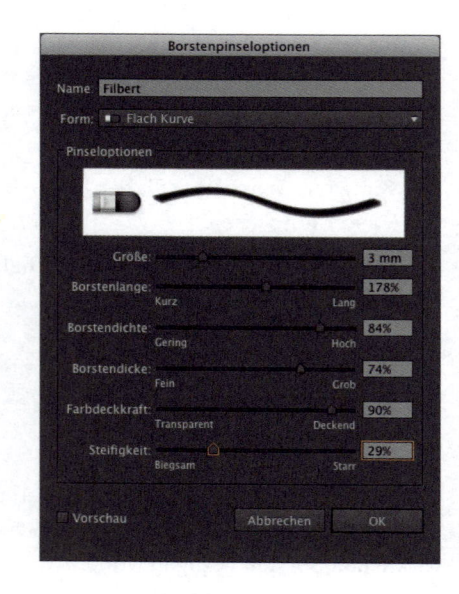

● **Hinweis:** Mehr über das Dialogfeld »Borstenpinseloptionen« und dessen Einstellungen erfahren Sie in der Illustrator-Hilfe unter »Borstenpinsel«.

4 Klicken Sie auf OK.

Mit einem Borstenpinsel malen

Sie werden nun mit dem Filbert-Pinsel ein wenig Feuer malen. Mithilfe eines Borstenpinsels können Sie sehr natürliche Konturen erzeugen. Um das Malen zu begrenzen, malen Sie innerhalb einer Form. Durch diese Art der Maskierung erhalten Sie eine Flammenform.

1 Aktivieren Sie das Zoomwerkzeug (🔍) im Werkzeugbedienfeld und ziehen Sie einen Auswahlrahmen über um die Flammenform links neben den Dinosauriern auf, um sie zu vergrößern.

2. Wählen Sie das Auswahl-Werkzeug (k) im Werkzeugbedienfeld und klicken Sie auf die Flammenform. Dadurch wird die Ebene mit der Form ausgewählt, sodass Sie jetzt ab sofort auf dieser Ebene arbeiten.

3. Klicken Sie unten im Werkzeugbedienfeld auf die Schaltfläche »Innen zeichnen« ( ).

● **Hinweis:** Wenn das Werkzeugbedienfeld einspaltig erscheint, klicken Sie auf die Schaltfläche »Zeichenmodi«, halten Sie die Maustaste gedrückt, und wählen Sie einen Zeichenmodus aus dem Popup-Menü aus.

● **Hinweis:** Mehr über die Zeichenmodi erfahren Sie in Lektion 3, »Formen erstellen und bearbeiten«

4. Wählen Sie **Auswahl: Auswahl aufheben**, um die Flammenform abzuwählen. Sie können weiterhin in der Form zeichnen, wie die gepunkteten Linien an den Ecken der Form andeuten.

5. Aktivieren Sie das Pinsel-Werkzeug ( ) im Werkzeugbedienfeld. Wählen Sie den Filbert-Pinsel aus dem Menü »Ausgangspunkt für Pinsel« im Steuerungsbedienfeld aus, falls er dort noch nicht aktiviert ist.

6. Ändern Sie im Steuerungsbedienfeld die Flächenfarbe in »Ohne« und die Konturfarbe in »flame red«. Drücken Sie die Esc-Taste, um das Farbfelderbedienfeld auszublenden. Vergewissern Sie sich außerdem, dass die Konturstärke auf 1 pt gestellt ist.

7. Setzen Sie den Zeiger auf die obere linke Spitze der Flammenform. Ziehen Sie nach rechts unten, um in etwa der oberen Kante der Flamme zu folgen. Lassen Sie die Maustaste los, wenn Sie an der unteren rechten Flammenspitze vorbei sind.

   Wenn Sie die Maustaste loslassen, sehen Sie, dass der gerade gemalte Pfad von der Flammenform maskiert wird.

8. Zeichnen Sie mit dem Pinsel-Werkzeug ( ) weiter in der Flammenform, um mit dem Filbert-Pinsel noch etwas mehr Textur zu erzeugen.

▶ **Tipp:** Wenn Sie Pfade direkt beim Zeichnen bearbeiten möchten, lassen Sie die Option »Auswahl beibehalten« im Dialogfeld »Optionen für Pinsel-Werkzeug« aktiviert oder wählen Sie Pfade mit dem Auswahl-Werkzeug aus. Sie brauchen die Form nicht komplett zu füllen.

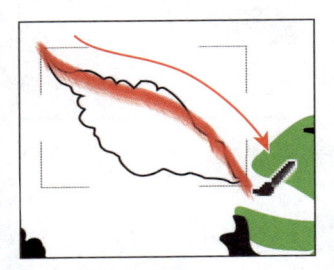

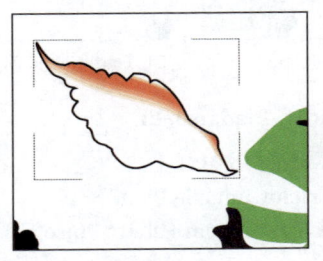

Mit dem Borstenpinsel malen   Maskierter Pfad   Ergebnis

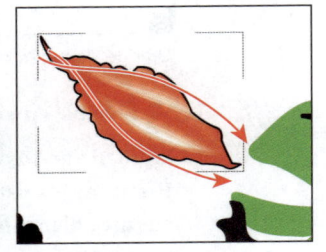

▶ **Tipp:** Wenn Sie mit Ihren letzten Pinselstrichen unzufrieden sind, wählen Sie **Bearbeiten: Rückgängig: Borstenpinselkontur**.

Sie bearbeiten nun den Pinsel und malen mit einer anderen Farbe, um die Flamme aus überlagerten Pfaden aufzubauen.

9 Ändern Sie die Konturfarbe im Steuerungsbedienfeld auf »flame orange«.

10 Doppelklicken Sie im Pinselbedienfeld auf die Miniatur des Filbert-Pinsels oder neben den Pinselnamen. Ändern Sie im Dialogfeld »Borstenpinseloptionen« die Farbdeckkraft auf 30% und klicken Sie dann auf OK.

11 Klicken Sie in dem sich öffnenden Dialog auf »Konturen beibehalten«. Die Pinselwerte werden dadurch geändert, ohne die bereits gemalte rote Flamme zu beeinträchtigen.

12 Zeichnen Sie mit dem Pinsel-Werkzeug einige weitere Pfade auf die roten Flammen. Konzentrieren Sie die orangefarbenen Pfade näher an das Maul des Sauriers.

13 Ändern Sie die Konturfarbe im Steuerungsbedienfeld auf »flame yellow«.

14 Doppelklicken Sie im Pinselbedienfeld auf die Miniatur des Filbert-Pinsels oder neben den Pinselnamen. Ändern Sie im Dialogfeld »Borstenpinseloptionen« die Borstendichte auf **18%** und die Steifigkeit auf **60%**. Klicken Sie auf OK.

15 Klicken Sie in dem sich öffnenden Dialog auf »Konturen beibehalten«.

16 Zeichnen Sie mit dem Pinsel-Werkzeug weitere Pfade auf die orangefarbigen Flammen, und zwar noch dichter am Maul des Sauriers.

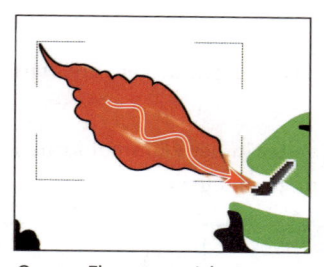

Orange Flammen zeichnen    Die Flamme mit Gelb abschließen

17 Wählen Sie **Ansicht: Pfadansicht**.

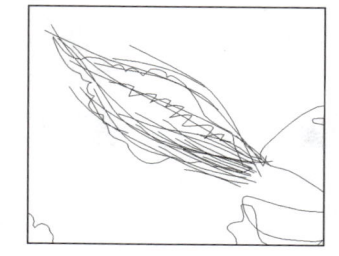

18 Wählen Sie **Auswahl: Objekt: Borstenpinselstriche**, um alle Pfade auszuwählen, die Sie mit dem Filbert-Pinsel erzeugt haben.

19 Wählen Sie **Objekt: Gruppieren** und **dann Ansicht: Vorschau**.

Der Borstenpinsel und Grafiktabletts

Wenn Sie den Borstenpinsel in Verbindung mit einem Grafiktablett verwenden, verfolgt Illustrator interaktiv die Bewegungen des Stifts auf dem Tablett. Alle Aspekte der Stiftausrichtung und Druckausübung werden für jeden Punkt auf dem Zeichenpfad interpretiert. Die von Illustrator erstellte Ausgabe beruht auf den folgenden Informationen: X- und Y-Achsenposition, Druck, Neigung, Lage und Drehung des Stifts.

Bei der Verwendung eines Grafiktabletts und eines Stifts, der neigungssensitiv ist, wird ein spezieller Cursor angezeigt, der die Spitze eines echten Pinsels simuliert. Bei anderen Eingabegeräten (z. B. einer Maus) wird dieser Cursor nicht angezeigt. Er ist ferner bei Verwendung der Fadenkreuzzeiger deaktiviert.

Hinweis: Wenn Sie die Fähigkeiten des Borstenpinsels in vollem Umfang nutzen möchten, empfiehlt es sich, das Grafiktablett Wacom Intuos 3 (oder eine höhere Version) sowie den Stift Art Pen (6D) zu verwenden. Alle sechs von dieser Gerätekombination bereitgestellten Freiheitsgrade können von Illustrator interpretiert werden. Im Gegensatz dazu können bei anderen Geräten, wie dem Wacom Grip Pen und Air Brush Pen, einige der Attribute wie z. B. der Neigungswinkel möglicherweise nicht interpretiert werden. Diese nicht interpretierten Attribute werden in den resultierenden Pinselkonturen als Konstanten behandelt.

Bei Verwendung einer Maus werden nur die Bewegungen entlang der X- und Y-Achse verfolgt. Andere Eingabewerte wie Neigung, Lage und Druck bleiben unverändert und führen zu gleichmäßigen und gleichförmigen Pinselstrichen.

Für Borstenpinselkonturen wird eine Vorschau angezeigt, wenn Sie das Werkzeug ziehen. Diese Vorschau bietet eine ungefähre Darstellung der endgültigen Kontur.

Hinweis: Borstenpinselkonturen bestehen aus mehreren sich überlappenden, gefüllten transparenten Pfaden. Wie alle anderen gefüllten Pfade in Illustrator interagieren diese Pfade mit der Farbe anderer Objekte, einschließlich anderer Borstenpinselpfade. Die Füllung von Konturen interagiert jedoch nicht mit sich selbst. Daher verstärken sich schichtweise übereinandergelegte, separate Borstenpinselkonturen und interagieren miteinander, eine einzelne Kontur, die an einem Ort hin und her gestrichen wurde, verstärkt sich jedoch nicht und interagiert nicht mit sich selbst.

— Aus der Illustrator-Hilfe

20 Klicken Sie unten in der Werkzeugbedienfeld auf »Normal zeichnen«.

21 Aktivieren Sie das Auswahl-Werkzeug im Werkzeugbedienfeld. Wählen Sie **Auswahl: Auswahl aufheben**.

22 Doppelklicken Sie auf den Rand der Flamme, um in den Isolationsmodus zu wechseln. Klicken Sie auf die schwarze Kontur der Flammenform. Ändern Sie die Konturfarbe im Steuerungsbedienfeld in »Ohne«.

Hinweis: Beim Speichern erscheint eventuell eine Warnmeldung. Klicken Sie auf OK.

23 Drücken Sie die Esc-Taste, um den Isolationsmodus zu verlassen.

24 Wählen Sie **Auswahl: Auswahl aufheben** und dann **Datei: Speichern**.

Musterpinsel benutzen

Musterpinsel malen ein Muster, das aus separaten Abschnitten oder Kacheln besteht. Wenn Sie mit einem Musterpinsel in einer Grafik malen, dann werden unterschiedliche Kacheln des Musters auf unterschiedliche Abschnitte des Pfades angewandt, und zwar je nachdem, wo sich der Abschnitt des Pfades befindet – am Ende, in der Mitte oder in der Ecke. Es gibt Hunderte interessanter Musterpinsel, von Hundespuren bis zu Stadtsilhouetten. Sie öffnen nun die Musterpinsel-Bibliothek und wählen ein Gleismuster, um Eisenbahngleise zu gestalten.

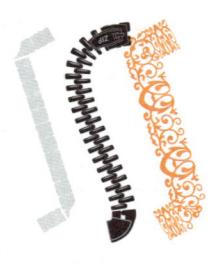

Beispiele für Musterpinsel

1 Wählen Sie **Ansicht: Zeichenfläche in Fenster einpassen**.

2 Klicken Sie im Bedienfeldmenü (▼≡) des Pinselbedienfelds auf »Einblenden: Musterpinsel« und deaktivieren Sie »Einblenden: Borstenpinsel«.

3 Klicken Sie auf die Schaltfläche Menü »Pinsel-Bibliotheken« (📚) und wählen Sie »Umrandungen: Umrandungen_ Dies und das«. Eine Pinsel-Bibliothek mit verschiedenen Rändern erscheint.

4 Scrollen Sie im Bedienfeld »Umrandungen_Dies und das« nach unten und wählen Sie den »Eisenbahngleise«-Pinsel, um ihn zum Pinselbedienfeld hinzuzufügen. Schließen Sie dann das Bedienfeld »Umrandungen_Dies und das«.

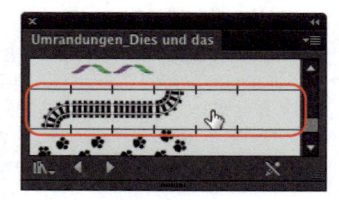

Sie wenden nun den Pinsel an und bearbeiten anschließend seine Eigenschaften.

5 Klappen Sie das Ebenenbedienfeld durch einen Klick auf dessen Symbol (▣) am rechten Rand des Arbeitsbereichs auf. Klicken Sie auf die Sichtbarkeitsspalte links neben der Ebene »Railroad tracks«, um den Pfad für die Gleise auf der Zeichenfläche einzublenden. Klappen Sie das Ebenenbedienfeld wieder zu.

6 Aktivieren Sie das Auswahl-Werkzeug (▶) im Werkzeugbedienfeld. Klicken Sie auf den Pfad, der unter dem Zug zu sehen ist.

7 Wählen Sie den Eisenbahngleise-Musterpinsel aus dem Menü »Ausgangspunkt für Pinsel« im Steuerungsbedienfeld, um den Musterpinsel anzuwenden.

8 Ändern Sie die Konturstärke im Steuerungsbedienfeld auf **4 pt**.

Wie Sie sehen, folgen die Gleise exakt der Kurve, da ein Musterpinsel aus Kacheln besteht, die den einzelnen Teilen des Pfades entsprechen.

Sie bearbeiten nun die Pinseleigenschaften für die ausgewählten Gleise.

9 Klicken Sie am rechten Rand des Arbeitsbereichs auf das Symbol des Pinselbedienfelds (), um dieses aufzuklappen. Klicken Sie auf die Schaltfläche »Optionen für Ausgewähltes Objekt« () am unteren Rand des Bedienfelds, um nur die Pinseloptionen für die auf der Zeichenfläche ausgewählten Eisenbahngleise zu bearbeiten. Dadurch öffnet sich das Dialogfeld »Kontur-Optionen (Musterpinsel)«.

10 Ändern Sie die Skalierung auf **120%**. Ziehen Sie dazu entweder den Regler nach rechts oder geben Sie den Wert direkt ein. Klicken Sie auf **OK**.

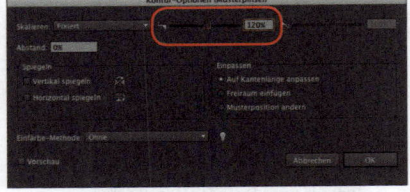

Wenn Sie die Pinseloptionen des ausgewählten Objekts bearbeiten, sehen Sie nur einige der Pinseloptionen. Das Dialogfeld »Kontur-Optionen (Musterpinsel)« dient zur Bearbeitung der Eigenschaften des gemalten Pfades, ohne den dazugehörenden Pinsel zu ändern.

▶ **Tipp:** Um die Größe der Eisenbahngleise zu ändern, können Sie auch die Kontur der Linie auf der Zeichenfläche ändern, auf die der Pinsel angewandt wurde.

11 Wählen Sie **Auswahl: Auswahl aufheben** und dann **Datei: Speichern**.

Einen Musterpinsel erstellen

Es gibt verschiedene Möglichkeiten, eigene Musterpinsel zu erstellen. Für ein einfaches Muster, das auf eine gerade Linie angewandt wird, können Sie z. B. den Inhalt auswählen, den Sie für das Muster nehmen wollen, und auf die Schaltfläche »Neuer Pinsel« ( ) am unteren Rand des Pinselbedienfelds klicken.

Um komplexere Muster zu erzeugen, die sich auf Objekte mit Kurven und Ecken anwenden lassen, müssen Sie zuerst aus der Grafik, die Sie für die Musterkacheln benutzen wollen, Felder im Farbfelderbedienfeld anlegen. Erst dann können Sie den neuen Pinsel erstellen. Für einen Musterpinsel, der auf einer geraden Linie mit Ecken benutzt wird, brauchen Sie z. B. drei Felder, eines für die gerade Linie, ein weiteres für die innere Ecke und eines für die äußere Ecke. Sie erzeugen nun die Felder für einen Musterpinsel.

1 Klicken Sie am rechten Rand des Arbeitsbereichs auf das Symbol des Ebenenbedienfelds ( ), um dieses auszuklappen.

2 Klicken Sie in die Sichtbarkeitsspalte links neben der Frame-Ebene, um deren Inhalte einzublenden.

3 Klicken Sie auf das Symbol des Farbfelderbedienfelds ( ) oder wählen Sie **Fenster: Farbfelder** zur Anzeige des Farbfelderbedienfelds.

Sie erzeugen nun ein Musterfeld.

4 Wählen Sie 2 aus dem Menü »Zeichenflächennavigation« in der unteren linken Ecke des Dokumentfensters.

5 Ziehen Sie mit dem Auswahl-Werkzeug ( ) die Blume in das Farbfelderbedienfeld. Das neue Musterfeld wird nun dort angezeigt.

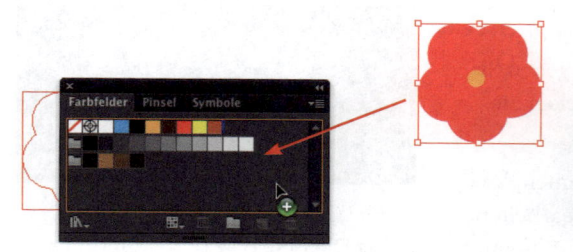

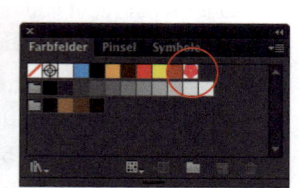

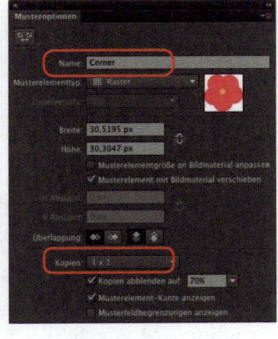

6 Wählen Sie **Auswahl: Auswahl aufheben**.

7 Doppelklicken Sie im Farbfelderbedienfeld auf das gerade erzeugte Musterfeld. Benennen Sie es im Dialogfeld »Musteroptionen« in **Corner** um und wählen Sie den Eintrag »1 x 1« aus dem Menü »Kopien«.

8 Klicken Sie in dem grauen Balken oben im Dokumentfenster auf »Fertig«, um die Bearbeitung des Musters abzuschließen.

9 Wiederholen Sie die Schritte 5 bis 7, um ein Musterfeld aus dem orangefarbigen Kreis zu erzeugen, der sich links von der Blume auf der Zeichenfläche befindet. Nennen Sie dieses Feld »Side«.

▶ **Tipp:** Mehr Informationen über die Herstellung von Musterfeldern finden Sie in der Illustrator-Hilfe.

Um einen neuen Musterpinsel herzustellen, wenden Sie die Felder aus dem Farbfelderbedienfeld auf Kacheln im Pinseloptionen-Dialog an. Sie verwenden nun die soeben angelegten Musterfelder zur Erstellung eines neuen Musterpinsels.

10 Öffnen Sie das Pinselbedienfeld durch einen Klick auf dessen Symbol ( ).

11 Falls etwas ausgewählt ist, wählen Sie **Auswahl: Auswahl aufheben**.

Dieser Schritt ist wichtig! Alle ausgewählten Inhalte werden zu einem Teil des Pinsels.

12 Klicken Sie im Pinselbedienfeld auf die Schaltfläche »Neuer Pinsel« ( ).

13 Wählen Sie im Dialogfeld »Neuer Pinsel« das Kontrollfeld »Musterpinsel«.

Wie Sie sehen, lassen sich die Optionen »Bildpinsel« und »Spezialpinsel« nicht markieren, da hierzu zuerst eine Grafik im Dokument ausgewählt werden muss. Klicken Sie auf OK.

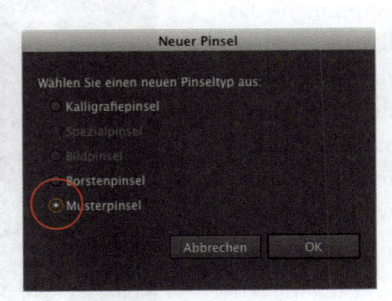

Sie bringen nun die Felder in die Kacheln für den neuen Musterpinsel ein.

14 Benennen Sie den Pinsel im Dialogfeld »Musterpinsel-Optionen« mit »Border«.

▶ **Tipp:** Setzen Sie den Zeiger über die Kachelfelder im Dialogfeld »Musterpinsel-Optionen«. Ein Tooltipp zeigt Ihnen dann an, um welches Teil es sich handelt.

15 Unter der Option »Abstand« muss »Musterelement: Kante« ausgewählt sein. Klicken Sie in der Liste darunter auf »Side«. Im Musterelementfeld erscheint daraufhin das »Side«-Musterfeld.

Das Dialogfeld »Musterpinsel-Optionen« zeigt die Kacheln in dem neuen Pinsel, den Sie herstellen. Die erste Kachel auf der linken Seite ist ein Seitenteil für mittlere Abschnitte eines Pfades. Die zweite Kachel ist ein äußeres Eckteil und die dritte Kachel ein inneres Eckteil. Die Namen der Musterfelder im Farbfelderbedienfeld werden unter den Feldern aufgeführt.

Musterpinsel können bis zu fünf Kacheln haben – Seiten-, Anfangs- und Endteile sowie jeweils eine Kachel für eine äußere und eine innere Ecke, um scharfe Kurven in einem Pfad zu zeichnen. Manche Pinsel besitzen keine Eckkacheln, weil der Pinsel für gebogene Pfade gedacht ist.

Im nächsten Teil dieser Lektion erzeugen Sie Ihren eigenen Musterpinsel mit Eckteilen. Sie wenden das »Corner«-Feld auf die äußeren und inneren Eckelemente für den neuen Musterpinsel an.

16 Wählen Sie im Dialogfeld »Musterpinsel-Optionen« das Feld »Musterelement: Äußere Ecke« (das zweite von links). Klicken Sie in der Liste der Musterfelder auf »Corner«. Dieses Musterfeld erscheint nun im Musterelement-Feld.

17 Wählen Sie das Feld »Musterelement: Innere Ecke« (das mittlere Feld). Klicken Sie in der Liste der Musterfelder auf »Corner«. Das Musterfeld erscheint als Musterelement für die innere Ecke. Klicken Sie auf OK.

Sie werden hier keine Anfangs- und Endteile für den neuen Pinsel erzeugen, da Sie ihn jetzt auf einen Pfad in der Grafik anwenden. Wenn Sie einen Musterpinsel mit Anfangs- und Endteilen erstellen möchten, dann fügen Sie diese Elemente auf die eben beschriebene Weise als Musterfelder hinzu.

Der »Border«-Pinsel erscheint im Pinselbedienfeld.

● **Hinweis:** Wenn Sie einen neuen Pinsel herstellen, erscheint dieser nur im Pinselbedienfeld des aktuellen Dokuments.

▶ **Tipp:** Um einen Pinsel zu speichern und in einer anderen Datei zu verwenden, können Sie eine Pinsel-Bibliothek mit den zu verwendenden Pinseln anlegen. Informationen darüber finden Sie in der Illustrator-Hilfe unter »Pinsel-Bibliotheken«.

Einen Musterpinsel anwenden

Sie setzen nun den »Border«-Pinsel für einen rechteckigen Rahmen rund um Ihre Grafik ein. Wenn Sie Zeichenwerkzeuge mit einem Pinsel einsetzen, zeichnen Sie zuerst mit dem Zeichenwerkzeug den Pfad und wählen dann im Pinselbedienfeld den gewünschten Pinsel aus.

1 Klicken Sie auf die Schaltfläche »Erste Zeichenfläche« (▐◀) in der unteren linken Ecke des Dokumentfensters, um zur ersten Zeichenfläche zurückzukehren und diese in das Fenster einzupassen.

2 Klicken Sie mit dem Auswahl-Werkzeug (▶) auf die weiße Kontur des Rechtecks auf dem Rand.

3 Im Werkzeugbedienfeld klicken Sie auf das »Fläche«-Feld und stellen sicher, dass die Füllfarbe »Ohne« (⊘) ausgewählt ist. Auch im »Kontur«-Feld muss »Ohne« (⊘) ausgewählt sein.

4 Klicken Sie auf das Symbol des Pinselbedienfelds (▐), um dieses auszuklappen, und wählen Sie »Miniaturansicht« aus dem Bedienfeldmenü (▼☰).

Die Musterpinsel sind in der Miniaturansicht des Bedienfelds in Segmente eingeteilt. Jedes Segment entspricht einer Musterkachel. Das Seitenteil wird wiederholt.

5 Klicken Sie bei ausgewähltem Rechteck auf den Border-Pinsel im Pinselbedienfeld.

Der Border-Pinsel wird auf das Rechteck angewendet, wobei sich das Seitenteil bestimmungsgemäß an den Seiten und das Eckteil an den Ecken befindet.

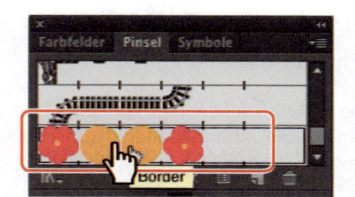

Jetzt bearbeiten Sie den Border-Pinsel.

6 Doppelklicken Sie im Pinselbedienfeld auf den Border-Musterpinsel, um das Dialogfeld »Musterpinsel-Optionen« zu öffnen.

7 Ändern Sie die Skalierung im Dialogfeld »Musterpinsel-Optionen« auf **70%** und den Abstand auf **120%**. Aktivieren Sie zusätzlich die Option »Freiraum einfügen« und klicken Sie dann auf OK.

8 Klicken Sie im Warndialog auf »Auf Konturen anwenden«, um die Umrandung auf der Zeichenfläche zu aktualisieren.

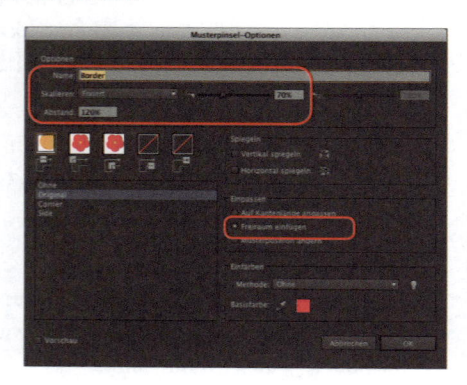

9 Wählen Sie mit dem Auswahl-Werkzeug den Bogen direkt über dem Kopf der Ente aus. Klicken Sie auf den Border-Pinsel im Pinselbedienfeld, um ihn anzuwenden.

Die Blumen werden übrigens nicht auf den Pfad angewandt. Der Pfad wird mit dem Seitenfeld (also der Side-Kachel) des Border-Pinsels bemalt. Da der Pfad keine scharfen Ecken enthält, werden die inneren und äußeren Eckteile auch nicht auf den Pfad angewandt.

10 Wählen Sie **Bearbeiten: Rückgängig: Musterpinsel anwenden**, um den Pinsel von dem Bogen zu entfernen.

● **Hinweis:** Sie haben weiter vorn gelernt, wie Sie mithilfe der Schaltfläche »Pinselkontur entfernen« (✖) im Pinselbedienfeld einen Pinsel von einem Objekt entfernen. In diesem Fall wählen Sie stattdessen **Bearbeiten: Rückgängig: Musterpinsel anwenden**, weil die Schaltfläche die vorherige Formatierung von dem Bogen entfernen würde und wir nur noch die vorgegebene Fläche und Kontur hätten.

Musterpinselkacheln bearbeiten

Sie bearbeiten die Kacheln in einem Musterpinsel, indem Sie Musterfelder anlegen (oder aktualisieren) und die neuen Musterfelder auf die Musterelemente im Dialogfeld »Musterpinsel-Optionen anwenden«.

Sie können zum Ändern der Musterteile auch die Alt-Taste drücken und die neue Grafik von der Zeichenfläche auf die Kachel im Pinselbedienfeld ziehen, das Sie ändern wollen.

Die Farbattribute von Pinseln ändern

Die Farben, die ein Spezial-, Bild- oder Musterpinsel malt, hängen von der aktuellen Konturfarbe und der Einfärbemethode des Pinsels ab. Haben Sie keine Einfärbemethode eingestellt, wird für diesen Pinsel die vorgegebene Farbe verwendet. So wurde z. B. der Zuglogo-Bildpinsel mit seiner vorgegebenen Farbe angewandt, weil seine Einfärbemethode auf »Ohne« gestellt war.

Zum Einfärben von Bild-, Muster- und Spezialpinseln gibt es drei Bearbeitungsmethoden im Dialogfeld »Pinseloptionen«: »Farbtöne«, »Farbtöne/Schattierungen« und »Farbton-Verschiebung«.

Mehr über diese Einfärbemethoden erfahren Sie in der Illustrator-Hilfe unter »Einfärbeoptionen«.

● **Hinweis:** Pinsel mit einer weißen Konturfarbe können völlig weiß erscheinen, Pinsel mit einer schwarzen Kontur dagegen völlig schwarz. Die Ergebnisse hängen davon ab, welche Pinselfarben ursprünglich gewählt wurden.

Die Pinselfarbe mit der Einfärbemethode Farbtöne ändern

Sie ändern die Farbe des Zuglogo-Bildpinsels nun mit der Einfärbemethode »Farbtöne«.

1 Wählen Sie **Einblenden: Bildpinsel** aus dem Menü des Pinselbedienfelds (▼≣) und deaktivieren Sie den Eintrag »Einblenden: Musterpinsel«.

2 Klicken Sie mit dem Auswahl-Werkzeug (▶) auf das Zuglogo (den Kreis mit dem Zuglogo-Bildpinsel) unter der Ente.

3 Klicken Sie mit gedrückter Umschalt-Taste auf die Konturfarbe im Steuerungsbedienfeld, um das Farbebedienfeld zu öffnen. Ändern Sie die Farbwerte in C=**3**, M=**92**, Y=**100**, K=**16**.

4 Doppelklicken Sie im Pinselbedienfeld auf den Zuglogo-Pinsel, um das Dialogfeld »Bildpinsel-Optionen« anzuzeigen.

Wenn Sie den Mauszeiger über dem Pinselnamen platzieren, erscheint ein Tooltipp. Aktivieren Sie bei Bedarf das Kontrollfeld »Vorschau« und ziehen Sie das Dialogfeld zur Seite, um beim Arbeiten die Grafik im Blick zu haben.

▶ **Tipp:** Mehr zu den Auswirkungen der unterschiedlichen Einfärbemethoden auf Ihre Grafik erfahren Sie mit einem Klick auf das Glühbirnensymbol (💡) im Dialogfeld Bildpinsel-Optionen.

5 Wählen Sie im Abschnitt »Einfärben« des Dialogfelds »Bildpinsel-Optionen« die Methode »Farbtöne«.

Der ausgewählte Pfad mit dem Zuglogo wurde eingefärbt und zeigt die Pinselkontur in Farbtönen der Konturfarbe an. Teile der Grafik, die schwarz sind, werden zur Konturfarbe, Teile, die nicht schwarz sind, werden zu Abtönungen der Konturfarbe, und Weiß bleibt Weiß.

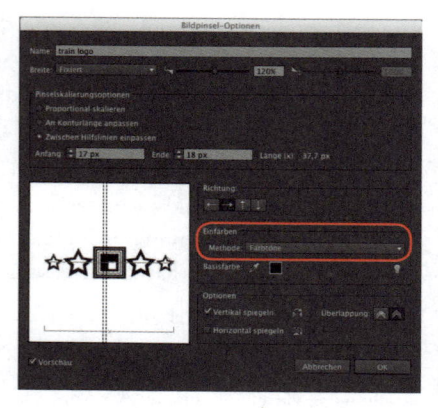

● **Hinweis:** Die Einfärbemethode »Farbtöne/Schattierungen« stellt die Pinselkontur in Farbtönen und Schattierungen der Konturfarbe dar. Farbtöne/Schattierungen erhält Schwarz und Weiß, alles dazwischen wird zu einer Angleichung von Schwarz nach Weiß durch die Konturfarbe.

6 Wenn Sie möchten, wählen Sie aus dem Menü im Dialogfeld »Bildpinsel-Optionen« die Einfärbemethode »Farbtöne/Schattierungen«, um eine Vorschau auf die Änderung zu erhalten. Wählen Sie dann wieder »Farbtöne« und klicken Sie auf OK. Klicken Sie im Warndialog auf »Auf Konturen anwenden«, um die Einfärbung zu bestätigen.

Sie können sich auch dafür entscheiden, nur nachfolgende Pinselkonturen zu ändern und vorhandene Konturen unverändert zu lassen. Wenn Sie eine Einfärbemethode für einen Pinsel wählen, dann gilt die neue Konturfarbe für die ausgewählten Pinselkonturen und für neue Pfade, die mit dem Pinsel gemalt werden.

7 Klicken Sie mit gedrückter Umschalt-Taste auf die Konturfarbe im Steuerungsbedienfeld, um das Farbebedienfeld aufzurufen. Klicken Sie unten in den Farbbalken, um eine Farbe auszuwählen.

8 Wenn Sie mit der Farbe des Zuglogos zufrieden sind, klicken Sie neben die Grafik, um die Auswahl aufzuheben.

9 Wählen Sie **Datei: Speichern**.

Die Pinselfarbe mit der Einfärbemethode Farbton-Verschiebung ändern

Nun wenden Sie eine neue Farbe auf den Pinsel »Banner 1« im Pinselbedienfeld an.

1 Öffnen Sie das Ebenenbedienfeld mit einem Klick auf sein Symbol () am rechten Rand des Arbeitsbereichs. Klicken Sie auf die Sichtbarkeitsspalte links neben der Textebene, um deren Inhalt einzublenden. Klicken Sie auf das Register des Ebenenbedienfelds, um es wieder auszublenden.

2 Wählen Sie das Zoomwerkzeug () im Werkzeugbedienfeld und ziehen Sie einen Rahmen um das Golden Book Award-Siegel in der unteren linken Ecke auf, um es vergrößert anzuzeigen.

3 Wählen Sie mit dem Auswahl-Werkzeug () den Kreis in dem Siegel aus, auf den der Pinsel angewandt wurde.

4 Klicken Sie auf das Symbol des Pinselbedienfelds (), um dieses auszuklappen. Doppelklicken Sie auf den Banner 1-Pinsel im Pinselbedienfeld, um das Dialogfeld »Bildpinsel-Optionen« zu öffnen. Für diesen Pinsel ist übrigens standardmäßig die Einfärbemethode »Ohne« eingestellt.

5 Aktivieren Sie im Dialogfeld »Bildpinsel-Optionen« das Kontrollfeld »Vorschau«, falls dies noch nicht geschehen ist. Wählen Sie »Farbton-Verschiebung« als »Einfärbemethode« aus dem Menü.

Man wählt diese Einfärbemethode typischerweise für Pinsel mit mehreren Farben. Alle Elemente in der Grafik, die die Basisfarbe haben, ändern sich in die neue Konturfarbe, wenn die Konturfarbe geändert wird.

6 Klicken Sie im Abschnitt »Einfärben« im Dialogfeld »Bildpinsel-Optionen« auf die Basisfarbenpipette ( ), setzen Sie den Zeiger über einen Orange-Ton im Vorschaubereich (links neben den Einfärbeeinstellungen) und klicken Sie, wie in der Abbildung dargestellt.

Die Basisfarbe, die Sie gerade aufgenommen haben (Orange), wird nun mit der aktuellen Konturfarbe eingefärbt. Alle orangefarbigen Bereiche des Pinsels werden gelb. Diese Farbe erscheint, wenn Sie die Einfärbemethode Farbton-Verschiebung anwenden.

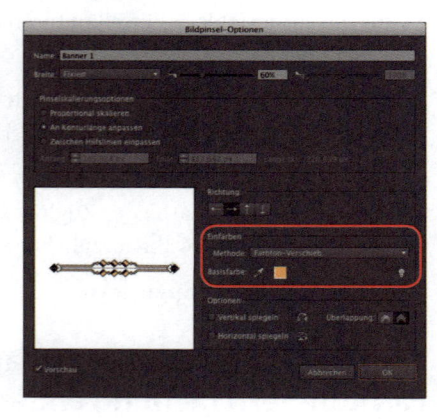

7 Klicken Sie auf OK und bestätigen Sie die nachfolgende Warnmeldung mit Auf Konturen anwenden, um die Einfärbungen auf die Konturen der Grafik zu übertragen. Sie könnten auch beschließen, nur nachfolgende Pinselkonturen zu ändern und die vorhandenen Konturen unverändert zu lassen.

8 Ändern Sie die Konturfarbe im Steuerungsbedienfeld auf »flame red«. Probieren Sie andere Konturfarben für die ausgewählten Pinselkonturen aus, bevor Sie wieder, wie rechts dargestellt, zu »flame yellow« zurückkehren.

9 Wählen Sie **Auswahl: Auswahl aufheben**.

10 Wählen Sie **Datei: Speichern**.

Mit dem Tropfenpinselwerkzeug arbeiten

Sie können das Tropfenpinselwerkzeug einsetzen, um gefüllte Formen zu malen, die sich überschneiden und mit anderen Formen derselben Farbe vermischen. Mit dem Tropfenpinselwerkzeug können Sie mit der gleichen Kunstfertigkeit malen wie mit dem Pinsel-Werkzeug. Im Gegensatz zum Pinsel-Werkzeug jedoch, mit dem Sie offene Pfade erzeugen, erlaubt Ihnen das Tropfenpinselwerkzeug nur, gefüllte, geschlossene Formen ohne Kontur zu erstellen, die Sie dann problemlos mit dem Radiergummi oder dem Tropfenpinsel bearbeiten können. Formen mit Kontur können nicht mit dem Tropfenpinselwerkzeug bearbeitet werden.

Pfad, erzeugt mit dem Pinsel-Werkzeug

Form, erzeugt mit dem Tropfenpinselwerkzeug

Sie werden nun mit dem Tropfenpinselwerkzeug einen Teil des Rauchs herstellen, der aus der Lok kommt.

Mit dem Tropfenpinselwerkzeug malen

Das Tropfenpinselwerkzeug verwendet die gleichen voreingestellten Pinseloptionen wie die Kalligrafiepinsel.

1 Wählen Sie **Zurücksetzen: Grundlagen** aus dem Arbeitsbereich-Umschalter in der Anwendungsleiste.

2 Wählen Sie **Ansicht: Zeichenfläche in Fenster einpassen**.

3 Klicken Sie auf der rechten Seite des Arbeitsbereichs auf das Symbol des Ebenenbedienfelds ( ), um dieses auszuklappen. Klicken Sie dann auf das Augensymbol links neben der Textebene, um deren Inhalte zu verbergen. Nachfolgend klicken Sie dann auf die Sichtbarkeitsspalte links neben

● **Hinweis:** Wenn Ihnen die Option **Zurücksetzen: Grundlagen** im Arbeitsbereich-Umschalter nicht angezeigt wird, wählen Sie zuerst **Grundlagen** und dann **Zurücksetzen: Grundlagen** aus.

● **Hinweis:** Wenn vor dem Zeichnen mit dem Tropfenpinsel eine Fläche und eine Kontur vorhanden waren, dann wird die Kontur zur Füllung der Form, die Sie mit dem Tropfenpinsel erzeugen. War vor dem Zeichnen nur eine Fläche gesetzt, wird die erzeugte Form mit dieser gefüllt.

● **Hinweis:** Wenn Sie mit dem Tropfenpinsel zeichnen, erzeugen Sie gefüllte, geschlossene Formen. Diese Formen können alle Arten von Füllungen enthalten, darunter Verläufe, normale Farben, Muster und mehr.

der »Background«- und der »Smoke«-Ebene. Wählen Sie schließlich die »Smoke«-Ebene aus.

4 Stellen Sie im Steuerungsbedienfeld »Weiß« als Flächenfarbe und »Ohne« (☒) als Konturfarbe ein.

5 Doppelklicken Sie das Tropfenpinselwerkzeug (🖌) im Werkzeugbedienfeld. Aktivieren Sie im Dialogfeld »Tropfenpinsel-Optionen« das Kontrollfeld »Auswahl beibehalten« und ändern Sie die »Größe« im Bereich »Standard-Pinseloptionen« auf 30 pt. Klicken Sie dann auf OK.

6 Setzen Sie den Zeiger direkt über den schwarzen Schornstein links neben der Ente. Ziehen Sie ein Zickzackmuster nach rechts oben, um etwas Rauch zu erzeugen.

7 Wählen Sie **Auswahl: Auswahl aufheben**.

Pfade mit dem Tropfenpinselwerkzeug zusammenfügen

Mit dem Tropfenpinsel können Sie nicht nur neue Formen zeichnen, sondern auch Formen derselben Farbe überkreuzen und zusammenfügen. Fügen Sie nun den gerade erzeugten Rauch und die weiße Ellipse rechts daneben zu einer großen Rauchform zusammen.

1 Öffnen Sie das Aussehenbedienfeld mit einem Klick auf sein Symbol (◉) am rechten Rand des Arbeitsbereichs. Deaktivieren Sie im Bedienfeldmenü (▼≡) die Option »Neues Bild hat Grundform«. Dadurch greift das Tropfenpinselwerkzeug auf die Attribute der ausgewählten Grafik zurück.

2 Klicken Sie mit dem Auswahl-Werkzeug (▶) auf den gerade gezeichneten Rauch und klicken Sie mit gedrückter Umschalt-Taste auf die weiße Ellipse rechts daneben.

3 Klicken Sie oben im Aussehenbedienfeld auf das Wort »Pfad«, damit der Schlagschatten, den Sie als Nächstes anwenden, nicht nur auf die Fläche oder die Kontur angewandt wird.

● **Hinweis:** Wenn Ihnen bei Auswahl beider Formen im Aussehenbedienfeld »Gemischtes Aussehen« angezeigt wird, drücken Sie die Taste D, um die Standardkontur und -fläche anzuwenden, und ändern Sie die Konturstärke im Steuerungsbedienfeld nachfolgend auf 0, um die Kontur zu entfernen.

4 Wählen Sie **Effekt: Stilisierungsfilter: Schlagschatten**. Ändern Sie im Dialogfeld »Schlagschatten« die Deckkraft auf **35%**, den X- und Y-Versatz jeweils auf **3 px** sowie »Weichzeichnen« auf **2 px**. Klicken Sie auf OK.

5 Wählen Sie **Auswahl: Auswahl aufheben**.

6 Achten Sie bei aktivierten Tropfenpinselwerkzeug darauf, dass im Aussehenbedienfeld die gleichen Attribute zu sehen sind, die auch die Rauchformen aufweisen (weiße Fläche, keine Kontur, Schlagschatten). Ziehen Sie vom Inneren der Rauchform nach rechts zum Inneren der Ellipse und verbinden Sie die beiden Formen.

● **Hinweis:** Sie sehen, dass der Schlagschatten beim Zeichnen und Bearbeiten auf die gesamte Form angewandt wird.

● **Hinweis:** Objekte, die mit dem Tropfenpinsel zusammengefügt werden, müssen die gleichen Aussehenattribute besitzen, dürfen keine Kontur haben, müssen in derselben Ebene oder Gruppe liegen und sich in der Stapelreihenfolge direkt übereinander befinden.

7 Malen Sie weiter mit dem Tropfenpinsel, damit der Rauch mehr wie eine Wolke aussieht. Wenn Sie die Maustaste loslassen, wird der Schlagschatten angewandt.

Wenn neue Formen entstehen, statt die vorhandenen Wolkenform zu verändern, machen Sie Ihre letzten Arbeitsschritte rückgängig. Markieren Sie dann mit dem Auswahl-Werkzeug nochmals die Wolke und heben Sie die Auswahl anschließend gleich wieder auf. Malen Sie dann weiter.

8 Um den Wolkeneindruck zu verstärken, malen Sie mit dem Tropfenpinsel weiter auf dem elliptischen Teil des Rauchs herum.

9 Wählen Sie **Auswahl: Auswahl aufheben** und dann **Datei: Speichern**.

Hinweise für den Tropfenpinsel

Wenn Sie mit dem Tropfenpinsel arbeiten, sollten Sie folgende Hinweise beachten.

- Sie können nur Pfade zusammenfügen, die eine benachbarte Position in der Stapelreihenfolge haben.
- Das Tropfenpinselwerkzeug erstellt Pfade mit einer Füllung, jedoch ohne Kontur. Falls Sie Ihre mit dem Tropfenpinselwerkzeug erstellten Pfade mit bestehendem Bildmaterial zusammenfügen möchten, ist sicherzustellen, dass dieses Bildmaterial die gleiche Füllfarbe und ebenfalls keine Kontur verwendet.
- Beim Zeichnen von Pfaden mit dem Tropfenpinselwerkzeug werden neue Pfade mit dem obersten übereinstimmenden Pfad zusammengefügt. Falls der neue Pfad mehr als einen übereinstimmenden Pfad in der gleichen Gruppe bzw. Ebene berührt, werden alle sich schneidenden Pfade zusammengefügt.
- Wenn Sie Malattribute wie z. B. Effekte oder Transparenz auf das Tropfenpinselwerkzeug anwenden möchten, wählen Sie den Pinsel aus und legen Sie im Aussehenbedienfeld die gewünschten Attribute fest, bevor Sie mit dem Zeichnen beginnen.
- Sie können das Tropfenpinselwerkzeug auch zum Zusammenfügen von Pfaden verwenden, die mit anderen Werkzeugen erstellt wurden. Hierzu müssen Sie sicherstellen, dass das bestehende Bildmaterial keine Kontur besitzt. Anschließend stellen Sie das Tropfenpinselwerkzeug auf die gleiche Füllfarbe ein und zeichnen einen neuen Pfad, der alle Pfade schneidet, die Sie zusammenfügen möchten.

– Aus der Illustrator-Hilfe

Mit dem Radiergummi-Werkzeug arbeiten

Möglicherweise vermalen Sie sich mit dem Tropfenpinselwerkzeug und wollen das hinterher korrigieren. Mit dem Radiergummi-Werkzeug können Sie die Form modellieren und Änderungen ausbessern, die Ihnen nicht gefallen.

▶ **Tipp:** Beim Zeichnen mit dem Tropfenpinsel und dem Radiergummi empfiehlt es sich, kürzere Striche zu ziehen und die Maustaste öfter loszulassen. Sie können diese Schritte rückgängig machen; wenn Sie allerdings einen langen Strich ziehen, ohne die Maustaste loszulassen, würde bei einem Widerruf der gesamte Strich entfernt werden.

● **Hinweis:** Wenn Sie die Form vor dem Radiergummiwerkzeug auswählen, ist dessen Einflussbereich auf die Form selbst beschränkt.

1 Wählen Sie mit dem Auswahl-Werkzeug (▸) die Rauchform aus.
2 Aktivieren Sie das Radiergummi-Werkzeug (✐) im Werkzeugbedienfeld. Lassen Sie sich für die nächsten Schritte Zeit und denken Sie daran, dass Sie jederzeit anhalten und zurückgehen können.

3   Platzieren Sie den Mauszeiger über der Wolkenform und drücken Sie einige Male die Tasten Umschalt+>, um die Pinselspitze zu vergrößern.

4   Ziehen Sie mit dem Radiergummi entlang der Unterkante der Rauchform, um ein wenig von dem Rauch zu entfernen.

Die Zeiger von Tropfenpinsel und Radiergummi enthalten einen Kreis, der den Durchmesser des Pinsels angibt.

5   Versuchen Sie, beim Bearbeiten der Rauchform zwischen dem Tropfenpinsel und dem Radiergummi zu wechseln.

6   Erweitern Sie das Ebenenbedienfeld mit einem Klick auf dessen Symbol ( ) auf der rechten Seite des Arbeitsbereichs. Klicken Sie auf die Sichtbarkeitsspalte links neben der Textebene.

● **Hinweis:** Sie müssen den Text »Ted und Fuego Take a Train« auf dem Rauch möglicherweise mit dem Auswahl-Werkzeug neu zentrieren.

7   Klicken Sie auf das Register des Ebenenbedienfelds, um die Bedienfeldgruppe zu schließen.

8   Wählen Sie **Datei: Speichern** und schließen Sie alle geöffneten Dateien.

Fragen

1. Beschreiben Sie die fünf Pinselarten: Kalligrafie, Spezial, Bild, Borsten und Muster.

2. Worin besteht der Unterschied zwischen dem Anwenden eines Pinsels auf eine Grafik mit dem Pinsel-Werkzeug und dem Anwenden eines Pinsels auf eine Grafik mit einem der Zeichenwerkzeuge?

3. Beschreiben Sie, wie man Pfade beim Zeichnen mit dem Pinsel-Werkzeug bearbeitet. Wie beeinflusst die Option »Auswahl beibehalten« das Pinsel-Werkzeug?

4. Wie ändern Sie die Einfärbemethode für einen Bild-, Muster- oder Spezialpinsel? (Denken Sie daran, dass mit Kalligrafie- oder Borstenpinseln keine Einfärbemethoden benutzt werden.)

5. Für welche Pinsel muss ein Bild auf der Zeichenfläche ausgewählt sein, bevor Sie den Pinsel benutzen können?

6. Was können Sie mit dem Tropfenpinselwerkzeug erstellen?

Antworten

1. Dies sind die fünf Pinselarten:

    - Bildpinsel strecken Grafiken gleichmäßig entlang eines Pfades. Bildpinsel umfassen Konturen, die grafischen Mitteln ähneln, wie der Kohle-Pinsel, mit dem der Baum hergestellt wurde. Bildpinsel können aber auch Objekte enthalten.

    - Kalligrafiepinsel werden durch eine elliptische Form definiert, deren Mitte dem Pfad folgt. Sie erzeugen Konturen, die handgezeichneten Linien ähneln, die mit einer flachen, abgewinkelten Kalligrafiespitze hergestellt werden.

    - Musterpinsel malen ein Muster, das aus verschiedenen Abschnitten oder Kacheln für die Seiten, Enden und Ecken des Pfades besteht. Wenn Sie einen Musterpinsel auf eine Grafik anwenden, dann setzt der Pinsel unterschiedliche Elemente aus dem Muster auf unterschiedliche Abschnitte des Pfades ein, je nachdem, wo der Abschnitt sich auf dem Pfad befindet.

    - Borstenpinsel erlauben es Ihnen, Pinselkonturen mit dem Aussehen eines natürlichen Pinsels mit Borsten zu erzeugen.

    - Spezialpinsel streuen ein Objekt wie etwa ein Blatt entlang eines Pfades. Sie können Größe, Abstand, Streuung und Drehung des Objekts anpassen, um das Aussehen des Pinsels zu beeinflussen.

2 Um Pinsel mithilfe des Pinsel-Werkzeugs anzuwenden, aktivieren Sie das Werkzeug, wählen einen Pinsel im Pinselbedienfeld und zeichnen dann auf der Zeichenfläche. Der Pinsel wird beim Zeichnen direkt auf die Pfade angewandt. Um Pinsel mithilfe eines Zeichenwerkzeugs anzuwenden, aktivieren Sie das Werkzeug und zeichnen in der Grafik. Anschließend wählen Sie den Pfad in der Grafik aus und wählen einen Pinsel im Pinselbedienfeld. Der Pinsel wird auf den ausgewählten Pfad angewandt.

3 Um einen Pfad mit dem Pinsel-Werkzeug zu bearbeiten, ziehen Sie über einen ausgewählten Pfad, damit dieser neu gezeichnet wird. Die Option »Auswahl beibehalten« sorgt dafür, dass der letzte Pfad ausgewählt bleibt, während Sie mit dem Pinsel-Werkzeug malen. Lassen Sie die Option eingeschaltet (Standardeinstellung), wenn Sie den vorherigen Pfad beim Zeichnen bearbeiten wollen. Deaktivieren Sie die Option »Auswahl beibehalten«, wenn Sie mehrere Pfade mit dem Pinsel übereinander zeichnen wollen, ohne die vorherigen Pfade zu verändern. Wenn die Option deaktiviert ist, können Sie einen Pfad mit dem Auswahl-Werkzeug auswählen und dann bearbeiten.

4 Doppelklicken Sie auf den Pinsel im Pinselbedienfeld, damit sich das »Pinseloptionen«-Dialogfeld öffnet und Sie die Einfärbemethode ändern können. Im »Methode«-Menü des Abschnitts »Einfärben« wählen Sie eine andere Methode aus. Wenn Sie »Farbton-Verschiebung« wählen, können Sie die vorgegebene Farbe benutzen, die in der Vorschau zu sehen ist, oder die Basisfarbe mithilfe der Basisfarbenpipette ändern, indem Sie in der Vorschau eine Farbe aufnehmen. Klicken Sie OK, um die Einstellungen zu akzeptieren und den Dialog zu schließen. Im Warndialog klicken Sie auf »Auf Konturen anwenden«, falls die Änderungen auf vorhandene Konturen in der Grafik übertragen werden sollen.

Vorhandene Pinselkonturen werden mit der Konturfarbe eingefärbt, die ausgewählt war, als die Konturen auf die Grafik angewandt wurden. Neue Pinselkonturen werden mit der vorhandenen Konturfarbe eingefärbt. Um die Farbe von vorhandenen Konturen zu ändern, nachdem eine andere Einfärbemethode ausgewählt wurde, wählen Sie die Konturen aus und legen dann eine neue Konturfarbe fest.

5 Für Bild- und Spezialpinsel muss eine Grafik ausgewählt sein, damit Sie mit dem Neuer Pinsel-Button im Pinselbedienfeld einen Pinsel erzeugen können.

6 Verwenden Sie den Tropfenpinsel, um gefüllte Formen zu bearbeiten, die Sie überschneiden und mit anderen Formen der gleichen Farbe zusammenfügen können, oder um Grafiken von Grund auf neu zu erstellen.

12 EFFEKTE ANWENDEN

Überblick

In dieser Lektion lernen Sie Folgendes:

- Verschiedene Effekte wie Pathfinder-, Scribble- und Schlagschatteneffekte benutzen
- Verkrümmungseffekte auf Schrift anwenden
- Erzeugen von 3D-Objekten aus 2D-Grafiken
- Zuweisen von Grafiken auf die Oberflächen von 3D-Objekten

Diese Lektion dauert ungefähr eine Stunde. Falls erforderlich, entfernen Sie den Ordner der vorherigen Lektion von Ihrer Festplatte und kopieren Sie den Ordner *Lektion12* darauf.

Effekte ändern das Aussehen eines Objekts. Effekte sind dynamisch; das bedeutet, dass Sie einen Effekt auf ein Objekt anwenden und ihn dann jederzeit über das Aussehenbedienfeld verändern oder entfernen können. Mithilfe von Effekten ist es ganz einfach, Schlagschatten anzubringen, zweidimensionale Grafiken in dreidimensionale Objekte umzuwandeln und vieles mehr.

Vorbereitungen

In dieser Lektion erzeugen Sie mithilfe verschiedener Effekte Objekte. Stellen Sie zu Beginn die vorgegebenen Voreinstellungen für Adobe Illustrator wieder her. Öffnen Sie dann die Datei mit der fertigen Grafik, um sich anzuschauen, was Sie herstellen werden.

1. Um sicherzustellen, dass die Werkzeuge und Bedienfelder so funktionieren, wie in dieser Lektion beschrieben, löschen oder deaktivieren Sie (indem Sie sie umbenennen) die Adobe Illustrator CS6-Preferences-Datei (siehe Seite 3).

2. Starten Sie Adobe Illustrator CS6.

● **Hinweis:** Falls Sie das noch nicht erledigt haben, kopieren Sie die Ressourcendatei für diese Lektion aus dem Ordner *Lektion12* der Buch-CD auf Ihre Festplatte (siehe Seite 2).

3. Wählen Sie **Datei: Öffnen** und öffnen Sie die Datei *L12end.ai* im Verzeichnis *Lektion12*, das sich im Ordner *Lektionen* auf Ihrer Festplatte befindet.

   Diese Datei zeigt die vollständige Illustration einer Getränkedose.

4. Wählen Sie **Ansicht: Auszoomen**, um die fertige Grafik zu verkleinern. Passen Sie die Fenstergröße an und lassen Sie das Fenster beim Arbeiten auf dem Bildschirm stehen. (Verschieben Sie das Bild mit dem Hand-Werkzeug (✋) nach Belieben im Fenster). Falls Sie es nicht geöffnet lassen wollen, wählen Sie **Datei: Schließen**.

   Zu Beginn öffnen Sie eine vorhandene Grafikdatei.

● **Hinweis:** Wenn Sie Lektionsdateien unter Mac OS öffnen, müssen Sie gegebenenfalls noch die grüne runde Schaltfläche in der linken oberen Ecke des Dokumentfensters anklicken, um dieses zu maximieren.

5. Wählen Sie **Datei: Öffnen** und öffnen Sie die Datei *L12start.ai* im Verzeichnis *Lektionen/Lektion12* auf Ihrer Festplatte.

6. Wählen Sie **Datei: Speichern unter**, nennen Sie die Datei *sodacan.ai* und wählen Sie das Verzeichnis *Lektion12*. Lassen Sie als Format *Adobe Illustrator (*.AI)* (Windows) bzw. *Adobe Illustrator (ai)* (Mac OS) eingestellt und klicken Sie auf **Sichern: Speichern**. Die Illustrator-Optionen im entsprechenden Dialogfeld bleiben unverändert. Klicken Sie auf OK.

Dynamische Effekte benutzen

Die Befehle aus dem »Effekt«-Menü beeinflussen das Aussehen eines Objekts, ohne das zugrunde liegende Objekt zu verändern. Beim Anwenden eines Effekts wird der Effekt automatisch zum Aussehen-Attribut des Objekts hinzugefügt. Sie können an einem Objekt mehr als einen Effekt anwenden. Im Aussehenbedienfeld können Sie einen Effekt jederzeit bearbeiten, verschieben, löschen oder duplizieren. Um die Punkte zu bearbeiten, die der Effekt erzeugt, müssen Sie das Objekt zuerst erweitern.

Objekt mit einem Schlagschatten-Effekt

● **Hinweis:** Wenn Sie einen Rastereffekt anwenden, werden die ursprünglichen Vektordaten mithilfe der Rastereffekt-Einstellungen des Dokuments gerastert. Diese Einstellungen bestimmen die Auflösung des resultierenden Bilds. Suchen Sie in der Illustrator-Hilfe nach »Dokument-Rastereffekt-Einstellungen«, um mehr darüber zu erfahren.

Es gibt in Illustrator zwei Arten von Effekten: Vektoreffekte und Rastereffekte. Klicken Sie auf das Menü »Effekt«, um die verschiedenen Auswahlmöglichkeiten zu sehen.

- **Illustrator-Effekte**: In der oberen Hälfte finden Sie Vektoreffekte. Diese können Sie nur auf Vektorobjekte oder auf die Füllung oder Kontur eines Bitmap-Objekts im Aussehenbedienfeld anwenden. Die folgenden Vektoreffekte lassen sich sowohl auf Vektor- als auch auf Bitmap-Objekte anwenden: 3D-Effekte, SVG-Filter, Verkrümmungseffekte, Transformationseffekte, Schlagschatten, Weiche Kante, Schein nach innen und Schein nach außen.
- **Photoshop-Effekte**: Die untere Hälfte enthält Rastereffekte. Diese können Sie sowohl auf Vektor- als auch auf Bitmap-Objekte anwenden.

Einen Effekt anwenden

Effekte werden entweder über das »Effekt«-Menü oder über das Aussehenbedienfeld angewandt und können auf Objekte oder auf Gruppen aufgebracht werden. Zuerst lernen Sie, wie Sie über das »Effekt«-Menü einen Effekt auf das Etikett der Getränkedose anwenden. Im Anschluss nehmen Sie das Aussehenbedienfeld zu Hilfe.

1 Wählen Sie **Zurücksetzen: Grundlagen** aus dem Arbeitsbereich-Umschalter in der Anwendungsleiste, um den Arbeitsbereich zurückzusetzen.

2 Wählen Sie **Ansicht: Intelligente Hilfslinien**, um diese zu deaktivieren.

3 Klicken Sie mit dem Auswahl-Werkzeug (▶) auf die »Sparkling Soda«-Textformen auf der Zeichenfläche.

● **Hinweis:** Wenn Sie **Zurücksetzen: Grundlagen** im Arbeitsbereich-Umschalter nicht finden können, wählen Sie zunächst **Grundlagen** und dann **Zurücksetzen: Grundlagen**.

4   Die Gruppe ist jetzt markiert. Wählen Sie **Effekt: Stilisierungsfilter: Schlagschatten**. (Der Befehl befindet sich im Menübereich »Illustrator-Effekte«).

5   Ändern Sie im Dialogfeld »Schlagschatten« die Werte für den X-Versatz, Y-Versatz und für Weichzeichnen jeweils in **0,01 cm**. Aktivieren Sie das Kontrollfeld »Vorschau«, um den Schlagschatten auf den Textformen zu sehen. Klicken Sie auf OK.

Damit haben Sie einen dezenten Schlagschatten auf die Textformen angewendet.

Als Nächstes wenden Sie mit einer anderen Methode einen Effekt an, das Ergebnis ist jedoch dasselbe.

6   Klicken Sie mit dem Auswahl-Werkzeug auf die Kirschen, um die Gruppe auszuwählen.

7   Die Gruppe ist markiert; erweitern Sie nun durch einen Klick auf das Symbol des Aussehenbedienfelds ( ) auf der rechten Seite des Arbeitsbereichs das zugehörige Bedienfeld.

Oben im Aussehenbedienfeld sehen Sie das Wort »Gruppe«, das anzeigt, dass eine Gruppe ausgewählt wurde. Effekte können auf gruppierte Objekte angewandt werden.

8   Klicken Sie unten im Bedienfeld auf die Schaltfläche »Neuen Effekt hinzufügen« ( ). Sie sehen jetzt die gleiche Effektauswahl wie im »Effekt«-Menü.

9   Wählen Sie **Stilisierungsfilter: Schlagschatten** aus dem sich öffnenden Menü.

10 Ändern Sie im Dialogfeld »Schlagschatten« die Deckkraft auf »40%« und belassen Sie die Werte für den X-Versatz, Y-Versatz und für Weichzeichnen jeweils bei **3 pt**. Aktivieren Sie das Kontrollfeld »Vorschau«, um den Schlagschatten zu erkennen, und klicken Sie dann auf OK.

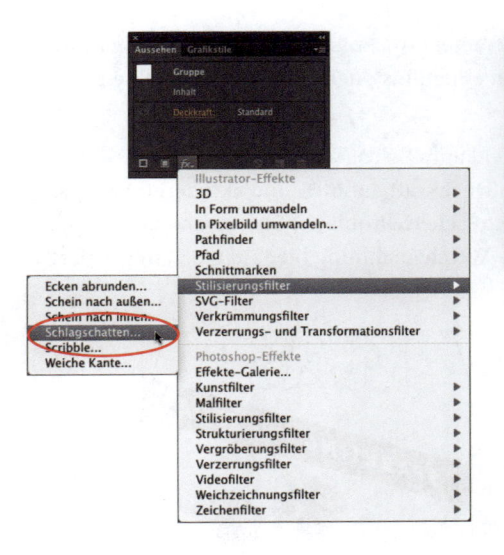

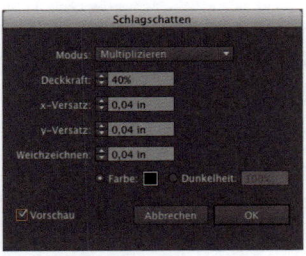

Im Aussehenbedienfeld wird der Schlagschatten jetzt mit aufgelistet.

11 Wählen Sie **Auswahl: Auswahl aufheben**.

12 Wählen Sie **Datei: Speichern**.

Anschließend bearbeiten Sie die beiden Schlagschatteneffekte.

Einen Effekt bearbeiten

Effekte sind dynamisch, können also noch bearbeitet werden, nachdem sie auf ein Objekt angewendet wurden. Sie können den Effekt im Aussehenbedienfeld bearbeiten, indem Sie das Objekt mit dem Effekt auswählen und dann entweder auf den Namen des Effekts klicken oder auf die Attributzeile im Aussehenbedienfeld doppelklicken. Daraufhin wird das Dialogfeld für diesen Effekt angezeigt. Änderungen, die Sie an dem Effekt vornehmen, schlagen sich in der Grafik nieder. In diesem Abschnitt bearbeiten Sie den Schlagschatteneffekt der Kirschen.

1 Klicken Sie mit dem Auswahl-Werkzeug auf die gruppierten Kirschformen. Vergewissern Sie sich, dass das Aussehenbedienfeld zu sehen ist. Andernfalls wählen Sie **Fenster: Aussehen** oder klicken Sie auf das Bedienfeldsymbol.

Sie sehen, dass der Schlagschatteneffekt im Aussehenbedienfeld aufgeführt wird. Das (fx)-Symbol rechts von einem Listeneintrag deutet auf einen angewendeten Effekt hin.

2 Klicken Sie im Aussehenbedienfeld auf »Schlagschatten«. Ändern Sie im »Schlagschatten«-Dialogfeld die Deckkraft auf **60%** und aktivieren Sie die Vorschau, um die Änderung zu sehen. Probieren Sie verschiedene Einstellungen aus (wir haben die Weichzeichnung hier auf 0,08 cm gestellt) und klicken Sie dann OK.

Nun entfernen Sie einen Effekt von den »Sparkling Soda«-Textformen.

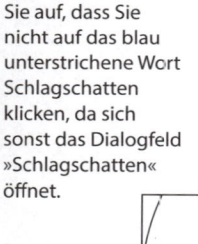

● **Hinweis:** Passen Sie auf, dass Sie nicht auf das blau unterstrichene Wort Schlagschatten klicken, da sich sonst das Dialogfeld »Schlagschatten« öffnet.

3 Klicken Sie mit dem Auswahl-Werkzeug auf die »Sparkling Soda«-Textformen.

4 Klicken Sie im Aussehenbedienfeld rechts neben das unterstrichene Wort Schlagschatten, um die Attributzeile für den Schlagschatteneffekt hervorzuheben. Klicken Sie anschließend unten im Bedienfeld auf die Schaltfläche »Ausgewähltes Objekt löschen« (🗑).

Textformen anklicken  · Schlagschatten löschen  · Ergebnis

5 Klicken Sie mit dem Auswahl-Werkzeug, um die Kirschgruppe erneut auszuwählen.

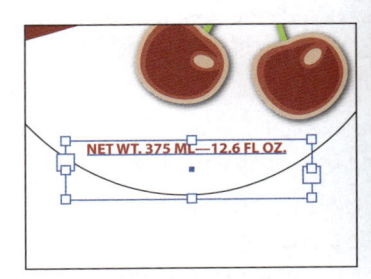

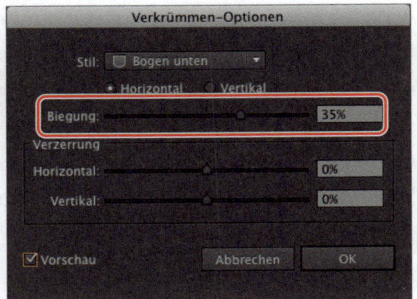

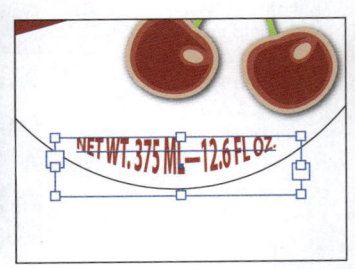

Text zum Markieren anklicken   Den Verkrümmen-Effekt anwenden   Ergebnis

6   Wählen Sie **Objekt: Gruppierung aufheben**.

Der Schlagschatteneffekt ist von den Kirschen verschwunden. Wenn ein Effekt auf eine Gruppe angewandt wird, dann beeinflusst er die Gruppe als Ganzes. Sind die Objekte nicht mehr gruppiert, dann gilt der Effekt nicht mehr.

7   Wählen Sie **Bearbeiten: Rückgängig: Gruppierung aufheben**. Der Schlagschatten ist zurück.

8   Wählen Sie **Auswahl: Auswahl aufheben** und dann **Datei: Speichern**.

● **Hinweis:** Obwohl Sie die Gruppierung der Kirschen aufgehoben haben, sehen Sie das Wort »Gruppe« oben im Aussehenbedienfeld. Das liegt daran, dass jede Kirsche eine eigene Gruppe bildet.

Textgestaltung mit Effekten

Sie können Objekte in Ihrer Grafik verkrümmen bzw. eine vorgefertigte Verkrümmungsform oder ein Mesh-Objekt als Umhüllung verwenden, wie Sie es in Lektion 7, »Mit Text arbeiten«, gesehen haben. Wenden Sie nun einen Verkrümmungsfilter an, um den Text unten im Etikett zu verbiegen.

1   Aktivieren Sie das Auswahl-Werkzeug ( ) und wählen Sie dann den Text »NET WT...« am unteren Rand des Etiketts aus.

2   Wählen Sie **Effekt: Verkrümmungsfilter: Bogen unten**.

3   Um einen Bogeneffekt zu erzielen, stellen Sie die Option »Biegung« im Dialogfeld »Verkrümmen-Optionen« auf **35%**. Aktivieren Sie das Vorschaufeld, um die Änderungen zu sehen. Probieren Sie auch andere Stile aus dem Menü aus und kehren Sie am Ende wieder zum Bogen unten zurück. Probieren Sie die beiden Verzerrungsregler (»Horizontal/Vertikal«) aus, um die Auswirkungen zu betrachten. Stellen Sie die Regler am Ende in jedem Fall wieder beide auf **0** und klicken Sie OK.

● **Hinweis:** Mehr über das Aussehenbedienfeld erfahren Sie in Lektion 13, »Aussehen-Attribute und Grafikstile anwenden«.

4 Der verkrümmte Text ist noch markiert; klicken Sie nun auf das Sichtbarkeitssymbol (●) links neben der Zeile »Verkrümmen: Bogen unten« im Aussehenbedienfeld, um den Effekt auszublenden. Die Verzerrung des Texts auf der Zeichenfläche wird dadurch aufgehoben.

5 Aktivieren Sie das Text-Werkzeug (T) im Werkzeugbedienfeld, markieren Sie den Text »375« auf der Zeichenfläche, und ändern Sie ihn in **380**.

6 Klicken Sie mit dem Auswahl-Werkzeug in die Sichtbarkeitsspalte links neben der »Verkrümmen: Bogen unten«-Zeile im Aussehenbedienfeld, um den Effekt erneut einzublenden. Der Text ist jetzt wieder verkrümmt.

● **Hinweis:** Sie haben in diesem Schritt deshalb das Auswahl-Werkzeug wiederaktiviert, weil Sie den Effekt ursprünglich mit dem Auswahl-Werkzeug auf das Textobjekt angewandt haben.

7 Wählen Sie **Auswahl: Auswahl aufheben**.

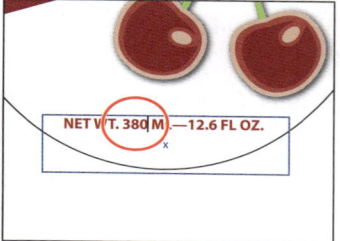

Die Sichtbarkeit ausschalten   Den Text ändern   Der Effekt

▶ **Tipp:** Es ist nicht nötig, die Sichtbarkeit für den Verzerrungseffekt auszuschalten, bevor man den Text auf der Zeichenfläche bearbeitet, allerdings erleichtert es diese Aufgabe.

● **Hinweis:** Mehr zur Umwandlung von Text in Pfade erfahren Sie im Abschnitt »Text in Pfade umwandeln« in Lektion 7, »Mit Text arbeiten«.

Als Nächstes wenden Sie auf die in Pfade umgewandelten Textformen »CHERRY BLAST« oben im Etikett verschiedene Effekte an.

1 Klicken Sie mit dem Auswahl-Werkzeug (▸) auf die CHERRY BLAST-Textformen, um die Gruppe auszuwählen.

2 Klicken Sie unten im Aussehenbedienfeld auf die Schaltfläche »Neuen Effekt hinzufügen« (fx.) und wählen Sie **Verkrümmungsfilter: Ansteigend**.

3 Lassen Sie im Dialogfeld »Verkrümmen-Optionen« die Option »Horizontal« ausgewählt und ändern Sie »Biegung« auf »20%«. Markieren Sie das Vorschaufeld, um die Änderungen zu sehen, und klicken Sie auf OK

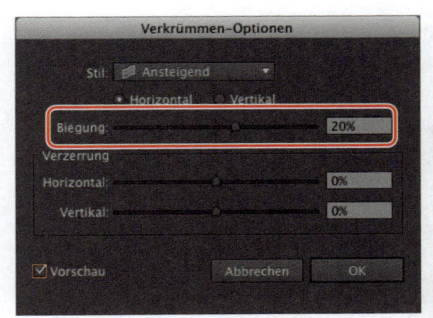

Sie sehen, dass die ausgewählten Textformen (in Blau) immer noch wie die Originalformen aussehen, aber eigentlich verkrümmt sind. Dies zeigt Ihnen, dass ein dynamischer Effekt es Ihnen erlaubt, Textformen mit dem Ansteigend-Effekt auszugeben, wobei das zugrunde liegende Objekt unverändert bleibt. Auch im Aussehenbedienfeld wird Ihnen der auf die Textformen angewendete Effekt **Verkrümmungsfilter: Ansteigend** nun angezeigt.

Nun verbergen Sie die Auswahlankerpunkte, damit Sie sich auf das Ergebnis konzentrieren können.

4 Wählen Sie bei weiterhin ausgewählten CHERRY BLAST-Textformen **Ansicht: Begrenzungsrahmen ausblenden**.

5 Ändern Sie im Steuerungsbedienfeld die Füllfarbe auf die Farbe »Banner« und lassen Sie für die Kontur »Schwarz«, 1 pt eingestellt.

6 Wählen Sie **Bearbeiten: Kopieren** und dann **Objekt: Ausblenden: Auswahl**.

7 Wählen Sie **Bearbeiten: Davor einfügen**.

8 Ändern Sie im Steuerungsbedienfeld bei ausgewählter Kopie die Füllfarbe auf das Farbfeld »scribble« und die Konturfarbe auf »Ohne«.

Sie wenden nun den Scribble-Effekt auf die Textformen an.

9 Wählen Sie bei ausgewählten Textformen **Effekt: Stilisierungsfilter: Scribble**.

10 Wählen Sie im Dialogfeld »Scribble« die Option »Dicht zusammen« aus dem »Einstellungen«-Menü. Aktivieren Sie das »Vorschau«-Kontrollfeld, um die Änderung zu sehen. Ändern Sie den »Winkel« auf »10°« und die Pfadüberlappung auf −3 pt. Für die restlichen Werte behalten Sie die Standardeinstellungen bei. Klicken Sie auf OK.

● **Hinweis:** Wenn der Scribble-Effekt bei Ihnen nicht exakt wie in der Abbildung aussieht, dann macht das nichts aus.

Nachdem Sie Ihre Änderungen im Dialogfeld getroffen haben, zeigt das »Einstellungen«-Menü »Benutzerdefiniert« statt »Dicht zusammen«.

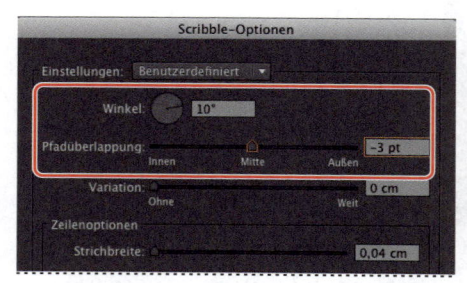

11 Wählen Sie **Objekt: Alles einblenden**.

12 Wählen Sie **Auswahl: Auswahl aufheben** und dann **Datei: Speichern**.

Formen mit einem Pathfinder-Effekt bearbeiten

● **Hinweis:** Mehr über die Pathfinder-Befehle erfahren Sie im Abschnitt »Pathfinder-Effekte verwenden« in Lektion 3, »Formen erstellen und bearbeiten.«

Pathfinder-Effekte sind dem Arbeiten mit den Pathfinder-Befehlen im Pathfinderbedienfeld vergleichbar, allerdings werden sie als Effekte angewandt und ändern den zugrunde liegenden Inhalt nicht.

Sie werden nun einen Pathfinder-Effekt auf mehrere Formen anwenden.

1 Klicken Sie mit dem Auswahl-Werkzeug (▶) und gedrückter Umschalt-Taste, um sowohl die rote Bannerform unter den SPARKLING SODA-Textformen als auch das Oval im Hintergrund auszuwählen.

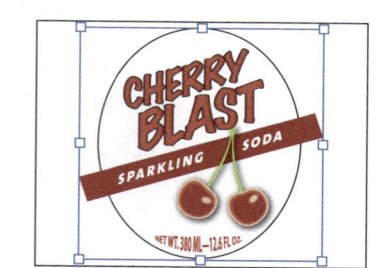

2 Wählen Sie **Objekt: Gruppieren**.

(Pathfinder-Effekte lassen sich nur auf Gruppen, Ebenen und Textobjekte anwenden.)

3 Wählen Sie **Effekt: Pathfinder: Schnittmenge bilden**, um aus den sich überschneidenden Bereichen der beiden Formen eine Form zu bilden.

● **Hinweis:** Wenn beim Ausführen des Befehls **Effekt: Pathfinder: Schnittmenge bilden** eine Warnung erscheint, dann haben Sie vergessen, die Objekte zuvor zu gruppieren.

Beachten Sie, dass der Befehl »Schnittmenge bilden« im Aussehenbedienfeld erscheint. Wenn Sie auf »Schnittmenge bilden« klicken, können Sie den Pathfinder-Effekt ändern und den Effekt »Schnittmenge bilden bearbeiten«.

● **Hinweis:** Mehr über das Aussehenbedienfeld erfahren Sie in Lektion 13, »Aussehen-Attribute und Grafikstile einsetzen«.

4. Die Objektgruppe ist noch markiert; wählen Sie **Ansicht: Pfadansicht**.

   Die beiden Formen sind immer noch vorhanden und können bearbeitet werden, da der angewandte Effekt dynamisch ist.

● **Hinweis:** Schnittmengen aus Formen lassen sich auch mit dem Pathfinderbedienfeld bilden, was die Formen standardmäßig sofort erweitert. Das »Effekt«-Menü erlaubt es Ihnen, die Formen unabhängig voneinander zu bearbeiten.

Nun kopieren Sie die ovale Form aus der Formengruppe mit dem Pathfinder-Effekt.

5. Doppelklicken Sie mit dem Auswahl-Werkzeug direkt auf den Rand der ovalen Form, um den Isolationsmodus zu starten.

   Damit können Sie nur die beiden Formen bearbeiten, die Teil der Gruppe sind.

● **Hinweis:** Sie doppelklicken auf den Rand, weil Formen im Isolationsmodus keine Füllung haben, sodass sie nicht durch einen Klick in die Form ausgewählt werden können.

6. Klicken Sie auf den Rand der ovalen Form und wählen Sie **Bearbeiten: Kopieren**.

7. Drücken Sie die Esc-Taste, um den Isolationsmodus zu beenden. Wählen Sie **Auswahl: Auswahl aufheben**.

8. Wählen Sie **Ansicht: Vorschau** und dann **Bearbeiten: Davor einfügen**, um eine Kopie über die anderen Objekte zu setzen. Lassen Sie die ovale Form ausgewählt.

9. Wählen Sie **Datei: Speichern**.

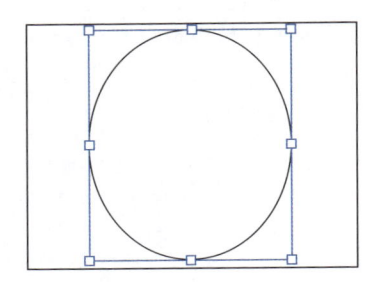

Der Effekt Pfade verschieben

Nun bearbeiten Sie die ovale Form, indem Sie ihr mehrere Konturen hinzufügen. Diese Konturen werden Sie anschließend von der ovalen Form absetzen. Dadurch erreichen Sie das Aussehen mehrerer gestapelter Formen.

1 Die ovale Form ist markiert; ändern Sie im Steuerungsbedienfeld die Konturfarbe in das Farbfeld »Green«, die Flächenfarbe in das Verlaufsfeld »Center« und die Konturstärke in **5 pt**.

2 Klicken Sie im Steuerungsbedienfeld auf das Wort »Kontur« und betätigen Sie im Konturbedienfeld die Schaltfläche »Kontur außen ausrichten« (▣). Drücken Sie die Esc-Taste, um das Bedienfeld wieder zu verbergen.

3 Klicken Sie am rechten Rand des Arbeitsbereichs auf das Symbol des Ebenenbedienfelds (▣), um dieses aufzuklappen. Klicken Sie in die Sichtbarkeitsspalte links neben der »Background«-Ebene, damit die Hintergrundform erscheint.

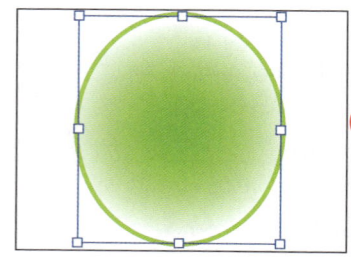

Kontur und Flächenfüllung bearbeiten    Die Hintergrundebene anzeigen 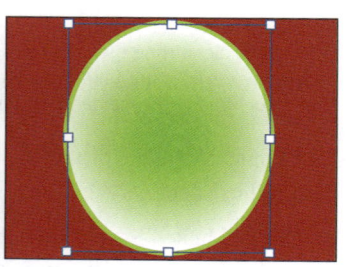   Ergebnis

Sie fügen der Form nun eine weitere Kontur hinzu und bearbeiten dann die Verlaufsfüllung.

4 Klicken Sie auf das Symbol des Aussehenbedienfelds (▣), um dieses auszuklappen. Klicken Sie bei Bedarf auf den Pfeil links von den Zeilen für Kontur und Fläche, um diese einzuklappen. Die grüne Form ist noch markiert, ebenso die Konturzeile im Aussehenbedienfeld. Klicken Sie nun auf die Schaltfläche »Neue Kontur hinzufügen« (▣) unten im Aussehenbedienfeld. Im Bedienfeld erscheint eine neue Kontur, die Form wirkt jedoch unverändert.

Die Form besitzt nun zwei Konturen derselben Farbe und Stärke direkt übereinander.

5 Ändern Sie im Aussehenbedienfeld die Stärke der ausgewählten (hervorgehobenen) Kontur auf 9 pt.

6 Klicken Sie auf die Konturfarbe im Aussehenbedienfeld und wählen Sie das weiße Farbfeld aus dem Farbfelderbedienfeld. Mit Return oder Enter verlassen Sie das Farbfelderbedienfeld wieder und kehren zum Aussehenbedienfeld zurück.

So können Sie einem Objekt mehrere Konturen hinzufügen und jeweils unterschiedliche Effekte anwenden, sodass einzigartige und interessante Grafiken möglich sind.

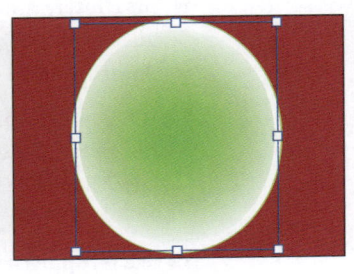

Neue Kontur hinzufügen   Stärke und Farbe der Kontur ändern   Ergebnis

7 Im Aussehenbedienfeld ist die Zeile der weißen Kontur markiert; klicken Sie unten im Bedienfeld auf die Schaltfläche »Neuen Effekt hinzufügen« ( ) und wählen Sie **Pfad: Pfad verschieben**.

8 Ändern Sie den »Versatz« im Dialogfeld »Pfad verschieben« auf »0,51 cm« und klicken Sie auf OK.

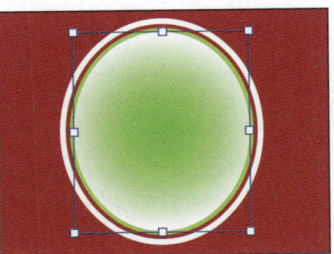

9 Klicken Sie im Aussehenbedienfeld auf den Pfeil links neben Kontur (9 pt), um diese Zeile aufzuklappen. »Pfad verschieben« ist unter »Kontur« eingerückt. Dieser Effekt gilt also nur für diese Kontur.

Die Grafik ist jetzt fertig, und Sie werden sie als Nächstes skalieren und dann im Symbolbedienfeld als Symbol speichern. Dann wenden Sie sie auf eine dreidimensionale Getränkedose an, die Sie noch erstellen werden.

10 Halten Sie mit aktiviertem Auswahl-Werkzeug die Umschalt-Taste gedrückt und klicken Sie auf das rote Rechteck im Hintergrund, um beide Formen auszuwählen. Wählen Sie **Objekt: Anordnen: In den Hintergrund**.

11 Wählen Sie **Auswahl: Alles auf der aktiven Zeichenfläche** und anschließend **Objekt: Gruppieren**.

12 Die Gruppe ist noch markiert; doppelklicken Sie das Skalieren-Werkzeug ( ) im Werkzeugbedienfeld.

13 Ändern Sie im Dialogfeld »Skalieren« den Wert »Gleichmäßig skalieren« auf »60%« und markieren Sie das Kontrollfeld »Konturen und Effekte skalieren«. Klicken Sie auf OK.

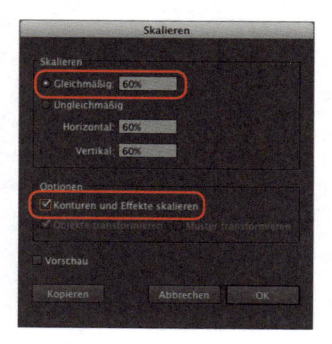

● **Hinweis:** Wenn Sie beim Skalieren von Inhalten das Kontrollfeld »Konturen und Effekte skalieren« deaktiviert lassen, ändern sich beim Skalieren weder die Effekte noch die Konturstärken.

14 Klicken Sie auf das Symbol des Symbolebedienfelds ( ) oder wählen Sie **Fenster: Symbole**, um das Symbolebedienfeld auszuklappen. Aktivieren Sie das Auswahl-Werkzeug und klicken Sie bei ausgewählter Gruppe auf die Schaltfläche »Neues Symbol« ( ) am unteren Rand des Symbolebedienfelds, um ein Symbol anzulegen. Geben Sie im Dialogfeld »Symboloptionen« den Namen **soda label** ein und wählen Sie »Grafik« aus dem Menü »Art«. Klicken Sie auf OK.

Photoshop-Effekte anwenden

Wie bereits beschrieben handelt es sich bei den Effekten im unteren Teil des »Effekt«-Menüs um Photoshop-Effekte (Rastereffekte). Sie können diese auf Vektor- oder Bitmap-Objekte anwenden. Rastereffekte sind Effekte, die Pixel anstelle von Vektordaten erzeugen. Zu den Rastereffekten gehören SVG-Filter, alle Effekte im unteren Teil des »Effekt«-Menüs sowie die Befehle »Schlagschatten«, »Schein nach innen«, »Schein nach außen« und »Weiche Kante« aus dem Untermenü **Effekt: Stilisierungsfilter**.

Dokument-Rastereffekt-Einstellungen

Wenn Sie einen Rastereffekt anwenden, nutzt Illustrator die Rastereffekt-Einstellungen des Dokuments, um die Auflösung des resultierenden Bildes zu bestimmen. Es ist wichtig, die Dokument-Rastereffekt-Einstellungen zu überprüfen, bevor Sie mit den Effekten arbeiten.

Sie stellen die Rasteroptionen für ein Dokument ein, wenn Sie ein neues Dokument erstellen oder indem Sie **Effekt: Dokument-Rastereffekt-Einstellungen** wählen. Im Dialogfeld »Dokument-Rastereffekt-Einstellungen« können Sie für alle Rastereffekte in einem Dokument oder für das Rastern eines Vektorobjekts das Farbmodell, die Auflösung, den Hintergrund, die Glättung, das Erzeugen einer Schnittmaske oder das Hinzufügen eines Randes festlegen. Mehr über die Dokument-Rastereffekt-Einstellungen erfahren Sie in der Illustrator-Hilfe unter »Arbeiten mit Effekten«.

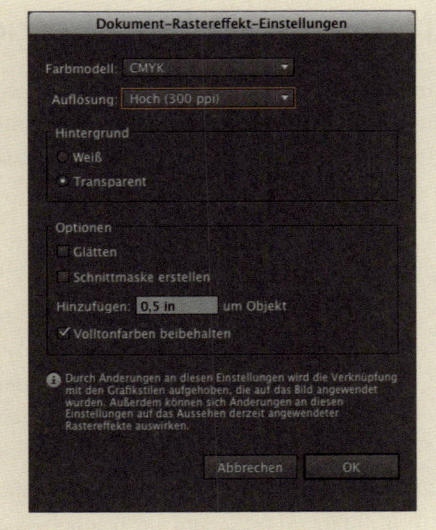

– Aus der Illustrator-Hilfe

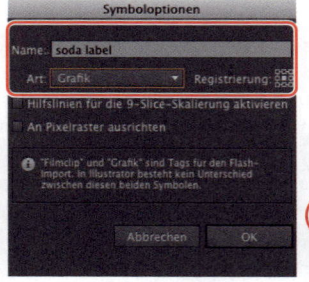

Ein neues Symbol anlegen   Die Symboloptionen ändern   Ergebnis

15 Wählen Sie **Auswahl: Auswahl aufheben** und dann **Datei: Speichern**. Lassen Sie die Datei offen.

▶ **Tipp:** Mehr über Symbole erfahren Sie in Lektion 14, »Mit Symbolen arbeiten«.

Mit einem 3D-Effekt arbeiten

Mithilfe des 3D-Effekts können Sie das Aussehen eines 3D-Objekts über das Licht, die Schattierung, die Drehung und andere Attribute steuern. In diesem Lektionsteil verwenden Sie zweidimensionale Formen als Grundlage für die Erstellung dreidimensionaler Objekte.

Es gibt drei Arten von möglichen 3D-Effekten:

- »**Extrudieren und Abgeflachte Kante**«: Erweitert ein 2D-Objekt entlang der Z-Achse des Objekts, um diesem Tiefe zu verleihen. Wenn Sie z. B. eine 2D-Ellipse extrudieren, wird daraus ein Zylinder.

- »**Kreiseln**«: Zieht einen Pfad oder ein Profil in einer kreisförmigen Richtung um die globale Y-Achse (Kreiselachse), um ein 3D-Objekt zu erzeugen.

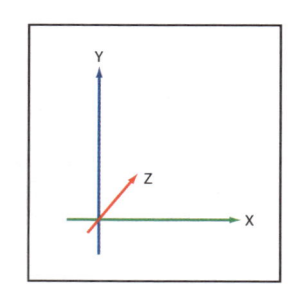

Der 3D-Effekt nutzt die X-, Y- und Z-Achsen aus.

- »**Drehen**«: Nutzt die Z-Achse, um eine 2D-Grafik im 3D-Raum zu drehen und die Perspektive der Grafik zu ändern.

Unten sehen Sie Beispiele für die verschiedenen 3D-Effekte; die Ausgangsform ist jeweils links dargestellt.

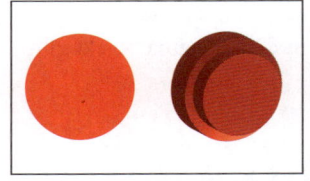

Extrudieren und abgeflachte Kante    Kreiseln    Drehen

Ein gekreiseltes Objekt erstellen

Sie erkunden nun einen der **3D-Effekte: Kreiseln**. Mithilfe des Kreiseln-Effekts erstellen Sie aus einem Pfad auf der zweiten Zeichenfläche eine Getränkedose.

1. Wählen Sie **Fenster: Arbeitsbereich: Zurücksetzen: Grundlagen**.
2. Klicken Sie auf das Symbol für das Zeichenflächenbedienfeld ( ), um es zu öffnen.
3. Klicken Sie im Bedienfeld doppelt auf »Artboard 2«, um diese Zeichenfläche in das Dokumentfenster einzupassen. Klappen Sie das Bedienfeld mit einem Klick auf sein Register wieder zu. 
4. Wählen Sie **Auswahl: Alles auf der aktiven Zeichenfläche**.

Dieser Pfad bildet die halbe Form einer Getränkedose. Wenn Sie darauf den 3D-Effekt »Kreiseln« anwenden, dreht sie sich um die linke oder rechte Kante und erzeugt eine 360-Grad-Form.

5. Wählen Sie im Steuerungsbedienfeld die Konturfarbe »Ohne« ( ).
6. Klicken Sie im Steuerungsbedienfeld auf die Füllfarbe und wählen Sie Weiß.
7. Wählen Sie **Effekt: 3D: Kreiseln**. Im Dialogfeld »3D-Kreiseln-Optionen« stellen Sie im Menü »Position« die Option »Vorn« ein. Aktivieren Sie das Kontrollfeld »Vorschau«. Möglicherweise müssen Sie das Dialogfeld verschieben, um die Grafik zu sehen.

● **Hinweis:** Je nach der Komplexität der zu kreiselnden Form und der Geschwindigkeit Ihres Computers, kann es eine Weile dauern, Änderungen im Dialogfeld »3D-Kreiseln-Optionen« zu treffen. Es hilft, die Vorschau zu deaktivieren, Änderungen vorzunehmen und die Vorschau dann wieder einzuschalten. Auf diese Weise muss die Form nicht jedes Mal neu gezeichnet werden, wenn Sie einzelne Einstellungen im Dialogfeld ändern.

8. Wählen Sie »rechte Kante« aus dem Menü »Versatz«. Klicken Sie auf OK.

● **Hinweis:** Beim Kreiseln setzt die Konturfarbe die Füllfarbe des Objekts außer Kraft.

▶ **Tipp:** Der Winkel bestimmt den Grad der Drehung. Um eine »Schnittansicht« zu erzeugen, können Sie den Winkel auf weniger als 360 Grad einstellen.

Dies ist die Kante, um die Ihr Bogen kreiselt. Je nachdem, welche Seite Sie wählen und ob es eine Kontur oder eine Füllung an dem Originalobjekt gibt, fällt das Ergebnis völlig anders aus.

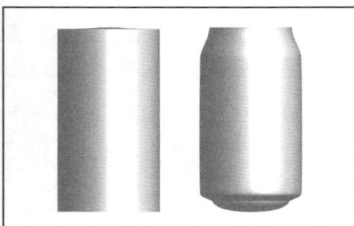

Kante als Drehachse auswählen — Linke Kante — Rechte Kante

9 Wählen Sie **Datei: Speichern** und lassen Sie die Datei geöffnet.

> ### 3D-Kreiseln-Optionen
>
> Im Dialogfeld »3D-Optionen für den Kreiseln-Effekt« gibt es weitere Optionen, die hier erwähnt werden sollen:
>
> - **»Winkel«:** Legt eine Gradzahl zwischen 0 und 360 zum Kreiseln des Pfades fest.
> - **»Abschluss«:** Legt fest, ob das Objekt wie ein massiver Körper (Aufsatz aktivieren) oder wie ein Hohlkörper (Aufsatz deaktivieren) aussieht.
> - **»Versatz«:** Fügt einen Abstand zwischen der Kreiselachse und dem Pfad ein, um beispielsweise ein ringförmiges Objekt zu erstellen. Sie können einen Wert zwischen 0 und 1000 eingeben.
>
> – Aus der Illustrator-Hilfe

Die Beleuchtung eines 3D-Objekts ändern

Der Kreiseln-Effekt erlaubt es Ihnen, ein oder mehrere Licht(er) hinzuzufügen, die Lichtintensität zu variieren, die Farbe der Schattierung des Objekts zu ändern und Lichtquellen um das Objekt herum zu verschieben.

In diesem Abschnitt ändern Sie die Stärke und Richtung der Lichtquelle.

1   Klicken Sie bei ausgewählter Dose auf »3D Kreiseln« im Aussehenbedienfeld.

    Ist dieses Bedienfeld gerade nicht sichtbar, dann wählen Sie **Fenster: Aussehen**. Vielleicht müssen Sie im Bedienfeld auch scrollen oder seine Größe ändern.

2   Aktivieren Sie die Vorschau im Dialogfeld »3D-Kreiseln-Optionen« und klicken Sie auf »Mehr Optionen«.

Sie können eigene Beleuchtungseffekte für Ihr 3D-Objekt erstellen. Mithilfe des Vorschaufensters in der unteren linken Ecke des Dialogfelds »3D-Kreiseln-Optionen« positionieren Sie die Lichtquelle und ändern die Farbe der Schattierung.

3   Wählen Sie »Diffuse Schattierung« aus dem »Oberfläche«-Menü, falls dies noch nicht eingestellt ist.

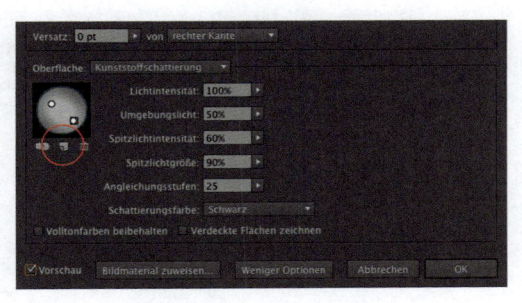

4   Ziehen Sie im Vorschaufenster (dem schattierten Kreis) das weiße Quadrat, das die Lichtquelle darstellt, nach links. Dadurch ändert sich die Richtung der Beleuchtung. Klicken Sie auf die Schaltfläche »Neues Licht« (), um eine weitere Lichtquelle zur Getränkedose hinzuzufügen. Ziehen Sie diese Lichtquelle nach unten rechts.

Probieren Sie verschiedene Positionen für beide Lichtquellen aus und schieben Sie das Dialogfeld aus dem Weg, um die Grafik zu sehen.

5   Wählen Sie »Benutzerdefiniert« aus dem Menü »Schattierungsfarbe«. Klicken Sie auf das farbige Viereck rechts daneben, um den Farbwähler zu öffnen. Wählen Sie hier ein mittleres Grau (C=**0**, M=**0**, Y=**0**, K=**50**). Klicken Sie auf OK, um den Farbwähler zu schließen und zum Dialogfeld »3D-Kreiseln-Optionen« zurückzukehren.

6   Ändern Sie im Dialogfeld »3D-Kreiseln-Optionen«-Dialog die Lichtintensität auf **80%** und das Umgebungslicht auf **10%**. Lassen Sie das Dialogfeld geöffnet.

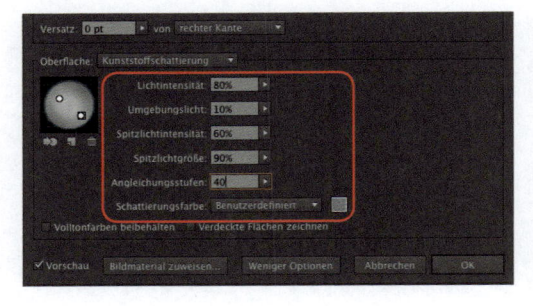

● **Hinweis:** Je nach der Rechenleistung des verwendeten Computers kann es einige Zeit dauern, um die Änderungen zu verarbeiten, die Sie im Dialogfeld »3D-Kreiseln-Optionen« vornehmen.

Die Option »Umgebungslicht« steuert die Helligkeit auf der Oberfläche des 3D-Objekts gleichmäßig aus.

7   Ändern Sie die Option »Angleichungsstufen« auf **40** und klicken Sie auf OK, wenn die Verarbeitung beendet ist.

8   Wählen Sie **Datei: Speichern**.

Optionen für die Oberflächenschattierung

Im Dialogfeld »3D-Extrudieren und Abgeflachte Kante-Optionen« können Sie über die Option »Oberfläche«, die Art der Oberflächenschattierung festlegen:

- **»Drahtmodelldarstellung«:** Zeichnet die Kontur der geometrischen Objektform nach und macht alle Oberflächen transparent.
- **»Keine Schattierung«:** Fügt dem Objekt keine neuen Oberflächeneigenschaften hinzu. Das 3D-Objekt hat dieselbe Farbe wie das ursprüngliche 2D-Objekt.
- **»Diffuse Schattierung«:** Das Licht wird in einem weichen, diffusen Muster von dem Objekt reflektiert.
- **»Kunststoffschattierung«:** Das Licht wird so von dem Objekt reflektiert, als bestehe es aus einem glänzenden Material.

Hinweis: *Abhängig von der gewählten Option stehen unterschiedliche Beleuchtungsoptionen zur Auswahl. Falls das Objekt nur den 3D-Drehen-Effekt verwendet, sind die einzigen verfügbaren Oberflächen-Optionen »Diffuse Schattierung« oder »Keine Schattierung«.*

– Aus der Illustrator-Hilfe

Der 3D-Grafik ein Symbol zuweisen

Sie können der Oberfläche eines Objekts mit angewendetem 3D-Effekt Grafiken zuweisen. Diese können aus Illustrator stammen oder aus anderen Anwendungen, wie etwa Photoshop, importiert worden sein. Die Grafik, die Sie zuweisen, muss eine 2D-Grafik sein, die im Symbolebedienfeld gespeichert wurde. Bei den Symbolen kann es sich um beliebige Illustrator-Objekte handeln (Pfade, Verbundpfade, Text, Rasterbilder, Mesh-Objekte, Objektgruppen etc.). In diesem Lektionsteil weisen Sie der Getränkedose das zuvor als Symbol gespeicherte Etikett zu.

1 Klicken Sie bei ausgewählter Dose auf 3D-Kreiseln im Aussehenbedienfeld. Ziehen Sie das Dialogfeld »3D-Kreiseln-Optionen« etwas zur Seite, damit Sie das Bild der Getränkedose sehen können. Schalten Sie außerdem die Vorschau ein.

2 Klicken Sie im Dialogfeld »3D-Kreiseln-Optionen« auf »Bildmaterial zuweisen«.

Wenn Sie einem 3D-Objekt eine Grafik zuweisen, müssen Sie zuerst festlegen, auf welche Fläche die Grafik aufgebracht werden soll. Jedes 3D-Objekt besteht aus mehreren Flächen. So wird z. B. ein extrudiertes Quadrat zu einem Würfel, der aus sechs Flächen besteht: aus den Vorder- und Rückflächen sowie den vier Seitenflächen. Die Auswahl der Fläche nehmen Sie als Nächstes vor.

3 Ziehen Sie das Dialogfeld »Bildmaterial zuweisen« zur Seite. Klicken Sie auf »Nächste Fläche« (), bis »4 von 4« im »Fläche«-Feld erscheint. Sie sehen im Bild, dass Illustrator das Drahtmodell und die ausgewählte Fläche rot hervorhebt.

4 Wählen Sie das Etikett aus dem »Symbol«-Menü. Schalten Sie die Vorschau ein, falls das noch nicht geschehen ist.

● **Hinweis:** Wenn Sie die falsche Fläche auswählen, klicken Sie einfach auf »Löschen« und beginnen Sie von vorn.

● **Hinweis:** Sie können im Dialogfeld »Bildmaterial zuweisen« auch mit ausgeschalteter Vorschau arbeiten, wenn diese Ihr System zu sehr verlangsamt.

5 Schalten Sie die Vorschauoption im Dialogfeld »Bildmaterial zuweisen« aus, um die folgenden Schritte zu beschleunigen.

▶ **Tipp:** Falls Ihnen Position oder Größe des Symbolbildes nicht gefallen, klicken Sie unten im Dialogfeld auf »Löschen«, um es von der aktuellen Fläche zu entfernen.

6 Ziehen Sie das Symbol in den hellen Bereich der Abwicklung im Dialogfeld »Bildmaterial zuweisen«.

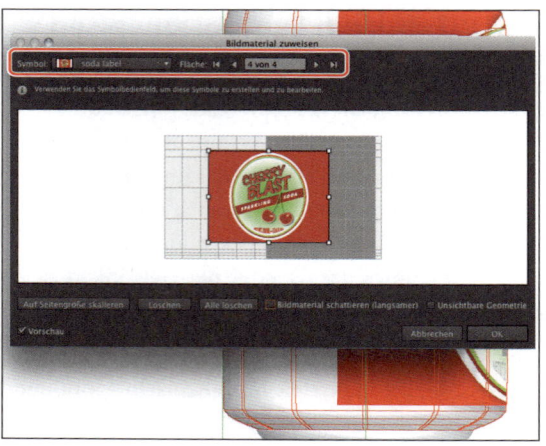

Flächen, die gerade sichtbar sind, werden hellgrau dargestellt. Dunkelgrau gekennzeichnete Flächen sind aufgrund der aktuellen Position des Objekts momentan nicht zu sehen.

▶ **Tipp:** Sie können das Symbol im Dialogfeld »Bildmaterial zuweisen« mithilfe der normalen Anfassergriffe manipulieren (skalieren, verschieben, vergrößern oder verkleinern).

7 Wählen Sie »Bildmaterial schattieren (langsamer)«. Betrachten Sie das Ganze wieder mit eingeschalteter Vorschauoption. Vielleicht wollen Sie die Grafik anders positionieren oder ihre Größe ändern. Klicken Sie auf OK, um das Dialogfeld zu schließen.

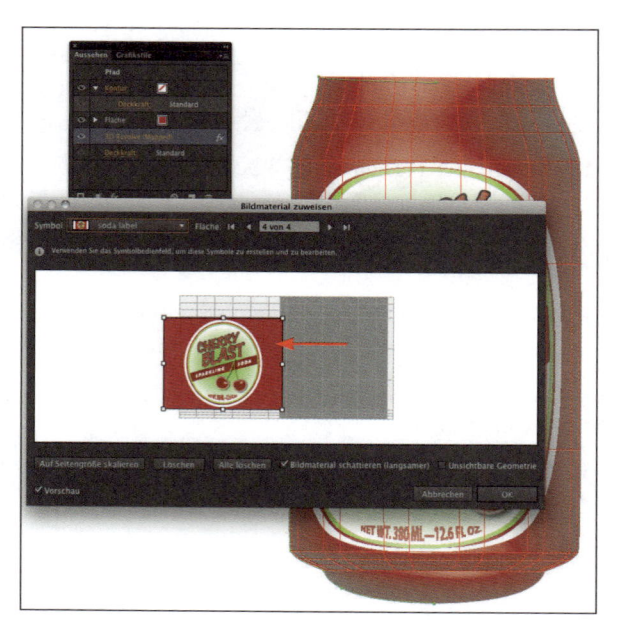

8 Klicken Sie im Dialogfeld »3D-Kreiseln-Optionen« auf »Weniger Optionen«. Klicken Sie dann die linke Kante des blauen Quadrats an und ziehen Sie sie nach rechts, um das 3D-Objekt um die Y-Achse zu drehen. Lassen Sie den Mauszeiger bei aktivierter Vorschau los, wenn Sie im Feld Y-Achse den Wert -11 sehen. Stellen Sie sicher, dass die X- und Z-Achsen-Werte darüber und darunter auf 0 verbleiben. Klicken Sie auf OK.

Die Textur wickelt sich jetzt um die Getränkedose. Als Nächstes bearbeiten Sie die Farbe der Dose.

9 Aktivieren Sie das Auswahl-Werkzeug und wählen Sie das 3D-Objekt aus. Ändern Sie die Füllfarbe im Steuerungsbedienfeld in das Farbfeld mit dem Namen »Background«.

Wie Sie sehen, ändert sich die Farbe der gesamten Form mit Ausnahme der Fläche, auf der das Symbolbild zugewiesen wurde. An dieser Stelle könnten Sie die Form bearbeiten, mit der Sie begonnen haben. Falls Sie das 3D-Objekt drehen wollen, sollten Sie dies am besten im Dialogfeld »3D-Drehen-Optionen« erledigen.

▶ **Tipp:** Falls Sie die Form bearbeiten müssen, bietet es sich an, zuerst die Sichtbarkeitsspalte des 3D-Kreiseln-(Mit Zuordnung-)Effekts im Aussehenbedienfeld zu deaktivieren. Wenn Sie mit der Bearbeitung der Form fertig sind, blenden Sie den Effekt wieder ein.

10 Wählen Sie **Ansicht: Ecken einblenden**, um die Ecken für spätere Bearbeitungen wieder anzuzeigen.

11 Wählen Sie **Datei: Speichern** und dann **Datei: Schließen**.

Einem 3D-Objekt Bildmaterial zuweisen

Wenn Sie 3D-Objekte zuordnen, müssen Sie Folgendes beachten:

- Da die Funktion »Bildmaterial zuweisen« Symbole verwendet, können Sie eine Symbolinstanz bearbeiten und dann automatisch alle Flächen aktualisieren, denen sie zugeordnet wurde.

- Im Dialogfeld »Bildmaterial zuweisen« können Sie das Symbol mithilfe eines normalen Begrenzungsrahmens verschieben, skalieren oder drehen.

- Der 3D-Effekt teilt jeder Objektfläche, der Grafiken zugeordnet werden, eine Nummer zu. Wenn Sie das 3D-Objekt bearbeiten oder denselben Effekt auf ein neues Objekt anwenden, hat das veränderte oder neue Objekt gegebenenfalls weniger oder mehr Flächen als das Originalobjekt. Sind weniger Flächen vorhanden, als bei der ursprünglichen Zuordnung definiert wurden, wird das zusätzliche Bildmaterial ignoriert.

- Die Lage eines Symbols orientiert sich an der Mitte einer Objektfläche. Wenn sich die Geometrie der Fläche ändert, wird das Symbol anhand des neuen Mittelpunkts neu zugeordnet.

- Sie können Bildmaterial Objekten zuordnen, auf die der Effekt »Extrudieren und Abgeflachte Kante« oder »Kreiseln« angewendet wurde, aber nicht der Effekt »Drehen«.

– Aus der Illustrator-Hilfe

Informationen zum Drucken

Um optimale Entscheidungen für die Druckausgabe zu treffen, sollten Sie die grundlegenden Prinzipien des Druckens verstehen. Dazu gehört etwa die Frage, inwieweit die Auflösung Ihres Druckers oder die Kalibrierung und Auflösung Ihres Monitors das Druckergebnis beeinflussen können. Der Illustrator-Druckdialog ist so gestaltet, dass Sie durch den Druckvorgang geleitet werden. Informationen über das Arbeiten mit dem Druckdialog finden Sie in der Illustrator-Hilfe unter »Einrichten von Dokumenten zum Drucken«.

Mehr über das Farbmanagement in Illustrator erfahren Sie ebenfalls in der Illustrator-Hilfe, unter »Drucken mit Farbmanagement«.

Informationen über die optimalen Methoden, ein Dokument zu drucken, darunter Informationen über Farbmanagement, PDF-Workflows und mehr finden Sie hier:

- http//www.adobe.com/de/print

Das Drucken in der Creative Suite wird auf der folgenden Seite behandelt:

- http//www.adobe.com/designcenter/print/CS5-5-printing-guide.html

Eine Anleitung für das Arbeiten und Drucken mit Transparenz in der Creative Suite finden Sie auf der folgenden Seite:

- http//partners.adobe.com/public/asn/en/print_resource_center/Transparency-DesignGuide.pdf

Hinweis: *Das Dokument Transparency-DesignGuide.pdf wurde zwar für Anwender der Creative Suite 3 geschrieben, es enthält aber trotzdem nützliche Informationen.*

Fragen

1 Nennen Sie zwei Methoden, um einen Effekt auf ein Objekt anzuwenden.

2 Wo können die Effekte, die auf ein Objekt angewandt wurden, bearbeitet werden?

3 Welche drei Arten von 3D-Effekten stehen zur Verfügung? Geben Sie jeweils ein Beispiel für die Einsatzmöglichkeiten.

4 Wie können Sie die Beleuchtung eines 3D-Objekts steuern? Beeinflusst die Beleuchtung eines 3D-Objekts andere 3D-Objekte?

5 Welche Schritte sind erforderlich, um einer Objektoberfläche eine Grafik zuzuweisen?

Antworten

1. Sie können einem Objekt einen Effekt zuweisen, indem Sie das Objekt auswählen und dann den Effekt aus dem »Effekt«-Menü wählen. Sie können auch das Objekt auswählen, die Schaltfläche »Neuen Effekt hinzufügen« (fx.) im Aussehenbedienfeld anklicken und dann einen Effekt aus dem Popup-Menü wählen.

2. Sie können Effekte im Aussehenbedienfeld bearbeiten.

3. Es gibt die folgenden 3D-Effekte: »Extrudieren und Abgeflachte Kante«, »Kreiseln« und »Drehen«.

    - **Extrudieren und Abgeflachte Kante:** Nutzt die Z-Achse, um einem 2D-Objekt durch Extrusion Tiefe zu verleihen. Aus einem Kreis wird z. B. ein Zylinder.
    - **Kreiseln:** Nutzt die Y-Achse, um ein Objekt um eine Achse zu kreiseln. Aus einem Bogen wird z. B. ein Kreis.
    - **Drehen:** Nutzt die Z-Achse, um eine 2D-Grafik im 3D-Raum zu drehen und seine Perspektive zu ändern.

4. Wenn Sie in einem der »3D-Optionen«-Dialogfeld auf die Schaltfläche »Mehr Optionen« klicken, können Sie das Licht, die Richtung des Lichts und die Schattierungsfarbe ändern. Die Einstellungen für die Beleuchtung eines 3D-Objekts beeinflussen die Werte anderer 3D-Objekte nicht.

5. So weisen Sie einer Objektoberfläche eine Grafik zu:

    a. Markieren Sie die als Symbol zu verwendende Grafik und speichern Sie sie im Symbolebedienfeld als Symbol.

    b. Markieren Sie das Zielobjekt und wählen Sie **Effekt: 3D: Extrudieren und abgeflachte Kante** oder **Effekt: 3D: Kreiseln**.

    c. Klicken Sie auf »Bildmaterial zuweisen«.

    d. Navigieren Sie mit den Schaltflächen »Nächste Fläche« oder »Vorherige Fläche« zur gewünschten Fläche. Wählen Sie im »Symbol«-Menü das gewünschte Symbol aus und schließen Sie dann beide Dialogfelder.

13 AUSSEHEN-ATTRIBUTE UND GRAFIKSTILE ANWENDEN

Überblick

In dieser Lektion lernen Sie Folgendes:

- ein Aussehen-Attribut erstellen und bearbeiten
- eine weitere Kontur zu einem Objekt hinzufügen
- Aussehen-Attribute neu anordnen und auf Ebenen anwenden
- Aussehen-Attribute kopieren, ein- und ausschalten sowie entfernen
- ein Aussehen als Grafikstil speichern
- einen Grafikstil auf ein Objekt und eine Ebene anwenden
- mehrere Grafikstile auf ein Objekt oder eine Ebene anwenden
- Inhalte am Pixelraster ausrichten
- das Slice- und das Slice-Auswahl-Werkzeug nutzen
- den Befehl »Für Web speichern« verwenden

Diese Lektion dauert ungefähr eine Stunde. Falls nötig, entfernen Sie den Ordner der vorherigen Lektion von Ihrer Festplatte und kopieren Sie den Ordner *Lektion13* darauf.

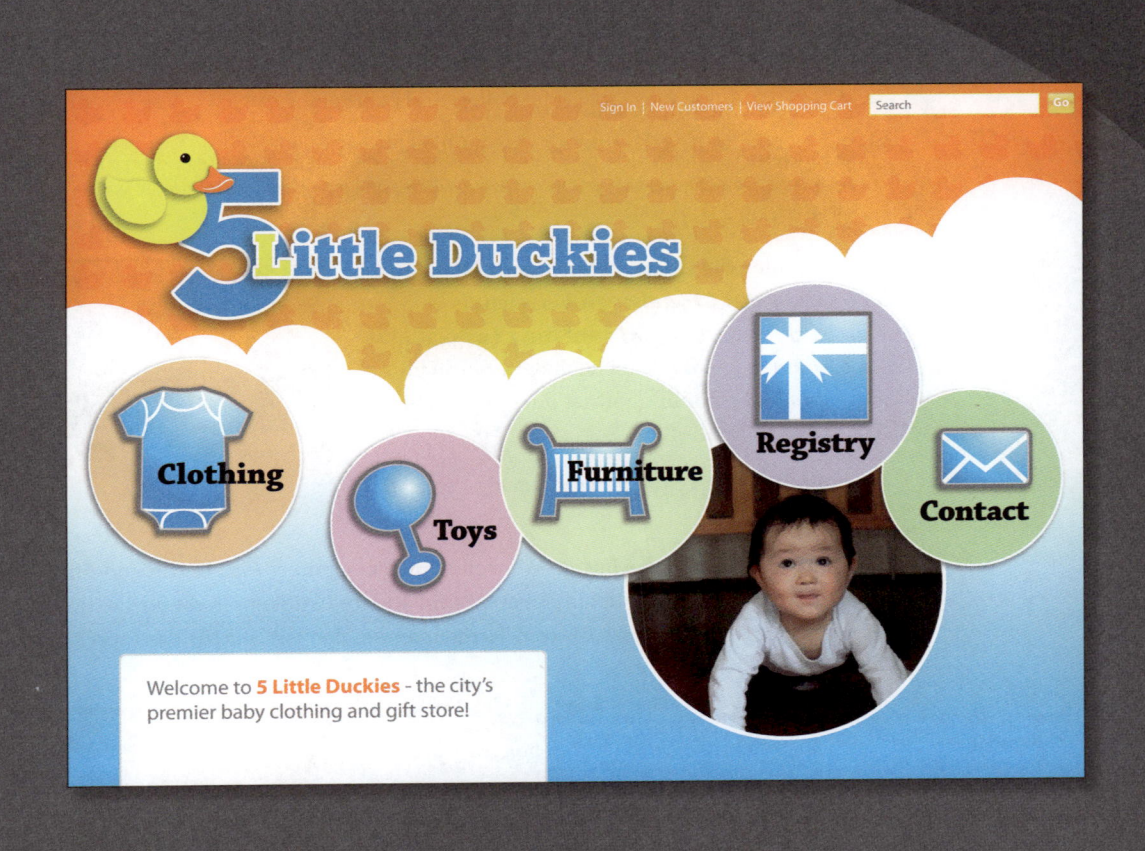

Sie können das Aussehen eines Objekts mithilfe der Aussehen-Attribute, wie etwa Füllungen, Konturen, Effekte, Transparenz und Ebenenmodi, ändern, ohne seine Struktur zu verändern. Aussehen-Attribute können Sie als Grafikstile speichern und auf ein anderes Objekt anwenden. Sie können außerdem ein Objekt bearbeiten, das einen Grafikstil besitzt, und dann den Grafikstil ändern – das spart enorm Zeit!

Vorbereitungen

In dieser Lektion verbessern Sie das Design einer Webseite, indem Sie Aussehen-Attribute und Grafikstile auf die Schrift, den Hintergrund und die Buttons anwenden. Stellen Sie zu Beginn die vorgegebenen Einstellungen für Adobe Illustrator CS6 wieder her. Öffnen Sie dann die Datei mit der fertigen Grafik, um sich anzusehen, was Sie in dieser Lektion erstellen werden.

1 Um sicherzustellen, dass die Werkzeuge und Bedienfelder wie in dieser Lektion funktionieren, löschen oder deaktivieren Sie (durch Umbenennen) die Datei *Adobe Illustrator CS6-Preferences* (siehe Seite 3, »Standardvoreinstellungen wiederherstellen«.

2 Starten Sie Adobe Illustrator CS6.

● **Hinweis:** Falls noch nicht geschehen, kopieren Sie die Dateien für diese Lektion auf Ihre Festplatte. Sie befinden sich im Ordner *Lektion13* der beiliegenden CD (siehe Seite 2, »Die Classroom-in-a-Book-Dateien kopieren«).

3 Wählen Sie **Datei: Öffnen**. Suchen Sie die Datei *L13end.ai* im Verzeichnis *Lektionen/Lektion13* auf Ihrer Festplatte. Lassen Sie die Datei nach dem Betrachten als Richtschnur geöffnet oder wählen Sie **Datei: Schließen**.

● **Hinweis:** Wenn eine Farbprofilwarnung erscheint, klicken Sie auf OK.

Das Design für die fertige Webseite umfasst mehrere Grafikstile und Effekte, darunter Verläufe, Schlagschatten und andere Grafiken. In dieser Lektion verwenden wir einen fiktiven Firmennamen, den wir uns für das Projekt ausgedacht haben.

● **Hinweis:** Wenn Sie Lektionsdateien unter Mac OS öffnen, müssen Sie gegebenenfalls noch die grüne runde Schaltfläche in der linken oberen Ecke des Dokumentfensters anklicken, um dieses zu maximieren.

4 Öffnen Sie die Datei *L13start.ai* im Verzeichnis *Lektionen/Lektion13*.

● **Hinweis:** Wenn eine Farbprofilwarnung erscheint, klicken Sie auf OK.

5 Wählen Sie **Datei: Speichern unter**. Navigieren Sie im Dialogfeld zum Ordner *Lektion13* und öffnen Sie ihn. Geben Sie der Datei den Namen **webstore.ai**. Behalten Sie als Format »Adobe Illustrator (*.AI)« (Windows) bzw. »Adobe Illustrator (ai)« (Mac OS) bei und klicken Sie auf »Sichern«/«Speichern«. Lassen Sie für die Illustrator-Optionen die vorgegebenen Werte eingestellt und klicken Sie dann auf OK.

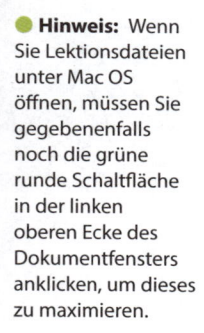

6   Wählen Sie **Ansicht: Zeichenfläche in Fenster einpassen**.

7   Wählen Sie **Fenster: Arbeitsbereich: Zurücksetzen: Grundlagen**.

● **Hinweis:** Wenn Sie im Menü den Eintrag **Zurücksetzen: Grundlagen** nicht finden, wählen Sie zunächst **Fenster: Arbeitsbereich: Grundlagen** und dann erst **Fenster: Arbeitsbereich: Zurücksetzen: Grundlagen**.

Aussehen-Attribute benutzen

Sie können Aussehen-Attribute auf alle Objekte, Gruppen oder Ebenen anwenden, indem Sie Effekte aus dem Aussehen- oder dem Grafikstilebedienfeld nutzen. Bei einem Aussehen-Attribut handelt es sich um eine ästhetische Eigenschaft – wie etwa eine Füllung, eine Kontur, Transparenz oder einen Effekt. Sie beeinflusst das Äußere eines Objekts, nicht jedoch seine grundlegende Struktur. Ein Vorteil dieser Attribute ist, dass sie jederzeit im Aussehenbedienfeld (**Fenster: Aussehen**) geändert oder entfernt werden können, ohne das zugrunde liegende Objekt oder andere auf das Objekt angewandte Attribut zu beeinflussen.

1   Klicken Sie auf das Symbol des Aussehenbedienfelds (◉) rechts im Arbeitsbereich, um dieses Bedienfeld auszuklappen.

2   Wählen Sie das Auswahl-Werkzeug und klicken Sie zur Auswahl auf die große gelbe Ziffer 5 neben der Ente.

Die einzelnen Optionen des Aussehenbedienfelds werden nachfolgend beschrieben:

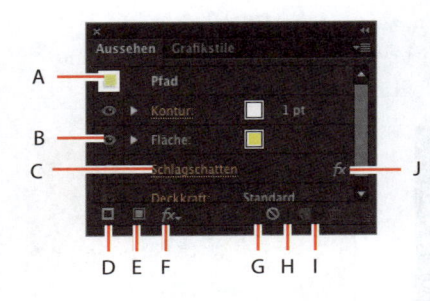

A. Ausgewähltes Objekt und Miniatur
B. Sichtbarkeitsspalte
C. Link auf Optionen
D. Neue Kontur hinzufügen
E. Neue Fläche hinzufügen
F. Neuen Effekt hinzufügen
G. Aussehen löschen
H. Ausgewähltes Objekt duplizieren
I. Ausgewähltes Objekt löschen
J. Zeigt einen angewandten Effekt an

Wenn Sie den Schlagschatteneffekt auf ein Objekt anwenden, können Sie diesen im Aussehenbedienfeld ausschalten, duplizieren, bearbeiten, löschen usw. Sie können den Effekt auch kopieren und auf andere Formen, Gruppen oder Ebenen anwenden. Sie können ihn sogar als Grafikstil speichern und für andere Objekte oder Dateien verwenden.

Aussehen-Attribute bearbeiten und hinzufügen

Zunächst verändern Sie das standardmäßige Aussehen der ausgewählten Ziffer 5 im Aussehenbedienfeld.

1 Die gelbe Nummer 5 ist immer noch ausgewählt und das Aussehenbedienfeld ist zu sehen; wählen Sie die Zeile des Fläche-Attributs aus, indem Sie rechts oder links neben das Farbfeld mit der gelben Füllfarbe klicken.

Wenn Sie eine Attribut-Zeile auswählen, können Sie gezielt nur dieses eine Attribut in der ausgewählten Grafik bearbeiten.

2 Klicken Sie im Aussehenbedienfeld in das Füllfarbfeld in der Zeile des Fläche-Attributs. Klicken Sie im auftauchenden Farbfelderbedienfeld auf das Farbfeld »Blue«. Drücken Sie die Esc-Taste, um die Farbfelder wieder zu verbergen.

3 Klicken Sie auf den Pfeil links vom Wort »Fläche« im Aussehenbedienfeld. Sie sehen jetzt die Deckkraftoption. Klicken Sie auf das Wort »Deckkraft«, um das Transparenzbedienfeld zu öffnen. Wählen Sie **100%** aus dem Deckkraftmenü. Drücken Sie die Esc-Taste, um das Transparenzbedienfeld zu schließen und zum Aussehenbedienfeld zurückzukehren.

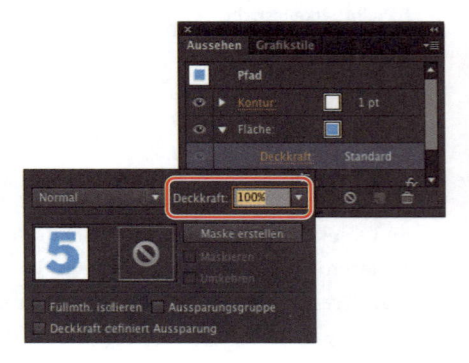

Einige Aussehen-Attribute, wie die Deckkraft, können Sie im Aussehenbedienfeld oder anderswo im Arbeitsbereich anpassen.

4   Klicken Sie im Aussehenbedienfeld auf den Wert »1 pt« in der Konturzeile des Aussehenbedienfelds. Klicken Sie auf das unterstrichene Wort »Kontur«, um das Konturbedienfeld zu öffnen. Ändern Sie die Konturstärke in **3 pt**. Klicken Sie auf die Schaltfläche »Kontur außen ausrichten« ( ). Drücken Sie die Esc-Taste, um das Konturbedienfeld zu schließen. Lassen Sie das Aussehenbedienfeld offen.

Wenn Sie bestimmte Attribute im Aussehenbedienfeld ändern, etwa die Kontur, erscheinen neue Optionen. Sie können die Konturfarbe und die Konturstärke ändern, ohne durch einen Klick auf das Wort »Kontur« das Konturbedienfeld aufzurufen.

5   Wählen Sie **Auswahl: Auswahl aufheben** und dann **Datei: Speichern**.

Eine zusätzliche Kontur hinzufügen

Grafiken in Illustrator können mehr als eine Kontur und Fläche zugewiesen werden. Auf diese Weise lassen sich interessante Effekte und Designelemente gestalten. Sie fügen dem Objekt nun mithilfe des Aussehenbedienfelds eine weitere Kontur hinzu.

1   Wählen Sie das Zoomwerkzeug ( ) und ziehen Sie einen Auswahlrahmen über die Hemdform unter dem Text »Clothing«.

2   Klicken Sie mit dem Auswahl-Werkzeug in die Hemdform. Ändern Sie im Aussehenbedienfeld die Konturstärke in **5 pt**. Klicken Sie auf das Konturfarbe-Kästchen ( ) und wählen Sie das Farbfeld »Medium gray«.

3   Klicken Sie auf das unterstrichene Wort »Kontur« und klicken Sie auf die Schaltfläche »Kontur außen ausrichten« ( ). Drücken Sie die Esc-Taste, um das Konturbedienfeld zu schließen, und lassen Sie das Aussehenbedienfeld geöffnet.

▶ **Tipp:** Bedienfelder, die wie das Farbebedienfeld im Aussehenbedienfeld auftauchen, können Sie auch schließen, indem Sie die Esc-Taste drücken oder auf die Kontur-Attributzeile klicken.

● **Hinweis:** Je nach verwendetem Betriebssystem kann die Auswahlfarbe von Objekten (der Begrenzungsrahmen) bei Ihnen abweichen, und das ist okay.

4   Klicken Sie unten im Aussehenbedienfeld auf die Schaltfläche »Neue Kontur hinzufügen« (▣). Oben in der Liste der Aussehen-Attribute erscheint eine neue Kontur. Sie besitzt die gleiche Farbe und Konturstärke wie die erste Kontur.

5   Belassen Sie die Konturstärke der neuen Kontur bei 5 pt. Klicken Sie auf das Konturfarbfeld in der neuen Konturzeile, um das Farbfelderbedienfeld zu öffnen. Wählen Sie die Farbe Orange. Drücken Sie die Enter-Taste, um das Farbfelderbedienfeld zu schließen und zum Aussehenbedienfeld zurückzukehren.

Als Nächstes fügen Sie einen Effekt hinzu, um den Abstand der Kontur zu verändern und sie weiter in die Mitte der Hemdform zu verlagern.

6   Die Konturattributzeile ist immer noch ausgewählt; klicken Sie unten im Aussehenbedienfeld auf die Schaltfläche »Neuen Effekt hinzufügen« (*fx.*). Wählen Sie aus dem Popup-Menü den Befehl **Pfad: Pfad verschieben**.

7   Aktivieren Sie im Dialogfeld »Pfad verschieben« die Vorschau, um die Auswirkungen direkt bei Eingabe der Werte zu betrachten. Ändern Sie den Versatz in **-1 px** und klicken Sie dann auf OK.

8 Klicken Sie im Aussehenbedienfeld auf den Pfeil links neben der orangefarbenen Kontur, um die Attribute »Pfad verschieben« und Deckkraft zu erkennen. Klicken Sie auf das Wort »Deckkraft« und wählen Sie »70%« aus dem Deckkraftmenü. Drücken Sie die Esc-Taste, um das Transparenzbedienfeld zu schließen.

9 Deaktivieren Sie das Augensymbol ( ) links neben »Pfad verschieben«, um diesen Effekt auszublenden. Beachten Sie die veränderte Kontur der Hemdform auf der Zeichenfläche. Klicken Sie erneut in die Sichtbarkeitsspalte, um den Effekt »Pfad verschieben« wieder einzuschalten.

Durch Anklicken des Augensymbols schalten Sie ein Attribut im Aussehenbedienfeld ab, ohne es zu löschen.

▶ **Tipp:** Sie können alle ausgeblendeten Attribute betrachten, indem Sie »Alle ausgeblendeten Attribute anzeigen« aus dem Bedienfeldmenü wählen.

10 Wählen Sie **Auswahl: Auswahl aufheben** und dann **Datei: Speichern**.

Eine zusätzliche Flächenfüllung hinzufügen

Nun weisen Sie einem Objekt über das Aussehenbedienfeld eine weitere Füllfarbe zu. Auf diese Weise lassen sich mitunter sehr interessante Designeffekte mit nur einem Objekt realisieren.

1 Wählen Sie **Ansicht: Zeichenfläche in Fenster einpassen**.

2 Klicken Sie mit dem Auswahl-Werkzeug ( ) auf die orangefarbene verlaufsgefüllte Form hinter dem Text »5 Little Duckies«, um diese auszuwählen.

3 Klicken Sie im Aussehenbedienfeld in die Zeile des Flächenattributs, um dieses auszuwählen.

4 Klicken Sie unten im Bedienfeld auf die Schaltfläche »Neue Fläche hinzufügen« ( ).

Im Aussehenbedienfeld erscheint über dem bestehenden ein weiteres Flächenattribut.

5 Die neue Flächenattributzeile ist ausgewählt; klicken Sie auf das Füllfarbfeld und wählen Sie das »Duck«-Muster. Diese neue Flächenfüllung verdeckt die bestehende Verlaufsfüllung. Drücken Sie die Esc-Taste, um die Farbfelder zu verbergen.

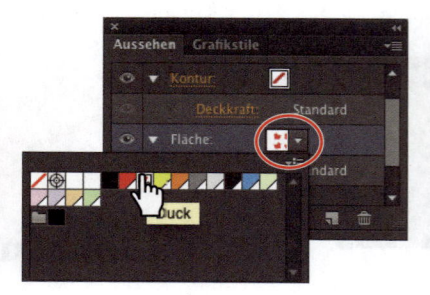

6 Klicken Sie auf den Pfeil links neben der ausgewählten Flächenzeile, um das Wort »Deckkraft« anzuzeigen, und scrollen Sie bei Bedarf im Bedienfeld. Rufen Sie das Transparenzbedienfeld mit einem Klick auf das unterstrichene Wort »Deckkraft« auf.

7 Wählen Sie im Transparenzbedienfeld »Multiplizieren« aus dem Menü »Füllmethode«. Ändern Sie die »Deckkraft« in **10%** und drücken Sie die Enter-Taste, um das Bedienfeld zu schließen.

● **Hinweis:** Die Miniatur in Ihrem Transparenzbedienfeld sieht, je nach Betriebssystem, eventuell etwas anders aus.

8 Wählen Sie **Datei: Speichern** und lassen Sie die Form ausgewählt.

Aussehen-Attribute neu sortieren

Die Anordnung der Attributzeilen im Aussehenbedienfeld kann das Erscheinungsbild Ihrer Grafik nachhaltig beeinflussen. Flächen und Konturen werden hier in ihrer Stapelfolge aufgelistet. Oben im Bedienfeld bedeutet auch ganz oben/vorne in der Grafik, weiter unten im Bedienfeld aufgeführte Attribute befinden sich auch in der Stapelfolge weiter hinten. Sie können die Attributzeilen und auch die Ebenen im Ebenenbedienfeld durch Ziehen umordnen. Jetzt ändern Sie das Aussehen der Grafik, indem Sie die Attributreihenfolge im Aussehenbedienfeld ändern.

1 Vergrößern Sie das Aussehenbedienfeld, damit Sie alle Einträge erkennen können. Klicken Sie auf den Pfeil (▶) links von den einzelnen Attributzeilen, um deren Eigenschaften auszublenden.

2 Ziehen Sie die neue Flächenattributzeile (Mit dem »Duck«-Musterfeld als Füllfarbe) unter die Zeile des ursprünglichen Flächenattributs.

Indem Sie das neue unter das ursprüngliche Flächenattribut ziehen, ändert sich das Aussehen der Grafik. Der Verlauf von Gelb nach Orange überdeckt nun die neue Fläche.

3 Wählen Sie **Bearbeiten: Rückgängig: Aussehenselement verschieben**, um die neue Flächenzeile im Aussehenbedienfeld wieder zwischen der Kontur und der ursprünglichen Fläche zu platzieren.

Einer Ebene ein Aussehen zuweisen

Sie können auch einfache Aussehen-Attribute auf Ebenen anwenden. Um etwa allen Ebeneninhalten 50% Deckkraft zu verleihen, wählen Sie die Ebene als Ziel aus und ändern Sie die Deckkraft.

Sie wählen nun eine Ebene als Ziel aus und weisen einen Schlagschatten zu.

1 Klicken Sie auf das Symbol des Ebenenbedienfelds (), um das Bedienfeld zu öffnen. Klicken Sie im Ebenenbedienfeld bei Bedarf auf den Pfeil links neben der Buttons-Ebene, um ihren Inhalt anzuzeigen.

2 Klicken Sie auf das Zielauswahlsymbol () rechts von der Unterebene »circles«.

3 Öffnen Sie das Aussehenbedienfeld. Wie Sie sehen, steht ganz oben »Ebene«. Das zeigt an, dass jedes angewendete Attribut automatisch für den gesamten Inhalt dieser Ebene gilt. Wenn Sie Elemente auswählen, die andere Elemente enthalten (etwa eine Ebene oder eine Gruppe), erscheint im Aussehenbedienfeld der Eintrag »Inhalt«, den Sie mit einem Doppelklick bearbeiten können.

● **Hinweis:**
Abhängig vom Betriebssystem können die Ebenenfarben bei Ihnen anders aussehen. Das macht nichts aus.

4 Klicken Sie unten im Aussehenbedienfeld auf die Schaltfläche »Neuen Effekt hinzufügen« ( ) und wählen Sie **Stilisierungsfilter: Schlagschatten**.

5 Ändern Sie die Deckkraft im Dialogfeld »Schlagschatten« in **25%**, den »X-Versatz« in **-2 px**, den »Y-Versatz« in **2 px** und den Wert »Weichzeichnen« in **2 px**. Klicken Sie auf OK.

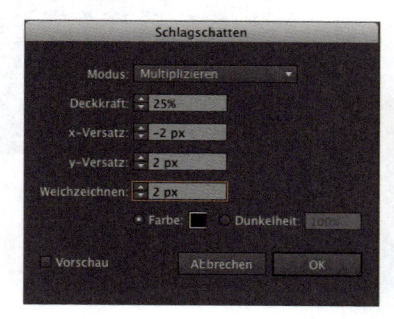

6 Klicken Sie auf das Symbol des Ebenenbedienfelds ( ) und achten Sie auf das Zielauswahlsymbol, das nun in der Mitte schattiert ist ( ). Illustrator zeigt damit an, dass dieser Ebene ein Aussehen-Attribut zugewiesen wurde.

7 Wählen Sie **Auswahl: Auswahl aufheben** und dann **Datei: Speichern**.

Grafikstile benutzen

Ein Grafikstil ist ein gespeicherter Satz von Aussehen-Attributen, die sich wiederverwenden lassen. Durch den Einsatz von Grafikstilen können Sie das Aussehen von Objekten und Text schnell und global ändern.

Im Grafikstilebedienfeld (**Fenster: Grafikstile**) können Sie Effekte und Attribute für Objekte, Ebenen und Gruppen erzeugen, benennen, speichern, anwenden und entfernen. Sie können außerdem die Verknüpfung zwischen einem Objekt und einem zugewiesenen Grafikstil unterbrechen, um die Attribute dieses Objekts zu bearbeiten, ohne andere Objekte mit dem gleichen Grafikstil zu beeinflussen.

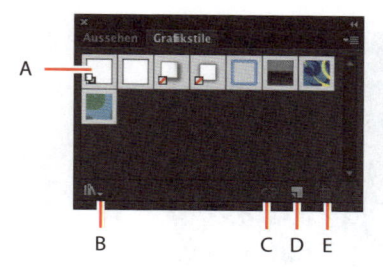

A. Grafikstil-Miniatur
B. Menü »Grafikstil-Bibliotheken«
C. Verknüpfung mit Grafikstil aufheben
D. Neuer Grafikstil
E. Grafikstil löschen

Falls Sie z. B. eine Karte haben, die eine Form nutzt, um eine Stadt zu repräsentieren, können Sie einen Grafikstil verwenden, der die Form grün zeichnet und einen Schlagschatten hinzufügt. Sie können dann diesen Grafikstil einsetzen, um alle Stadtformen auf der Karte zu malen. Falls Sie beschließen, eine andere Farbe zu verwenden, können Sie die Füllfarbe des Grafikstils in Blau ändern. Alle Objekte, die diesen Grafikstil einsetzen, werden mit Blau aktualisiert.

Einen Grafikstil erstellen und sichern

Sie werden jetzt einen neuen Grafikstil mithilfe der Aussehen-Attribute, die Sie für die Hemdform unter dem Text »Clothing« festgelegt haben, erstellen, speichern und benennen. Anschließend wenden Sie diese Aussehen-Attribute auf die anderen Buttonformen an.

▶ **Tipp:** Zum Anlegen eines Grafikstils können Sie auch das Objekt auswählen, aus dem Sie den Grafikstil ableiten wollen. Ziehen Sie dann die obere Miniatur im Aussehenbedienfeld ins Grafikstilebedienfeld.

1 Wählen Sie aus dem Arbeitsbereich-Umschalter **Zurücksetzen: Grundlagen** in der Anwendungsleiste.

2 Klicken Sie auf das Symbol des Grafikstilebedienfelds ( ) rechts im Arbeitsbereich, um das Grafikstilebedienfeld zu öffnen.

3 Klicken Sie mit dem Auswahl-Werkzeug ( ) auf die Hemdform unter dem Text »Clothing«.

● **Hinweis:** Je nach Betriebssystem können die Begrenzungsrahmen und Kanten einiger ausgewählter Objekte bei Ihnen anders gefärbt sein. Das macht nichts aus.

Neuen Grafikstil anlegen    Grafikstil doppelklicken    Grafikstil umbenennen

4 Klicken Sie unten im Grafikstilebedienfeld auf die Schaltfläche »Neuer Grafikstil« ( ).

5 Doppelklicken Sie die neue Grafikstilminiatur im Grafikstilebedienfeld. Geben Sie dem Stil im Dialogfeld »Grafikstiloptionen« den Namen **Icons**. Klicken Sie auf OK.

6 Klicken Sie auf das Symbol des Aussehenbedienfelds. Oben im Bedienfeld sehen Sie den Eintrag »Pfad: Icons«. Das bedeutet, dass ein Grafikstil mit dem Namen »Icons« auf die ausgewählte Grafik (einen Pfad) angewendet wurde.

7 Wählen Sie **Auswahl: Auswahl aufheben** und dann **Datei: Speichern**.

Einen Grafikstil auf ein Objekt anwenden

Grafikstile können ganz einfach auf andere Objekte übertragen werden. Sie wenden nun den gerade erstellten Grafikstil »Icons« auf eine andere Form an.

1 Klicken Sie mit dem Auswahl-Werkzeug ( ) auf die Babyrasselform links vom Text »Toys.«

2 Klicken Sie auf das Register des Grafikstilebedienfelds, um das Bedienfeld anzuzeigen. Klicken Sie dort dann auf den Grafikstil »Icons«, um sein Attribut anzuwenden.

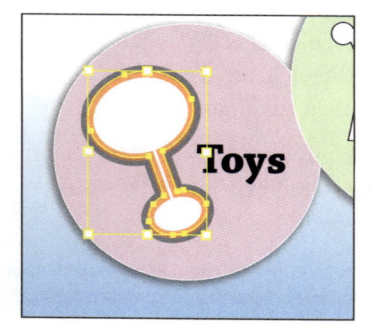

Zum Anwenden eines Grafikstils können Sie auch direkt seine Miniatur aus dem Grafikstilebedienfeld auf ein Objekt ziehen, selbst wenn dieses vorher nicht ausgewählt war.

3 Wählen Sie **Datei: Speichern**.

Grafikstil-Attribute ändern

Wenn Sie einen Grafikstil verwenden, können Sie das betreffende Objekt trotzdem noch bearbeiten. Zudem lassen sich Grafikstile selbst ändern und das Aussehen aller Objekte, auf die sie angewendet wurden, entsprechend aktualisieren.

1 Klicken Sie mit dem Auswahl-Werkzeug ( ) wieder auf die Hemdform. Im Grafikstilebedienfeld ist nun die Miniatur des Icons-Grafikstils markiert (sie ist von einem Auswahlrahmen umgeben). Somit wurde dieser Grafikstil zugewiesen.

2 Klicken Sie auf das Register des Aussehenbedienfelds. Ändern Sie die Konturfarbe der orangefarbenen Kontur in Weiß. Klicken Sie auf das Register des Grafikstilebedienfelds. Sie erkennen, dass der Grafikstil jetzt nicht mehr hervorgehoben wird. Das bedeutet, dass er auch nicht mehr länger angewendet wird.

3 Drücken Sie die Alt-Taste und ziehen Sie die Hemdform auf die Miniatur des Icons-Grafikstils im Grafikstilebedienfeld. Geben Sie zuerst die Maustaste und dann die Alt-Taste frei, sobald die Miniatur hervorgehoben wird.

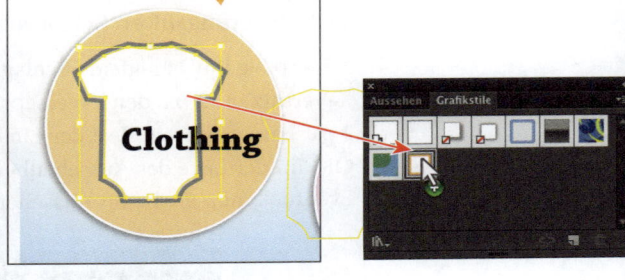

Konturfarbe ändern   Form mit gedrückter Alt-Taste auf den Stil ziehen

4 Wählen Sie **Auswahl: Auswahl aufheben**.

5 Klicken Sie mit dem Auswahl-Werkzeug und gedrückter Umschalt-Taste in die Form hinter dem Text »Furniture«, in die weiße Form über dem Text »Registry« und in die weiße Form über dem Text »Contact.«

6 Klicken Sie auf den »Icons«-Grafikstil im Grafikstilebedienfeld, um sein Attribut anzuwenden.

7 Wählen Sie **Auswahl: Auswahl aufheben** und dann **Datei: Speichern**.

Einen Grafikstil auf eine Ebene anwenden

Wenn ein Grafikstil auf eine Ebene angewandt wird, dann erhält alles, was zu dieser Ebene hinzugefügt wird, denselben Stil. Sie erzeugen nun einen neuen Grafikstil und wenden ihn auf eine Ebene an.

1 Klicken Sie auf das Register des Aussehenbedienfelds. Oben im Bedienfeld wird Ihnen **No Selection: Icons** angezeigt (eventuell müssen Sie nach oben scrollen). Wenn Sie Aussehen-Einstellungen, Grafikstile, etc. auf Grafiken anwenden, erhält die nächste gezeichnete Form die im Aussehenbedienfeld aufgeführten Aussehen-Einstellungen.

2   Klicken Sie auf die Schaltfläche »Aussehen löschen« (◎) unten im Aussehenbedienfeld. Wählen Sie den Namen »Keine Auswahl« bzw. die entsprechende Miniatur im oberen Teil des Bedienfelds.

Mit der Schaltfläche »Auswahl löschen« entfernen Sie alle Aussehen-Attribute, die auf ein Objekt angewandt wurden, darunter alle Konturen oder Füllungen. Wenn Sie auf die Schaltfläche »Aussehen löschen« klicken, während nichts ausgewählt ist, stellen Sie für neue Formen das vorgegebene Aussehen ein.

3   Klicken Sie auf die Schaltfläche »Neuen Effekt« hinzufügen (fx.) und wählen Sie **Stilisierungsfilter: Schlagschatten**.

4   Ändern Sie im Dialogfeld »Schlagschatten« die Deckkraft in **100%**, den X-Versatz in **-2 px**, den Y-Versatz in **2 px** und den Wert »Weichzeichnen« in **2 px**. Lassen Sie den Rest der Einstellungen unverändert und klicken Sie auf OK. Im der Liste des Aussehenbedienfelds erscheint nun der Schlagschatten. Eventuell müssen Sie im Aussehenbedienfeld scrollen, um ihn zu sehen.

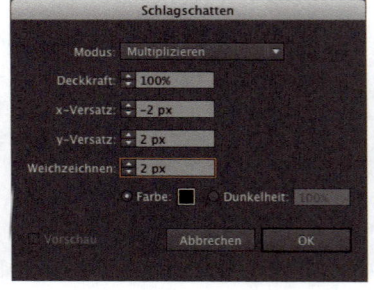

Aussehen löschen   Schlagschatten hinzufügen   Ergebnis

Wenn im Dokumentfenster nichts ausgewählt ist, wird ein neuer Grafikstil aus dem aktuell im Aussehenbedienfeld angezeigten Aussehen-Attribut erstellt.

5   Klicken Sie auf das Register des Grafikstilebedienfelds. Klicken Sie mit gedrückter Alt-Taste auf die Schaltfläche »Neuer Grafikstil« (🔳) und nennen Sie diesen im Dialogfeld »Grafikstiloptionen« **Icons shadow**. Klicken Sie auf OK.

Durch die gedrückte Alt-Taste öffnet sich beim Klicken das Dialogfeld. Die Grafikstilminiatur zeigt in der unteren linken Ecke ein durchgestrichenes Kästchen, da der Grafikstil weder über Kontur noch Fläche verfügt.

Sie wählen nun die Unterebene »bases« als Ziel aus, um einen Schlagschatten auf alle darauf befindlichen Formen anzuwenden. Durch die Zielauswahl werden alle Pfade auf der Ebene markiert.

6   Klicken Sie auf das Symbol des Ebenenbedienfelds () rechts im Arbeitsbereich, um das Ebenenbedienfeld zu öffnen.

7   Klicken Sie bei Bedarf im Ebenenbedienfeld auf den Pfeil () links neben der Ebene Buttons, um sie auszuklappen. Klicken Sie auf das Zielauswahlsymbol () rechts neben dem Unterebenennamen »bases«.

8   Klicken Sie auf das Symbol des Grafikstilebedienfelds () und klicken Sie dann auf die Miniatur des Stils »Icons shadow«, um diesen auf die Ebene und ihre Inhalte anzuwenden. Lassen Sie die Formen auf der Zeichenfläche ausgewählt.

Zielauswahlsymbol klickenGrafikstil anwendenErgebnis

Wenn Sie mehrere Grafikstile auf ein Objekt anwenden, überschreibt der zuletzt angewendete Grafikstil den vorherigen. Wenn Sie einen Grafikstil auf Bildmaterial anwenden und dann einen Grafikstil auf die Ebene (oder Unterebene), auf der es sich befindet, werden die Grafikstilformatierungen zusammengenommen und ergänzen sich.

Beachten Sie, dass die Form über dem Text »Registry« keinen Schlagschatten aufweist. Diese Form befindet sich nicht auf der Unterebene »bases«.

9   Klicken Sie auf das Symbol des Ebenenbedienfelds () und ziehen Sie das <Pfad>-Objekt ganz oben in der Ebene »Buttons« auf die Unterebene »bases«. Das Objekt wird damit Teil dieser Unterebene, und der Grafikstil »Icons shadow« wird auf die »Registry«-Form angewandt.

10 Wählen Sie **Auswahl: Auswahl aufheben** und dann **Datei: Speichern**.

Einen Grafikstil bearbeiten, der einer Ebene zugewiesen ist

Nachfolgend bearbeiten Sie den Schlagschatten, der für die Ebene wirksam ist.

1   Klicken Sie rechts im Arbeitsbereich auf das Symbol des Aussehenbedienfelds (), um dieses zu öffnen.

2   Klicken Sie mit dem Auswahl-Werkzeug in die Hemdform unter dem Text »Clothing«, um sie auszuwählen.

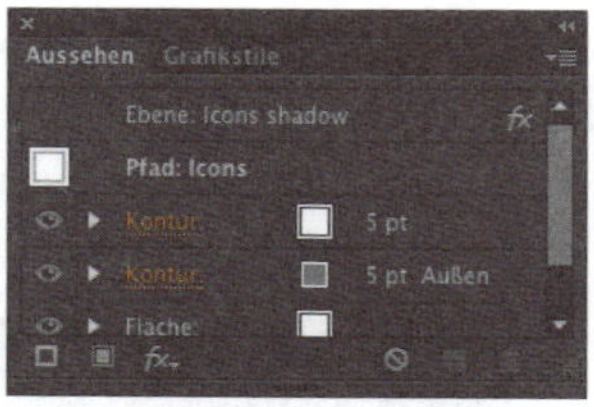

Beachten Sie oben im Aussehenbedienfeld den Eintrag »Ebene: Icons shadow«. Das Aussehenbedienfeld zeigt an, dass die Hemdform auf einer Ebene liegt, welcher der Grafikstil »Icons shadow« zugewiesen wurde.

▶ **Tipp:** Sie können auch das Zielwahlsymbol der Unterebene »bases« im Ebenenbedienfeld anklicken und den Effekt dann im Aussehenbedienfeld bearbeiten.

3   Klicken Sie auf die Wörter »Ebene: Icons shadow«, um den Schlagschatteneffekt zu erreichen. Dabei werden gleichzeitig alle Formen auf der Ebene ausgewählt.

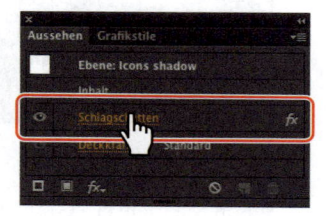

4   Klicken Sie im Aussehenbedienfeld auf den unterstrichenen Text »Schlagschatten« und ändern Sie im Dialogfeld »Schlagschatten« die »Deckkraft« in **25%**. Klicken Sie auf OK. Lassen Sie das Aussehenbedienfeld offen.

5   Wählen Sie **Auswahl: Auswahl aufheben** und dann **Datei: Speichern**.

Einen bestehenden Grafikstil anwenden

Sie können auch Grafikstile auf Ihre Grafiken anwenden, die bereits in den Grafikstilbibliotheken von Illustrator CS6 mitgeliefert werden. Jetzt wenden Sie auf eine Schaltfläche im Design Grafikstile an.

1   Wählen Sie **Ansicht: Zeichenfläche in Fenster einpassen**.

Sie weisen nun der »Go«-Schaltfläche in der oberen rechten Ecke der Zeichenfläche einen bestehenden Grafikstil zu.

▶ **Tipp:** Klicken Sie auf die Pfeile unten im Bedienfeld Leuchten-Stile, um zur vorherigen oder nächsten Grafikstilbibliothek zu wechseln.

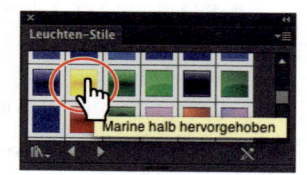

2   Klicken Sie auf das Register des Grafikstilebedienfelds. Klicken Sie auf die Schaltfläche »Menü 'Grafikstil-Bibliotheken'« () und wählen Sie »Leuchten-Stile«. Scrollen Sie im Leuchten-Stilebedienfeld nach unten und wählen Sie den Grafikstil »Marine halb hervorgehoben«. Dadurch fügen Sie den Stil zum Grafikstilebedienfeld des Dokuments hinzu.

3 Klicken Sie unten im Bedienfeld »Leuchten-Stile« auf das Menü »Grafikstil-Bibliotheken« ( ) und wählen Sie »Zusatz«. Klicken Sie im Bedienfeld »Zusatz« auf die Miniatur des Grafikstils »Abgerundete Ecken 10 Pt.«, um diesen Stil ebenfalls ins Grafikstilebedienfeld zu übernehmen. Schließen Sie das Bedienfeld »Zusatz«.

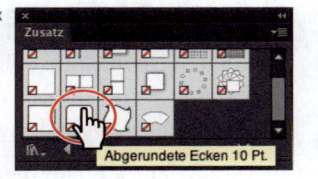

● **Hinweis:** Wenn Sie einen Grafikstil aus der Bibliothek anklicken, wird dieser zum Grafikstilebedienfeld des Dokuments hinzugefügt.

4 Klicken Sie mit dem Auswahl-Werkzeug ( ) auf das weiße Rechteck neben der oberen rechten Ecke der Zeichenfläche (rechts vom Suchfeld). Achten Sie darauf, nicht den weißen Text »Go« zu markieren, der sich darüber befindet.

5 Rechtsklicken Sie die Miniatur des Grafikstils »Marine halb hervorgehoben« im Grafikstilebedienfeld und halten Sie die rechte Maustaste gedrückt. Sie erhalten eine Vorschau des Grafikstils auf der Form. Lassen Sie die Maustaste am Ende wieder los.

Mit der Grafikstilvorschau können Sie sehr gut feststellen, wie sich ein Grafikstil auf das ausgewählte Objekt auswirkt, ohne ihn tatsächlich anzuwenden.

6 Klicken Sie im Grafikstilebedienfeld auf den Grafikstil »Marine halb hervorgehoben« , um ihn auf die Form anzuwenden. Klicken Sie auf das Register des Grafikstilebedienfelds, um die Bedienfeldgruppe zu schließen.

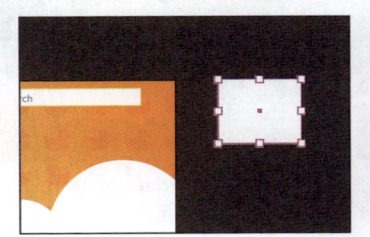

Das weiße Rechteck auswählen    Voransicht des Grafikstils    Ergebnis

7 Wählen Sie **Datei: Speichern** und lassen Sie die Form ausgewählt.

● **Hinweis:** Am linken Ende des Steuerungsbedienfelds könnte ein Warnsymbol auftauchen. Das macht nichts. Es handelt sich um einen hilfreichen Hinweis, dass die oberste Kontur/Fläche nicht aktiv ist.

Mehrere Grafikstile anwenden

Sie können einen Grafikstil auf ein Objekt anwenden, dem bereits ein Grafikstil zugewiesen wurde. Das ist ganz praktisch, wenn Sie zu einem Objekt die Eigenschaften eines anderen Grafikstils hinzufügen wollen.

● **Hinweis:** Falls das Stilmenü nicht im Steuerungsbedienfeld erscheint, öffnen Sie das Grafikstilebedienfeld durch einen Klick auf sein Symbol rechts im Arbeitsbereich.

1 Das Rechteck hinter dem Text »Go« ist immer noch ausgewählt; klicken Sie im Steuerungsbedienfeld auf das Stilmenü. Wählen Sie im erscheinenden Grafikstilebedienfeld den Stil »Abgerundete Ecken 10 Pt.« aus, um ihn der Form der Go-Schaltfläche zuzuweisen.

Beachten Sie, dass die Flächen und die Kontur nicht mehr zu sehen sind. Grafikstile ersetzen standardmäßig die Formatierungen der ausgewählten Objekte.

2 Wählen Sie **Bearbeiten: Rückgängig: Grafikstile**.

3 Klicken Sie erneut auf das Stilmenü im Steuerungsbedienfeld und klicken Sie dann mit gedrückter Alt-Taste auf den Grafikstil »Abgerundete Ecken 10 Pt«.

Die Flächenfüllungen und die Kontur der Go-Schaltfläche bleiben erhalten, die Ecken erscheinen jetzt abgerundet (eventuell müssen Sie einzoomen). Mithilfe der Alt-Taste fügen Sie die Grafikstilformatierungen beim Anklicken den bestehenden Formatierungen hinzu, statt sie zu überschreiben.

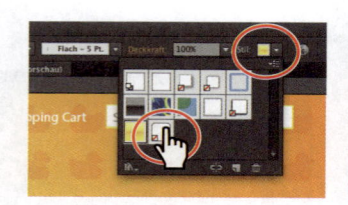

Grafikstil anwenden    Ergebnis    Endergebnis

4 Klicken Sie mit dem Auswahl-Werkzeug (▸) und gedrückter Umschalt-Taste auf den Text »Go« und wählen Sie dann **Objekt: Gruppieren**.

5 Klicken Sie auf die x-, y-, B- oder H-Verknüpfung im Steuerungsbedienfeld, um das Transformierenbedienfeld (**Fenster: Transformieren**) zu öffnen. Aktivieren Sie am unteren Bedienfeldrand das Kontrollfeld »Konturen und Effekte skalieren«.

6 Klicken Sie im Transformierenbedienfeld auf die Schaltfläche »Proportionen für Höhe und Breite erhalten« (▣). Ändern Sie »Breite« (B) in **25**. Drücken Sie die Eingabetaste, um auch die Höhe zu ändern, und klappen Sie das Transformierenbedienfeld zu.

7 Ziehen Sie die Button-Gruppe rechts neben das Suchfeld. Verwenden Sie zum Ausrichten die intelligenten Hilfslinien.

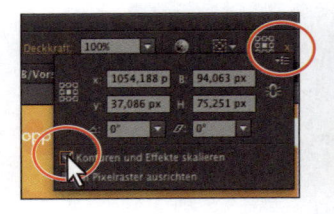

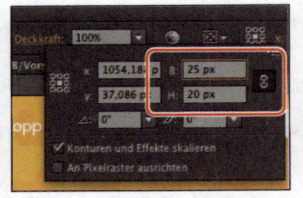

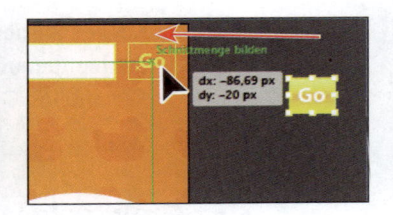

»Konturen und Effekte skalieren« wählen   Breite ändern   Schaltfläche in Position ziehen

8 Wählen Sie **Auswahl: Auswahl aufheben** und dann **Datei: Speichern**.

Einen Grafikstil auf einen Text anwenden

Als Nächstes wenden Sie einen bestehenden Grafikstil auf Text an.

1 Klicken Sie mit dem Auswahl-Werkzeug ( ) auf den Text »Clothing«. Wählen Sie **Auswahl: Gleich: Fläche und Kontur**, um alle fünf Textobjekte zu markieren.

2 Klicken Sie bei Bedarf auf das Symbol des Grafikstilebedienfelds ( ), um das Bedienfeld auszuklappen. Wählen Sie im Bedienfeldmenü ( ) den Eintrag »Zeichenfarbe überschreiben«, falls er nicht bereits aktiviert ist.

Beim Anwenden eines Grafikstils auf Text überschreibt die Füllfarbe des Texts die Füllfarbe des Grafikstils. Um das zu vermeiden, wählen Sie die Option »Zeichenfarbe überschreiben«.

3 Wählen Sie »Text für Vorschau verwenden« ( ) aus dem Grafikstilebedienfeldmenü.

4 Rechtsklicken Sie auf die Miniatur des Blue Neon-Grafikstils im Grafikstilebedienfeld und halten Sie die rechte Maustaste gedrückt. Sie erhalten eine Vorschau des Grafikstils auf dem Text. Lassen Sie die Maustaste wieder los und klicken Sie dann auf den Blue Neon-Grafikstil, um ihn anzuwenden.

Wäre die Option »Zeichenfarbe überschreiben« nicht ausgewählt, wäre die Flächenfüllung immer noch schwarz.

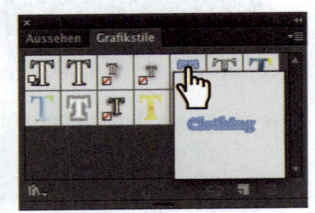

5 Klicken Sie auf das Register des Aussehenbedienfelds und klicken Sie dann unten im Bedienfeld auf die Schaltfläche »Aussehen löschen« (◻), um die Grafikstilformatierungen zu löschen.

6 Wählen Sie **Auswahl: Auswahl aufheben** und dann **Datei: Speichern**.

Grafikstile kopieren und entfernen

Wenn Sie mehrere Grafikstile und Aussehen erstellt haben, wollen Sie diese vielleicht auch auf andere Objekte in Ihrer Grafik anwenden. Sie können das Grafikstilebedienfeld, das Aussehenbedienfeld, das Pipette-Werkzeug oder das Interaktiv-malen-Werkzeug verwenden, um Aussehen-Attribute zu kopieren und anzuwenden. Jetzt kopieren Sie mithilfe des Ebenenbedienfelds Aussehen-Attribute von einer Ebene auf eine andere.

1 Vergrößern Sie das Ebenenbedienfeld so, dass alle Ebenen zu sehen sind. Klappen Sie die Ebene »Buttons« mit dem Pfeil zu ihrer Linken auf und ziehen Sie mit gedrückter Alt-Taste das Zielauswahlsymbol (◻) von der Unterebene »bases« auf das Zielauswahlsymbol der darüber liegenden Unterebene »text«.

Durch den Einsatz der Alt-Taste beim Ziehen kopieren Sie die Aussehen-Attribute von einer Ebene in eine andere. Das schattierte Zielauswahlsymbol (◻) zeigt an, dass die Ebene Aussehen-Attribute enthält. Um ein Aussehen oder einen Stil von einer Ebene oder einem Objekt zu einer anderen Ebene oder einem anderen Objekt zu verschieben und nicht zu kopieren, ziehen Sie das Zielauswahlsymbol ohne Alt-Taste. Auf den Text wurde nun derselbe dezente Schlagschatteneffekt angewendet.

Sie entfernen nun im Ebenenbedienfeld die Aussehen-Attribute von der Ebene.

2 Klicken Sie im Ebenenbedienfeld auf das Zielauswahlsymbol rechts von der Unterebene »text«.

3 Ziehen Sie das Zielauswahlsymbol auf die Papierkorb-Schaltfläche (🗑) unten im Ebenenbedienfeld, um die Aussehen-Attribute zu löschen. Klicken Sie auf das Register des Ebenenbedienfelds, um dieses zu schließen.

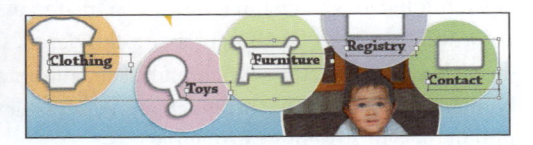

Sie können Attribute eines ausgewählten Objekts oder einer ausgewählten Ebene auch im Aussehenbedienfeld entfernen. Wählen Sie dazu das Objekt aus und wählen Sie dann aus dem Bedienfeldmenü den Befehl »Auf Grundform reduzieren«. Dadurch werden alle Aussehen-Attribute außer einer einzelnen Fläche und Kontur entfernt.

4   Wählen Sie **Auswahl: Auswahl aufheben** und dann **Datei: Speichern**.

Webgrafiken erstellen

Für Webinhalte müssen Vektorgrafiken in Rastergrafiken umgewandelt werden. Das erreichen Sie zum Beispiel mit dem Befehl »Für Web speichern«. Bilder können in vielen verschiedenen Formaten gespeichert werden, zum Beispiel GIF, JPEG und PNG. Diese Dateitypen sind für den Einsatz im Web optimiert und sie sind mit den meisten Browsern kompatibel. Jedes Format bietet jedoch unterschiedliche Möglichkeiten. Der Schlüssel zum effektiven Einsatz von Bildern auf einer Website ist der richtige Kompromiss aus Auflösung, Bildgröße und Farbe, um eine optimale Darstellungsqualität zu erreichen.

● **Hinweis:** Mehr über die Bedeutung des Begriffs »Raster« erfahren Sie im Abschnitt »Vektor- und Bitmap-Grafiken im Vergleich« in Lektion 15,«Illustrator CS6-Grafiken mit anderen Adobe-Anwendungen kombinieren«.

● **Hinweis:** Dieser Abschnitt ist als Einführung in die wichtigsten Werkzeuge und Abläufe zum Speichern von Webinhalten aus Illustrator gedacht, nicht als umfassende Anleitung. Mehr über den Umgang mit Webgrafiken erfahren Sie in der Illustrator-Hilfe bei einer Suche nach »Exportieren von Bildmaterial«.

Inhalte am Pixelraster ausrichten

Pixelbilder sollten normalerweise scharfe Konturen aufweisen, ganz besonders Standard-Webgrafiken mit einer Auflösung von 72 ppi (Pixel pro Zoll). Um Webdesignern die Gestaltung pixelgenauer Designs zu ermöglichen, können Sie Grafiken am Pixelraster ausrichten. Das Pixelraster ist ein Gitter aus 72 Quadraten pro Zoll, sowohl in horizontaler als auch in vertikaler Richtung. Sie können das Pixelraster sehen, wenn Sie im Pixelvorschaumodus (**Ansicht: Pixelvorschau**) auf 600% oder mehr einzoomen.

Wenn die Eigenschaft »An Pixelraster ausrichten« für ein Objekt aktiviert ist, werden alle horizontalen und vertikalen Objektsegmente am Pixelraster ausgerichtet, was den Konturen ein knackig scharfes Aussehen verleiht. Beim Erstellen eines neuen Dokuments können Sie im Dialogfeld »Neues Dokument« das Optionsfeld »Neue Objekte an Pixelraster ausrichten« markieren und diese Funktion damit auf Dokumentebene aktivieren. Damit richten Sie alle Grafiken, die sich am Pixelraster ausrichten lassen, automatisch an diesem aus. Sie können Inhalte auch nachträglich am Pixelraster ausrichten – das werden Sie nun in diesem Abschnitt probieren.

1. Die Datei *webstore.ai* ist immer noch geöffnet; wählen Sie **Datei: Neu**. Wählen Sie im Dialogfeld »Neues Dokument« den Eintrag »Web« aus dem Menü »Profil«. Klicken Sie im unteren Bereich des Dialogfelds auf den Pfeil links neben der Beschriftung »Erweitert«.

   Achten Sie in den erweiterten Einstellungen darauf, dass als Farbmodus für alle zu erstellenden Objekte »RGB« ausgewählt ist. Die Rastereffekte sollten auf 72 ppi eingestellt und das Feld »Neue Objekte an Pixelraster ausrichten« markiert sein.

2. Klicken Sie auf »Abbrechen«.

3. Wählen Sie in der Datei *webstore.ai* den Befehl **Datei: Dokumentfarbmodus**. Sie werden sehen, dass hier bereits RGB ausgewählt ist.

   Sie können den Farbmodus auch nach Erstellung eines Dokuments ändern. So stellen Sie den Standardfarbmodus für alle *neu* angelegten Farben ein.

4. Wählen Sie das Zoomwerkzeug ( ) und ziehen Sie einen Rahmen über die Textformen »Little« rechts von der Ente in der Überschrift, um eine stark vergrößerte Ansicht zu bekommen. Dieser Text wurde bereits in Pfade umgewandelt.

5. Wählen Sie **Ansicht: Pixelvorschau**, um eine gerasterte Version des Designs und das Pixelraster zu sehen.

▶ **Tipp:** Das Pixelraster können Sie ausschalten. Wählen Sie dazu **Illustrator/Bearbeiten: Voreinstellungen: Hilfslinien und Raster** und deaktivieren Sie das Kontrollfeld »Pixelraster anzeigen« (bei Zoom über 600%).

Die Grafik im Vorschaumodus

Die Grafik im Pixelvorschaumodus

Wenn Sie auf mindestens 600% einzoomen und die Pixelvorschau aktivieren, erscheint wie in unserer Abbildung ein Raster. Das Pixelraster unterteilt die Zeichenfläche in 1-Pt.-(1/72 Zoll-)Schritten.

6   Klicken Sie mit dem Auswahl-Werkzeug ( ) auf die Gruppe der Textformen, die mit »Little« anfängt.

7   Klicken Sie auf das Wort »Transformieren« (oder auf x, y, B oder H) im Steuerungsbedienfeld und aktivieren Sie unten im Transformierenbedienfeld das Kontrollfeld »An Pixelraster ausrichten«.
Wählen Sie das Kontrollfeld mehrmals an und ab, um die Änderungen an den Textkanten zu begutachten.

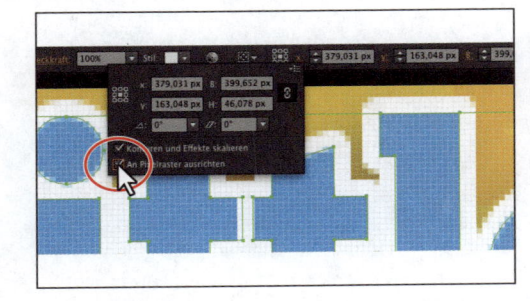

● **Hinweis:** Am Pixelraster ausgerichtete Objekte ohne horizontale oder vertikale Segmente werden für die Ausrichtung am Raster nicht verändert. Ein verdrehtes Rechteck verfügt beispielsweise über keine senkrechten oder waagerechten Pfade und wird daher auch nicht verschoben, wenn die Option »Am Pixelraster ausrichten« dafür ausgewählt ist.

8   Wählen Sie **Ansicht: Zeichenfläche in Fenster einpassen**.

9   Wählen Sie **Auswahl: Objekt: Nicht an Pixelraster ausgerichtet**, um alle Inhalte im Dokument zu markieren, die sich am Pixelraster ausrichten lassen, aber derzeit noch nicht ausgerichtet sind.

10 Klicken Sie im Steuerungsbedienfeld auf das Wort »Transformieren« und wählen Sie »An Pixelraster ausrichten«. Lassen Sie das Transformierenbedienfeld offen.

11 Wählen Sie aus dem Transformierenbedienfeldmenü ( ) den Befehl »Neue Objekte an Pixelraster ausrichten«. Drücken Sie die Esc-Taste, um das Transformierenbedienfeld zu schließen.

Durch diese Einstellung werden alle *neuen* Grafikobjekte automatisch am Pixelraster ausgerichtet. Hätten Sie beim Erstellen eines Dokuments das Profil »Web« gewählt, wäre dies bereits voreingestellt.

12 Wählen Sie **Auswahl: Auswahl aufheben** und dann **Datei: Speichern**.

Kantenglättung für Text

Das Zeichenbedienfeld in Illustrator hält die folgenden Glättungsmethoden für Text bereit: »Ohne«, »Scharf«, »Schärfer« und »Stark«. Sie können die Glättungsmethode für jeden Textrahmen auswählen. Diese Textglättungsattribute werden zusammen mit dem Dokument gespeichert.

Wenn Sie mit dem Befehl **Datei: Für Web speichern** Grafikformate wie JPEG und GIF exportieren, können Sie in einer Drop-down-Liste aus folgenden Glättungsoptionen wählen: »Ohne«, »Bildmaterial optimiert« und »Schrift optimiert«.

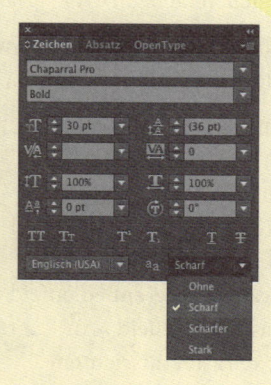

- Die Option »Bildmaterial optimiert« erzeugt wie in früheren Versionen ein Raster für diese Formate. Die Textglättungsoptionen werden in diesem Fall allerdings nicht berücksichtigt.

- Die Option »Schrift optimiert« berücksichtigt bei der Rasterung des Bildmaterials die neu eingeführten Glättungsoptionen für Textrahmen.

—Aus der Illustrator-Hilfe

Inhalt in Slices unterteilen

Wenn Sie Grafiken auf einer Zeichenfläche erstellen und dann **Datei: Für Web Speichern** wählen, erzeugt Illustrator eine einzelne Bilddatei in der Größe der Zeichenfläche. Sie können mehrere Zeichenflächen anlegen für Grafiken, die jeweils einen Teil der Website enthalten, etwa eine Schaltfläche, und dann jede Zeichenfläche als separates Bild speichern.

Sie können Ihre Grafiken aber auch auf einer Zeichenfläche gestalten und den Inhalt anschließend unterteilen. In Illustrator können Sie Slices verwenden, um die Begrenzungen der einzelnen Webelemente in Ihrer Grafik zu definieren. Wenn Sie zum Beispiel eine komplette Webseite auf Ihrer Zeichenfläche gestalten und Sie eine Vektorform daraus als Schaltfläche für Ihre Website speichern möchten, können Sie diesen Teil der Grafik im GIF-Format optimiert speichern und den Rest des Bilds als JPEG-Datei. Die Schaltfläche können Sie durch Erstellen eines Slice isolieren. Wenn Sie die Grafik mit dem Befehl **Für Web speichern** als Webseite speichern, können Sie jedes dieser Slices voneinander unabhängig als Datei mit eigenem Format und Einstellungen speichern.

Jetzt legen Sie eine neue Ebene für die Slices an und erzeugen dann mehrere Slices für unterschiedliche Teile der Grafik.

1. Klicken Sie auf das Symbol des Ebenenbedienfelds (), um dieses zu öffnen. Markieren Sie die Ebene »Top nav« mit einem Klick. Klicken Sie mit gedrückter Alt-Taste am unteren Rand des Ebenenbedienfelds auf die Schaltfläche »Neue Ebene erstellen« (). Ändern Sie im Dialogfeld den Ebenennamen »Ebenenoptionen« in »Slices« und klicken Sie auf OK. Achten Sie darauf, dass die neue Ebene »Slices« ausgewählt ist.

● **Hinweis:** Mehr über die Erstellung von Ebenen erfahren Sie im Abschnitt »Ebenen erstellen« in Lektion 8, »Mit Ebenen arbeiten«. Ihre neu erstellte Ebene hat möglicherweise eine andere Ebenenfarbe, und das ist okay.

Slices werden im Ebenenbedienfeld aufgeführt und lassen sich dort auch auswählen, löschen, in der Größe ändern usw. Es empfiehlt sich, die Slices in einer eigenen Ebene unterzubringen, um die Handhabung zu vereinfachen. Dies ist allerdings keine Pflicht.

● **Hinweis:** Mehr über die Erstellung von Slices finden Sie in der Illustrator-Hilfe unter« Erstellen von Slices«.

2. Wählen Sie das Slice-Werkzeug () im Werkzeugbedienfeld. Klicken Sie und ziehen Sie ein Slice um die Ente, die Ziffer 5 und den Text »Little Duckies« auf. Machen Sie sich jetzt noch keine Gedanken um die perfekte Passform; Sie werden später noch nacharbeiten.

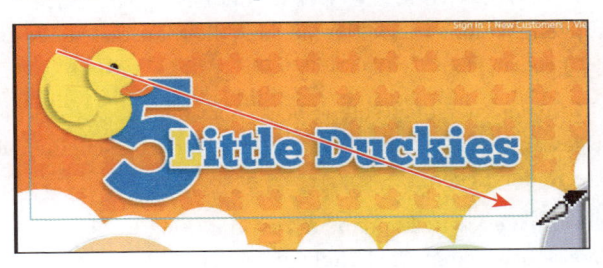

Beim Erstellen eines Slice unterteilt Illustrator automatisch die umliegenden Grafikelemente in weitere Slices, um das Layout der Seite zu erhalten. Diese automatisch erstellten Slices betreffen die gesamte Fläche Ihrer Grafik, die Sie selbst nicht als Slice definiert haben. Illustrator berechnet die automatischen Slices jedes Mal neu, wenn Sie eigene Slices hinzufügen oder bearbeiten. Achten Sie auch auf die Zahl 3 in der Ecke Ihres selbst erstellten Slices. Illustrator nummeriert die Slices von links nach rechts und von oben nach unten durch, beginnend in der oberen linken Ecke der Grafik.

Nun erstellen Sie ein Slice aus einem ausgewählten Inhalt.

▶ **Tipp:** Verwenden Sie den Befehl **Objekt: Slice: Erstellen**, wenn die Abmessungen des Slice der Begrenzung eines Objekts in Ihrer Grafik entsprechen sollen. Wenn Sie das Element verschieben oder verändern, passt sich der Slicebereich automatisch an die neuen Abmessungen der Grafik an.

● **Hinweis:** Mehr über die Bearbeitung von Slices finden Sie in der Illustrator-Hilfe unter »Erstellen von Slices«.

3 Wählen Sie das Auswahl-Werkzeug (▶) und klicken Sie auf die »Go«-Schaltflächengruppe in der oberen rechten Ecke der Zeichenfläche. Eventuell sollten Sie dazu einzoomen.

4 Wählen Sie die »Slices«-Ebene im Ebenenbedienfeld, um das neue Slice auf dieser Ebene zu platzieren.

5 Wählen Sie **Objekt: Slice: Aus Auswahl erstellen**.

Illustrator kann Slices aufgrund von benutzerdefinierten Hilfslinien oder aufgrund von ausgewählten Inhalten im Dokumentfenster erstellen.

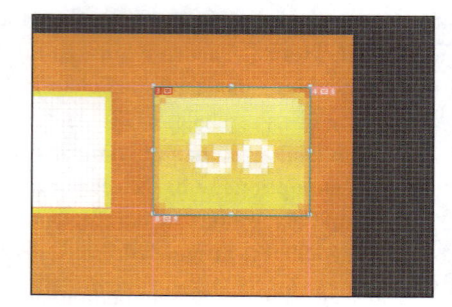

Slices auswählen und bearbeiten

Selbst definierte Slices müssen Sie zum Beispiel bearbeiten, wenn sich der Inhalt geändert hat oder wenn Sie eine größere oder kleinere Fläche in dem Slice unterbringen möchten.

1 Wählen Sie **Ansicht: Zeichenfläche in Fenster einpassen**.

2 Wählen Sie das Slice-Auswahl-Werkzeug (✐) aus der Gruppe des Slice-Werkzeugs im Werkzeugbedienfeld. Halten Sie dazu die Maustaste über dem Slice-Werkzeug (✐) gedrückt.

3 Klicken Sie in die Mitte des zuerst erstellten Slices (über dem Text »5 Little Duckies«). Das ausgewählte Slice wird hervorgehoben und es erscheinen vier Begrenzungspunkte an den Ecken.

Mit dem Slice-Auswahl-Werkzeug können Sie zuvor angelegte Slices auf unterschiedliche Weise bearbeiten. Sie können ein eigenes Slice auch mit dem Auswahl- oder Direktauswahl-Werkzeug bearbeiten, indem Sie seine Kontur anklicken, oder Sie verwenden das Ebenenbedienfeld.

4 Platzieren Sie den Mauszeiger über der linken Kante des ausgewählten Slice. Wenn ein doppelter Pfeil erscheint, klicken und ziehen Sie nach links, bis die Slice-Kante am linken Rand der Zeichenfläche einrastet.

5 Platzieren Sie den Mauszeiger über dem unteren rechten Begrenzungspunkt des ausgewählten Slice und klicken und ziehen Sie das Slice bei Bedarf noch dichter um den Text »5 Little Duckies«.

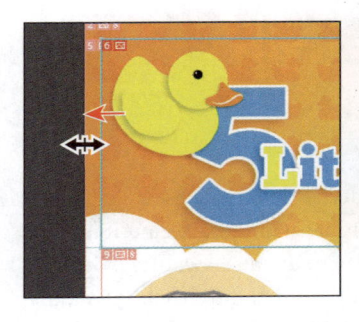

Beim Aufteilen von Inhalten in Slices sollten Sie alle Aussehen-Attribute wie etwa Schlagschatten mit in den Slice-Bereich nehmen. Das kann schwierig werden, wenn der Schatten stärker weichgezeichnet ist. Mit dem Befehl **Objekt: Slice: Aus Auswahl erstellen** erzeugen Sie ein Slice, das alle Aussehen-Attribute, wie Effekte, mit einschließt, wenn diese direkt auf das betreffende Objekt und nicht auf die Ebene, auf der sich das Objekt befindet, angewendet wurden. Mit dem Slice-Auswahl-Werkzeug können Sie ein Slice anklicken und ziehen, es kopieren und einfügen, löschen und vieles mehr.

6   Wählen Sie **Auswahl: Auswahl aufheben** und dann **Ansicht: Slices fixieren**, sodass sich diese nicht mehr auswählen lassen. Wählen Sie **Datei: Speichern**.

Den Befehl »Für Web speichern« verwenden

Nachdem Sie Ihre Grafik bei Bedarf in Slices unterteilt haben, können Sie sie für die Verwendung im Web optimieren. Zur Auswahl von Optimierungsoptionen und zur Vorschau der optimierten Grafik steht Ihnen der Befehl **Datei: Für Web speichern** zur Verfügung. Er markiert den letzten Schritt bei der Erstellung von Webinhalten.

1   Wählen Sie **Ansicht: Slices ausblenden**.

Sie brauchen die Slices während der Arbeit an Ihrer Grafik nicht einzublenden. Sie können sich dann besser auf die Auswahl von Grafikelementen konzentrieren, ohne dabei versehentlich Slices auszuwählen. Wenn Sie eine eigene Ebene für die Slices angelegt haben, können Sie diese im Ebenenbedienfeld ausblenden.

2   Wählen Sie das Auswahl-Werkzeug (k) und klicken Sie mit gedrückter Umschalt-Taste auf die Ente, die Ziffer 5, den Text »Little Duckies« und die Go-Schaltfläche in der oberen rechten Ecke.

3   Wählen Sie **Objekt: Ausblenden: Andere Ebenen**.

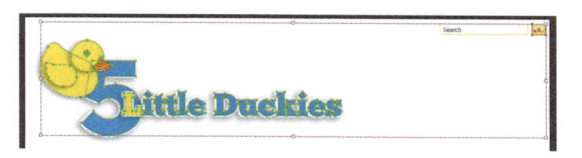

Wenn Sie mit dem Befehl »Für Web speichern« den in Slices unterteilten Inhalt speichern, werden alle Inhalte innerhalb eines Slice in eine Rastergrafik umgewandelt. Wenn Sie in der ausgewählten Grafik Transparenz erhalten wollen (Teile des Bilds werden durchsichtig), dann müssen Sie zunächst all jenes verbergen, was Sie nicht speichern wollen. Je nach gewähltem Dateityp können die Bildteile, in denen die Zeichenfläche durchzusehen ist, transparent gespeichert werden.

4   Wählen Sie **Auswahl: Auswahl aufheben** und dann **Datei: Speichern**.

5   Wählen Sie **Ansicht: Slices einblenden** und vergewissern Sie sich, dass sich die Grafiken und Schlagschatten innerhalb des Slice befinden. Wenn nicht, können Sie die einzelnen Slices beliebig anpassen.

● **Hinweis:** Um die Größe der Slices zu ändern, dürfen diese nicht mehr fixiert sein. Wählen Sie **Ansicht: Slices fixieren** (falls links neben dem Menüeintrag ein Häkchen zu sehen ist, sind sie gesperrt).

6   Wählen Sie **Datei: Für Web speichern**.

7   Klicken Sie oben im Dialogfeld »Für Web speichern« auf das Register »2fach«, um in diesen Anzeigemodus zu wechseln, falls er nicht bereits ausgewählt ist.

Dadurch erhalten Sie eine geteilte Bildschirmansicht mit der Originalgrafik auf der linken Seite und der optimierten Grafik auf der rechten Seite.

8   Das Slice-Auswahl-Werkzeug (🔍) ist ausgewählt; klicken Sie in den optimierten Bereich auf der rechten Seite. Klicken Sie auf das Slice über der Ente und dem Text, falls es nicht bereits ausgewählt ist. Ein ausgewähltes Slice erkennen Sie an seiner farbigen Umrandung.

9   Wählen Sie im Bereich »Vorgabe« auf der rechten Seite des Dialogfelds »PNG-24« aus dem Menü »Optimierungsformat« (unter dem Namensfeld).

Sie können aus vier Dateiformaten wählen: GIF, JPEG, PNG-8 und PNG-24. Außerdem können Sie im Bereich »Vorgabe« für jedes Grafikformat noch zusätzliche Einstellungen vornehmen. (Die Einstellungsmöglichkeiten hängen vom gewählten Dateityp ab). Wenn Ihr Bild aus mehreren Slices besteht, wählen Sie unbedingt jedes einzelne aus und treffen Sie separate Einstellungen zur Optimierung.

10 Wählen Sie im Menü »Exportieren« den Eintrag »Ausgewählte Slices«.

Alle Slices, die Sie im Dialogfeld »Für Web speichern« auswählen, werden exportiert. Sie können mehrere Slices auswählen, nachdem Sie ihnen Optimierungseinstellungen zugewiesen haben, indem Sie sie mit gedrückter Umschalt-Taste anklicken. Wenn Sie im Menü »Export« »Alle Slices« auswählen, werden alle Slices exportiert.

11 Klicken Sie auf die Schaltfläche »Vorschau« in der unteren linken Ecke des Dialogfelds, um den Standard-Webbrowser zu starten und den in Slices unterteilten Inhalt zu betrachten. Schließen Sie anschließend den Browser und kehren Sie zu Illustrator zurück.

● **Hinweis:** Wenn nach dem Anklicken der Schaltfläche »Vorschau« nichts passiert, versuchen Sie es erneut. Eventuell müssen Sie auch die Schaltfläche »Browser auswählen« direkt rechts daneben verwenden, um aus dem Popup-Menü den Eintrag »Liste bearbeiten« auszuwählen und dann einen neuen Browser anzugeben.

12 Klicken Sie im Dialogfeld »Für Web speichern« auf »Speichern«.

13 Steuern Sie im Dialogfeld »Optimierte Version speichern« den Ordner *Lektionen/Lektion13* an und öffnen Sie ihn. Ändern Sie den Namen in **logo** und klicken Sie auf »Sichern«/«Speichern«.

14 Öffnen Sie jetzt im Dateimanager den Ordner *Lektion13* und öffnen Sie dort den *images*-Ordner, den Illustrator angelegt hat. In diesem Verzeichnis finden Sie das einzelne Bild, das den im Dialogfeld »Optimierte Version speichern unter« vergebenen Namen, gefolgt von der Slice-Nummer, trägt.

▶ **Tipp:** Wenn Sie im Dialogfeld »Für Web speichern« Slices auswählen und Optimierungseinstellungen vornehmen, werden diese zusammen mit den Slices in der Illustrator-Datei gespeichert. Wenn Sie Ihre Grafik also verändern und ein Slice erneut speichern müssen, wählen Sie einfach das betreffende Slice mit dem Slice-Auswahl-Werkzeug aus und dann **Datei: Ausgewählte Slices speichern**. Die gespeicherten Optimierungseinstellungen werden auf die Grafik angewendet, den Speicherort können Sie selbst bestimmen.

15 Kehren Sie zu Illustrator zurück und öffnen Sie das Ebenenbedienfeld. Wählen Sie »Alle Ebenen einblenden« aus dem Bedienfeldmenü (▼≡), um die blauen Symbole über den weißen Formen einzublenden.

● **Hinweis:** Falls ein »Speichern unter«-Dialogfeld erscheint, speichern Sie die Datei am selben Speicherort und überschreiben Sie das Original.

16 Wählen Sie **Datei: Speichern** und dann **Datei: Schließen**.

Fragen

1 Wie fügen Sie einem Objekt eine zweite Kontur hinzu?
2 Worin besteht der Unterschied zwischen dem Anwenden eines Grafikstils auf eine Ebene und dem Anwenden eines Grafikstils auf ein Objekt?
3 Wie erweitern Sie einen vorhandenen Grafikstil?
4 Wie entfernen Sie ein Aussehen-Attribut mithilfe des Ebenenbedienfelds?
5 Warum richten wir Inhalte am Pixelraster aus?
6 Nennen Sie die drei Bilddateitypen, die im Dialogfeld **Für Web speichern** zur Auswahl stehen.

Antworten

1. Klicken Sie auf die Schaltfläche »Neue Kontur hinzufügen« im Aussehenbedienfeld oder wählen Sie »Neue Kontur hinzufügen« aus dem Menü des Aussehenbedienfelds. Oben in der Aussehenliste wird eine Kontur hinzugefügt. Sie besitzt die gleiche Farbe und Konturstärke wie die Originalkontur.

2. Nachdem Sie auf eine Ebene einen Grafikstil angewandt haben, bekommt alles, was Sie zu dieser Ebene hinzufügen, denselben Stil. Erzeugen Sie z. B. einen Kreis auf Ebene 1 und verschieben diesen dann auf Ebene 2, auf die ein Schlagschatten-Effekt angewandt wurde, dann übernimmt der Kreis diesen Effekt.

   Wenn ein Stil auf ein einzelnes Objekt angewandt wird, dann werden andere Objekte auf dieser Ebene nicht beeinflusst. Falls z. B. auf den Pfad eines dreieckigen Objekts ein Aufrauen-Effekt angewandt wurde und Sie das Objekt auf eine andere Ebene verschieben, dann behält es den Aufrauen-Effekt.

3. Wählen Sie ein Objekt aus, das bereits über einen Grafikstil verfügt, und klicken Sie dann mit gedrückter Alt-Taste auf einen weiteren Grafikstil im Grafikstilebedienfeld.

4. Klicken Sie im Ebenenbedienfeld auf das Zielauswahlsymbol einer Ebene. Ziehen Sie das Zielauswahlsymbol auf die Schaltfläche »Auswahl löschen« im Ebenenbedienfeld, um das Aussehen-Attribut zu löschen. Sie können das Aussehen-Attribut eines ausgewählten Objekts oder einer Ebene auch mithilfe des Aussehenbedienfelds entfernen. Wählen Sie das Objekt aus und führen Sie dann den Befehl »Auf Grundform reduzieren« aus dem Menü des Aussehenbedienfelds aus, um das Objekt in seinen ursprünglichen Zustand zurückzuversetzen.

5. Ist die Eigenschaft »An Pixelraster ausrichten« für ein Objekt aktiviert, werden seine horizontalen und vertikalen Segmente am Pixelraster ausgerichtet. Dadurch wirken die Objektkonturen schärfer.

6. Die drei Bilddateitypen, die im Dialogfeld »Für Web speichern« zur Auswahl stehen, sind: JPEG, GIF und PNG. Von PNG gibt es zwei Versionen, PNG-8 und PNG-24.

14 MIT SYMBOLEN ARBEITEN

Überblick

In dieser Lektion lernen Sie Folgendes:

- Mit vorhandenen Symbolen arbeiten
- Symbole erzeugen
- Symbole modifizieren und neu definieren
- Symbol-Werkzeuge anwenden
- Grafiken im Symbolebedienfeld speichern und abrufen
- Mit Symbolen und Adobe Flash® arbeiten.

Diese Lektion dauert ungefähr eine Stunde. Falls nötig, entfernen Sie den Ordner der vorherigen Lektion von Ihrer Festplatte und kopieren Sie den Ordner *Lektion14* darauf.

Mit dem Symbolebedienfeld können Sie mehrere Objekte anwenden, indem Sie sie auf die Seite malen. Symbole und die Symbol-Werkzeuge gestalten das Herstellen von wiederholten Formen, wie etwa Grasbüscheln, ganz einfach und intuitiv. Sie können das Symbolebedienfeld auch nutzen, um Grafiken abzulegen und 3D-Objekten Symbole zuzuweisen.

Vorbereitungen

In dieser Lektion werden Sie Symbole auf eine Karte an. Stellen Sie zu Beginn die vorgegebenen Voreinstellungen für Adobe Illustrator wieder her. Öffnen Sie dann die Datei mit der fertigen Grafik, um sich anzuschauen, was Sie erstellen werden.

1. Um sicherzustellen, dass die Werkzeuge und Bedienfelder wie in dieser Lektion funktionieren, löschen oder deaktivieren Sie (durch Umbenennen) die Adobe Illustrator CS6-Preferences-Datei (siehe Seite 3, »Standardvoreinstellungen wiederherstellen«).

2. Starten Sie Adobe Illustrator CS6.

● **Hinweis:** Falls Sie das noch nicht erledigt haben, kopieren Sie die Ressourcendatei für diese Lektion aus dem Ordner *Lektion14* der Buch-CD auf Ihre Festplatte (siehe Seite 2, »Die Classroom-in-a-Book-Dateien kopieren«).

3. Wählen Sie **Datei: Öffnen** und öffnen Sie die Datei *L14end_1.ai* im Ordner *Lektion14* auf Ihrer Festplatte.

   Falls Sie beim Arbeiten die fertige Karte anschauen wollen, wählen Sie **Ansicht: Auszoomen** und passen Sie die Fenstergröße an. Mit dem Hand-Werkzeug (✋) können Sie die Grafik im Fenster verschieben. Falls Sie das Fenster wieder schließen möchten, wählen Sie **Datei: Schließen**.

Zu Beginn öffnen Sie eine bestehende Grafikdatei.

● **Hinweis:** Wenn Sie Lektionsdateien unter Mac OS öffnen, müssen Sie gegebenenfalls noch die grüne runde Schaltfläche in der linken oberen Ecke des Dokumentfensters anklicken, um dieses zu maximieren.

4. Wählen Sie **Datei: Öffnen**, um die Datei *L14start_1.ai* im Ordner *Lektionen/Lektion14* zu öffnen.

5. Wählen Sie **Datei: Speichern unter**. Nennen Sie die Datei »map.ai« und navigieren Sie zum Ordner *Lektion14*. Stellen Sie als Format »Adobe Illustrator (*.AI)« (Windows) bzw. »Adobe Illustrator (ai)« (Mac OS) ein und klicken Sie dann auf »Sichern/Speichern«. Lassen Sie die voreingestellten Illustrator-Optionen im entsprechenden Dialogfeld unverändert und klicken Sie dann auf OK.

6 Wählen Sie **Fenster: Arbeitsbereich: Zurücksetzen: Grundlagen**.

● **Hinweis:** Wenn Sie **Zurücksetzen: Grundlagen** im Menü **Fenster: Arbeitsbereich** nicht finden können, wählen Sie zunächst »Grundlagen« und dann **Zurücksetzen: Grundlagen**.

7 Doppelklicken Sie auf das Hand-Werkzeug (🖐), um die Zeichenfläche im Fenster einzupassen.

Mit Symbolen arbeiten

Bei einem Symbol handelt es sich um ein wiederverwendbares Grafikobjekt, das im Symbolebedienfeld (**Fenster: Symbole**) gespeichert wird. Falls Sie z. B. ein Symbol aus einer von Ihnen gezeichneten Fischgrafik erstellen, können Sie in Ihrer Grafik schnell viele Instanzen dieses Fischsymbols einzufügen. Dadurch brauchen Sie die Fische nicht einzeln zu zeichnen. Alle Instanzen des Fischsymbols sind mit dem entsprechenden Symbol im Symbolebedienfeld verknüpft, sodass Sie sie mit den Symbol-Werkzeugen leicht verändern können.

Wenn Sie das Originalsymbol verändern, werden alle damit verknüpften Instanzen aktualisiert. So haben Sie im Handumdrehen einen blauen Fisch! Symbole sparen nicht nur Zeit, sondern sie verringern auch deutlich die Dateigröße. In Verbindung mit Adobe Flash kann man mit ihnen auch SWF-Dateien oder Grafiken für Flash herstellen.

- Klicken Sie auf der rechten Seite der Arbeitsfläche auf das Symbol des Symbolbedienfelds (📋). Nehmen Sie sich eine Minute Zeit, um sich mit den Bestandteilen des Symbolebedienfelds vertraut zu machen.

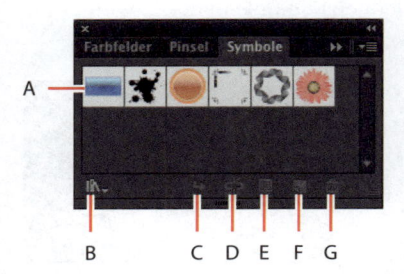

● **Hinweis:** Hier sehen Sie das Symbole- Bedienfeld für die geöffnete Datei *map.ai* im Dokumentfenster.

A. Symbole
B. Menü Symbol-Bibliotheken
C. Symbolinstanz platzieren
D. Verknüpfung mit Symbol aufheben
E. Symboloptionen
F. Neues Symbol
G. Symbol löschen

Illustrator enthält einige Symbol-Bibliotheken, in denen Sie alles von Tiki-Symbolen bis hin zu Haaren und Pelz finden. Sie greifen über das Symbolebedienfeld oder mittels **Fenster: Symbol-Bibliotheken** auf die Symbol-Bibliotheken zu.

Vorhandene Illustrator-Symbol-Bibliotheken benutzen

Zunächst fügen Sie der Grafik ein Symbol aus einer bestehenden Symbol-Bibliothek hinzu.

1 Wählen Sie **Ansicht: Intelligente Hilfslinien**, um diese zu deaktivieren.

2 Klicken Sie rechts im Arbeitsbereich auf das Symbol des Ebenenbedienfelds (), um dieses aufzuklappen. Klicken Sie die Ebene »Symbols« an, damit sie in jedem Fall ausgewählt ist. Achten Sie darauf, dass alle anderen Ebenen eingeklappt sind, indem Sie die Pfeile links neben den Ebennennamen anklicken.

Wenn Sie Symbole zu einem Dokument hinzufügen, dann werden diese zu einem Teil der momentan ausgewählten Ebene.

3 Klicken Sie auf das Symbolebedienfeldsymbol () auf der rechten Seite des Arbeitsbereichs, um dieses Bedienfeld zu öffnen.

4 Klicken Sie am unteren Rand des Symbolebedienfelds auf die Schaltfläche »Symbol-Bibliotheken« () und wählen Sie »Karten«. Das schwebende Bedienfeld »Karten« wird jetzt angezeigt.

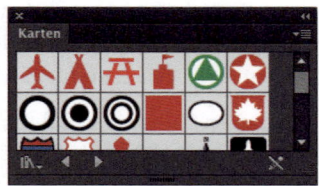

Diese Bibliothek befindet sich außerhalb der Datei, die Sie bearbeiten. Sie können jedoch Symbole in das Dokument importieren und in der Grafik verwenden.

▶ **Tipp:** Wollen Sie anstelle der Symbolbilder nur die Symbolnamen sehen, dann wählen Sie »Kleine Liste« oder »Große Liste« aus dem Bedienfeldmenü (▼≡).

5 Setzen Sie den Mauszeiger über die Symbole im Bedienfeld, um deren Namen als Tooltipps zu sehen. Schließen Sie das Kartenbedienfeld.

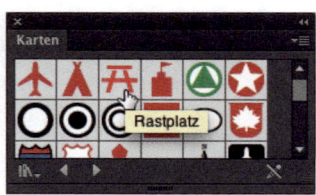

Für jedes Dokument sind im Symbolebedienfeld bestimmte Symbole voreingestellt. Wenn Sie wie gerade eben Symbole zum Bedienfeld hinzufügen, werden diese nur in dem aktiven Dokument gespeichert.

6 Ziehen Sie das Rastplatz-Symbol mit dem Auswahl-Werkzeug () aus dem Symbolebedienfeld in den Bereich »UNION PARK« (die kleinere Grünfläche auf der Zeichenfläche). Ziehen Sie eine weitere Symbolinstanz in den Bereich »CENTRAL PARK« (die größere Grünfläche). Lassen Sie das platzierte Symbol anschließend ausgewählt.

498 LEKTION 14 Mit Symbolen arbeiten

Immer wenn Sie das Symbol aus dem Bedienfeld auf die Zeichenfläche ziehen, entsteht eine neue Instanz des Rastplatz-Symbols. Als Nächstes ändern Sie die Größe einer der beiden Symbolinstanzen auf der Zeichenfläche.

● **Hinweis:** Sie können zwar Symbolinstanzen auf vielerlei Weisen transformieren, bestimmte Eigenschaften der Instanzen hingegen lassen sich nicht bearbeiten. So ist z. B. die Füllfarbe gesperrt, weil sie durch das Originalsymbol im Symbolebedienfeld gesteuert wird.

▶ **Tipp:** Sie können auch eine Symbolinstanz von der Zeichenfläche kopieren und davon beliebig viele Instanzen wieder einfügen. Dies ist dasselbe, als wenn Sie ein Symbol aus dem Symbolebedienfeld auf die Zeichenfläche ziehen.

7   Klicken Sie mit dem Auswahl-Werkzeug und gedrückter Umschalt-Taste auf die obere rechte Ecke der Rastplatz-Symbolinstanz im CENTRAL PARK und ziehen Sie dies nach oben rechts, um sie etwas zu vergrößern und dabei die Proportionen zu erhalten. Lassen Sie zuerst die Maustaste und dann die Umschalt-Taste los.

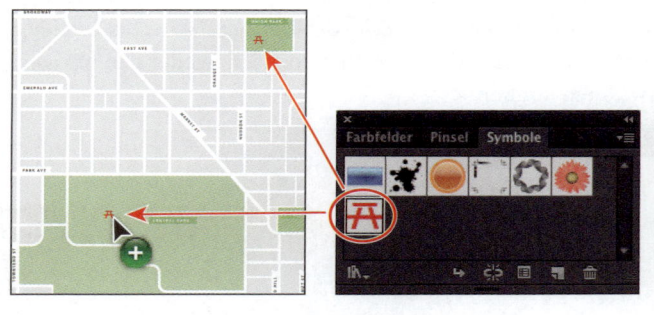

Symbolinstanzen auf die Zeichenfläche kopieren 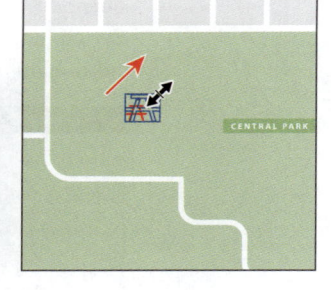   Eine Symbolinstanz skalieren

● **Hinweis:** Möglicherweise wird Ihnen beim Ziehen eines Symbols aus dem Bedienfeld auf die Zeichenfläche ein anderer Mauszeiger angezeigt – das macht nichts.

Wenn die Symbolinstanz im Bild ausgewählt ist, sehen Sie im Steuerung-Bedienfeld das Wort »Symbol« und die damit verbundenen Optionen.

Nun bearbeiten Sie das Original des Rastplatz-Symbols, um beide Instanzen zu beeinflussen. Es gibt dazu mehrere Möglichkeiten, wobei wir uns hier auf eine konzentrieren.

8   Doppelklicken Sie mit dem Auswahl-Werkzeug (▶) auf die Rastplatz-Symbolinstanz im Zeichenflächenbereich CENTRAL PARK.

Illustrator teilt Ihnen mit, dass Sie das Originalsymbol bearbeiten und alle Instanzen verändern. Klicken Sie auf OK. Sie gelangen in den Symbolbearbeitungsmodus, können also keine anderen Objekte auf der Seite bearbeiten.

▶ **Tipp:** Sie können ein Symbol auch bearbeiten, indem Sie die Symbolinstanz im Bild auswählen und dann im Steuerungsbedienfeld auf »Symbol bearbeiten« klicken.

Die Größe der doppelt angeklickten Symbolinstanz scheint sich zu ändern, weil Sie jetzt das Originalsymbol sehen und nicht die verkleinerte Symbolinstanz auf der Seite. Sie können nun die Formen verändern, die das Symbol bilden.

9 Wählen Sie das Zoomwerkzeug (🔍) und ziehen Sie einen Rahmen um die Symbolinstanz im Bereich CENTRAL PARK auf, um diese zu vergrößern.

10 Wählen Sie das Auswahl-Werkzeug und wählen Sie damit eine der roten Formen der Picknickgarnitur aus.

11 Ändern Sie die Füllfarbe im Steuerungsbedienfeld in das Farbfeld »Local Green«.

12 Doppelklicken Sie mit dem Auswahl-Werkzeug neben den Rastplatz-Inhalt oder betätigen Sie die Schaltfläche »Symbolbearbeitungsmodus beenden« (◀) in der oberen rechten Ecke der Zeichenfläche, bis Sie den Symbolbearbeitungsmodus verlassen haben und sich wieder den übrigen Bildinhalten widmen können.

13 Wählen Sie **Ansicht: Zeichenfläche in Fenster einpassen** und beachten Sie, dass nun beide Rastplatz-Instanzen auf der Zeichenfläche grün gefüllt sind.

14 Wählen Sie **Datei: Speichern** und lassen Sie das Dokument geöffnet.

Symbole erstellen

Illustrator erlaubt es Ihnen, eigene Symbole herzustellen. Sie können Symbole aus Objekten erzeugen, z. B. aus Pfaden, zusammengesetzten Pfaden, Text, Rasterbildern, Gitterobjekten und Gruppen von Objekten. Symbole dürfen auch aktive Objekte enthalten (z. B. Pinselstriche, Übergänge, Effekte, andere Symbolinstanzen). Sie erzeugen nun aus einer vorhandenen Grafik Ihr eigenes Symbol.

1 Wählen Sie **Ansicht: symbol content**. Sie gelangen in eine eingezoomte Ansicht des Bereichs rechts neben der Zeichenfläche.

2 Ziehen Sie mit dem Auswahl-Werkzeug ( ) über die gelbe Gabelgrafik, um sie auszuwählen. Ziehen Sie den markierten Inhalt in einen freien Bereich des Symbolebedienfelds.

3 Ändern Sie im Dialogfeld »Symboloptionen« den Namen in **Food** und wählen Sie »Grafik« als »Art«. Klicken Sie OK, um das Symbol zu erzeugen.

Im Dialogfeld »Symboloptionen« erscheint ein Hinweis, der erklärt, dass es in Illustrator zwischen Filmclip und Grafik keinen Unterschied gibt. Sie brauchen sich daher nicht um den Inhaltstyp zu kümmern, wenn Sie nichts nach Adobe Flash exportieren möchten.

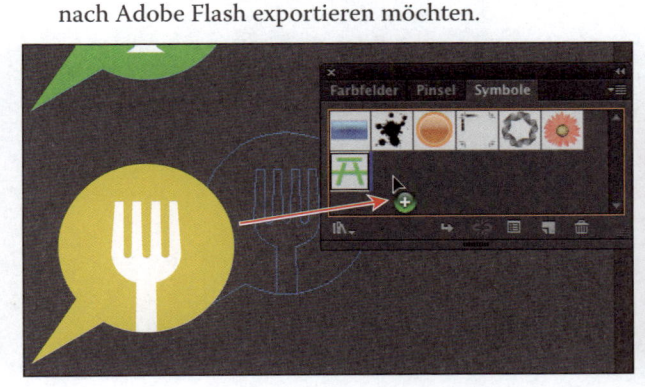

● **Hinweis:** Wenn Ihre Grafiken für das Internet oder andere Bildschirmanwendungen bestimmt sind, können Sie im Dialogfeld »Symboloptionen« das Kontrollfeld »An Pixelraster ausrichten« aktivieren; die Symbolinstanzen werden dann entsprechend platziert. Mehr über das Pixelraster erfahren Sie in Lektion 13, »Aussehen-Attribute und Grafikstile anwenden«.

Nachdem Sie das Essen-Symbol hergestellt haben, wird die ursprüngliche Gabelgruppe rechts neben der Zeichenfläche in eine Symbolinstanz umgewandelt. Sie können sie dort lassen oder löschen.

4 Ziehen Sie das Essen-Symbol im Symbolebedienfeld nach rechts neben das Rastplatz-Symbol, falls es sich noch nicht dort befindet.

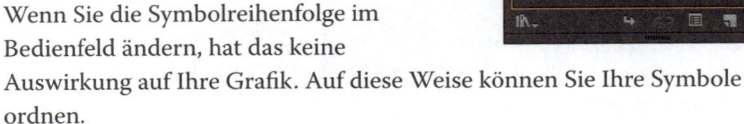

Wenn Sie die Symbolreihenfolge im Bedienfeld ändern, hat das keine Auswirkung auf Ihre Grafik. Auf diese Weise können Sie Ihre Symbole ordnen.

5 Wählen Sie **Datei: Speichern**.

Symboloptionen

Im Dialogfeld »Symboloptionen« werden Sie mehrere Optionen entdecken, die mit Adobe Flash zusammenhängen. Diese Optionen werden unten kurz beschrieben. Später kommen wir noch ausführlicher auf sie zurück.

- »Filmclip« als »Art« auswählen. Filmclip ist in Flash und in Illustrator die vorgegebene Symbolart.
- Festlegen einer Stelle auf dem Registrierungsgitter, an der sich der Ankerpunkt des Symbols befinden soll. Die Lage des Ankerpunkts beeinflusst die Position des Symbols innerhalb der Bildschirmkoordinaten.
- Aktivieren Sie das Kontrollfeld »Hilfslinien für die 9-Slice-Skalierung«, wenn Sie die 9-Slice-Skalierung in Flash benutzen wollen.

– Aus der Illustrator-Hilfe

Ein Symbol bearbeiten

In diesem Abschnitt fügen Sie mehrere Instanzen des Essen-Symbols in die Grafik ein. Anschließend bearbeiten Sie das Symbol im Symbolebedienfeld, sodass alle Instanzen aktualisiert werden.

1   Wählen Sie **Ansicht: Zeichenfläche in Fenster einpassen**.

2   Ziehen Sie mit dem Auswahl-Werkzeug (🔧) eine Instanz des Essen-Symbols (die gelbe Gabel) aus dem Symbolebedienfeld direkt rechts neben die Beschriftung MARKET ST in der Mitte der Zeichenfläche.

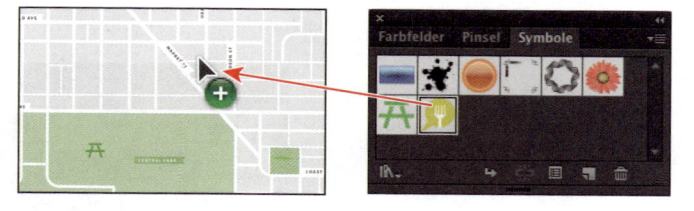

3   Ziehen Sie eine weitere Instanz des Symbols aus dem Symbolebedienfeld direkt rechts neben die Beschriftung EMERALD AVE. Sehen Sie sich zum Vergleich die Abbildung an.

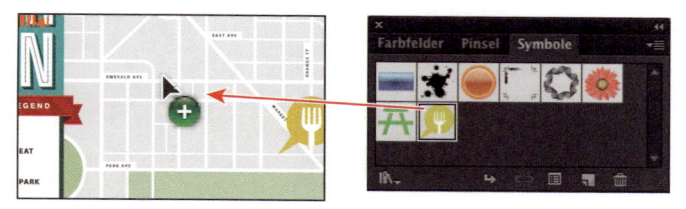

Nun lernen Sie, wie Sie mithilfe einer Modifikatortaste weitere Instanzen eines Symbols hinzufügen, das sich bereits auf der Zeichenfläche befindet.

4   Drücken Sie bei aktiviertem Auswahl-Werkzeug ( ) die Alt-Taste und ziehen Sie eines der Essen-Symbole, die sich bereits auf der Zeichenfläche befinden, um eine Kopie zu erzeugen. Ziehen Sie es rechts neben die Beschriftung WALNUT ST. Wenn sich die neue Instanz an der richtigen Position befindet, lassen Sie die Maustaste und dann die Alt-Taste los.

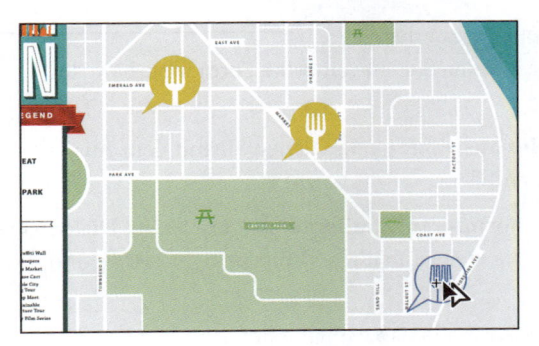

5   Durch Ziehen einer Symbolinstanz mit gedrückter Alt-Taste erzeugen Sie insgesamt vier weitere Kopien des Essen-Symbols. Ziehen Sie sie rechts neben die Beschriftungen EAST AVE, PARK AVE, COAST AVE und FACTORY ST.

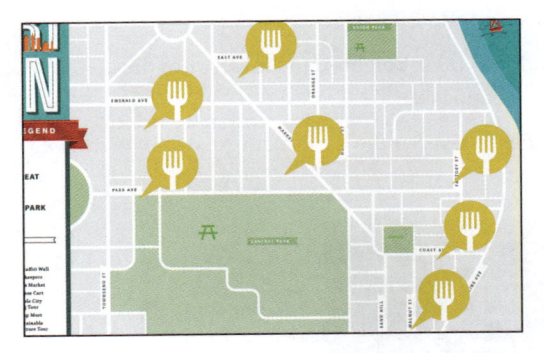

Jetzt sollten sich auf der Zeichenfläche insgesamt sieben Instanzen des Essen-Symbols befinden.

6   Doppelklicken Sie im Symbolebedienfeld auf das Essen-Symbol, um es zu bearbeiten. In der Mitte des Dokumentfensters erscheint eine temporäre Instanz des Symbols.

Nach einem Doppelklick auf ein Symbol im Bedienfeld werden alle Bilder auf der Zeichenfläche mit Ausnahme des Symbols ausgeblendet.

7 Drücken Sie mehrfach Strg++ (Windows) bzw. Befehl++ (Mac OS), um einzuzoomen.

8 Klicken Sie mit dem Direktauswahl-Werkzeug (), um die gelbe Form zu markieren. Ändern Sie die Füllfarbe im Steuerungsbedienfeld in das Farbfeld mit der Bezeichnung »New Local Blue«.

Die Gabelpfade sind gruppiert; mit dem Direktauswahl-Werkzeug können Sie eine einzelne Form innerhalb der Gruppe markieren.

9 Wählen Sie **Auswahl: Alles auswählen** oder ziehen Sie mit dem Auswahl-Werkzeug über alle Formen.

10 Wählen Sie **Objekt: Transformieren: Skalieren**. Ändern Sie im Dialogfeld »Skalieren« den Wert für die »Gleichmäßige Skalierung« in »60%« und klicken Sie dann auf OK.

Dies erlaubt es Ihnen, alle Symbolinstanzen auf einmal zu skalieren statt einzeln. Andere Änderungen an der Symbolgrafik können Sie auf ähnliche Weise vornehmen.

11 Doppelklicken Sie außerhalb der Symbolgrafik auf die Zeichenfläche oder klicken Sie auf »Isolationsmodus beenden« () in der oberen linken Ecke der Zeichenfläche, um das gesamte Bild zu sehen.

12 Drücken Sie Strg+0 (Windows) oder Befehl+0 (Mac OS), um die Zeichenfläche ins Fenster einzupassen.

13 Ziehen Sie die Instanzen des Essen-Symbols mit dem Auswahl-Werkzeug näher an die Straßennamen.

Füllfarbe ändern 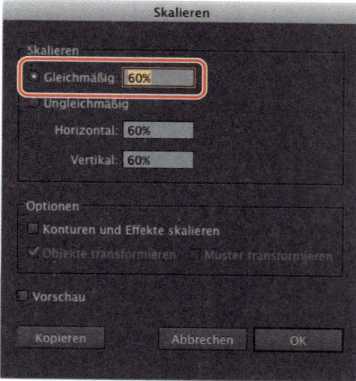   Den Inhalt transformieren    Ergebnis

Wie Sie bereits gelernt haben, können Sie ein auf der Zeichenfläche befindliches Symbol durch einen Doppelklick an Ort und Stelle bearbeiten. Bei einem Doppelklick auf ein Symbol im Symbolebedienfeld wird der Rest der Grafik ausgeblendet, und das Symbol erscheint in der Mitte des Dokumentfensters. Sie können sich selbst entscheiden, welche Methode besser in Ihren Workflow passt.

14 Wählen Sie **Datei: Speichern**.

Symbole ersetzen

Als Nächstes erstellen Sie aus einigen anderen Formen ein Symbol und ersetzen damit dann einige der Essen-Symbole.

1. Wählen Sie **Ansicht: symbol content**.
2. Wählen Sie mit dem Auswahl-Werkzeug (▶) die grüne Formengruppe mit dem grinsenden Baum aus (nicht die beiden Bäume).
3. Wählen Sie **Objekt: Transformieren: Skalieren**. Ändern Sie die gleichmäßige Skalierung im Dialogfeld »Skalieren« in **60%**, falls dieser Wert noch nicht eingetragen ist, und klicken Sie dann auf OK.
4. Klicken Sie unten im Symbolebedienfeld auf die Schaltfläche »Neues Symbol« (▭). Ändern Sie den Namen im Dialogfeld »Symboloptionen« in »Park« und die »Art« in »Grafik«. Klicken Sie auf OK.

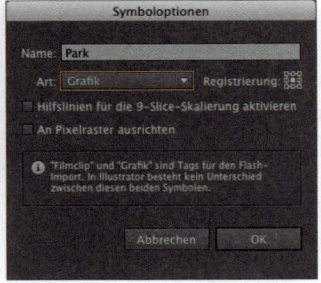

5. Wählen Sie **Ansicht: Zeichenfläche in Fenster einpassen**.
6. Wählen Sie mit dem Auswahl-Werkzeug das platzierte Essen-Symbol rechts neben der Beschriftung PARK AVE auf der Zeichenfläche. Klicken Sie im Steuerungsbedienfeld auf den Pfeil rechts neben dem Feld »Instanz durch Symbol ersetzen«, damit sich vom Steuerungsbedienfeld ein kleines Symbolebedienfeld ausklappt. Klicken Sie dort auf das Park-Symbol.

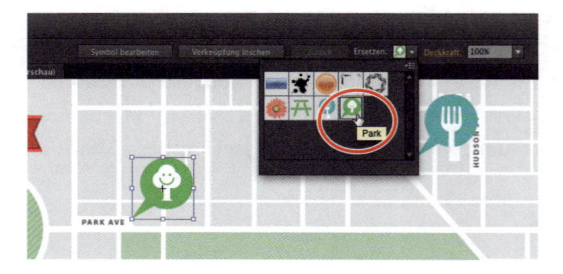

7 Wählen Sie **Auswahl: Auswahl aufheben**.

8 Wählen Sie mit dem Auswahl-Werkzeug das platzierte Essen-Symbol rechts neben der Beschriftung COAST AVE auf der Zeichenfläche. Klicken Sie im Steuerungsbedienfeld auf den Pfeil rechts neben dem Feld »Instanz durch Symbol ersetzen«, damit sich vom Steuerungsbedienfeld ein kleines Symbolebedienfeld ausklappt. Klicken Sie dort auf das Park-Symbol.

9 Die Symbolinstanz im COAST AVE Park ist immer noch markiert; wählen Sie **Auswahl: Gleich: Symbolinstanz**.

Auf diese Weise können Sie sehr einfach für ein bestimmtes Symbol alle Symbolinstanzen innerhalb eines Dokuments auswählen. Wie Sie sehen, wird auch die ursprüngliche Symbolinstanz rechts von der Zeichenfläche markiert.

10 Wählen Sie **Objekt: Gruppieren** und dann **Datei: Speichern**. Lassen Sie die Datei geöffnet.

Symbolebenen

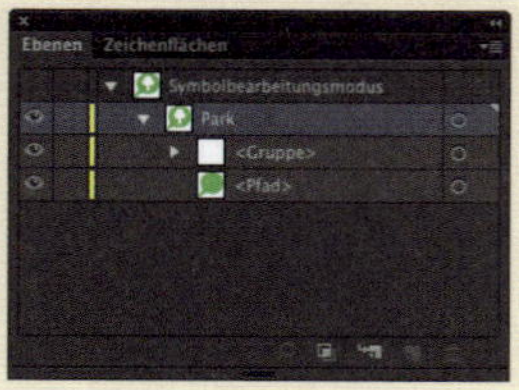

Wenn Sie ein Symbol wie beschrieben bearbeiten, öffnen Sie bei Bedarf auch das Ebenenbedienfeld. Sie werden erkennen, dass jedes Symbol über seine eigene Ebenenstruktur verfügt.

Wie bei der Arbeit mit Gruppen im Isolationsmodus werden Ihnen auch hier nur die auf das Symbol bezogenen Ebenen angezeigt, auf die Dokumentebenen besteht kein Zugriff. Sie können die Symbolinhalte im Ebenenbedienfeld umbenennen, ergänzen, löschen, verbergen/einblenden und umstrukturieren.

Die Verbindung zu einem Symbol unterbrechen

Manchmal muss man bestimmte Instanzen auf der Zeichenfläche bearbeiten. Die Symbol-Werkzeuge erlauben nur bestimmte Arten von Änderungen (wie etwa Skalierung, Deckkraftänderung, Spiegelung etc.) Daher müssen Sie gelegentlich die Verknüpfung zwischen einer Symbolinstanz und dem Symbol unterbrechen. Dies erzeugt auf der Zeichenfläche wieder eine nicht mehr verbundene Objektgruppe (falls das Objekt aus mehr als einem Teilobjekt besteht).

Unterbrechen Sie nun die Verknüpfung zu einer Instanz des Essen-Symbols.

1   Wählen Sie mit dem Auswahl-Werkzeug (▶) das Essen-Symbol rechts von der Beschriftung EAST AVE auf der Zeichenfläche. Klicken Sie im Steuerungsbedienfeld auf die Schaltfläche »Verknüpfung löschen«.

▶ **Tipp:** Sie können die Verbindung zu einer Symbolinstanz auch unterbrechen, indem Sie die Instanz auf der Zeichenfläche auswählen und dann unten im Symbolebedienfeld auf die Schaltfläche »Verknüpfung mit Symbol aufheben« (🔗) klicken.

Dieses Objekt besteht nun aus einer Reihe von Pfaden, wie das Wort »Pfad« auf der linken Seite des Steuerungsbedienfelds andeutet. Sie sollten jetzt die Ankerpunkte der Formen sehen. Dieser Inhalt wird nun nicht mehr aktualisiert, wenn Sie das Essen-Symbol bearbeiten.

2   Ziehen Sie mit dem Zoomwerkzeug (🔍) über den ausgewählten Inhalt, um diesen zu vergrößern.

3   Wählen Sie **Auswahl: Auswahl aufheben**. Wählen Sie das Direktauswahl-Werkzeug (▶) und klicken Sie dann in die hellblaue Form.

4   Ändern Sie die Füllfarbe im Steuerungsbedienfeld in das Farbfeld »Mid Gray«.

5   Wählen Sie **Auswahl: Auswahl aufheben** und dann **Datei: Speichern**.

Symboloptionen bearbeiten

Im Symbolebedienfeld können Sie sehr einfach Symbole umbenennen oder andere Symboleigenschaften ändern. Dabei werden alle Symbolinstanzen in der Grafik aktualisiert. Als Nächstes benennen Sie das Rastplatz-Symbol um.

1 Wählen Sie **Ansicht: Zeichenfläche in Fenster einpassen**.

2 Achten Sie im Symbolebedienfeld darauf, dass das Rastplatz-Symbol ausgewählt ist. Klicken Sie unten im Bedienfeld auf die Schaltfläche »Symboloptionen« (▣).

3 Ändern Sie im Dialogfeld »Symboloptionen« den Namen in **Picnic area** und die »Art« in »Grafik«. Klicken Sie OK.

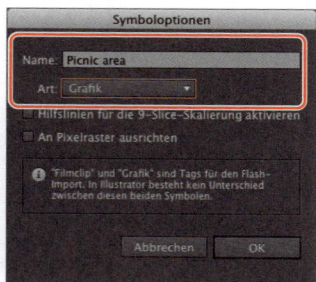

Mit den Symbol-Werkzeugen arbeiten

Das Symbol-aufsprühen-Werkzeug (▣) im Werkzeugbedienfeld erlaubt es Ihnen, Symbole auf die Zeichenfläche zu sprühen und Symbolsätze herzustellen. Ein Symbolsatz ist eine Gruppe von Symbolinstanzen, die Sie mit dem Symbol-aufsprühen-Werkzeug erzeugen. Das kann zum Beispiel sehr nützlich sein, wenn Sie Grasbüschel aus einzelnen Grashalmen erzeugen möchten. Das Aufsprühen der Grashalme spart viel Zeit und es erleichtert die Bearbeitung einzelner Instanzen des aufgesprühten Grases als Gruppe. Sie können gemischte Sätze von Symbolinstanzen herstellen, indem Sie das Symbol-aufsprühen-Werkzeug erst mit einem Symbol und dann noch einmal mit einem anderen Symbol verwenden.

Symbolinstanzen aufsprühen

Sie speichern nun mehrere Bäume als Symbol und wenden diese dann mit dem Symbol-aufsprühen-Werkzeug auf Ihr Symbol an.

1   Wählen Sie **Ansicht: symbol content**.

2   Ziehen Sie mit dem Auswahl-Werkzeug ( ) einen Rahmen über die beiden Baumformen, um sie auszuwählen.

3   Ziehen Sie die Baumgruppen in das Symbolebedienfeld. Ändern Sie den Namen im Dialogfeld »Symboloptionen« in **Trees** und die »Art« in »Grafik«. Klicken Sie auf OK.

4   Wählen Sie **Auswahl: Auswahl aufheben** und dann **Ansicht: Zeichenfläche in Fenster einpassen**.

5   Wählen Sie im Werkzeugbedienfeld das Symbol-aufsprühen-Werkzeug ( ). Achten Sie darauf, dass im Symbolebedienfeld das Symbol »Trees« markiert ist.

6   Doppelklicken Sie im Werkzeugbedienfeld auf das Symbol-aufsprühen-Werkzeug ( ). Im Dialogfeld »Symbol-Werkzeug-Optionen« ändern Sie den »Durchmesser« in **1 in** und die »Intensität« in **5**, falls diese Werte noch nicht eingestellt sind. Dann ändern Sie noch die »Dichte« des Symbolsatzes in **7** und klicken auf OK.

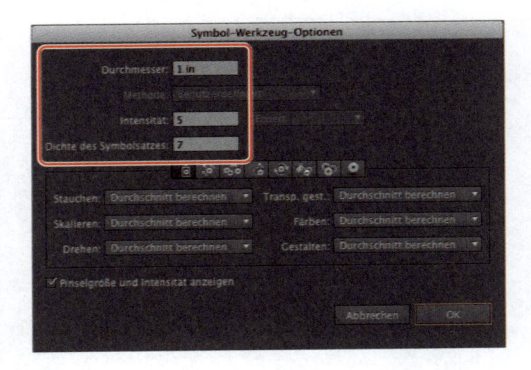

● **Hinweis:** Eine höherer Intensitätswert erhöht die Veränderungsrate – das Symboleaufsprühen-Werkzeug sprüht schneller und mehr. Je höher die Dichte des Symbolsatzes, desto enger gepackt werden die Symbole aufgebracht. Würden Sie beispielsweise Gras aufsprühen, sollten Sie eine möglichst hohe Dichte und Intensität wählen.

▶ **Tipp:** Halten Sie den Mauszeiger unbedingt in Bewegung. Wenn Sie mit dem Ergebnis nicht zufrieden sind, wählen Sie **Bearbeiten: Rückgängig: Aufsprühen** und versuchen Sie es erneut.

7 Platzieren Sie den Mauszeiger über der Beschriftung CENTRAL PARK und klicken und ziehen Sie von links nach rechts und von rechts nach links mit dem Symbol-aufsprühen-Werkzeug. Sie arbeiten dabei fast wie mit einem Airbrush oder einer Farbsprühdose und bringen auf diese Weise die Bäume im Park auf. Lassen Sie die Maustaste los, wenn Sie auf der Zeichenfläche einige Bäume aufgesprüht haben, wie in der Abbildung gezeigt.

Beachten Sie den Rahmen um die Baum-Symbolinstanzen, die das Ganze als Symbolsatz kennzeichnen. Beim Sprühen werden die Instanzen zu einem einzigen Objekt gruppiert. Ist ein Symbolsatz ausgewählt, wenn Sie anfangen zu sprühen, dann werden die aufgesprühten Symbolinstanzen zum ausgewählten Symbolsatz hinzugefügt. Sie können einen ganzen Symbolsatz löschen, indem Sie ihn auswählen und dann einfach die Entf-Taste drücken.

Symbole aufsprühen    Ergebnis

8 Wählen Sie **Auswahl: Auswahl aufheben**.

9 Platzieren Sie den Mauszeiger des Symbol-aufsprühen-Werkzeugs über den gerade erstellten Bäumen. Klicken und ziehen Sie für weitere Bäume.

Nachdem Sie die Maustaste losgelassen haben, erscheint nur um den neuen Symbolsatz herum ein Rahmen. Um einem bestehenden Symbolsatz zusätzliche Symbolinstanzen hinzuzufügen, müssen Sie ihn zuerst auswählen.

10 Der neue Symbolsatz ist markiert. Zum Löschen drücken Sie die Entf- oder Backspace-Taste.

11 Klicken Sie mit dem Auswahl-Werkzeug auf den zuerst angelegten Baum-Symbolsatz.

12 Wählen Sie das Symbol-aufsprühen-Werkzeug und ergänzen Sie den ersten Symbolsatz um weitere Bäume. Versuchen Sie, zu klicken und die Maustaste zwischendurch immer wieder loszulassen, statt zu klicken und zu ziehen. So können Sie auch einzelne Bäume einfügen.

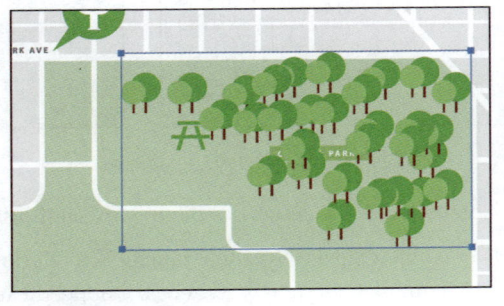

▶ **Tipp:** Wenn Ihnen die Platzierung eines Baums nicht zusagt, wählen Sie **Bearbeiten: Rückgängig: Aufsprühen**, um die zuletzt aufgesprühten Symbolinstanzen zu entfernen.

13 Wählen Sie **Datei: Speichern** und lassen Sie den Symbolsatz ausgewählt.

Symbole mit den Symbol-Werkzeugen bearbeiten

Neben dem Symbol-aufsprühen-Werkzeug gibt es noch eine Reihe von anderen Symbol-Werkzeugen zur Bearbeitung von Größe, Farbe, Drehung und weiteren Eigenschaften von Symbolinstanzen innerhalb eines Symbolsatzes. In den nächsten Schritten bearbeiten Sie die Bäume im Symbolsatz »Trees« mit den Symbol-Werkzeugen im Werkzeugbedienfeld.

1 Wählen Sie den Symbolsatz »Trees« aus, aktivieren Sie das Symbol-aufsprühen-Werkzeug und positionieren Sie den Zeiger über einem der Bäume. Drücken Sie die Alt-Taste und klicken Sie, um eine der Instanzen in dem Satz zu löschen.

2 Wählen Sie das Symbol-skalieren-Werkzeug aus der Gruppe des Symbol-aufsprühen-Werkzeugs im Werkzeugbedienfeld. Doppelklicken Sie das Symbol-skalieren-Werkzeug und ändern Sie im Dialogfeld »Symbol-Werkzeug-Optionen« die »Intensität« in **3**. Klicken Sie auf OK.

3 Platzieren Sie den Mauszeiger über einigen Bäumen und klicken Sie, um einige davon zu vergrößern. Drücken Sie in einem anderen Bereich mit Bäumen die Alt-Taste, während Sie mit dem Symbol-skalieren-Werkzeug klicken. Auf diese Weise können Sie den ausgewählten Symbolsatz verkleinern. Machen Sie einige der Bäume kleiner als die anderen, um etwas mehr Größenvielfalt zu bekommen.

▶ **Tipp:** Wenn das Symbol-skalieren-Werkzeug die Größe zu schnell ändert, dann doppelklicken Sie auf dieses Werkzeug im Werkzeugbedienfeld und versuchen Sie, die Intensität- und Dichte-Werte im Dialogfeld »Symbol-Werkzeuge-Optionen« zu verringern.

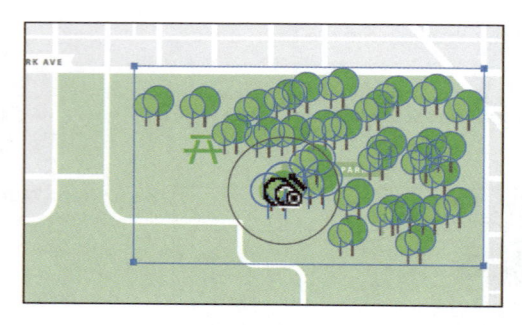

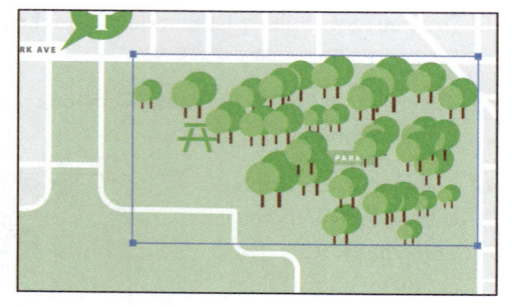

Einige der Bäume skalieren   Ergebnis

Jetzt werden Sie einige der Bäume im Symbolsatz verschieben.

4   Wählen Sie das Symbol-verschieben-Werkzeug ( ) aus der Gruppe des Symbol-skalieren-Werkzeugs. Doppelklicken Sie das Symbol-verschieben-Werkzeug. Ändern Sie im Dialogfeld »Symbol-Werkzeug-Optionen« die »Intensität« in **8** und klicken Sie dann auf OK.

Je höher die Intensität, desto weiter können Sie die Symbolinstanzen verschieben.

5   Platzieren Sie den Mauszeiger über einem Baum im ausgewählten Symbolsatz und ziehen Sie dann nach links oder rechts, um ihn zu verschieben. Ziehen Sie die Bäume weg von der Beschriftung CENTRAL PARK, sodass alles zu sehen ist.

Je mehr Sie den Mauszeiger bewegen, desto weiter können Sie die Instanzen ziehen. Die Bäume in Ihrem Symbolsatz können anders angeordnet sein, das ist okay.

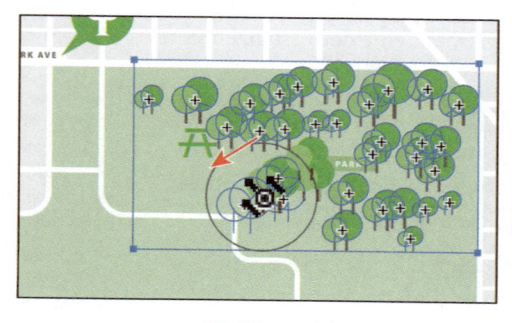

Die Bäume ziehen   Ergebnis

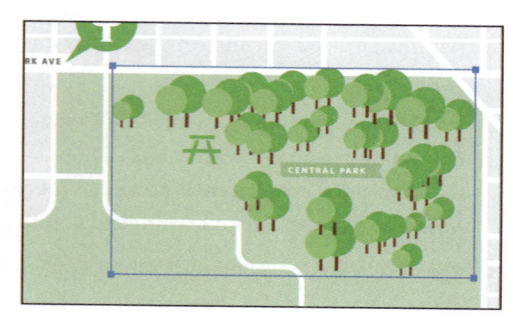

Beim Ziehen fällt Ihnen vielleicht auf, dass einige Bäume, die eigentlich hinter den anderen sein sollten, tatsächlich vor ihnen liegen.

Das ändern Sie jetzt mit dem Symbol-verschieben-Werkzeug.

Für die nächsten Schritte sollten Sie den Symbolsatz heranzoomen.

▶ **Tipp:** Klicken Sie mit gedrückten Umschalt+Alt-Tasten, um einen Baum nach hinten zu senden.

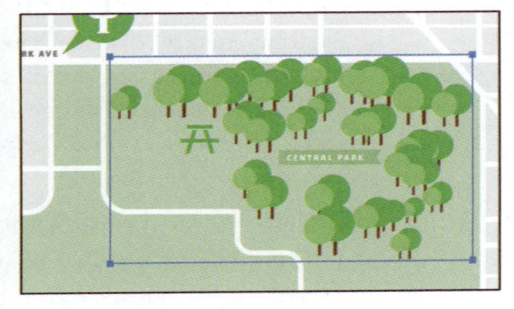

Die Stapelfolge von Instanzen ändern   Ergebnis

6   Drücken Sie bei ausgewähltem Symbol-verschieben-Werkzeug einige Male die <-Taste , um den Durchmesser zu verringern. Stellen Sie sicher, dass der Kreis um den Mauszeiger nicht viel größer ist als ein Baum. Klicken Sie mit gedrückter Umschalt-Taste auf einen der Bäume, der vorne liegen sollte, um ihn nach vorne zu holen.

7   Wählen Sie das Symbol-färben-Werkzeug ( ) aus der Gruppe des Symbol-verschieben-Werkzeugs im Werkzeugbedienfeld. Platzieren Sie den Mauszeiger über dem noch immer markierten Symbolsatz. Drücken Sie einige Male die Tastenkombination Umschalt+>, um die Pinselspitze zu vergrößern.

8   Ändern Sie die Füllfarbe im Steuerungsbedienfeld in »New Local Yellow« und klicken Sie auf die Bäume im Symbolsatz, um sie gelb zu färben.

▶ **Tipp:** Je länger Sie die Maustaste gedrückt halten, desto stärker der Einfärbeeffekt. Versuchen Sie es mit mehreren kurzen Mausklicks.

Sie können jederzeit **Bearbeiten: Rückgängig** wählen, wenn Ihnen die Wirkung auf die Bäume nicht gefällt, oder Sie klicken mit gedrückter Alt-Taste, um die Einfärbung zu verringern.

ADOBE ILLUSTRATOR CS6 CLASSROOM IN A BOOK   513

▶ **Tipp:** Es gibt viele Symbol-Werkzeuge, mit denen Sie experimentieren können, darunter das Symbol-gestalten-Werkzeug (◎), mit dem Sie Grafikstile auf Symbolinstanzen im Symbolsatz anwenden können. Mehr über die unterschiedlichen Symbol-Werkzeuge erfahren Sie bei einer Suche nach »Symbolgestaltungswerkzeuggalerie« in der Illustrator-Hilfe (**Hilfe: Illustrator-Hilfe**).

9   Wählen Sie **Auswahl: Auswahl aufheben** und dann **Datei: Speichern**.

Symbolsätze kopieren und bearbeiten

Ein Symbolsatz wird wie ein einzelnes Objekt behandelt. Um die Instanzen darin zu bearbeiten, verwenden Sie die Symbol-Werkzeuge im Werkzeugbedienfeld. Sie können Symbolinstanzen aber auch duplizieren und dann mit den Symbol-Werkzeugen bearbeiten, damit die Kopien anders aussehen.

Sie duplizieren jetzt einen Symbolsatz mit Bäumen.

1   Wählen Sie das Auswahl-Werkzeug (▶) und klicken Sie, um den Symbolsatz »Trees« zu duplizieren.

2   Drücken Sie die Alt-Taste und ziehen Sie eine Kopie der Instanzen nach unten links in die untere linke Ecke der Grünfläche CENTRAL PARK. Wenn Sie die richtige Stelle erreicht haben (siehe Abbildung), lassen Sie die Maustaste und dann die Alt-Taste wieder los.

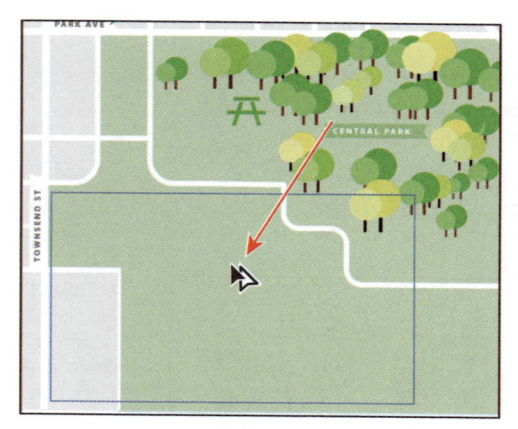

● **Hinweis:** Es gibt viele Transformationen, die Sie an einem Symbolsatz vornehmen können. Sie können auch mit dem Auswahl-Werkzeug einen Punkt an dem umgebenden Rahmen eines Symbolsatzes ziehen, um dessen Größe zu ändern.

3 Wählen Sie das Symbol-verschieben-Werkzeug (🔧) aus der Gruppe des Symbol-färben-Werkzeugs. Doppelklicken Sie das Symbol-verschieben-Werkzeug und ändern Sie die »Intensität« in **9**. Klicken Sie auf OK. Ziehen Sie die Bäume im Symbolsatz so, dass sie in die Grünfläche hineinpassen, so wie Sie es in der Abbildung sehen.

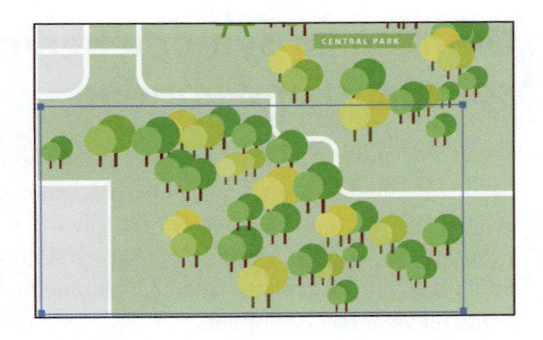

Sie können den Durchmesser durch Drücken von < oder Umschalt+> verändern. So können Sie mehr oder weniger Bäume verschieben.

4 Klicken Sie mit dem Symbol-verschieben-Werkzeug und gedrückter Umschalt-Taste auf die Bäume, die vorne liegen sollten, um sie nach vorne zu holen. Klicken Sie mit gedrückter Tastenkombination Umschalt+Alt, um einen Baum nach hinten zu senden.

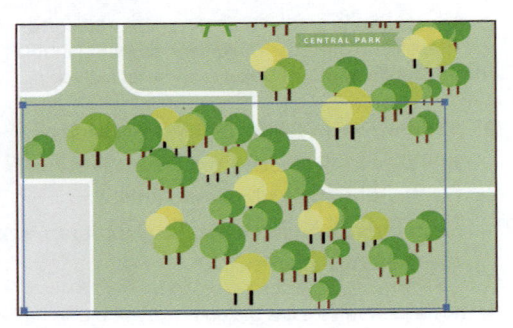

5 Wählen Sie **Auswahl: Auswahl aufheben**.

6 Wählen Sie **Datei: Speichern**.

Grafiken im Symbolebedienfeld speichern und abrufen

Wenn Sie häufig genutzte Logos oder andere Grafiken als Symbole speichern, haben Sie einen schnellen Zugriff darauf. Leider gelten die angelegten Symbole standardmäßig immer nur für das aktuelle Dokument. In diesem Teil der Lektion speichern Sie Symbole, die Sie erstellt haben, als neue Symbol-Bibliothek, die Sie dann in anderen Dokumenten verwenden oder an andere Benutzer weitergeben können.

1 Klicken Sie unten im Symbolebedienfeld auf die Schaltfläche »Menü ‚Symbol-Bibliotheken'« ( ) und wählen Sie »Symbole speichern«.

● **Hinweis:** Wenn Sie Symbole als separate Bibliothek speichern, dann muss das Dokument, das die Symbole enthält, geöffnet und im Dokumentfenster aktiv sein.

2 Wählen Sie im Dialogfeld »Symbole als Bibliothek speichern« einen Ablageort für die Bibliotheksdatei, wie etwa den Schreibtisch. Nennen Sie die Datei **map_symbols.ai** und klicken Sie auf »Speichern/Sichern«.

● **Hinweis:** Wenn Sie das Dialogfeld »Symbole als Bibliothek speichern« zum ersten Mal öffnen, bringt Illustrator Sie zum vorgegebenen »Symbole«-Ordner, in dem Sie Ihre Bibliotheken ablegen können. Illustrator erkennt alle hier gespeicherten Bibliotheken, die Sie dann im »Symbol-Bibliotheken«-Menü auswählen können.

▶ **Tipp:** Falls Sie die Bibliothek im vorgegebenen Ordner speichern, können Sie Unterordner anlegen und eine Ihnen genehme Ordnerstruktur schaffen. Sie können dann über die Schaltfläche »Symbol-Bibliotheken« oder das Menü **Fenster: Symbol-Bibliotheken** leicht darauf zugreifen.

3 Erzeugen Sie ein neues Dokument, ohne die Datei *map.ai* zu schließen, indem Sie **Datei: Neu** wählen. Behalten Sie die Standardeinstellungen bei und klicken Sie auf OK.

4 Klicken Sie im Symbolebedienfeld auf »Menü ‚Symbol-Bibliotheken'« ( ) und wählen Sie »Andere Bibliothek« im unteren Teil des Menüs. Begeben Sie sich zu dem Ordner, in dem Sie die Datei *map_symbols.ai library* abgelegt haben, markieren Sie sie und klicken Sie auf »Öffnen«.

Die Bibliothek »map_symbols« erscheint als schwebendes Bedienfeld auf der Arbeitsfläche. Wenn Sie wollen, können Sie es andocken. Es bleibt so lange offen, wie Illustrator geöffnet ist. Wenn Sie Illustrator schließen und dann neu starten, öffnet sich dieses Bedienfeld nicht wieder.

5 Ziehen Sie Symbole aus dem Bedienfeld »map_symbols« auf die Zeichenfläche.

6 Wählen Sie **Datei: Schließen** und speichern Sie die neue Datei nicht.

7 Schließen Sie die Bibliothek »map_symbols«.

8 Die Datei *map.ai* ist noch geöffnet; wählen Sie bei Bedarf **Datei: Speichern** und dann **Datei: Schließen**.

Einer 3D-Grafik ein Symbol zuordnen

Sie haben die Möglichkeit, beliebige 2D-Grafiken, die Sie als Symbole gespeichert haben, auf ausgewählte Oberflächen eines 3D-Objekts anzuwenden. Um mehr über das Zuordnen von Symbolen zu 3D-Grafiken zu erfahren, lesen Sie Lektion 12, »Effekte anwenden«.

Symbole und Flash-Integration

Illustrator bietet eine ausgezeichnete Unterstützung für den Export von SWF- und SVG-Dateitypen. Wenn Sie nach Flash exportieren, können Sie die Symbolart auf Filmclip setzen. In Adobe Flash ist dann auch die Wahl anderer Typen möglich. Falls Sie eine 9-Slice-Skalierung in Illustrator wählen, skalieren die Filmclips als Teil der Benutzeroberfläche entsprechend der gewählten Auflösung.

Sie können Illustrator-Grafiken in die Flash-Arbeitsumgebung oder direkt in den Flash Player verschieben. Sie können Grafiken kopieren und einfügen, Dateien als SWF speichern oder Grafiken direkt nach Flash exportieren. Darüber hinaus bietet Illustrator Unterstützung für dynamischen Flash-Text und Filmclipsymbole.

Dies ist der übliche Arbeitsablauf zur Verwendung von Symbolen in Illustrator:

- Schritt 1: Symbol erstellen

  Wenn Sie in Illustrator ein Symbol erstellen, dann können Sie es im Dialogfeld »Symboloptionen« benennen und Flash-spezifische Optionen festlegen: Symbolart »Filmclip« (Standard für Flash-Symbole), Ort im Flash-Registrierungsgitter und Hilfslinien für die 9-Slice-Skalierung.

Außerdem funktionieren viele der Symboltastenkürzel aus Illustrator auch in Flash, wie etwa F8 zum Erzeugen eines Symbols.

- Schritt 2: Isolationsmodus zum Bearbeiten des Symbols
- Schritt 3: Symboleigenschaften und -verknüpfungen
- Schritt 4: Statische, dynamische und Eingabe-Textobjekte

Erzeugen Sie einen Button, speichern ihn als Symbol und bearbeiten Sie dann die Symboloptionen.

1. Wählen Sie **Fenster: Arbeitsbereich: Zurücksetzen: Grundlagen**.
2. Wählen Sie **Datei: Neu**.
3. Geben Sie im Menü »Neues Dokumentprofil« des Dialogfelds »Neues Dokument« »Web« an. Die restlichen Optionen behalten ihre Standardwerte. Klicken Sie OK.
4. Wählen Sie **Datei: Speichern unter**. Nennen Sie die Datei *buttons.ai* und navigieren Sie zum Ordner *Lektion14*. Lassen Sie als »Dateityp« »Adobe Illustrator (*.AI)« (Windows) oder »Adobe Illustrator (ai)« (Mac OS) eingestellt und klicken Sie auf »Sichern«. Im Dialogfeld »Illustrator-Optionen« lassen Sie ebenfalls die Standardwerte eingestellt und klicken auf OK.

● **Hinweis:** Falls Sie den Befehl **Zurücksetzen: Grundlagen** nicht im »Arbeitsbereich«-Menü finden, wählen Sie **Fenster: Arbeitsbereich: Grundlagen** und dann **Fenster: Arbeitsbereich: Zurücksetzen: Grundlagen**.

5. Wählen Sie **Fenster: Symbol-Bibliotheken: Web-Schaltflächen**.
6. Wählen Sie »Kleine Liste« aus dem Bedienfeldmenü (▼≡).
7. Ziehen Sie das blaue Aufzählungszeichen »4 - Vorwärts«-Symbol aus dem Web-Schaltflächenbedienfeld auf die Zeichenfläche.
8. Halten Sie die Umschalt-Taste gedrückt und ziehen Sie mit dem Auswahl-Werkzeug (▶) die obere rechte Ecke des Buttons nach außen, um ihn etwa auf das Doppelte zu vergrößern. Lassen Sie dann die Maustaste und anschließend die Umschalt-Taste los.
9. Ändern Sie bei weiterhin ausgewähltem Button den Namen der Instanz im Steuerungsbedienfeld auf »Home« und drücken Sie Enter oder Return.

Der Instanzname ist beim Arbeiten in Illustrator optional und dient dazu, die einzelnen Symbolinstanzen zu unterscheiden. Die Eingabe von Instanznamen für die einzelnen Buttons ist sinnvoll, wenn Sie den Illustrator-Inhalt auf die Bühne in Flash importieren wollen (**Datei: Importieren: In Bühne importieren**).

10. Ziehen Sie den ausgewählten Button nach rechts und drücken Sie dabei Umschalt-Alt, um eine Kopie zu erstellen. Lassen Sie zuerst die Maustaste und dann die Modifikatortasten wieder los.

11 Ändern Sie den Instanznamen im Steuerungsbedienfeld in »Info« und drücken Sie Enter oder Return.

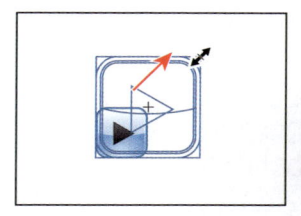

Symbolinstanz skalieren    Symbolinstanz umbenennen 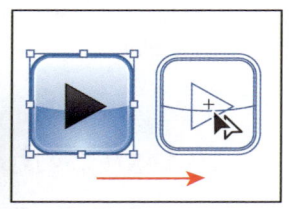   Symbolinstanz duplizieren

12 Einer der Buttons ist immer noch ausgewählt; klicken Sie auf das Symbol des Symbolebedienfelds ( ), um dieses zu öffnen. Klicken Sie unten im Bedienfeld auf die Schaltfläche »Symboloptionen« ( ). Sorgen Sie dafür, dass »Filmclip« und »Hilfslinien für 9-Slice-Skalierung aktivieren« ausgewählt sind. Klicken Sie auf OK.

Jetzt passen Sie die Hilfslinien für 9-Slice-Skalierung an.

13 Doppelklicken Sie den linken Button mit dem Auswahl-Werkzeug, um in den Isolationsmodus zu gelangen. Wenn der Warndialog erscheint, klicken Sie auf OK.

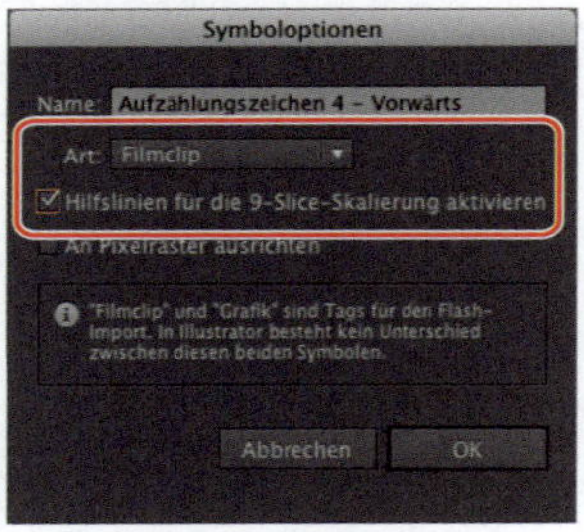

14 Wählen Sie das Zoomwerkzeug ( ) im Werkzeugbedienfeld und klicken Sie dreimal auf den linken Button, um ihn zu vergrößern. Wählen Sie **Auswahl: Alles auswählen**.

Durch die Auswahl aller Objekte sehen Sie nun die Ankerpunkte der Formen. Die Hilfslinien zur 9-Slice-Skalierung sollten Sie so platzieren, dass sie den skalierbaren Teil des Objekts festlegen (dies sind meist nicht die Ecken).

15 Ziehen Sie mit dem Auswahl-Werkzeug die am weitesten rechts gelegene gepunktete Linie nach rechts, sodass sie ungefähr auf Höhe der (in der Abbildung eingekreisten) Ankerpunkte liegt.

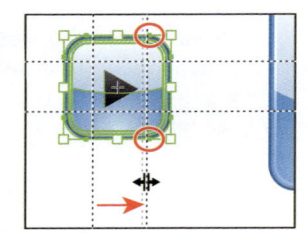

Mit der 9-Slice-Skalierung geben Sie eine komponentenspezifische Skalierung für Grafik- und Filmclip-Symbole an. Um den optischen Gesamteindruck eines Symbols zu wahren, werden die Ecken nicht skaliert. Die übrigen Bildteile werden nach Bedarf größer oder kleiner skaliert (nicht gestreckt).

16 Doppelklicken Sie mit dem Auswahl- Werkzeug auf eine freie Stelle, um den Isolationsmodus zu verlassen.

17 Wählen Sie **Ansicht: Zeichenfläche in Fenster einpassen** und dann **Datei: Speichern**.

Flash-Symboloptionen verstehen

Filmclip: Mit den Filmclip-Symbolen können Sie wiederverwendbare animierte Elemente herstellen (in Flash). Filmclips haben eine eigene Zeitleiste mit Mehrfach-Frames, die unabhängig von der Hauptzeitleiste ist – im Prinzip also eine Zeitleiste, die in die Hauptzeitleiste eingebettet ist, die interaktive Elemente, Töne und sogar andere Filmclip-instanzen enthalten kann. Sie können Filmclip-Instanzen auch in die Zeitleiste eines Button-Symbols setzen, um animierte Buttons zu erzeugen. Darüber hinaus lassen sich Filmclips mittels ActionScript® mit Skripten ausstatten.

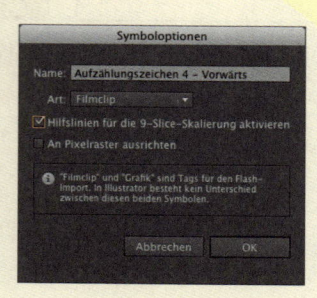

An Pixelraster ausrichten: Wenn Sie ein Symbol erstellen möchten, das an Pixeln ausgerichtet werden soll, wählen Sie im Dialogfeld »Symboloptionen« die Option »An Pixelraster ausrichten«. Am Pixelraster ausgerichtete Symbole bleiben überall in der Zeichenfläche in ihrer Originalgröße am Pixelraster ausgerichtet.

9-Slice-Skalierung: Mit der 9-Slice-Skalierung können Sie für Grafikstil- und Filmclipsymbole eine Skalierung festlegen, die normalerweise Komponenten vorbehalten ist. Mit dieser Art der Skalierung können Sie Filmclipsymbole erstellen, die sich als Komponenten einer Benutzeroberfläche entsprechend skalieren lassen. Diese Skalierung unterscheidet sich von derjenigen, die normalerweise auf Grafiken und Designelemente angewendet wird.

Das Symbol wird prinzipiell nach einem rasterartigen Schema in neun Abschnitte zerlegt und jeder der neun Abschnitte wird separat skaliert. Um die visuelle Integrität des Symbols zu wahren, werden die Ecken nicht skaliert, die übrigen Bereiche des Bildes werden jedoch durch Skalierung (nicht durch Streckung oder Stauchung) je nach Bedarf vergrößert oder verkleinert.

– Aus der Illustrator-Hilfe

● **Hinweis:** Adobe Flash CS6 können Sie auch für 30 Tage als kostenlose Testversion nutzen: http://www.adobe.com/de/downloads.

Für den nächsten Abschnitt brauchen Sie Adobe Flash CS6.

1 Öffnen Sie Adobe Flash CS6.

2 Wählen Sie **Datei: Neu**. Klicken Sie im Dialogfeld »Neues Dokument« auf den Karteireiter »Allgemein« und wählen Sie »Flashdatei (ActionScript 3.0)«. Klicken Sie auf OK.

3 Wählen Sie in Adobe Flash **Datei: Importieren: In Bibliothek importieren**. Suchen Sie die gerade in Illustrator gespeicherte Datei *buttons.ai* und klicken Sie auf »Öffnen«. Es erscheint das Dialogfeld »buttons.ai in Bibliothek importieren«.

Hier können Sie festlegen, welche Zeichenfläche und welche Ebenen importiert werden sollen, wie der Inhalt importiert werden soll usw. Die Option »Nicht verwendete Symbole importieren« bringt alle Symbole aus dem Illustrator-Symbolebedienfeld in das Bibliothekbedienfeld in Flash. Das kann sehr sinnvoll sein, wenn Sie z. B. eine Reihe von Buttons für eine Site entwickeln, die Sie aber nicht auf der Illustrator-Zeichenfläche haben.

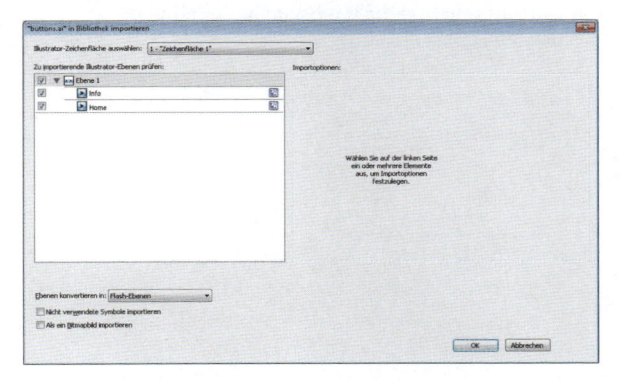

4 Klicken Sie auf OK.

5 Öffnen Sie das Bibliothekbedienfeld auf der rechten Seite der Arbeitsfläche. Klicken Sie auf den Pfeil links neben den Ordnernamen, um die Elemente sowie das Aufzählungszeichen 4 - Vorwärts-Symbol im Illustrator-Symbole-Ordner zu zeigen.

6 Ziehen Sie das Aufzählungszeichen 4 - Vorwärts-Symbol auf die Bühne.

7 Wählen Sie **Datei: Schließen**, um die Flash-Datei zu schließen, ohne die Änderungen zu sichern. Beenden Sie Flash und kehren Sie zu Illustrator zurück. Schließen Sie alle geöffneten Dateien in Illustrator.

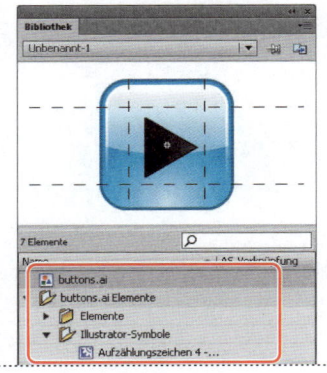

Fragen

1 Welche drei Vorteile hat der Einsatz von Symbolen?

2 Wie aktualisieren Sie ein vorhandenes Symbol?

3 Was kann nicht als Symbol benutzt werden?

4 Nennen Sie das Symbol-Werkzeug, das zum Verschieben von Symbolinstanzen in einem Symbolsatz benutzt wird.

5 Welches Symbol wird beeinflusst, wenn Sie ein Symbol-Werkzeug in einem Bereich verwenden, in dem sich zwei unterschiedliche Symbole befinden?

6 Wie greifen Sie auf Symbole aus anderen Dokumenten zu?

7 Nennen Sie zwei Methoden, um Symbole aus Illustrator nach Flash zu bringen.

Antworten

1. Drei Vorteile der Benutzung von Symbolen sind:
   - Man kann ein Symbol bearbeiten und alle Instanzen werden aktualisiert.
   - Man kann Grafiken auf 3D-Objekte abbilden (siehe Lektion 12, »Effekte anwenden«).
   - Symbole statt unabhängiger Objekte verringern die Dateigröße.
2. Um ein vorhandenes Symbol zu aktualisieren, doppelklicken Sie auf das Symbol-Icon im Symbolebedienfeld oder auf eine Instanz des Symbols auf der Zeichenfläche. Man kann das Symbol dann im Isolationsmodus bearbeiten.
3. Verknüpfte Bilder können nicht als Symbole benutzt werden.
4. Das Symbol-verschieben-Werkzeug verschiebt Symbolinstanzen in einem Symbolsatz.
5. Wenn Sie ein Symbol-Werkzeug in einem Bereich mit zwei unterschiedlichen Symbolinstanzen benutzen, dann wird nur das Symbol beeinflusst, das im Symbolebedienfeld aktiv ist.
6. Man kann auf Symbole aus eingebetteten Dokumenten zugreifen, indem man entweder unten im Symbolebedienfeld auf die Schaltfläche »Symbol-Bibliotheken« klickt und »Andere Bibliotheken« aus dem Menü wählt, »Andere Bibliothek« aus dem Bedienfeldmenü wählt oder **Fenster: Symbol-Bibliotheken: Andere Bibliothek** wählt.
7. Kopieren und Einfügen des Symbols aus Illustrator in Flash, **Datei: Importieren: In Bühne importieren** oder **Datei: Importieren: In Bibliothek importieren**.

15 ILLUSTRATOR CS6-GRAFIKEN MIT ANDEREN ADOBE-ANWENDUNGEN KOMBINIEREN

Überblick

In dieser Lektion lernen Sie Folgendes:

- Zwischen Vektor- und Bitmap-Grafiken unterscheiden
- Verknüpfte und eingebettete Adobe Photoshop-Grafiken in einer Adobe Illustrator-Datei platzieren
- Eine einfache Schnittmaske erstellen und bearbeiten
- Eine Schnittmaske aus einer gezeichneten Form erstellen
- Eine Schnittmaske aus einem zusammengesetzten Pfad erstellen
- Eine Deckkraftmaske zum teilweisen Anzeigen eines Bilds erstellen
- Farbe aus einem platzierten Bild aufnehmen
- Das Verknüpfungenbedienfeld verwenden
- Ein platziertes Bildes durch ein anderes ersetzen und das Dokument aktualisieren
- Eine Datei mit Ebenen nach Adobe Photoshop exportieren

Diese Lektion dauert ungefähr eine Stunde. Falls erforderlich, entfernen Sie den Ordner der vorherigen Lektion von Ihrer Festplatte und kopieren den Ordner *Lektion15* darauf.

Man kann zu einer Adobe Illustrator-Datei ganz leicht ein Bild aus einem Bildbearbeitungsprogramm hinzufügen. Das ist eine effektive Methode, um Bilder in Vektorgrafiken einzubinden oder Illustrator-Spezialeffekte auf Pixelgrafiken auszuprobieren.

Vorbereitungen

Bevor Sie anfangen, müssen Sie die vorgegebenen Einstellungen für Adobe Illustrator CS6 wiederherstellen. Anschließend öffnen Sie die Datei mit der fertigen Grafik für diese Lektion, damit Sie sehen, woran Sie arbeiten werden.

1. Stellen Sie sicher, dass Ihre Werkzeuge und Bedienfelder genau wie in dieser Lektion funktionieren. Dazu löschen oder deaktivieren Sie die Voreinstellungen für Adobe Illustrator CS6 durch Umbenennen. Mehr darüber erfahren Sie im Abschnitt »Standardvoreinstellungen wiederherstellen« auf Seite 3.

2. Starten Sie Adobe Illustrator CS6.

● **Hinweis:** Falls Sie das noch nicht erledigt haben, kopieren Sie den Ordner *Lektion15* aus dem *Lektionen*-Ordner der Buch-CD auf Ihre Festplatte (siehe »Die Classroom-in-a-Book-Dateien kopieren« auf Seite 2).

Wählen Sie **Datei: Öffnen**. Suchen Sie die Datei *L15end.ai* im Verzeichnis *Lektionen/Lektion15*, das Sie auf Ihre Festplatte kopiert haben. Es handelt sich um ein Plakat für einen Wochenmarkt, und Sie werden in dieser Lektion Grafiken hinzufügen und bearbeiten. Lassen Sie sie entweder zur Kontrolle geöffnet oder wählen Sie **Datei: Schließen**.

Öffnen Sie nun die Startdatei aus Adobe Bridge CS6 heraus.

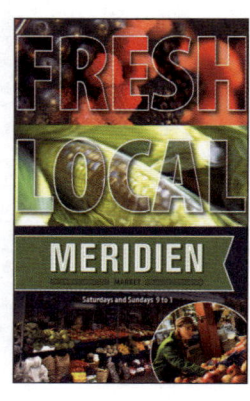

● **Hinweis:** Beim ersten Start von Adobe Bridge erscheint möglicherweise ein Dialogfeld, in dem Sie gefragt werden, ob Sie Bridge direkt nach der Anmeldung am System starten möchten. Klicken Sie »Ja«, wenn Sie Bridge direkt bei Systemstart öffnen möchten. Klicken Sie »Nein«, um Bridge nach Bedarf selbst starten zu können.

Mit Adobe Bridge arbeiten

Bridge ist ein Programm, das installiert wird, wenn Sie entweder nur eine Adobe Creative Suite 6-Komponente, wie etwa Illustrator, oder die komplette Adobe Creative Suite 6 installieren. Damit können Sie Inhalte visuell durchblättern, Metadaten verwalten usw.

1. Wählen Sie **Datei: Bridge durchsuchen**, um Bridge zu öffnen.

2. Klicken Sie im Favoritenbedienfeld auf der linken Seite auf Schreibtisch und navigieren Sie zur Datei *L15start.ai* im Ordner *Lektion15*. Klicken Sie im Inhaltsbereich auf die Datei.

3 Ziehen Sie unten im Inhaltsbereich den Regler nach rechts, um die dort angezeigten Miniaturen zu vergrößern.

4 Klicken Sie oben in Bridge auf Filmstreifen (oder wählen Sie **Fenster: Arbeitsbereich: Filmstreifen**). Der Arbeitsbereich verwandelt sich in eine Filmstreifenansicht, die eine größere Vorschau auf das ausgewählte Objekt erlaubt. Mit einem Klick auf »Grundlagen« kehren Sie zum Originalarbeitsbereich zurück.

5 Ziehen Sie den Regler unten im Inhaltsbereich nach links, bis Sie alle Miniaturen sehen.

6 Klicken Sie bei ausgewählter Datei *L15start_1.ai* auf das Register des Metadatenbedienfelds auf der rechten Seite des Arbeitsbereichs, um die mit dieser Datei verknüpften Metadaten zu betrachten. Das können Kameradaten, Farbfelder und anderes sein. Wenn Sie auf »Stichwörter« klicken, öffnen Sie das entsprechende Bedienfeld.

Objekte wie z. B. Bilder, können mit Stichwörtern versehen werden, wodurch es möglich wird, die Objekte anhand der Stichwörter zu durchsuchen.

7 Klicken Sie am Ende des Stichwörterbedienfelds auf das Pluszeichen (+), um ein Stichwort anzulegen. Tippen Sie **marketposter** in das Stichwortfeld ein und drücken Sie die Eingabetaste. Klicken Sie auf das Kästchen links neben dem Stichwort (falls dies noch nicht aktiviert ist). Damit verknüpfen Sie das Stichwort mit der ausgewählten Datei.

8   Wählen Sie **Bearbeiten: Suchen**. Geben Sie im Suchen-Dialog im ersten Menü des Abschnitts »Kriterien« Stichwörter an. Behalten Sie im mittleren Feld die Einstellung »enthält« bei. Geben Sie in das Kriterienfeld ganz rechts **marketposter** ein und klicken Sie dann auf »Suchen«. Das Suchergebnis erscheint im Inhaltsbereich.

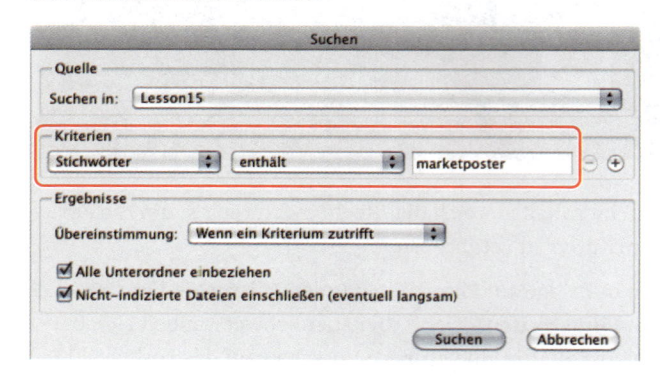

9   Klicken Sie auf das X in der oberen rechten Ecke des Inhaltsbereichs, um die Suchergebnisse zu schließen und zum Ordner zurückzukehren.

Die Vorschau auf Dateien und das Arbeiten mit Metadaten und Stichwörtern sind nur einige der vielen Funktionen, die in Bridge zur Verfügung stehen. Mehr über Bridge erfahren Sie unter **Hilfe: Illustrator-Hilfe** bei einer Suche nach »Adobe Bridge«.

10   Doppelklicken Sie auf die Datei *L15start_1.ai* im Inhaltsbereich, um sie in Illustrator zu öffnen. Sie können Bridge jederzeit schließen

● **Hinweis:** Wenn Sie Lektionsdateien unter Mac OS öffnen, müssen Sie gegebenenfalls noch die grüne runde Schaltfläche in der linken oberen Ecke des Dokumentfensters anklicken, um dieses zu maximieren.

11   Wählen Sie **Ansicht: Zeichenfläche in Fenster einpassen**.

12   Wählen Sie **Fenster: Arbeitsbereich: Zurücksetzen: Grundlagen**, um den Arbeitsbereich »Grundlagen« zurückzusetzen.

13   Wählen Sie **Datei: Speichern unter**. Navigieren Sie im »Speichern«-Dialog zum Ordner *Lektion15* und öffnen Sie ihn. Nennen Sie die Datei **marketposter.ai**. Belassen Sie das Dateiformat bei »Adobe Illustrator (*.AI)« (Windows) oder Adobe Illustrator (ai) (Mac OS) und klicken Sie auf »Speichern«/«Sichern«. Behalten Sie im Dialogfeld »Illustrator-Optionen« die Standardeinstellungen bei und klicken Sie auf OK.

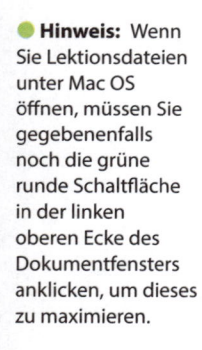

Grafiken kombinieren

Sie können Illustrator-Grafiken auf vielfältige Weise mit Bildern aus anderen Grafikanwendungen kombinieren, um kreative Ergebnisse zu erhalten. Der Austausch von Grafiken zwischen Programmen erlaubt es Ihnen, Pixelbilder und -fotos mit Vektorgrafiken zu kombinieren. Illustrator ermöglicht Ihnen zwar, bestimmte Arten von Rasterbildern zu erstellen. Adobe Photoshop ist jedoch bei vielen Bildbearbeitungsaufgaben unschlagbar. Die Bilder aus dieser Anwendung können dann in Illustrator eingefügt werden.

Sie durchlaufen in dieser Lektion den Erstellungsprozess eines zusammengesetzten Bildes, wobei Sie unter anderem Pixelbilder mit Vektorgrafiken kombinieren und mit mehreren Programmen arbeiten. Sie fügen in Photoshop erstellte fotografische Bilder zu einem in Illustrator gestalteten Plakat hinzu. Anschließend stellen Sie die Farben in einem Bild ein, maskieren das Bild und nehmen Farbe aus dem Bild auf, die Sie dann in der Illustrator-Grafik benutzen. Sie aktualisieren ein platziertes Bild und exportieren das Plakat hinterher nach Photoshop.

Vektor- und Bitmap-Grafiken im Vergleich

Illustrator erzeugt Vektorgrafiken, deren Formen auf mathematischen Ausdrücken basieren. Vektorgrafiken bestehen aus eindeutigen, glatten Linien, die auch beim Skalieren ihre Schärfe behalten. Sie eignen sich am besten für Illustrationen, Text und Grafiken, die auf unterschiedliche Größen skaliert werden müssen, wie etwa Logos.

Ein Logo als Vektorgrafik - es bleibt auch bei starker Vergrößerung scharf.

Bitmap-Grafiken, auch als Raster- oder Pixelbilder bezeichnet, basieren auf einem Raster aus Pixeln, das üblicherweise in ppi (Pixel pro Zoll) gemessen wird. Sie werden mithilfe von Bildbearbeitungsprogrammen wie z. B. Photoshop erzeugt. Wenn Sie mit Bitmap-Bildern arbeiten, dann bearbeiten Sie Gruppen von Pixeln anstelle von Objekten oder Formen. Da Bitmap-Grafiken feine Übergänge in Form und Farbe wiedergeben können, eignen sie sich für Farbbilder wie etwa Fotografien oder Grafiken, die in Malprogrammen erzeugt wurden. Nachteilig an Pixelbildern ist, dass sie beim Vergrößern an Schärfe verlieren und Treppeneffekte aufweisen.

Dieses Logo liegt als gerasterte Pixelgrafik vor – es verliert beim Vergrößern an Schärfe.

Bei der Entscheidung, ob Sie Illustrator oder lieber ein pixelbasiertes Bildbearbeitungsprogramm wie etwa Photoshop zum Herstellen und Kombinieren von Grafiken benutzen, sollten Sie die Elemente des Bildes betrachten und über seinen Einsatzzweck nachdenken.

Im Allgemeinen benutzen Sie Illustrator, wenn Sie Grafiken oder Texte mit sauberen Linien erstellen, die in allen Größen gut aussehen sollen. Meist verwenden Sie Illustrator auch dann, wenn Sie ein Layout für eine Seite entwerfen, da Illustrator beim Umgang mit Text sowie beim Auswählen, Verschieben und Verändern von Bildern flexibler ist als Photoshop. Sie können auch in Illustrator Rasterbilder erzeugen, allerdings sind die Pixelbearbeitungswerkzeuge hier beschränkt. Nehmen Sie Photoshop für Bilder, bei denen Pixel bearbeitet, Farben korrigiert, gemalt oder Spezialeffekte angewandt werden sollen. InDesign wiederum eignet sich für das Layout aller möglichen Dokumente, von Postkarten bis zu Büchern mit vielen Kapiteln, wie z. B. einem *Classroom in a Book*.

Adobe Photoshop-Dateien platzieren

Sie können Grafiken mit dem Öffnen-Befehl, dem Platzieren-Befehl, dem Einfügen-Befehl sowie der Drag&Drop-Technik aus Photoshop nach Illustrator bringen. Illustrator unterstützt die meisten Photoshop-Daten, darunter Ebenenkompositionen, Ebenen, bearbeitbaren Text und Pfade. Dies bedeutet, dass Sie Dateien zwischen Photoshop und Illustrator übertragen können, ohne die Fähigkeit zum Bearbeiten der Grafiken einzubüßen.

● **Hinweis:** Einstellungsebenen, deren Sichtbarkeit in Photoshop deaktiviert wurde, werden in Illustrator importiert. Sie können jedoch nicht auf diesen Ebenentyp zugreifen. (Mit Einstellungsebenen können Sie in Ihrem Bild Farb- und Tonwertanpassungen vornehmen, ohne dabei die ursprünglichen Pixeldaten dauerhaft zu verändern). Beim Rückexport nach Photoshop werden die Ebenen wiederhergestellt.

Beim Platzieren von Dateien mit dem Befehl **Datei: Platzieren** können Sie unabhängig vom Dateityp (JPG, GIF, PSD usw.) entscheiden, ob das Bild eingebettet oder verknüpft werden soll. Beim Einbetten wird eine Kopie der Bilddatei im Illustrator-Dokument gespeichert und die Dateigröße steigt entsprechend an. Verknüpfte Dateien verbleiben an ihrem externen Speicherort. Es wird lediglich ein entsprechender Verweis in die Illustrator-Datei eingefügt. Durch den Einsatz verknüpfter Dateien können Sie sehr gut sicherstellen, dass Bildänderungen auch in der Illustrator-Datei übernommen werden. Die verknüpfte Datei muss die Illustrator-Datei immer begleiten, da die Verknüpfung sonst abreißt und die platzierte Datei nicht in der Illustrator-Grafik auftaucht.

● **Hinweis:** Illustrator bietet Unterstützung für Device N-Raster. Falls Sie z. B. ein Duplexbild in Photoshop herstellen und in Illustrator platzieren, wird es richtig separiert und die Volltonfarben werden entsprechend ausgegeben.

Eine Photoshop-Datei platzieren

1. Wählen Sie in Illustrator CS6 **Fenster: Ebenen**, um das Ebenenbedienfeld zu öffnen. Klicken Sie dort auf die Ebene »Woman«.

    Wenn Sie ein Bild platzieren, dann wird dies zur ausgewählten Ebene hinzugefügt. Sie benutzen die »Woman«-Ebene für das platzierte Bild. Die Ebene enthält bereits den weißen Kreis, den Sie auf der Zeichenfläche erkennen.

2. Wählen Sie **Datei: Platzieren**.

3 Suchen Sie die Datei *carrots. psd* im Unterverzeichnis *images* des Ordners *Lektion15* und wählen Sie sie aus. Achten Sie darauf, dass im Dialogfeld »Platzieren« das Kontrollfeld »Verknüpfen« markiert ist.

Platzierte Photoshop-Dateien werden standardmäßig mit ihrer Quelldatei verknüpft. Wenn also die Quelldatei bearbeitet wird, ändert sich auch das platzierte Bild in Illustrator. Deaktivieren Sie die »Verknüpfen«-Option, wird die PSD-Datei in die Illustrator-Datei eingebettet.

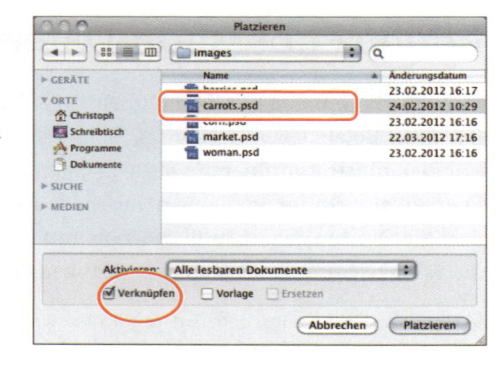

4 Klicken Sie auf »Platzieren«.

Beachten Sie, dass das Möhrenbild in der Mitte des Dokumentfensters platziert wird. Es ist ausgewählt, hat einen Rahmen zum Anfassen und wird von einem X durchkreuzt. Schauen Sie sich auch das Steuerungsbedienfeld an. Wenn das Bild ausgewählt ist, sehen Sie die Worte »Verknüpfte Datei«, die anzeigen, dass das Bild mit seiner Quelldatei verknüpft ist. Außerdem stehen hier weitere Informationen über das Bild. Wenn Sie auf »Verknüpfte Datei« klicken, öffnet sich das Verknüpfungenbedienfeld, auf das wir in dieser Lektion noch kommen werden.

Ein platziertes Bild transformieren

Sie können platzierte Bilder genau wie alle anderen Objekte in einer Illustrator-Datei transformieren und duplizieren. Anders als bei Vektorgrafiken müssen Sie hier allerdings die Auflösung der Pixelgrafik berücksichtigen. Nun verschieben, skalieren und drehen Sie das Bild *carrots.psd*.

1 Ziehen Sie das Bild mit dem Auswahl-Werkzeug (▶) nach unten rechts, sodass es danach oberhalb des weißen Kreises in der unteren rechten Ecke liegt. Eventuell müssen Sie im Dokumentfenster nach unten scrollen.

2 Halten Sie die Tastenkombination Alt+Umschalt gedrückt und ziehen Sie den oberen rechten Begrenzungspunkt mit dem Auswahl-Werkzeug in Richtung Bildmitte, bis die Breite ungefähr 4,5 Zoll beträgt. Lassen Sie zuerst die Maustaste und dann die anderen Tasten los.

▶ **Tipp:** Um ein platziertes Bild zu transformieren, können Sie auch die Werte im Transformierenbedienfeld (**Fenster: Transformieren**) ändern.

Nach der Größenänderung werden Sie bemerken, dass der PPI-Wert im Steuerungsbedienfeld etwa 157 beträgt. Dieser ppi (Pixel pro Zoll)-Wert gibt die Bildauflösung an. Wenn Sie ein Bild in Illustrator verkleinern, steigt dessen Auflösung an. Vergrößern Sie ein Bild, sinkt zugleich seine Auflösung.

3 Positionieren Sie den Zeiger mit dem Auswahl-Werkzeug knapp neben dem oberen rechten Eckpunkt. Die Drehpfeile sollten auftauchen. Ziehen Sie nach links oben, um das Bild um etwa 13 Grad zu drehen. Wenn Sie magnetische Hilfslinien aktiviert haben, sehen Sie eine Messbeschriftung. Achten Sie darauf, dass das Bild den Kreis komplett verdeckt.

● **Hinweis:** Transformationen an einem verknüpften Bild in Illustrator und alle daraus resultierenden Änderungen der Auflösung ändern das Originalbild nicht. Die Änderungen gelten nur für das Bild in Illustrator.

4 Wählen Sie **Auswahl: Auswahl aufheben** und dann **Datei: Speichern**.

Ein Photoshop-Bild mit Ebenenkompositionen einbetten

Designer stellen oft mehrere Kompositionen eines Seitenlayouts her, um diese ihren Kunden zu zeigen. Mithilfe von Ebenenkompositionen (Ebenenkomp.) können Sie in Photoshop mehrere Versionen eines Layouts in einer einzigen Photoshop-Datei anlegen, verwalten und betrachten.

Eine Ebenenkomposition ist der Schnappschuss eines Zustands des Ebenenbedienfelds in Photoshop. Dabei werden folgende Informationen über die Ebene aufgezeichnet:

- Sichtbarkeit – ob eine Ebene ein- oder ausgeblendet ist
- Position im Dokument
- Aussehen (Ebenenstil) – ob ein Ebenenstil auf die Ebene und ihren Mischmodus angewandt wurde

Sie erzeugen in Photoshop eine Ebenenkomposition, indem Sie Änderungen an den Ebenen in Ihrem Dokument vornehmen und dann im Bedienfeld »Ebenenkomp.« auf »Neue Ebenenkomp. erstellen« klicken. Sie betrachten Kompositionen, indem Sie sie in dem Dokument anwenden. Sie können Ebenenkompositionen in getrennte Dateien, eine einzelne PDF-Datei oder eine Webfotogalerie exportieren oder eine Ebenenkomposition auswählen, wenn Sie die Photoshop-Datei in Illustrator platzieren.

Als Nächstes platzieren Sie eine Photoshop-Datei mit Ebenenkompositionen und betten sie in die Illustrator-Datei ein.

1. Klicken Sie im Ebenenbedienfeld in die Sichtbarkeitsspalte der »Woman«-Ebene, um deren Inhalte zu verbergen. Wählen Sie dann die »Background«-Ebene aus.

2. Wählen Sie **Ansicht: Zeichenfläche in Fenster einpassen**, falls Sie in den vorangegangenen Schritten gezoomt haben.

3. Wählen Sie **Datei: Platzieren**.

4. Suchen Sie die Datei *market.psd* im Unterverzeichnis *images* des Verzeichnisses *Lektion15*. Deaktivieren Sie das Kontrollfeld »Verknüpfen« und klicken Sie dann auf »Platzieren«.

5. Treffen Sie im Dialogfeld »Photoshop-Importoptionen« die folgenden Einstellungen:

    - Wählen Sie gegebenenfalls »Vorschau anzeigen«, falls das Kontrollfeld noch nicht aktiviert ist.
    - Wählen Sie »All« aus dem Menü »Ebenenkomp«.
    - Wählen Sie »Ebenen in Objekte umwandeln«.

● **Hinweis:** Wenn Sie das Kontrollfeld »Verknüpfen« deaktivieren, wird die PSD-Datei in die Illustrator-Datei eingebettet. Sie haben dann nach dem Platzieren mehr Möglichkeiten.

- Aktivieren Sie »Ausgeblendete Ebenen importieren«, um auch verborgene Ebenen aus Photoshop zu importieren.

Klicken Sie auf OK.

● **Hinweis:** Im Dialogfeld »Photoshop-Importoptionen« könnte eine Farbmoduswarnung erscheinen. Diese deutet darauf hin, dass Ihr zu platzierendes Bild gegebenenfalls in einem anderen Farbmodus als das Illustrator-Dokument vorliegt. Falls für dieses und nachfolgende Bilder nach dem Anklicken von OK ein Dialogfeld mit Farbwarnung erscheint, bestätigen Sie dieses mit OK.

Anstatt die Datei zu reduzieren, wollen Sie alle Photoshop-Ebenen in Objekte umwandeln, weil die Datei *market.psd* aus mehreren Ebenen besteht.

6 Klicken Sie im Ebenenbedienfeld auf den Pfeil (▶) links neben der Background-Ebene, um sie zu erweitern. Erweitern Sie das Bedienfeld bei Bedarf nach unten, um die Ebenen besser zu sehen. Klicken Sie auf den Pfeil links neben der Unterebene »market.psd«, um diese auszuklappen.

Schauen Sie sich alle Unterebenen von »market.psd an«. Diese Unterebenen wurden in Photoshop als Ebenen angelegt und werden im Ebenenbedienfeld von Illustrator angezeigt, weil Sie das Bild beim Platzieren nicht auf eine Ebene reduziert haben. Beachten Sie zudem, dass bei weiterhin markiertem Bild links im Steuerungsbedienfeld das Wort »Gruppe« auf sowie ein Link auf »Mehrere Bilder« erscheint. Wenn Sie eine Photoshop-Datei mit Ebenen platzieren und im Dialogfeld »Photoshop-Importoptionen« beschließen, die Ebenen beim Import in Objekte umzuwandeln, dann behandelt Illustrator die Ebenen als getrennte Bilder in einer Gruppe.

7 Deaktivieren Sie das Augensymbol (👁) links von der Unterebene »Color Fill 1«, um diese zu verbergen.

● **Hinweis:** Eventuell müssen Sie die linke Kante des Ebenenbedienfelds nach links ziehen, um die Namen komplett anzuzeigen.

ADOBE ILLUSTRATOR CS6 CLASSROOM IN A BOOK **535**

Ziehen Sie das Marktbild mit dem Auswahl-Werkzeug (k) nach unten, sodass seine Unterkante an der unteren roten Beschnitthilfslinie einrastet.

8 Wählen Sie **Auswahl: Auswahl aufheben** und dann **Datei: Speichern**.

Farben in einem platzierten Bild bearbeiten

▶ **Tipp:** Informationen über Farbmodi und das Verändern von Farben finden Sie in den Abschnitten »Wissenswertes über Farben in digitalen Grafiken« und »Anwenden von Effekten« in der Illustrator-Hilfe.

Es gibt eine Vielzahl von Möglichkeiten, um die Farben in eingebetteten platzierten Bildern zu bearbeiten. Sie können sie in einen anderen Farbmodus (wie etwa RGB, CMYK oder Graustufen) umwandeln oder einzelne Farbwerte verändern. Sie können die Farben auch sättigen (abdunkeln) oder entsättigen (aufhellen) oder umkehren (ein Farbnegativ herstellen).

Nun platzieren Sie ein Bild und bearbeiten dann seine Farben. Später wenden Sie auf dieses Bild eine Maske an.

1 Klicken Sie im Ebenenbedienfeld auf das Augensymbol ( ) links von der »Background«-Ebene, um diese zu verbergen. Klicken Sie außerdem auf das Dreieck neben der Ebene, um sie einzuklappen. Klicken Sie neben den Ebenen »Corn« und »Berries« in die Sichtbarkeitsspalte, um jeweils deren Inhalte einzublenden, und wählen Sie dann die Ebene »Berries« aus.

Die Ebene »Corn« enthält ein Bild mit Maiskolben und das Wort »LOCAL.« Sie werden hier ein anderes Bild platzieren, die Farben anpassen und eine Kopie davon maskieren. Das Maisbild und der Text sind ein Beispiel dessen, was Sie nun erstellen werden.

2 Wählen Sie **Datei: Platzieren**.

3 Suchen Sie die Datei »berries.psd« im »images«-Ordner innerhalb des Ordners *Lektion15* und wählen Sie sie aus. Aktivieren Sie die Option

»Verknüpfen« im »Platzieren«-Dialogfeld und klicken Sie dann auf »Platzieren«.

● **Hinweis:** Solange die Datei geöffnet ist, bleibt die »Verknüpfen«-Option erhalten. Das bedeutet, wenn Sie wieder ein Bild platzieren wollen, wird die »Verknüpfen«-Option automatisch angewandt.

4   Markieren Sie das Beerenbild und doppelklicken Sie dann auf das Drehen-Werkzeug (↻) im Werkzeugbedienfeld. Ändern Sie den Drehwinkel in **-90°** und klicken Sie dann auf OK.

5   Wählen Sie im Steuerungsbedienfeld den mittleren oberen Ursprungspunkt aus. Ändern Sie den Y-Wert in **-0,32 cm**. Klicken Sie auf die Schaltfläche »Proportionen für Höhe und Breite erhalten«, ändern Sie den B-Wert in **70%** (geben Sie unbedingt das »%«-Zeichen mit ein) und drücken Sie die Eingabetaste.

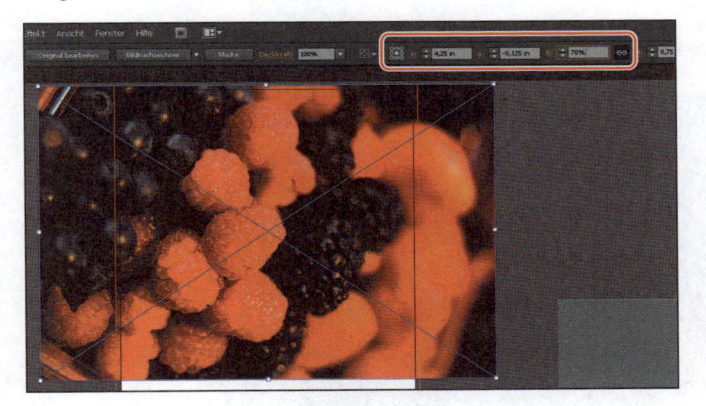

● **Hinweis:** Je nach Bildschirmauflösung erscheinen die Transformieren- Optionen im Steuerungsbedienfeld oder müssen über das entsprechende Bedienfeld (**Fenster: Transformieren**) sichtbar gemacht werden.

● **Hinweis:** Diese Abbildung zeigt die Werte *vor* der Betätigung der Return- oder Enter-Taste.

Damit Sie die Farben im Bild bearbeiten können, muss das Bild in die Illustrator-Datei eingebettet sein. Ist die Bilddatei verknüpft, können Sie Ihre Korrekturen in Photoshop vornehmen und das Bild dann in Illustrator aktualisieren. Manchmal ist es jedoch einfacher, ein Bild einzubetten – Sie brauchen sich dann nicht mehr um die zusätzliche Bilddatei und die Aktualisierung zu kümmern.

6   Das Bild »berries.psd« auf der Zeichenfläche ist noch markiert; wählen Sie **Bearbeiten: Kopieren** und dann **Bearbeiten: Davor einfügen**. Die neue Kopie ist nun markiert. Wählen Sie **Objekt: Ausblenden: Auswahl**.

7   Wählen Sie mit dem Auswahl-Werkzeug das ursprüngliche Beerenbild aus. Klicken Sie im Steuerungsbedienfeld auf die Schaltfläche »Einbetten«.

Wenn die Datei *berries.psd* in Photoshop Ebenen hätte, würde sich beim Einbetten das Dialogfeld »Photoshop-Importoptionen« öffnen, wo Sie Einstellungen zum Einbetten der Grafik treffen können. Links im Steuerungsbedienfeld sehen Sie nun das Wort »Eingebettet«.

8 Das Bild ist noch ausgewählt; wählen Sie **Bearbeiten: Farben bearbeiten: Farbbalance einstellen**.

9 Ziehen Sie im Dialogfeld »Farben einstellen« die Regler oder geben Sie Werte für die CMYK-Prozentwerte ein, um die Farben im Bild zu ändern. Mit der Tab-Taste können Sie zwischen den Textfeldern wechseln. Wir haben mit folgenden Werten einen Rotstich erzielt: Cyan=**-30**, Magenta=**-30**, Gelb=**-30** und K=**0**. Experimentieren Sie ruhig ein wenig. Aktivieren Sie das Kontrollfeld »Vorschau«, damit Sie die Farbänderungen sehen können. Klicken Sie auf OK.

● **Hinweis:** Um die Ergebnisse zu sehen, müssen Sie beim Ändern der Einstellungen im Dialogfeld »Farben einstellen« gegebenenfalls die Option »Vorschau« ein- und ausschalten.

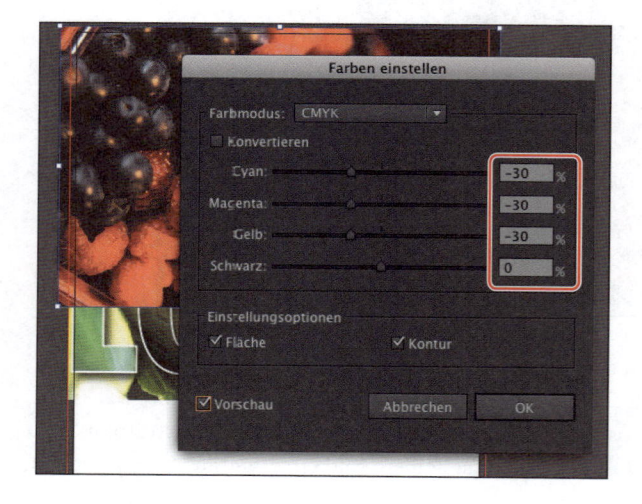

● **Hinweis:** Falls Sie später beschließen, die Farben des gleichen Bildes mit **Bearbeiten: Farben bearbeiten: Farbbalance einstellen** zu bearbeiten, werden die Farbwerte auf 0 (Null) gesetzt.

10 Wählen Sie **Auswahl: Auswahl aufheben** und dann **Datei: Speichern**.

Ein Bild maskieren

Schnittpfade oder Masken beschneiden ein Bild so, dass nur ein Teil des Bild durch die Form der Maske hindurchscheint. Nur Vektorobjekte können Schnittmasken sein, allerdings können alle Grafiken maskiert werden. Sie können auch Masken importieren, die in Photoshop-Dateien erzeugt wurden. Die Schnittmaske und das maskierte Objekt werden als Schnittsatz bezeichnet.

Eine einfache Schnittmaske auf ein Bild anwenden

In diesem kurzen Abschnitt erzeugen Sie eine einfache Schnittmaske für das Bild »berries.psd«.

● **Hinweis:** Wenden Sie eine Schnittmaske auch mit dem Befehl **Objekt: Schnittmaske: Erstellen** an.

1 Klicken Sie mit dem Auswahl-Werkzeug (▶) auf das Bild »berries.psd«, um es auszuwählen. Klicken Sie im Steuerungsbedienfeld auf die Schaltfläche »Maske«. Dies wendet auf das Bild eine Schnittmaske in der Größe und Form des Bildes an.

▶ **Tipp:** Eine andere Möglichkeit, eine Maske zu erzeugen, bietet der Modus »Innen zeichnen«. Dieser erlaubt es Ihnen, innerhalb des ausgewählten Objekts zu zeichnen. Er kann es Ihnen ersparen, mehrere Aufgaben auszuführen, wie etwa das Zeichnen und Verändern der Stapelreihenfolge oder das Zeichnen, Auswählen und Erzeugen einer Schnittmaske (mehr über die Zeichenmodi erfahren Sie in Lektion 3, »Formen erstellen und bearbeiten«).

2 Falls noch nicht geschehen, klicken Sie im Ebenenbedienfeld auf den Pfeil (▶) links neben der »Berries«-Ebene, um ihren Inhalt anzuzeigen. Möglicherweise müssen Sie das Ebenenbedienfeld nach unten aufziehen oder scrollen. Klicken Sie auf den Pfeil links neben der »<Beschnittgruppe>«-Unterebene, um auch deren Inhalt einzublenden.

● **Hinweis:** Eventuell müssen Sie wie in der Abbildung den linken Rand des Ebenenbedienfelds nach links ziehen, um die vollen Namen angezeigt zu bekommen.

Beachten Sie die »<Zuschneidungspfad>«-Unterebene. Dies ist die Maske, die Sie mit einem Klick auf die Schaltfläche »Maske« im Steuerungsbedienfeld erzeugt haben. Die »<Beschnittgruppe>«-Unterebene ist der Schnittsatz, der die Maske und das maskierte Objekt enthält.

Jetzt werden Sie diese einfache Maske bearbeiten.

Eine Maske bearbeiten

Zum Bearbeiten eines Zuschneidungspfads müssen Sie diesen zunächst auswählen können. Illustrator bietet Ihnen dazu verschiedene Möglichkeiten.

1 Das Beerenbild ist auf der Zeichenfläche noch markiert; klicken Sie auf die Schaltfläche »Inhalte bearbeiten« (⬚) im Steuerungsbedienfeld und achten Sie darauf, wie im Ebenenbedienfeld das Auswahlfarbfeld (blaues Kästchen) neben der Unterebene »berries.psd« erscheint. Klicken Sie im Steuerungsbedienfeld auf die Schaltfläche »Zuschneidungspfad bearbeiten« (⬚). Wie Sie sehen, zeigt ist nun der »<Zuschneidungspfad>« im Ebenenbedienfeld ausgewählt (blaues Kästchen).

Wenn ein Objekt maskiert ist, können Sie entweder die Maske oder das maskierte Objekt bearbeiten. Mit diesen beiden Schaltflächen legen Sie fest, was bearbeitet werden soll. Wenn Sie ein maskiertes Objekt erstmalig mit einem Mausklick auswählen, bearbeiten Sie sowohl die Maske als auch das maskierte Objekt selbst.

2 Im Steuerungsbedienfeld ist »Zuschneidungspfad bearbeiten« (⬚) ausgewählt. Wählen Sie **Ansicht: Pfadansicht**.

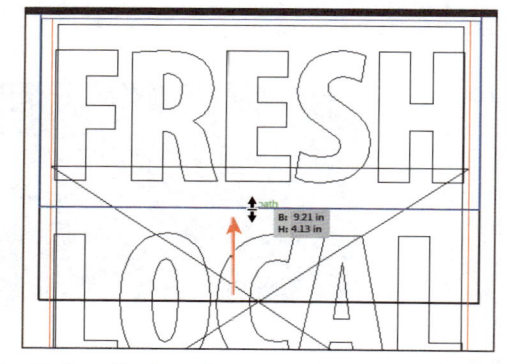

▶ **Tipp:** Auf Schnittpfade können Sie ebenfalls Transformieren-Optionen anwenden (drehen, neigen usw.) – oder Sie verwenden das Direktauswahl-Werkzeug (▶).

3 Ziehen Sie den oberen mittleren Begrenzungspunkt der ausgewählten Maske mit dem Auswahl-Werkzeug (▶) nach oben, bis die untere Kante der Schnittmaske am oberen Rand des Maisbilds einrastet (an der Linie über dem Wort »LOCAL«).

4 Wählen Sie **Ansicht: Vorschau**.

5 Halten Sie mit aktiviertem Auswahl-Werkzeug die Alt-Taste gedrückt und klicken und ziehen Sie den rechten mittleren Begrenzungspunkt nach links, bis er an der roten Beschnitthilfslinie einrastet. Lassen Sie die Maustaste und anschließend die Alt-Taste los

6 Klicken Sie im Steuerungsbedienfeld auf die Schaltfläche »Inhalte bearbeiten« (), um statt der Maske das Bild »berries.psd« zu bearbeiten. Ziehen Sie das Beerenbild mit dem Auswahl-Werkzeug etwas nach oben und lassen Sie die Maustaste los. Wie Sie sehen, bewegen Sie das Bild und nicht die Maske.

7 Wählen Sie **Bearbeiten: Rückgängig: Verschieben**, damit das Bild wieder seine ursprüngliche Position einnimmt.

Wenn die Schaltfläche »Inhalte bearbeiten« () aktiviert ist, können Sie zahlreiche Transformationen am Bild durchführen, wie etwa Skalieren, Verschieben, Drehen usw.

8 Klicken Sie im Ebenenbedienfeld auf den Pfeil () links neben der Unterebene »<Beschnittgruppe>«, um deren Inhalt zu verbergen.

9 Wählen Sie **Auswahl: Auswahl aufheben** und dann **Datei: Speichern**.

Ein Objekt mit einer Form maskieren

In diesem Abschnitt erzeugen Sie eine kreisförmige Maske für das Bild »carrots.psd«. Um aus einer gezeichneten Form eine Maske zu erstellen, muss sich diese in der Stapelfolge über dem Bild befinden. Das sehen wir uns nun an.

1 Klicken Sie im Ebenenbedienfeld auf die Sichtbarkeitsspalte links von der Ebene »Woman«. Damit blenden Sie den Ebeneninhalt ein.

2 Klicken Sie mit dem Auswahl-Werkzeug () auf das Bild »carrots.psd« auf der Zeichenfläche, um dieses auszuwählen.

3 Wählen Sie **Objekt: Anordnen: In den Hintergrund**. Sie sollten jetzt auch den weißen Kreis sehen.

4 Ziehen Sie einen Auswahlrahmen über den weißen Kreis und das Bild »carrots.psd« in der unteren rechten Ecke der Zeichenfläche auf, um beides auszuwählen.

5 Wählen Sie **Objekt: Schnittmaske: Erstellen**.

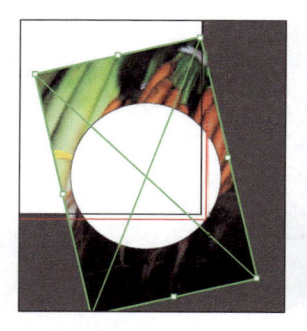

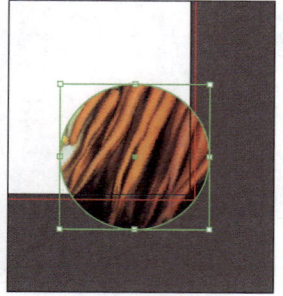

Beide Objekte markiert   Das maskierte Bild »carrots.psd«

Sie können das Bild »carrots.psd« und die Schnittmaske voneinander getrennt bearbeiten, genau, wie Sie es zuvor mit dem maskierten Beerenbild getan haben.

▶ **Tipp:** Auch Text können Sie auf Wunsch als Schnittmaske verwenden. Erstellen Sie einfach den Text, gehen Sie sicher, dass er sich in der Stapelfolge über dem zu maskierenden Inhalt befindet, und wählen Sie dann **Objekt: Schnittmaske: Erstellen**.

6   Wählen Sie **Auswahl: Auswahl aufheben** und dann **Datei: Speichern**.

Ein Objekt mit mehreren Formen maskieren

In diesem Abschnitt erzeugen Sie eine Maske für das verborgene Bild »berries.psd«. Als Grundlage verwenden Sie dafür Text, der in Pfade umgewandelt wurde. Um eine Schnittmaske aus mehreren Formen erstellen zu können, müssen diese zuvor in einen zusammengesetzten Pfad umgewandelt werden.

1   Wählen Sie bei Bedarf **Ansicht: Zeichenfläche in Fenster einpassen**.

2   Klicken Sie im Ebenenbedienfeld auf den Pfeil (▶) links neben der »Background«-Ebene, um sie bei Bedarf einzuklappen. Falls erforderlich, scrollen Sie im Ebenenbedienfeld nach oben, damit Sie die Inhalte der Ebene »Berries« erkennen können. Beachten Sie, dass die Unterebene »berries.psd« ausgeblendet ist.

3   Klicken Sie in die Sichtbarkeitsspalte links neben der Unterebene »berries.psd«, damit das Bild auf der Zeichenfläche dargestellt wird.

4   Klicken Sie in die Auswahlspalte rechts neben der Unterebene »<Gruppe>« unten in der Ebene »Berries«. Sie sollten nun einen Umrisstext auf der Zeichenfläche erkennen. Wählen Sie **Objekt: Anordnen: In den Vordergrund**.

Sobald die Textform »FRESH« markiert ist, erscheint ganz links im Steuerungsbedienfeld das Wort »Gruppe«. Dieser Text ist in Pfade umgewandelt (**Schrift: In Pfade umwandeln**), sodass die einzelnen Buchstaben bei Bedarf bearbeitet werden könnten.

5. Wählen Sie **Objekt: Zusammengesetzter Pfad: Erstellen**.

   Beachten Sie, dass die Gruppe der Buchstabenformen auf eine Unterebene gelegt wird, die im Ebenenbedienfeld mit »<Zusammengesetzter Pfad>« bezeichnet wird. Lassen Sie den neuen zusammengesetzten Pfad ausgewählt. Der Befehl »Zusammengesetzter Pfad« erzeugt ein einziges zusammengesetztes Objekt aus zwei oder mehr Objekten. Zusammengesetzte Pfade verhalten sich wie gruppierte Objekte. Der Befehl »Zusammengesetzter Pfad« erlaubt es Ihnen, komplexe Objekte einfacher zu erzeugen als mit den Zeichenwerkzeugen oder den Pathfinder-Befehlen.

   ● **Hinweis:** Um aus mehreren Objekten einen zusammengesetzten Pfad zu erzeugen, müssen diese nicht zuerst gruppiert werden.

▶ **Tipp:** Um die Buchstaben in einen zusammengesetzten Pfad umzuwandeln, können Sie auch mit der rechten Maustaste auf die Buchstabengruppe klicken und **Zusammengesetzten Pfad erstellen** wählen.

6. Der zusammengesetzte Pfad ist noch ausgewählt; klicken Sie mit gedrückter Umschalt-Taste auf das Bild »berries.psd« auf der Zeichenfläche, um dieses zur Auswahl hinzuzufügen. Rechtsklicken Sie auf den zusammengesetzten Pfad und wählen Sie »Schnittmaske erstellen«.

▶ **Tipp:** Sie können auch **Objekt: Schnittmaske: Erstellen** wählen.

Beachten Sie die Schaltflächen »Zuschneidungspfad bearbeiten« ( )
und »Inhalte bearbeiten« ( ) im Steuerungsbedienfeld. So entsteht eine
Schnittgruppe aus der Gruppe »FRESH« und dem Bild »berries.psd«.

7   Die Schnittgruppe »FRESH« ist noch ausgewählt; klicken Sie auf das
Symbol des Grafikstilebedienfelds ( ), um dieses auszuklappen. Klicken
Sie auf den Grafikstil »Large text«, um einen Schlagschatten auf die Gruppe
anzuwenden.

8   Klappen Sie das Konturbedienfeld durch einen Klick auf sein Symbol ( )
aus. Ändern Sie die Konturstärke in **3 pt** und, falls erforderlich, die Konturfarbe in Weiß. Klicken Sie dazu im Werkzeugbedienfeld auf das Kontur-
kästchen und wählen Sie dann »Weiß« aus dem Farbfelderbedienfeld.

9   Wählen Sie **Auswahl: Auswahl aufheben** und dann **Datei: Speichern**.

Eine Deckkraftmaske erzeugen

Eine Deckkraftmaske unterscheidet sich von einer Schnittmaske, weil sie es Ihnen nicht nur erlaubt, ein Objekt zu maskieren, sondern auch die Transparenz einer Grafik zu ändern. Eine Deckkraftmaske wird mithilfe des Transparenzbedienfelds erstellt und bearbeitet.

In diesem Abschnitt erzeugen Sie eine Deckkraftmaske für das Bild »market.psd«, sodass es in das Blau der Hintergrundform übergeht.

1 Öffnen Sie das Ebenenbedienfeld und klicken Sie auf den Pfeil (▶) links neben der Ebene »Berries«, um diese einzuklappen.

2 Klicken Sie auf die Augensymbole (👁) links neben den Ebenen »Berries«, »Corn« und »Woman«. Klicken Sie in die Sichtbarkeitsspalte links neben der Background-Ebene, um deren Inhalte einzublenden. Wählen Sie die Background-Ebene aus.

3 Wählen Sie im Werkzeugbedienfeld das Rechteck-Werkzeug (▬) und klicken Sie ungefähr in die Mitte der Zeichenfläche. Ändern Sie im Dialogfeld »Rechteck« die Breite in **22,22 cm** und die Höhe in **10,67 cm**. Klicken Sie auf OK. Dieses Rechteck wird gleich Ihre Maske.

● **Hinweis:** Das Objekt, das zur Deckkraftmaske werden soll (das maskierende Objekt), muss das oberste ausgewählte Objekt in der Zeichenfläche sein. Handelt es sich um ein einzelnes Objekt, wie ein Rechteck, muss es kein zusammengesetzter Pfad sein. Wird die Deckkraftmaske aus mehreren Objekten hergestellt, müssen diese gruppiert werden.

4 Drücken Sie die Taste D, um die vorgegebene Kontur- und Füllfarbe einzustellen.

5 Wählen Sie das Auswahl-Werkzeug (▶) und verschieben Sie das Rechteck so, dass seine untere Kante an der roten Beschnitthilfslinie und an der Mitte der Zeichenfläche einrastet. Behalten Sie die Auswahl des Rechtecks bei.

6 Halten Sie die Umschalt-Taste gedrückt und wählen Sie mit einem Klick auch das Bild »market.psd« aus.

7 Klicken Sie rechts im Arbeitsbereich auf das Symbol des Transparenzbedienfelds (), damit Sie auf dieses zugreifen können. Klicken Sie auf die Schaltfläche »Maske erstellen«.

Nach dem Anklicken von »Maske erstellen« wird die Schaltfläche in »Zurückwandeln« umbenannt. Würden Sie sie erneut anklicken, wäre das Bild anschließend nicht mehr maskiert.

Die fertig platzierte Maske.   Deckkraftmaske erstellen   Ergebnis

Eine Deckkraftmaske bearbeiten

Als Nächstes passen Sie die soeben erstellte Deckkraftmaske an.

▶ **Tipp:** Um eine Deckkraftmaske zu deaktivieren und zu aktivieren, können Sie auch **Deckkraftmaske deaktivieren** oder **Deckkraftmaske aktivieren** aus dem Menü des Transparenzbedienfelds wählen.

1 Klicken Sie im Transparenzbedienfeld mit gedrückter Umschalt-Taste auf die Maskenminiatur (das weiße Rechteck auf schwarzem Hintergrund). Damit deaktivieren Sie die Maske.

Beachten Sie, dass auf der Maske im Transparenzbedienfeld ein rotes X erscheint und dass das gesamte Bild »market.psd« wieder im Dokumentfenster auftaucht.

2 Klicken Sie mit gedrückter Umschalt-Taste im Transparenzbedienfeld erneut auf die Maskenminiatur, um die Deckkraftmaske wieder zu aktivieren.

3 Klicken Sie, um die Maskenminiatur auf der rechten Seite des Transparenzbedienfelds auszuwählen.

   Beim Klicken auf die Deckkraftmaske im Transparenzbedienfeld wird die Maske (der Rechteckpfad) auf der Zeichenfläche ausgewählt. Ist die Maske nicht ausgewählt, klicken Sie mit dem Auswahl-Werkzeug ( ) darauf. Während die Maske ausgewählt ist, können keine anderen Grafiken auf der Zeichenfläche bearbeitet werden. Beachten Sie außerdem, dass das Dokumentregister »(<Deckkraftmaske>: Deckkraftmaske)« anzeigt und damit signalisiert, dass Sie jetzt die Maske bearbeiten.

4 Klicken Sie auf das Symbol des Ebenenbedienfelds ( ) auf der rechten Seite des Arbeitsbereichs, um das Ebenenbedienfeld anzuzeigen. Dort sehen Sie, dass die Ebene »<Deckkraftmaske>« erscheint. Es ist also die Maske ausgewählt und nicht die maskierte Grafik.

5 Die Maske ist im Transparenzbedienfeld und auf der Zeichenfläche ausgewählt; klicken Sie im Steuerungsbedienfeld auf die Flächenfarbe und wählen Sie einen linearen Verlauf von Weiß nach Schwarz. Illustrator bezeichnet diesen mit Weiß, Schwarz.

   Sie erkennen nun, dass das Bild »market.psd« durch weiße Maskenbereiche hindurch erscheint und unter schwarzen Maskenbereichen verborgen bleibt. Der dazwischenliegende Verlauf blendet das Bild allmählich von Schwarz nach Weiß ein.

6 Wählen Sie **Ansicht: Verlaufsoptimierer ausblenden**.

7 Achten Sie darauf, dass im unteren Bereich des Werkzeugbedienfelds das Kästchen für die Flächenfüllung ausgewählt ist.

8 Aktivieren Sie das Verlaufswerkzeug ( ) im Werkzeugbedienfeld. Halten Sie die Umschalt-Taste gedrückt, platzieren Sie den Mauszeiger in der (horizontalen und vertikalen) Mitte der Maske und klicken und ziehen Sie dann nach oben zum oberen Rand der Maske, wie es in der Abbildung gezeigt wird. Lassen Sie zuerst die Maustaste und dann die Umschalt-Taste los.

9 Klicken Sie auf das Transparenzbedienfeldsymbol (◉) und beachten Sie, wie sich das Aussehen der Maske im Transparenzbedienfeld verändert hat.

Der Standardverlauf wurde angewendet.   Anpassen des Verlaufs   Ergebnis im Bedienfeld

● **Hinweis:** Sie haben nur dann Zugriff auf das Verknüpfungssymbol, wenn die Bildminiatur, nicht aber die Maskenminiatur im Transparenzbedienfeld ausgewählt ist.

10 Wählen Sie **Ansicht: Verlaufsoptimierer einblenden**.

Nun verschieben Sie das Bild, aber nicht die Deckkraftmaske. Ist die Bildminiatur im Transparenzbedienfeld ausgewählt, sind sowohl das Bild als auch die Maske miteinander verknüpft, sodass sich beim Verschieben des Bildes auf der Zeichenfläche auch die Maske verschiebt.

11 Klicken Sie im Transparenzbedienfeld auf die Bildminiatur, damit Sie nicht länger die Maske bearbeiten. Klicken Sie auf das Verknüpfungssymbol (◉) zwischen der Bildminiatur und der Maskenminiatur. Dies erlaubt es Ihnen, nur das Bild oder die Maske zu verschieben, nicht aber beides.

12 Ziehen Sie das Bild »market.psd« jetzt mit dem Auswahl-Werkzeug nach unten. Halten Sie dabei die Umschalt-Taste gedrückt, um die Bewegung vertikal einzuschränken. Lassen Sie die Maustaste und dann die Umschalt-Taste los, um seine Position zu erkennen. Ziehen Sie so weit, bis es ungefähr wie in der Abbildung aussieht. Lassen Sie zwischendurch immer wieder zuerst die Maustaste und dann die Umschalt-Taste los.

● **Hinweis:** Die Position des Bilds market.psd muss nicht exakt der Abbildung entsprechen.

13 Klicken Sie im Transparenzbedienfeld auf das Symbol der unterbrochenen Verknüpfung (◉) zwischen der Bildminiatur und der Maskenminiatur.

14 Wählen Sie **Auswahl: Auswahl aufheben** und **Datei: Speichern**.

Farben aus platzierten Bildern aufnehmen

Sie können die Farben aus platzierten Bildern aufnehmen oder kopieren, um sie auf andere Objekte in der Grafik anzuwenden. Durch diese Technik können Sie einheitliche Farben in einer Datei gewährleisten, die Photoshop-Bilder und Illustrator-Grafiken vereint.

1 Klappen Sie im Ebenenbedienfeld alle Ebenen zu und klicken Sie dann auf die Sichtbarkeitsspalte links neben den Ebenen Banner, Berries, Corn und Woman, damit ihre Inhalte auf der Zeichenfläche sichtbar werden.

2 Klicken Sie mit aktiviertem Auswahl-Werkzeug (🔧) auf die weiße Bannerform hinter dem Text »MERIDIEN«.

3 Achten Sie darauf, dass im unteren Bereich des Werkzeugbedienfelds das Kästchen für die Flächenfüllung aktiviert ist.

4 Wählen Sie das Pipette-Werkzeug und klicken Sie (🖉) in den oberen grünen Bereich des C in »LOCAL«. So nehmen Sie die grüne Farbe aus dem Maisbild auf und wenden sie an.

Sie können Farben aus unterschiedlichen Grafiken und Bildinhalten aufnehmen – probieren Sie es aus. Die aufgenommene Farbe wird auf die ausgewählte Form angewendet.

● **Hinweis:** Wenn Sie bei Benutzung der Pipette die Umschalt-Taste drücken, dann wenden Sie nur die aufgenommene Farbe auf das ausgewählte Objekt an. Ohne Umschalt-Taste wenden Sie alle äußeren Attribute an.

5 Wählen Sie **Auswahl: Auswahl aufheben** und dann **Datei: Speichern**.

Mit Bildverknüpfungen arbeiten

Wenn Sie Bilder in Illustrator platzieren (egal ob eingebettet oder verknüpft), dann erhalten Sie im Verknüpfungenbedienfeld eine Auflistung dieser Bilder. Dort können Sie also alle verknüpften oder eingebetteten Grafiken sehen und verwalten. Das Bedienfeld zeigt eine kleine Bildminiatur und zusätzliche Symbole, um den Status der Grafik darzustellen. Sie können vom Verknüpfungenbedienfeld aus eingebettete und verknüpfte Grafiken betrachten, platzierte Bilder ersetzen, verknüpfte Bilder, die außerhalb von Illustrator bearbeitet wurden, aktualisieren, oder die Originalanwendung zur Bearbeitung eines verknüpften Bilds aufrufen (zum Beispiel Photoshop).

Die Verknüpfungsinformation finden

Beim Platzieren von Bildern ist es oft hilfreich zu wissen, wo die Originalgrafik gespeichert ist, welche Transformationen auf das Bild angewendet wurden (etwa Drehungen oder Skalierungen). Auch weitere Informationen sind interessant.

1 Wählen Sie **Fenster: Verknüpfungen**.

   Im Verknüpfungenbedienfeld sehen Sie nun eine Liste aller von Ihnen platzierten Bilder. Bilder mit einem Namen rechts von ihrer Miniatur sind verknüpft, namenlose Bilder sind eingebettet. Sie können den Einbettungsstatus zudem am eingeblendeten Einbettungssymbol ablesen ().

2 Doppelklicken Sie im Bedienfeld auf das Bild »berries.psd« (der Name steht rechts von der Bildminiatur), um das Dialogfeld »Verknüpfungsinformationen« aufzurufen.

   In diesem Dialogfeld erhalten Sie Informationen wie den Speicherort der Datei, den Dateityp, Erstellungs- und Änderungsdatum, Transformieren-Informationen usw.

3 Klicken Sie OK, um das Dialogfeld »Verknüpfungsinformationen« zu schließen.

4 Scrollen Sie im Verknüpfungenbedienfeld nach unten und wählen Sie die Datei »carrots.psd« aus der Liste.

5 Klicken Sie unten im Verknüpfungenbedienfeld auf die Schaltfläche »Gehe zu Verknüpfung« (). Das Bild *carrots.psd* wird dadurch markiert und im Dokumentfenster zentriert.

6 Klicken Sie im Stuereungsbedienfeld auf den orangefarbigen Textlink »Verkn. Datei«, um das Verknüpfungenbedienfeld zu öffnen.

Die ist eine weitere Möglichkeit des Zugriffs auf das Verknüpfungenbedienfeld. Wenn Sie ein verknüpftes Bild oder den Bildinhalt einer Beschnittgruppe auswählen, erscheint der Textlink »Verkn. Datei«.

7 Klicken Sie im Steuerungsbedienfeld auf den Dateinamen »carrots.psd«, um ein Auswahlmenü zu öffnen.

Die Menübefehle spiegeln die Optionen im Verknüpfungenbedienfeld wider. Würden Sie ein eingebettetes Bild auswählen, erschiene im Steuerungsbedienfeld ein unterstrichener Textlink »Eingebettet«. Das Anklicken des orangefarbigen Links würde dieselben Optionen zutage fördern, einige von ihnen jedoch ausgegraut.

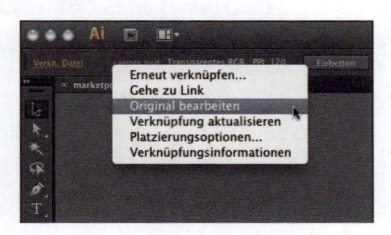

8 Drücken Sie die Esc-Taste, um das Menü zu schließen, und lassen Sie das Bild markiert.

Ein verknüpftes Bild ersetzen

Sie können ein verknüpftes oder eingebettetes Bild leicht durch ein anderes Bild ersetzen, um ein Dokument zu aktualisieren. Das Ersatzbild wird exakt an der Stelle positioniert, an der sich das Originalbild befand, sodass keine neue Ausrichtung erforderlich ist. Wenn Sie das Originalbild skaliert hatten, müssen Sie möglicherweise die Größe des Ersatzbildes entsprechend anpassen.

Sie ersetzen nun das markierte Bild »carrots.psd« durch ein anderes Bild.

1 Klicken Sie unten im Verknüpfungenbedienfeld auf die Schaltfläche »Erneut verknüpfen« ( ) (»carrots.psd« ist dabei ausgewählt).

2 Gehen Sie im Dialogfeld »Platzieren« zur Datei *woman.psd* im Verzeichnis *Lektion15/ images* und wählen Sie sie aus. Achten Sie darauf, dass das Optionsfeld »Verknüpfen« aktiviert ist. Klicken Sie auf »Platzieren«, um das Möhrenbild durch das neue Bild zu ersetzen.

Das neue Bild (woman.psd) erscheint anstelle des alten Bilds (carrots.psd) auf der Zeichenfläche. Beim Ersetzen eines Bild werden vorherige Farbanpassungen der alten Bildversion verworfen. Schnittmasken, die auf das Originalbild angewendet wurden, bleiben jedoch erhalten. Auch Füllmodi und Transparenzen, die Sie auf andere Ebenen angewandt haben, können sich auf das Aussehen des Bilds auswirken.

3   Schließen Sie die »Verknüpfungen«-Bedienfeldgruppe.

▶ **Tipp:** Sie können das Bild auch mithilfe der Pfeiltasten verschieben.

4   Klicken Sie mit aktiviertem Auswahl-Werkzeug (▶) im Steuerungsbedienfeld auf die Schaltfläche »Inhalte bearbeiten« (◉). Ziehen Sie das neue Bild »woman.psd«, bis es so platziert ist wie in der Abbildung dargestellt.

5   Klicken Sie im Steuerungsbedienfeld auf die Schaltfläche »Zuschneidungspfad bearbeiten« (◉).

6   Ändern Sie im Steuerungsbedienfeld die Konturfarbe in Weiß und die Konturstärke in **3 pt**.

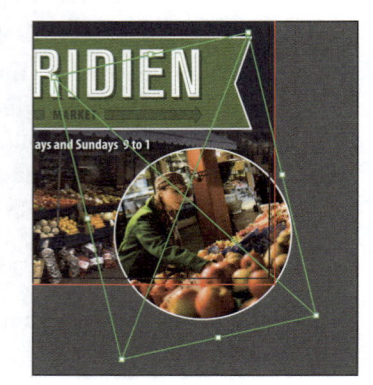

7   Wählen Sie **Auswahl: Auswahl aufheben** und dann **Datei: Speichern**.

Eine Datei mit Ebenen nach Photoshop exportieren

Sie können nicht nur Photoshop-Dateien mit Ebenen in Illustrator öffnen, sondern umgekehrt auch Illustrator-Dateien mit Ebenen speichern und dann in Photoshop öffnen. Das Verschieben solcher Dateien zwischen Illustrator und Photoshop bietet sich vor allem dann an, wenn Sie Web- oder Druckgrafiken herstellen und bearbeiten. Sie können die hierarchische Beziehung der Ebenen erhalten, indem Sie beim Speichern der Datei die Option »Ebenen mit exportieren« verwenden. Sie können auch Textobjekte öffnen und bearbeiten.

▶ **Tipp:** Die Option »Zeichenflächen verwenden« im »Exportieren«-Dialogfeld erlaubt es Ihnen, die Zeichenflächen als eigene Photoshop-PSD-Dateien zu exportieren.

1   Die Datei *marketposter.ai* ist noch geöffnet; wählen Sie **Datei: Exportieren**.

2   Wählen Sie das Format Photoshop (PSD), steuern Sie den gewünschten Speicherort an, nennen Sie die Datei **marketposter.psd** und klicken Sie auf »Speichern« (Windows) bzw. »Exportieren« (Mac OS).

3. Achten Sie im Dialogfeld »Photoshop-Exportoptionen« darauf, dass als Farbmodell »CMYK« eingestellt ist, wählen Sie für die Auflösung »Hoch (300 ppi)« und aktivieren Sie die Option »Ebenen mit exportieren«. Lassen Sie übrigen Einstellungen unverändert. »Textbearbeitbarkeit beibehalten« ist ausgegraut, weil der gesamte Text bereits in Konturen umgewandelt wurde. Klicken Sie auf OK.

● **Hinweis:** Nachdem Sie auf OK geklickt haben, erscheint möglicherweise eine Warnung. Klicken Sie auf OK.

● **Hinweis:** Nachdem Sie auf OK geklickt haben, dauert es vielleicht eine Weile, bis die Datei fertig gespeichert ist.

▶ **Tipp:** Sie können Elemente aus Illustrator auch kopieren und in Photoshop einfügen oder per Drag & Drop bewegen. Wenn Sie kopieren und einfügen, werden Sie in einem Dialog gefragt, als welche Objektart Sie den Inhalt aus Illustrator platzieren wollen: Smart Objekt, Pixel, Pfad oder Formebene. Um mehr darüber zu erfahren, wie Sie Illustrator-Inhalte nach Photoshop bringen, lesen Sie »Duplizieren ausgewählter Objekte per Drag & Drop« in der Illustrator-Hilfe.

4. Starten Sie Adobe Photoshop CS6. Öffnen Sie die exportierte Datei *movieposter.psd*.

5. Klicken Sie auf das Ebenen-Register, um das Ebenenbedienfeld zu betrachten. Wählen Sie **Datei: Schließen** und sichern Sie die Änderungen nicht.

● **Hinweis:** Sie können Illustrator-Dateien in früheren Versionen von Photoshop öffnen, allerdings wird für diese Lektion angenommen, dass Sie Photoshop CS6 verwenden.

● **Hinweis:** Grafiken, die zu komplex sind, werden möglicherweise gerastert und auf eine Ebene reduziert.

6. Schließen Sie Photoshop CS6 und kehren Sie zurück zu Illustrator.

7. Wählen Sie **Datei: Schließen**, um die Datei *marketposter.ai* ohne zu speichern zu schließen.

Illustrator und Adobe InDesign, Adobe Muse, Adobe Fireworks und Adobe Flash

Mehr über die Arbeit mit Illustrator-Grafiken und Adobe InDesign, Adobe Muse, Adobe Fireworks® und Adobe Flash erfahren Sie in der PDF-Datei Adobeapps.pdf auf der *Classroom in a Book*-CD.

Fragen

1 Beschreiben Sie den Unterschied zwischen dem Verknüpfen und Einbetten in Illustrator.

2 Welche Arten von Objekten können als Masken benutzt werden?

3 Wie erzeugen Sie eine Deckkraftmaske für ein platziertes Bild?

4 Welche Farbänderungen sind mittels Effekten an einem ausgewählten Objekt möglich?

5 Wie kann man in einem Dokument ein platziertes Bild durch ein anderes Bild ersetzen?

Antworten

1. Eine verknüpfte Datei ist eine separate, externe Datei, die durch eine elektronische Verknüpfung mit der Illustrator-Datei verbunden ist. Die Illustrator-Datei vergrößert sich dadurch kaum. Die verknüpfte Datei muss die Illustrator-Datei begleiten, um die Verknüpfung nicht zu unterbrechen und sicherzustellen, dass die platzierte Datei vorhanden ist, wenn Sie die Illustrator-Datei öffnen. Eine eingebettete Datei wird in die Illustrator-Datei eingefügt. Dadurch steigt die Dateigröße entsprechend an. Da sie Teil der Illustrator-Datei ist, kann keine Verknüpfung unterbrochen werden. Sie können verknüpfte und eingebettete Dateien mithilfe der Schaltfläche »Erneut verknüpfen« im Verknüpfungenbedienfeld ändern.

2. Eine Maske kann ein einfacher oder ein zusammengesetzter Pfad sein. Sie können Text als Maske benutzen. Sie können Deckkraftmasken mit platzierten Photoshop-Dateien importieren. Sie können auch Ebenenschnittmasken aus allen Formen herstellen, die das oberste Objekt einer Gruppe oder Ebene bilden.

3. Für eine Deckkraftmaske platzieren Sie das Objekt, das als Maske verwendet werden soll, auf dem zu maskierenden Objekt. Dann wählen Sie die Maske und die zu maskierenden Objekte aus und wählen »Deckkraftmaske erstellen« aus dem Menü des Transparenzbedienfelds.

4. Sie können Effekte einsetzen, um den Farbmodus (RGB, CMYK oder Graustufen) oder einzelne Farben in einem ausgewählten Objekt zu ändern. Sie können Farben in einem Objekt sättigen oder entsättigen oder umkehren. Farbänderungen lassen sich sowohl auf platzierte Bilder als auch auf in Illustrator erzeugte Grafiken anwenden.

5. Um ein platziertes Bild zu ersetzen, wählen Sie das Bild im Verknüpfungenbedienfeld aus. Klicken Sie dann auf »Erneut verknüpfen«, suchen Sie das Ersatzbild und klicken Sie auf »Platzieren«.

INDEX

Symbole

3D-Effekt anwenden 450
3D-Grafik
  ein Symbol zuordnen 517
  ein Symbol zuweisen 455
3D-Kreiseln-Optionen 452
3D-Objekt Bildmaterial zuweisen 458

A

Abgerundete Rechtecke erstellen 108
Absatzformate 280
  bearbeiten 282
  erstellen 281
Adobe Bridge 526
Adobe Photoshop 553
Adobe Photoshop-Dateien platzieren 531
Adobe-Zertifizierung 6
An der Zeichenfläche ausrichten 86
Angeglichene Objekten 388
Angleichung
  mit festgelegten Stufen herstellen 389
  verändern 391
Ankerpunkte
  hinzufügen 199
  löschen 199
Anordnen von Objekten 90
Anpassbare Helligkeit der Benutzeroberfläche 9
Anschnitt 102
Ansichtsbefehle nutzen 55
Arbeitsbereich
  kennenlernen 42
  speichern 53
  zurücksetzen 53
Ausrichten von Konturen 116
Aussehen-Attribute
  auf Ebenen anwenden 323
  bearbeiten und hinzufügen 466
  benutzen 465
  kopieren 227
  neu sortieren 470
Aussehenbedienfeld nutzen 30
Auswahltechniken anwenden 93
Auswahl-Werkzeug nutzen 76
Automatische Ebenenpositionierung 355

B

Bearbeitung von Verlaufsfarben, andere Methoden 384
Bedienfelddock aus-/einklappen 50
Bedienfelder nutzen 48
Bedienfeldmenüs nutzen 54
Beleuchtung eines 3D-Objekts ändern 452
Benutzeroberfläche 8
Bilder nachzeichnen 9, 22
Bild maskieren 539
Bildmaterial Farben zuweisen 237
Bildpinsel
  bearbeiten 410
  benutzen 405
Bildpinsel erzeugen 409
Bildverknüpfungen 550
Borstenpinsel
  benutzen 411, 412
  Optionen ändern 411
Borstenpinsel und Grafiktablett 415
Breitenprofile speichern 124
Breitenwerkzeug 120
  nutzen 19
Buntstift verwenden 203

D

Darstellung ändern 55
Datei mit Ebenen nach Photoshop exportieren 552
Deckkraftmaske
  bearbeiten 546
  erzeugen 545
Direktauswahl-Werkzeug nutzen 78
Dokument
  anlegen 100
  einrichten 280
Dokumente anordnen 66
Dokumentgruppen nutzen 69
Dokument-Rastereffekt-Einstellungen 449
Dokumentraster verwenden 108
Drehen 450
Durch ein Dokument scrollen 58
Dynamische Effekte benutzen 437

E

Ebenen
  auffinden 322
  Aussehen-Attribute anwenden 323
  Aussehen zuweisen 471
  betrachten 313
  einfügen 316
  erstellen 305
  Farben 307
  isolieren 326

markieren 307
reduzieren 320
sperren 312
und Objekte zusammen
 bearbeiten 349
verschieben 307, 310
Wissenswertes 304
Ebenenbedienfeld 302
Ebeneninhalt duplizieren 309
Effekt
 anwenden 437
 bearbeiten 439
 Pfade verschieben 446
Effekte verwenden 30
Elemente an einem
 Basisobjekt ausrichten 83
Ellipsen erstellen 110
Extrudieren und
 Abgeflachte Kante 450

F

Farbattribute von Pinseln
 ändern 423
Farben 215
 anpassen 240
 aus platzierten Bildern
  aufnehmen 549
 erstellen 218
 im kreisförmigen
  Verlauf ändern 378
 in einem platzierten
  Bild bearbeiten 536
 in einer Grafik
  bearbeiten 234
 speichern 219
Farbe zuweisen 17
Farbfeldbibliotheken
 einsetzen 222
Farbfelder bearbeiten 220
Farbgruppe bearbeiten 230
Farbgruppen anlegen 227
Farbhilfebedienfeld
 nutzen 23
 verwenden 229

Farbmodi 215
Farboptionen bearbeiten 234
Farbsteuerungen 216
Farbtöne
 erstellen 226
 speichern 226
Farbverläufe erstellen 21
Farbwähler 224
Flächentext 261
 erstellen 262
 Optionen 268
 und Punkttext 264
Flash-Symboloptionen
 verstehen 520
Formate 280
Formen 103
 kombinieren 126
 mit dem Bildnachzeichner erstellen 137
 mit einem Pathfinder-Effekt bearbeiten 444
 und Linien zeichnen 15
Formerstellungswerkzeug
 nutzen 18
 Optionen 129
 verwenden 126
Formmodi verwenden 130
Füllfarbe mit Pinseln
 benutzen 404
Für Web speichern 489

G

Gebogene Pfade erstellen 180
Geige
 fertigstellen 206
 zeichnen 187
Gekreiseltes Objekt
 erstellen 451
Gerade Linien erstellen 179
Geschlossenen Pfad
 zeichnen 189
Gestrichelte Linie erstellen 196
Glyphen anwenden 275

Grafiken
 betrachten 58
 im Symbolebedienfeld
  abrufen 516
 im Symbolebedienfeld
  speichern 516
 kombinieren 529
Grafikstil
 auf eine Ebene anwenden 475
 auf einen Text anwenden 481
 auf ein Objekt anwenden 474
 bearbeiten, der einer
  Ebene zugewiesen
  ist 478
 bestehenden anwenden 478
 erstellen 473
 sichern 473
Grafikstil-Attribute
 ändern 474
Grafikstile
 anwenden 480
 kopieren und entfernen 482
Gruppe erstellen 88
Gruppen nutzen 86

H

Helligkeit der Benutzeroberfläche anpassen 43
Hilfen für die Arbeit mit
 Illustrator 71
Hilfslinien 154
Horizontalen Ebene
 nutzen 363

I

Illustrator CS6 installierte
 Schriftarten 270
Illustrator-Effekte 437
Informationen zum
 Drucken 459
Inhalt aus der Perspektive
 lösen 362

Inhalte
  am Pixelraster ausrichten 483
  ausrichten 34
  transformieren 154
Inhalt in Slices unterteilen 486
Innen gezeichnete Inhalte bearbeiten 134
Interaktiv malen 248
Interaktiv-malen-Gruppe erstellen 248
Interaktiv-malen-Regionen bearbeiten 251
Isolationsmodus nutzen 87

K

Kalligrafiepinsel benutzen 401
Kantenglättung für Text 486
Komponenten eines Pfades 182
Konturen
  anwenden 32
  ausrichten 116
Konturlinien verwenden 124
Kreiseln 450
Kreisförmigen Verlauf
  anpassen 381
  erzeugen 377
Kuler-Bedienfeld verwenden 236
Kurve
  auswählen 188
  bearbeiten 197
  erstellen 181
  zeichnen 188

L

Lineale 154
  richtig einsetzen 65
Linearen Verlauf
  als Füllung anwenden 369
  erzeugen 369

Liniensegmente anwenden 116
Lückenoptionen 254

M

Maske bearbeiten 540
Mercury-Leistungssystem 10
Microsoft Word-Dokumente platzieren 265
Mit mehreren Zeichenflächen arbeiten 14
Modus
  »Dahinter zeichnen« 112
  »Innen zeichnen« 133
Muster
  anwenden 241
  bearbeiten 246
  erstellen 24, 242
Mustererstellung 10
Muster malen 241
Musterpinsel
  anwenden 421
  benutzen 416
  erstellen 418
Musterpinselkacheln bearbeiten 423

N

Nachgezeichnete Grafiken bereinigen 140
Navigatorbedienfeld nutzen 63
Neues Dokument anlegen 100
Neu in Illustrator CS6 8

O

Objekt
  mit einer Form maskieren 541
  mit mehreren Formen maskieren 542
Objekte
  ähnliche auswählen 82
  an der Zeichenfläche ausrichten 86

  anordnen 90
  ausblenden 91
  ausrichten 83
  auswählen 76
  dahinter auswählen 91
  drehen 160
  exakt positionieren 165
  gegenseitig ausrichten 83
  gruppieren 87
  mit dem Effekt »Frei verzerren« bearbeiten 170
  mit dem Zauberstab auswählen 81
  mit einem Auswahlrechteck auswählen 80
  perspektivische zeichnen 338
  skalieren 156
  spiegeln 159
  verbiegen 163
  verschieben 307
  verteilen 85
  verzerren 162
Offener vs. geschlossener Pfad 120
OpenType 271
Optionen
  für die Oberflächenschattierung 454
  für Formerstellungswerkzeug 129
  zum Transformieren 16

P

PANTONE 224
PANTONE-Matching-System 222
Pathfinder-Effekte verwenden 129
Perspektive
  ändern 168
  nutzen 34
  Objekte zuweisen 347
  verstehen 333
Perspektivenraster 334
  bearbeiten 335
  verstehen 333

Perspektivischen Text
    hinzufügen 356
Perspektivische Objekte
    auswählen und trans-
        formieren 342
    skalieren 343
    zeichnen 338
Perspektivische Symbole
    transformieren 359
Pfad aufteilen 194
Pfade
    mit dem Buntstift
        bearbeiten 205
    mit dem Pinsel-Werk-
        zeug bearbeiten
        406
    zusammenfügen 118
Pfade mit dem Tropfen-
    pinselwerkzeug
    zusammenfügen 428
Pfadtext 261
Pfeilspitzen hinzufügen
    194
Photoshop-Bilder in
    Illustrator platzieren
    22
Photoshop-Bild mit
    Ebenenkompositio-
    nen einbetten 533
Photoshop-Datei
    platzieren 531
Photoshop-Effekte 437
    anwenden 449
Pinsel
    anwenden 401
    bearbeiten 403
    Farbattribute ändern
        423
Pinselfarbe
    mit der Einfärbemetho-
        de Farbtöne
        ändern 423
    mit der Einfärbe-
        methode Farbton-
        Verschiebung
        ändern 425
Pinseln verwenden 28
Pinsel-Werkzeug
    anwenden 405
Platziertes Bild transfor-
    mieren 532
Polygone erstellen 111

Produktaktualisierungen
    herunterladen 7
Programm installieren 2
Prozessfarbe 222
Punkte ausrichten 84
Punkttext 261
    erstellen 261

R

Radiergummi-Werkzeug
    430
    verwenden 136
Raster, vorgegebenes
    benutzen 334
Rechtecke
    abgerundete erstellen
        108
    erstellen 104
RGB 215

S

Saiten zeichnen 192
Schnittmaske auf ein Bild
    anwenden 539
Schnittmasken erstellen
    318
Schriftfarbe ändern 272
Schriftgröße ändern 271
Slices 486
    auswählen 488
    bearbeiten 488
Spiralen zeichnen,
    Tipps 115
Spiralformen 16
Standard-Arbeitsbereich
    42
Standardvoreinstellungen
    wiederherstellen 3
Stärke und Ausrichtung
    einer Kontur verän-
    dern 114
Sterne zeichnen 113
    Tipps 115
Steuerungsbedienfeld 47
Symbol
    bearbeiten 502
    Verbindung unterbre-
        chen 507

Symbole 497
    anwenden 36
    ersetzen 505
    erstellen 500
    in der Perspektive
        nutzen 358
    mit den Symbol-Werk-
        zeugen bearbeiten
        511
    und Flash-Integration
        517
    zum Perspektivenraster
        hinzufügen 358
Symbolebenen 506
Symbolinstanzen
    aufsprühen 509
Symboloptionen 502
    bearbeiten 508
Symbolsätze
    bearbeiten 514
    kopieren 514
Symbol-Werkzeuge 508

T

Text 261
    Absatzeigenschaften
        ändern 278
    auf geschlossenen
        Pfaden erstellen
        294
    auf offenen Pfaden
        erstellen 292
    erstellen 26
    formatieren 268
    Größe von Textobjekten
        ändern 277
    in Pfade umwandeln
        296
    mit einer Objekt-
        verkrümmung
        umformen 289
    Schriftfarbe ändern 272
    Schriftgröße ändern
        271
    Textattribute ändern
        273
    um ein Objekt fließen
        lassen 291
    verketten 266

Textdatei importieren 264
Textformate aufnehmen 283
Textgestaltung mit Effekten 441
Text mit einer vordefinierten Hülle verkrümmen 286
Textspalten erstellen 267
Transformationen zuweisen 169
Transparenz zu Verläufen hinzufügen 386
Tropfenpinsel, Hinweise 430
Tropfenpinselwerkzeug 427

U

Übergangs- in Eckpunkte umwandeln und umgekehrt 200
Übergangspunkte in Eckpunkte umwandeln 184
Übersatztext und Textumfluss bearbeiten 266

V

Vektorformen 41
Vektorgrafiken 41
Vektorobjekte 41
Vektor- und Bitmap-Grafiken im Vergleich 529
Verbesserungen 11
Verbindung zu einem Symbol unterbrechen 507
Verknüpftes Bild ersetzen 551
Verknüpfungsinformation finden 550
Verlauf
  auf eine Kontur anwenden 374
  auf einer Kontur bearbeiten 375
  kreisförmigen erzeugen 377
Verläufe 369
  auf Konturen 11
  auf mehrere Objekte anwenden 383
  Transparenz hinzufügen 386
Verlaufsrichtung anpassen 372
Verlaufswinkel anpassen 372
Violinenform zeichnen 191
Volltonfarbe 222
Volltonfarben erstellen 222
Vollton- und Prozessfarben 222
Voreinstellungen für Auswahl und Ankerpunkte 79
Vorhandene Illustrator-Symbol-Bibliotheken benutzen 498

W

Webgrafiken erstellen 483
Wechsel der Rasterebene 339
Weiche Farbübergänge erstellen 394
Werkzeugbedienfeld 44
  am linken Rand des Arbeitsbereiches andocken 47
  einspaltig darstellen 46
Widget 339

Z

Zeichenflächen 62
  Anschnitt 62
  Arbeitsfläche 62
  bearbeiten 149
  druckbarer Bereich 62
  einrichten 102
  neu anordnen 153
  nicht druckbarer Bereich 62
  nutzen 147
  Seitenrand 62
  umbenennen 152
  zum Dokument hinzufügen 147
Zeichenformat
  bearbeiten 285
  erstellen 284
Zeichenformate 280
Zeichenmodi 104
  nutzen 27
Zeichenstift-Werkzeug 176
Zeichnen von Polygonen, Tipps 115
Zoomwerkzeug verwenden 56
Zur Gruppe hinzufügen 88
Zusätzliche Flächenfüllung hinzufügen 469
Zusätzliche Kontur hinzufügen 467
Zwischen verschiedenen Zeichenflächen wechseln 60